Kotlin
von Kopf bis Fuß

Wäre es nicht wunderbar, wenn es ein Buch über Kotlin gäbe, das leichter zu verstehen ist als das Spaceshuttle-Flughandbuch? Wahrscheinlich ist das aber nur ein Traum ...

Dawn Griffiths
David Griffiths

Deutsche Übersetzung
von Jørgen W. Lang

Dawn Griffiths und David Griffiths

Lektorat: Alexandra Follenius
Übersetzung: Jørgen W. Lang
Korrektorat: Sibylle Feldmann, *www.richtiger-text.de*
Satz: Ulrich Borstelmann, *www.borstelmann.de*
Herstellung: Stefanie Weidner
Umschlaggestaltung: Randy Comer, Michael Oréal, *www.oreal.de*
Druck und Bindung: mediaprint solutions GmbH, 33100 Paderborn

Aisha und Laura

Bibliografische Information der Deutschen Nationalbibliothek
Die Deutsche Nationalbibliothek verzeichnet diese Publikation in der Deutschen Nationalbibliografie; detaillierte bibliografische Daten sind im Internet über *http://dnb.d-nb.de* abrufbar.

ISBN:
Print   978-3-96009-112-7
PDF   978-3-96010-309-7
ePub   978-3-96010-310-3
mobi   978-3-96010-311-0

Mum und Dad

Dieses Buch erscheint in Kooperation mit O'Reilly Media, Inc. unter dem Imprint »O'REILLY«.
O'REILLY ist ein Markenzeichen und eine eingetragene Marke von O'Reilly Media, Inc. und wird mit Einwilligung des Eigentümers verwendet.

1. Auflage 2019
Translation Copyright für die deutschsprachige Ausgabe © 2019 by dpunkt.verlag GmbH
Wieblinger Weg 17
69123 Heidelberg

Authorized German translation of the English edition of *Head First Kotlin*, ISBN 978-1-491-99669-0 © 2019 Dawn Griffiths and David Griffiths. This translation is published and sold by permission of O'Reilly Media, Inc., which owns or controls all rights to publish and sell the same.

Hinweis:
Dieses Buch wurde auf PEFC-zertifiziertem Papier aus nachhaltiger Waldwirtschaft gedruckt.
Der Umwelt zuliebe verzichten wir zusätzlich auf die Einschweißfolie.

Schreiben Sie uns:
Falls Sie Anregungen, Wünsche und Kommentare haben, lassen Sie es uns wissen: kommentar@oreilly.de.

Die vorliegende Publikation ist urheberrechtlich geschützt. Alle Rechte vorbehalten. Die Verwendung der Texte und Abbildungen, auch auszugsweise, ist ohne die schriftliche Zustimmung des Verlags urheberrechtswidrig und daher strafbar. Dies gilt insbesondere für die Vervielfältigung, Übersetzung oder die Verwendung in elektronischen Systemen.
Es wird darauf hingewiesen, dass die im Buch verwendeten Soft- und Hardware-Bezeichnungen sowie Markennamen und Produktbezeichnungen der jeweiligen Firmen im Allgemeinen warenzeichen-, marken- oder patentrechtlichem Schutz unterliegen.
Alle Angaben und Programme in diesem Buch wurden mit größter Sorgfalt kontrolliert. Weder Autor noch Verlag noch Übersetzer können jedoch für Schäden haftbar gemacht werden, die in Zusammenhang mit der Verwendung dieses Buches stehen.

5 4 3 2 1 0

Papier plus PDF.

Zu diesem Buch – sowie zu vielen weiteren O'Reilly-Büchern – können Sie auch das entsprechende E-Book im PDF-Format herunterladen. Werden Sie dazu einfach Mitglied bei oreilly.plus⁺:

www.oreilly.plus

Gewidmet den klugen Köpfen hinter
Kotlin für das Erschaffen einer großartigen
Programmiersprache.

Die Autoren

Die Autoren von Kotlin von Kopf bis Fuß

Dawn Griffiths

David Griffiths

Dawn Griffiths besitzt über 20 Jahre Erfahrung in der IT-Industrie und arbeitet als Senior-Entwicklerin und Senior-Softwarearchitektin. Sie hat bereits eine Reihe von Büchern aus der *Head-First*-Reihe (deutsch *Von Kopf bis Fuß*) geschrieben, darunter *Head First Android Development*. Zusammen mit ihrem Mann David hat sie außerdem die Lehrvideoreihe *The Agile Sketchpad* entwickelt, um Schlüsselkonzepte und -techniken auf eine Art zu vermitteln, die das Hirn aktiv und auf Trab hält.

Wenn Dawn keine Bücher schreibt oder Videos macht, arbeitet sie an ihren Tai-Chi-Fähigkeiten, liest, läuft, klöppelt oder kocht. Besonders mag sie es, Zeit mit ihrem Mann David zu verbringen.

David Griffiths hat als Agile Coach, Entwickler und als Werkstattmeister gearbeitet, aber nicht in dieser Reihenfolge. Er begann im Alter von 12 Jahren mit dem Programmieren, nachdem er eine Dokumentation über die Arbeit von Seymour Papert gesehen hatte. Als er 15 war, schrieb er eine Implementierung von Paperts Computersprache LOGO. Vor *Kotlin von Kopf bis Fuß* hat David bereits verschiedene andere Bücher aus der *Von Kopf bis Fuß*-Reihe verfasst, darunter *Head First Android Development*, und zusammen mit Dawn die Lehrvideoreihe *The Agile Sketchpad* entwickelt.

Wenn David nicht schreibt, programmiert oder als Coach arbeitet, verbringt er seine Freizeit damit, mit seiner wunderbaren Frau und Mitautorin Dawn zu verreisen.

Sie finden Dawn und David auf Twitter unter: *https://twitter.com/HeadFirstKotlin*.

Der Inhalt (im Überblick)

	Einführung	xxi
1	Erste Schritte: *Ein Sprung ins kalte Wasser*	1
2	Basistypen und -variablen: *Eine Variable sein*	31
3	Funktionen: *Raus aus main*	59
4	Klassen und Objekte: *Etwas mehr Klasse*	91
5	Subklassen und Superklassen: *Vererbung*	121
6	Abstrakte Klassen und Interfaces: *Ernsthafter Polymorphismus*	155
7	Datenklassen: *Mit Daten umgehen*	191
8	Nullwerte und Ausnahmen: *Gesund und munter*	219
9	Collections: *Dinge organisieren*	251
10	Generische Programmierung: *Innen und außen unterscheiden*	289
11	Lambdas und Funktionen höherer Ordnung: *Code wie Daten behandeln*	325
12	Eingebaute Funktionen höherer Ordnung: *Dem Code Beine machen*	363
i	Koroutinen: *Code parallel ausführen*	397
ii	Testen: *Ziehen Sie Ihren Code zur Rechenschaft*	409
iii	Was übrig bleibt: *Die Top Ten der Themen, die wir nicht behandelt haben*	415
	Index	435

Inhalt (jetzt ausführlich)

Einführung

Ihr Gehirn und Kotlin. *Sie* versuchen, etwas zu *lernen*, und Ihr *Hirn* tut sein Bestes, damit das Gelernte nicht *hängen bleibt*. Es denkt nämlich: »Wir sollten lieber ordentlich Platz für wichtigere Dinge lassen, z. B. für das Wissen darüber, welche Tiere einem gefährlich werden könnten, oder dass es eine ganz schlechte Idee ist, nackt Snowboard zu fahren.« Tja, wie schaffen wir es nun, Ihr Gehirn davon zu überzeugen, dass Ihr Leben davon abhängt, wie man in Kotlin programmiert?

Für wen ist dieses Buch?	xxii
Wir wissen, was Sie gerade denken.	xxiii
Und wir wissen, was Ihr *Gehirn* gerade denkt.	xxiii
Metakognition: Nachdenken übers Denken	xxv
Das haben WIR getan:	xxvi
Lies mich	xxviii
Danksagungen	xxix
Das Team der Fachgutachter	xxx
Über den Übersetzer dieses Buchs	xxxi

Inhaltsverzeichnis

Erste Schritte
1 Ein Sprung ins kalte Wasser

Kotlin schlägt Wellen.

Seit seiner ersten Veröffentlichung hat Kotlin Programmierer mit seiner *freundlichen Syntax, Knappheit, Flexibilität und Leistungsfähigkeit* beeindruckt. In diesem Buch zeigen wir Ihnen, wie Sie **Ihre eigenen Kotlin-Applikationen erstellen** können. Wir beginnen, indem wir ein einfaches Programm schreiben und laufen lassen. Unterwegs stellen wir Ihnen wesentliche Teile der Kotlin-Syntax vor, z. B. *Anweisungen, Schleifen* und *bedingungsbasierte Verzweigungen*. Ihre Reise hat gerade erst begonnen …

Die Möglichkeit, auszuwählen, gegen welche Plattform Ihr Code kompiliert wird, bedeutet, dass Kotlin auf Servern, in der Cloud, in Browsern, auf Mobilgeräten und mehr funktioniert.

Willkommen in Kotlinville	2
Sie können Kotlin fast überall benutzen	3
Was wir in diesem Kapitel tun	4
IntelliJ IDEA (Community Edition) installieren	7
Eine einfache Applikation erstellen	8
Eine einfache Applikation erstellen (Fortsetzung)	9
Eine einfache Applikation erstellen (Fortsetzung)	10
Das erste Kotlin-Projekt ist erstellt	11
Fügen Sie dem Projekt eine Kotlin-Datei hinzu	12
Anatomie der main-Funktion	13
Bauen Sie die main-Funktion in App.kt ein	14
Probefahrt	15
Was können Sie in der main-Funktion sagen?	16
Schleifen, Schleifen, Schleifen …	17
Ein Beispiel mit Schleifen	18
Bedingungsgesteuerte Verzweigungen	19
Rückgabewerte für if	20
Aktualisieren Sie die main-Funktion	21
Die interaktive Kotlin-Shell benutzen	23
REPL versteht auch mehrzeilige Codeabschnitte	24
Vermischte Nachrichten	27
Ihr Kotlin-Werkzeugkasten	30

Basistypen und Variablen
Eine Variable sein

2

Es gibt eine Sache, von der jeder Code abhängt: Variablen. In diesem Kapitel werfen wir einen Blick unter die Motorhaube und zeigen Ihnen, wie *Kotlin-Variablen tatsächlich funktionieren*. Sie werden Kotlins **Basisdatentypen** wie *Integer*, *Floats* und *boolesche Werte* kennenlernen. Sie werden sehen, wie Kotlins Compiler den **Typ einer Variablen anhand des übergebenen Werts feststellen** kann. Außerdem lernen Sie den Einsatz von **String-Templates** für die Erstellung komplexer Strings mit wenig Code sowie das Anlegen von **Arrays**, um mehrere Werte zu speichern. Abschließend kümmern wir uns noch um die Frage: »*Warum sind Objekte für das Leben in Kotlinville so wichtig?*«

Ihr Code braucht Variablen	32
Was passiert, wenn Sie eine Variable deklarieren	33
Kotlins grundsätzliche Datentypen	35
Variablentypen explizit angeben	37
Den richtigen Wert für den Variablentyp verwenden	38
Einen Wert einer anderen Variablen zuweisen	39
Wir müssen den Wert konvertieren	40
Was passiert, wenn Sie einen Wert konvertieren?	41
Aufpassen, dass nichts überläuft	42
Mehrere Werte in einem Array speichern	45
Die Phras-O-Matic-Applikation erstellen	46
Den Code zu PhrasOMatic.kt hinzufügen	47
Der Compiler leitet den Arraytyp aus dessen Werten ab	49
var heißt, die Variable kann auf ein anderes Array verweisen	50
val bedeutet, die Variable verweist während der gesamten Laufzeit auf dasselbe Array …	51
Vermischte Referenzen	54
Ihr Kotlin-Werkzeugkasten	58

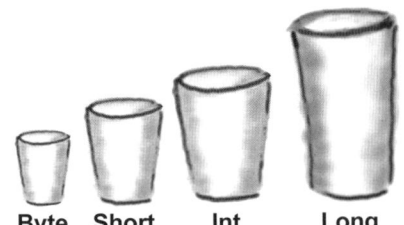

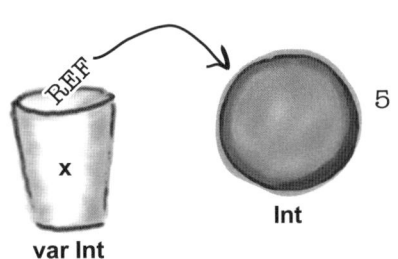

Funktionen

3 Raus aus main

Es ist Zeit für den nächsten Schritt: Funktionen.

Bisher befand sich der Code ausschließlich in der *main*-Funktion Ihrer Applikation. Wenn Sie Ihren Code **besser organisieren** und **leichter pflegen** wollen, müssen Sie wissen, *wie Sie den Code in separate Funktionen aufteilen können*. In diesem Kapitel lernen Sie, wie man **Funktionen schreibt** und damit *interagiert*, indem Sie ein Spiel programmieren. Wir zeigen Ihnen, wie man kompakte **Einzelausdrucksfunktionen** schreibt. Und unterwegs finden Sie auch noch heraus, wie man *über Bereiche (Ranges) und Sammlungen (Collections) iteriert* und wie die mächtige *for*-Schleife funktioniert.

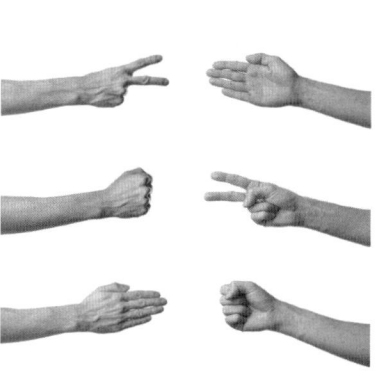

Ein Spiel programmieren: Stein, Schere, Papier	60
Zuerst das allgemeine Konzept	61
Das Spiel soll eine Auswahl treffen	63
Funktionen erstellen	64
Funktionen können mehrere Parameter haben	65
Funktionen können Dinge zurückgeben	66
Funktionskörper mit einzelnen Ausdrücken	67
Die getGameChoice-Funktion in Game.kt einbauen	68
Die getUserChoice-Funktion	75
Wie for-Schleifen funktionieren	76
Benutzer zur Eingabe ihrer Auswahl auffordern	78
Vermischte Ausgaben	79
Wir müssen die Benutzereingaben validieren	81
Die getUserChoice-Funktion in Game.kt einbauen	83
Die printResult-Funktion in Game.kt einbauen	87
Ihr Kotlin-Werkzeugkasten	89

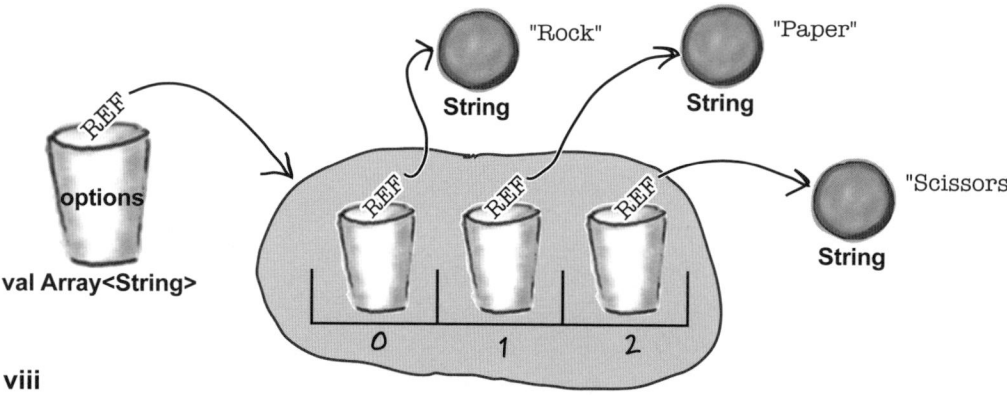

4 Klassen und Objekte

Etwas mehr Klasse

Jetzt ist es Zeit, über Kotlins Basistypen hinaus weiterzublicken.
Früher oder später sind Kotlins Basisdatentypen nicht mehr genug. Sie wollen *mehr*. Und da kommen *Klassen* ins Spiel. Klassen sind *Vorlagen*, mit denen Sie **Ihre eigenen Objekttypen erstellen** und deren Eigenschaften und Funktionen Sie selbst definieren können. In diesem Kapitel lernen Sie, wie Sie **eigene Klassen entwickeln und definieren** und wie diese verwendet werden, um **neue Arten von Objekten zu erstellen**. Sie werden *Konstruktoren* und *Initialisierungsblocks*, *Getter und Setter* kennenlernen und herausfinden, wie sie benutzt werden können, um Ihre Eigenschaften zu schützen. Schließlich werden Sie lernen, wie Verkapselung (»Data Hiding«) **in *sämtlichem* Kotlin-Code** bereits eingebaut ist, wodurch Sie Zeit, Aufwand und eine Menge Tipparbeit sparen können.

Objekttypen werden über Klassen definiert	92
Eigene Klassen entwickeln	93
Eine Dog-Klasse erstellen	94
Ein Dog-Objekt erstellen	95
Auf Eigenschaften und Funktionen zugreifen	96
Eine Songs-Applikation programmieren	97
Das Geheimnis der Objekterstellung	98
Objekterstellung im Detail	99
Hinter den Kulissen: Aufruf des Dog-Konstruktors	100
Eigenschaften im Detail	105
Flexible Eigenschafteninitialisierung	106
Initialisierungsblocks verwenden	107
Sie MÜSSEN Ihre Eigenschaften initialisieren	108
Eigenschaftswerte validieren	111
Einen eigenen Getter schreiben	112
Einen eigenen Setter schreiben	113
Der komplette Code für das Dogs-Projekt	115
Ihr Kotlin-Werkzeugkasten	120

5 Subklassen und Superklassen
Vererbung

Manchmal begegnet man Objekttypen, die ideal wären, wenn man nur ein paar Kleinigkeiten ändern könnte!

Genau das ist einer der Vorteile von **Vererbung**. In diesem Kapitel lernen Sie das Erstellen von **Subklassen** und erfahren, wie Sie Eigenschaften und Funktionen einer **Superklasse** erben können. Sie lernen, wie man *Funktionen und Eigenschaften überschreibt*, damit sich Klassen so verhalten, wie *Sie* es wollen. Außerdem erfahren Sie, wann Vererbung sinnvoll ist (und wann nicht). Schließlich zeigen wir Ihnen, wie Vererbung dabei hilft, **doppelten Code** zu vermeiden, und wie Sie Ihre Flexibilität mithilfe von **Polymorphismus** steigern können.

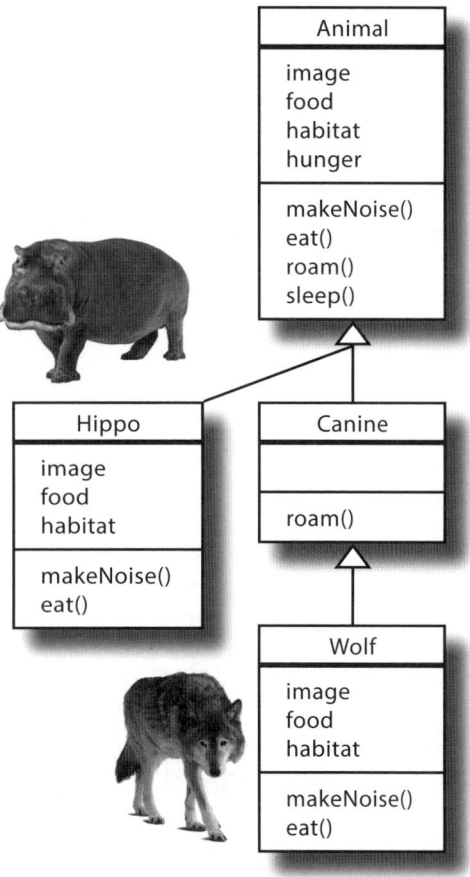

Vererbung hilft, doppelten Code zu vermeiden	122
Was wir vorhaben	123
Eine Vererbungsstruktur für Tier-Klassen entwickeln	124
Duplizierten Code in Subklassen durch Vererbung vermeiden	125
Was sollen die Subklassen überschreiben?	126
Wir können einige Tiere gruppieren	127
Canine- und Feline-Klassen hinzufügen	128
Die Klassenhierarchie mit dem IST-EIN-Test überprüfen	129
Der IST-EIN-Test funktioniert im gesamten Vererbungsbaum	130
Wir erstellen ein paar Kotlin-Tiere	133
Die Superklasse und ihre Eigenschaften als »offen« deklarieren	134
Wie eine Subklasse von einer Superklasse erbt	135
Wie (und wann) Eigenschaften überschrieben werden	136
Beim Überschreiben von Eigenschaften können nicht nur Standardwerte zugewiesen werden	137
Funktionen überschreiben	138
Eine überschriebene Funktion oder Eigenschaft bleibt »offen« …	139
Die Hippo-Klasse in das Animals-Projekt einbauen	140
Die Canine- und Wolf-Klassen einbauen	143
Welche Funktion wird aufgerufen?	144
Wenn Sie eine Funktion an einer Variablen aufrufen, antwortet die Version des Objekts	146
Sie können einen Supertyp für die Parameter und den Rückgabetyp einer Funktion verwenden	147
Der aktualisierte Animals-Code	148
Ihr Kotlin-Werkzeugkasten	153

6

Abstrakte Klassen und Interfaces
Ernsthafter Polymorphismus

Eine Superklassen-Vererbungshierarchie ist nur der Anfang.

Wenn Sie alle Möglichkeiten des *Polymorphismus nutzen wollen*, müssen Sie beim Design **abstrakte Klassen und Interfaces (Schnittstellen) einsetzen**. In diesem Kapitel lernen Sie, wie man abstrakte Klassen verwendet, um zu kontrollieren, welche Klassen Ihrer Hierarchie *instanziiert werden können und welche nicht*. Sie werden sehen, wie man konkrete Subklassen dazu zwingt, *ihre eigenen Implementierungen zu verwenden*. Und Sie werden erfahren, wie man Interfaces benutzt, um *Verhalten zwischen unabhängigen Klassen* zu teilen. Zwischendurch zeigen wir Ihnen noch, was es mit *is*, *as* und *when* auf sich hat.

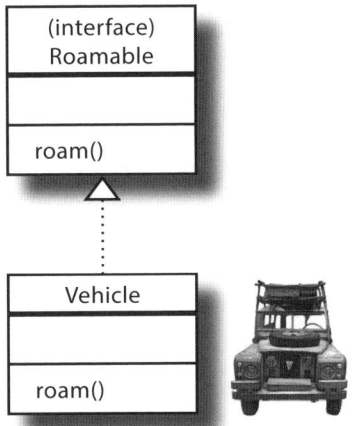

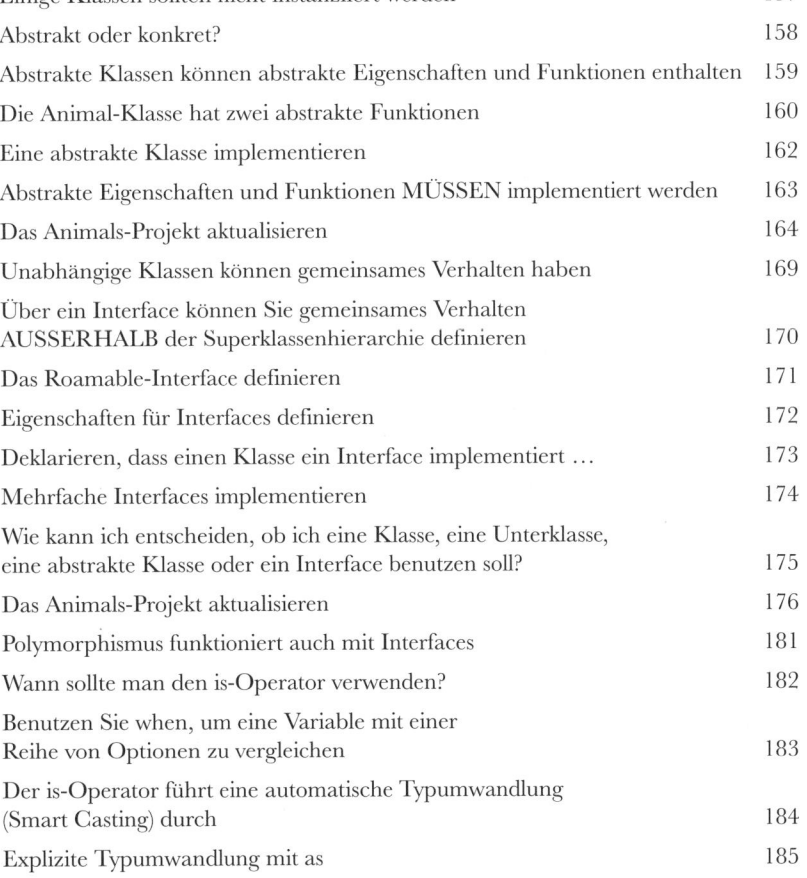

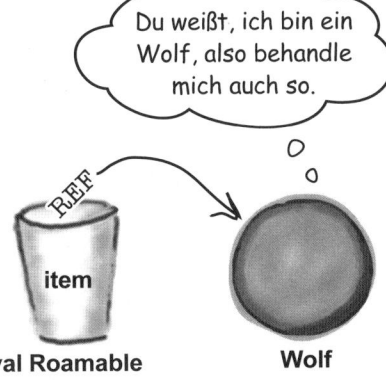

Ein weiterer Blick auf die Animal-Klassenhierarchie	156
Einige Klassen sollten nicht instanziiert werden	157
Abstrakt oder konkret?	158
Abstrakte Klassen können abstrakte Eigenschaften und Funktionen enthalten	159
Die Animal-Klasse hat zwei abstrakte Funktionen	160
Eine abstrakte Klasse implementieren	162
Abstrakte Eigenschaften und Funktionen MÜSSEN implementiert werden	163
Das Animals-Projekt aktualisieren	164
Unabhängige Klassen können gemeinsames Verhalten haben	169
Über ein Interface können Sie gemeinsames Verhalten AUSSERHALB der Superklassenhierarchie definieren	170
Das Roamable-Interface definieren	171
Eigenschaften für Interfaces definieren	172
Deklarieren, dass einen Klasse ein Interface implementiert ...	173
Mehrfache Interfaces implementieren	174
Wie kann ich entscheiden, ob ich eine Klasse, eine Unterklasse, eine abstrakte Klasse oder ein Interface benutzen soll?	175
Das Animals-Projekt aktualisieren	176
Polymorphismus funktioniert auch mit Interfaces	181
Wann sollte man den is-Operator verwenden?	182
Benutzen Sie when, um eine Variable mit einer Reihe von Optionen zu vergleichen	183
Der is-Operator führt eine automatische Typumwandlung (Smart Casting) durch	184
Explizite Typumwandlung mit as	185
Das Animals-Projekt aktualisieren	186
Ihr Kotlin-Werkzeugkasten	189

Inhaltsverzeichnis

7 Datenklassen
Mit Daten umgehen

Niemand will sein Leben lang das Rad neu erfinden.

Die meisten Applikationen enthalten Klassen, die ausschließlich für die *Datenspeicherung* zuständig sind. Um Ihnen das Programmieren zu erleichtern, haben die Kotlin-Entwickler sich das Konzept der **Datenklassen** ausgedacht. In diesem Kapitel zeigen wir Ihnen, wie Sie Datenklassen verwenden, um Code zu schreiben, der *sauberer und knapper* ist, als Sie es je für möglich gehalten haben. Sie werden die Datenklassen-*Hilfsfunktionen* kennenlernen und entdecken, wie man ein *Datenobjekt in seine Bestandteile destrukturieren* kann. Unterwegs zeigen wir Ihnen außerdem, wie *Standardparameter* Ihren Code flexibler machen können. Außerdem stellen wir Ihnen **Any** vor, die *Mutter aller Superklassen*.

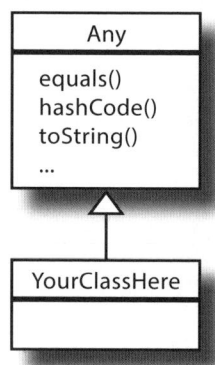

Datenobjekte gelten als gleich, wenn sie die gleichen Eigenschaftswerte enthalten.

== ruft eine Funktion namens equals auf	192
equals wird von einer Superklasse namens Any geerbt	193
Das von Any definierte gemeinsame Verhalten	194
Vielleicht soll equals testen, ob zwei Objekte gleichwertig sind	195
Mit einer Datenklasse können Sie Datenobjekte erstellen	196
Datenklassen überschreiben das geerbte Verhalten	197
Daten mit der copy-Funktion kopieren	198
Datenklassen definieren componentN-Funktionen …	199
Das Recipes-Projekt anlegen	201
Vermischte Nachrichten	203
Erzeugte Funktionen verwenden nur die im Konstruktor definierten Eigenschaften	205
Die Initialisierung vieler Eigenschaften kann zu schwerfälligem Code führen	206
Die Standardwerte des Konstruktors verwenden	207
Auch Funktionen können Standardwerte verwenden	210
Funktionen überladen	211
Das Recipes-Projekt aktualisieren	212
Der Code (Fortsetzung)	213
Ihr Kotlin-Werkzeugkasten	217

8

Nullwerte und Ausnahmen
Gesund und munter
Alle wollen sicheren Code schreiben.

Die gute Nachricht ist: Kotlin wurde *mit dem Ziel der Codesicherheit* entwickelt. Wir beginnen, indem wir Ihnen Kotlins **nullwertfähige Datentypen** zeigen und warum dadurch *in Kotlinville so gut wie keine Fehler vom Typ NullPointerException auftreten*. Sie werden erfahren, wie man *sichere Aufrufe* durchführt und wie Kotlins **Elvis**-Operator verhindert, dass Sie vollkommen durcheinanderkommen (»*All shook up*«). Wenn wir damit fertig sind, zeigen wir Ihnen noch, wie Sie **Ausnahmen auslösen und abfangen können wie ein Profi**.

Der Elvis-Operator.

Wie entfernt man Objektreferenzen aus Variablen?	220
Eine Objektreferenz mit null entfernen	221
Nullwertfähige Typen können überall genutzt werden, wo auch nicht nullwertfähige Typen möglich sind	222
Ein Array mit nullwertfähigen Typen erstellen	223
Auf Funktionen und Eigenschaften eines nullwertfähigen Typs zugreifen	224
Sichere Aufrufe (»Safe Calls«)	225
Sichere Aufrufe können verkettet werden	226
Die Geschichte geht weiter ...	227
Sichere Aufrufe für die Zuweisung von Werten verwenden ...	228
let verwenden, um Code auszuführen, wenn Werte nicht null sind	231
let mit Arrayelementen verwenden	232
Anstatt einen Ausdruck zu benutzen ...	233
Der !!-Operator löst absichtlich einen NullPointerException-Fehler aus	234
Das Projekt Null Values bauen	235
Der Code (Fortsetzung)	236
In außergewöhnlichen Situationen wird eine Ausnahme ausgelöst	239
Ausnahmen mit try/catch abfangen	240
Dinge mit finally auf jeden Fall ausführen	241
Eine Ausnahme ist ein Objekt vom Typ Exception	242
Sie können Ausnahmen selbst auslösen	244
try und throw sind Ausdrücke	245
Ihr Kotlin-Werkzeugkasten	250

Inhaltsverzeichnis

9 Collections
Dinge organisieren

Haben Sie jemals etwas Flexibleres als ein Array gebraucht?

Kotlin besitzt eine Reihe nützlicher **Collections** (Sammlungen), die mehr Flexibilität und eine größere Kontrolle über *die Speicherung und Verwaltung von Objektgruppen* bieten. Brauchen Sie eine *erweiterbare Liste*? Wollen Sie den Inhalt *mischen oder umkehren*? Wollen Sie *etwas anhand seines Namens finden*? Oder *wollen Sie Duplikate entfernen*, ohne auch nur einen Finger rühren zu müssen? Wenn Sie auch nur eines dieser Merkmale brauchen, lesen Sie weiter. In diesem Kapitel finden Sie, was Sie suchen …

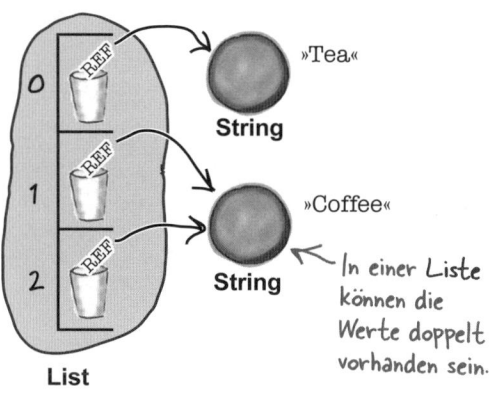

In einer Liste können die Werte doppelt vorhanden sein.

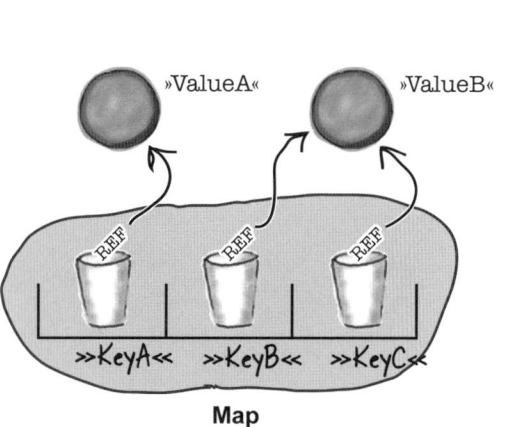

In einer Map dürfen die Werte doppelt vorhanden sein. Die Schlüssel müssen dagegen einmalig sein.

Arrays können nützlich sein …	252
… mit manchen Dingen können Arrays aber nicht umgehen	253
Im Zweifel gehen Sie zur Bibliothek	254
List, Set und Map	255
Fantastische Listen …	256
Eine mutable Liste erstellen …	257
Sie können Werte entfernen …	258
Reihenfolge ändern und mehrere Änderungen gleichzeitig durchführen …	259
Das Collections-Projekt anlegen	260
Listen dürfen doppelte Werte enthalten	263
Ein Set anlegen	264
Wie ein Set auf Duplikate testet	265
Hashcodes und Gleichheit	266
Regeln für das Überschreiben von hashCode und equals	267
Ein MutableSet verwenden	268
Das Collections-Projekt aktualisieren	270
Zeit für Maps	276
Eine Map benutzen	277
Eine MutableMap erstellen	278
Einträge aus einer MutableMap entfernen	279
Maps und MutableMaps können kopiert werden	280
Der vollständige Code für unser Collections-Projekt	281
Vermischte Nachrichten	285
Ihr Kotlin-Werkzeugkasten	287

Inhaltsverzeichnis

10 Generische Programmierung

Innen und außen unterscheiden

Alle mögen konsistenten Code.

Generics helfen dabei, konsistenteren Code zu schreiben, der weniger Probleme verursacht. In diesem Kapitel zeigen wir Ihnen, wie **Kotlins Collection-Klassen Generics** einsetzen, um zu verhindern, dass Sie versehentlich einen Salat in einer List<Seemöwe> speichern. Sie werden lernen, wann und wie Sie *Ihre eigenen generischen Klassen, Interfaces und Funktionen* erstellen und wie Sie einen **generischen Typ** auf einen bestimmten Supertyp beschränken können. Schließlich lernen Sie, wie Sie mit **Kovarianz und Kontravarianz** das Verhalten generischer Typen SELBST bestimmen können.

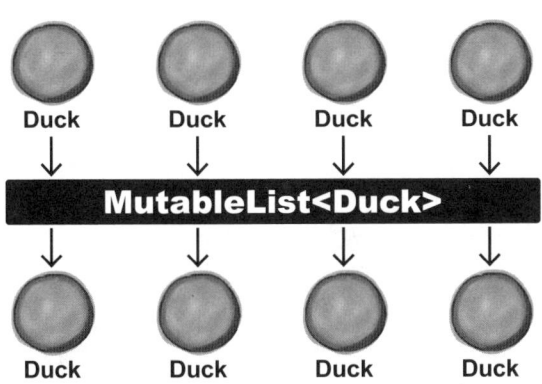

Mit Generics werden ausschließlich Referenzen auf Duck-Objekte IN der MutableList gespeichert ...

... und kommen als Referenzen auf den Objekttyp Duck auch wieder HERAUS.

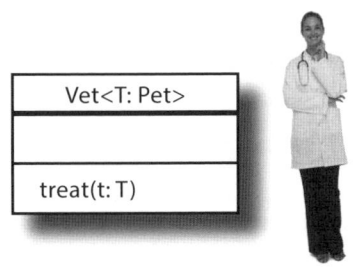

Collections verwenden Generics	290
Eine MutableList definieren	291
Typparameter mit einer MutableList verwenden	292
Möglichkeiten generischer Klassen und Interfaces	293
Diese Schritte wollen wir abarbeiten.	294
Die Pet-Klassenhierarchie erstellen	295
Die Contest-Klasse definieren	296
Die scores-Eigenschaft hinzufügen	297
Die getWinners-Funktion erstellen	298
Ein paar Contest-Objekte erstellen	299
Das Generics-Projekt erstellen	301
Die Retailer-Hierarchie	305
Das Retailer-Interface definieren	306
Wir können CatRetailer-, DogRetailer- und FishRetailer-Objekte erzeugen ...	307
out verwenden, um den generischen Typ kovariant zu machen	308
Das Generics-Projekt aktualisieren	309
Wir brauchen eine Vet-Klasse	313
Vet-Objekte erzeugen	314
Verwenden Sie in, um einen generischen Typ kontravariant zu machen	315
Ein generischer Typ kann lokal kontravariant sein	316
Das Generics-Projekt aktualisieren	317
Ihr Kotlin-Werkzeugkasten	324

Inhaltsverzeichnis

11

Lambdas und Funktionen höherer Ordnung
Code wie Daten behandeln

Wollen Sie Code schreiben, der noch flexibler und mächtiger ist?

Falls ja, brauchen Sie **Lambdas**. Ein *Lambda* – oder *Lambda-Ausdruck* (offiziell auch Lambda-Funktion oder anonyme Funktion) – ist ein Codeblock, den Sie wie ein Objekt herumreichen können. In diesem Kapitel erfahren Sie, wie man ein **Lambda definiert, es einer Variablen zuweist** und **seinen Code ausführt**. Sie lernen verschiedene **Funktionstypen** kennen und wie diese Ihnen beim Schreiben von **Funktionen höherer Ordnung** helfen können, die Lambdas für ihre Parameter- und Rückgabewerte zu benutzen. Nebenbei zeigen wir Ihnen noch, wie ein wenig *syntaktischer Zucker das Programmiererleben etwas versüßen kann*.

Einführung in Lambdas	326
Wie Lambdas aussehen	327
Lambdas können Variablen zugewiesen werden	328
Lambda-Ausdrücke haben einen Typ	331
Der Compiler kann die Lambda-Parametertypen ableiten	332
Das richtige Lambda für einen bestimmten Variablentyp verwenden	333
Das Lambdas-Projekt anlegen	334
Lambdas können an Funktionen übergeben werden	339
Das Lambda im Funktionskörper aufrufen	340
Was beim Aufruf der Funktion passiert	341
Das Lambda aus den runden Klammern befreien …	343
Das Lambdas-Projekt aktualisieren	344
Funktionen können Lambdas zurückgeben	347
Eine Funktion, die Lambdas übernimmt UND zurückgibt	348
Die combine-Funktion benutzen	349
Verwenden Sie typealias, um einen anderen Namen für einen vorhandenen Typ anzugeben	353
Das Lambdas-Projekt aktualisieren	354
Ihr Kotlin-Werkzeugkasten	361

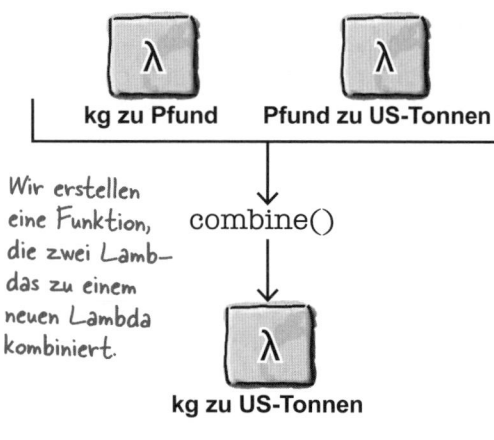

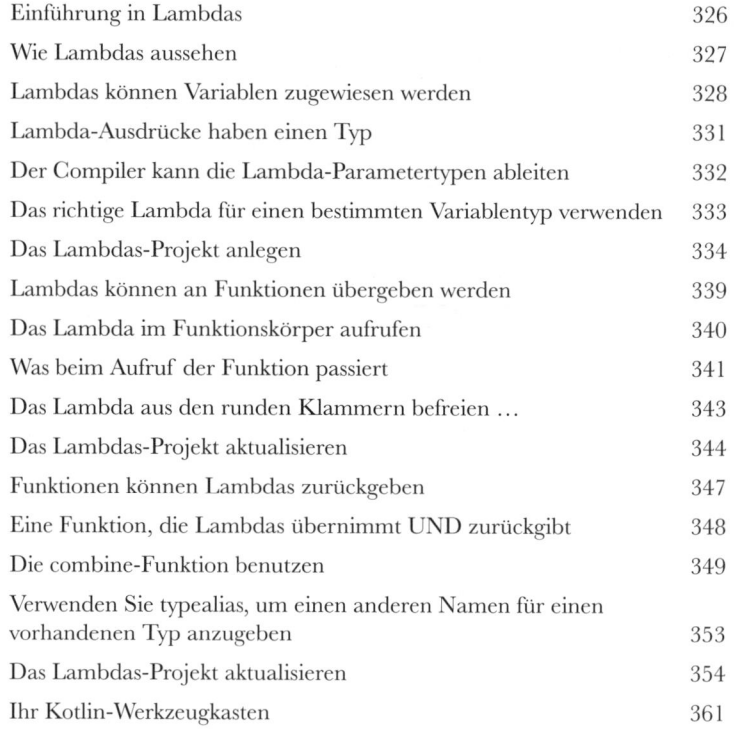

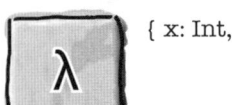

{ x: Int, y: Int -> x + y }

12 Eingebaute Funktionen höherer Ordnung

Dem Code Beine machen

Kotlin besitzt eine Vielzahl eigener Funktionen höherer Ordnung.

In diesem Kapitel werden wir Ihnen einige davon vorstellen. Sie werden die flexible *filter-Familie* kennenlernen und erfahren, wie Sie Ihre Collections damit auf die richtige Größe zurechtstutzen können. Außerdem zeigen wir Ihnen, wie Sie eine **Collection mit map umwandeln, per forEach über ihre Elemente iterieren** und die enthaltenen **Elemente per groupBy ordnen können**. Darüber hinaus erläutern wir Ihnen, wie Sie *fold* benutzen können, um komplexe Berechnungen *mit nur einer Codezeile* durchzuführen. Am Ende dieses Kapitels werden Sie **mächtigeren Code** schreiben können, **als Sie je gedacht haben**.

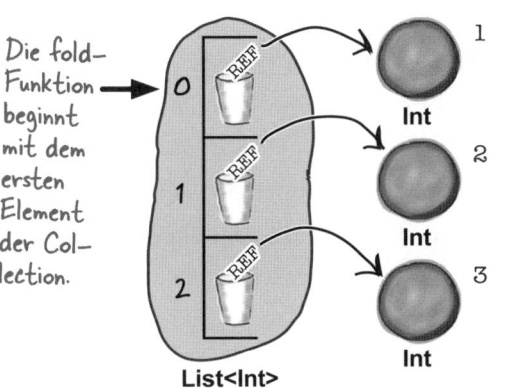

Diese Artikel/Elemente haben keine natürliche Reihenfolge. Um den niedrigsten oder höchsten Wert zu finden, müssen wir bestimmte Kriterien angeben, beispielsweise unitPrice (Preis) oder quantity (Menge).

Die fold-Funktion beginnt mit dem ersten Element der Collection.

Kotlin besitzt eine Vielzahl eingebauter Funktionen höherer Ordnung	364
Die Funktionen min und max arbeiten mit Basisdatentypen	365
Ein näherer Blick auf die Lambda-Parameter von maxBy und minBy	366
Die Funktionen sumBy und sumByDouble	367
Das Groceries-Projekt	368
Willkommen bei der filter-Funktion	371
map verwenden, um eine Collection umzuwandeln	372
Was passiert, wenn der Code ausgeführt wird	373
Die Geschichte geht weiter …	374
forEach funktioniert wie eine Schleife	375
forEach hat keinen Rückgabewert	376
Das Groceries-Projekt aktualisieren	377
Collections mit groupBy gruppieren	381
Sie können groupBy in verketteten Funktionsaufrufen verwenden	382
Die fold-Funktion	383
Hinter den Kulissen der fold-Funktion	384
Weitere Beispiele für fold	386
Das Groceries-Projekt aktualisieren	387
Vermischte Nachrichten	391
Ihr Kotlin-Werkzeugkasten	394
Raus aus der Stadt …	395

Inhaltsverzeichnis

Koroutinen
Code parallel ausführen

Manche Aufgaben laufen am besten im Hintergrund.

Sollen Daten von einem langsamen externen Server gelesen werden, wollen Sie vermutlich nicht bis zum Ende danebensitzen und Däumchen drehen. In solchen Fällen sind **Koroutinen Ihre neuen besten Freunde**. Mit Koroutinen können Sie Code **asynchron ausführen**, das heißt *weniger Däumchen drehen* und eine *bessere Benutzbarkeit*. Außerdem können Ihre Applikationen durch Koroutinen *skalierbarer* werden. Wenn Sie weiterlesen, werden Sie das Geheimnis lüften, wie Sie gleichzeitig mit Bob reden und Suzy zuhören können.

Bam! Bam! Bam! Bam! Bam! Bam!
Tish!   Tish!

Jetzt werden Toms und Becken parallel gespielt.

Testen
Ziehen Sie Ihren Code zur Rechenschaft

Jeder weiß, dass guter Code funktionieren muss.

Aber jede Codeänderung birgt das Risiko neuer Bugs, die verhindern, dass Ihr Code wie gewünscht funktioniert. Darum ist *sorgfältiges Testen* so wichtig: Sie erfahren von möglichen Problemen im Code, *bevor er in einer Produktionsumgebung eingesetzt wird*. In diesem Anhang besprechen wir **JUnit** und **KotlinTest**, zwei Bibliotheken für die Durchführung von **Unit-Tests**. Dadurch haben Sie *grundsätzlich ein Sicherheitsnetz zur Verfügung*.

Was übrig bleibt
Die Top Ten der Themen, die wir nicht behandelt haben

Nach allem, was wir behandelt haben, gibt es immer noch ein paar weitere wichtige Dinge.

Ein paar Themen haben wir noch für Sie. Wir wollten sie nicht ignorieren, aber es war uns wichtig, dass man unser Buch noch hochheben kann, ohne vorher ein Fitnessstudio besuchen zu müssen. Bevor Sie das Buch zur Seite legen, sollten Sie sich **diese Leckerbissen** nicht entgehen lassen.

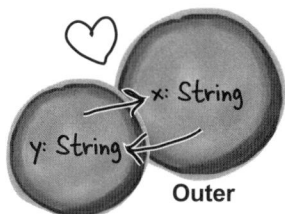

Die Inner- und Outer-Objekte haben eine besondere Beziehung zueinander. Inner kann auf die Variablen von Outer zugreifen und umgekehrt.

1.	Packages und Importe	416
2.	Die Sichtbarkeit von Code steuern	418
3.	enum-Klassen	420
4.	Versiegelte Klassen	422
5.	Verschachtelte und innere Klassen	424
6.	Objektdeklarationen und -ausdrücke	426
7.	Erweiterungen (Extensions)	429
8.	return, break und continue	430
9.	Mehr Spaß mit Funktionen	432
10.	Interoperabilität	434

Wie man dieses Buch verwendet

Einführung

In diesem Abschnitt beantworten wir die brennende Frage: »Warum steht SO ETWAS in einem Buch über Kotlin?«

Wie man dieses Buch verwendet

Für wen ist dieses Buch?

Wenn Sie alle diese Fragen mit »Ja« beantworten können:

1. Haben Sie schon mal programmiert?
2. Wollen Sie Kotlin lernen?
3. Liegt es Ihnen mehr, Dinge selbst auszuprobieren und das Gelernte anzuwenden, als stundenlang dem öden Sermon eines Dozenten zuzuhören?

> Dies ist KEIN Referenzbuch. Kotlin von Kopf bis Fuß ist ein Lehrbuch, aber kein Lexikon der Kotlin-Fakten.

dann ist dieses Buch etwas für Sie.

Wer sollte von diesem Buch besser die Finger lassen?

Wenn Sie mindestens eine der folgenden Fragen mit »Ja« beantworten:

1. Ist Ihr Programmierhintergrund auf HTML ohne irgendwelche Skriptsprachen beschränkt?
   (Wenn Sie schon mal mit Schleifen oder if/then-Logik gearbeitet haben, sollten Sie mit diesem Buch klarkommen, HTML-Tags allein reichen aber nicht.)

2. Sind Sie ein ausgefuchster Kotlin-Programmierer auf der Suche nach einem *Referenz*-Buch?

3. Würden Sie sich lieber die Zehennägel von fünfzehn kreischenden Affen herausreißen lassen, als etwas Neues zu lernen? Glauben Sie, ein Kotlin-Buch sollte *alles* behandeln, besonders das ganze seltsame Zeug, das Sie sowieso nie benutzen und das den Leser vor Langeweile zum Heulen bringt? Und davon möglichst viel?

dann ist dieses Buch **nichts** für Sie.

[Hinweis aus der Marketingabteilung: Dieses Buch eignet sich für alle mit einer Kreditkarte oder einem PayPal-Konto.]

Einführung

Wir wissen, was Sie gerade denken.

»Wie kann *das* ein ernsthaftes Kotlin-Buch sein?«

»Was sollen all die Abbildungen?«

»Kann ich auf diese Weise wirklich *lernen*?«

Und wir wissen, was Ihr *Gehirn* gerade denkt.

Ihr Gehirn denkt, DAS HIER sei wichtig.

Ihr Gehirn denkt, DAS HIER zu speichern, lohne sich nicht.

Klasse. Nur noch 450 öde, trockene, langweilige Seiten.

Ihr Gehirn lechzt nach Neuem. Es ist ständig dabei, Ihre Umgebung abzusuchen, und es *wartet* auf etwas Ungewöhnliches. So ist es nun einmal gebaut, und es hilft Ihnen zu überleben.

Also, was macht Ihr Gehirn mit all den gewöhnlichen, normalen Routinesachen, denen Sie begegnen? Es tut alles in seiner Macht Stehende, damit es dadurch nicht bei seiner *eigentlichen* Arbeit gestört wird: Dinge zu erfassen, die *wirklich* wichtig sind. Es gibt sich nicht damit ab, die langweiligen Sachen zu speichern, sondern lässt sie gar nicht erst durch den »Dies-ist-offensichtlich-nicht-wichtig«-Filter.

Woher *weiß* Ihr Gehirn denn, was wichtig ist? Nehmen Sie an, Sie machen einen Tagesausflug und ein Tiger springt vor Ihnen aus dem Gebüsch – was passiert dabei in Ihrem Kopf und Ihrem Körper?

Neuronen feuern. Gefühle werden angekurbelt. *Chemische Substanzen durchfluten Sie.*

Und so weiß Ihr Gehirn:

Dies muss wichtig sein! Vergiss es nicht!

Aber nun stellen Sie sich vor, Sie sind zu Hause oder in einer Bibliothek. In einer sicheren, warmen, tigerfreien Zone. Sie lernen. Bereiten sich auf eine Prüfung vor. Oder Sie versuchen, irgendein schwieriges Thema zu lernen, von dem Ihr Chef glaubt, Sie bräuchten dafür eine Woche oder höchstens zehn Tage.

Da ist nur ein Problem: Ihr Gehirn möchte Ihnen einen großen Gefallen tun. Es versucht, dafür zu sorgen, dass diese *offensichtlich* unwichtigen Inhalte nicht knappe Ressourcen verstopfen. Ressourcen, die besser dafür verwendet würden, die wirklich *wichtigen* Dinge zu speichern. Wie Tiger. Wie die Gefahren des Feuers. Oder dass Sie nie wieder in kurzen Hosen Snowboard fahren sollten.

Und es gibt keine einfache Möglichkeit, Ihrem Gehirn zu sagen: »Hey, Gehirn, vielen Dank, aber egal, wie langweilig dieses Buch auch ist und wie klein der Ausschlag auf meiner emotionalen Richterskala gerade ist, ich *will* wirklich, dass du diesen Kram behältst.«

Wie man dieses Buch verwendet

Wir stellen uns unseren Leser als einen aktiv Lernenden vor.

Also, was ist nötig, damit Sie etwas *lernen*? Erst einmal müssen Sie es *aufnehmen* und dann dafür sorgen, dass Sie es nicht wieder *vergessen*. Es geht nicht darum, Fakten in Ihren Kopf zu schieben. Nach den neuesten Forschungsergebnissen der Kognitionswissenschaft, der Neurobiologie und der Lernpsychologie gehört zum *Lernen* viel mehr als nur Text auf einer Seite. Wir wissen, was Ihr Gehirn anmacht.

Einige der Lernprinzipien dieser Buchreihe:

Wir setzen Bilder ein. An Bilder kann man sich viel besser erinnern als an Worte allein und lernt so viel effektiver (bis zu 89 % Verbesserung bei Abrufbarkeits- und Lerntransferstudien). Außerdem werden die Dinge dadurch verständlicher. **Wir setzen Text in oder neben die Grafiken,** auf die sie sich beziehen, anstatt darunter oder auf eine andere Seite. Die Leser werden auf den Bildinhalt bezogene Probleme dann mit *doppelt* so hoher Wahrscheinlichkeit lösen können.

Wir verwenden einen gesprächsorientierten Stil mit persönlicher Ansprache. Nach neueren Untersuchungen haben Studenten nach dem Lernen bei Tests bis zu 40 % besser abgeschnitten, wenn der Inhalt den Leser direkt in der ersten Person und im lockeren Stil angesprochen hat statt in einem formalen Ton. Halten Sie keinen Vortrag, sondern erzählen Sie Geschichten. Benutzen Sie eine zwanglose Sprache. Nehmen Sie sich selbst nicht zu ernst. Würden *Sie* einer anregenden Unterhaltung beim Abendessen mehr Aufmerksamkeit schenken oder einem Vortrag?

Wir bringen den Lernenden dazu, intensiver nachzudenken. Mit anderen Worten: Falls Sie nicht aktiv Ihre Neuronen strapazieren, passiert in Ihrem Gehirn nicht viel. Ein Leser muss motiviert, begeistert und neugierig sein und angeregt werden, Probleme zu lösen, Schlüsse zu ziehen und sich neues Wissen anzueignen. Und dafür brauchen Sie Herausforderungen, Übungen, zum Nachdenken anregende Fragen und Tätigkeiten, die beide Seiten des Gehirns und mehrere Sinne einbeziehen.

Wir ziehen die Aufmerksamkeit des Lesers auf den Lernstoff – nachhaltig. Wir alle haben schon Erfahrungen dieser Art gemacht: »Ich will das wirklich lernen, aber ich kann einfach nicht über Seite 1 hinaus wach bleiben.« Ihr Gehirn passt auf, wenn Dinge ungewöhnlich, interessant, merkwürdig, auffällig, unerwartet sind. Ein neues, schwieriges, technisches Thema zu lernen, muss nicht langweilig sein. Wenn es das nicht ist, lernt Ihr Gehirn viel schneller.

Wir sprechen Gefühle an. Wir wissen, dass Ihre Fähigkeit, sich an etwas zu erinnern, wesentlich von dessen emotionalem Gehalt abhängt. Sie erinnern sich an das, was Sie bewegt. Sie erinnern sich, wenn Sie etwas *fühlen*. Nein, wir erzählen keine herzzerreißenden Geschichten über einen Jungen und seinen Hund. Was wir erzählen, ruft Überraschungs-, Neugier-, Spaß- und Was-soll-das?-Emotionen hervor und dieses Hochgefühl, das Sie beim Lösen eines Puzzles empfinden oder wenn Sie etwas lernen, das alle anderen schwierig finden. Oder wenn Sie merken, dass Sie etwas können, was dieser »Ich-bin-ein-besserer-Techniker-als-du«-Typ aus der Technikabteilung *nicht kann*.

Metakognition: Nachdenken übers Denken

Wenn Sie wirklich lernen möchten, und zwar schneller und nachhaltiger, dann schenken Sie Ihrer Aufmerksamkeit Aufmerksamkeit. Denken Sie darüber nach, wie Sie denken. Lernen Sie, wie Sie lernen.

Die meisten von uns haben in ihrer Jugend keine Kurse in Metakognition oder Lerntheorie gehabt. Es wurde von uns *erwartet*, dass wir lernen, aber nur selten wurde uns auch *beigebracht*, wie man lernt.

Wir nehmen aber an, dass Sie wirklich etwas über Kotlin lernen möchten, wenn Sie dieses Buch in den Händen halten. Und wahrscheinlich möchten Sie nicht viel Zeit aufwenden. Und Sie wollen sich an das *erinnern*, was Sie lesen, und es anwenden können. Und deshalb müssen Sie es *verstehen*. Wenn Sie so viel wie möglich von diesem Buch profitieren wollen oder von irgendeinem anderen Buch oder einer anderen Lernerfahrung, übernehmen Sie Verantwortung für Ihr Gehirn. Ihr Gehirn im Zusammenhang mit diesem Lernstoff.

Der Trick besteht darin, Ihr Gehirn dazu zu bringen, neuen Lernstoff als etwas wirklich Wichtiges anzusehen. Als entscheidend für Ihr Wohlbefinden. So wichtig wie einen Tiger. Andernfalls stecken Sie in einem dauernden Kampf, in dem Ihr Gehirn sein Bestes gibt, um die neuen Inhalte davon abzuhalten, hängen zu bleiben.

Also WIE bringen Sie Ihr Hirn dazu, Kotlin so zu behandeln, als sei es ein hungriger Tiger?

Da gibt es den langsamen, ermüdenden Weg oder den schnelleren, effektiveren Weg. Der langsame Weg geht über bloße Wiederholung. Natürlich ist Ihnen klar, dass Sie lernen und sich sogar an die langweiligsten Themen erinnern *können*, wenn Sie sich die gleiche Sache immer wieder einhämmern. Wenn Sie nur oft genug wiederholen, sagt Ihr Gehirn: »Er hat zwar nicht das *Gefühl*, dass das wichtig ist, aber er sieht sich dieselbe Sache *immer und immer wieder* an – dann muss sie wohl wichtig sein.«

Der schnellere Weg besteht darin, **alles zu tun, was die Gehirnaktivität erhöht**, vor allem verschiedene Arten von Gehirnaktivität. Eine wichtige Rolle dabei spielen die auf der vorhergehenden Seite erwähnten Dinge – alles Dinge, die nachweislich dabei helfen, dass Ihr Gehirn *für* Sie arbeitet. So hat sich z. B. in Untersuchungen gezeigt: Wenn Wörter *in* den Abbildungen stehen, die sie beschreiben (und nicht irgendwo anders auf der Seite, z. B. in einer Bildunterschrift oder im Text), versucht Ihr Gehirn, herauszufinden, wie die Wörter und das Bild zusammenhängen, und dadurch feuern mehr Neuronen. Und je mehr Neuronen feuern, umso größer ist die Chance, dass Ihr Gehirn mitbekommt: Bei dieser Sache lohnt es sich, aufzupassen, und vielleicht auch, sich daran zu erinnern.

Ein lockerer Sprachstil hilft, denn Menschen tendieren zu höherer Aufmerksamkeit, wenn ihnen bewusst ist, dass sie ein Gespräch führen – man erwartet dann ja von ihnen, dass sie dem Gespräch folgen und sich beteiligen. Das Erstaunliche daran ist: Es ist Ihrem Gehirn ziemlich egal, dass die »Unterhaltung« zwischen Ihnen und einem Buch stattfindet! Wenn der Schreibstil dagegen formal und trocken ist, hat Ihr Gehirn den gleichen Eindruck wie bei einem Vortrag, bei dem in einem Raum passive Zuhörer sitzen. Nicht nötig, wach zu bleiben.

Aber Abbildungen und ein lockerer Sprachstil sind erst der Anfang.

Wie man dieses Buch verwendet

Das haben WIR getan:

Wir haben **Bilder** verwendet, weil Ihr Gehirn auf visuelle Eindrücke eingestellt ist, nicht auf Text. Soweit es Ihr Gehirn betrifft, sagt ein Bild *wirklich* mehr als 1.024 Worte. Und dort, wo Text und Abbildungen zusammenwirken, haben wir den Text *in* die Bilder eingebettet, denn Ihr Gehirn arbeitet besser, wenn der Text *innerhalb* der Sache steht, auf die er sich bezieht, und nicht in einer Bildunterschrift oder irgendwo vergraben im Text.

Wir haben **Redundanz** eingesetzt, d. h. dasselbe auf *unterschiedliche* Art und mit verschiedenen Medientypen ausgedrückt, damit Sie es über *mehrere Sinne* aufnehmen. Das erhöht die Chance, dass die Inhalte an mehr als nur einer Stelle in Ihrem Gehirn verankert werden.

Wir haben Konzepte und Bilder in **unerwarteter** Weise eingesetzt, weil Ihr Gehirn auf Neuigkeiten programmiert ist. Und wir haben Bilder und Ideen mit zumindest *etwas* **emotionalem** Charakter verwendet, weil Ihr Gehirn darauf eingestellt ist, auf die Biochemie von Gefühlen zu achten. An alles, was ein *Gefühl* in Ihnen auslöst, können Sie sich mit höherer Wahrscheinlichkeit erinnern, selbst wenn dieses Gefühl nicht mehr ist als ein bisschen **Belustigung, Überraschung oder Interesse.**

Wir haben einen **umgangssprachlichen Stil** mit direkter Anrede benutzt, denn Ihr Gehirn ist von Natur aus aufmerksamer, wenn es Sie in einer Unterhaltung wähnt als wenn es davon ausgeht, dass Sie passiv einer Präsentation zuhören – sogar dann, wenn Sie *lesen.*

Wir haben **Aktivitäten** für Sie vorgesehen, denn Ihr Gehirn lernt und behält von Natur aus besser, wenn Sie Dinge *tun,* als wenn Sie nur darüber *lesen.* Und wir haben die Übungen zwar anspruchsvoll, aber doch lösbar gemacht, denn so ist es den meisten Lesern am liebsten.

Wir haben **mehrere unterschiedliche Lernstile** eingesetzt, denn vielleicht bevorzugen *Sie* ein Schritt-für-Schritt-Vorgehen, während ein anderer erst einmal den groben Zusammenhang verstehen und ein Dritter einfach nur ein Codebeispiel sehen möchte. Aber ganz abgesehen von den jeweiligen Lernvorlieben profitiert *jeder* davon, wenn er die gleichen Inhalte in unterschiedlicher Form präsentiert bekommt.

Wir liefern Inhalte für **beide Seiten Ihres Gehirns,** denn je mehr Sie von Ihrem Gehirn einsetzen, umso wahrscheinlicher werden Sie lernen und behalten, und umso länger bleiben Sie konzentriert. Wenn Sie mit einer Seite des Gehirns arbeiten, bedeutet das häufig, dass sich die andere Seite des Gehirns ausruhen kann; so können Sie über einen längeren Zeitraum produktiver lernen.

Und wir haben **Geschichten** und Übungen aufgenommen, die **mehr als einen Blickwinkel repräsentieren,** denn Ihr Gehirn lernt von Natur aus intensiver, wenn es gezwungen ist, selbst zu analysieren und zu beurteilen.

Wir haben **Herausforderungen** eingefügt: in Form von Übungen und indem wir **Fragen** stellen, auf die es nicht immer eine eindeutige Antwort gibt, denn Ihr Gehirn ist darauf eingestellt, zu lernen und sich zu erinnern, wenn es an etwas *arbeiten* muss. Überlegen Sie: Ihren *Körper* bekommen Sie ja auch nicht in Form, wenn Sie nur die Leute auf dem Sportplatz *beobachten.* Aber wir haben unser Bestes getan, um dafür zu sorgen, dass Sie – wenn Sie schon hart arbeiten – an den *richtigen* Dingen arbeiten. Dass Sie **nicht einen einzigen Dendriten darauf verschwenden,** ein schwer verständliches Beispiel zu verarbeiten oder einen schwierigen, mit Fachbegriffen gespickten oder übermäßig gedrängten Text zu analysieren.

Wir haben **Menschen** eingesetzt. In Geschichten, Beispielen, Bildern usw. – denn *Sie sind* ein Mensch. Und Ihr Gehirn schenkt *Menschen* mehr Aufmerksamkeit als *Dingen*.

Einführung

Schneiden Sie dies aus und heften Sie es an Ihren Kühlschrank.

Und das können SIE tun, um sich Ihr Gehirn untertan zu machen

So, wir haben unseren Teil der Arbeit geleistet. Der Rest liegt bei Ihnen. Diese Tipps sind ein Anfang; hören Sie auf Ihr Gehirn und finden Sie heraus, was bei Ihnen funktioniert und was nicht. Probieren Sie neue Wege aus.

---

① Immer langsam. Je mehr Sie verstehen, umso weniger müssen Sie auswendig lernen.

Lesen Sie nicht nur. Halten Sie inne und denken Sie nach. Wenn das Buch Sie etwas fragt, springen Sie nicht einfach zur Antwort. Stellen Sie sich vor, dass Sie das wirklich jemand *fragt*. Je gründlicher Sie Ihr Gehirn zum Nachdenken zwingen, umso größer ist die Chance, dass Sie lernen und behalten.

② Bearbeiten Sie die Übungen. Machen Sie selbst Notizen.

Wir haben sie entworfen, aber wenn wir sie auch für Sie lösen würden, wäre das, als würde jemand anderes Ihr Training für Sie absolvieren. Und *sehen* Sie sich die Übungen *nicht einfach nur an*. **Benutzen Sie einen Bleistift.** Es deutet vieles darauf hin, dass körperliche Aktivität beim Lernen den Lernerfolg erhöhen kann.

③ Lesen Sie die Abschnitte »Es gibt keine Dummen Fragen«.

Und zwar alle. Das sind keine Zusatzanmerkungen – *sie gehören zum Kerninhalt!* Überspringen Sie sie nicht.

④ Lesen Sie dies als Letztes vor dem Schlafengehen. Oder lesen Sie danach zumindest nichts *Anspruchsvolles* mehr.

Ein Teil des Lernprozesses (vor allem die Übertragung in das Langzeitgedächtnis) findet erst statt, *nachdem* Sie das Buch zur Seite gelegt haben. Ihr Gehirn braucht Zeit für sich, um weitere Verarbeitung zu leisten. Wenn Sie in dieser Zeit etwas Neues aufnehmen, geht ein Teil dessen, was Sie gerade gelernt haben, verloren.

⑤ Trinken Sie Wasser. Viel.

Ihr Gehirn arbeitet am besten in einem schönen Flüssigkeitsbad. Austrocknung (zu der es schon kommen kann, bevor Sie überhaupt Durst verspüren) beeinträchtigt die kognitive Funktion.

⑥ Reden Sie darüber. Laut.

Sprechen aktiviert einen anderen Teil des Gehirns. Wenn Sie etwas verstehen oder Ihre Chancen verbessern wollen, sich später daran zu erinnern, sagen Sie es laut. Noch besser: Versuchen Sie, es jemandem laut zu erklären. Sie lernen dann schneller und haben vielleicht Ideen, auf die Sie beim bloßen Lesen nie gekommen wären.

⑦ Hören Sie auf Ihr Gehirn.

Achten Sie darauf, Ihr Gehirn nicht zu überladen. Wenn Sie merken, dass Sie etwas nur noch überfliegen oder dass Sie das gerade erst Gelesene vergessen haben, ist es Zeit für eine Pause. Ab einem bestimmten Punkt lernen Sie nicht mehr schneller, indem Sie mehr hineinzustopfen versuchen; das kann sogar den Lernprozess stören.

⑧ Aber bitte mit *Gefühl!*

Ihr Gehirn muss wissen, dass es *um etwas Wichtiges geht*. Lassen Sie sich in die Geschichten hineinziehen. Erfinden Sie eigene Bildunterschriften für die Fotos. Über einen schlechten Scherz zu stöhnen, ist *immer noch* besser, als gar nichts zu fühlen.

⑨ Erschaffen Sie etwas!

Wenden Sie dies auf Ihre tägliche Arbeit an; setzen Sie das, was Sie gerade lernen, ein, um Entscheidungen in Ihren Projekten zu fällen. Tun Sie irgendetwas, um Erfahrungen zu sammeln, die über die Übungen und Aktivitäten in diesem Buch hinausgehen. Sie brauchen nur einen Bleistift und ein Problem, das es zu lösen gilt … ein Problem, das vielleicht vom Einsatz der Tools und Techniken profitiert, von denen Sie in diesem Buch erfahren.

Sie sind hier ▶

Wie man dieses Buch verwendet

Lies mich

Das hier ist ein Lehrbuch, kein Referenzwerk. Wir haben bewusst alles herausgestrichen, was an irgendeiner Stelle des Buchs hinderlich für den Lernprozess sein könnte. Beim ersten Lesen sollten Sie unbedingt auch am Anfang des Buchs beginnen. Das Buch geht zu jedem Zeitpunkt davon aus, dass Sie bestimmte Dinge bereits gesehen und gelernt haben.

Wir gehen davon aus, dass Kotlin neu für Sie ist, aber nicht das Programmieren selbst.

Wir erwarten, dass Sie schon mal programmiert haben. Das muss nicht viel sein. Aber Dinge wie Schleifen und Variablen sollten Sie in anderen Sprachen bereits gesehen haben. Übrigens: Im Gegensatz zu vielen anderen Kotlin-Büchern erwarten wir nicht, dass Sie Java bereits kennen.

Zu Beginn zeigen wir Ihnen ein paar Kotlin-Grundkonzepte. Danach sorgen wir dafür, dass Sie Kotlin so schnell wie möglich benutzen können.

In Kapitel 1 geht es um die Grundlagen. Dadurch werden Sie schon in Kapitel 2 Programme schreiben, die tatsächlich etwas tun. Im restlichen Buch bauen wir auf diese Kenntnisse auf. In kurzer Zeit verwandeln Sie von einem *Kotlin-Grünschnabel* in einen *Kotlin-Ninja-Meister*.

Die Redundanz ist wichtig und beabsichtigt.

Ein wesentliches Anliegen eines *Von Kopf bis Fuß*-Buchs ist, dass wir wollen, dass Sie es *wirklich* kapieren. Und wir wollen, dass Sie sich am Ende des Buchs an das Gelernte erinnern. Beständigkeit und Erinnern ist bei den meisten Referenzbüchern nicht das Ziel, aber in diesem Buch geht es ums *Lernen*. Deshalb werden Sie einige der hier gezeigten Konzepte mehr als einmal sehen.

Die Beispiele sind so kurz wie möglich.

Unsere Leser sagen uns, dass sie es frustrierend finden, sich durch 200 Zeilen Code graben zu müssen, um die beiden Zeilen zu finden, die sie wirklich verstehen müssen. Die meisten Beispiele in diesem Buch werden mit so wenig Kontext wie möglich gezeigt, damit der Teil, den Sie lernen sollen, klar und einfach ist. Sie dürfen nicht erwarten, dass der Code robust oder gar vollständig ist. Die Beispiele in diesem Buch wurden speziell für Lehrzwecke geschrieben und sind nicht immer rundum funktionsfähig (obwohl wir versucht haben, das so weit wie möglich sicherzustellen).

Die Aktivitäten sind NICHT optional – Sie müssen die Arbeit selbst machen.

Die Übungen und Aktivitäten sind kein Beiwerk, sondern wesentliche Bestandteile des Buchs. Einige sollen Ihnen beim Erinnern helfen, andere beim Verstehen und wieder andere beim Anwenden. ***Überspringen Sie nichts.***

Einführung

Danksagungen

Unser Lektor:

Ein herzliches Dankeschön geht an unseren großartigen Lektor **Jeff Bleiel** für all seine Arbeit und Hilfe. Sein Vertrauen, seine Unterstützung und sein Zuspruch haben uns sehr geholfen. Seine vielen Hinweise auf Unklarheiten und Dinge, die wir neu überdenken mussten, haben uns dabei geholfen, ein viel besseres Buch zu schreiben.

Jeff Bleiel

Das O'Reilly-Team:

Ein großes Dankeschön geht darüber hinaus an **Brian Foster** für seine Hilfe, *Kotlin von Kopf bis Fuß* auf den Weg zu bringen, **Susan Conant**, **Rachel Roumeliotis** und an **Nancy Davis** für ihre Hilfe, die Ecken und Kanten zu glätten, an **Randy Comer** für das Coverdesign, an das **Early-Release-Team** für die Bereitstellung früher Versionen dieses Buchs zum Download und an **Kristen Brown, Jasmine Kwityn, Lucie Haskins und den Rest des Produktionsteams** dafür, dass sie dieses Buch souverän durch den Produktionsprozess gebracht haben, und für ihre harte Arbeit hinter den Kulissen.

Freunde, Familie und Kollegen:

Das Schreiben eines *Von Kopf bis Fuß*-Buchs ist immer eine Achterbahnfahrt. Das Wohlwollen und die Unterstützung unserer Familie sowie unserer Freunde und Kollegen hat uns dabei sehr geholfen. Ein besonderes Dankeschön geht an **Jacqui**, **Ian**, **Vanessa**, **Dawn**, **Matt**, **Andy**, **Simon**, **Mum**, **Dad**, **Rob** und **Lorraine**.

Die Liste der Menschen, ohne die nichts geht:

Unser großartiges Team technischer Sachverständiger hat hart gearbeitet, um uns ihre Gedanken zu unserem Buch mitzuteilen. Für ihre Anmerkungen sind wir unglaublich dankbar. Sie haben dafür gesorgt, dass die Themen akkurat behandelt wurden und wir dabei noch gut unterhalten wurden. Unserer Meinung nach ist das Buch durch ihre Rückmeldungen noch viel besser geworden.

Unser abschließender Dank gilt **Kathy Sierra** und **Bert Bates** für die Erfindung dieser außergewöhnlichen Buchreihe und dafür, dass sie uns an ihrer Denkweise teilhaben lassen.

Sie sind hier ▶

Die technischen Gutachter

Das Team der Fachgutachter

Technische Gutachter:

Ingo Krotzky ist ausgebildeter Gesundheitsinformatiker, der als Datenbankprogrammierer und Softwareentwickler im Auftrag verschiedener Forschungsinstitute gearbeitet hat.

Ken Kousen ist Autor der Bücher *Modern Java Recipes* (O'Reilly), *Gradle Recipes for Android* (O'Reilly) und *Making Java Groovy* (Manning) sowie der O'Reilly-Videokurse für Android, Groovy, Gradle, fortgeschrittene Java-Programmierung und Spring. Er hält regelmäßig Vorträge auf der »No Fluff, Just Stuff«-Konferenzreihe und wurde 2013 und 2016 als JavaOne Rock Star ausgezeichnet. Er tritt als Sprecher auf Konferenzen auf der ganzen Welt auf. Durch sein Unternehmen Kousen I.T., Inc. hat er Tausenden von Studenten die Softwareentwicklung anhand von Trainingskursen beigebracht.

Über den Übersetzer dieses Buchs

Jørgen W. Lang lebt und arbeitet als freier Autor (»CSS Kochbuch«) und Übersetzer in Oldenburg/Niedersachsen. Mitte der Neunzigerjahre des vergangenen Jahrhunderts begann er, sich mit dem damals noch jungen World Wide Web und seinen Möglichkeiten zu beschäftigen. Pünktlich zum Jahrtausendwendejahr erschien seine erste Übersetzung für den O'Reilly Verlag. Mittlerweile ist der Umfang seiner Übersetzungen auf mehr als 10.000 Seiten angewachsen.

Mit großer Energie und Ausdauer bringt Jørgen seit fast schon zwei Jahrzehnten Webseiten bei, das zu tun, was von ihnen erwartet wird – unabhängig davon, auf welchem Gerät sie betrachtet werden (elektrische Zahnbürsten ausgenommen).

Das zweite Standbein von Jørgen Lang ist die Musik. Außerhalb der Welt der semantischen Elemente, Selektoren und Objekte hat er sich einen Namen als hervorragender Gitarrist, Sänger, Komponist und Arrangeur gemacht und kann auf eine Vielzahl veröffentlichter Alben und über mehrere Hundert Konzerte in aller Welt (z. B. für die UNESCO in Seoul) zurückblicken.

1 Erste Schritte

Ein Sprung ins kalte Wasser

> Na los, das Wasser ist großartig, stürzen wir uns also kopfüber hinein! Wir schreiben etwas Code und schauen dabei schon ein wenig auf die grundsätzliche Kotlin-Syntax. In null Komma nix coden Sie selbst.

Kotlin schlägt Wellen.

Seit seiner ersten Veröffentlichung hat Kotlin Programmierer mit seiner *freundlichen Syntax, Knappheit, Flexibilität und Leistungsfähigkeit* beeindruckt. In diesem Buch zeigen wir Ihnen, wie Sie **Ihre eigenen Kotlin-Applikationen erstellen** können. Wir beginnen, indem wir ein einfaches Programm schreiben und laufen lassen. Unterwegs stellen wir Ihnen wesentliche Teile der Kotlin-Syntax vor, z. B. *Anweisungen*, *Schleifen* und *bedingungsbasierte Verzweigungen*. Ihre Reise hat gerade erst begonnen …

Willkommen in Kotlinville

Kotlin hat die Welt der Programmierung im Sturm erobert. Obwohl sie eine der jüngsten Programmiersprachen ist, betrachten bereits viele Programmierer sie als Sprache der Wahl. Aber was macht Kotlin so besonders?

Kotlin besitzt viele moderne, für Entwickler attraktive Sprachmerkmale. Später in diesem Buch werden Sie noch mehr über diese Merkmale erfahren. Hier zunächst ein paar Highlights.

Eine Sprache für Computer UND Menschen? Großartig!

Kotlin ist knapp, knackig und lesbar

Im Gegensatz zu anderen Sprachen ist Kotlin-Code sehr prägnant. Trotzdem lassen sich auch anspruchsvolle Aufgaben in nur einer Zeile erledigen. Für häufige Aktionen gibt es Kurzformen, die Ihnen das Schreiben monotonen Standardcodes ersparen. Kotlin besitzt eine reichhaltige und direkt benutzbare Funktionsbibliothek. Und weil Sie sich durch weniger Code graben müssen, ist es schneller zu lesen, zu schreiben und zu verstehen, wodurch Sie mehr Zeit für andere Dinge haben.

Sie können objektorientiert UND funktional programmieren

Sie wissen noch nicht, ob Sie lieber objektorientiert oder funktional programmieren sollen? Warum nicht beides? In Kotlin können Sie objektorientierten Code schreiben, der, genau wie Java, Klassen, Vererbung und Polymorphismus verwendet. Gleichzeitig unterstützt Kotlin aber auch funktionale Programmierung. Suchen Sie sich doch einfach das Beste aus beiden Welten heraus.

Der Compiler passt auf Sie auf

Niemand mag unsicheren, fehlerhaften Code. Daher treibt der Kotlin-Compiler viel Aufwand, um Ihren Code so sauber wie möglich zu halten, indem er jede Menge Fehler verhindert, die in anderen Programmiersprachen passieren können. Kotlin verwendet statische Datentypen. Dadurch wird beispielsweise verhindert, dass Ihr Code durch unangemessene Aktionen am falschen Variablentyp abstürzt. In den meisten Fällen müssen Sie den Typ nicht einmal selbst angeben, weil der Compiler ihn ermitteln kann.

Kotlin vermeidet viele der Fehler, die in anderen Programmiersprachen passieren. Das bedeutet sicheren und verlässlichen Code und weniger Zeitaufwand für die Jagd nach Programmierfehlern.

Kotlin ist also eine moderne, leistungsfähige Programmiersprache, die viele Vorteile bietet. Aber selbst das ist noch lange nicht alles.

Sie können Kotlin fast überall benutzen

Kotlin ist so leistungsstark und flexibel, dass es in den verschiedensten Umgebungen als Allzwecksprache eingesetzt werden kann, denn Sie *können wählen, gegen welche Plattform Ihr Kotlin-Code kompiliert werden soll*.

Java Virtual Machines (JVMs)

Kotlin-Code kann in JVM-(Java Virtual Machine-)Bytecode kompiliert werden. Dadurch können Sie Kotlin praktisch überall dort einsetzen, wo auch Java benutzt wird. Kotlin arbeitet zu 100 % mit Java zusammen. Es können also auch bestehende Java-Bibliotheken eingebunden werden. Wenn Sie beispielsweise an einer Applikation arbeiten, die eine Menge alten Java-Code enthält, müssen Sie den alten Code nicht verwerfen, sondern können Ihren neuen Code Seite an Seite laufen lassen. Und wenn Sie Ihren Kotlin-Code, den Sie innerhalb von Java geschrieben haben, verwenden möchten, ist auch das mit Leichtigkeit möglich.

Die Möglichkeit, auszuwählen, gegen welche Plattform Ihr Code kompiliert wird, bedeutet, dass Kotlin auf Servern, in der Cloud, in Browsern, auf Mobilgeräten und mehr funktioniert.

Android

Zusammen mit anderen Sprachen wie Java besitzt Kotlin eine erstklassige Unterstützung für Android. Kotlin wird in Android Studio vollständig unterstützt. Dadurch können Sie Kotlins Vorteile auch bei der Entwicklung von Android-Apps nutzen.

Clientseitiges und serverseitiges JavaScript

Kotlin-Code kann außerdem für die Ausführung im Browser zu JavaScript transkompiliert bzw. übersetzt und kompiliert werden. Kotlin funktioniert zusammen mit clientseitigen wie auch mit serverseitigen Technologien wie WebGL oder Node.js.

Native Apps

Wollen Sie Code schreiben, der auch auf weniger leistungsfähigen Geräten schnell ausgeführt wird, können Sie Ihren Kotlin-Code direkt in nativen Maschinencode kompilieren. Hierdurch können Sie Code schreiben, der beispielsweise unter iOS oder Linux läuft.

In diesem Buch konzentrieren wir uns auf die Erstellung von Kotlin-Applikationen für JVMs, weil dies der einfachste Weg ist, sich mit der Sprache vertraut zu machen. Danach können Sie das Gelernte auch auf andere Plattformen anwenden.

Auf geht's.

Obwohl wir Applikationen für Java Virtual Machines erstellen, brauchen Sie keine Java-Kenntnisse, um für sich das Optimale aus diesem Buch herauszuholen. Wir gehen davon aus, dass Sie allgemeine Programmierkenntnisse haben. Aber das war es auch schon.

Gehen wir los!

Was wir in diesem Kapitel tun

In diesem Kapitel zeigen wir Ihnen, wie Sie eine einfache Kotlin-Applikation erstellen. Folgende Schritte sind dafür notwendig:

1 **Ein neues Kotlin-Projekt erstellen.**
Wir beginnen mit der Installation von IntelliJ IDEA (Community Edition), einer kostenlosen IDE mit Unterstützung für die Entwicklung von Kotlin-Applikationen. Danach verwenden wir die IDE, um ein neues Kotlin-Projekt zu erstellen:

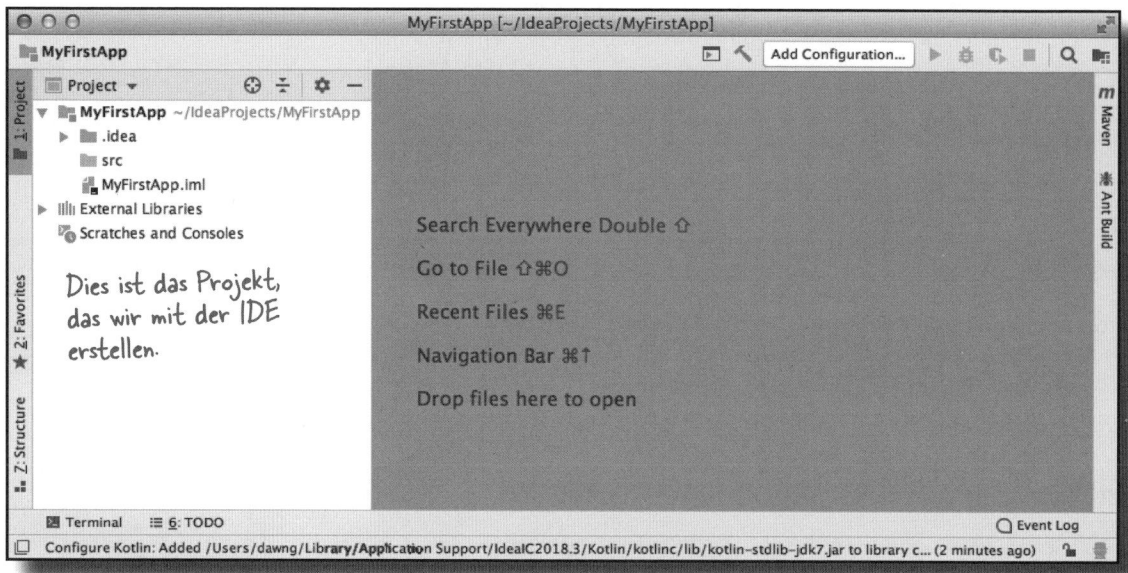

Dies ist das Projekt, das wir mit der IDE erstellen.

2 **Eine Funktion erstellen, die etwas Text ausgibt.**
Wir erweitern das Projekt um eine neue Kotlin-Datei. Danach schreiben wir eine einfache Hauptfunktion, die den Text »Pow!« ausgibt.

3 **Die Funktion um weitere Fähigkeiten ergänzen.**
Kotlin enthält grundsätzliche Sprachstrukturen, wie Anweisungen, Schleifen und bedingte Verzweigungen. Wir benutzen diese, um unsere Funktion mit weiteren Fähigkeiten zu versehen.

4 **Den Code in der interaktiven Kotlin-Shell testen.**
Schließlich zeigen wir, wie Sie Codeabschnitte in der interaktiven Kotlin-Shell (auch REPL genannt) ausprobieren können.

Wir werden die IDE nach der folgenden Übung installieren.

Spitzen Sie Ihren Bleistift

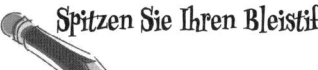

Es ist uns klar, dass wir Ihnen noch keinen Kotlin-Code beigebracht haben. Trotzdem sollten Sie herausfinden können, was die einzelnen Codezeilen tun. Um Ihnen den Einstieg zu erleichtern, haben wir die erste Zeile bereits ausgefüllt.

```
val name = "Misty"      Deklariert eine Variable namens name und gibt ihr den Wert »Misty«.
val height = 9          ............................................................

println("Hello")        ............................................................
println("My cat is called $name")       ............................................
println("My cat is $height inches tall") ...........................................

val a = 6               ............................................................
val b = 7               ............................................................
val c = a + b + 10      ............................................................
val str = c.toString()  ............................................................

val numList = arrayOf(1, 2, 3)  ....................................................
var x = 0               ............................................................
while (x < 3) {         ............................................................
    println("Item $x is ${numList[x]}") ............................................
    x = x + 1           ............................................................
}                       ............................................................

val myCat = Cat(name, height)   ....................................................
val y = height - 3      ............................................................
if (y < 5) myCat.miaow(4) ..........................................................

while (y < 8) {         ............................................................
    myCat.play()        ............................................................
    y = y + 1           ............................................................
}                       ............................................................
```

Lösung für die Übung

Spitzen Sie Ihren Bleistift
Lösung

Es ist uns klar, dass wir Ihnen noch keinen Kotlin-Code beigebracht haben. Trotzdem sollten Sie herausfinden können, was die einzelnen Codezeilen tun. Um Ihnen den Einstieg zu erleichtern, hatten wir die erste Zeile bereits ausgefüllt.

```
val name = "Misty"
```
Deklariert eine Variable namens name und gibt ihr den Wert »Misty«.

```
val height = 9
```
Deklariert eine Variable namens height und gibt ihr den Wert 9.

```
println("Hello")
```
Gibt »Hello« auf der Standardausgabe aus.

```
println("My cat is called $name")
```
Gibt »My cat is called Misty« aus.

```
println("My cat is $height inches tall")
```
Gibt »My cat is 9 inches tall« aus.

```
val a = 6
```
Deklariert eine Variable namens a und gibt ihr den Wert 6.

```
val b = 7
```
Deklariert eine Variable namens b und gibt ihr den Wert 7.

```
val c = a + b + 10
```
Deklariert eine Variable namens c und gibt ihr den Wert 23.

```
val str = c.toString()
```
Deklariert eine Variable namens str und gibt ihr den Textwert »23«.

```
val numList = arrayOf(1, 2, 3)
```
Erstellt ein Array mit den Werten 1, 2 und 3.

```
var x = 0
```
Deklariert eine Variable namens x und gibt ihr den Wert 0.

```
while (x < 3) {
```
Schleife ausführen, solange x kleiner ist als 3.

```
    println("Item $x is ${numList[x]}")
```
Index und Wert jedes Arrayelements ausgeben.

```
    x = x + 1
```
Addiert 1 zu x.

```
}
```
Dies ist das Ende der Schleife.

```
val myCat = Cat(name, height)
```
Deklariert eine Variable namens myCat und erzeugt ein Cat-Objekt.

```
val y = height - 3
```
Deklariert eine Variable namens y und gibt ihr den Wert 6.

```
if (y < 5) myCat.miaow(4)
```
Wenn y kleiner ist als 5, sollte die Katze (Cat) viermal miauen (miaow).

```
while (y < 8) {
```
Schleife ausführen, solange y kleiner als 8 ist.

```
    myCat.play()
```
Die Katze (Cat) spielen (play) lassen.

```
    y = y + 1
```
Addiert 1 zu y.

```
}
```
Dies ist das Ende der Schleife.

IntelliJ IDEA (Community Edition) installieren

Sie sind hier.

Erste Schritte
Applikation erstellen
Funktion hinzufügen
Funktion erweitern
REPL verwenden

Die einfachste Methode, Kotlin-Code zu schreiben und auszuführen, besteht in der Verwendung von IntelliJ IDEA (Community Edition). Dies ist eine kostenlose IDE von JetBrains – den Erfindern von Kotlin. Die IDE enthält alles Nötige, um Kotlin-Applikationen zu entwickeln, zum Beispiel:

Code-Editor
Der Code-Editor hilft Ihnen auf verschiedene Weise. Er kann Code automatisch vervollständigen, formatieren und farblich hervorheben und macht ihn so leichter lesbar. Außerdem gibt er Ihnen Tipps zur Verbesserung Ihres Codes.

Build-Werkzeuge
Mithilfe von Kurzbefehlen können Sie Ihren Code schneller und einfacher kompilieren und ausführen.

Kotlin-REPL
Sie haben einfachen Zugriff auf die Kotlin-REPL, mit der Sie Codeabschnitte außerhalb Ihres Hauptcodes testen können (mehr dazu ab Seite 23).

Versionierung
IntelliJ IDEA besitzt Schnittstellen zu allen größeren Systemen zur Versionskontrolle, wie Git, SVN, CVS und andere.

Darüber hinaus gibt es noch viele weitere Funktionen, die Ihnen das Leben als Programmierer erleichtern.

Für die Arbeit mit diesem Buch müssen Sie IntelliJ IDEA (Community Edition) installieren. Die IDE kann hier heruntergeladen werden:

https://www.jetbrains.com/idea/download/index.html ← *Stellen Sie sicher, dass Sie die kostenlose Community Edition der IntelliJ IDEA herunterladen.*

Sobald die IDE installiert ist, können Sie sie öffnen. Sie sollten dann das IDEA-Welcome-Fenster sehen. Damit sind Sie bereit, Ihre erste Kotlin-Applikation zu erstellen.

Dies ist das IntelliJ IDEA-Welcome-Fenster.

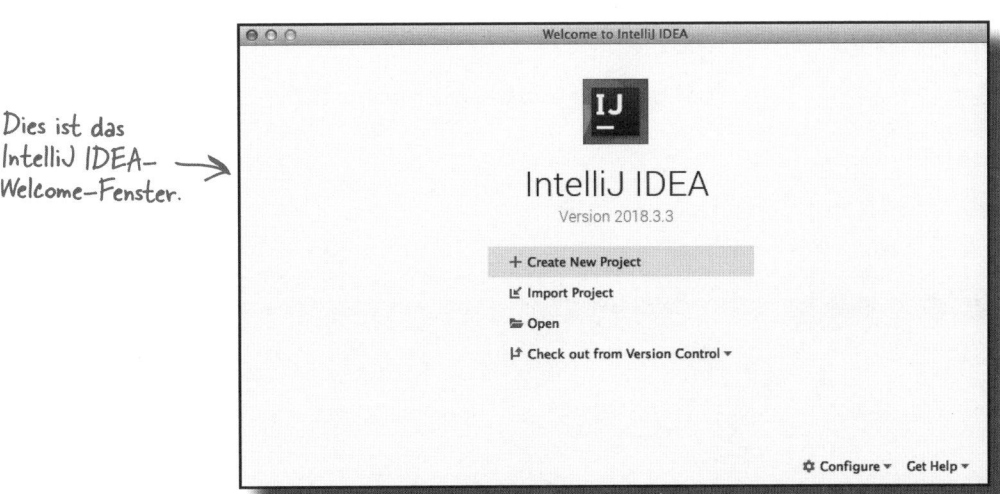

Sie sind hier ▶ **7**

Projekt erstellen

Eine einfache Applikation erstellen

Nach der Einrichtung Ihrer Entwicklungsumgebung können Sie die erste Kotlin-Applikation erstellen. Wir beginnen mit einer sehr einfachen Applikation, die den Text »Pow!« in der IDE ausgibt.

Wann immer Sie in IntelliJ IDEA eine neue Applikation erstellen wollen, müssen Sie hierfür ein neues Projekt anlegen. Sorgen Sie dafür, dass die IDE geöffnet ist und Sie den nachstehenden Schritten folgen.

→ **Applikation erstellen**
Funktion hinzufügen
Funktion erweitern
REPL verwenden

1. Ein neues Projekt anlegen.

Im Welcome-Fenster von IntelliJ IDEA sehen Sie verschiedene Optionen. Sie wollen ein neues Projekt anlegen, also klicken Sie auf »Create New Project«.

IntelliJ IDEA gibt es im Moment nur auf Englisch.

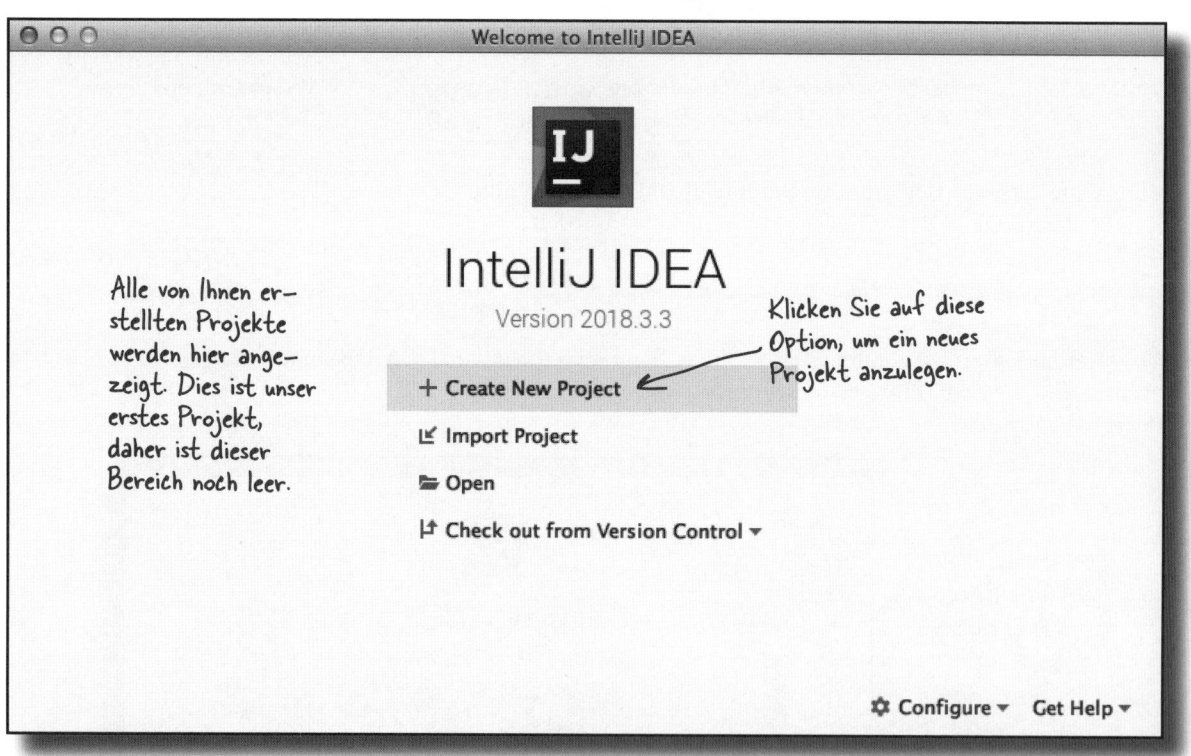

Alle von Ihnen erstellten Projekte werden hier angezeigt. Dies ist unser erstes Projekt, daher ist dieser Bereich noch leer.

Klicken Sie auf diese Option, um ein neues Projekt anzulegen.

8 *Kapitel 1*

Eine einfache Applikation erstellen (Fortsetzung)

2. Den Projekttyp festlegen.

Als Nächstes müssen Sie IntelliJ IDEA mitteilen, welche Art von Projekt Sie anlegen möchten.

Mit IntelliJ IDEA können Projekte für verschiedene Sprachen und Plattformen, z. B. Java und Android, erstellt werden. Wir legen ein Kotlin-Projekt an, daher müssen Sie hier die Option »Kotlin« verwenden.

Außerdem müssen Sie angeben, für welche Zielplattform das Kotlin-Projekt erstellt werden soll. Wir bauen eine Kotlin-Applikation für die Java Virtual Machine. Daher muss hier die Option »Kotlin/JVM« ausgewählt werden. Anschließend klicken Sie auf den Next-Button.

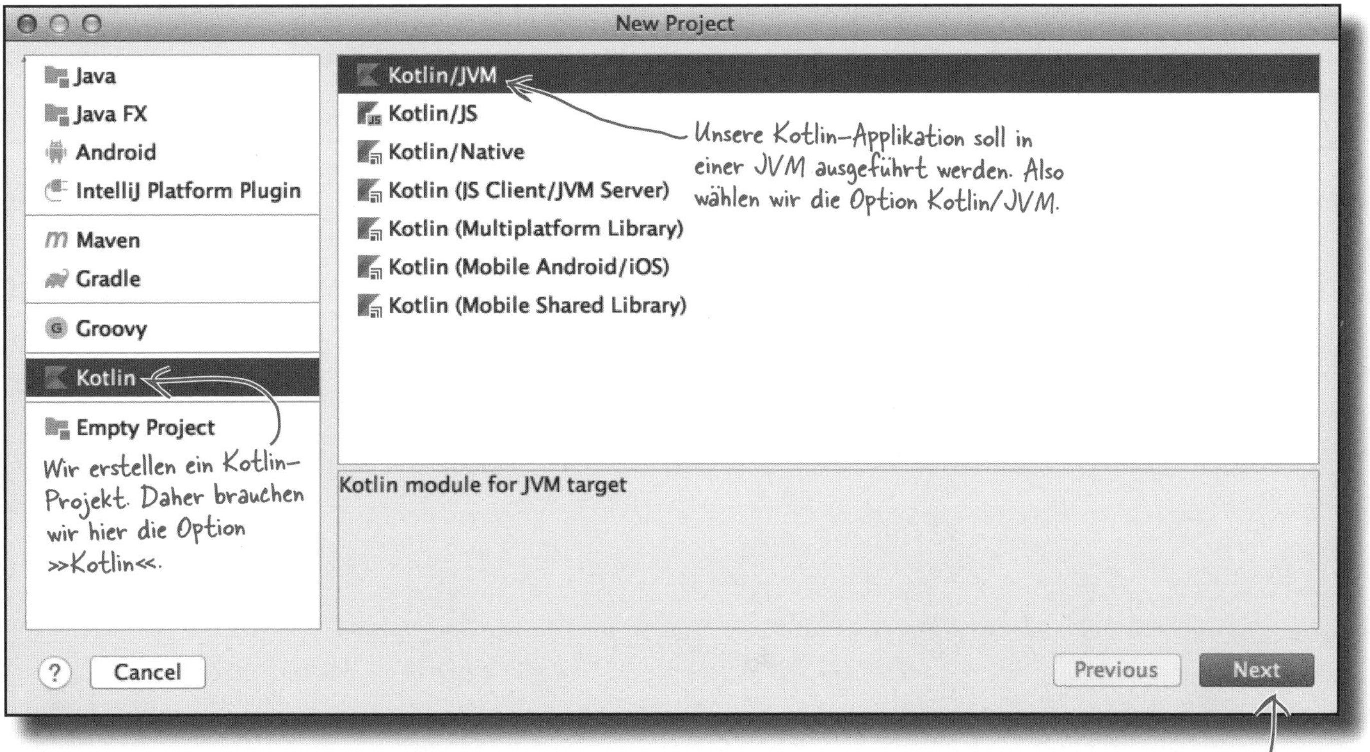

Unsere Kotlin-Applikation soll in einer JVM ausgeführt werden. Also wählen wir die Option Kotlin/JVM.

Wir erstellen ein Kotlin-Projekt. Daher brauchen wir hier die Option »Kotlin«.

Ein Klick auf den Next-Button bringt Sie zum nächsten Schritt.

Sie sind hier ▸ **9**

Projekt konfigurieren

Eine einfache Applikation erstellen (Fortsetzung)

Applikation erstellen
Funktion hinzufügen
Funktion erweitern
REPL verwenden

3. Konfigurieren Sie das Projekt.

Jetzt müssen Sie das Projekt konfigurieren. Geben Sie ihm einen Namen und legen Sie fest, wo die Daten gespeichert und welche Dateien von dem Projekt verwendet werden sollen. Dazu gehören die Angabe, welche Java-Version von der JVM verwendet werden soll, sowie die Bibliothek für die Kotlin-Laufzeit. Nennen Sie das Projekt »MyFirstApp« und akzeptieren Sie die übrigen vorgeschlagenen Standardwerte.

Sobald Sie den Finish-Button anklicken, erstellt IntelliJ IDEA Ihr Projekt.

Nennen Sie das Projekt »MyFirstApp«.

Project name:	MyFirstApp
Project location:	~/IdeaProjects/MyFirstApp
Project SDK:	1.8 (java version "1.8.0_102")
Kotlin runtime	
Use library:	KotlinJavaRuntime

Akzeptieren Sie die Standardwerte.

Project level library **KotlinJavaRuntime** with 3 files will be created

▶ More Settings

Nach Klick auf den Finish-Button erstellt die IDE Ihr Projekt.

10   Kapitel 1

Erste Schritte

- ☑ **Applikation erstellen**
- ☐ **Funktion hinzufügen**
- ☐ **Funktion erweitern**
- ☐ **REPL verwenden**

Diesen Schritt können wir abhaken.

Das erste Kotlin-Projekt ist erstellt

Sobald Sie die Schritte zur Projekterstellung abgearbeitet haben, richtet IntelliJ IDEA das Projekt für Sie ein und zeigt es danach an. Möglicherweise erscheint zuvor noch ein »Tip of the Day«-Fenster. Klicken Sie einfach auf »Close«, um es zu schließen. Danach benötigt die IDE einige Zeit für die Einrichtung. Haben Sie ein wenig Geduld. Hier sehen Sie das Projekt, das die IDE für uns erstellt hat:

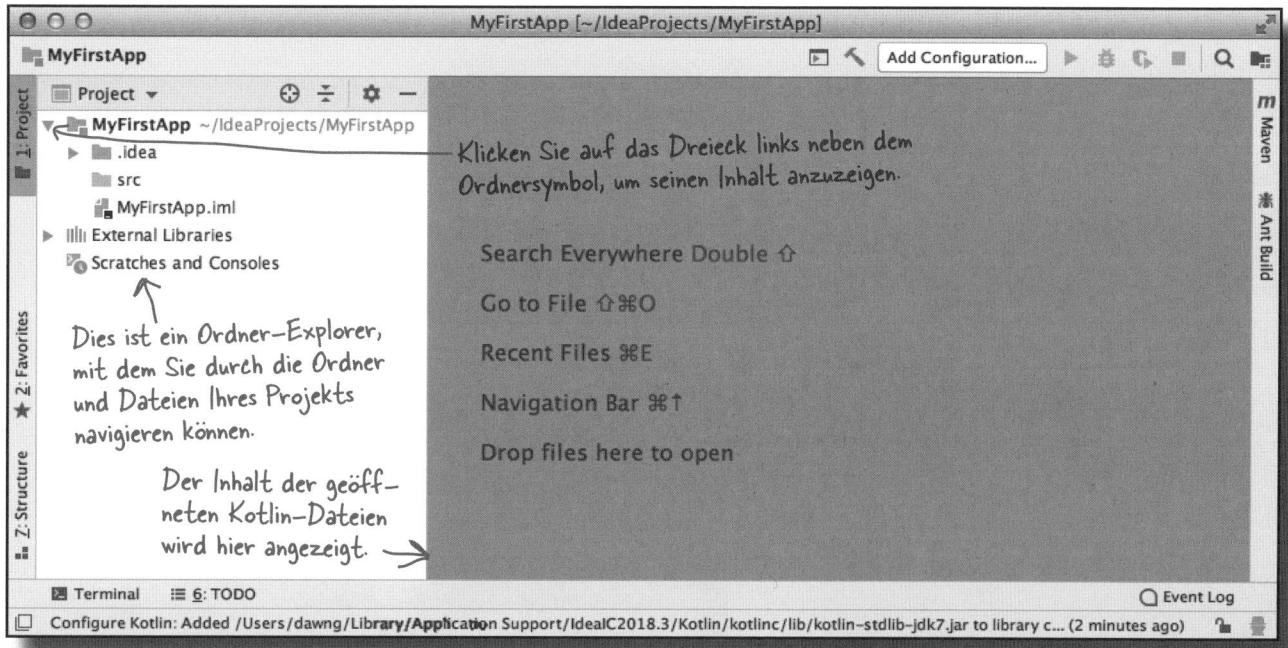

Klicken Sie auf das Dreieck links neben dem Ordnersymbol, um seinen Inhalt anzuzeigen.

Dies ist ein Ordner-Explorer, mit dem Sie durch die Ordner und Dateien Ihres Projekts navigieren können.

Der Inhalt der geöffneten Kotlin-Dateien wird hier angezeigt.

Wie Sie sehen, enthält das Projekt einen Ordner-Explorer, mit dem Sie durch die Dateien und Ordner Ihres Projekts navigieren können. Diese Ordnerstruktur wird von IntelliJ IDEA beim Anlegen Ihres Projekts erzeugt.

Die Ordnerstruktur besteht aus Konfigurationsdateien für die IDE und einigen externen Bibliotheken, die Ihre Applikation benötigt. Außerdem enthält sie den Ordner *src*, der Ihren Code enthalten wird. Meistens werden Sie während Ihres Aufenthalts in Kotlinville mit dem *src*-Ordner arbeiten.

Im Moment ist er noch leer, weil wir bisher keine Kotlin-Dateien erstellt haben. Das kommt im nächsten Schritt.

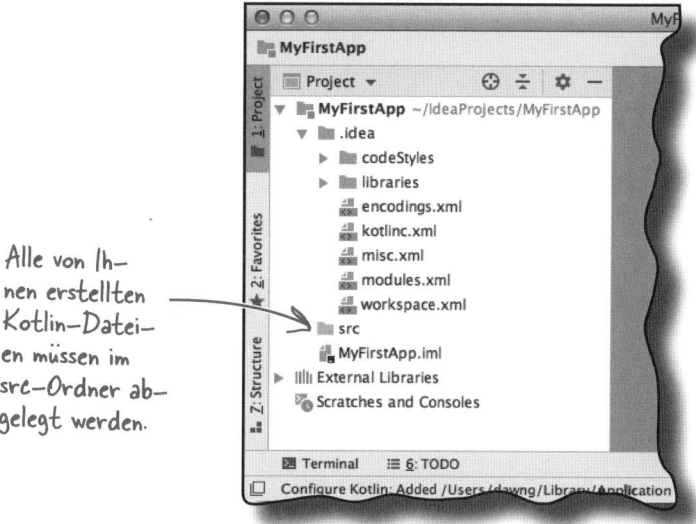

Alle von Ihnen erstellten Kotlin-Dateien müssen im *src*-Ordner abgelegt werden.

Sie sind hier ▶ **11**

Datei hinzufügen

Fügen Sie dem Projekt eine Kotlin-Datei hinzu

☑ **Applikation erstellen**
☐ Funktion hinzufügen
☐ Funktion erweitern
☐ REPL verwenden

Zunächst müssen Sie eine Kotlin-Datei erstellen, in der Ihr Code gespeichert wird.

Hierfür markieren Sie im IntelliJ-Explorer den Ordner *src*, klicken auf das File-Menü und wählen hier die Option New → Kotlin File/Class. Sie werden zur Eingabe eines Namens aufgefordert. Nennen Sie die Datei »App« und wählen Sie im Aufklappmenü Kind die Option File, wie hier gezeigt:

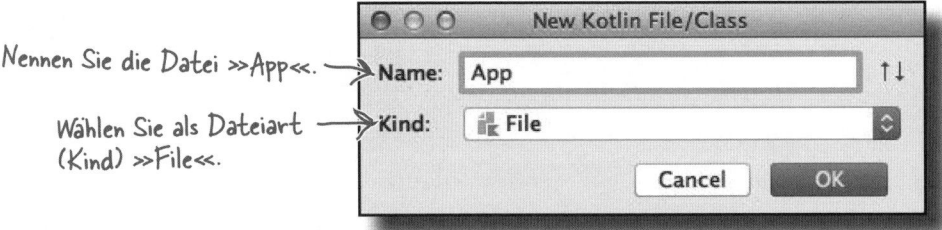

Nennen Sie die Datei »App«.
Wählen Sie als Dateiart (Kind) »File«.

Nach dem Anklicken des OK-Buttons erzeugt IntelliJ eine neue Kotlin-Datei namens *App.kt* und speichert sie im *src*-Ordner innerhalb Ihres Projekts:

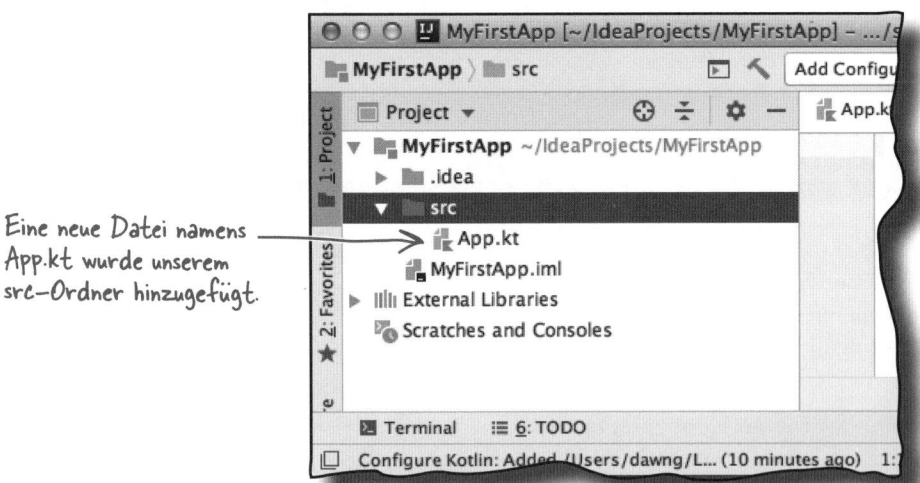

Eine neue Datei namens App.kt wurde unserem src-Ordner hinzugefügt.

Jetzt können wir uns endlich den Code ansehen, den wir *App.kt* hinzufügen müssen.

Anatomie der main-Funktion

Erste Schritte

- ☑ Applikation erstellen
- → ☐ Funktion hinzufügen
- ☐ Funktion erweitern
- ☐ REPL verwenden

Unser Kotlin-Code soll »Pow!« im Ausgabefenster der IDE anzeigen. Also braucht *App.kt* eine entsprechende Funktion.

Immer wenn Sie eine Kotlin-Applikation schreiben, benötigen Sie *grundsätzlich* eine `main`-Funktion, die Ihre Applikation startet.

Die `main`-Funktion sieht so aus:

```
fun main (args: Array<String>) {
    // Hier steht Ihr Code
}
```

- »fun« heißt, dies ist eine Funktion.
- Der Name dieser Funktion.
- Öffnende geschweifte Klammer der Funktion.
- Die Parameter der Funktion werden mit runden Klammern umgeben. Die Funktion erhält ein Array mit Strings und hat den Namen »args«.
- Die Zeichen »//« kennzeichnen einen Kommentar. Ersetzen Sie ihn durch Ihren eigenen Code.
- Schließende geschweifte Klammer für die Funktion.

Die Funktion beginnt mit dem Wort **fun**, das dem Kotlin-Compiler mitteilt, dass es sich um eine Funktion handelt. Jede von Ihnen neu erstellte Kotlin-Funktion wird mit dem Schlüsselwort **fun** eingeleitet.

Auf `fun` folgt der Funktionsname, in diesem Fall **main**. Der Name `main` sorgt dafür, dass die Funktion beim Start der Applikation automatisch ausgeführt wird.

Der Code in den runden Klammern () nach dem Funktionsnamen teilt dem Compiler mit, welche Argumente die Funktion gegebenenfalls zu erwarten hat. Der Code `args: Array<String>` besagt, dass die Funktion ein Array mit Strings namens `args` entgegennimmt.

Innerhalb der geschweiften Klammern {} der `main`-Funktion können Sie beliebigen Code schreiben. Unser Code soll »Pow!« in der IDE ausgeben. Das geht zum Beispiel mit so:

```
fun main(args: Array<String>) {
    println ("Pow!")
}
```

- Hiermit wird etwas auf der Standardausgabe ausgegeben.
- Dies ist der auszugebende Text.

Der Code gibt eine Zeichenfolge, einen sogenannten `String`, auf der Standardausgabe aus. Da der Code in einer IDE läuft, wird »Pow!« im Ausgabefenster angezeigt.

Nachdem Sie wissen, wie die Funktion aussieht, können wir sie unserem Projekt hinzufügen.

> ### Parameterlose main-Funktionen
>
> Wenn Sie Kotlin 1.2 oder eine frühere Version einsetzen, *muss* die `main`-Funktion folgende Form haben, damit Ihre Applikation startet:
>
> ```
> fun main(args: Array<String>) {
>     //Hier steht Ihr Code
> }
> ```
>
> Ab Kotlin 1.3 können Sie die Parameter für `main` auch weglassen, sodass die Funktion nun so aussieht:
>
> ```
> fun main() {
>     //Hier steht Ihr Code
> }
> ```
>
> In diesem Buch verwenden wir meistens die längere Form der `main`-Funktion, da sie für alle Kotlin-Versionen funktioniert.

Sie sind hier ▸

Die main-Funktion

Bauen Sie die main-Funktion in App.kt ein

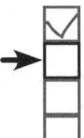

- ☑ **Applikation erstellen**
- ☐ **Funktion hinzufügen**
- ☐ **Funktion erweitern**
- ☐ **REPL verwenden**

Um Ihrem Projekt die `main`-Funktion hinzuzufügen, öffnen Sie *App.kt* durch einen Doppelklick im IDEA-Explorer. Hierdurch wird der Code-Editor geöffnet, in dem die Dateien betrachtet und bearbeitet werden können:

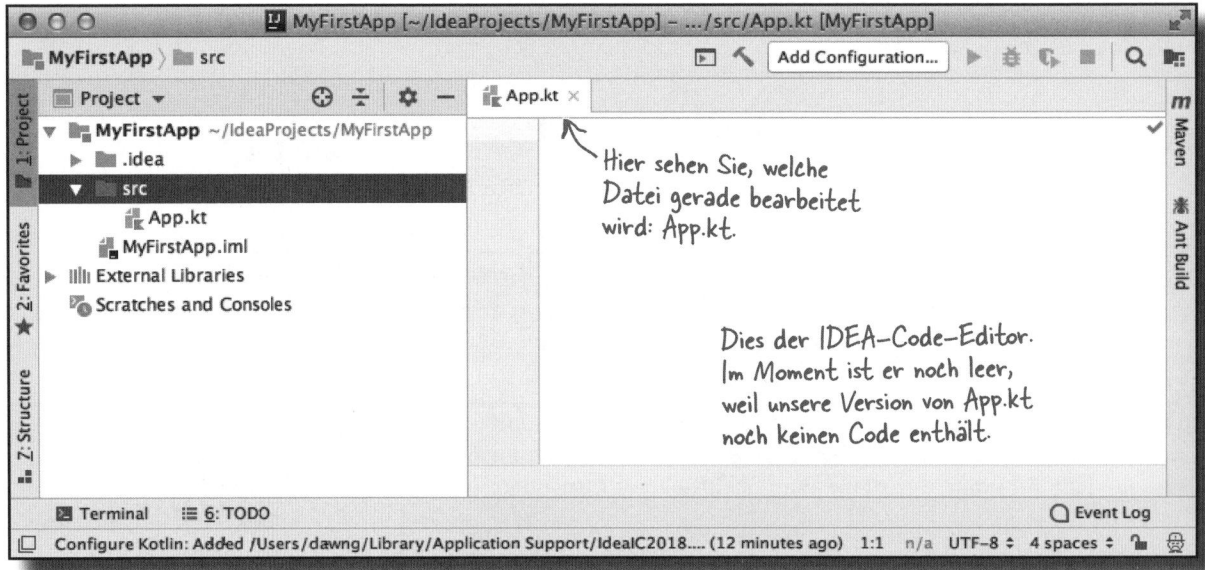

Hier sehen Sie, welche Datei gerade bearbeitet wird: App.kt.

Dies der IDEA-Code-Editor. Im Moment ist er noch leer, weil unsere Version von App.kt noch keinen Code enthält.

Jetzt können Sie Ihrer Version von *App.kt* den unten stehenden Code hinzufügen:

```
fun main(args: Array<String>) {
    println("Pow!")
}
```

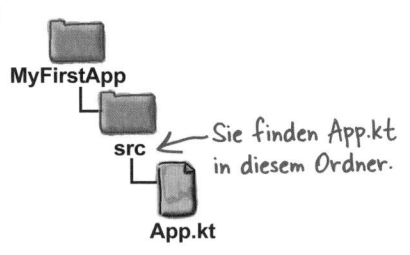

Sie finden App.kt in diesem Ordner.

Führen wir den Code nun aus, um zu sehen, was passiert.

Es gibt keine Dummen Fragen

F: Muss jede Kotlin-Datei, die ich erstelle, eine main-Funktion enthalten?

A: Nein. Eine Kotlin-Applikation kann Dutzende (oder sogar Hunderte) Dateien enthalten. Nur *eine* dieser Dateien muss eine `main`-Funktion enthalten: diejenige, die die Applikation startet.

Probefahrt

Erste Schritte

- ☑ **Applikation erstellen**
- → ☑ **Funktion hinzufügen**
- ☐ **Funktion erweitern**
- ☐ **REPL verwenden**

Um Ihren Code in IntelliJ IDEA auszuführen, wählen Sie aus dem Run-Menü den Befehl Run und anschließend die Option AppKt. Hierdurch wird das Projekt kompiliert und der Code ausgeführt.

Nach kurzer Wartezeit sollte der Text »Pow!« im Ausgabefenster der IDE erscheinen, wie hier:

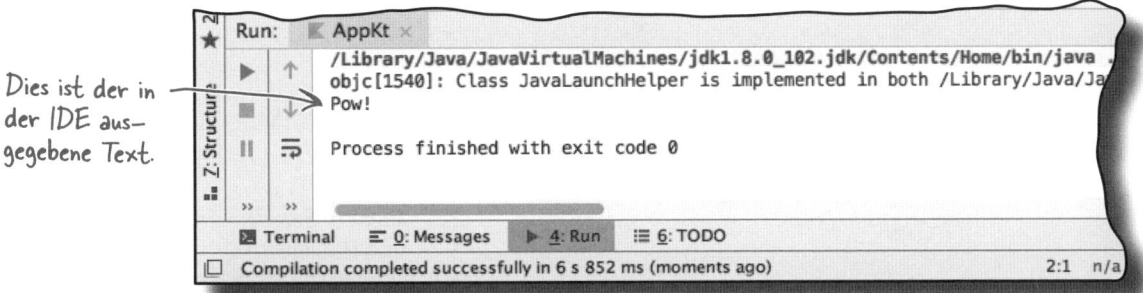

Dies ist der in der IDE ausgegebene Text.

Was der Run-Befehl tut

Wenn Sie den Run-Befehl auswählen, führt IntelliJ IDEA mehrere Schritte aus, bevor die Ausgaben Ihres Codes angezeigt werden:

① **Die IDE kompiliert Ihren Kotlin-Quellcode in JVM-Bytecode.**
Enthält Ihr Code keine Fehler, erzeugt die Kompilierung eine oder mehrere Klassendateien, die innerhalb einer JVM ausgeführt werden können. In unserem Fall erhalten wir eine Klassendatei namens *AppKt.class*.

Da wir bei Erstellung des Projekts die JVM-Option gewählt haben, wird unser Kotlin-Quellcode in JVM-Bytecode kompiliert. Hätten wir eine andere Umgebung gewählt, hätte der Compiler den Quellcode stattdessen in Code für diese Umgebung kompiliert.

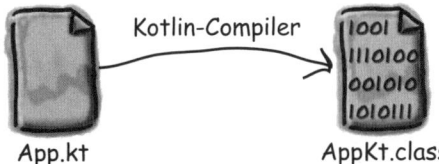

② **Die IDE startet die JVM und führt AppKt.class aus.**
Die JVM übersetzt den *AppKt.class*-Bytecode in etwas, das die darunterliegende Plattform versteht, und führt es dann aus. Dadurch wird der String »Pow!« im Ausgabefenster der IDE angezeigt.

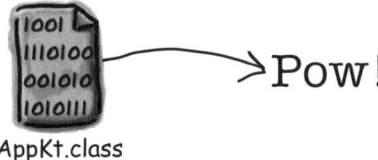

Nachdem sich unsere Funktion korrekt verhält, wollen wir sehen, wie wir sie um weitere Fähigkeiten ergänzen können.

Sie sind hier ▶   **15**

Anweisungen, Schleifen, Verzweigungen

Was können Sie in der main-Funktion sagen?

- [x] Applikation erstellen
- [x] Funktion hinzufügen
- [ ] Funktion erweitern
- [ ] REPL verwenden

Sobald Sie sich in der `main`-Funktion befinden (oder in irgendeiner anderen Funktion), fängt der Spaß (engl. »fun«) erst richtig an. Die meisten Befehle, die Sie aus anderen Programmiersprachen kennen, gibt es auch in Kotlin.

Sie könnten Ihren Code dazu bringen …

⭐ **… etwas zu tun (Anweisungen)**

```
var x = 3
val name = "Cormoran"
x = x * 10
print("x is $x.")
// Dies ist ein Kommentar
```

⭐ **… etwas immer wieder zu tun (Schleifen)**

```
while (x > 20) {
    x = x - 1
    print(" x is now $x.")
}
for (i in 1..10) {
    x = x + 1
    print(" x is now $x.")
}
```

⭐ **… etwas unter einer Bedingung zu tun (Verzweigungen)**

```
if (x == 20) {
    println(" x must be 20.")
} else {
    println(" x isn't 20.")
}
if (name.equals("Cormoran")) {
    println("$name Strike")
}
```

Syntax unter der Lupe

Hier ein paar allgemeine Tipps und Hinweise, die Ihnen helfen, sich schnell in Kotlinville einzuleben:

★ Eine einzelne Zeile, die mit zwei Schrägstrichen beginnt:

```
// Dies ist ein Kommentar
```

★ Die meisten Leerzeichen spielen keine Rolle:

```
x           =           3
```

★ Eine Variable wird per `var` oder `val` definiert, gefolgt vom Namen der Variablen. Benutzen Sie `var`, wenn der Wert der Variablen veränderbar sein soll, und `val`, falls der Wert sich nicht ändern soll. Die Einzelheiten zu Variablen finden Sie übrigens in Kapitel 2:

```
var x = 100
val serialNo = "AS498HG"
```

Wir werden uns diese Dinge auf den folgenden Seiten genauer ansehen.

Erste *Schritte*

- ☑ **Applikation erstellen**
- ☑ **Funktion hinzufügen**
- → ☐ **Funktion erweitern**
- ☐ **REPL verwenden**

Schleifen, Schleifen, Schleifen ...

Kotlin besitzt drei Standard-Schleifenkonstrukte: `while`, `do-while` und `for`. Wir beginnen mit `while`.

Die Syntax einer `while`-Schleife ist relativ einfach. Solange eine bestimmte Bedingung wahr ist, werden die Dinge innerhalb des Schleifen*blocks* ausgeführt. Der Schleifenblock wird von einem Paar geschweifter Klammern umgeben. Alles, was wiederholt werden soll, befindet sich innerhalb dieses Blocks.

Enthält der Schleifenblock nur eine Codezeile, können Sie die geschweiften Klammern weglassen.

Der Schlüssel für eine wohlerzogene `while`-Schleife ist ihre *Bedingung*. Das ist ein Ausdruck, dessen Ergebnis ein boolescher Wert ist – also etwas, das entweder *wahr* (true) oder *falsch* (false) ist. Nehmen wir an, Sie sagen: »Solange (while) die Bedingung *isIceCreamInTub* (EisIstImBehaelter) *wahr* ist, hole weitere Eiskugeln heraus.« Das ist ein klarer boolescher Test. Entweder ist Eis im Behälter oder eben nicht. Wenn Sie aber sagen: »Solange *Fred wahr* ist, hole weitere Eiskugeln heraus.«, haben Sie keinen echten Test. Sie müssen die Anweisung in etwas ändern wie: »Solange die Bedingung *FredHatHunger wahr* ist, hole weitere Eiskugeln heraus.«, damit sie einen Sinn ergibt.

Das wiederholte Ausführen einer Schleife nennt man auch »iterieren«.

Einfache boolesche Tests

Ein einfacher boolescher Test ist die Überprüfung einer Variablen mit einem Vergleichsoperator. Hier einige Beispiele:

- `<` (kleiner als)
- `>` (größer als)
- `==` (ist gleich)   *Um auf Gleichheit zu testen, werden ZWEI Gleichheitszeichen benutzt und nicht nur eines.*
- `<=` (ist kleiner oder gleich)
- `>=` (ist größer oder gleich)

Beachten Sie den Unterschied zwischen dem Zuweisungsoperator (dem einfachen Gleichheitszeichen =) und dem Operator für Gleichheit (zwei Gleichheitszeichen, also ==)!

Hier ein paar Codebeispiele, die boolesche Tests verwenden:

```
var x = 4 //Weist x den Wert 4 zu
while (x > 3) {
    // Die Schleife läuft, weil der Wert
    // von x größer als 3 ist
    println(x)
    x = x - 1
}
var z = 27
while (z == 10) {
    // Diese Schleife wird nicht ausgeführt,
    // weil z den Wert 27 hat
    println(z)
    z = z + 6
}
```

Sie sind hier ▶

Überall Schleifen

Ein Beispiel mit Schleifen

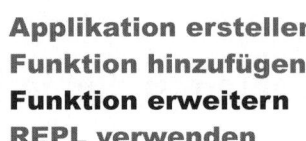

Applikation erstellen
Funktion hinzufügen
Funktion erweitern
REPL verwenden

Jetzt wollen wir *App.kt* eine neue Version der `main`-Funktion spendieren. Hierfür erweitern wir die Funktion, sodass sie vor dem Start der Schleife bei jedem Schleifendurchlauf und nach dem Ende der Schleife jeweils eine Nachricht ausgibt.

Aktualisieren Sie Ihre Version von *App.kt*, damit sie dem unten stehenden Code entspricht (die Änderungen haben wir fett gedruckt hervorgehoben):

```
fun main(args: Array<String>) {
    println("Pow!")    ← Löschen Sie diese Zeile. Sie
                         wird nicht mehr gebraucht.
    var x = 1
    println("Before the loop. x = $x.")
    while (x < 4) {
        println("In the loop. x = $x.")
                         ↑ Dies gibt den Wert von x aus.
        x = x + 1
    }
    println("After the loop. x = $x.")
}
```

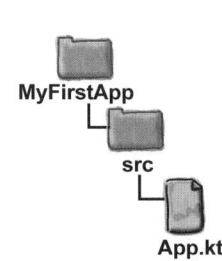

Jetzt können wir versuchen, den Code auszuführen.

Probefahrt

Führen Sie den Code aus, indem Sie im Run-Menü den Befehl Run 'AppKt' auswählen. Im Ausgabefenster am unteren Rand der IDE sollte nun der folgende Text erscheinen.

```
Before the loop. x = 1.
In the loop. x = 1.
In the loop. x = 2.
In the loop. x = 3.
After the loop. x = 4.
```

Nachdem Sie wissen, wie `while`-Schleifen und boolesche Tests funktionieren, wollen wir uns nun mit `if`-Anweisungen beschäftigen.

print oder println

Vermutlich ist Ihnen aufgefallen, dass wir zwischen **print** und **println** wechseln. Worin besteht der Unterschied?

println erzeugt eine *neue* Zeile (`println` steht für »print new line«, neue Zeile ausgeben), während **print** die Ausgaben auf der *gleichen* Zeile vornimmt. Um Ihre Ausgaben jeweils auf einer neuen Zeile vorzunehmen, benutzen Sie `println`. Soll dagegen alles auf einer Zeile stehen, benutzen Sie `print`.

Bedingungsgesteuerte Verzweigungen

Erste Schritte
- ☑ **Applikation erstellen**
- ☑ **Funktion hinzufügen**
- → ☐ **Funktion erweitern**
- ☐ **REPL verwenden**

Ein Test mit `if` hat große Ähnlichkeit mit dem booleschen Test in einer `while`-Schleife. Nur sagen Sie diesmal nicht »*solange (while)* noch Eis da ist …«, sondern »*falls (if)* noch Eis da ist …«.

Um das auszuprobieren, geben wir im folgenden Code einen String aus, *falls* eine Zahl größer ist als eine andere:

```
fun main(args: Array<String>) {
    val x = 3
    val y = 1
    if (x > y) {
        println("x is greater than y")
    }
    println("This line runs no matter what")
}
```

Enthält der if-Block nur eine Zeile, können Sie die geschweiften Klammern weglassen.

Diese Zeile wird nur ausgeführt, wenn x größer ist als y.

Nur wenn die Bedingung (x ist größer als y) erfüllt ist, führt der oben stehende Code die Zeile aus, die »*x is greater than y*« ausgibt. Unabhängig davon wird die Zeile, die »*This line runs no matter what*« ausgibt, immer ausgeführt. Je nachdem, welche Werte x und y haben, werden also entweder eine oder zwei Zeilen ausgegeben.

Wir können die Bedingung außerdem um ein `else` (»ansonsten«) erweitern. So können wir etwas sagen wie: »*Falls (if)* es Eiscreme gibt, nimm noch mehr Kugeln, *ansonsten (else)* iss das Eis und kaufe mehr.«

Hier die aktualisierte Version des obigen Codes, der eine *else*-Klausel enthält:

```
fun main(args: Array<String>) {
    val x = 3
    val y = 1
    if (x > y) {
        println("x is greater than y")
    } else {
        println("x is not greater than y")
    }
    println("This line runs no matter what")
}
```

Diese Zeile wird nur ausgeführt, wenn die Bedingung x > y nicht erfüllt ist.

In den meisten Sprachen ist der Einsatz von `if` damit erschöpft. Wenn Sie `if` verwenden, um Code auszuführen, *falls (if)* eine Bedingung erfüllt ist, hat Kotlin noch etwas mehr zu bieten.

Sie sind hier ▶

if-Ausdrücke

Rückgabewerte für if

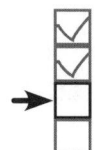

Applikation erstellen
Funktion hinzufügen
Funktion erweitern
REPL verwenden

In Kotlin können Sie `if` als **Ausdruck** verwenden, sodass ein Wert zurückgegeben wird. Das ist, als würde man »*falls (if)* Eis im Behälter ist, gib einen Wert zurück, *ansonsten (else)* gib einen anderen Wert zurück« sagen. Sie können diese Form von `if` verwenden, um kürzeren Code zu schreiben.

Zum Testen bauen wir den Code der vorigen Seite etwas um. Bisher haben wir einen String so ausgegeben:

```
if (x > y) {
    println("x is greater than y")
} else {
    println("x is not greater than y")
}
```

Das lässt sich folgendermaßen als `if`-Ausdruck zusammenfassen:

```
println(if (x > y) "x is greater than y" else "x is not greater than y")
```

Dies ist der `if`-Ausdruck:

```
if (x > y) "x is greater than y" else "x is not greater than y"
```

Zuerst wird die `if`-Bedingung `x > y` überprüft. Ist die Bedingung wahr (*true*), gibt der Ausdruck den String »x is greater than y« zurück. Ansonsten (`else`) ist die Bedingung falsch (*false*), und der Ausdruck gibt stattdessen den String »x is not greater than y« zurück. Danach gibt der Code den Wert des `if`-Ausdrucks per `println` aus:

```
println(if (x > y) "x is greater than y" else "x is not greater than y")
```

Ist x größer als y, gibt der Code »x is greater than y« aus. Ist x nicht größer als y, gibt der Code stattdessen »x is not greater than y« aus.

Falls x größer ist als y, wird »x is greater than y« ausgegeben. Falls nicht, lautet die Ausgabe »x is not greater than y«.

Wie Sie sehen, hat der Einsatz eines `if`-Ausdrucks den gleichen Effekt wie der Code auf der vorigen Seite, ist dabei aber deutlich kürzer.

Den Code für die komplette Funktion finden Sie auf der folgenden Seite.

> Wenn Sie if als Ausdruck einsetzen, MÜSSEN Sie auch eine else-Klausel verwenden.

Aktualisieren Sie die main-Funktion

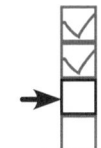

Erste Schritte

☑ **Applikation erstellen**
☑ **Funktion hinzufügen**
→ ☐ **Funktion erweitern**
☐ **REPL verwenden**

Jetzt können wir den Code in *App.kt* mit einer neuen Version der main-Funktion aktualisieren, die einen if-Ausdruck verwendet. Ersetzen Sie hierfür den Code in Ihrer Version von *App.kt* durch die unten stehenden Zeilen:

```
fun main(args: Array<String>) {
    val x = 1
    println("Before the loop. x = $x.")
    while (x < 4) {
        println("In the loop. x = $x.")
        x = x + 1
    }
    println("After the loop. x = $x.")
    val x = 3
    val y = 1
    println(if (x > y) "x is greater than y" else "x is not greater than y")
    println("This line runs no matter what")
}
```

Entfernen Sie diese Zeilen.

Jetzt können wir eine Probefahrt mit dem neuen Code unternehmen.

Probefahrt

Führen Sie den Code aus, indem Sie den Befehl Run 'AppKt' aus dem Run-Menü wählen. Im Ausgabefenster der IDE sollte nun der folgende Text erscheinen:

> x is greater than y
> This line runs no matter what

Nachdem Sie wissen, wie man if für bedingte Verzweigungen und Ausdrücke verwendet, ist es Zeit für eine Übung. Sie finden sie auf der folgenden Seite.

Sie sind hier ▶

Code-Magnete

Irgendjemand hat Kühlschrankmagnete benutzt, um eine nützliche neue **main**-Funktion zu schreiben, die den String »YabbaDabbaDo« ausgibt. Leider hat ein unerwarteter Küchenwirbelsturm die Magnete durcheinandergebracht. Können Sie den Code wieder zusammensetzen?

Sie werden nicht alle Magnete brauchen.

```
fun main(args: Array<String>) {
    var x = 1

    while (x < ............ ) {

        ............ (if (x == ............ ) "Yab" else "Dab")

        ............ ("ba")

        x = x + 1
    }
    if (x == ............ ) println("Do")
}
```

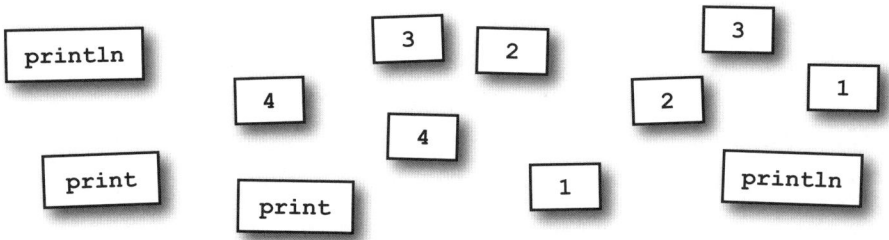

→ Die Lösung steht auf Seite 29.

Die interaktive Kotlin-Shell benutzen

Wir haben das Ende dieses Kapitels fast erreicht. Bevor es weitergeht, möchten wir Ihnen aber noch eine Sache vorstellen: die interaktive Kotlin-Shell, REPL. Mit REPL können Sie Codeabschnitte außerhalb Ihres Hauptcodes schnell und einfach testen.

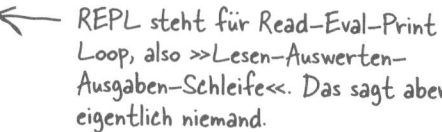

Erste Schritte
- ☑ Applikation erstellen
- ☑ Funktion hinzufügen
- ☑ Funktion erweitern
- ☐ **REPL verwenden**

REPL steht für Read-Eval-Print Loop, also »Lesen-Auswerten-Ausgaben-Schleife«. Das sagt aber eigentlich niemand.

Sie öffnen REPL, indem Sie im Tools-Menü den Befehl Kotlin → Kotlin REPL wählen. Dadurch wird im unteren Teil des Fensters ein neuer Bereich geöffnet:

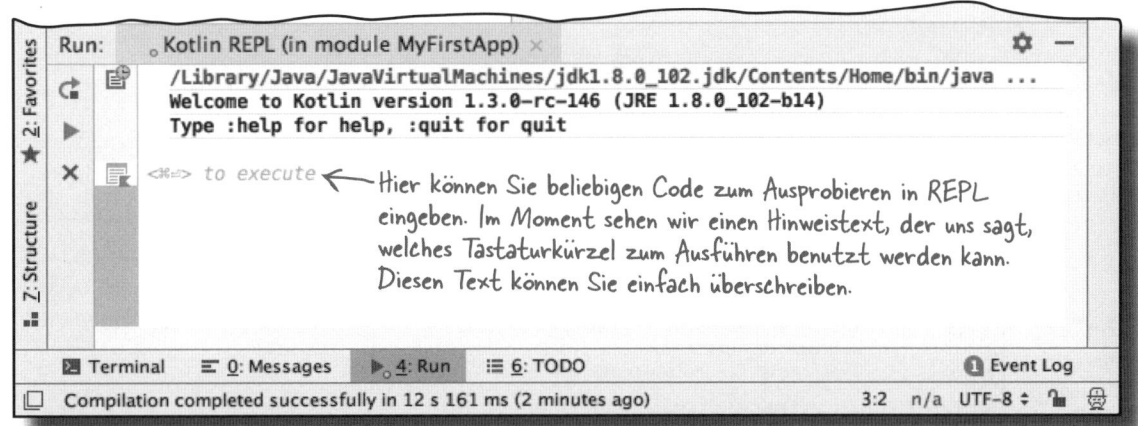

Hier können Sie beliebigen Code zum Ausprobieren in REPL eingeben. Im Moment sehen wir einen Hinweistext, der uns sagt, welches Tastaturkürzel zum Ausführen benutzt werden kann. Diesen Text können Sie einfach überschreiben.

Um REPL zu verwenden, geben Sie einfach den Code, den Sie ausprobieren wollen, in das REPL-Fenster ein. Probieren Sie zum Beispiel das hier:

```
println("I like turtles!")
```

Sobald Sie den Code eingegeben haben, können Sie ihn ausführen, indem Sie den grünen Ausführen-(Run-)Button links vom Fenster anklicken. Einen Moment später sollte im REPL-Fenster die Ausgabe »I like turtles!« erscheinen:

Klicken Sie diesen Button an, um Code in REPL auszuführen.

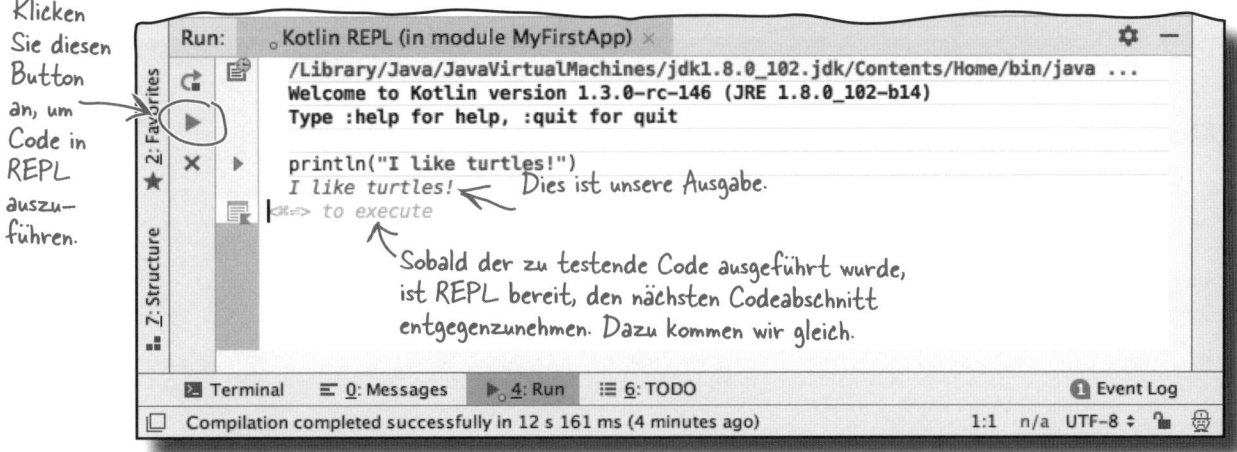

Dies ist unsere Ausgabe.

Sobald der zu testende Code ausgeführt wurde, ist REPL bereit, den nächsten Codeabschnitt entgegenzunehmen. Dazu kommen wir gleich.

Sie sind hier ▶

REPL verwenden

REPL versteht auch mehrzeilige Codeabschnitte

Wir haben alle Schritte für dieses Kapitel abgeschlossen.

Auf der vorigen Seite haben Sie gesehen, wie Sie einzeilige Codeabschnitte in REPL eingeben können. Aber auch die Eingabe mehrzeiliger Codeabschnitte ist möglich. Als Beispiel wollen wir die folgenden Zeilen ins REPL-Fenster eingeben:

```
val x = 6
val y = 8
println(if (x > y) x else y)
```
← Dies gibt die größere der beiden Zahlen x und y aus.

Wenn Sie den Code ausführen, sollte die Ausgabe 8 in REPL erscheinen, wie hier:

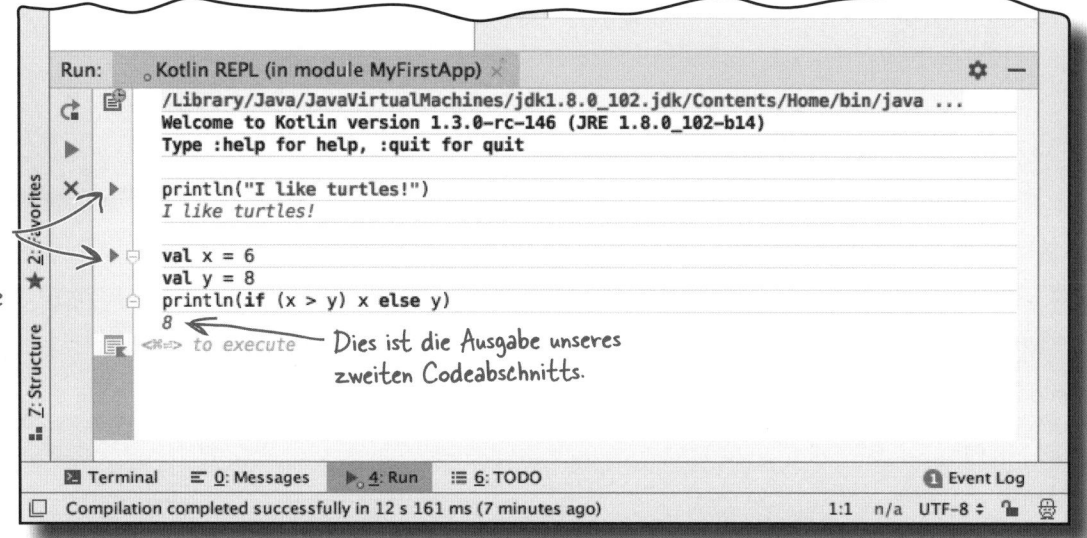

Diese Dreiecke sehen aus wie kleine Versionen des Ausführen-Buttons, sind es aber nicht. Sie zeigen an, welche Codeblöcke ausgeführt werden.

Dies ist die Ausgabe unseres zweiten Codeabschnitts.

Zeit zum Üben

Nachdem Sie gelernt haben, Kotlin-Code zu schreiben, und einige Syntaxgrundlagen bereits kennen, können Sie sich an die folgenden Übungen wagen. Nicht vergessen: Wenn Sie nicht sicher sind, können Sie Ihre Codeschnipsel jederzeit in REPL ausprobieren.

Erste Schritte

- ☑ **Applikation erstellen**
- ☑ **Funktion hinzufügen**
- ☑ **Funktion erweitern**
- → ☐ **REPL verwenden**

SEIEN Sie der Compiler

Jeder Codeabschnitt auf dieser Seite enthält eine komplette Kotlin-Quellcodedatei. Stellen Sie sich vor, Sie seien der Compiler, und finden Sie heraus, welche Dateien kompiliert werden und was Sie ändern müssen, falls das nicht geht.

A
```
fun main(args: Array<String>) {
    var x = 1
    while (x < 10) {
        if (x > 3) {
            println("big x")
        }
    }
}
```

B
```
fun main(args: Array<String>) {
    val x = 10
    while (x > 1) {
        x = x - 1
        if (x < 3) println("small x")
    }
}
```

C
```
fun main(args: Array<String>) {
    var x = 10
    while (x > 1) {
        x = x - 1
        print(if (x < 3) "small x")
    }
}
```

Sie sind hier ▶

Seien Sie der Compiler: **Lösung**

SEIEN Sie der Compiler, Lösung

Jeder Codeabschnitt auf dieser Seite enthält eine komplette Kotlin-Quellcodedatei. Sie sollten sich vorstellen, Sie seien der Compiler, und herausfinden, welche Dateien kompiliert werden und was Sie ändern müssen, falls das nicht geht.

A
```
fun main(args: Array<String>) {
    var x = 1
    while (x < 10) {
        x = x + 1
        if (x > 3) {
            println("big x")
        }
    }
}
```

Dieser Abschnitt wird kompiliert und ausgeführt, hat aber keine Ausgabe. Ohne eine zusätzliche Zeile wird das Programm in einer endlosen »while«-Schleife weiterlaufen.

B
```
fun main(args: Array<String>) {
    val var x = 10
    while (x > 1) {
        x = x - 1
        if (x < 3) println("small x")
    }
}
```

Dieser Abschnitt wird nicht kompiliert. x wurde mittels val definiert. Sein Wert kann also nicht verändert werden. Deshalb kann der Code den Wert von x innerhalb der »while«-Schleife nicht aktualisieren. Um den Fehler zu beheben, müssen Sie val in var ändern.

C
```
fun main(args: Array<String>) {
    var x = 10
    while (x > 1) {
        x = x - 1
        print(if (x < 3) "small x" else "big x")
    }
}
```

Dieser Abschnitt wird nicht kompiliert, weil ein if-Ausdruck ohne else-Klausel verwendet wurde. Fügen Sie eine else-Klausel hinzu, damit der Code kompiliert werden kann.

Erste Schritte

Vermischte Nachrichten

Unten sehen Sie ein kurzes Kotlin-Programm, in dem ein Codeblock fehlt. Es ist Ihre Aufgabe, den Codeblock-Kandidaten (links) die Ausgabe zuzuordnen, die angezeigt würde, wenn der jeweilige Block in den Code eingefügt würde. Es werden nicht alle Ausgabezeilen verwendet, und einige Ausgabezeilen werden mehrmals genutzt. Zeichnen Sie Linien, die die Codeblock-Kandidaten mit den passenden Ausgaben verbinden.

```
fun main(args: Array<String>) {
    var x = 0
    var y = 0
    while (x < 5) {



        print("$x$y ")
        x = x + 1
    }
}
```

← Hier kommt der Codeblock-Kandidat hin.

Verbinden Sie jeden Kandidaten mit einer der möglichen Ausgaben.

Kandidaten:

```
y = x - y
```

```
y = y + x
```

```
y = y + 3
if (y > 4) y = y - 1
```

```
x = x + 2
y = y + x
```

```
if (y < 5) {
    x = x + 1
    if (y < 3) x = x - 1
}
y = y + 3
```

Mögliche Ausgaben:

```
00 11 23 36 410
```

```
00 11 22 33 44
```

```
00 11 21 32 42
```

```
03 15 27 39 411
```

```
22 57
```

```
02 14 25 36 47
```

```
03 26 39 412
```

Vermischte Nachrichten: Lösung

Unten sehen Sie ein kurzes Kotlin-Programm, in dem ein Codeblock fehlt. Es ist Ihre Aufgabe, den Codeblock-Kandidaten (links) die Ausgabe zuzuordnen, die angezeigt würde, wenn der jeweilige Block in den Code eingefügt würde. Es werden nicht alle Ausgabezeilen verwendet, und einige Ausgabezeilen werden mehrmals genutzt. Zeichnen Sie Linien, die die Codeblock-Kandidaten mit den passenden Ausgaben verbinden.

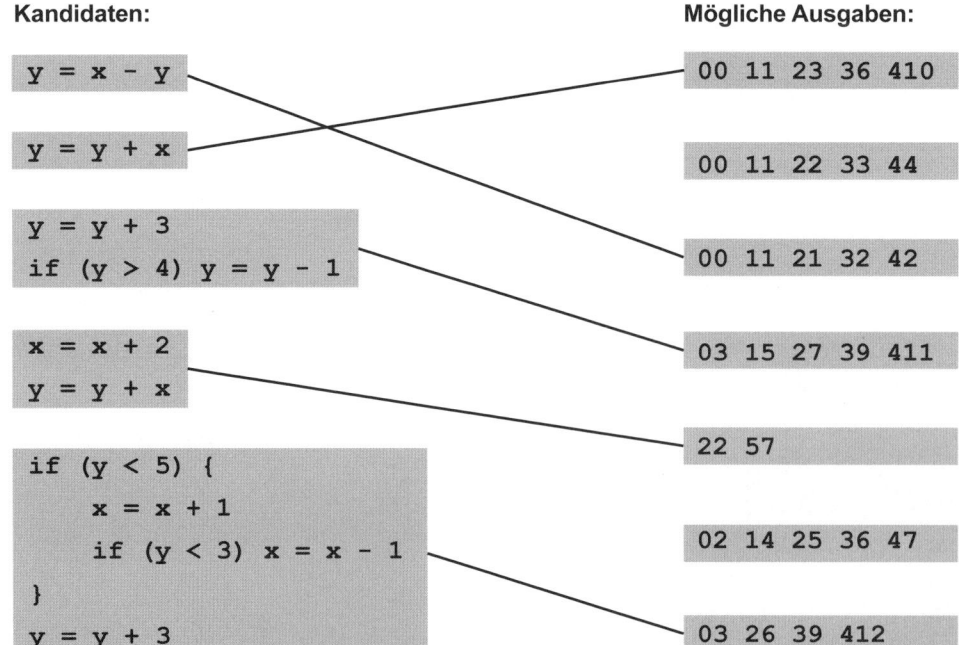

Code-Magnete, Lösung

Irgendjemand hat Kühlschrankmagnete benutzt, um eine nützliche neue **main**-Funktion zu schreiben, die den String »YabbaDabbaDo« ausgibt. Leider hat ein unerwarteter Küchenwirbelsturm die Magnete durcheinandergebracht. Können Sie den Code wieder zusammensetzen?

Sie werden nicht alle Magnete brauchen.

```
fun main(args: Array<String>) {
    var x = 1

    while (x <   3   ) {
        print   (if (x ==   1  ) "Yab" else "Dab")
        print   ("ba")

        x = x + 1
    }
    if (x ==   3  ) println("Do")
}
```

Diese Magnete werden nicht gebraucht.

Ihr Kotlin-Werkzeugkasten

Sie haben Kapitel 1 abgeschlossen. Damit enthält Ihr Werkzeugkasten bereits einige Syntaxgrundlagen.

Den kompletten Code dieses Kapitels können Sie hier herunterladen: https://tinyurl.com/HFKotlin.

Punkt für Punkt

- Eine Funktion wird per `fun` definiert.
- Jede Applikation braucht eine `main`-Funktion.
- Einzeiligen Kommentaren werden zwei Schrägstriche (`//`) vorangestellt.
- Ein `String` ist eine Zeichenkette. Er wird gekennzeichnet, indem die enthaltenen Zeichen mit doppelten Anführungszeichen umgeben werden.
- Codeblöcke werden durch ein Paar geschweifter Klammern definiert: `{ }`.
- Der Zuweisungsoperator ist *ein einzelnes* Gleichheitszeichen: `=`.
- Der Operator für den Test auf Gleichheit (Gleichheitsoperator) besteht aus *zwei* Gleichheitszeichen: `==`.
- Verwenden Sie `var`, um eine Variable zu definieren, deren Wert sich ändern kann.
- Verwenden Sie `val`, um eine Variable zu definieren, deren Wert nicht verändert wird.
- Eine `while`-Schleife führt alles innerhalb ihres Blocks aus, bis die Bedingung *wahr* (*true*) ergibt.
- Ist das Ergebnis der Bedingung *falsch* (*false*), wird der Codeblock der `while`-Schleife nicht ausgeführt. Die Ausführung des Programms springt zu dem Code, der direkt auf den Codeblock der `while`-Schleife folgt.
- Eine Testbedingung wird mit runden Klammern umgeben: `( )`.
- Mithilfe von `if` und `else` können Sie Ihren Code mit bedingungsabhängigen Verzweigungen versehen. Die `else`-Klausel ist optional.
- Sie können `if` als Ausdruck verwenden, sodass ein Wert zurückgegeben wird. In diesem Fall *muss* zusätzlich eine `else`-Klausel angegeben werden.

2 Basistypen und -variablen

Eine Variable sein

Es gibt eine Sache, von der jeder Code abhängt: Variablen.

In diesem Kapitel werfen wir einen Blick unter die Motorhaube und zeigen Ihnen, wie **Kotlin-Variablen tatsächlich funktionieren**. Sie werden Kotlins **Basisdatentypen** wie *Integer*, *Floats* und *boolesche Werte* kennenlernen. Sie werden sehen, wie Kotlins Compiler den **Typ einer Variablen anhand des übergebenen Werts feststellen** kann. Außerdem lernen Sie den Einsatz von **String-Templates** für die Erstellung komplexer Strings mit wenig Code sowie das Anlegen von **Arrays**, um mehrere Werte zu speichern. Abschließend kümmern wir uns noch um die Frage: »*Warum sind Objekte für das Leben in Kotlinville so wichtig?*«

Variablen deklarieren

Ihr Code braucht Variablen

Bis jetzt haben Sie gelernt, einfache Anweisungen, Ausdrücke, `while`-Schleifen und `if`-Tests zu schreiben. Für wirklich guten Code fehlt Ihnen aber noch eine wichtige Zutat: Variablen.

Wie man Variablen deklariert, wissen Sie bereits:

```
var x = 5
```

Der Code sieht einfach aus. Was passiert aber hinter den Kulissen?

Eine Variable ist wie ein Becher

Stellen Sie sich eine Kotlin-Variable wie einen Becher vor. Becher gibt es in verschiedenen Formen und Größen – es gibt die riesigen Becher für das Popcorn im Kino oder auch einfache Zahnputzbecher. Dennoch haben sie etwas gemeinsam: die Aufgabe, etwas zu enthalten.

Eine Variable ist wie ein Becher. Sie enthält etwas.

Die Deklaration einer Variablen ist vergleichbar mit der Bestellung eines Getränks bei einer Kaffeehauskette. Sie teilen dem (oder der) Barista mit, welches Getränk Sie haben möchten und welcher Name ausgerufen werden soll, wenn es fertig ist. Vielleicht sagen Sie noch, ob Sie einen schicken wiederverwendbaren Becher oder doch lieber einen Wegwerfbecher haben möchten. Zum Beispiel:

```
var x = 5
```

Mit diesem Code teilen Sie dem Kotlin-Compiler den Wert der Variablen mit und ob sie für andere Werte wiederverwendet werden kann.

Für die Erzeugung einer Variablen muss der Compiler drei Dinge wissen:

- ★ **Welchen Namen soll die Variable haben?**
  Über den Namen können wir die Variable im Code ansprechen.

- ★ **Ist die Variable wiederverwendbar?**
  Angenommen, die Variable hätte den Startwert 2. Soll es möglich sein, diesen später in 3 zu ändern, oder soll er für die gesamte Laufzeit des Programms 2 bleiben?

- ★ **Welcher Datentyp wird für die Variable verwendet?**
  Ist es ein Integer (ganzzahliger Wert), ein String? Oder etwas Komplexeres?

Sie haben bereits gesehen, wie eine Variable benannt wird und wie durch die Schlüsselwörter `val` und `var` festgelegt wird, ob sie für andere Werte wiederverwendbar ist. Was ist jedoch mit dem Datentyp der Variablen?

Was passiert, wenn Sie eine Variable deklarieren

Für den Compiler ist es wichtig, welchen Datentyp eine Variable besitzt, damit er abwegige oder gefährliche Operationen verhindern kann, die zu Programmierfehlern (Bugs) führen können. Aus diesem Grund können Sie einer Int-Variablen beispielsweise nicht den String »Fisch« zuweisen. Der Compiler weiß, dass es zweckwidrig ist, mathematische Operationen an einem String durchzuführen.

Damit diese Art der Sicherheit funktioniert, muss der Compiler den Variablentyp kennen. Glücklicherweise kann er **den Datentyp einer Variablen aus dem zugewiesenen Wert ableiten**.

Und das funktioniert so:

> Um eine Variable zu erzeugen, muss der Compiler ihren Namen und ihren Datentyp kennen und wissen, ob sie wiederverwendbar ist.

Der Wert wird in ein Objekt umgewandelt ...

Wenn Sie eine Variable mit Code wie diesem deklarieren ...

```
var x = 5
```

... wird der zugewiesene Wert verwendet, um ein neues Objekt zu erzeugen. In diesem Beispiel wird der Wert 5 einer neuen Variablen namens x zugewiesen. Der Compiler weiß, dass 5 ein ganzzahliger Wert (Int) ist. Also erzeugt der Compiler ein neues Int-Objekt mit dem Wert 5:

← *Ein paar Seiten weiter sehen wir uns verschiedene Datentypen genauer an.*

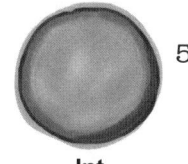

... und der Compiler leitet den Datentyp der Variablen von diesem Objekt ab

Danach benutzt der Compiler den Datentyp des Objekts, um den Datentyp der Variablen festzulegen. Im obigen Beispiel haben wir ein Int-Objekt, daher ist der Datentyp der Variablen ebenfalls Int. Dieser Typ kann während der Laufzeit nicht verändert werden.

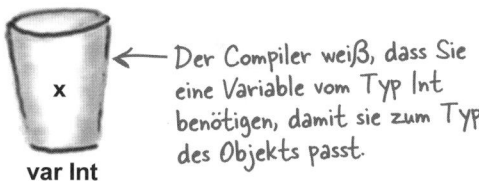

← *Der Compiler weiß, dass Sie eine Variable vom Typ Int benötigen, damit sie zum Typ des Objekts passt.*

Danach wird der Variablen das Objekt zugewiesen. Wie funktioniert das?

val und var

Die Variable enthält eine Referenz auf das Objekt

Wird einer Variablen ein Objekt zugewiesen, **enthält das Objekt nicht die Variable selbst.** Stattdessen wird in der Variablen eine *Referenz* auf das Objekt gespeichert.

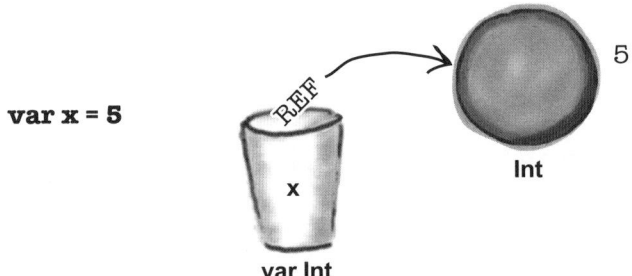

Da die Variable eine Referenz auf das Objekt enthält, können wir auf das Objekt zugreifen.

Ein zweiter Blick auf den Unterschied zwischen val und var

Wenn Sie die Variable mit `val` deklarieren, bleibt die Referenz während der Laufzeit in der Variablen und kann nicht ersetzt werden. Benutzen Sie dagegen das Schlüsselwort `var`, können Sie der Variablen einen anderen Wert zuweisen, zum Beispiel:

    x = 6

Hier wird der Variablen x der Wert 6 zugewiesen. Dies erzeugt ein neues `Int`-Objekt mit dem Wert 6. Eine Referenz darauf wird in x gespeichert. Die ursprüngliche Referenz wird dabei überschrieben:

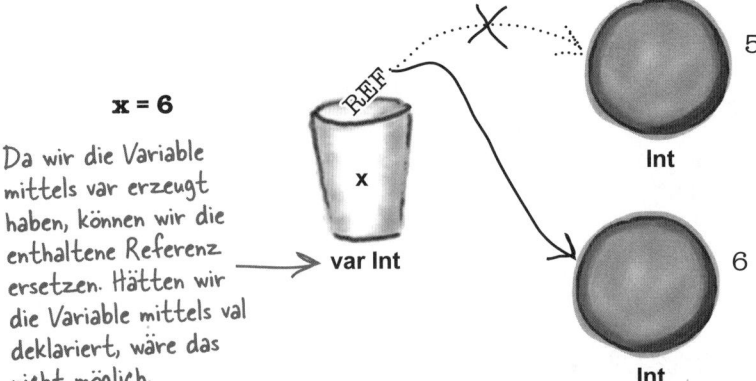

Da wir die Variable mittels var erzeugt haben, können wir die enthaltene Referenz ersetzen. Hätten wir die Variable mittels val deklariert, wäre das nicht möglich.

Nachdem Sie wissen, was bei der Deklaration einer Variablen passiert, wollen wir uns nun einige grundsätzliche Datentypen in Kotlin ansehen: ganzzahlige Werte (Integer), Fließkommazahlen (Floats), boolesche Werte, Zeichen (Char) und Zeichenketten (Strings).

Kotlins grundsätzliche Datentypen

Ganzzahlige Werte (Integer)

Kotlin besitzt vier Basisdatentypen: **Byte**, **Short**, **Int** und **Long**. Jeder Typ kann eine feste Anzahl von Bits enthalten. Der Typ **Byte** kann beispielsweise 8 Bits enthalten. Daher kann ein **Byte** ganzzahlige Werte zwischen –128 und 127 enthalten. Int-Werte können dagegen 32 Bits groß sein. Das entspricht Zahlen zwischen –2.147.483.648 und 2.147.483.647.

Das Standardverfahren für die Zuweisung eines Integerwerts an eine Variable sieht so aus:

```
var x = 1
```

Das erzeugt ein Objekt und eine Variable vom Typ Int. Ist der zugewiesene Wert zu lang, um in einen Int zu passen, wird der Datentyp Long verwendet. Alternativ können Sie ein Long-Objekt (und eine Variable) erzeugen, indem Sie dem Integer ein »L« nachstellen, wie hier gezeigt:

```
var hugeNumber = 6L
```

Diese Tabelle zeigt die verschiedenen Integertypen, ihre Bitgrößen und Wertebereiche:

Typ	Bits	Wertebereich
Byte	8 Bits	–128 bis 127
Short	16 Bits	–32768 bis 32767
Int	32 Bits	–2147483648 bis 2147483647
Long	64 Bits	–huge bis (huge – 1)

Hexadezimal und binäre Zahlen

★ Um eine binäre Zahl zuzuweisen, stellen Sie ihr ein 0b voran:

```
x = 0b10
```

★ Um eine hexadezimale Zahl zu erzeugen, stellen Sie der Zahl ein 0x voran:

```
y = 0xAB
```

★ Oktale Zahlen werden nicht unterstützt.

Fließkommazahlen (Floats)

Für Fließkommazahlen gibt es zwei grundsätzliche Datentypen: **Float** und **Double**. Floats können 32 Bits enthalten, während Doubles 64 Bits aufnehmen können.

Hier die Standardmethode, um einer Variablen einen Fließkommawert zuzuweisen:

```
var x = 123.5
```

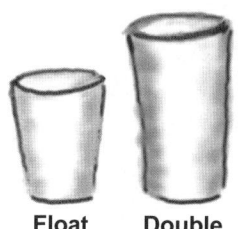

Hierbei werden ein Objekt und eine Variable vom Typ Double erzeugt. Stellen Sie dem Wert ein »F« oder ein »f« nach, wird stattdessen ein Float erzeugt.

```
var x = 123.5F
```

Boolesche Werte

Für Werte, die entweder `true` (wahr) oder `false` (falsch) sein können, gibt es **boolesche** Variablen. Boolesche Objekte (und Variablen) können Sie mit Code wie diesem erzeugen:

```
var isBarking = true
var isTrained = false
```

Zeichen und Strings

Es gibt noch zwei weitere Basistypen: **Char** und **String**.

Variablen vom Typ `Char` werden für einzelne Zeichen benutzt. Eine `Char`-Variable wird erstellt, indem das Zeichen bei der Zuweisung mit einzelnen Anführungszeichen ('...') umgeben wird:

```
var letter = 'D'
```

Variablen vom Typ `String` werden verwendet, um zusammenhängende Zeichenketten zu speichern. Eine `String`-Variable wird erzeugt, indem die Zeichenkette bei der Zuweisung mit doppelten Anführungszeichen umgeben wird:

```
var name = "Fido"
```

> **Char-Variablen werden für einzelne Zeichen verwendet. String-Variablen für Zeichenketten.**

> Sie haben gesagt, der Compiler entscheidet, welcher Variablentyp verwendet wird, indem er den Typ der zugewiesenen Variablen untersucht. Wie ist es möglich, ein Byte oder Short erzeugen, auch wenn der Compiler davon ausgeht, dass kleine Integerwerte den Typ Int haben? Und was mache ich, wenn ich eine Variable deklarieren möchte, bevor ich ihren Typ kenne?

In solchen Fällen müssen Sie den Variablentyp explizit angeben.

Wie das geht, sehen wir uns im Folgenden an.

Variablentypen explizit angeben

Inzwischen wissen Sie, wie eine Variable durch Zuweisung eines Werts erzeugt wird, wobei der Compiler den Datentyp aus dem Wert ableitet. Gelegentlich müssen Sie *dem Compiler den Datentyp einer Variablen auch explizit mitteilen*. Vielleicht wollen Sie `Byte` oder `Short` anstelle von `Int` verwenden, weil sie effizienter sind. Oder Sie möchten eine Variable am Anfang Ihres Codes deklarieren und den Wert erst später zuweisen.

Sie können den Datentyp einer Variablen folgendermaßen explizit angeben:

```
var smallNum: Short
```

Anstatt sich darauf zu verlassen, dass der Compiler den Variablentyp von ihrem Wert ableitet, können Sie dem Variablennamen einen Doppelpunkt (:) nachstellen und den gewünschten Datentyp danach explizit angeben. Der oben stehende Code besagt also: »Erzeuge eine wiederverwendbare Variable namens *smallNum* und verwende *Short* als Datentyp.«

Durch die explizite Angabe des Variablentyps erhält der Compiler genug Informationen für die Erzeugung der Variablen: ihren Namen, ihren Typ und ob sie wiederverwendet werden kann.

Hier ein entsprechendes Beispiel für das Deklarieren einer `Byte`-Variablen:

```
var tinyNum: Byte
```

Datentyp deklarieren UND einen Wert zuweisen

Die obigen Beispiele erzeugen Variablen, ohne ihnen Werte zuzuweisen. Sie können den Datentyp einer Variablen aber auch explizit festlegen *und* im gleichen Schritt einen Wert zuweisen. Im folgenden Beispiel erzeugen wir eine Variable vom Typ `Short` namens z und weisen ihr den Wert 6 zu:

```
var z: Short = 6
```

Dies erzeugt eine Variable namens z vom Typ `Short`. Ihr Wert 6 ist klein genug, um in einen `Short` zu passen. Also wird ein `Short`-Objekt mit dem Wert 6 erzeugt. Danach wird eine Referenz auf das `Short`-Objekt in der Variablen gespeichert.

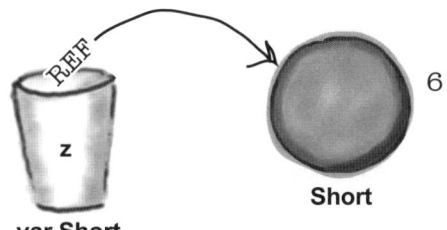

Wenn Sie einer Variablen einen Wert zuweisen, müssen Sie sicherstellen, dass Wert und Variablentyp zusammenpassen. Auf der folgenden Seite sehen wir uns das noch einmal genauer an.

Die anfängliche Zuweisung eines Werts an eine Variable heißt <u>Initialisierung</u>. Eine Variable MUSS vor ihrer Verwendung initialisiert werden, ansonsten wird ein Compilerfehler ausgelöst. Der folgende Code wird nicht kompiliert, weil x kein Wert zugewiesen wurde:

var x: Int
var y = x + 6

x wurde kein Wert zugewiesen. Der Compiler ist »not amused«.

Typenkompatibilität

Den richtigen Wert für den Variablentyp verwenden

Wie in diesem Kapitel schon gesagt, ist dem Compiler der Variablentyp wirklich wichtig. Denn so kann er unzweckmäßige Operationen verhindern, die ansonsten zu Fehlern in Ihrem Code führen könnten. Versuchen Sie beispielsweise, einer Int-Variablen eine Fließkommazahl wie 3,12 zuzuweisen, wird der Compiler die Kompilierung Ihres Codes verweigern. Der folgende Code funktioniert also nicht:

```
var x: Int = 3.12
```

Der Compiler bemerkt, dass 3,12 nicht ohne Präzisionsverlust (alles nach dem Komma) in einem Int gespeichert werden kann. Also verweigert er stumpf die Kompilierung Ihres Codes.

Wenn Sie auf ähnliche Weise versuchen, eine große Ganzzahl (Large) in einer Variablen zu speichern, die dafür zu klein ist, bekommt der Compiler ebenfalls schlechte Laune. Versuchen Sie, den Wert 500 einer Byte-Variablen zuzuweisen, erhalten Sie einen Compilerfehler:

```
// Das funktioniert nicht:
var tinyNum: Byte = 500
```

Deshalb müssen Sie sicherstellen, dass der Wert mit dem Variablentyp kompatibel ist, um einer Variablen einen literalen Wert zuzuweisen. Das ist besonders wichtig, wenn der Wert einer Variablen einer anderen Variablen zugewiesen werden soll. Dies werden wir uns als Nächstes ansehen.

> **Der Kotlin-Compiler erlaubt die Zuweisung von Werten an Variablen nur, wenn beide kompatibel sind. Ist der Wert zu groß oder der Datentyp falsch, wird der Code nicht kompiliert.**

Es gibt keine Dummen Fragen

F: In Java sind Zahlen primitive Datentypen. Eine Variable enthält also die tatsächliche Zahl. Ist das in Kotlin nicht auch so?

A: Nein. In Kotlin sind Zahlen Objekte, und die Variable enthält anstelle des Objekts eine Referenz darauf.

F: Warum ist Kotlin der Variablentyp so wichtig?

A: Weil damit Ihr Code sicherer und weniger fehleranfällig ist. Das klingt zwar etwas kleinkariert, aber glauben Sie uns: Das ist eine gute Sache!

F: In Java können Sie primitive Zeichenwerte als Zahlen behandeln. Funktioniert das auch mit Char-Werten in Kotlin?

A: Nein, Char-Werte in Kotlin sind Zeichen, keine Zahlen. Sprechen Sie uns nach: »Kotlin ist nicht Java!«

F: Kann ich meinen Variablen einen beliebigen Namen geben?

A: Nein. Die Regeln sind zwar recht flexibel, dennoch können Sie keine reservierten Wörter als Variablennamen verwenden. Der Versuch, eine Variable *while* zu nennen, bringt Sie mit Sicherheit in Schwierigkeiten. Es gibt aber auch gute Nachrichten: Versuchen Sie, einer Variablen einen nicht erlaubten Namen zu geben, wird IntelliJ IDEA das Problem sofort erkennen und Sie darauf hinweisen.

Basistypen und -variablen

Einen Wert einer anderen Variablen zuweisen

Wenn Sie den Wert einer Variablen einer anderen Variablen zuweisen, müssen Sie dafür sorgen, dass die Datentypen kompatibel sind. Hierzu ein Beispiel:

```
var x = 5
var y = x
var z: Long = x
```

1 **var x = 5**

Dies erzeugt eine `Int`-Variable namens x sowie ein `Int`-Objekt mit dem Wert 5. x enthält eine Referenz auf das Objekt.

---

2 **var y = x**

Der Compiler sieht, dass x ein `Int`-Objekt ist. Er weiß also, dass y ebenfalls ein `Int` sein muss. Anstatt ein zweites `Int`-Objekt zu erzeugen, wird der Wert der Variablen x an y zugewiesen. Man könnte also auch sagen: »Nimm die Bits in x, erstelle eine Kopie und speichere die Kopie in y.« **Das heißt, dass x und y Referenzen auf das gleiche Objekt enthalten**.

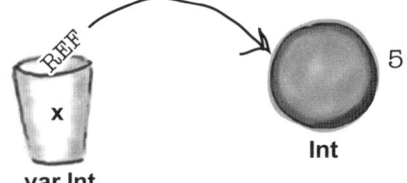

---

3 **var z: Long = x**

Der Compiler sieht, dass Sie eine neue Variable vom Typ `Long` mit dem Namen z erzeugen wollen, und weist ihr den Wert von x zu. Dabei gibt es allerdings ein Problem. Die Variable x enthält eine Referenz auf ein `Int`-Objekt mit dem Wert 5, aber kein `Long`-Objekt. Wir wissen, dass das Objekt den Wert 5 hat und das 5 in ein `Long`-Objekt passt. Aber weil die Variable z einen anderen Typ hat als das `Long`-Objekt, schmollt der Compiler und weigert sich, den Code zu kompilieren.

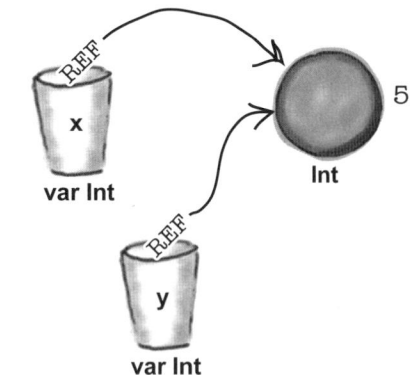

Wie kann man einen Variablenwert einer Variablen eines anderen Typs zuweisen?

Typ-Umwandlungen

Wir müssen den Wert konvertieren

Angenommen, wir wollten den Wert einer Variablen von `Int` nach `Long` umwandeln. Der Compiler erlaubt keine direkte Zuweisung, weil die Variablen unterschiedliche Typen haben: Eine `Long`-Variable kann nur auf ein `Long`-Objekt verweisen. Versuchen Sie, ein `Int`-Objekt zuzuweisen, wird der Code nicht kompiliert.

Um das zu ermöglichen, müssen Sie den Wert zunächst in den korrekten Typ konvertieren. Soll der Wert einer `Int`-Variablen einer Variablen vom Typ `Long` zugewiesen werden, müssen Sie den Wert also zunächst in einen `Long`-Wert umwandeln. Das geht anhand der *Funktionen* des `Int`-Objekts.

Ein Objekt besitzt Zustand und Verhalten

Als Objekt hat man zwei Dinge: **Zustand** und **Verhalten**.

Der *Zustand* eines Objekts bezieht sich auf die Daten, die mit dem Objekt verbunden sind: seine Werte und Eigenschaften. Ein numerisches Objekt kann zum Beispiel Werte wie 5, 42 oder 3,12 besitzen – je nach Typ. Der Wert eines `Char`-Objekts ist dagegen ein einzelnes Zeichen. Ein Objekt vom Typ `Boolean` ist entweder `true` (wahr) oder `false` (falsch).

Das *Verhalten* eines Objekts beschreibt die Dinge, die es tun kann bzw. die mit ihm getan werden können. Ein `String` kann beispielsweise in Großbuchstaben verwandelt werden. Numerische Objekte »wissen«, wie einfache mathematische Operationen an ihnen ausgeführt werden können und wie man ihre Werte in Objekte eines anderen numerischen Typs konvertiert. Das Verhalten eines Objekts ist über seine Funktionen zugänglich.

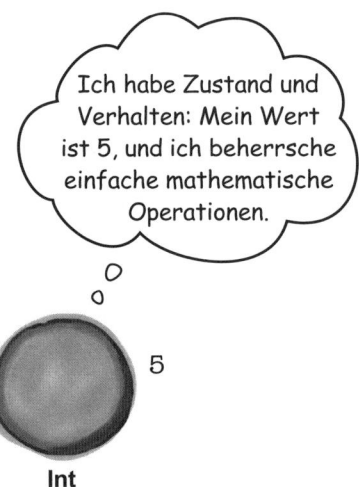

Ich habe Zustand und Verhalten: Mein Wert ist 5, und ich beherrsche einfache mathematische Operationen.

Int

Typumwandlung für numerische Werte

In unserem Beispiel wollen wir den Wert einer `Int`-Variablen nach `Long` umwandeln. Jedes numerische Objekt besitzt eine Funktion namens `toLong()`. Sie übernimmt den Wert des Objekts und erzeugt daraus ein neues `Long`-Objekt. Das geht beispielsweise mit Code wie diesem:

```
var x = 5
var z: Long = x.toLong()
```

Dies ist der Punktoperator.

Mithilfe des Punktoperators (`.`) können Sie die Funktionen eines Objekts aufrufen. Der Aufruf `x.toLong()` bedeutet also: »Gehe zu dem Objekt, das in der Variablen `x` referenziert wird, und rufe dessen `toLong()`-Funktion auf.«

Auf den folgenden Seiten gehen wir genauer darauf ein, was dieser Code macht.

Jeder numerische Datentyp besitzt die folgenden Konvertierungsfunktionen: toByte(), toShort(), toInt(), toLong(), toFloat() und toDouble().

Basistypen und -variablen

Was passiert, wenn Sie einen Wert konvertieren?

1   `var x = 5`

Das erzeugt eine `Int`-Variable namens x und ein `Int`-Objekt mit dem Wert 5. x enthält eine Referenz auf das Objekt.

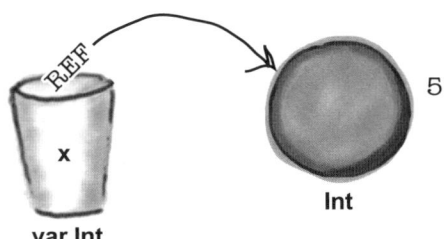

2   `var z: Long = x.toLong()`

Dieser Code erzeugt eine `Long`-Variable namens z. Am Objekt von x wird die `toLong()`-Funktion aufgerufen. Das erzeugt ein neues `Long`-Objekt mit dem Wert 5. Eine Referenz auf das `Long`-Objekt wird in der Variablen z gespeichert.

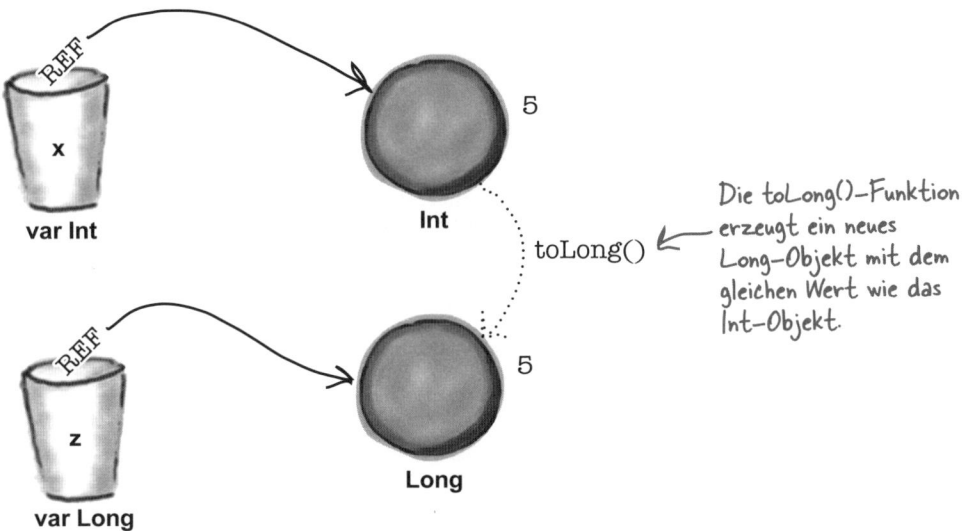

Die toLong()-Funktion erzeugt ein neues Long-Objekt mit dem gleichen Wert wie das Int-Objekt.

Das funktioniert gut, wenn Sie einen Wert in ein größeres Objekt konvertieren wollen. Was passiert aber, wenn das neue Objekt zu klein ist, um den Wert zu enthalten?

Sie sind hier ▸

Mehr Typumwandlungen

Aufpassen, dass nichts überläuft

Wenn Sie versuchen, einen großen Wert in einer kleinen Variablen zu speichern, ist das, als versuchten Sie, einen ganzen Eimer Kaffee in eine kleine Tasse zu zwängen. Ein Teil des Kaffees passt in die Tasse, der Rest läuft über.

Angenommen, Sie wollten den Wert aus einem `Long`-Objekt in einem `Int` speichern. Wie wir bereits wissen, kann ein `Long`-Objekt größere Zahlen enthalten als ein `Int`.

Befindet sich der Wert des `Long` innerhalb des Wertebereichs für `Int`-Objekte, bleibt der Wert nach der Konvertierung von `Long` nach `Int` unverändert 42.

```
var x = 42L
var y: Int = x.toInt()   // Wert ist 42
```

Ist der `Long`-Wert dagegen zu groß für ein `Int`-Objekt, schneidet der Compiler den Wert ab, und Sie erhalten eine recht seltsame (aber berechenbare) Zahl. Wenn Sie beispielsweise versuchen, ein `Long`-Objekt mit dem Wert 1234567890123 in ein `Int`-Objekt zu konvertieren, wird der `Int`-Wert 1912276171 lauten:

⬅ Das hat mit Vorzeichen, Bits, Binärzahlen und anderem geekigen Zeug zu tun, auf das wir hier nicht weiter eingehen. Wenn Sie richtig neugierig sind, suchen Sie nach dem Begriff »Zweierkomplement«.

```
var x = 1234567890123
var y: Int = x.toInt()   // Wert ist 1912276171!
```

Der Compiler geht davon aus, dass Sie das absichtlich tun, und der Code wird kompiliert. Vielleicht haben Sie aber auch eine Fließkommazahl und brauchen nur den ganzzahligen Teil. Bei der Konvertierung der Zahl in ein `Int`-Objekt wird der Compiler alles nach dem Komma abschneiden und verwerfen:

```
var x = 123.456
var y: Int = x.toInt()   // Wert ist 123
```

⬅ Obacht: Wie in fast allen Programmiersprachen wird das Komma auch in Kotlin als Dezimalpunkt (.) ausgedrückt.

Der wichtigste Punkt ist also: Wenn Sie numerische Werte von einem Typ in einen anderen konvertieren, müssen Sie dafür sorgen, dass der Typ groß genug für den Wert ist, ansonsten erhalten Sie unerwartete Ergebnisse.

Nachdem Sie sich einigermaßen mit der Funktionsweise von Variablen und Kotlins Basisdatentypen auskennen, ist es Zeit für die folgende Übung.

Spitzen Sie Ihren Bleistift

Die folgende `main`-Funktion kompiliert nicht. Kreisen Sie die ungültigen Zeilen ein und notieren Sie, warum sie die Kompilierung verhindern.

```
fun main(args: Array<String>) {

    var x: Int = 65.2

    var isPunk = true

    var message = 'Hello'

    var y = 7

    var z: Int = y

    y = y + 50

    var s: Short

    var bigNum: Long = y.toLong()

    var b: Byte = 2

    var smallNum = b.toShort()

    b = smallNum

    isPunk = "false"

    var k = y.toDouble()

    b = k.toByte()

    s = 0b10001

}
```

Spitzen Sie Ihren Bleistift: *Lösung*

Spitzen Sie Ihren Bleistift
Lösung

Die folgende `main`-Funktion kompiliert nicht. Kreisen Sie die ungültigen Zeilen ein und notieren Sie, warum sie die Kompilierung verhindern.

```
fun main(args: Array<String>) {

    var x: Int = 65.2        65.2 ist kein gültiger Int-Wert.

    var isPunk = true

    var message = 'Hello'    Einfache Anführungszeichen werden
                             für die Definition von Char-Werten
                             (einzelnen Zeichen) verwendet.
    var y = 7

    var z: Int = y

    y = y + 50

    var s: Short

    var bigNum: Long = y.toLong()

    var b: Byte = 2

    var smallNum = b.toShort()

    b = smallNum             smallNum ist ein Short-Objekt. Daher kann sein
                             Wert nicht einer Byte-Variablen zugewiesen werden.
    isPunk = "false"         isPunk ist eine boolesche Variable. Daher wird ihr Wert
                             (false) nicht mit doppelten Anführungszeichen umgeben.
    var k = y.toDouble()

    b = k.toByte()

    s = 0b10001

}
```

Mehrere Werte in einem Array speichern

Wir möchten Ihnen jetzt eine weitere Objektart vorstellen: das Array. Angenommen, Sie wollten die Namen von 50 Eiscremesorten speichern oder auch die Balkencodes aller Bücher einer Bücherei. Hier wird der Einsatz von Variablen ziemlich schnell unhandlich. Stattdessen können Sie ein Array verwenden.

Arrays sind großartig, wenn schnell mal ein paar Dinge gruppiert werden sollen. Sie sind leicht zu erstellen, und Sie können schnell auf die einzelnen Elemente eines Arrays zugreifen.

Stellen Sie sich ein Array wie ein Tablett mit Bechern vor, bei dem jedes Arrayelement des Arrays einer Referenz auf ein Objekt entspricht.

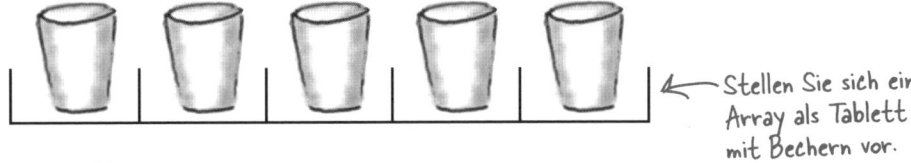

Stellen Sie sich ein Array als Tablett mit Bechern vor.

Wie man ein Array erstellt

Mit der Funktion `arrayOf()` können Sie ein Array erstellen. Hier ein Beispiel, in dem wir die Funktion verwenden, um ein Array mit drei Elementen (den Integerwerten 1, 2 und 3) zu erstellen und einer Variablen namens myArray zuzuweisen:

```
var myArray = arrayOf(1, 2, 3)
```

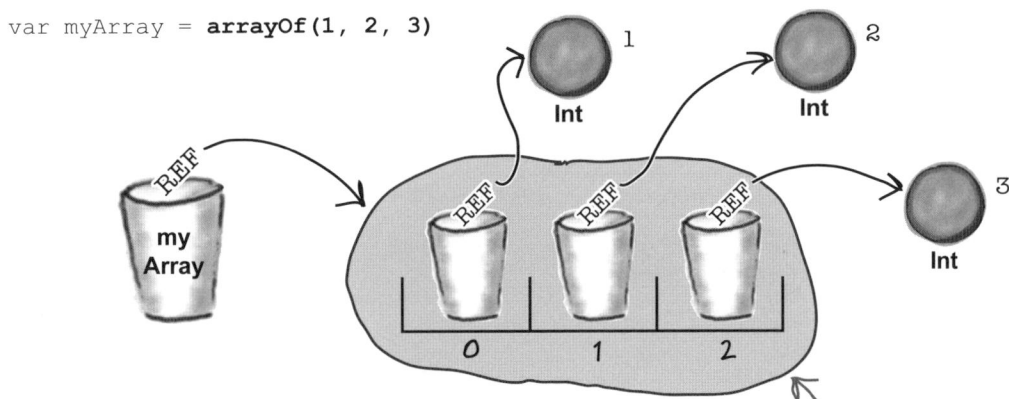

Auch das Array befindet sich in einem Objekt, und die Variable enthält eine Referenz darauf.

Um den Wert eines Arrayelements zu erhalten, verwenden Sie die Arrayvariable mit einem **Index**. Das erste Element können Sie beispielsweise so ausgeben:

```
println(myArray[0])
```

Und die Länge des Arrays können Sie so ermitteln:

```
myArray.size
```

Auf der folgenden Seite wollen wir das Wissen anwenden, um ein ernsthaftes Businessprogramm zu schreiben – den Phras-O-Matic.

Projekt erstellen

Die Phras-O-Matic-Applikation erstellen

Wir bauen eine neue Applikation, die nützliche Marketingsprüche für den englischsprachigen Markt erzeugt.

Hierfür müssen wir zuerst ein neues Projekt in IntelliJ IDEA erstellen:

① Öffnen Sie IntelliJ IDEA und wählen Sie im Startfenster die Option »Create New Project«. Dies startet das aus Kapitel 1 bekannte Helferprogramm (»Wizard«).

② Wählen Sie die Option zur Erstellung eines Kotlin-Projekts für die JVM.

③ Nennen Sie das Projekt »PhrasOMatic«, akzeptieren Sie die übrigen Standardwerte und klicken Sie auf den Finish-Button.

④ Wenn Ihr Projekt in der IDE angezeigt wird, erstellen Sie eine neue Kotlin-Datei namens *PhrasOMatic.kt*. Markieren Sie hierfür den *src*-Ordner und wählen Sie dann den Befehl New → Kotlin File/Class aus dem File-Menü. Geben Sie der Datei den Namen »PhrasOMatic« und wählen Sie in der zweiten Zeile (Kind) die Option File.

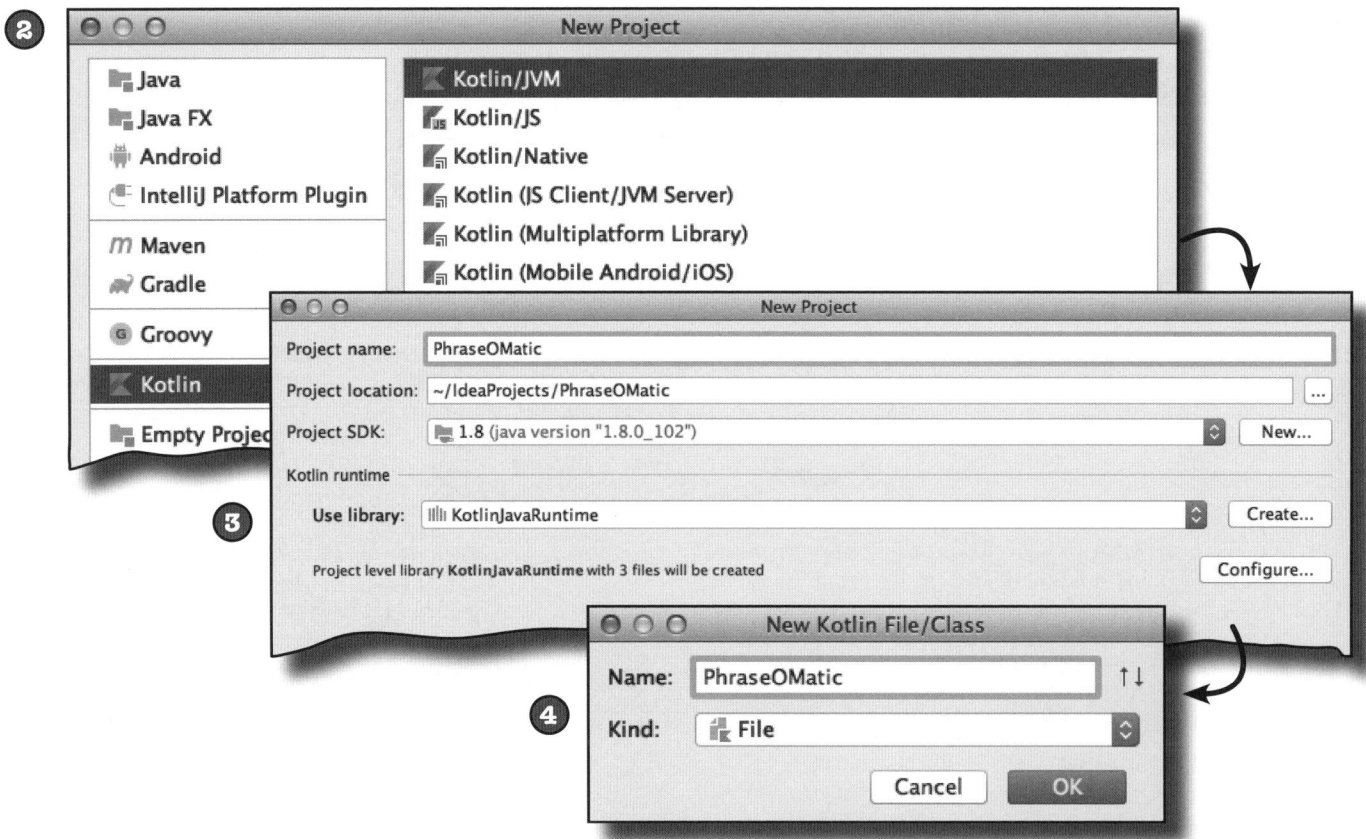

Den Code zu PhrasOMatic.kt hinzufügen

Der Code für unser Phras-O-Matic-Programm besteht aus einer `main`-Funktion, die drei Arrays mit Wörtern anlegt, zufällig ein Wort aus jedem Array auswählt und diese miteinander verbindet. Fügen Sie den unten stehenden Code *PhrasOMatic.kt:* hinzu:

```
fun main(args: Array<String>){
    val wordArray1 = arrayOf("24/7", "multi-tier", "B-to-B", "dynamic", "pervasive")
    val wordArray2 = arrayOf("empowered", "leveraged", "aligned", "targeted")
    val wordArray3 = arrayOf("process", "paradigm", "solution", "portal", "vision")

    val arraySize1 = wordArray1.size
    val arraySize2 = wordArray2.size
    val arraySize3 = wordArray3.size

    val rand1 = (Math.random() * arraySize1).toInt()
    val rand2 = (Math.random() * arraySize2).toInt()
    val rand3 = (Math.random() * arraySize3).toInt()

    val phrase = "${wordArray1[rand1]} ${wordArray2[rand2]} ${wordArray3[rand3]}"
    println(phrase)
}
```

Die meisten Teile des Codes sollten Sie bereits kennen. Einige Zeilen wollen wir uns dennoch etwas genauer ansehen. Die folgende Zeile erzeugt eine Zufallszahl:

```
val rand1 = (Math.random() * arraySize1).toInt()
```

Daher müssen wir sie mit der Anzahl der Elemente im Array multiplizieren. Danach benutzen wir die Funktion `toInt()`, um ein ganzzahliges Ergebnis zu erhalten.

Die folgende Zeile verwendet ein String-Template, um drei Wörter auszuwählen und zu verbinden:

```
val phrase = "${wordArray1[rand1]} ${wordArray2[rand2]} ${wordArray3[rand3]}"
```

Auf den folgenden Seiten finden Sie noch mehr Informationen zu String-Templates und weitere Dinge, die mit Arrays möglich sind.

Wir brauchen …

- multi-tier leveraged solution
- dynamic targeted vision
- 24/7 aligned paradigm
- B-to-B empowered portal

Unter der Lupe

String-Templates unter der Lupe

String-Templates bieten eine einfache und schnelle Möglichkeit, innerhalb eines Strings auf eine Variable zuzugreifen.

Um den Wert einer Variablen in einem String zu verwenden, stellen Sie dem Variablennamen ein Dollarzeichen ($) voran. Um den Wert einer `Int`-Variablen namens `x` in einem String zu verwenden, können Sie beispielsweise schreiben:

```
var x = 42
var value = "Value of x is $x"
```

In String-Templates kann außerdem auf die Eigenschaften und Funktionen eines Objekts zugegriffen werden. Dafür wird der Ausdruck mit geschweiften Klammern umgeben. In den folgenden Zeilen verwenden wir die Größe eines Arrays und den Wert des ersten Arrayelements in einem String:

```
var myArray = arrayOf(1, 2, 3)
var arraySize = "myArray has ${myArray.size} items"
var firstItem = "The first item is ${myArray[0]}"
```

String-Templates können auch komplexe Ausdrücke enthalten. Hier nutzen wir einen `if`-Ausdruck, um abhängig von der Größe von `myArray` unterschiedlichen Text in der Variablen `result` zu speichern:

```
var result = "myArray is ${if (myArray.size > 10) "large" else "small"}"
```

Beachten Sie, dass der auszuwertende Ausdruck mit geschweiften Klammern ({}) umgeben ist.

Durch die Verwendung von String-Templates können Sie schon mit sehr wenig Code komplexe Strings erzeugen.

Es gibt keine Dummen Fragen

F: Ist `Math.random()` die Standardmethode zum Erzeugen einer Zufallszahl in Kotlin?

A: Das kommt darauf an, welche Version von Kotlin Sie verwenden.

Vor Version 1.3 hatte Kotlin keine eigene Methode, um Zufallszahlen zu erzeugen. Applikationen, die in einer JVM laufen, können allerdings die `random()`-Methode aus der Java-`Math`-Bibliothek verwenden, wie in unserem Beispiel.

Benutzen Sie dagegen Version 1.3 oder höher, können Sie Kotlins eigene `Random`-Funktionen einsetzen. Der folgende Code verwendet die Funktion `nextInt()` aus Kotlins `Random`-Klasse, um ein zufälliges `Int`-Objekt zu erzeugen:

```
kotlin.random.Random.nextInt()
```

In diesem Buch benutzen wir trotzdem `Math.random()` für die Erzeugung von Zufallszahlen, weil dies für alle Kotlin-Versionen funktioniert, die in einer JVM laufen.

Der Compiler leitet den Arraytyp aus dessen Werten ab

Nachdem Sie wissen, wie man ein Array erstellt und auf dessen Elemente zugreift, wollen wir nun sehen, wie man die enthaltenen Werte verändern kann.

Angenommen, wir hätten ein Array mit Int-Werten namens myArray:

```
var myArray = arrayOf(1, 2, 3)
```

Der folgende Code ändert den Wert des zweiten Elements auf 15:

```
myArray[1] = 15
```

Die Sache hat allerdings einen Haken: **Der Wert muss den richtigen Typ haben.**

Der Compiler untersucht den Typ jedes Arrayelements und leitet daraus ab, welche Datentypen die einzelnen Elemente während der Laufzeit des Programms haben sollen. Im obigen Beispiel haben wir ein Array mit Int-Werten deklariert. Der Compiler geht deshalb davon aus, dass das Array nur Int-Werte enthalten kann. Versuchen Sie, etwas anderes im Array zu speichern, wird der Code nicht kompilieren:

```
myArray[1] = "Fido"  // Das wird nicht kompiliert
```

Den Arraytyp explizit angeben

Wie bei anderen Variablen können Sie auch für Arrays explizit angeben, welche Datentypen die Arrayelemente enthalten sollen. Angenommen, Sie definierten ein Array, das Byte-Werte enthalten soll, wie hier gezeigt:

```
var myArray: Array<Byte> = arrayOf(1, 2, 3)
```

Der Code Array<Byte> teilt dem Compiler mit, dass Sie ein Array mit Byte-Werten erstellen. Um den Arraytyp explizit anzugeben, umgeben Sie den gewünschten Typ mit spitzen Klammern (<>).

> Arrays enthalten Elemente eines bestimmten Typs. Entweder lassen Sie den Compiler den Typ aus den Arraywerten ermitteln, oder Sie geben ihn explizit an, indem Sie die Schreibweise Array<Typ> verwenden.

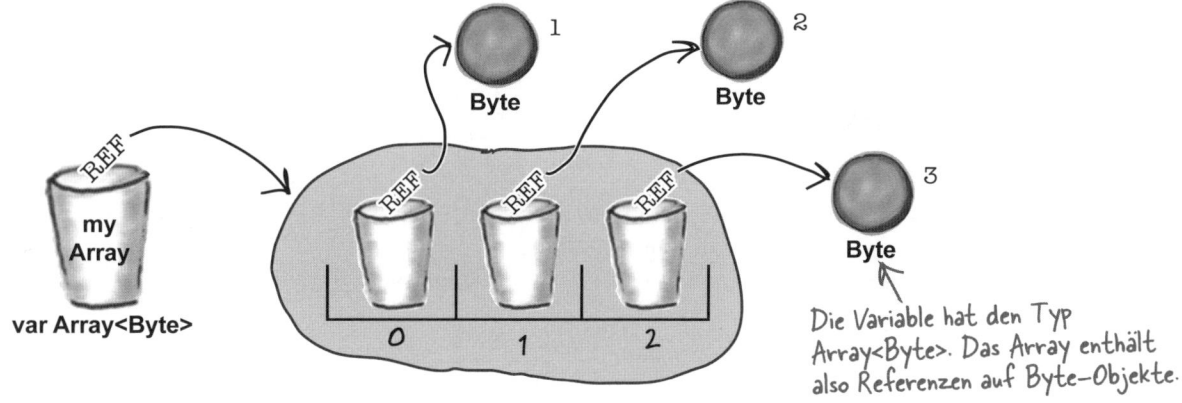

Die Variable hat den Typ Array<Byte>. Das Array enthält also Referenzen auf Byte-Objekte.

var heißt, die Variable kann auf ein anderes Array verweisen

Zum Abschluss müssen wir uns noch ansehen, welche Auswirkungen `val` und `var` auf die Deklaration von Arrays haben.

Wie Sie bereits wissen, enthält eine Variable eine Referenz auf ein Objekt. Wurde die Variable per `var` deklariert, können Sie die Variable aktualisieren, sodass sie auf ein anderes Objekt verweist. Enthält die Variable eine Referenz auf ein Array, können Sie die Variable aktualisieren, sodass sie auf ein anderes Array gleichen Typs verweist. Der folgende Code ist beispielsweise gültig und wird kompiliert:

```
var myArray = arrayOf(1, 2, 3)
myArray = arrayOf(4, 5)
```
← Ein brandneues Array.

Das gehen wir am besten Schritt für Schritt durch.

❶ `var myArray = arrayOf(1, 2, 3)`

Das erzeugt ein Array aus `Int`-Objekten und eine Variable namens `myArray`, die eine Referenz auf das Array enthält.

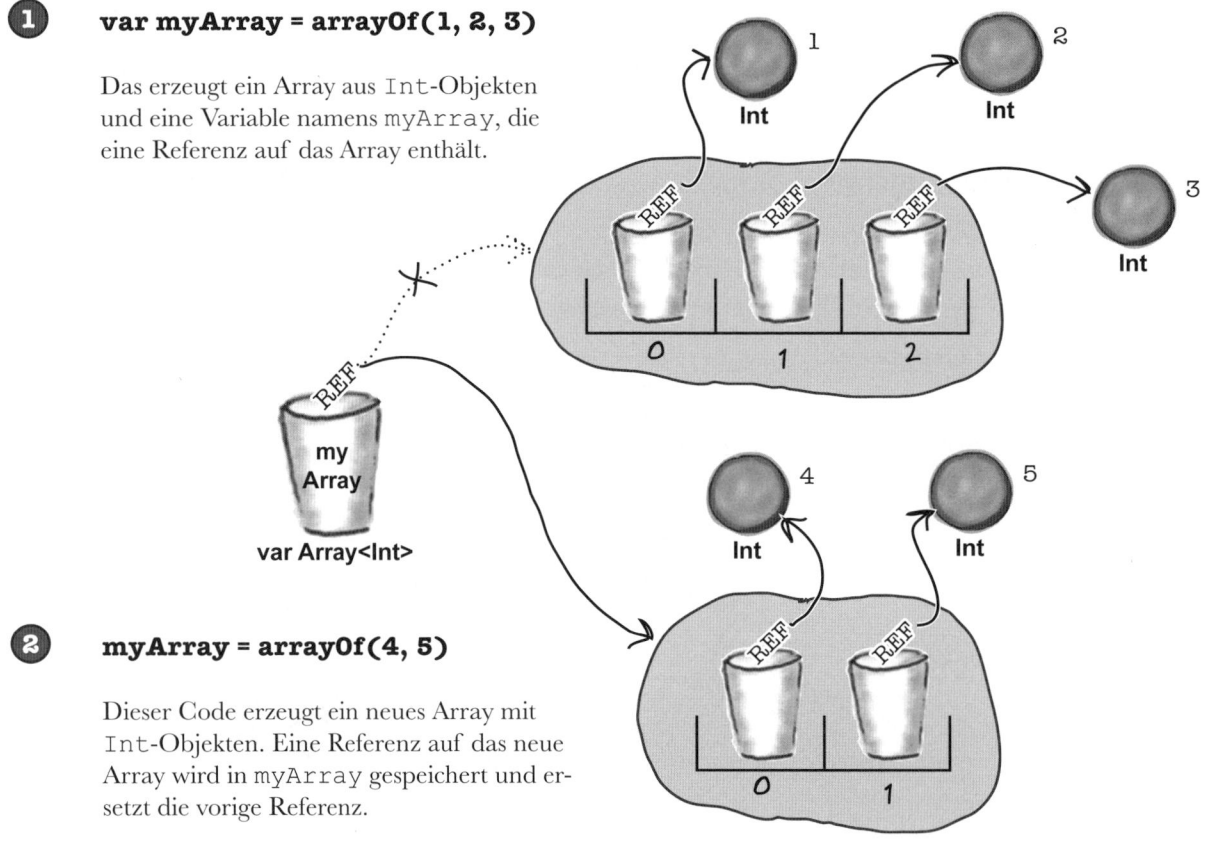

❷ `myArray = arrayOf(4, 5)`

Dieser Code erzeugt ein neues Array mit `Int`-Objekten. Eine Referenz auf das neue Array wird in `myArray` gespeichert und ersetzt die vorige Referenz.

Was passiert, wenn wir stattdessen `val` verwenden?

Basistypen und -variablen

val bedeutet, die Variable verweist während der gesamten Laufzeit auf dasselbe Array ...

Wenn Sie ein Array per `val` deklarieren, kann die Variable nicht mehr aktualisiert werden, sodass sie eine Referenz auf ein anderes Array enthält. Der folgende Code wird nicht kompiliert:

```
val myArray = arrayOf(1, 2, 3)
myArray = arrayOf(4, 5, 6)
```
← Wenn Sie eine Arrayvariable mittels val deklarieren, kann sie nicht auf ein anderes Array verweisen.

Sobald der Variablen ein bestimmtes Array zugewiesen wurde, verweist sie während der gesamten Laufzeit des Programms auf dieses Array. Trotzdem kann **das Array selbst** auch weiterhin aktualisiert werden.

... die Elemente im Array können trotzdem aktualisiert werden

Verwenden Sie `val`, um eine Variable zu deklarieren, sagen Sie dem Compiler, dass die Variable nicht für andere Werte zur Verfügung steht. Diese Anweisung bezieht sich aber nur auf die Variable selbst. Enthält die Variable eine Referenz auf ein Array, können die enthaltenen Elemente trotzdem verändert werden.

Nehmen wir beispielsweise den folgenden Code:

```
val myArray = arrayOf(1, 2, 3)
myArray[2] = 6
```
← Hier wird das dritte Arrayelement aktualisiert.

Hier erzeugen wir eine Variable namens `myArray`. Sie enthält eine Referenz auf ein Array, dessen Elemente auf mehrere `Int`-Objekte verweisen. Dieses wurde per `val` deklariert. Die Variable muss also für die Laufzeit des Programms eine Referenz auf dasselbe Array enthalten. Danach wird das dritte Arrayelement erfolgreich mit dem Wert 6 aktualisiert, denn das Array selbst kann weiterhin verändert werden.

> **Die Deklaration einer Variablen per val bedeutet, dass Sie der Variablen kein anderes Objekt zuweisen können. Das referenzierte Objekt selbst kann aber trotzdem verändert werden.**

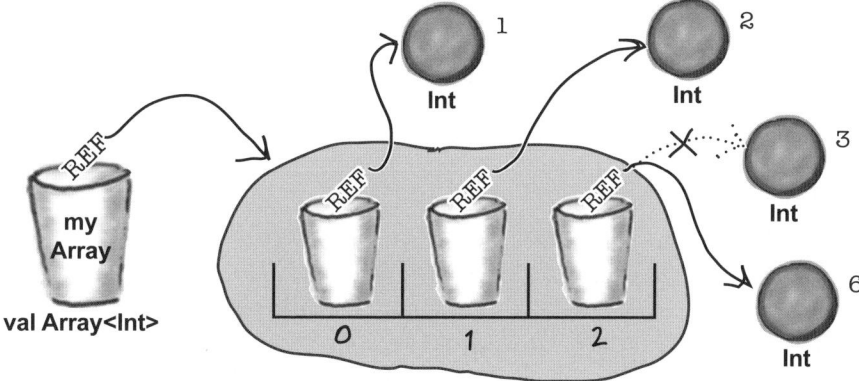

Das Array selbst kann weiterhin verändert werden, auch wenn die Variable per val deklariert wurde.

Nachdem Sie wissen, wie Arrays hier in Kotlinville funktionieren, ist es Zeit für ein paar Übungen.

Sie sind hier ▶

Seien Sie der Compiler

SEIEN Sie der Compiler

Die Codeabschnitte auf dieser Seite stehen jeweils für eine vollständige Kotlin-Quelldatei. Spielen Sie Compiler und finden Sie heraus, welche der Dateien kompiliert und fehlerfrei ausgeführt werden und welche nicht. Wie würden Sie die Fehler beheben?

A
```
fun main(args: Array<String>) {

    val hobbits = arrayOf("Frodo", "Sam", "Merry", "Pippin")
    var x = 0;

    while (x < 5) {
        println("${hobbits[x]} is a good Hobbit name")
        x = x + 1
    }

}
```

Jeder Hobbitname im Array soll auf einer eigenen Zeile ausgegeben werden.

B
```
fun main(args: Array<String>) {

    val firemen = arrayOf("Pugh", "Pugh", "Barney McGrew", "Cuthbert", "Dibble", "Grub")
    var firemanNo = 0;

    while (firemanNo < 6) {
        println("Fireman number $firemanNo is $firemen[firemanNo]")
        firemanNo = firemanNo + 1
    }

}
```

Die Namen der Feuerwehrleute im Array sollen jeweils auf einer eigenen Zeile ausgegeben werden.

→ Die Antworten finden Sie auf Seite 55.

Basistypen und -variablen

Code-Magnete

Die Kühlschrankmagnete für ein funktionsfähiges Kotlin-Programm sind durcheinandergekommen. Können Sie die Codeabschnitte wieder in die richtige Reihenfolge bringen? Wir brauchen eine Funktion, die folgende Ausgabe erzeugt:

```
Fruit = Banana
Fruit = Blueberry
Fruit = Pomegranate
Fruit = Cherry
```

```kotlin
fun main(args: Array<String>) {
```

Hier kommen die Magnete hin.

}

```
x = x + 1
y = index[x]
var x = 0
while (x < 4) {
var y: Int
val index = arrayOf(1, 3, 4, 2)
}
println("Fruit = ${fruit[y]}")
val fruit = arrayOf("Apple", "Banana", "Cherry", "Blueberry", "Pomegranate")
```

→ Die Antworten finden Sie auf Seite 56.

Vermischte Referenzen

Unten sehen Sie ein kurzes Kotlin-Programm. Bei Erreichen der Zeile `// Mach was` sind bereits mehrere Variablen und Objekte erzeugt worden. Sie sollen herausfinden, welche Variablen auf welche Objekte verweisen, wenn `// Mach was` erreicht ist. Auf einige Objekte wird möglicherweise mehr als einmal verwiesen. Zeichnen Sie Linien, um die Variablen und Objekte miteinander zu verbinden.

```
fun main(args: Array<String>) {
    val x = arrayOf(0, 1, 2, 3, 4)
    x[3] = x[2]
    x[4] = x[0]
    x[2] = x[1]
    x[1] = x[0]
    x[0] = x[1]
    x[4] = x[3]
    x[3] = x[2]
    x[2] = x[4]
    // Mach was
}
```

Variablen:

Objekte:

Verbinden Sie die Variablen und Objekte.

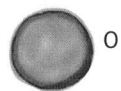

➜ Antworten auf Seite 57.

Basistypen und -variablen

SEIEN Sie der Compiler, Lösung

Die Codeabschnitte auf dieser Seite stehen jeweils für eine vollständige Kotlin-Quelldatei. Spielen Sie Compiler und finden Sie heraus, welche der Dateien kompiliert und fehlerfrei ausgeführt werden und welche nicht. Wie würden Sie die Fehler beheben?

A
```
fun main(args: Array<String>) {

    val hobbits = arrayOf("Frodo", "Sam", "Merry", "Pippin")
    var x = 0;

    while (x < 5̶ 4) {
        println("${hobbits[x]} is a good Hobbit name")
        x = x + 1
    }

}
```

Der Code kompiliert, erzeugt aber einen Laufzeitfehler. Vergessen Sie nicht, dass die Nummerierung von Arrayelementen bei 0 beginnt und bei (Länge – 1) endet.

B
```
fun main(args: Array<String>) {

    val firemen = arrayOf("Pugh", "Pugh", "Barney McGrew", "Cuthbert", "Dibble", "Grub")
    var firemanNo = 0;

    while (firemanNo < 6) {
        println("Fireman number $firemanNo is ${firemen[firemanNo]}")
        firemanNo = firemanNo + 1
    }

}
```

Der Ausdruck firemen[firemanNo] muss von geschweiften Klammern umgeben werden, damit die Namen der Feuerwehrleute ausgegeben werden können.

Sie sind hier ▶

Code-Magnete: Lösung

Code-Magnete, Lösung

Die Kühlschrankmagnete für ein funktionsfähiges Kotlin-Programm sind durcheinandergekommen. Können Sie die Codeabschnitte wieder in die richtige Reihenfolge bringen? Wir brauchen eine Funktion, die folgende Ausgabe erzeugt:

```
Fruit = Banana
Fruit = Blueberry
Fruit = Pomegranate
Fruit = Cherry
```

```kotlin
fun main(args: Array<String>) {
    val index = arrayOf(1, 3, 4, 2)
    val fruit = arrayOf("Apple", "Banana", "Cherry", "Blueberry", "Pomegranate")
    var x = 0
    var y: Int
    while (x < 4) {
        y = index[x]
        println("Fruit = ${fruit[y]}")
        x = x + 1
    }
}
```

Vermischte Referenzen, Lösung

Unten sehen Sie ein kurzes Kotlin-Programm. Bei Erreichen der Zeile // Mach was sind bereits mehrere Variablen und Objekte erzeugt worden. Sie sollen herausfinden, welche Variablen auf welche Objekte verweisen, wenn // Mach was erreicht ist. Auf einige Objekte wird möglicherweise mehr als einmal verwiesen. Zeichnen Sie Linien, um die Variablen und Objekte miteinander zu verbinden.

```kotlin
fun main(args: Array<String>) {
    val x = arrayOf(0, 1, 2, 3, 4)
    x[3] = x[2]
    x[4] = x[0]
    x[2] = x[1]
    x[1] = x[0]
    x[0] = x[1]
    x[4] = x[3]
    x[3] = x[2]
    x[2] = x[4]
    // Mach was
}
```

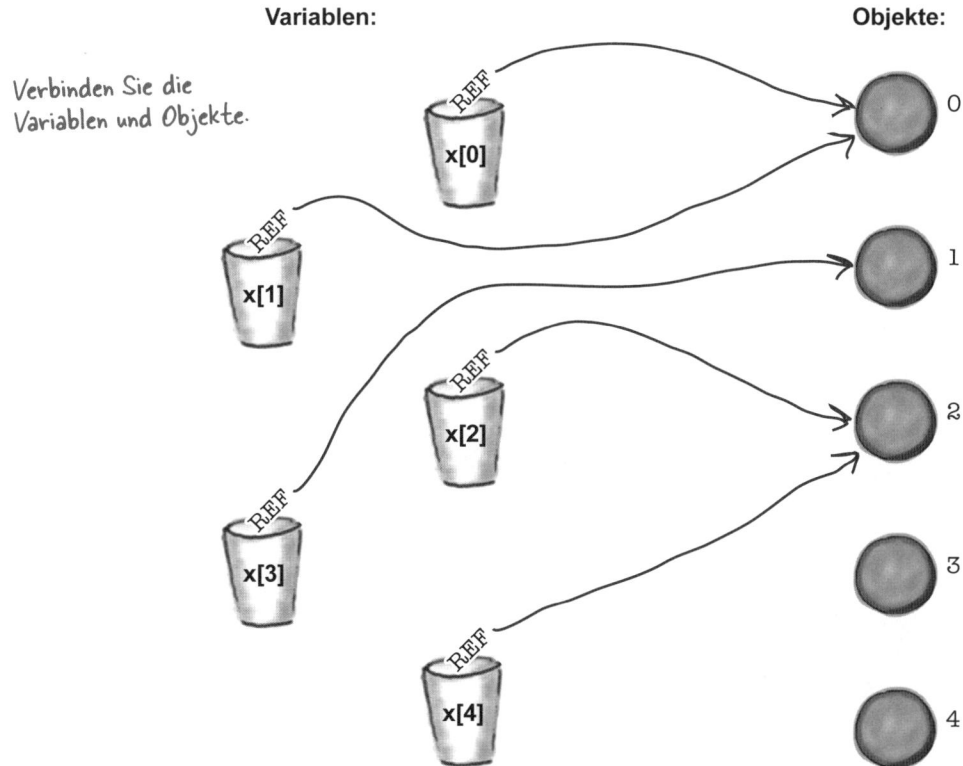

Verbinden Sie die Variablen und Objekte.

Werkzeugkasten

Ihr Kotlin-Werkzeugkasten

Sie haben das zweite Kapitel hinter sich gebracht und Ihren Werkzeugkasten um Basisdatentypen und Variablen erweitert.

Den kompletten Code dieses Kapitels können Sie hier herunterladen: https://tinyurl.com/HFKotlin.

Punkt für Punkt

- Damit der Compiler eine Variable erzeugen kann, muss er ihren Namen und ihren Datentyp kennen und wissen, ob sie wiederverwendet werden kann.

- Wurde der Datentyp der Variablen nicht explizit festgelegt, leitet der Compiler ihn vom angegebenen Wert ab.

- Eine Variable enthält eine Referenz auf ein Objekt.

- Ein Objekt besitzt Zustand und Verhalten. Über Funktionen kann auf das Verhalten zugegriffen werden.

- Die Deklaration einer Variablen per `var` bedeutet, dass die enthaltene Objektreferenz ersetzt werden kann. Die Deklaration per `val` sorgt dafür, dass die Referenz auf das Objekt während der Laufzeit des Programms nicht verändert werden kann.

- Kotlin besitzt mehrere Basisdatentypen: `Byte`, `Short`, `Int`, `Long`, `Float`, `Double`, `Boolean`, `Char` und `String`.

- Um den Datentyp einer Variablen explizit anzugeben, setzen Sie hinter den Namen der Variablen einen Doppelpunkt, gefolgt vom Typ:
    `var tinyNum: Byte`

- Um einer Variablen einen Wert zuweisen zu können, muss dieser einen kompatiblen Datentyp besitzen.

- Passt der Wert nicht in den neuen Typ, kann die Präzision leiden.

- Um ein Array zu erzeugen, verwenden Sie die `arrayOf`-Funktion:
    `var myArray = arrayOf(1, 2, 3)`

- Anhand des Index kann auf die einzelnen Arrayelemente zugegriffen werden, z. B. `myArray[0]`. Das erste Element eines Arrays hat den Index 0.

- Die Anzahl der Elemente in einem Array erhält man per `myArray.size`.

- Der Compiler kann den Datentyp für ein Array aus dessen Elementen ableiten. Um den Typ eines Arrays explizit festzulegen, können Sie schreiben:
    `var myArray: Array<Byte>`

- Auch wenn Sie ein Array per `val` deklarieren, können Sie die enthaltenen Elemente verändern.

- Um schnell und einfach innerhalb eines Strings auf Variablen zuzugreifen oder Ausdrücke auszuwerten, können Sie String-Templates verwenden.

3 Funktionen

Raus aus main

Du wolltest doch etwas, das Spaß macht. Hier sind ein paar brandneue Funktionen.

Wie süß!

Es ist Zeit für den nächsten Schritt: Funktionen.

Bisher befand sich der Code ausschließlich in der *main*-Funktion Ihrer Applikation. Wenn Sie Ihren Code **besser organisieren** und **leichter pflegen** wollen, müssen Sie wissen, ***wie Sie den Code in separate Funktionen aufteilen können***. In diesem Kapitel lernen Sie, wie man ***Funktionen schreibt*** und damit ***interagiert***, indem Sie ein Spiel programmieren. Wir zeigen Ihnen, wie man kompakte ***Einzelausdrucksfunktionen*** schreibt. Und unterwegs finden Sie auch noch heraus, wie man ***über Bereiche (Ranges) und Sammlungen (Collections) iteriert*** und wie die mächtige *for*-Schleife funktioniert.

Ein Spiel programmieren: Stein, Schere, Papier

In allen bisher gezeigten Codebeispielen haben wir den Code in der `main`-Funktion des Programms definiert. Dies ist, wie Sie wissen, die Startfunktion, die ausgeführt wird, sobald Sie Ihr Programm laufen lassen.

Zum Lernen von Kotlins Basissyntax war das auch völlig in Ordnung. In den meisten echten Applikationen wird der *Code jedoch auf mehrere Funktionen verteilt*. Das hat natürlich Gründe:

- **Der Code ist besser organisiert.**
  Anstatt den gesamten Code in einer großen `main`-Funktion abzulegen, wird er in übersichtlichere Bausteine aufgeteilt, das macht ihn besser lesbar und verständlicher.

- **Der Code ist besser wiederverwendbar.**
  Durch die Aufteilung in mehrere Funktionen können Sie diese an verschiedenen Stellen wiederverwenden.

Es gibt noch mehr Gründe, aber diese zwei sind die wichtigsten.

Jede Funktion ist ein benannter Codeabschnitt, der eine bestimmte Aufgabe ausführt. Beispielsweise könnten Sie eine Funktion namens `max` schreiben, die den höchsten von zwei Werten ermittelt. Diese Funktion können Sie dann an verschiedenen Stellen im Programm aufrufen.

Anhand des Spiels »Stein, Schere, Papier« werden wir uns genauer ansehen, wie sich Funktionen verhalten.

Spielverlauf

Ziel: Sie und der Computer entscheiden sich für eine Option. Einer gewinnt.

Einrichtung: Beim Start des Spiels entscheidet sich der Computer per Zufall für Stein, Schere oder Papier. Dann werden *Sie* aufgefordert, sich für eine Option zu entscheiden.

Die Regeln: Das Spiel vergleicht beide Entscheidungen. Sind sie gleich, ist das Ergebnis unentschieden. Sind sie unterschiedlich, ermittelt das Programm wie folgt den Gewinner:

Entscheidungen	Ergebnis
Schere, Papier	Schere gewinnt (schneidet Papier).
Stein, Schere	Stein gewinnt (schleift Schere).
Papier, Stein	Papier gewinnt (verpackt Stein).

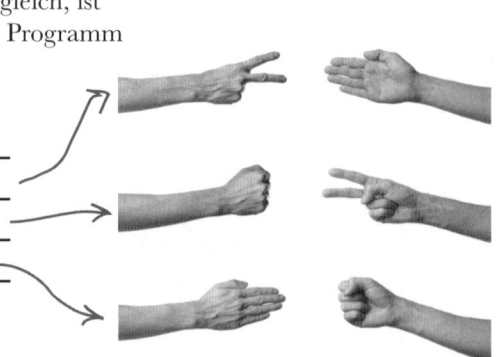

Das Spiel läuft im Ausgabefenster der IDE.

Zuerst das allgemeine Konzept

Bevor wir Code schreiben, brauchen wir einen Plan für den Spielablauf.

Dafür müssen wir zuerst den allgemeinen Programmfluss des Spiels bestimmen. Die Grundidee sieht so aus:

❶ Sie starten das Spiel.
Die Applikation wählt per Zufall eine dieser Optionen: Rock (Stein), Paper (Papier) oder Scissors (Schere).

❷ Die Applikation fragt nach Ihrer Wahl.
Sie geben Ihre Wahl ins Ausgabefenster der IDE ein.

❸ Die Applikation überprüft Ihre Wahl.
Haben Sie keine gültige Auswahl getroffen, springt das Programm zurück zu Schritt 2 und fordert Sie erneut zur Eingabe auf. Dieser Schritt wird so oft wiederholt, bis Sie eine gültige Auswahl getroffen haben.

❹ Das Spiel gibt das Ergebnis aus.
Das Programm teilt Ihnen mit, welche Wahl Sie und die Applikation getroffen haben, ob Sie gewonnen oder verloren haben oder ob das Spiel unentschieden ausging.

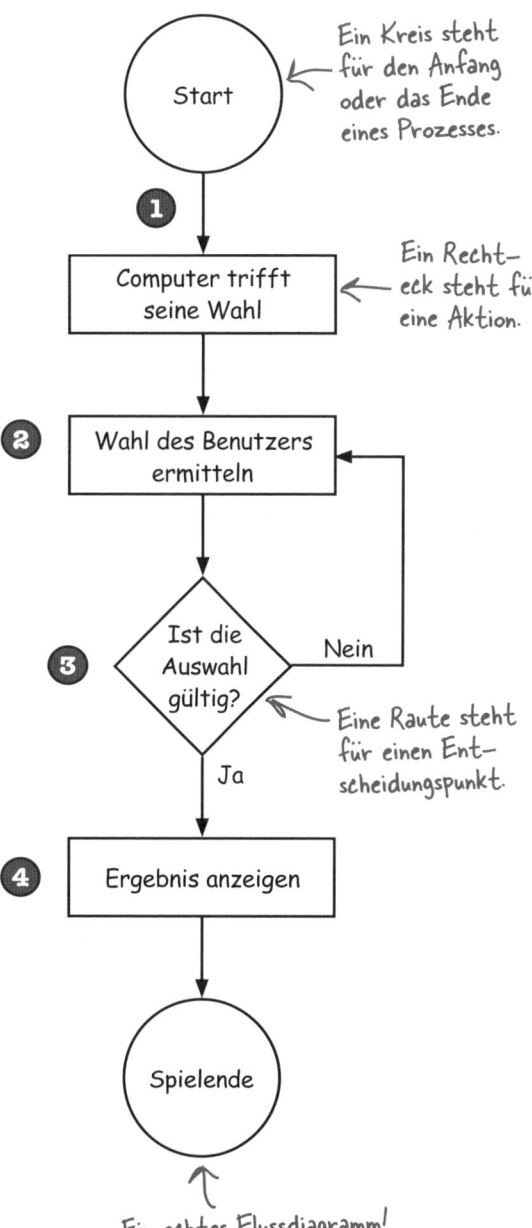

Nachdem wir wissen, wie die Applikation funktionieren soll, können wir uns an die Programmierung machen.

Schritte

Was wir vorhaben:

Für die Erstellung des Spiels sind mehrere Arbeitsschritte nötig:

① Das Spiel muss eine Entscheidung treffen.
Wir schreiben eine neue Funktion namens `getGameChoice`, die zufällig einen der Begriffe »Rock«, »Paper« oder »Scissors« auswählt.

② Den Benutzer zur Eingabe seiner Wahl auffordern.
Hierfür benutzen wir die Funktion `getUserChoice`. Sie fordert den Benutzer auf, seine Wahl einzugeben. Wir überprüfen, ob die Eingabe gültig war. Falls nicht, wird so oft eine Eingabeaufforderung ausgegeben, bis eine korrekte Option angegeben wurde:

> Please enter one of the following: Rock Paper Scissors.
> Errr... dunno
> You must enter a valid choice.
> Please enter one of the following: Rock Paper Scissors.
> Paper

③ Das Ergebnis anzeigen.
Wir schreiben eine Funktion namens `printResult`. Sie ermittelt, ob der Benutzer gewonnen oder verloren hat bzw. ob das Spiel unentschieden ist. Danach gibt die Funktion das Ergebnis aus.

> You chose Paper. I chose Rock. You win!

Und los geht's: Das Projekt erstellen

Wir beginnen mit der Erstellung eines neuen Projekts für die Applikation, und zwar genau so, wie wir es in den vorigen Kapiteln gelernt haben.

Erstellen Sie ein neues Kotlin-Projekt für die JVM und nennen Sie das Projekt »Rock Paper Scissors«. Dann erstellen Sie eine neue Kotlin-Datei namens *Game.kt*. Wählen Sie hierfür den *src*-Ordner aus und wählen Sie aus dem File-Menü den Befehl New → Kotlin File/Class. Nennen Sie die Datei »Game« und wählen Sie im unteren Auswahlmenü (Kind) die Option File.

Sobald das Projekt erstellt ist, können wir anfangen, etwas Code zu schreiben.

Das Spiel soll eine Auswahl treffen

Zuerst müssen wir das Spiel dazu bringen, zufällig eine der Optionen Rock (Stein), Paper (Papier) oder Scissors (Schere) auszuwählen. Wir gehen wie folgt vor:

> **1** **Erzeuge ein Array aus den Strings »Rock«, »Paper« und »Scissors«.**
> Dies bauen wir in die `main`-Funktion der Applikation ein.

> **2** **Erstelle eine neue getGameChoice-Funktion, die per Zufall eine der Optionen auswählt.**

> **3** **Rufe die Funktion getGameChoice aus der main-Funktion auf.**

Wir beginnen mit der Erstellung des Arrays.

Das Rock-Paper-Scissors-Array erstellen

Um das Array zu bauen, benutzen wir die `arrayOf`-Funktion, die wir aus dem vorigen Kapitel kennen. Damit das beim Programmstart passiert, kommt dieser Code in die `main`-Funktion unseres Programms. Außerdem können wir das Array dadurch im restlichen Code, den wir später in diesem Kapitel schreiben werden, einsetzen.

Um die `main`-Funktion und das Array zu erstellen, aktualisieren Sie Ihre Version von *Game.kt* wie hier gezeigt:

```
fun main(args: Array<String>) {
    val options = arrayOf("Rock", "Paper", "Scissors")
}
```

Nachdem wir das Array erstellt haben, müssen wir die `getGameChoice`-Funktion definieren. Vorher müssen Sie aber noch einige Dinge über die Definition von Funktionen wissen.

Funktionen machen Spaß

Funktionen erstellen

Wahl des Spiels
Wahl des Benutzers
Ergebnis

Wie Sie aus Kapitel 1 wissen, benutzt man für die Erzeugung von Funktionen das Schlüsselwort `fun`, gefolgt vom Namen der Funktion. Mit folgendem Code könnten wir z. B. eine Funktion namens `foo` definieren:

fun teilt Kotlin mit, dass es sich um eine Funktion handelt.

```
fun foo() {
    // Hier kommt Ihr Code hin
}
```

Sobald die Funktion geschrieben ist, können Sie sie von überall in Ihrer Applikation aufrufen:

```
fun main(args: Array<String>) {
    foo()
}
```

Dadurch wird die Funktion foo ausgeführt.

Sie können einer Funktion Dinge übergeben

Manchmal braucht eine Funktion weitere Informationen, um ihre Aufgabe erfüllen zu können. Wenn Sie eine Funktion zum Ermitteln des größeren von zwei Werten schreiben, muss die Funktion wissen, wie diese beiden Werte lauten.

Durch die Angabe von einem oder mehreren **Parametern** können Sie dem Compiler mitteilen, welche Werte eine Funktion akzeptieren kann. Für jeden Parameter müssen ein Name und ein Typ angegeben werden.

Hier wird beispielsweise festgelegt, wie die Funktion `foo` einen einzelnen Parameter namens `param` vom Typ `Int` übernehmen soll:

```
fun foo(param: Int) {
    println("Parameter is $param")
}
```

Die Parameter einer Funktion werden mit runden Klammern umgeben.

Danach können Sie die Funktion aufrufen und ihr einen Wert vom Typ `Int` übergeben:

```
foo(6)
```
Wir übergeben der Funktion den Wert 6.

Beachten Sie: **Wurde für eine Funktion ein Parameter definiert, muss auch etwas übergeben werden. Der Wert dieses »Etwas« muss den korrekten Datentyp haben.** Der folgende Funktionsaufruf funktioniert nicht, weil anstelle eines `Int`-Werts ein `String` übergeben wurde:

```
foo("Freddie")
```
Wir können foo keinen String übergeben, weil die Funktion nur Int-Werte akzeptiert.

> ## Parameter und Argumente
>
> Je nach Programmierhintergrund und persönlichen Vorlieben benutzen Sie für Werte, die an eine Funktion übergeben werden, eventuell einen der Begriffe *Argumente* oder *Parameter*. Ein paar Computerwissenschaftstheoretiker in ihren Laborkitteln treffen hier eigene Unterscheidungen. Wir haben Größeres im Sinn. *Sie* können das nennen, wie Sie wollen (Argumente, Parameter, Gummibärchen …), *wir* dagegen unterscheiden in diesem Buch wie folgt:
>
> **Eine Funktion verwendet Parameter. Ein Aufrufer übergibt seine Argumente.**
>
> Argumente sind die Dinge, die Sie an eine Funktion übergeben. Ein *Argument* (ein Wert wie 2 oder »Pizza«) landet mit dem Gesicht nach unten in einem *Parameter*. Dabei ist ein Parameter nichts weiter als eine lokale Variable: eine Variable, deren Name und Typ nur innerhalb des Körpers einer Funktion (innerhalb der geschweiften Klammern) benutzt werden.

Funktionen
Wahl des Spiels
Wahl des Benutzers
Ergebnis

Funktionen können mehrere Parameter haben

Soll Ihre Funktion mehrere Parameter haben, können Sie diese durch Kommata getrennt deklarieren. Bei der Übergabe der Argumente an die Funktion werden diese ebenfalls durch Kommata getrennt. Hat eine Funktion mehrere Parameter, müssen die Argumente den richtigen Typ haben und in der Reihenfolge übergeben werden, in der die Parameter deklariert wurden.

Eine Funktion mit zwei Parametern aufrufen und zwei Argumente übergeben.

```
fun main(args: Array<String>) {
    printSum(5, 6)
}

fun printSum(int1: Int, int2: Int) {
    val result = int1 + int2
    println(result)
}
```

Die übergebenen Argumente landen in der Reihenfolge in der Funktion, in der sie übergeben wurden. Das erste Argument landet im ersten Parameter, das zweite Argument im zweiten Parameter usw.

Sie können einer Funktion beliebige Argumente übergeben, solange der Datentyp des Arguments mit dem Parametertyp übereinstimmt.

```
fun main(args: Array<String>) {
    val x: Int = 7
    val y: Int = 8
    printSum(x, y)
}

fun printSum(int1: Int, int2: Int) {
    val result = int1 + int2
    println(result)
}
```

Jedes Argument muss den gleichen Typ haben wie der Parameter, in dem es ankommt.

Neben der Übergabe von Werten an eine Funktion ist es auch möglich, Werte zurückzubekommen. Dazu kommen wir jetzt.

*Rückgabe*werte

Funktionen können Dinge zurückgeben

Wahl des Spiels
Wahl des Benutzers
Ergebnis

Wenn die Funktion etwas zurückgeben soll, müssen Sie es deklarieren. Im folgenden Beispiel soll die Funktion `max` einen `Int`-Wert zurückgeben:

```
fun max(a: Int, b: Int): Int {
    val maxValue = if (a > b) a else b
    return maxValue
}
```

Die Angabe `: Int` teilt dem Compiler mit, dass die Funktion einen Int-Wert zurückgibt.

Um einen Wert zurückzugeben, verwenden Sie das Schlüsselwort return, auf das der eigentliche Rückgabewert folgt.

Wenn Sie festlegen, dass die Funktion einen Wert zurückgibt, *muss* der Rückgabewert den deklarierten Datentyp haben. Der folgende Code ist ungültig, weil er einen `String` anstelle eines `Int`-Werts zurückgibt:

```
fun max(a: Int, b: Int): Int {
    val maxValue = if (a > b) a else b
    return "Fish"
}
```

Wir haben festgelegt, dass die Funktion einen Wert vom Typ Int zurückgibt. Beim Versuch, etwas anderes zurückzugeben (z. B. einen String), wird sich der Compiler beschweren.

Funktionen ohne Rückgabewert

Soll Ihre Funktion keinen Wert zurückgeben, können Sie den Rückgabetyp entweder weglassen oder als Typ `Unit` angeben. Dieser besagt, dass die Funktion keinen Wert zurückgibt. Die folgenden Funktionsdeklarationen sind gleichbedeutend:

```
fun printSum(int1: Int, int2: Int) {
    val result = int1 + int2
    println(result)
}

fun printSum(int1: Int, int2: Int): Unit {
    val result = int1 + int2
    println(result)
}
```

Die Angabe von `: Unit` bedeutet, dass die Funktion keinen Rückgabewert hat. Diese Deklaration ist vollkommen optional.

Wenn Sie angeben, dass Ihre Funktion keinen Rückgabewert hat, müssen Sie sicherstellen, dass tatsächlich kein Wert zurückgegeben wird. Versuchen Sie, aus einer Funktion ohne deklarierten Rückgabetyp oder mit dem Rückgabetyp `Unit` etwas zurückzugeben, wird der Code nicht kompiliert.

Funktionskörper mit einzelnen Ausdrücken

Funktionen
→ **Wahl des Spiels**
Wahl des Benutzers
Ergebnis

Besteht der Funktionskörper (der Code zwischen den äußeren geschweiften Klammern) aus einem einzelnen Ausdruck, können Sie den Code vereinfachen, indem Sie die geschweiften Klammern und die `return`-Anweisung weglassen. Hier noch einmal die Funktion der vorigen Seite, die den höheren von zwei Werten zurückgibt:

```
fun max(a: Int, b: Int): Int {
    val maxValue = if (a > b) a else b
    return maxValue
}
```

Der Körper der max-Funktion enthält nur einen Ausdruck, dessen Ergebnis wir zurückgeben.

Die Funktion gibt das Ergebnis eines einfachen `if`-Ausdrucks zurück. Das können wir weiter vereinfachen, wie hier gezeigt:

Benutzen Sie =, um anzugeben, was die Funktion zurückgibt, und entfernen Sie die geschweiften Klammern ({}).

```
fun max(a: Int, b: Int): Int = if (a > b) a else b
```

Der Compiler kann den Rückgabetyp des `if`-Ausdrucks der Funktion selbstständig ermitteln. Daher lässt sich der Code noch weiter verkürzen, indem wir den `: Int`-Teil ebenfalls weglassen:

```
fun max(a: Int, b: Int) = if (a > b) a else b
```

Der Compiler weiß, dass a und b Int-Werte sind, und kann deshalb den Rückgabetyp der Funktion selbst ermitteln.

Die getGameChoice-Funktion erstellen

Nachdem Sie wissen, wie Funktionen erstellt werden, können Sie in der folgenden Übung ausprobieren, ob Sie die `getGameChoice`-Funktion für unser Stein-Schere-Papier-Spiel schreiben können:

Code-Magnete

Die `getGameChoice`-Funktion übernimmt als Parameter ein Array mit Strings und gibt eines der Elemente wieder zurück. Versuchen Sie, die Funktion anhand der unten stehenden Code-Magnete zu schreiben.

```
fun getGameChoice(                                    ) =

        optionsParam[                                                                    ]
```

`Array<String>`   `optionsParam:`   `(`   `.toInt()`

`Math.random()`   `optionsParam`   `.size`   `)`   `*`

Sie sind hier ▸

Code-Magnete: Lösung

Code-Magnete, Lösung

Die `getGameChoice`-Funktion übernimmt als Parameter ein Array mit Strings und gibt eines der Elemente wieder zurück. Sie sollten versuchen, die Funktion anhand der unten stehenden Code-Magnete zu schreiben.

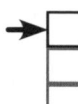 **Wahl des Spiels**
Wahl des Benutzers
Ergebnis

```
fun getGameChoice( optionsParam: Array<String> ) =
    optionsParam[ ( Math.random() * optionsParam .size ) .toInt() ]
```

← Die Funktion hat einen Parameter: ein Array mit Strings.

Zufällig eines der Array-elemente auswählen.

Die getGameChoice-Funktion in Game.kt einbauen

Nachdem wir wissen, wie die `getGameChoice`-Funktion aussieht, können wir sie in unsere Applikation einbauen und die `main`-Funktion aktualisieren, die die neue Funktion aufruft. Aktualisieren Sie Ihre Version von *Game.kt*, sodass sie dem unten stehenden Code entspricht (die Änderungen haben wir in Fettschrift hervorgehoben):

```kotlin
fun main(args: Array<String>) {
    val options = arrayOf("Rock", "Paper", "Scissors")
    val gameChoice = getGameChoice(options)
}

fun getGameChoice(optionsParam: Array<String>) =
    optionsParam[(Math.random() * optionsParam.size).toInt()]
```

Die getGameChoice-Funktion aufrufen und ihr das options-Array übergeben.

Diese Funktion müssen Sie einbauen.

Rock Paper Scissors / **src** / **Game.kt**

Wir haben unsere Applikation nun um die `getGameChoice`-Funktion erweitert und wollen wissen, was bei der Ausführung des Codes eigentlich hinter den Kulissen passiert.

Es gibt keine Dummen Fragen

F: Kann ich mehr als einen Wert aus einer Funktion zurückgeben?

A: Eine Funktion kann nur einen Wert zurückgeben. Wollen Sie beispielsweise drei `Int`-Werte zurückgeben, können Sie diese aber in ein Array mit `Int`-Werten packen und dieses dann zurückgeben. Dafür muss der Rückgabetyp natürlich entsprechend als (`Array<Int>`) deklariert werden.

F: Muss ich irgendwas mit dem Rückgabewert einer Funktion tun, oder kann ich ihn einfach ignorieren?

A: Kotlin erwartet keine Empfangsbestätigung für Rückgabewerte. Sie können eine Funktion mit einem Rückgabewert aufrufen, auch wenn Sie der Wert gar nicht interessiert. In diesem Fall wird die Funktion aufgerufen, um die darin definierten Aufgaben zu erledigen, aber nicht, weil sie etwas zurückgibt. Sie müssen den Rückgabewert weder zuweisen noch sonst wie verwenden.

Hinter den Kulissen

Funktionen

→ ☑ **Wahl des Spiels**
☐ **Wahl des Benutzers**
☐ **Ergebnis**

Wenn der Code ausgeführt wird, passiert Folgendes:

① `val options = arrayOf("Rock", "Paper", "Scissors")`

Dies erzeugt ein Array mit `Strings` und eine Variable namens `options`, die eine Referenz auf das Array enthält.

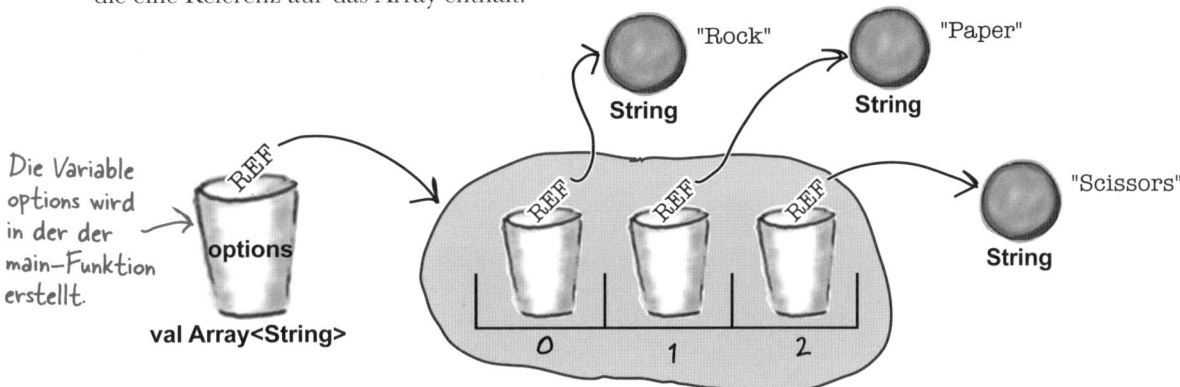

Die Variable options wird in der der main-Funktion erstellt.

② `val gameChoice = getGameChoice(options)`

Der Inhalt der Variablen `options` wird an die `getGameChoice`-Funktion übergeben. Die `options`-Variable enthält eine Referenz auf ein Array mit Strings. Eine Kopie dieser Referenz wird an `getGameChoice` übergeben und landet im Parameter `optionsParam`. Das bedeutet, `options` und `optionsParam` enthalten nun **eine Referenz auf dasselbe Array**.

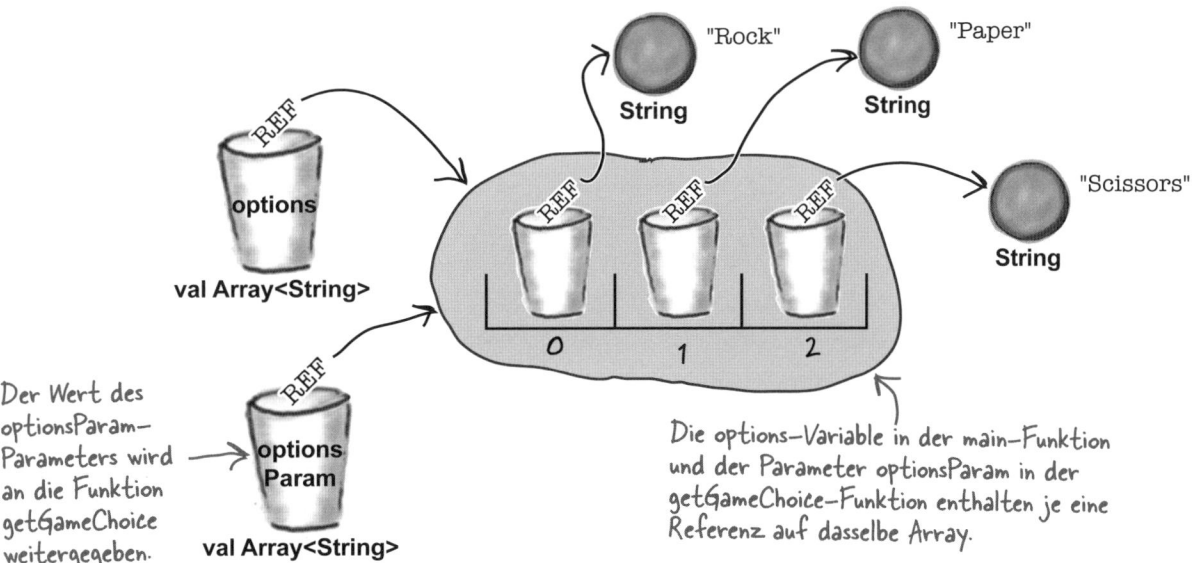

Der Wert des optionsParam-Parameters wird an die Funktion getGameChoice weitergegeben.

Die options-Variable in der main-Funktion und der Parameter optionsParam in der getGameChoice-Funktion enthalten je eine Referenz auf dasselbe Array.

Sie sind hier ▶

Was der Code tut

Die Geschichte geht weiter ...

Wahl des Spiels
Wahl des Benutzers
Ergebnis

❸ `fun getGameChoice(optionsParam: Array<String>) =`
`    optionsParam[(Math.random() * optionsParam.size).toInt()]`

Die Funktion `getGameChoice` wählt per Zufall eines der Elemente aus `optionsParam` aus (z. B. »Scissors«). Die Funktion gibt eine Referenz auf dieses Element zurück.

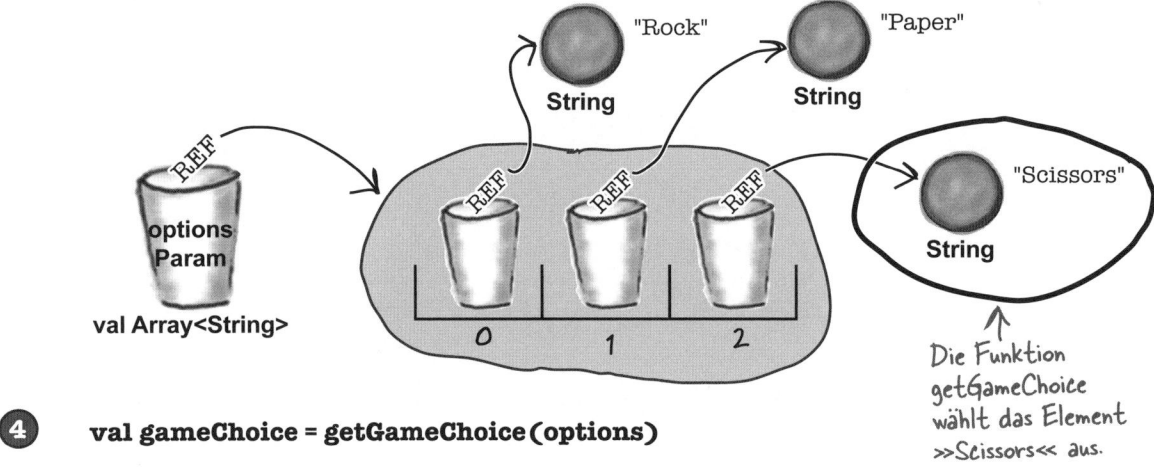

Die Funktion getGameChoice wählt das Element »Scissors« aus.

❹ `val gameChoice = getGameChoice(options)`

Hiermit wird die von `getGameChoice` zurückgegebene Referenz in einer neuen Variablen namens `gameChoice` gespeichert. Gibt `getGameChoice` beispielsweise eine Referenz auf das »Scissors«-Element des Arrays zurück, wird diese nun in der Variablen `gameChoice` abgelegt.

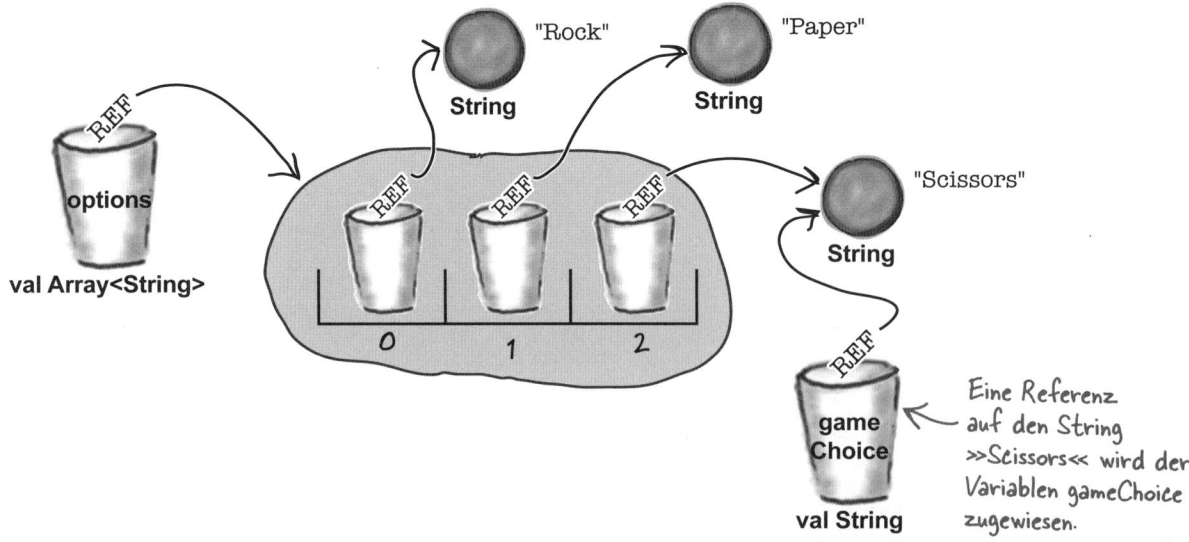

Eine Referenz auf den String »Scissors« wird der Variablen gameChoice zugewiesen.

Funktionen

Wahl des Spiels
Wahl des Benutzers
Ergebnis

> Wenn Sie einer Funktion einen Wert übergeben, wird eigentlich eine Referenz auf ein Objekt weitergereicht. Heißt das, Sie können das zugrunde liegende Objekt ändern?

Ja, das geht.

Nehmen wir beispielsweise diesen Code:

```
fun main(args: Array<String>) {
    val options = arrayOf("Rock", "Paper", "Scissors")
    updateArray(options)
    println(options[2])
}

fun updateArray(optionsParam: Array<String>) {
    optionsParam[2] = "Fred"
}
```

Hier erzeugt die main-Funktion ein Array, das die Strings »Rock«, »Paper« und »Scissors« enthält. Eine Referenz auf dieses Array wird an die updateArray-Funktion übergeben. Sie aktualisiert das dritte Element des Arrays (mit dem Index 2) mit dem Wert »Fred«. Am Ende gibt die main-Funktion diesen Wert aus, und er wird im Ausgabefenster angezeigt.

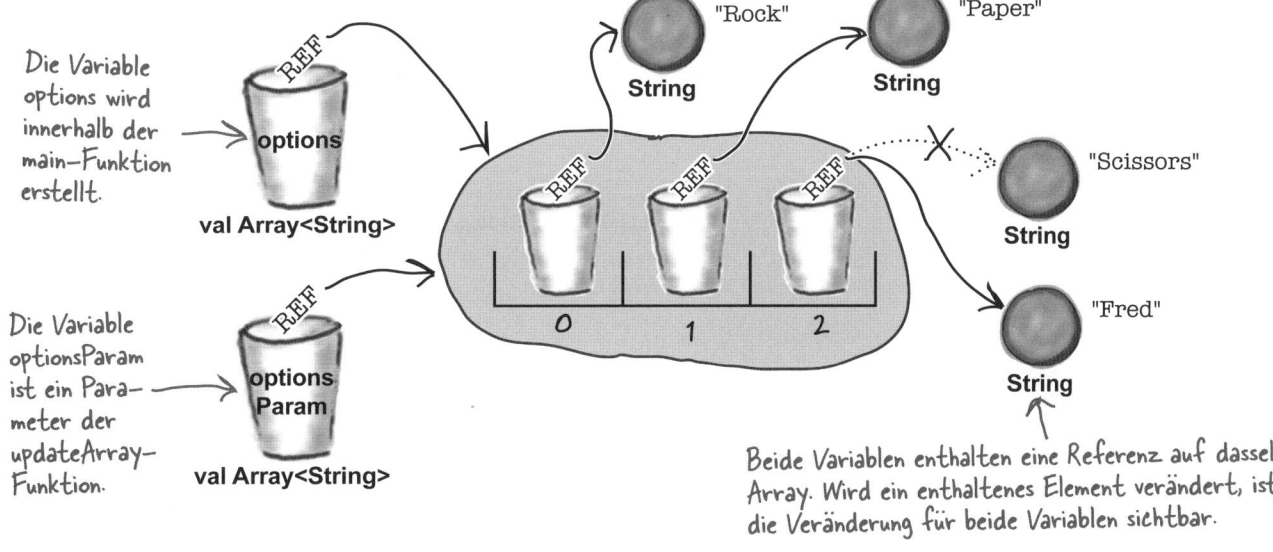

Die Variable options wird innerhalb der main-Funktion erstellt.

Die Variable optionsParam ist ein Parameter der updateArray-Funktion.

Beide Variablen enthalten eine Referenz auf dasselbe Array. Wird ein enthaltenes Element verändert, ist die Veränderung für beide Variablen sichtbar.

Unter der Lupe

 Lokale Variablen unter der Lupe

Wie gesagt, lokale Variablen werden im Körper einer Funktion verwendet. Sie werden in einer Funktion deklariert und sind nur im Funktionskörpers sichtbar. Wenn Sie in einer Funktion versuchen, eine Variable zu verwenden, die in einer anderen Funktion definiert wurde, wird der Compiler sich mit einer Fehlermeldung beschweren:

```
fun main(args: Array<String>) {
    var x = 6
}


fun myFunction() {
    var y = x + 3    ← Dieser Code kompiliert nicht, weil myFunction die
}                      in main deklarierte Variable x nicht sehen kann.
```

Auch lokale Variablen müssen vor ihrer Verwendung initialisiert werden. Wenn Sie beispielsweise eine Variable als Rückgabewert einer Funktion verwenden, müssen Sie diese Variable initialisieren, oder der Compiler bekommt schlechte Laune:

```
fun myFunction(): String {
    var message: String
    return message    ← Soll die Variable als Rückgabewert benutzt werden, muss sie
}                       zuvor initialisiert werden. Sonst wird der Code nicht kompiliert.
```

Funktionsparameter sind nichts anderes als lokale Variablen, denn sie existieren nur im Kontext einer Funktion. Sie werden allerdings grundsätzlich initialisiert. Daher gibt es hier auch keine Compilerfehler, die sich über nicht initialisierte Parametervariablen beschweren. Stattdessen löst der Compiler einen Fehler aus, wenn Sie versuchen, eine Funktion aufzurufen, ohne ihr die nötigen Argumente zu übergeben. Der Compiler garantiert, dass die beim Aufruf einer Funktion übergebenen Argumente immer zu den in der Funktion deklarierten Parametern passen und dass die Argumente automatisch den Parametern zugewiesen werden.

Beachten Sie, dass Sie den Parametervariablen einer Funktion keine neuen Werte zuweisen können. Hinter den Kulissen werden die Parametervariablen als lokale `val`-Variablen erzeugt, die nicht für andere Werte wiederverwendet werden können. Der folgende Code wird demnach nicht kompiliert, weil wir versuchen, einem Funktionsparameter einen neuen Wert zuzuweisen:

```
fun myFunction(message: String){
    message = "Hi!"   ← Parametervariablen werden als lokale Variablen behandelt,
}                       die per val deklariert wurden und daher nicht für andere
                        Werte wiederverwendet werden können.
```

SEIEN Sie der Compiler

Hier sehen Sie drei vollständige Kotlin-Funktionen. Tun Sie, als seien Sie der Compiler, und finden Sie heraus, ob diese Funktionen kompiliert werden. Welche Änderungen müssen Sie vornehmen, falls es nicht funktioniert?

A
```
fun doSomething(msg: String, i: Int): Unit {
    if (i > 0) {
        var x = 0
        while (x < i) {
            println(msg)
            x = x + 1
        }
    }
}
```

B
```
fun timesThree(x: Int): Int {
    x = x * 3
    return x
}
```

C
```
fun maxValue(args: Array<Int>) {
    var max = args[0]
    var x = 1
    while (x < args.size) {
        var item = args[x]
        max = if (max >= item) max else item
        x = x + 1
    }
    return max
}
```

SEIEN Sie der Compiler, Lösung

Hier sehen Sie drei vollständige Kotlin-Funktionen. Tun Sie, als seien Sie der Compiler, und finden Sie heraus, ob diese Funktionen kompiliert werden. Welche Änderungen müssen Sie vornehmen, falls es nicht funktioniert?

A
```
fun doSomething(msg: String, i: Int): Unit {
    if (i > 0) {
        var x = 0
        while (x < i) {
            println(msg)
            x = x + 1
        }
    }
}
```

Diese Funktion wird kompiliert und erfolgreich ausgeführt. Der Typ des Rückgabewerts wurde mit Unit angegeben, das heißt, sie hat keinen Rückgabewert.

B
```
fun timesThree(x: Int): Int {
    ~~val y =~~ x * 3
    return ~~y~~
}
```

Diese Funktion wird nicht kompiliert, weil Sie versuchen, dem Funktionsparameter einen neuen Wert zuzuweisen. Außerdem müssen wir auf den Typ des Rückgabewerts achten. Die Multiplikation eines Int-Werts mit 3 kann zu einem Ergebnis führen, das für die Speicherung in einem Int zu groß ist.

C
```
fun maxValue(args: Array<Int>): Int {
    var max = args[0]
    var x = 1
    while (x < args.size) {
        var item = args[x]
        max = if (max >= item) max else item
        x = x + 1
    }
    return max
}
```

Dieser Code wird nicht kompiliert, weil die Deklaration von Int als Rückgabetyp angegeben werden muss.

Funktionen
Wahl des Spiels
→ **Wahl des Benutzers**
Ergebnis

Die getUserChoice-Funktion

Nachdem unser Spiel in der Lage ist, eine Auswahl zu treffen, können wir mit dem nächsten Schritt weitermachen: die Wahl des Benutzers abzufragen. Hierfür schreiben wir eine neue Funktion namens `getUserChoice`, die wir aus der `main`-Funktion aufrufen. Als Parameter übergeben wir `getUserChoice` das `options`-Array. Der Rückgabewert ist die Auswahl des Benutzers (als `String`):

```
fun getUserChoice(optionsParam: Array<String>): String {
    // Hier kommt der Code hin
}
```

Die `getUserChoice`-Funktion muss folgende Schritte in die Tat umsetzen:

❶ Den Benutzer zur Eingabe seiner Auswahl auffordern.
Wir führen eine Schleife über die Elemente im options-Array aus und fordern den Benutzer auf, seine Wahl ins Ausgabefenster der IDE einzugeben.

❷ Die Benutzereingabe vom Ausgabefenster entgegennehmen.
Nachdem der Benutzer seine Wahl eingegeben hat, müssen wir diesen Wert einer neuen Variablen zuweisen.

❸ Die Benutzerauswahl validieren.
Wir stellen sicher, dass der Benutzer eine Auswahl eingegeben hat, die sich im options-Array befindet. Ist das der Fall, gibt die Funktion diesen Wert zurück. Ansonsten wird die Eingabeaufforderung so oft wiederholt, bis ein passender Wert in der Funktion ankommt.

Wir beginnen mit dem Code, der den Benutzer zur Eingabe seiner Wahl auffordert.

Den Benutzer um seine Eingabe bitten

Um den Benutzer zur Eingabe aufzufordern, muss die `getUserChoice`-Funktion die folgende Nachricht ausgeben: »Please enter one of the following: Rock Paper Scissors.«

Eine Möglichkeit besteht darin, die Nachricht anhand der `println`-Funktion hartzucodieren, wie hier:

```
println("Please enter one of the following: Rock Paper Scissors.")
```

Ein flexiblerer Ansatz wäre, eine Schleife über die Elemente in `options` auszuführen und diese in der Nachricht zu verwenden. Das kann hilfreich sein, wenn wir die Optionen verändern wollen. ← *Vielleicht wollen Sie lieber »Stein, Schere, Papier, Echse, Spock« spielen.*

Anstelle einer `while`-Schleife verwenden wir die bisher noch nicht vorgestellte `for`-Schleife. Wir zeigen gleich, wie sie funktioniert.

Sie sind hier ▶ 75

for-Schleifen

Wie for-Schleifen funktionieren

Wahl des Spiels
Wahl des Benutzers
Ergebnis

Eine **for**-Schleife ist nützlich, um über einen festen Zahlenbereich oder jedes Element eines Arrays (oder einer anderen »Collection« – mehr zu Collections in Kapitel 9) zu iterieren. Hier ein Beispiel:

Über einen Zahlenbereich iterieren

Angenommen, Sie wollten über den Zahlenbereich von 1 bis 10 eine Schleife ausführen. Wie das mit einer `while`-Schleife geht, wissen Sie bereits:

```
var x = 1
while (x < 11) {
    // Hier kommt Ihr Code hin
    x = x + 1
}
```

Allerdings ist der Einsatz einer `for`-Schleife deutlich sauberer und braucht deutlich weniger Codezeilen. Hier der entsprechende Code:

```
for (x in 1..10) {
    // Hier kommt Ihr Code hin
}
```

Das ist, als würden Sie sagen: »Weise jede Zahl zwischen 1 und 10 nacheinander der Variablen *x* zu und führe damit den Schleifenkörper aus.«

Um über einen bestimmten Zahlenbereich zu iterieren, müssen Sie zunächst einen Namen für die Schleifenvariable festlegen. Wir haben sie einfach x genannt, aber Sie können prinzipiell jeden gültigen Variablennamen verwenden. Die Variable wird erzeugt, wenn die Schleife ausgeführt wird.

Zahlenbereiche können Sie mit dem Bereichsoperator (`..`) definieren. Wir verwenden `1..10`, d. h., der Code durchläuft nacheinander die Zahlen von 1 bis 10. Zu Beginn jedes Schleifendurchlaufs wird der Schleifenvariablen (hier: x) der aktuelle Wert zugewiesen.

Wie bei einer `while`-Schleife können Sie auch hier die geschweiften Klammern weglassen, wenn der Schleifenkörper nur eine Anweisung enthält. Folgendes Beispiel gibt nacheinander die Zahlen von 1 bis 100 aus:

```
for (x in 1..100) println(x)
```

Beachten Sie, dass der letzte für den `..`-Operator angegebene Wert Teil des Bereichs ist. Wollen Sie das nicht, sollten Sie stattdessen `until` benutzen. Der folgende Code gibt beispielsweise die Zahlen von 1 bis 99 aus, aber nicht 100:

```
for (x in 1 until 100) println(x)
```

Mathe-Abkürzungen

Der Inkrementoperator `++` erhöht den Wert einer Variablen um 1. Das heißt,

```
x++
```

ist eine Abkürzung für:

```
x = x + 1
```

Entsprechend funktioniert der Dekrementoperator, der 1 von einer Variablen subtrahiert. Verwenden Sie

```
x--
```

als Abkürzung für:

```
x = x - 1
```

Wollen Sie einer Variablen einen anderen Wert als 1 hinzuaddieren, können Sie den `+=`-Operator verwenden.

```
x += 2
```

macht das Gleiche wie:

```
x = x + 2
```

Auf ähnliche Weise nutzen Sie auch `-=`, `*=` und `/=` als Kurzschreibweisen für Subtraktion, Multiplikation und Division.

while-Schleifen laufen, wenn eine bestimmte Bedingung wahr ist. for-Schleifen werden über einen bestimmten Bereich von Werten oder Elementen ausgeführt.

Wie for-Schleifen funktionieren (Fortsetzung)

Funktionen
- Wahl des Spiels
- **Wahl des Benutzers**
- Ergebnis

Mit downTo einen Bereich umkehren

Soll ein Zahlenbereich in umgekehrter Reihenfolge durchlaufen werden, können Sie **downTo** anstelle von .. einsetzen. Der folgende Code gibt beispielsweise die Zahlen von 15 bis 1 aus:

```
for (x in 15 downTo 1) println(x)
```

← Die Verwendung von downTo anstelle von .. gibt die Zahlen in umgekehrter Reihenfolge aus.

Mit step Zahlen im Bereich überspringen

Standardmäßig durchlaufen die Operatoren .., until und downTo eine Zahl eines Bereichs nach der anderen. Mit dem Schlüsselwort step können Sie die Schrittweite festlegen, sodass z. B. immer nur jedes zweite Element bearbeitet wird, wie etwa hier:

```
for (x in 1..100 step 2) println(x)
// Gibt 1, 3, 5 ... jeweils auf einer eigenen Zeile aus
```

Über ein Array iterieren

Mit einer for-Schleife können Sie auch über die Elemente eines Arrays iterieren. In unserem Fall soll eine Schleife über die Elemente des options-Arrays ausgeführt werden. Hierfür können wir eine for-Schleife mit folgendem Format verwenden:

```
for (item in optionsParam) {
    println("$item is an item in the array")
}
```

← Hiermit wird über jedes Element des Arrays namens optionsParam iteriert.

Mit folgendem Code können Sie auch über die Indizes eines Arrays iterieren:

```
for (index in optionsParam.indices) {
    println("Index $index has item ${optionsParam[index]}")
}
```

Der obige Code lässt sich vereinfachen, indem Index *und* Wert des jeweiligen Elements als Teil der Schleife ausgegeben werden:

```
for ((index, item) in optionsParam.withIndex()) {
    println("Index $index has item $item")
}
```

← Dieser Code iteriert über die einzelnen Arrayelemente. Der aktuelle Index wird der Variablen index zugewiesen, während die Variable item das aktuelle Element enthält.

Jetzt kennen Sie die Funktionsweise einer for-Schleife, und wir können endlich den Code schreiben, der den Benutzer zur Eingabe von »Rock, »Paper« oder »Scissors« auffordert.

Sie sind hier ▸

readLine

Benutzer zur Eingabe ihrer Auswahl auffordern

Wir nutzen eine `for`-Schleife, um den Text »Please enter one of the following: Rock Paper Scissors.« auszugeben. Unten sehen Sie den nötigen Code. Wir werden *Game.kt* aktualisieren, sobald die `getUserChoice`-Funktion fertiggestellt ist.

```
fun getUserChoice(optionsParam: Array<String>): String {
    // Benutzer zur Eingabe seiner Wahl auffordern
    print("Please enter one of the following:")
    for (item in optionsParam) print(" $item")
    println(".")
}
```
← Dies gibt den Wert jedes Arrayelements aus.

Verwenden Sie die readLine-Funktion, um Benutzereingaben entgegenzunehmen.

Nachdem wir den Benutzer zur Eingabe aufgefordert haben, müssen wir seine Antwort lesen. Hierfür gibt es die Funktion **readLine()**:

```
val userInput = readLine()
```

Die Funktion `readLine()` liest jeweils eine Eingabezeile aus dem Standardeingabestrom (STDIN, in unserem Fall das Ausgabefenster der IDE). Sie gibt einen `String`-Wert zurück: den vom Benutzer eingegebenen Text.

Wurde der Eingabestrom Ihrer Applikation in eine Datei umgeleitet, gibt `readLine()` den Wert `null` zurück, sobald das Dateiende erreicht ist. `null` bedeutet, dass es keinen Wert gibt oder dass er fehlt.

← Eine Menge weiterer Informationen über null finden Sie in Kapitel 8. Mehr als das hier Gezeigte müssen Sie im Moment aber nicht wissen.

Hier eine aktualisierte Version der `getUserChoice`-Funktion (wir werden sie in unser Programm einbauen, sobald die Funktion fertig geschrieben ist):

Ein paar Seiten weiter werden wir getUserChoice aktualisieren. Versprochen.

```
fun getUserChoice(optionsParam: Array<String>): String {
    // Benutzer zur Eingabe seiner Wahl auffordern
    print("Please enter one of the following:")
    for (item in optionsParam) print(" $item")
    println(".")
    // Benutzereingaben einlesen
    val userInput = readLine()
}
```
← Hiermit wird eine Zeile der Benutzereingaben aus der Standardeingabe (STDIN) gelesen. In unserem Fall ist das das Ausgabefenster der IDE.

Als Nächstes müssen wir überprüfen, ob der Benutzer eine korrekte Eingabe vorgenommen hat. Dazu kommen wir nach der folgenden Übung.

Funktionen

Unten sehen Sie ein kurzes Kotlin-Programm, in dem ein Codeblock fehlt. Ihre Aufgabe ist es, die Kandidaten (links) den richtigen Ausgabezeilen (rechts) zuzuordnen. Einige Ausgabezeilen werden möglicherweise mehrmals verwendet. Zeichnen Sie Linien, die die Codeblöcke mit den passenden Ausgaben verbinden.

Vermischte Ausgaben

```
fun main(args: Array<String>) {
    var x = 0
    var y = 20
    for(outer in 1..3) {
        for (inner in 4 downTo 2) {

        }
        y++
        x += 3
    }
    y -= 2
}
println("$x $y")
}
```

← Hier kommen die Codekandidaten hin.

Ordnen Sie die Kandidaten jeweils einer der möglichen Ausgaben zu.

Kandidaten:

x += 6

x--

y = x + y

y = 7

x = x + y
y = x - 7

x = y
y++

Mögliche Ausgaben:

4286 4275

27 23

27 6

81 23

27 131

18 23

35 32

3728 3826

Sie sind hier ▶ **79**

Vermischte Ausgaben: Lösung

Unten sehen Sie ein kurzes Kotlin-Programm, in dem ein Codeblock fehlt. Ihre Aufgabe ist es, die Kandidaten (links) den richtigen Ausgabezeilen (rechts) zuzuordnen. Einige Ausgabezeilen werden möglicherweise mehrmals verwendet. Zeichnen Sie Linien, die die Codeblöcke mit den passenden Ausgaben verbinden.

Vermischte Ausgaben, Lösung

```
fun main(args: Array<String>) {
    var x = 0
    var y = 20
    for(outer in 1..3) {
        for (inner in 4 downTo 2) {
            
            
            
            y++
            x += 3
        }
        y -= 2
    }
    println("$x $y")
}
```

← Hier kommen die Codekandidaten hin.

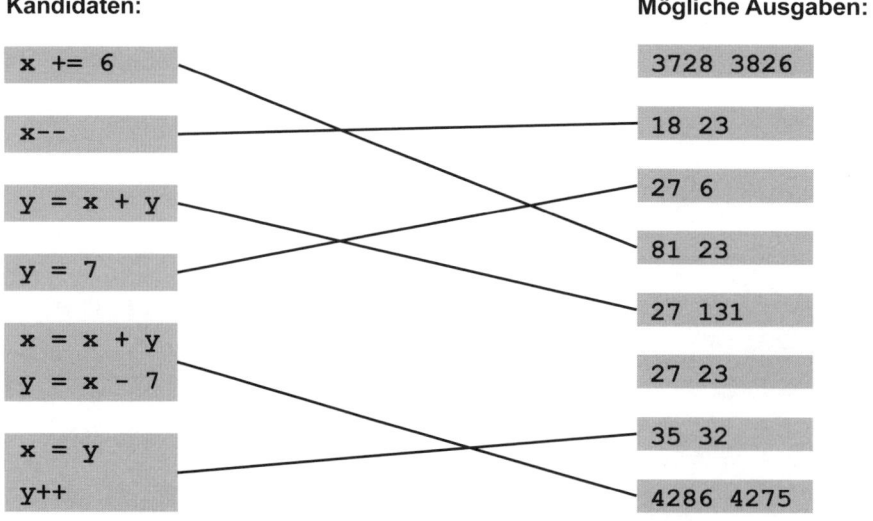

Wir müssen die Benutzereingaben validieren

Funktionen
Wahl des Spiels
Wahl des Benutzers
Ergebnis

Um den Code für unsere `getUserChoice`-Funktion fertigzustellen, müssen wir die Benutzereingaben überprüfen, damit die Benutzer nur gültige Eingaben vornehmen. Der Code muss Folgendes erledigen:

❶ Sicherstellen, dass die Benutzereingabe nicht null ist
Wie gesagt, die Funktion `readLine()` gibt den Wert null zurück, sobald beim Lesen aus einer Datei deren Ende erreicht ist. Auch wenn das in unserer Situation nicht der Fall ist, müssen wir diese Überprüfung vornehmen, damit der Compiler sich nicht aufregt.

❷ Testen, ob sich die Benutzereingabe im options-Array befindet
Hierfür können wir den `in`-Operator einsetzen, den wir benutzt haben, als wir uns mit `for`-Schleifen befassten.

❸ Schleife ausführen, bis eine gültige Eingabe erfolgt ist
Die Schleife soll ausgeführt werden, bis eine Bedingung erfüllt ist (gültige Benutzereingabe). Daher benutzen wir hier eine `while`-Schleife.

Der dafür nötige Code sollte Ihnen größtenteils bekannt sein. Wir können die Anweisungen allerdings noch etwas kürzer fassen. Dafür verwenden wir boolesche Ausdrücke, die leistungsfähiger sind als die bisher bekannten. Darum kümmern wir uns im folgenden Abschnitt. Danach zeigen wir Ihnen den vollständigen Code für die `getUserChoice`-Funktion.

Die Operatoren »und« und »oder« (&& und ||)

Angenommen, ein Programm soll Ihnen beim Telefonkauf helfen. Es enthält viele Regeln, nach denen das richtige Telefon ausgewählt werden soll. Vielleicht wollen Sie den Preis auf einen Bereich zwischen 200 und 300 Euro beschränken, wie hier:

```
if (price >= 200 && price <= 300) {
    // Code zum Auswählen des Telefons
}
```

Zwei Ampersand-Zeichen (`&&`) bedeuten »und«. Der Ausdruck wird zu wahr (true) ausgewertet, wenn **beide** Seiten des `&&`-Ausdrucks wahr sind. Beim Ausführen des Codes wertet Kotlin zuerst die linke Seite des Ausdrucks aus. Ist dieser falsch (false), braucht die rechte Seite nicht mehr ausgewertet zu werden. Ist eine Seite falsch, so ist es der gesamte Ausdruck. ← *Das wird gelegentlich auch als »Short Circuiting« (Kurzschließen) bezeichnet.*

Um dagegen einen »oder«-Ausdruck zu formulieren, verwenden Sie den `||`-Operator.

```
if (price <= 10 || price >= 1000) {
    // Telefon ist zu teuer oder zu billig
}
```

Der gesamte Ausdruck gilt als wahr, sobald mindestens eine der Seiten des `||`-Ausdrucks wahr ist. In diesem Fall wertet Kotlin die rechte Seite nicht aus, sofern die linke Seite bereits wahr ist.

Sie sind hier ▸

Boolesche Ausdrücke

Mächtigere boolesche Ausdrücke

Wahl des Spiels
Wahl des Benutzers
Ergebnis

Nicht gleich (!= und !)

Soll Ihr Code nur für ein bestimmtes Telefonmodell nicht ausgeführt werden, könnten Sie folgenden Code verwenden:

```
if (model != 2000) {
    // Code, der ausgeführt wird, wenn das Modell nicht
    // 2000 Euro kostet
}
```

Das != bedeutet »ist nicht gleich …«.

Auf ähnliche Weise können Sie ! verwenden, um ein »nicht« auszudrücken. Die folgende Schleife wird ausgeführt, wenn die Variable isBroken nicht wahr ist:

```
while (!isBroken) {
    // Code wird ausgeführt, wenn das Telefon nicht kaputt ist
}
```

Runde Klammern machen den Code verständlicher

Boolesche Ausdrücke können sehr groß und kompliziert werden:

```
if ((price <= 500 && memory >= 16) ||
    (price <= 750 && memory >= 32) ||
    (price <= 1000 && memory >= 64)) {
    // Irgendwas Passendes tun
}
```

Wenn Ihr technisches Interesse besonders groß ist, wollen Sie vielleicht wissen, wie es sich mit der Rangfolge dieser Operatoren verhält. Anstatt ein Experte der geheimen Welt der Präzedenz zu werden, empfehlen wir Ihnen, runde Klammern zu benutzen, um Ihren Code verständlicher zu machen.

Jetzt kennen Sie auch die mächtigeren booleschen Ausdrücke, und wir können Ihnen den verbleibenden Code für die getUserChoice-Funktion endlich zeigen und ihn der Applikation hinzufügen.

Die getUserChoice-Funktion in Game.kt einbauen

Funktionen
- Wahl des Spiels
- **Wahl des Benutzers**
- Ergebnis

Unten sehen Sie den überarbeiteten Code für die vollständige `getUserChoice`-Funktion. Aktualisieren Sie Ihre Version von *Game.kt*, sodass sie unserem Code entspricht (Änderungen haben wir fett hervorgehoben):

```kotlin
fun main(args: Array<String>) {
    val options = arrayOf("Rock", "Paper", "Scissors")
    val gameChoice = getGameChoice(options)
    val userChoice = getUserChoice(options)
}
```
Die getUserChoice-Funktion aufrufen.

```kotlin
fun getGameChoice(optionsParam: Array<String>) =
        optionsParam[(Math.random() * optionsParam.size).toInt()]


fun getUserChoice(optionsParam: Array<String>): String {
    var isValidChoice = false
    var userChoice = ""
    // Schleife ausführen, bis eine korrekte Benutzereingabe erfolgt ist
    while (!isValidChoice) {
        // Benutzer zur Eingabe seiner Wahl auffordern
        print("Please enter one of the following:")
        for (item in optionsParam) print(" $item")
        println(".")
        // Benutzereingabe einlesen
        val userInput = readLine()
        // Benutzereingabe überprüfen
        if (userInput != null && userInput in optionsParam) {
            isValidChoice = true
            userChoice = userInput
        }
        // War die Auswahl ungültig, Benutzer informieren
        if (!isValidChoice) println("You must enter a valid choice.")
    }
    return userChoice
}
```

Anmerkungen:
- *Die Variable isValidChoice zeigt an, ob eine gültige Eingabe vorgenommen wurde.*
- *Schleife ausführen, bis isValidChoice wahr ist.*
- *Sicherstellen, dass die Eingabe nicht null ist und ein passendes Element im options-Array vorhanden ist.*
- *Schleife beenden, wenn die Benutzereingabe in Ordnung ist.*
- *Ist die Benutzereingabe ungültig, wird die Schleife weiter ausgeführt.*

Ordnerstruktur: Rock Paper Scissors / src / Game.kt

Jetzt können wir unseren Code einem Probelauf unterziehen, um zu sehen, was bei seiner Ausführung passiert.

Sie sind hier ▸

Probefahrt

Probefahrt

☑ **Wahl des Spiels**
☑ **Wahl des Benutzers**
☐ Ergebnis

Führen Sie den Code aus, indem Sie den Befehl *Run GameKt* aus dem Run-Menü auswählen. Wenn sich das Ausgabefenster der IDE öffnet, werden Sie aufgefordert, »Rock«, »Paper« oder »Scissors« einzugeben:

> Please enter one of the following: Rock Paper Scissors.

Sollten Sie eine ungültige Option eingeben und dann die Enter-Taste drücken, werden Sie erneut aufgefordert, eine gültige Option zu wählen. Das wird so lange wiederholt, bis Sie einen der Begriffe »Rock«, »Paper« oder »Scissors« eingegeben haben. Danach wird das Programm beendet.

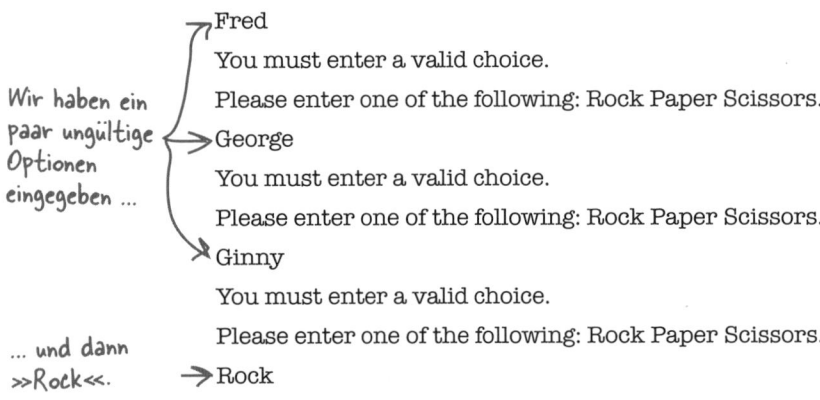

Wir haben ein paar ungültige Optionen eingegeben ...

```
Fred
You must enter a valid choice.
Please enter one of the following: Rock Paper Scissors.
George
You must enter a valid choice.
Please enter one of the following: Rock Paper Scissors.
Ginny
You must enter a valid choice.
Please enter one of the following: Rock Paper Scissors.
Rock
```

... und dann »Rock«.

Die Ergebnisse ausgeben

☑ Wahl des Spiels
☑ Wahl des Benutzers
☐ **Ergebnis**

Zum Schluss muss unsere Applikation die Ergebnisse ausgeben. Zur Erinnerung: Haben das Programm und der Benutzer die gleiche Wahl getroffen, ist das Spiel unentschieden. Sind die gewählten Optionen unterschiedlich, ermittelt das Spiel den Gewinner nach folgenden Regeln:

Entscheidungen	Ergebnis
Schere, Papier	Schere gewinnt (schneidet Papier).
Stein, Schere	Stein gewinnt (schleift Schere).
Papier, Stein	Papier gewinnt (verpackt Stein).

Um die Ergebnisse auszugeben, schreiben wir eine neue Funktion namens `printResult`. Sie wird von `main` aufgerufen und übernimmt zwei Parameter: die Benutzerauswahl und die Wahl des Programms.

Bevor wir Ihnen den Code der Funktion zeigen, wollen wir sehen, ob Sie ihn in der folgenden Übung selbst fertigstellen können.

Pool-Puzzle

Fischen Sie die Codeschnipsel aus dem Pool und platzieren Sie sie auf den Leerzeilen in der `printResult`-Funktion. Die Codeschnipsel sollen jeweils **nur einmal** verwendet werden. Ihr **Ziel** ist es, die Wahl des Benutzers und des Programms sowie den Gewinner auszugeben.

```
fun printResult(userChoice: String, gameChoice: String) {
    val result: String
    // Ergebnis ermitteln
    if (userChoice........gameChoice) result = "Tie!"
    else if ((userChoice........"Rock"........gameChoice........"Scissors")........
            (userChoice........"Paper"........gameChoice........"Rock")........
            (userChoice........"Scissors"........gameChoice........"Paper")) result = "You win!"
    else result = "You lose!"
    // Ergebnis ausgeben
    println("You chose $userChoice. I chose $gameChoice. $result")
}
```

Hinweis: Die Schnipsel im Pool können jeweils nur einmal benutzt werden!

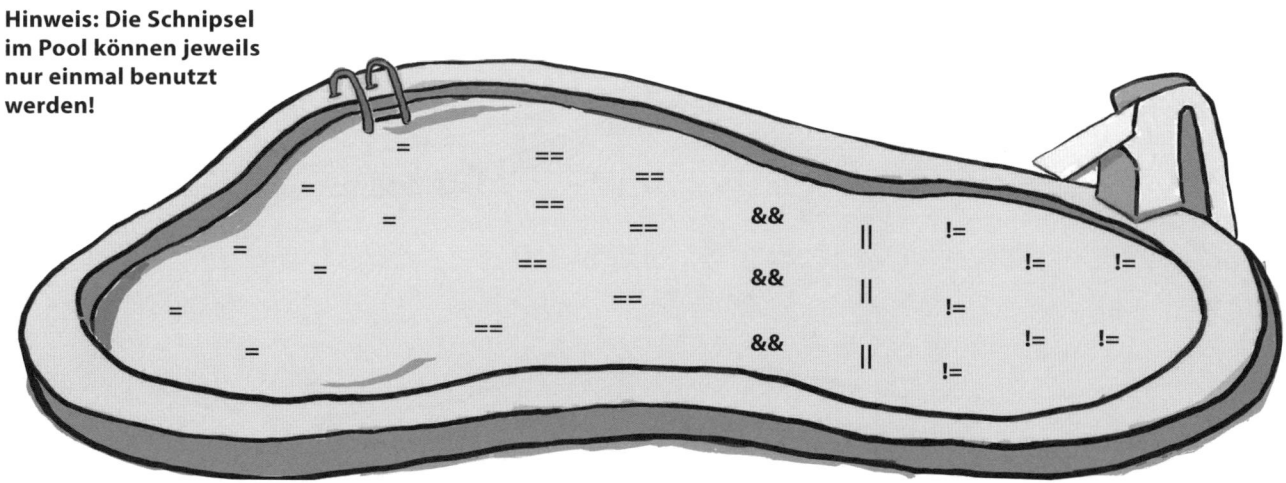

Sie sind hier ▸ **85**

Pool-Puzzle, Lösung

Fischen Sie die Codeschnipsel aus dem Pool und platzieren Sie sie auf den Leerzeilen in der `printResult`-Funktion. Die Codeschnipsel sollen jeweils **nur einmal** verwendet werden. Ihr **Ziel** ist es, die Wahl des Benutzers und des Programms sowie den Gewinner auszugeben.

```
fun printResult(userChoice: String, gameChoice: String) {
    val result: String
    // Ergebnis ermitteln
    if (userChoice == gameChoice) result = "Tie!"
    else if ((userChoice == "Rock" && gameChoice == "Scissors") ||
             (userChoice == "Paper" && gameChoice == "Rock") ||
             (userChoice == "Scissors" && gameChoice == "Paper")) result = "You win!"
    else result = "You lose!"
    // Ergebnis ausgeben
    println("You chose $userChoice. I chose $gameChoice. $result")
}
```

Wählen Benutzer und Programm die gleiche Option, geht das Spiel unentschieden aus.

Ist eine dieser Kombinationen wahr, gewinnt der Benutzer.

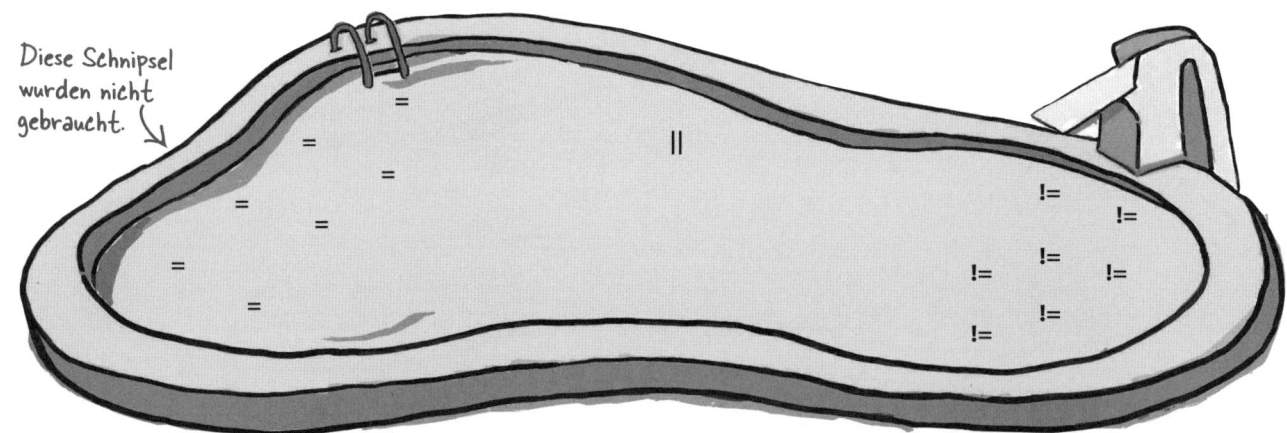

Diese Schnipsel wurden nicht gebraucht.

Die printResult-Funktion in Game.kt einbauen

Funktionen
- ☑ Wahl des Spiels
- ☑ Wahl des Benutzers
- ☐ **Ergebnis**

Wir müssen die `printResult`-Funktion in *Game.kt* einbauen und sie dann aus der main-Funktion heraus aufrufen. Hier der nötige Code. Aktualisieren Sie Ihre Version des Codes, sodass er unserer Fassung entspricht (die Änderungen haben wir wieder hervorgehoben):

```kotlin
fun main(args: Array<String>) {
    val options = arrayOf("Rock", "Paper", "Scissors")
    val gameChoice = getGameChoice(options)
    val userChoice = getUserChoice(options)
    printResult(userChoice, gameChoice)
}
```
← Die printResult-Funktion aus main heraus aufrufen.

```kotlin
fun getGameChoice(optionsParam: Array<String>) =
        optionsParam[(Math.random() * optionsParam.size).toInt()]

fun getUserChoice(optionsParam: Array<String>): String {
    var isValidChoice = false
    var userChoice = ""
    // Schleife ausführen, bis eine korrekte Benutzereingabe erfolgt ist
    while (!isValidChoice) {
        // Benutzer zur Eingabe seiner Wahl auffordern
        print("Please enter one of the following:")
        for (item in optionsParam) print(" $item")
        println(".")
        // Benutzereingabe einlesen
        val userInput = readLine()
        // Benutzereingabe überprüfen
        if (userInput != null && userInput in optionsParam) {
            isValidChoice = true
            userChoice = userInput
        }
        // War die Auswahl ungültig, Benutzer informieren
        if (!isValidChoice) println("You must enter a valid choice.")
    }
    return userChoice
}
```

Rock Paper Scissors / src / Game.kt

Der Code geht auf der folgenden Seite weiter.

*Probe*fahrt

Der Game.kt-Code (Fortsetzung)

Wahl des Spiels
Wahl des Benutzers
Ergebnis

```
fun printResult(userChoice: String, gameChoice: String) {
    val result: String
    // Ergebnis ermitteln
    if (userChoice == gameChoice) result = "Tie!"
    else if ((userChoice == "Rock" && gameChoice == "Scissors") ||
             (userChoice == "Paper" && gameChoice == "Rock") ||
             (userChoice == "Scissors" && gameChoice == "Paper")) result = "You win!"
    else result = "You lose!"
    // Ergebnis ausgeben
    println("You chose $userChoice. I chose $gameChoice. $result")
}
```

Diese Funktion müssen Sie hinzufügen.

Rock Paper Scissors / **src** / **Game.kt**

Damit ist der Code für unsere Applikation vollständig. Jetzt wollen wir sehen, was passiert, wenn wir ihn ausführen.

Probefahrt

Wenn wir den Code ausführen, öffnet sich das Ausgabefenster der IDE. Geben Sie hier »Rock«, »Paper« oder »Scissors« ein (wir haben uns für »Paper« entschieden):

> Please enter one of the following: Rock Paper Scissors.
> Paper
> You chose Paper. I chose Rock. You win!

Die Applikation gibt unsere Auswahl, die Wahl des Programms und das Ergebnis aus.

─────────── Es gibt keine ───────────
─────────── Dummen Fragen ───────────

F: Ich habe als Option »paper« eingegeben. Trotzdem sagt das Programm, meine Option sei ungültig. Warum?

A: Ihre Eingabe beginnt mit einem Kleinbuchstaben. Für das Spiel müssen Sie die Eingabe exakt so vornehmen, wie die Elemente gespeichert sind (mit Großbuchstaben am Anfang), damit die Eingabe als eine der Optionen erkannt wird.

F: Kann ich Kotlin davon abhalten, zwischen Groß- und Kleinschreibung zu unterscheiden? Kann ich den ersten Buchstaben der Eingabe vor der Prüfung in einen Großbuchstaben umwandeln?

A: Kotlin besitzt die Funktionen `toLowerCase`, `toUpperCase` und `capitalize`. Hiermit können Sie Strings in Kleinbuchstaben (lower case), Großbuchstaben (upper case) oder den ersten Buchstaben in einen Großbuchstaben (capitalize) umwandeln. Das folgende Beispiel wandelt den ersten Buchstaben des Strings `userInput` in einen Großbuchstaben um:

```
userInput = userInput.capitalize()
```

Sie könnten die Benutzereingaben also tatsächlich in ein passendes Format konvertieren, bevor Sie überprüfen, ob sie auf die Werte im Array passen.

Funktionen

Ihr Kotlin-Werkzeugkasten

Jetzt haben Sie das dritte Kapitel geschafft, und Ihr Werkzeugkasten enthält nun auch Funktionen.

> Den kompletten Code dieses Kapitels können Sie hier herunterladen: https://tinyurl.com/HFKotlin.

KAPITEL 3

Punkt für Punkt

- Verwenden Sie Funktionen, um Ihren Code zu organisieren und besser wiederverwendbar zu machen.

- Eine Funktion kann Parameter besitzen, um der Funktion Werte übergeben zu können.

- Anzahl und Datentyp der an die Funktion übergebenen Werte müssen der Reihenfolge und den Datentypen der Parameter entsprechen, die in der Funktion deklariert wurden.

- Eine Funktion kann einen Wert zurückgeben. In diesem Fall muss definiert werden, welchen Typ der Wert hat.

- Der Rückgabetyp `Unit` besagt, dass die Funktion nichts zurückgibt.

- Wenn Sie wissen, wie oft der Schleifencode wiederholt werden soll, ist eine `for`-Schleife besser geeignet als `while`.

- Die Funktion `readLine()` liest eine Eingabezeile aus dem Standardeingabestrom (STDIN). Sie gibt den vom Benutzer eingegebenen Text als `String`-Wert zurück.

- Wurde der Eingabestrom auf eine Datei umgeleitet und das Dateiende ist erreicht, gibt `readLine()` den Wert `null` zurück. Das heißt, es gibt keinen Wert oder er fehlt.

- `&&` bedeutet »und«. `||` bedeutet »oder«. `!` bedeutet »nicht«.

Sie sind hier ▸ **89**

4 Klassen und Objekte

Etwas mehr Klasse

Nachdem ich mir eine neue Boyfriend-Klasse geschrieben habe, ist mein Leben deutlich besser.

Jetzt ist es Zeit, über Kotlins Basistypen hinaus weiterzublicken.

Früher oder später sind Kotlins Basisdatentypen nicht mehr genug. Sie wollen *mehr*. Und da kommen *Klassen* ins Spiel. Klassen sind *Vorlagen*, mit denen Sie **Ihre eigenen Objekttypen erstellen** und deren Eigenschaften und Funktionen Sie selbst definieren können. In diesem Kapitel lernen Sie, wie Sie **eigene Klassen entwickeln und definieren** und wie diese verwendet werden, um **neue Arten von Objekten zu erstellen**. Sie werden **Konstruktoren** und *Initialisierungsblocks*, *Getter und Setter* kennenlernen und herausfinden, wie sie benutzt werden können, um Ihre Eigenschaften zu schützen. Schließlich werden Sie lernen, wie Verkapselung (»Data Hiding«) in *sämtlichem* **Kotlin-Code** bereits eingebaut ist, wodurch Sie Zeit, Aufwand und eine Menge Tipparbeit sparen können.

Klassen

Objekttypen werden über Klassen definiert

Sie wissen, dass Variablen anhand von Kotlins Basisdatentypen (bzw. Objekttypen) wie etwa Zahlen, Strings und Arrays erstellt werden. Wenn Sie beispielsweise folgenden Code schreiben:

```
var x = 6
```

wird ein `Int`-Objekt mit dem Wert 6 erstellt. Gleichzeitig wird der neuen Variablen x eine Referenz auf das Objekt zugewiesen:

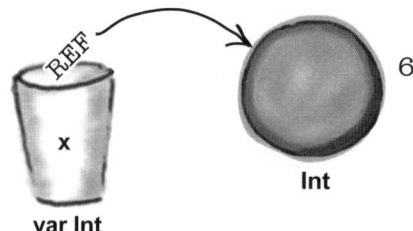

Hinter den Kulissen werden die Datentypen anhand von Klassen definiert. Eine Klasse ist eine Art Schablone oder Vorlage, nach der die Eigenschaften und Funktionen für Objekte eines bestimmten Typs festgelegt werden. Erstellen Sie beispielsweise ein `Int`-Objekt, untersucht der Compiler die Klasse `Int` und sieht, dass ein ganzzahliger Wert benötigt wird und das Objekt Funktionen wie `toLong` und `toString` besitzt.

Sie können eigene Klassen definieren

Benötigt Ihre Applikation Objekttypen, die Kotlin nicht selbst mitbringt, können Sie eigene Typen definieren, indem Sie neue Klassen schreiben. Wenn Sie beispielsweise eine Applikation erstellen, die Informationen über Hunde aufzeichnet, brauchen Sie vermutlich eine `Dog`-Klasse, aus der Sie Ihre eigenen `Dog`-Objekte ableiten können. Jedes Objekt könnte dann z. B. Name, Gewicht (weight) und Rasse (breed) eines Hundes speichern:

Dies ist die Dog-Klasse. Sie sagt dem Compiler, dass ein Dog (Hund) einen Namen (name), Gewicht (weight) und Rasse (breed) sowie eine bellen- (bark-)Funktion besitzt.

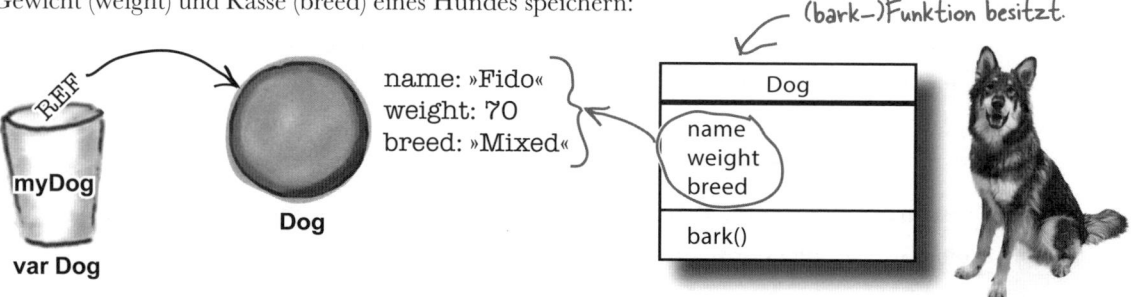

Aber wie definiert man eine Klasse?

Klassen und Objekte

Eigene Klassen entwickeln

Wenn Sie eigene Klassen definieren wollen, müssen Sie über die Objekte nachdenken, die von der Klasse abgeleitet werden sollen. Dafür ist Folgendes wichtig:

> ⭐ **Was das Objekt über sich selbst weiß (Eigenschaften).**
>
> ⭐ **Was das Objekt tun kann (Funktionen).**

Die Dinge, die das Objekt über sich selbst weiß, nennt man **Eigenschaften**. Sie stellen den Zustand eines Objekts (seine Daten) dar. Jedes Objekt dieses Typs kann eigene Werte haben. So kann eine Dog-Klasse beispielsweise die Eigenschaften name (Name), weight (Gewicht) und breed (Rasse) haben. Eine Song-Klasse könnte die Eigenschaften title (Titel) und artist (Künstler) haben.

Die Dinge, die ein Objekt tun kann, sind seine **Funktionen**. Sie legen das Verhalten eines Objekts fest und können auf seine Eigenschaften zugreifen. Eine Dog-Klasse hat vielleicht eine bark-Funktion, die Song-Klasse besitzt wahrscheinlich eine play-Funktion.

Hier ein paar Beispiele für Klassen mit ihren Eigenschaften und Funktionen:

> **Dinge, die ein Objekt über sich selbst weiß, heißen Eigenschaften.**
>
> **Dinge, die ein Objekt tun kann, heißen Funktionen.**

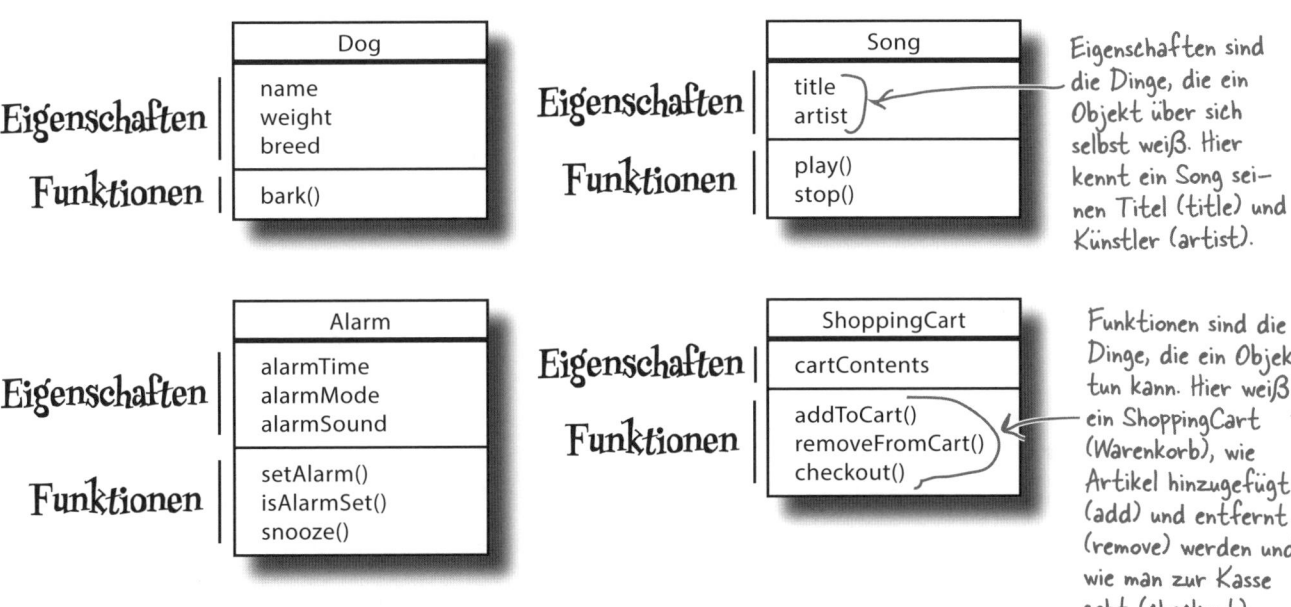

Wenn Sie wissen, welche Eigenschaften und Funktionen Ihre Klasse benötigt, können Sie den Code zum Erstellen schreiben. Dazu kommen wir gleich.

Dog-Klasse

Eine Dog-Klasse erstellen

Wir wollen eine Dog-Klasse erstellen, aus der man Dog-Objekte ableiten kann. Jeder Hund (Dog) hat einen Namen (name), ein Gewicht (weight) und eine Rasse (breed). Dies sind unsere Klasseneigenschaften. Außerdem definieren wir eine Funktion zum Bellen (bark). Wie der Hund bellt, hängt von seinem Gewicht (dem Wert von weight) ab.

Hier der nötige Code:

»class« bedeutet, es handelt sich um eine Klasse. → `class` — Der Klassenname → `Dog` — Die Eigenschaften der Klasse. ↓ `(val name: String, var weight: Int, val breed: String)` — Öffnende geschweifte Klammer für die Klasse. ↓ `{`

Die bark-Funktion. →
```
fun bark() {
    println(if (weight < 20) "Yip!" else "Woof!")
}
```

`}` ← Schließende geschweifte Klammer für die Klasse.

Dog
- name
- weight
- breed
- bark()

Dieser Code definiert den Namen der Klasse (Dog) und die dazugehörigen Eigenschaften:

```
class Dog(val name: String, var weight: Int, val breed: String) {
    ...
}
```

Ein paar Seiten weiter werden wir sehen, was genau hinter den Kulissen passiert. Im Moment müssen Sie nur wissen, dass der oben stehende Code die Eigenschaften name, weight und breed definiert. Wenn ein Dog-Objekt erstellt wird, werden diesen Eigenschaften Werte zugewiesen.

Klassenfunktionen werden innerhalb der geschweiften Klammern ({ }) des class-Körpers festgelegt. Hier definieren wir die bark-Funktion. Der Code sieht jetzt so aus:

Eine Funktion, die in einer Klasse definiert wird, bezeichnet man als <u>Memberfunktion</u> oder auch <u>Methode</u>.

```
class Dog(val name: String, var weight: Int, val breed: String) {
    fun bark() {
        println(if (weight < 20) "Yip!" else "Woof!")
    }
}
```

Dies ist einfach eine Funktion, die wir bereits aus dem vorigen Kapitel kennen. Der einzige Unterschied ist, dass sie im Körper der Dog-Klasse definiert wird.

Nachdem wir den Code für die Dog-Klasse kennen, wollen wir sehen, wie daraus ein Dog-Objekt erzeugt werden kann.

Ein Dog-Objekt erstellen

Eine Klasse ist eine Art Schablone für die Erstellung von Objekten. Sie teilt dem Compiler mit, wie Objekte dieses speziellen Typs erstellt werden und welche Eigenschaften das Objekt haben soll. Dabei kann jedes Objekt dieser Klasse (hier: jeder Hund) für die Eigenschaften `name`, `weight` und `breed` seine eigenen Werte haben.

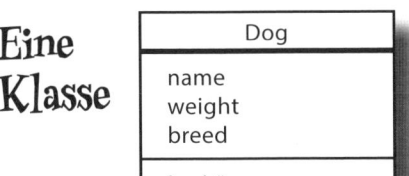

Wir benutzen die Klasse `Dog`, um ein neues `Dog`-Objekt zu erstellen und es einer Variablen namens `myDog` zuzuweisen. Hier der Code:

```
var myDog = Dog("Fido", 70, "Mixed")
```

Ein neues Dog-Objekt wird erstellt, indem Sie Argumente für die drei Eigenschaften übergeben.

Der Code übergibt dem `Dog`-Objekt drei Argumente. Diese passen zu den in der `Dog`-Klasse definierten Eigenschaften: Name (`name`), Gewicht (`weight`) und Rasse (`breed`):

```
class Dog(val name: String, var weight: Int, val breed: String) {
    ...
}
```

Wird der Code ausgeführt, erstellt er ein neues `Dog`-Objekt. Dabei werden die Argumente verwendet, um den Eigenschaften des Objekts ihre Werte zuzuweisen. Hier erzeugen wir ein neues `Dog`-Objekt. Die Eigenschaft `name` hat den Wert »Fido«, die `weight`-Eigenschaft beträgt 70 (Pfund), während `breed` den Wert »Mixed« erhält.

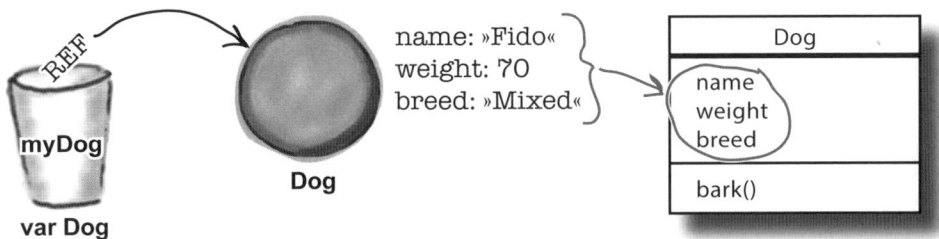

Da Sie nun wissen, wie man ein neues `Dog`-Objekt erstellt, wollen wir sehen, wie wir auf dessen Eigenschaften und Funktionen zugreifen können.

Auf Eigenschaften und Funktionen zugreifen

Nach der Erstellung eines Objekts können Sie mithilfe des Punktoperators (.) auf seine Eigenschaften zugreifen. Um beispielsweise den Namen eines Hundes auszugeben, schreiben Sie:

```
var myDog = Dog("Fido", 70, "Mixed")
println(myDog.name)
```
← myDog.name bedeutet: »Gib mir den Wert der name-Eigenschaft des Objekts, auf das myDog verweist.«

Anhand des Schlüsselworts `var` können Sie die Eigenschaften auch aktualisieren. Hier erhöhen wir das Gewicht des Hundes auf 75 Pfund:

```
myDog.weight = 75
```
← Gehe zum Objekt, das von myDog referenziert wird, und ändere den Wert der weight-Eigenschaft auf 75.

Wurden die Eigenschaften per `val` definiert, verhindert der Compiler die Aktualisierung, und es wird eine Fehlermeldung ausgegeben.

Anhand der Punktnotation können Sie auch auf die Funktionen eines Objekts zugreifen. Um die `bark`-Funktion des `Dog`-Objekts aufzurufen, könnten Sie schreiben:

```
myDog.bark()
```
← Rufe die bark-Funktion von myDog auf.

Was passiert, wenn sich das Dog-Objekt in einem Dog-Array befindet?

Die erstellten Objekte können auch in einem Array gespeichert werden. Hier ein Beispiel:

```
var dogs = arrayOf(Dog("Fido", 70, "Mixed"), Dog("Ripper", 10, "Poodle"))
```
↑ Dieser Code erzeugt zwei Dog-Objekte und speichert sie in einem array<Dog>-Array namens dogs.

Dies definiert eine Variable namens `dogs`. Da es sich um ein Array handelt, das Sie mit `Dog`-Objekten füllen, legt der Compiler seinen Typ als `array<Dog>` fest. Danach werden dem Array zwei `Dog`-Objekte hinzugefügt.

Dabei können Sie weiterhin auf die Eigenschaften und Funktionen der einzelnen `Dog`-Objekte im Array zugreifen. Vielleicht wollen Sie das Gewicht des zweiten Hundes ändern und ihn bellen lassen. Hierfür holen Sie sich zunächst per `dogs[1]` eine Referenz auf das zweite Element im `dogs`-Array. Danach verwenden Sie den Punktoperator, um auf die `weight`-Eigenschaft und die `bark`-Funktion des `Dog`-Objekts zuzugreifen:

```
dogs[1].weight = 15
dogs[1].bark()
```
} Der Compiler weiß, dass dogs[1] ein Dog-Objekt enthält. Daher können Sie auf dessen Eigenschaften und Funktionen zugreifen.

Das bedeutet: »Hole das zweite Element aus dem *dogs*-Array, ändere sein Gewicht auf 15 (Pfund) und lasse den Hund bellen.«

Klassen und Objekte

Eine Songs-Applikation programmieren

Bevor wir uns weiter mit der Funktionsweise von Klassen beschäftigen, wollen wir etwas Erfahrung mit Klassen sammeln, indem wir ein neues Songs-Projekt beginnen. Es erhält eine Song-Klasse, aus der wir ein paar Song-Objekte ableiten.

Song
title artist
play() stop()

Erstellen Sie ein neues Kotlin-Projekt für die JVM und nennen Sie es »Songs«. Danach legen Sie eine neue Kotlin-Datei namens *Songs.kt* an. Wählen Sie hierfür den Befehl New → Kotlin File/Class aus dem File-Menü. Geben Sie den Namen »Songs« in das obere Eingabefeld ein und wählen Sie im Aufklappmenü (Kind) die Option File.

Danach fügen Sie der *Songs.kt*-Datei folgenden Code hinzu:

```kotlin
class Song(val title: String, val artist: String) {    ← Die Eigenschaften title
    fun play() {                                          und artist definieren.
        println("Playing the song $title by $artist")
    }
                ↙ Die Funktionen play
    fun stop() {   und stop hinzufügen.
        println("Stopped playing $title")
    }
}

fun main(args: Array<String>) {
    val songOne = Song("The Mesopotamians", "They Might Be Giants")
    val songTwo = Song("Going Underground", "The Jam")          ⎫ Drei Songs erstellen.
    val songThree = Song("Make Me Smile", "Steve Harley")
    songTwo.play()    ⎫ songTwo abspielen (play),
    songTwo.stop()    ⎬ anhalten (stop), danach
    songThree.play()  ⎭ songThree abspielen.
}
```

Probefahrt

Wenn wir den Code ausführen, werden die folgenden Meldungen im Ausgabefenster der IDE angezeigt:

> Playing the song Going Underground by The Jam
> Stopped playing Going Underground
> Playing the song Make Me Smile by Steve Harley

Jetzt wissen Sie, wie man eine Klasse definiert und daraus Objekte ableiten kann. Auf den folgenden Seiten beschäftigen wir uns mit der geheimnisvollen Welt der Objekterstellung.

Sie sind hier ▶   **97**

Objekterstellung

Das Geheimnis der Objekterstellung

Wollen Sie ein Objekt deklarieren und zuweisen, sind drei Hauptschritte zu durchlaufen:

❶ Eine Variable deklarieren.

```
var myDog = Dog("Fido", 70, "Mixed")
```

❷ Ein Objekt erstellen.

```
var myDog = Dog("Fido", 70, "Mixed")
```

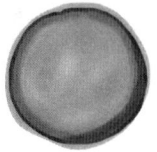

name: »Fido«
weight: 70
breed: »Mixed«

❸ Das Objekt durch die Zuweisung einer Referenz mit der Variablen verbinden.

```
var myDog = Dog("Fido", 70, "Mixed")
```

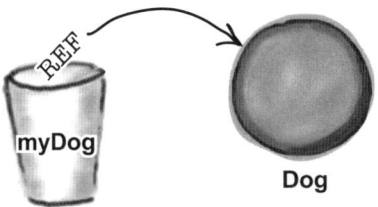

name: »Fido«
weight: 70
breed: »Mixed«

Das große Wunder geschieht in Schritt 2, wenn das Objekt erstellt wird. Hinter den Kulissen passieren dabei viele Dinge, die wir uns jetzt etwas genauer ansehen wollen.

Objekterstellung im Detail

Wenn wir mit Code wie dem folgenden ein Objekt erstellen, sieht es aus, als riefen wir eine Funktion namens Dog auf:

```
var myDog = Dog("Fido", 70, "Mixed")
```

Durch die Klammern sieht es aus, als riefen wir eine Funktion namens Dog auf.

Aber obwohl es wie eine Funktion *aussieht* und sich auch so anfühlt, ist es keine, sondern der Dog-**Konstruktor**.

Ein Konstruktor ist der Code, der für die Initialisierung eines Objekts nötig ist. Er wird ausgeführt, bevor es über eine Referenz (z. B. in einer Variablen) erreichbar ist. Dadurch haben Sie die Möglichkeit, einzugreifen und das Objekt für seine Verwendung vorzubereiten. Die meisten Leute benutzen Konstruktoren, um die Eigenschaften eines Objekts zu definieren und ihnen Werte zuzuweisen.

Immer wenn Sie ein neues Objekt erstellen, wird der Konstruktor für die Klasse des Objekts aufgerufen. Der folgende Code:

```
var myDog = Dog("Fido", 70, "Mixed")
```

ruft also den Konstruktor der Dog-Klasse auf.

> **Ein Konstruktor wird ausgeführt, wenn Sie ein Objekt instanziieren (neu anlegen). Hiermit werden Eigenschaften definiert und initialisiert.**

Wie der Dog-Konstruktor aussieht

Bei der Erstellung der Dog-Klasse haben wir auch einen Konstruktor eingebaut. Das sind die runden Klammern und der enthaltene Code im class-Kopfteil, dem sogenannten Header:

```
class Dog(val name: String, var weight: Int, val breed: String) {
    ...
}
```

Dieser Code (inklusive der runden Klammern) ist der Klassenkonstruktor. Er wird auch als »primärer« Konstruktor bezeichnet.

Der Dog-Konstruktor definiert drei Eigenschaften: name, weight und breed. Jeder Dog besitzt diese Eigenschaften. Bei der Erstellung eines neuen Dog-Objekts wird jeder Eigenschaft ein passender Wert zugewiesen. Dadurch wird der Zustand des Hundes (bzw. des Dog-Objekts) initialisiert, und es wird sichergestellt, dass das Objekt korrekt vorbereitet ist.

Sehen wir uns im Detail an, was beim Aufruf des Dog-Konstruktors passiert.

Dog-Objekte konstruieren

Hinter den Kulissen: Aufruf des Dog-Konstruktors

Sehen wir uns Schritt für Schritt an, was passiert, wenn dieser Code ausgeführt wird:

```
var myDog = Dog("Fido", 70, "Mixed")
```

① Das System erzeugt für jedes an den Dog-Konstruktor übergebene Argument ein Objekt.

Es erzeugt einen `String` mit dem Wert »Fido«, den `Int`-Wert 70 und einen weiteren `String` mit dem Wert »Mixed«.

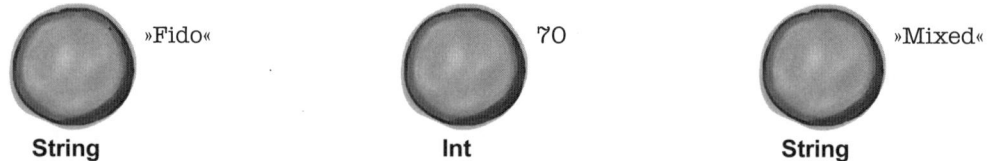

② Das System weist dem neuen Dog-Objekt Speicherplatz zu, und der Dog-Konstruktor wird aufgerufen.

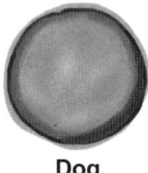

③ Der Dog-Konstruktor definiert drei Eigenschaften: name, weight und breed.

Hinter den Kulissen ist jede Eigenschaft eigentlich eine Variable. Für jede Eigenschaft wird eine Variable des passenden Typs (wie im Konstruktor definiert) erstellt.

```
class Dog(val name: String,
          var weight: Int,
          val breed: String) {

}
```

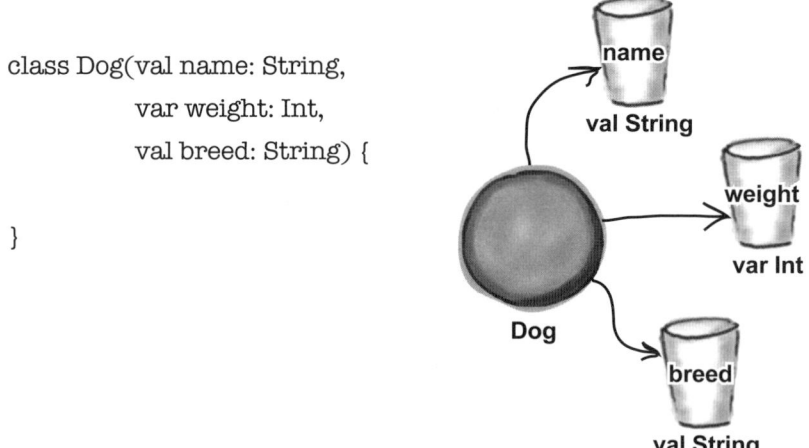

Die Geschichte geht weiter ...

④ Den Eigenschaftsvariablen eines Dog-Objekts wird jeweils eine Referenz auf das passende Wertobjekt zugewiesen.

So erhält die Eigenschaft name eine Referenz auf das String-Objekt »Fido« und so weiter.

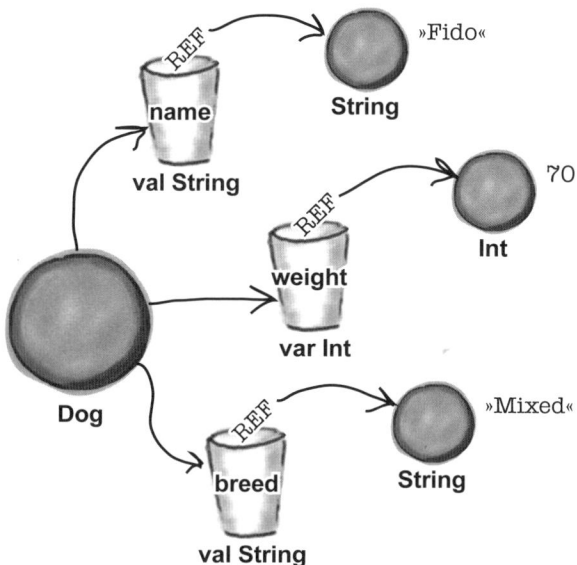

⑤ Schließlich wird der Variablen myDog eine Referenz auf das neu erstellte Dog-Objekt zugewiesen.

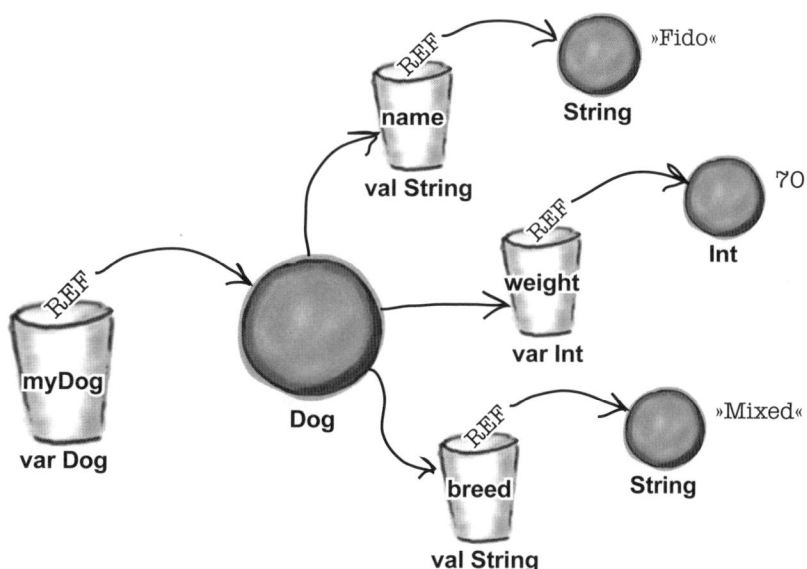

Sie sind hier ▶

Eigenschaften und Variablen

> Ich verstehe. Der Dog-Konstruktor definiert Eigenschaften. Dabei ist jede Eigenschaft eigentlich nur eine Variable, die für das Objekt lokal ist. Anschließend wird dieser Variablen ein Wert zugewiesen.

Richtig. Eine Eigenschaft ist eine für das Objekt lokale Variable.

Und das heißt: Alles, was Sie bisher über Variablen gelernt haben, gilt auch für Eigenschaften. Definieren Sie eine Eigenschaft mit dem Schlüsselwort `val`, können Sie ihr keinen neuen Wert zuweisen. Eigenschaften, die per `var` definiert wurden, können dagegen verändert werden.

In unserem Beispiel benutzen wir `val`, um die Eigenschaften `name` und `breed` zu definieren. Für `weight` benutzen wir `var`:

```
class Dog(val name: String, var weight: Int, val breed: String) {
    ...
}
```

Das bedeutet, wir können nur das Gewicht des Hundes (`weight`) verändern, nicht aber seinen Namen (`name`) oder seine Rasse (`breed`).

Es gibt keine Dummen Fragen

F: Weist der Konstruktor den Speicherplatz für das erstellte Objekt zu?

A: Nein. Das macht das System. Der Konstruktor initialisiert das Objekt. Er sorgt dafür, dass die Eigenschaften erstellt werden und die nötigen Startwerte erhalten. Sämtlicher Speicher wird vom System verwaltet.

F: Kann ich eine Klasse definieren, ohne dafür einen Konstruktor zu verwenden?

A: Ja, das geht. Wie das funktioniert, zeigen wir Ihnen weiter unten in diesem Kapitel.

> **Ein Objekt wird auch als Instanz einer bestimmten Klasse bezeichnet. Daher nennt man die Eigenschaften manchmal auch Instanzvariablen.**

Klassen und Objekte

Code-Magnete

Irgendjemand hat unsere Kühlschrankmagnete benutzt, um eine ziemlich laute **DrumKit**-(Schlagzeug-)Klasse und eine `main`-Funktion zu schreiben, die folgende Ausgaben hat:

> ding ding ba-da-bing!
> bang bang bang!
> ding ding ba-da-bing!

Leider sind die Magnete durcheinandergekommen. Können Sie die Codestücke wieder zusammenfügen?

```
class DrumKit(var hasTopHat: Boolean, var hasSnare: Boolean) {



}
fun main(args: Array<String>) {




}
```

Platzieren Sie die Magnete in diese Kästen.

```
println("ding ding ba-da-bing!")
{          d.hasSnare =        fun playSnare()
        val d = DrumKit(true, true)
   (hasSnare)            fun playTopHat()
}          (hasTopHat)              }     {
if     d.playTopHat()         d.playTopHat()
       d.playSnare()          d.playSnare()
if
false      println("bang bang bang!")
```

Code-Magnete: Lösung

Code-Magnete, Lösung

Irgendjemand hat unsere Kühlschrankmagnete benutzt, um eine ziemlich laute **DrumKit**-(Schlagzeug-)Klasse und eine main-Funktion zu schreiben, die folgende Ausgaben hat:

ding ding ba-da-bing!

bang bang bang!

ding ding ba-da-bing!

Leider sind die Magnete durcheinandergekommen. Können Sie die Codestücke wieder zusammenfügen?

```
class DrumKit(var hasTopHat: Boolean, var hasSnare: Boolean) {
```

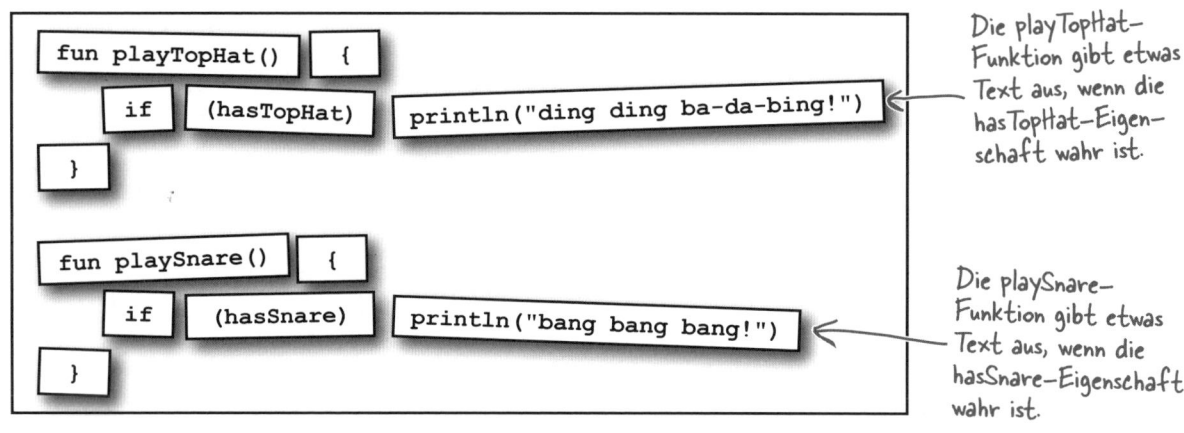

Die playTopHat-Funktion gibt etwas Text aus, wenn die hasTopHat-Eigenschaft wahr ist.

Die playSnare-Funktion gibt etwas Text aus, wenn die hasSnare-Eigenschaft wahr ist.

}

```
fun main(args: Array<String>) {
```

```
val d = DrumKit(true, true)
d.playTopHat()
d.playSnare()
d.hasSnare = false
d.playTopHat()
d.playSnare()
```

Eine DrumKit-Variable erstellen.

hasTopHat und hasSnare sind beide wahr, also geben playTopHat und playSnare ihren Text aus.

Ändern wir den Wert von hasSnare zu false (falsch), gibt nur die playTopHat-Funktion ihren Text aus.

}

104   *Kapitel 4*

Eigenschaften im Detail

Bisher haben wir gesehen, wie man eine Eigenschaft mithilfe eines Konstruktors definiert und wie man ihr beim Aufruf des Konstruktors einen Wert zuweist. Manchmal reicht das aber nicht aus. Vielleicht soll ein Wert vor der Zuweisung an eine Eigenschaft erst überprüft werden. Oder die Eigenschaft soll einen Standardwert erhalten, damit der Konstruktor der Klasse nicht unnötig groß wird.

Um herauszufinden, wie diese Dinge funktionieren, müssen wir uns den Konstruktorcode etwas genauer ansehen.

Hinter den Kulissen des Dog-Konstruktors

Wir wissen, dass unser Dog-Konstruktor drei Eigenschaften für den Namen (`name`), das Gewicht (`weight`) und die Rasse (`breed`) des Hundes definiert und ihnen beim Aufruf des Dog-Konstruktors jeweils einen Wert zuweist.

```
class Dog(val name: String, var weight: Int, val breed: String) {
    ...
}
```

Die Schreibweise ist so kurz, weil der Konstruktorcode für diese Art Aufgaben eine Kurzform verwendet. Als die Sprache Kotlin entwickelt wurde, waren ihre Erfinder der Meinung, die Initialisierung von Eigenschaften käme so häufig vor, dass es sich lohnte, die nötige Syntax möglichst kurz und einfach zu halten.

Wollten Sie die gleiche Aktion ohne die Kurzform ausdrücken, sähe der Code so aus:

```
class Dog(name_param: String, weight_param: Int, breed_param: String) {
    val name = name_param
    var weight = weight_param
    val breed = breed_param

    ...
}
```

Der Konstruktorparameter hat keine val- und var-Präfixe mehr. Daher erstellt der Konstruktor auch keine passenden Eigenschaften mehr.

Stattdessen werden die Eigenschaften im Körper der Klasse definiert.

Dog
name weight breed
bark()

Hier haben die drei Konstruktorparameter `name_param`, `weight_param` und `breed_param` keine `val`- oder `var`-Präfixe. Das heißt, sie definieren keine Eigenschaften mehr. Es sind einfach nur Parameter, wie Sie sie von Funktionsdefinitionen kennen. Stattdessen werden die Eigenschaften `name`, `weight` und `breed` im Körper der Klasse definiert. Jeder Eigenschaft wird der Wert des entsprechenden Parameters zugewiesen.

Aber wie macht das unsere Eigenschaften flexibler?

Eigenschaften initialisieren

Flexible Eigenschafteninitialisierung

Durch Definition der Eigenschaften im Körper der Klasse erhalten Sie deutlich mehr Flexibilität als mit dem Konstruktor, denn Sie müssen die Eigenschaften nicht mehr mit einem Parameterwert initialisieren.

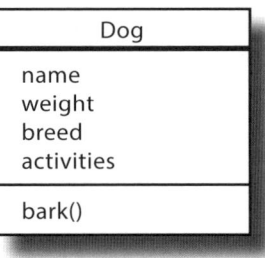

Angenommen, Sie wollten einer Eigenschaft einen Standardwert zuweisen, ohne ihn im Konstruktor angeben zu müssen. Vielleicht wollen Sie die `Dog`-Klasse mit einer `activities`-Eigenschaft versehen. Diese soll standardmäßig mit einem Array initialisiert werden, das den Wert »Walks« (Gassi gehen) enthält. Hier der nötige Code:

```
class Dog(val name: String, var weight: Int, val breed: String) {
    var activities = arrayOf("Walks")
                        ↑
                        Jedes erstellte Dog-Objekt erhält eine
                        activities-Eigenschaft. Der Startwert ist
                        ein Array, das den Wert »Walks« enthält.
    ...
}
```

name: »Fido«
weight: 70
breed: »Mixed«
activities: »Walks«

Dog

Vielleicht wollen Sie den Wert eines Konstruktorparameters verändern, bevor dieser einer Eigenschaft zugewiesen wird. Möglicherweise soll der an den Konstruktor übergebene `String` zunächst mit der `toUpperCase`-Funktion in Großbuchstaben umgewandelt werden. Die neue Version des Strings können Sie dann der `breed`-Eigenschaft zuweisen, wie hier:

```
class Dog(val name: String, var weight: Int, breed_param: String) {
    var activities = arrayOf("Walks")
    val breed = breed_param.toUpperCase()
                    ↑
                Dieser Code wandelt den Wert des breed_
                param-Parameters in Großbuchstaben um
                und weist ihn der Eigenschaft breed zu.
    ...
}
```

name: »Fido«
weight: 70
breed: »MIXED«
activities: »Walks«

Dog

Diese Art der Eigenschaftenzuweisung funktioniert gut, wenn ihr ein einfacher Wert oder Ausdruck zugewiesen werden soll. Was aber, wenn Sie komplexere Dinge tun müssen?

Initialisierungsblocks verwenden

Soll eine Eigenschaft mit komplexeren Dingen initialisiert werden als einem einfachen Ausdruck oder müssen Sie bei der Objekterstellung zusätzlichen Code ausführen, können Sie einen oder mehrere **Initialisierungsblocks** verwenden. Diese werden bei der Initialisierung des Objekts direkt nach dem Aufruf des Konstruktors ausgeführt. Sie werden mit dem Schlüsselwort `init` gekennzeichnet. Hier ein Beispiel für einen Initialisierungsblock, der bei der Initialisierung eines Dog-Objekts eine Nachricht ausgibt:

```
class Dog(val name: String, var weight: Int, breed_param: String) {
    var activities = arrayOf("Walks")
    val breed = breed_param.toUpperCase()

    init {
        println("Dog $name has been created.")
    }

    ...
}
```

Dies ist ein Initialisierungsblock. Er enthält den Code, der ausgeführt werden soll, wenn das Dog-Objekt initialisiert wird.

Dog
name
weight
breed
activities
bark()

Ihre Klasse kann mehrere Initialisierungsblocks enthalten. Diese werden in der Reihenfolge ihres Erscheinens im Körper der Klasse ausgeführt. Dazwischen stehen die Initialisierungen der Eigenschaften. Hier ein Codebeispiel, das mehrere Initialisierungsblocks verwendet:

```
class Dog(val name: String, var weight: Int, breed_param: String) {

    init {
        println("Dog $name has been created.")
    }

    var activities = arrayOf("Walks")
    val breed = breed_param.toUpperCase()

    init {
        println("The breed is $breed.")
    }

    ...
}
```

Die im Konstruktor definierten Eigenschaften werden zuerst erstellt. Danach wird dieser Initialisierungsblock ausgeführt.

Diese Eigenschaften werden erstellt, nachdem der erste Initialisierungsblock beendet wurde.

Der zweite Initialisierungsblock wird ausgeführt, nachdem die Eigenschaften erstellt wurden.

Wie Sie gesehen haben, gibt es viele Möglichkeiten, Eigenschaften zu initialisieren. Aber ist das wirklich nötig?

Eigenschaften vor der Benutzung initialisieren

Sie MÜSSEN Ihre Eigenschaften initialisieren

In Kapitel 2 haben Sie gelernt, dass jede in einer Funktion deklarierte Variable vor ihrer Benutzung initialisiert werden muss. Das Gleiche gilt für die Eigenschaften einer Klasse: **Sie müssen Eigenschaften vor ihrer Benutzung initialisieren**. Das ist so wichtig, dass der Compiler sich weigert, Ihren Code zu kompilieren, wenn Sie versuchen, eine Eigenschaft zu deklarieren, ohne sie in der Eigenschaftsdeklaration oder einem Initialisierungsblock zu initialisieren. Der folgende Code wird nicht kompiliert, weil wir die neue Eigenschaft temperament nicht initialisiert haben:

```
class Dog(val name: String, var weight: Int, breed_param: String) {
    var activities = arrayOf("Walks")
    val breed = breed_param.toUpperCase()
    var temperament: String
    ...
}
```

← Die Eigenschaft temperament wurde nicht initialisiert. Daher wird der Code nicht kompiliert.

Sie werden Ihren Eigenschaften fast immer Standardwerte zuweisen können. Im obigen Beispiel wird der Code kompiliert, wenn Sie die Eigenschaft temperament mit einem leeren String, "", initialisieren:

```
var temperament = ""
```
← Dies initialisiert die temperament-Eigenschaft mit einem leeren String.

Es gibt keine Dummen Fragen

F: In Java müssen in einer Klasse deklarierte Variablen nicht initialisiert werden. Gibt es etwas Ähnliches auch für Kotlin?

A: Wenn Sie absolut sicher sind, dass Sie einer Eigenschaft beim Aufruf des Konstruktors keinen Startwert zuweisen können, ist es möglich, der Eigenschaft das Schlüsselwort **lateinit** voranzustellen. Dies teilt dem Compiler mit, dass Sie wissen, dass die Eigenschaft noch nicht initialisiert wurde und Sie sich später darum kümmern werden. Um die Eigenschaft *temperament* für eine spätere Initialisierung zu markieren, können Sie beispielsweise schreiben:

```
lateinit var temperament: String
```

So kann der Compiler Ihren Code trotzdem kompilieren. Normalerweise sollten Sie Ihre Eigenschaften aber grundsätzlich initialisieren, wann immer das möglich ist.

F: Was passiert, wenn ich versuche, einen Eigenschaftswert zu verwenden, bevor dieser initialisiert wurde?

A: Wenn Sie eine Eigenschaft vor dem Versuch, sie zu verwenden, nicht initialisieren, erhalten Sie beim Ausführen des Codes einen Laufzeitfehler.

F: Kann ich lateinit mit jeder Art von Eigenschaft verwenden?

A: Sie können lateinit nur mit Eigenschaften verwenden, die per var definiert wurden. Mit den folgenden Datentypen ist der Einsatz von lateinit nicht möglich: Byte, Short, Int, Long, Double, Float, Char und Boolean. Das hat damit zu tun, wie diese Typen beim Ausführen des Codes in der JVM behandelt werden. Eigenschaften, die einen dieser Typen verwenden, müssen grundsätzlich bei Definition der Eigenschaft oder in einem Initialisierungsblock initialisiert werden.

Klassen und Objekte

Leere Konstruktoren unter der Lupe

Wenn Sie Objekte schnell und ohne die Übergabe von Eigenschaftswerten erzeugen wollen, können Sie auch Klassen ohne Konstruktor definieren.

Angenommen, Sie bräuchten schnell ein paar `Duck`-Objekte. Dann könnten Sie auf folgende Weise eine passende `Duck`-Klasse ohne Konstruktor erstellen:

```
class Duck {       ← Auf den Namen der Klasse folgen keine runden Klammern, (),
                     d.h., die Klasse hat keinen definierten Konstruktor.
    fun quack() {
        println("Quack! Quack! Quack!")
    }
}
```

Wenn Sie eine konstruktorlose Klasse definieren, übernimmt der Compiler die Arbeit und ergänzt Ihren kompilierten Code im Hintergrund um einen *leeren Konstruktor* (einen Konstruktor ohne Parameter). Wenn Sie die oben stehende `Duck`-Klasse kompilieren, behandelt der Compiler diese, als hätten Sie geschrieben:

```
class Duck() {       Das hier ist ein leerer Konstruktor, also ein Konstruktor
                     ohne Parameter. Immer wenn Sie eine Klasse ohne Kon-
    fun quack() {    struktor definieren, fügt der Compiler dem kompilierten
        println("Quack! Quack! Quack!")   Code hinter den Kulissen einen leeren Konstruktor hinzu.
    }
}
```

Um ein `Duck`-Objekt zu erzeugen, verwenden Sie also diesen Code:

`var myDuck = Duck()` ← Erzeugt eine Variable namens myDuck und weist ihr eine Referenz auf das Duck-Objekt zu.

und nicht diesen:

`var myDuck = Duck` ← Dieser Code wird nicht kompiliert.

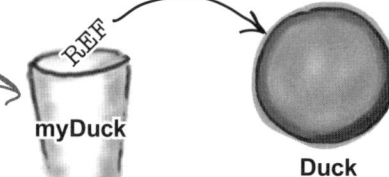

Der Compiler hat für Sie einen leeren Konstruktor für die `Duck`-Klasse erstellt. Um eine Ente (ein `Duck`-Objekt) zu instanziieren, *müssen* Sie also den leeren Konstruktor aufrufen.

Seien Sie der Compiler

SEIEN Sie der Compiler
Jeder Codeabschnitt auf dieser Seite steht für eine vollständige Kotlin-Quellcodedatei. Spielen Sie Compiler und finden Sie heraus, welche dieser Dateien kompiliert werden. Welche Änderungen würden Sie vornehmen, falls der Code nicht kompiliert werden kann?

A

```kotlin
class TapeDeck {
    var hasRecorder = false

    fun playTape() {
        println("Tape playing")
    }

    fun recordTape() {
        if (hasRecorder) {
            println ("Tape recording")
        }
    }
}

fun main(args: Array<String>) {
    t.hasRecorder = true
    t.playTape()
    t.recordTape()
}
```

B

```kotlin
class DVDPlayer(var hasRecorder: Boolean) {

    fun recordDVD() {
        if (hasRecorder) {
            println ("DVD recording")
        }
    }
}

fun main(args: Array<String>) {
    val d = DVDPlayer(true)
    d.playDVD()
    d.recordDVD()
}
```

→ Antworten auf Seite 119.

Eigenschaftswerte validieren

Weiter oben in diesem Kapitel haben Sie gelernt, wie Sie den Punktoperator verwenden können, um direkt auf den Wert einer Eigenschaft zuzugreifen oder ihn zu verändern. Den Namen eines Hundes (d. h. den Wert der name-Eigenschaft eines Dog-Objekts) können Sie beispielsweise so ausgeben:

```
println(myDog.name)
```

Oder Sie setzen das Gewicht (weight) auf 75 Pfund, indem Sie schreiben:

```
myDog.weight = 75
```

In den Händen der falschen Person kann der direkte Zugriff auf alle Eigenschaften eine ziemlich gefährliche Waffe sein. Was hält eine böswillige Person davon ab, Code wie diesen zu schreiben?

```
myDog.weight = -1
```
⟵ Au weia!

Ein Dog mit einem negativen Gewicht ist keine gute Idee.

Um das zu verhindern, müssen wir den Wert vor der Zuweisung an die Eigenschaft irgendwie überprüfen.

Die Lösung: eigene Getter und Setter

Soll der Rückgabewert einer Eigenschaft angepasst oder ein Wert vor der Zuweisung an eine Eigenschaft validiert werden, können Sie eigene **Getter und Setter** schreiben.

Mit Gettern und Settern können Sie Eigenschaften lesen (get) und schreiben (set). Der einzige Lebenszweck eines Getters ist die Bereitstellung eines Rückgabewerts, des Werts dessen, was auch immer der Getter auslesen soll. Ein Setter lebt und atmet dafür, den Wert eines Arguments zu übernehmen und es zum Setzen (set) eines Eigenschaftswerts zu verwenden.

⟵ Wenn Sie es etwas förmlicher mögen, können Sie sie auch Akzessoren und Mutatoren nennen.

Durch das Schreiben eigener Getter und Setter können Sie Ihre Eigenschaftswerte schützen und erhalten gleichzeitig mehr Kontrolle darüber, welche Werte zurückgegeben oder zugewiesen werden. Die Funktionsweise zeigen wir Ihnen, indem wir unsere Dog-Klasse um zwei Dinge erweitern:

- **Einen eigenen Getter, der das Gewicht des Hundes in Kilogramm zurückgibt.**
- **Einen eigenen Setter, der einen Wert für das Gewicht des Hundes vor der Zuweisung überprüft.**

Wir beginnen mit einem eigenen Getter, der das Gewicht des Hundes (weight) in Kilogramm zurückgibt.

Eigene Getter

Einen eigenen Getter schreiben

Für den eigenen Getter, der das Gewicht des Hundes (Dog) in Kilogramm zurückgibt, müssen wir zwei Dinge tun: die Dog-Klasse um eine neue Eigenschaft namens weightInKgs erweitern und dafür einen eigenen Getter schreiben, der den korrekten Wert zurückgibt. Hier der dafür nötige Code:

```
class Dog(val name: String, var weight: Int, breed_param: String) {
    var activities = arrayOf("Walks")
    val breed = breed_param.toUpperCase()
    val weightInKgs: Double
        get() = weight / 2.2
    ...
}
```

Dieser Code erweitert unsere Klasse um eine weightInKgs-Eigenschaft mit einem eigenen Getter. Dieser übernimmt den Wert der weight-Eigenschaft und dividiert ihn durch 2,2, um das Gewicht in Kilogramm zu berechnen.

Dog
name
weight
breed
activities
weightInKgs
bark()

Diese Zeile definiert den Getter:

get() = weight / 2.2

Wir erweitern die Eigenschaft um eine parameterlose Funktion namens **get**. Das geschieht, indem Sie den Namen direkt nach der Eigenschaftsdeklaration schreiben. Der Rückgabetyp muss mit dem Typ der Eigenschaft übereinstimmen, deren Wert Sie zurückgeben wollen. Ansonsten wird der Code nicht kompiliert. Im obigen Beispiel hat die Eigenschaft weightInKgs den Typ Double. Daher muss auch der Getter einen Wert vom Typ Double zurückgeben.

← *Technisch gesehen, sind Getter und Setter optionale Teile einer Eigenschaftsdeklaration.*

Immer wenn Sie den Wert einer Eigenschaft mit Code wie diesem auslesen wollen:

```
myDog.weightInKgs
```

wird der Getter für diese Eigenschaft aufgerufen. Der obige Code ruft beispielsweise den Getter für die Eigenschaft weightInKgs auf. Dabei verwendet der Getter die weight-Eigenschaft des Dog-Objekts, um das Gewicht des Hundes in Kilogramm zu berechnen und das Ergebnis zurückzugeben.

Übrigens mussten wir die Eigenschaft weightInKgs in diesem Beispiel nicht initialisieren, da ihr Wert durch den Getter berechnet wird. Sobald der Wert dieser Eigenschaft gebraucht wird, wird der Getter aufgerufen, der den tatsächlichen Rückgabewert ermittelt.

Da Sie nun wissen, wie man einen Getter schreibt, wollen wir sehen, wie Sie einen Setter für die weight-Eigenschaft erstellen.

Es gibt keine Dummen Fragen

F: Hätten wir das Gewicht in Kilogramm nicht mit einer normalen Funktion zurückgeben können?

A: Ja. Trotzdem ist es manchmal sinnvoller, eine neue Eigenschaft mit einem eigenen Getter zu schreiben. Bei vielen Frameworks gibt es beispielsweise die Möglichkeit, eine GUI-Komponente an eine Eigenschaft zu binden. Das kann Ihr Programmiererleben deutlich erleichtern.

Einen eigenen Setter schreiben

Wir erweitern die `weight`-Eigenschaft um einen eigenen Setter, der dafür sorgt, dass der Wert von `weight` nur mit einem Wert größer als 0 aktualisiert werden kann. Hierfür müssen wir die Eigenschaftsdefinition von `weight` aus dem Konstruktor in den Körper der Klasse verlagern. Danach können wir die Eigenschaft mit einem Setter versehen. Hier der nötige Code:

```
class Dog(val name: String, weight_param: Int, breed_param: String) {
    var activities = arrayOf("Walks")
    val breed = breed_param.toUpperCase()
    var weight = weight_param
        set(value) {
            if (value > 0) field = value
        }
    ...
}
```

Dieser Code versieht die weight-Eigenschaft mit einem eigenen Setter, der dafür sorgt, dass der Eigenschaftswert nur mit Werten größer als 0 aktualisiert wird.

Der folgende Code definiert den Setter:

```
set(value) {
    if (value > 0) field = value
}
```

Ein Setter ist eine Funktion, die unterhalb der Eigenschaftsdefinition steht. Ein Setter besitzt einen Parameter, üblicherweise mit dem Namen `value`, der den möglichen neuen Wert der Eigenschaft enthält.

Im obigen Beispiel wird der Wert der Eigenschaft `weight` nur aktualisiert, wenn der Parameter `value` positiv ist. Versuchen Sie, die `weight`-Eigenschaft mit einem Wert kleiner oder gleich 0 zu aktualisieren, wird dies vom Setter verhindert.

Der Setter verwendet den Identifier **`field`**, um den Wert der Eigenschaft `weight` zu aktualisieren. `field` bezieht sich auf das sogenannte Unterstützungsfeld (*backing field*). Das können Sie sich vorstellen wie eine Referenz auf den zugrunde liegenden Eigenschaftswert. Die Verwendung von `field` anstelle der Eigenschaftsnamen in Ihren Gettern und Settern ist wichtig. Hiermit verhindern Sie, dass sich Ihr Code in einer Endlosschleife aufhängt. Ein Beispiel: Bei der Ausführung des folgenden Codes versucht das System, die `weight`-Eigenschaft zu aktualisieren, wodurch erneut der Setter aufgerufen wird … und noch einmal … und noch einmal – und so weiter:

```
var weight = weight_param
    set(value) {
        if (value > 0) weight = value
    }
```

Machen Sie das nicht! Ihr Code wird sich in einer Endlosschleife aufhängen. Verwenden Sie stattdessen field.

> **Jedes Mal, wenn Sie den Wert einer Eigenschaft aktualisieren wollen, wird der Setter ausgeführt. Der folgende Code ruft den Setter der weight-Eigenschaft auf und übergibt ihm den Wert 75:**
>
> **myDog.weight = 75**

Verkapselung unter der Lupe

Auf den vorigen Seiten haben wir gesehen, dass die Verwendung eigener Getter und Setter unsere Eigenschaften vor Missbrauch schützen kann. Mit einem eigenen Getter können Sie kontrollieren, was tatsächlich zurückgegeben wird, wenn der Wert einer Eigenschaft gebraucht wird. Ein eigener Setter ermöglicht die Validierung eines Werts vor seiner Zuweisung an eine Eigenschaft.

Hinter den Kulissen erzeugt der Compiler insgeheim Getter und Setter für alle Eigenschaften, für die das nicht explizit passiert ist. Wurde die Eigenschaft per `val` definiert, erzeugt der Compiler nur einen Getter. Wurde sie dagegen per `var` definiert, erzeugt der Compiler einen Getter und einen Setter. Nehmen wir zum Beispiel diesen Code:

Eine per val definierte Eigenschaft braucht nach der Initialisierung keinen Setter, weil der Wert nicht aktualisiert werden kann.

```
var myProperty: String
```

In diesem Fall erzeugt der Compiler bei der Kompilierung die folgenden Getter und Setter:

```
var myProperty: String
    get() = field
    set(value) {
        field = value
    }
```

Das heißt, immer wenn Sie den Punktoperator zum Lesen oder Schreiben eines Eigenschaftswerts verwenden, wird hinter den Kulissen **der Getter oder Setter der Eigenschaft aufgerufen**.

Aber wie macht der Compiler das?

Das Hinzufügen eines Getters und Setters für jede Eigenschaft bedeutet, dass es einen Standardweg für den Zugriff auf den Eigenschaftswert gibt. Der Getter kümmert sich um alle Anfragen für die Rückgabe des Werts, der Setter ist für das Schreiben des Werts zuständig. Wenn Sie diese Anfragen anders implementieren wollen, werden Sie dabei auf keinen Fall den Code anderer Leute beschädigen.

Die Entfernung des direkten Zugriffs auf einen Eigenschaftswert durch die Verwendung von Gettern und Settern nennt man auch Verkapselung (»Data Hiding«).

Der komplette Code für das Dogs-Projekt

Wir haben das Ende des Kapitels fast erreicht. Bevor wir schließen, möchten wir Ihnen aber noch den vollständigen Code für das Dogs-Projekt zeigen.

Legen Sie ein neues Kotlin-Projekt für die JVM an und nennen Sie es »Dogs«. Danach markieren Sie den `src`-Ordner und erstellen eine neue Kotlin-Datei namens *Dogs.kt*, indem Sie aus dem File-Menü den Befehl New → Kotlin File/Class wählen. Nennen Sie die Datei »Dogs« und wählen Sie im unteren Aufklappmenü (Kind) die Option File.

Dann fügen Sie *Dogs.kt* den folgenden Code hinzu:

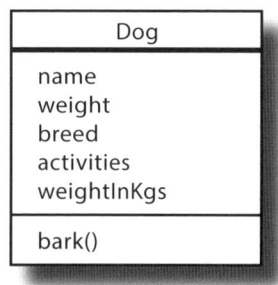

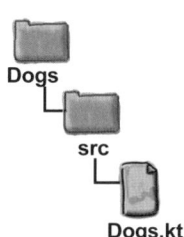

```kotlin
class Dog(val name: String,
          weight_param: Int,
          breed_param: String) {

    init {
        print("Dog $name has been created. ")
    }

    var activities = arrayOf("Walks")
    val breed = breed_param.toUpperCase()

    init {
        println("The breed is $breed.")
    }

    var weight = weight_param
        set(value) {
            if (value > 0) field = value
        }

    val weightInKgs: Double
        get() = weight / 2.2

    fun bark() {
        println(if (weight < 20) "Yip!" else "Woof!")
    }
}
```

Probefahrt

Der Code (Fortsetzung)

```
fun main(args: Array<String>) {
    val myDog = Dog("Fido", 70, "Mixed")
    myDog.bark()
    myDog.weight = 75
    println("Weight in Kgs is ${myDog.weightInKgs}")
    myDog.weight = -2
    println("Weight is ${myDog.weight}")
    myDog.activities = arrayOf("Walks", "Fetching balls", "Frisbee")
    for (item in myDog.activities) {
        println("My dog enjoys $item")
    }

    val dogs = arrayOf(Dog("Kelpie", 20, "Westie"), Dog("Ripper", 10, "Poodle"))
    dogs[1].bark()
    dogs[1].weight = 15
    println("Weight for ${dogs[1].name} is ${dogs[1].weight}")
}
```

Probefahrt

Wenn wir den Code ausführen, wird im Ausgabefenster der IDE folgender Text angezeigt:

> Dog Fido has been created. The breed is MIXED.
> Woof!
> Weight in Kgs is 34.090909090909086
> Weight is 75
> My dog enjoys Walks
> My dog enjoys Fetching balls
> My dog enjoys Frisbee
> Dog Kelpie has been created. The breed is WESTIE.
> Dog Ripper has been created. The breed is POODLE.
> Yip!
> Weight for Ripper is 15

Pool-Puzzle

Ihre **Aufgabe** ist es, die Codeschnipsel aus dem Pool zu fischen und auf den Leerzeilen im Code zu platzieren. Jeder Codeschnipsel darf **nur einmal** benutzt werden. Es werden aber nicht unbedingt alle Schnipsel gebraucht. Ihr **Ziel** ist es, Code zu erstellen, der die rechts stehenden Ausgaben erzeugt.

Der Code soll diese Ausgaben erzeugen.

```
Rectangle 0 has area 15. It is not a square.
Rectangle 1 has area 36. It is a square.
Rectangle 2 has area 63. It is not a square.
Rectangle 3 has area 96. It is not a square.
```

```kotlin
class Rectangle(var width: Int, var height: Int) {
    val isSquare: Boolean
            ............(width == height)

    val area: Int
            ............(width * height)
}


fun main(args: Array<String>) {
    val r = arrayOf(Rectangle(1, 1), Rectangle(1, 1),
                    Rectangle(1, 1), Rectangle(1, 1))
    for (x in 0..............) {
        ............width = (x + 1) * 3
        ............height = x + 5
        print("Rectangle $x has area ${............}. ")
        println("It is ${if (............) "" else "not "}a square.")
    }
}
```

Hinweis: Jeder Codeabschnitt im Pool darf höchstens einmal benutzt werden!

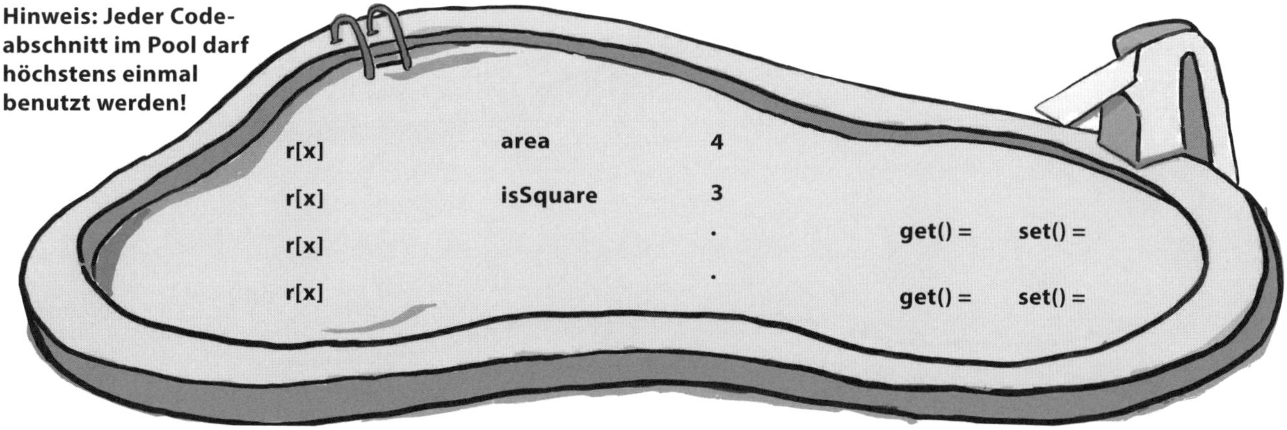

r[x]	area	4
r[x]	isSquare	3
r[x]		get() = set() =
r[x]		get() = set() =

Sie sind hier ▶ 117

Pool-Puzzle: Lösung

Pool-Puzzle, Lösung

Ihre **Aufgabe** ist es, die Codeschnipsel aus dem Pool zu fischen und auf den Leerzeilen im Code zu platzieren. Jeder Codeschnipsel darf **nur einmal** benutzt werden. Es werden aber nicht unbedingt alle Schnipsel gebraucht. Ihr **Ziel** ist es, Code zu erstellen, der die rechts stehenden Ausgaben erzeugt.

```
Rectangle 0 has area 15. It is not a square.
Rectangle 1 has area 36. It is a square.
Rectangle 2 has area 63. It is not a square.
Rectangle 3 has area 96. It is not a square.
```

```kotlin
class Rectangle(var width: Int, var height: Int) {
    val isSquare: Boolean
        get() = (width == height)    ← Dies ist ein Getter, der überprüft,
                                        ob ein Rechteck ein Quadrat ist.

    val area: Int
        get() = (width * height)     ← Dies ist ein Getter, der die
                                        Fläche des Rechtecks berechnet.
}

fun main(args: Array<String>) {
    val r = arrayOf(Rectangle(1, 1), Rectangle(1, 1),
                    Rectangle(1, 1), Rectangle(1, 1))
    for (x in 0.. 3 ) {         ← Das Array r enthält 4 Elemente. Daher
        r[x].width = (x + 1) * 3       iterieren wir von Index 0 bis Index 3.
        r[x].height = x + 5
        print("Rectangle $x has area ${ r[x].area }. ")  ← Die Fläche des Rechtecks ausgeben.
        println("It is ${if ( r[x].isSquare ) "" else "not "}a square.")
    }                                  ↖ Ausgeben, ob es sich um
}                                        ein Quadrat handelt.
```

Breite (width) und Höhe (height) des Rechtecks festlegen.

Diese Schnipsel wurden nicht gebraucht.

4

set() =

set() =

SEIEN Sie der Compiler, Lösung

Jeder Codeabschnitt auf dieser Seite steht für eine vollständige Kotlin-Quellcodedatei. Spielen Sie Compiler und finden Sie heraus, welche dieser Dateien kompiliert werden. Welche Änderungen würden Sie vornehmen, falls der Code nicht kompiliert werden kann?

A

```kotlin
class TapeDeck {
    var hasRecorder = false

    fun playTape() {
        println("Tape playing")
    }

    fun recordTape() {
        if (hasRecorder) {
            println ("Tape recording")
        }
    }
}

fun main(args: Array<String>) {
    val t = TapeDeck()
    t.hasRecorder = true
    t.playTape()
    t.recordTape()
}
```

Dieser Code wird nicht kompiliert, weil Sie zuerst ein TapeDeck-Objekt erstellen müssen, bevor Sie es benutzen.

B

```kotlin
class DVDPlayer(var hasRecorder: Boolean) {

    fun playDVD() {
        println("DVD playing")
    }

    fun recordDVD() {
        if (hasRecorder) {
            println ("DVD recording")
        }
    }
}

fun main(args: Array<String>) {
    val d = DVDPlayer(true)
    d.playDVD()
    d.recordDVD()
}
```

Dieser Code wird nicht kompiliert, weil die DVDPlayer-Klasse keine playDVD-Funktion besitzt.

Ihr Kotlin-Werkzeugkasten

Wir haben das Ende von Kapitel 4 erreicht, in dem wir Ihren Werkzeugkasten um Klassen und Objekte erweitert haben.

Den kompletten Code dieses Kapitels können Sie hier herunterladen: https://tinyurl.com/HFKotlin.

Punkt für Punkt

- Durch Klassen können Sie eigene Typen definieren.
- Eine Klasse ist eine Schablone für ein Objekt. Eine Klasse kann mehrere Objekte erstellen.
- Die Dinge, die ein Objekt über sich selbst weiß, nennt man Eigenschaften. Die Dinge, die ein Objekt tun kann, sind seine Funktionen.
- Eine Eigenschaft ist eine für die Klasse lokale Variable.
- Mit dem Schlüsselwort `class` wird eine Klasse definiert.
- Mit dem Punktoperator können Sie auf die Eigenschaften und Funktionen eines Objekts zugreifen.
- Ein Konstruktor wird bei der Initialisierung eines Objekts ausgeführt.
- Sie können eine Eigenschaft im primären Konstruktor definieren, indem Sie einem Parameter das Schlüsselwort `val` bzw. `var` voranstellen. Sie können eine Eigenschaft außerhalb des Konstruktor definieren, indem Sie diese dem Körper der Klasse hinzufügen.
- Initialisierungsblocks werden ausgeführt, wenn ein Objekt initialisiert wird.
- Jede Eigenschaft muss initialisiert werden, bevor Sie ihren Wert benutzen können.
- Anhand von Gettern und Settern können Sie die Werte einer Eigenschaft lesen und schreiben.
- Hinter den Kulissen versieht der Compiler jede Eigenschaft mit Standard-Gettern und -Settern.

5 Subklassen und Superklassen

Vererbung

Ich habe mein gutesAussehen() geerbt.

Manchmal begegnet man Objekttypen, die ideal wären, wenn man nur ein paar Kleinigkeiten ändern könnte!

Genau das ist einer der Vorteile von **Vererbung**. In diesem Kapitel lernen Sie das Erstellen von **Subklassen** und erfahren, wie Sie Eigenschaften und Funktionen einer **Superklasse** erben können. Sie lernen, wie man *Funktionen und Eigenschaften überschreibt*, damit sich Klassen so verhalten, wie *Sie* es wollen. Außerdem erfahren Sie, wann Vererbung sinnvoll ist (und wann nicht). Schließlich zeigen wir Ihnen, wie Vererbung dabei hilft, **doppelten Code** zu vermeiden, und wie Sie Ihre Flexibilität mithilfe von **Polymorphismus** steigern können.

Vererbung verstehen

Vererbung hilft, doppelten Code zu vermeiden

Wenn Sie größere Applikationen mit mehreren Klassen entwickeln, kommen Sie an **Vererbung** nicht vorbei. Hierbei ist der gemeinsam genutzte Code in einer Klasse enthalten. Spezifischere Klassen können diesen Code dann erben. Muss der Code aktualisiert werden, müssen Sie die Änderungen nur an einer Stelle vornehmen – sie werden dann in allen Klassen berücksichtigt, die dieses Verhalten erben.

Die Klasse, die den gemeinsamen Code enthält, wird **Superklasse** genannt. Klassen, die davon erben, heißen **Subklassen**.

← Eine Superklasse wird auch »Basisklasse« genannt, Subklassen nennt man entsprechend «abgeleitete Klassen». In diesem Buch verwenden wir die Begriffe Super- und Subklasse.

Ein Beispiel für Vererbung

Angenommen, Sie hätten die zwei Klassen Car (Auto) und ConvertibleCar (Cabrio).

Car enthält alle Eigenschaften und Funktionen für die Erstellung eines allgemeinen Autos: Eigenschaften für Marke (make) und Modell (model) und Funktionen wie accelerate (beschleunigen), applyBrake (bremsen) und changeTemperature (Temperatur ändern).

Die Klasse ConvertibleCar ist eine Subklasse von Car. Sie erbt alle Eigenschaften und Funktionen, die ein Car hat. Gleichzeitig kann die Klasse ConvertibleCar auch um eigene Funktionen und Eigenschaften erweitert werden und die von der Superklasse Car geerbten Dinge überschreiben:

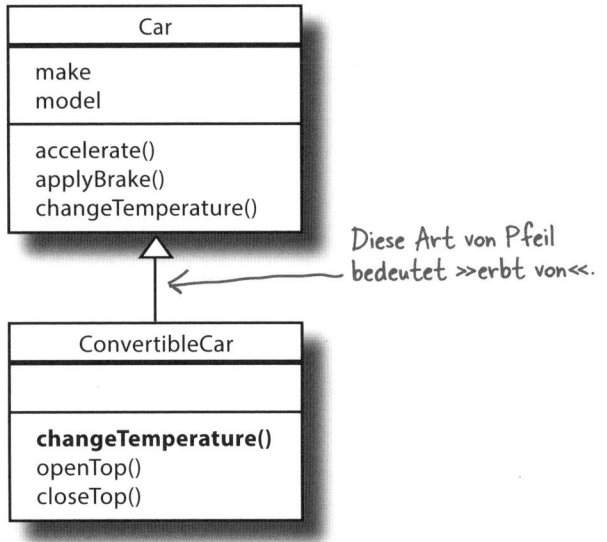

Diese Art von Pfeil bedeutet »erbt von«.

Die Klasse ConvertibleCar besitzt die zwei zusätzlichen Funktionen openTop (Verdeck auf) und closeTop (Verdeck zu). Außerdem überschreibt sie die changeTemperature-Funktion, damit das Dach geschlossen wird, wenn es im Auto (Car) zu kalt wird und das Dach offen ist.

Eine Superklasse enthält gemeinsame Eigenschaften und Funktionen, die von einer oder mehreren Subklassen geerbt werden. Eine Subklasse kann eigene Eigenschaften und Funktionen enthalten und geerbte Dinge überschreiben.

Subklassen und Superklassen

Was wir vorhaben

In diesem Kapitel zeigen wir Ihnen, wie Sie eine Klassenhierarchie mit Vererbung entwerfen und programmieren. Das machen wir in drei Schritten:

❶ Eine Klassenhierarchie für Tiere entwickeln.
Wir nehmen uns ein paar Tiere und entwickeln für sie eine Vererbungsstruktur. Wir zeigen Ihnen die allgemeinen Schritte zur Entwicklung mit Vererbung, was Ihnen bei der Arbeit an eigenen Projekten helfen kann.

❷ Den Code für einen Teil der Tier-Klassenhierarchie schreiben.
Wenn wir unser Vererbungsmodell entwickelt haben, schreiben wir den Code für einige dieser Klassen.

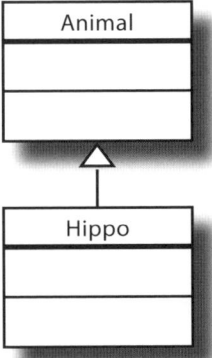

❸ Code für die Verwendung der Tier-Klassenhierarchie schreiben.
Wir untersuchen, wie die Vererbungsstruktur verwendet werden kann, um flexibleren Code zu schreiben.

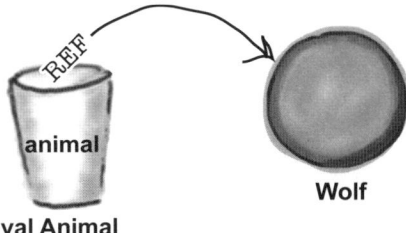

Wir beginnen mit der Entwicklung der »tierischen« Vererbungsstruktur.

Sie sind hier ▸

Für Vererbung entwickeln

Eine Vererbungsstruktur für Tier-Klassen entwickeln

Klassen entwickeln
Klassen programmieren
Klassen verwenden

Angenommen, Sie hätten den Auftrag, eine Klassenstruktur für ein Tier-Simulationsprogramm zu entwickeln. Der Benutzer soll in der Lage sein, verschiedene Tiere zu einer Umgebung hinzuzufügen, um ihr Verhalten studieren zu können.

> Wir werden nicht die komplette Applikation programmieren. Uns interessiert hauptsächlich das Klassendesign.

Wir kennen *einige* Tierarten, die Teil der Applikation sein sollen, aber nicht alle. Jedes Tier wird durch ein Objekt dargestellt und tut das, wozu die jeweilige Tierart programmiert ist.

Unser Klassendesign muss so flexibel sein, dass auch später noch neue Tierarten hinzugefügt werden können.

Bevor wir über einzelne Tiere nachdenken, müssen wir wissen, was alle Tiere gemeinsam haben. Diese Eigenschaften können wir dann in einer Superklasse ablegen, von der alle anderen Tiere erben.

> Wir zeigen Ihnen die allgemeinen Schritte für die Entwicklung einer Klassenvererbungshierarchie. Dies ist der erste Schritt.

 Finden Sie Attribute und Verhaltensweisen, die für alle Objekte gleich sind.
Sehen Sie sich diese Tierarten an. Was haben sie gemeinsam?

Diese Überlegung hilft Ihnen, Attribute und Verhaltensweisen zu finden, die in die Superklasse gehören.

124   Kapitel 5

Duplizierten Code in Subklassen durch Vererbung vermeiden

Unsere Tier-Superklasse – wir nennen Sie **Animal** – enthält die allgemeinen Eigenschaften und Funktionen, die von den anderen Tieren geerbt werden können. Diese Liste ist nicht vollständig. Sie sollte aber ausreichen, um die Grundidee zu vermitteln.

Wir setzen diese vier Eigenschaften ein:

image: Der Dateiname für ein Bild des betreffenden Tieres.

food: Welche Nahrung das Tier zu sich nimmt, z. B. Fleisch oder Gras.

habitat: Der typische Lebensraum des Tieres, z. B. Wald, Savanne oder Wasser.

hunger: Ein Int-Wert, der angibt, wie hungrig das Tier ist. Dieser Wert ändert sich abhängig davon, wann (und wie viel) das Tier isst.

Und diese vier Funktionen:

makeNoise(): Lässt das Tier ein typisches Geräusch machen.

eat(): Was das Tier tut, wenn es seine bevorzugte Nahrung findet.

roam(): Was das Tier tut, wenn es nicht isst oder schläft.

sleep(): Lässt das Tier ein Nickerchen machen.

Subklassen und Superklassen
→ **Klassen entwickeln**
Klassen programmieren
Klassen verwenden

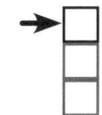

② Eine Superklasse entwickeln, die gemeinsame Zustände und Verhaltensweisen definiert.
Wir legen die Eigenschaften und Funktionen, die allen Tieren gemeinsam sind, in einer neuen Superklasse namens Animal ab. Alle daraus abgeleiteten Tier-Subklassen erben diese Eigenschaften und Funktionen.

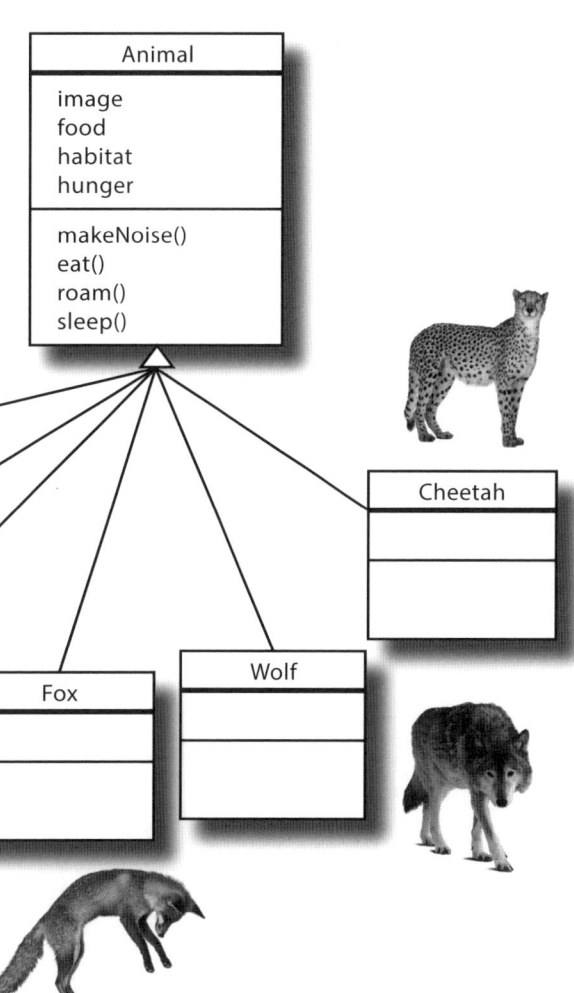

Sie sind hier ▸

Für Vererbung entwickeln

Was sollen die Subklassen überschreiben?

Klassen entwickeln
Klassen programmieren
Klassen verwenden

Als Nächstes müssen wir überlegen, welche Eigenschaften und Funktionen die Tier-Subklassen überschreiben sollen. Wir beginnen mit den Eigenschaften.

Die Tiere haben verschiedene Eigenschaftswerte ...

Die Superklasse Animal besitzt die Eigenschaften image, food, habitat and hunger. Diese werden von den jeweilgen Tier-Subklassen geerbt.

Alle unsere Tiere sehen unterschiedlich aus, haben verschiedene Lebensräume und Essensgewohnheiten. Das bedeutet, dass wir die Eigenschaften image, food und habitat überschreiben können, um sie auf andere Weise initialisieren zu können. Die Eigenschaft habitat der Klasse Hippo (Nilpferd) kann mit dem Wert »water« initialisiert werden; die Eigenschaft food für die Lion-Subklasse erhält den Wert »meat«.

... und eigene Funktionsimplementierungen

Jede Tier-Subklasse erbt die Funktionen makeNoise, eat, roam und sleep von der Animal-Superklasse. Welche dieser Funktionen können wir überschreiben?

Löwen brüllen (roar), Wölfe heulen (howl) und Nilpferde (Hippos) grunzen (grunt). Alle Tiere machen unterschiedliche Geräusche. Das heißt, die Funktion makeNoise sollte in den Tier-Subklassen überschrieben werden. Dabei behalten die Subklassen grundsätzlich die makeNoise-Funktion. Die Implementierung von makeNoise ist jedoch von Tier zu Tier verschieden.

Analog dazu nimmt jedes Tier Nahrung auf, allerdings ebenfalls auf *unterschiedliche* Weise. Ein Nilpferd grast, während Geparden Fleischfresser sind. Um die verschiedenen Essensgewohnheiten abbilden zu können, überschreiben wir in den einzelnen Tier-Subklassen auch die eat-Funktion.

❸ Entscheiden, ob eine Subklasse Standardeigenschaftswerte braucht oder Funktionsimplementierungen, die nur für die jeweilige Subklasse gelten.
In diesem Beispiel überschreiben wir die Eigenschaften image, food und habitat sowie die Funktionen makeNoise und eat.

Wenn Sie glauben, ich esse Nilpferdfutter, haben Sie sich getäuscht.

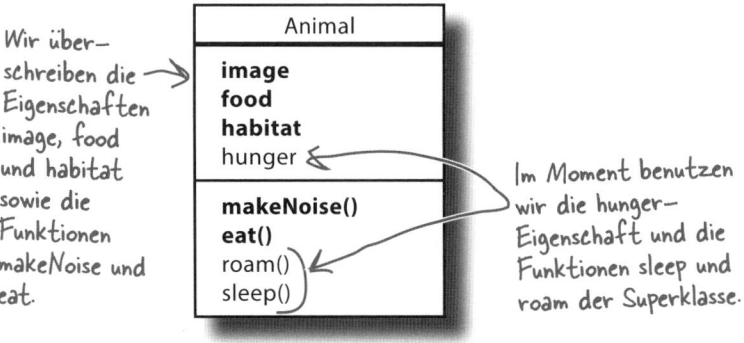

Wir überschreiben die Eigenschaften image, food und habitat sowie die Funktionen makeNoise und eat.

Im Moment benutzen wir die hunger-Eigenschaft und die Funktionen sleep und roam der Superklasse.

126   Kapitel 5

Subklassen und Superklassen

Klassen entwickeln
Klassen programmieren
Klassen verwenden

Wir können einige Tiere gruppieren

Langsam nimmt unsere Klassenhierarchie Form an. Jede Subklasse überschreibt einige Eigenschaften und Funktionen, damit das Heulen eines Wolfs und das Grunzen eines Nilpferds nicht verwechselt werden.

Aber wir können noch mehr tun. Wenn Sie mit Vererbung entwickeln, können Sie eine komplette **Hierarchie der Klassen** aufbauen, die voneinander erben. Dabei bewegt man sich von der obersten Oberklasse immer weiter nach unten. Wenn wir uns die Tier-Subklassen ansehen, stellen wir fest, dass zwei oder mehr Tiere zu Gruppen zusammengefasst werden können. Diese Gruppen haben bestimmte Codeteile gemeinsam. So gehören Wolf und Fuchs zur Gruppe der hundeartigen Tiere (»canines«). Wir können das gemeinsame Verhalten also in einer Canine-Klasse zusammenfassen. Analog sind Löwe (lion), Gepard (cheetah) und Luchs (lynx) katzenartige Tiere (»felines«). Eine passende Feline-Klasse könnte also ebenfalls helfen.

④ **Möglichkeiten finden, Eigenschaften und Funktionen zu abstrahieren, indem Subklassen mit gemeinsamem Verhalten gefunden werden.**
Sehen wir uns unsere Subklassen an, finden wir zwei hundeartige und drei katzenartige Tiere sowie ein Nilpferd (das zu keiner der beiden Gruppen gehört).

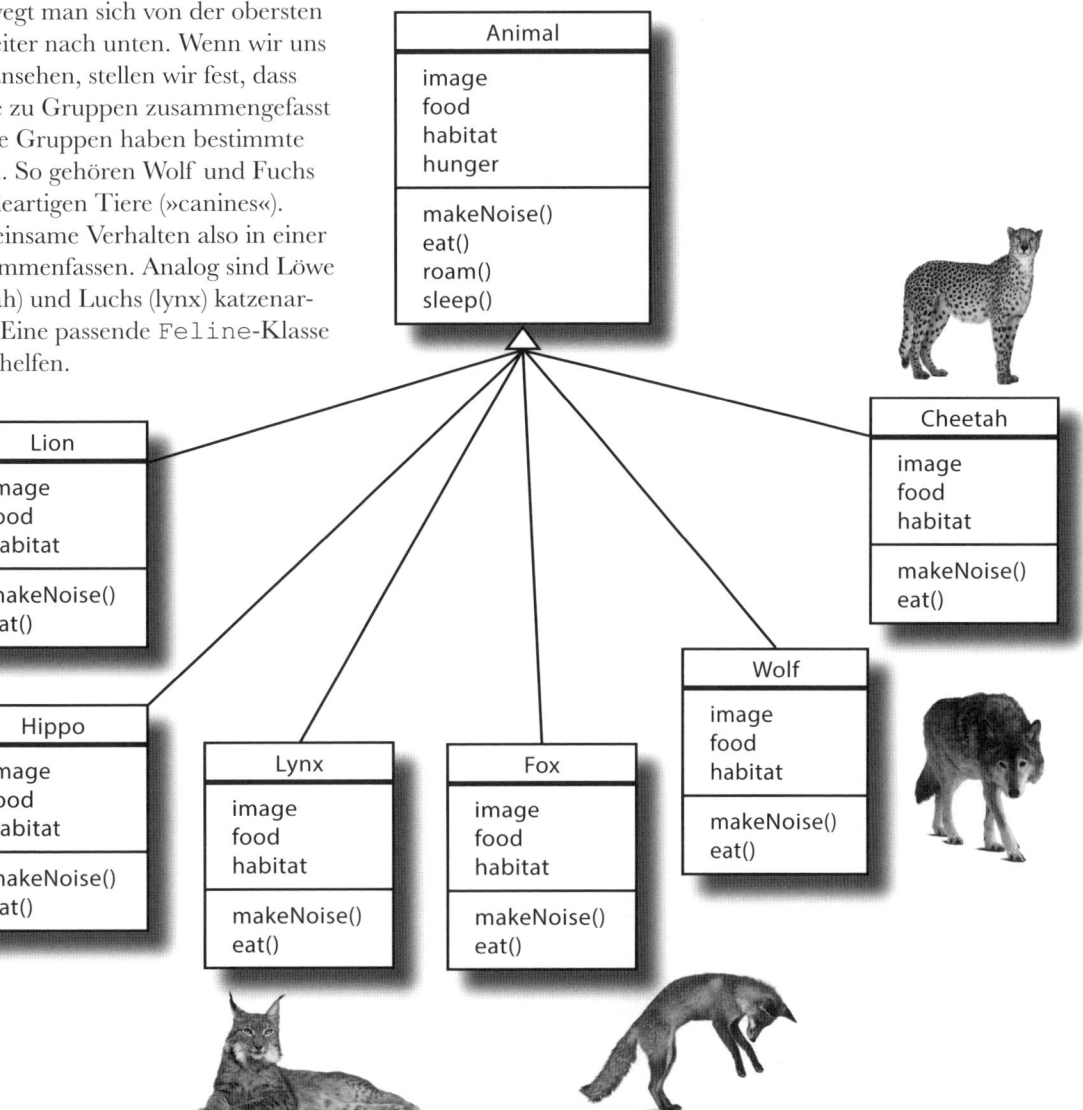

Sie sind hier ▸ **127**

Für Vererbung *entwickeln*

Canine- und Feline-Klassen hinzufügen

Klassen entwickeln
Klassen programmieren
Klassen verwenden

Für die Tiere gibt es bereits eine organisatorische Hierarchie. Das können wir in unserem Klassendesign abbilden, soweit das sinnvoll erscheint. Wir verwenden die wissenschaftlichen Familien, um die Tiere zu ordnen. Hierfür erweitern wir unsere Klassenhierarchie um die Klassen Canine und Feline. Die Klasse Canine enthält Eigenschaften und Funktionen, die alle hundeartigen Tiere wie Wölfe und Füchse gemeinsam haben. Die Klasse Feline enthält die Eigenschaften und Funktionen für katzenartige Tiere wie Löwen, Geparden und Luchse.

Jede Subklasse kann außerdem ihre eigenen Eigenschaften und Funktionen definieren. Im Moment konzentrieren wir uns aber auf die Gemeinsamkeiten der Tiere.

⑤ Die Klassenhierarchie vervollständigen.
Wir überschreiben die roam-Funktion in den Klassen Canine und Feline, weil das Wanderungsverhalten der jeweiligen Tiergruppen für das Simulationsprogramm eine ausreichende Ähnlichkeit besitzt. Die Hippo-Klasse behält die allgemeine roam-Funktion aus der Animal-Superklasse.

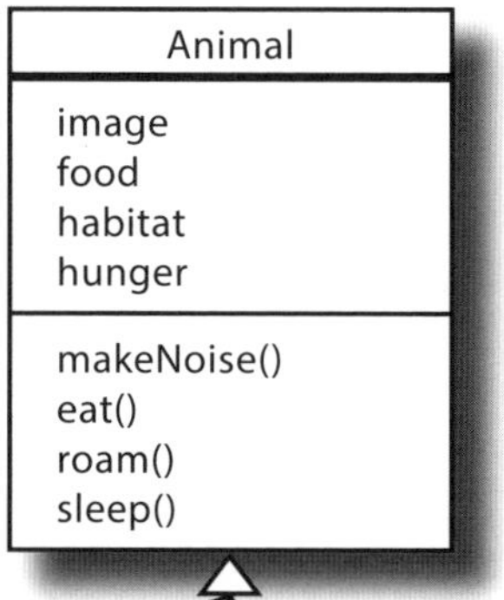

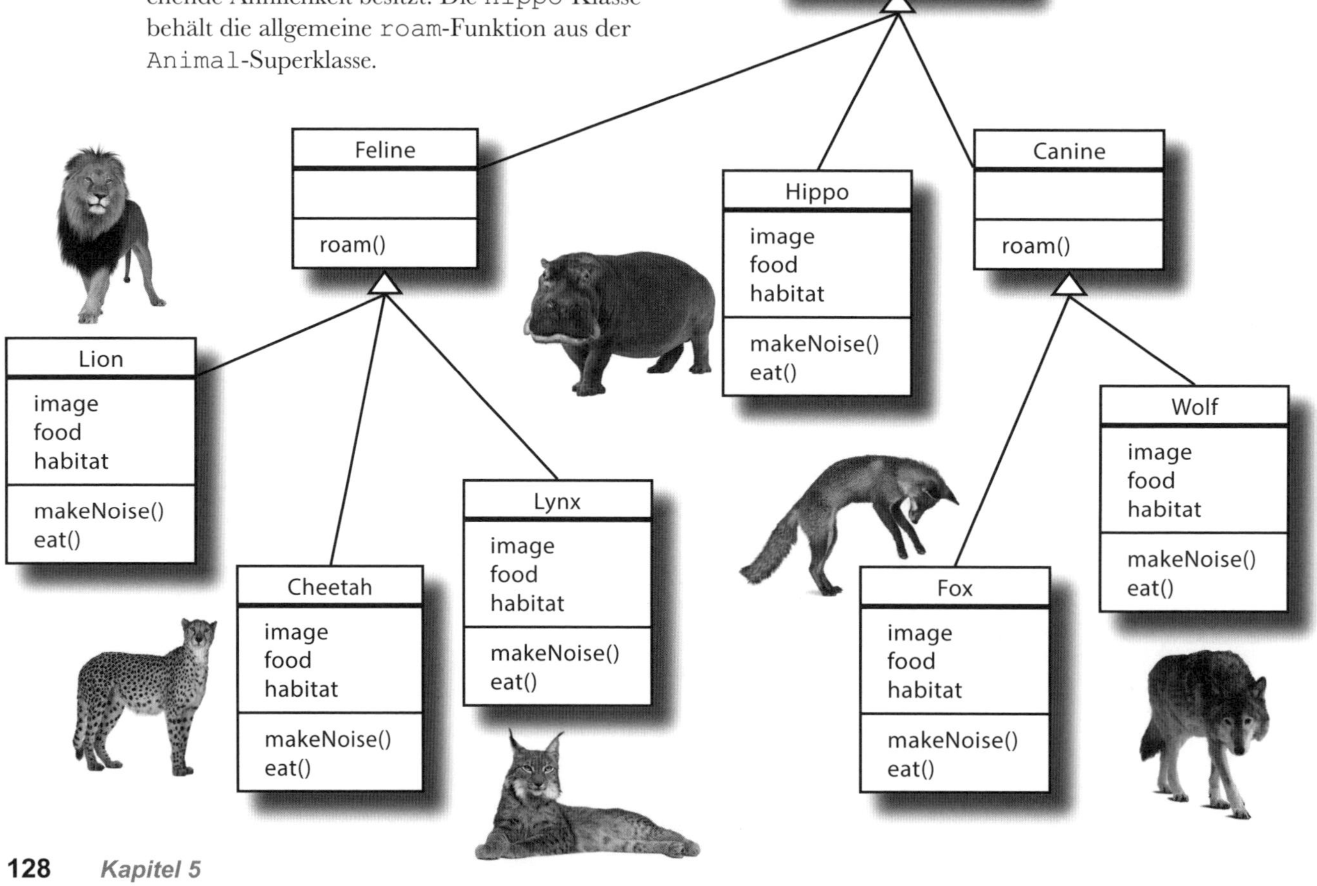

128   Kapitel 5

Subklassen und Superklassen
Klassen entwickeln
Klassen programmieren
Klassen verwenden

Die Klassenhierarchie mit dem IST-EIN-Test überprüfen

Wenn Sie bei der Entwicklung einer Klassenhierarchie wissen möchten, ob ein Ding eine Subklasse eines anderen sein sollte, können Sie den **IST-EIN**-Test verwenden. Fragen Sie sich einfach: »Ist es sinnvoll, zu sagen, Typ X IST-EIN (engl.: is a) Typ Y?« Falls ja, sollten sich beide Klassen vermutlich in der gleichen Vererbungshierarchie befinden, da sich ihr Verhalten sehr wahrscheinlich überschneidet. Ergibt es *keinen Sinn*, wissen Sie, dass Sie noch einmal über die Sache nachdenken müssen.

Die Sache ist komplexer, als hier gezeigt. Als Faustregel reicht sie aber. Im folgenden Kapitel befassen wir uns genauer mit dem Klassendesign.

Man kann durchaus sagen: »Ein Nilpferd (Hippo) IST-EIN Tier (Animal).« Ein Nilpferd ist eine Tierart. Daher können Sie `Hippo` guten Gewissens als Subklasse von `Animal` definieren.

Dabei sollten Sie Folgendes nicht vergessen! Eine IST-EIN-Beziehung bedeutet: Wenn X EIN Y IST, kann X alles tun, was Y auch tun kann (und vermutlich noch etwas mehr). Der IST-EIN-Test funktioniert also nur in eine Richtung. So ergibt es keinen Sinn, zu sagen: »Ein Tier (`Animal`) IST EIN Nilpferd (`Hippo`)«, weil ein Tier keine bestimmte Art von Nilpferd ist.

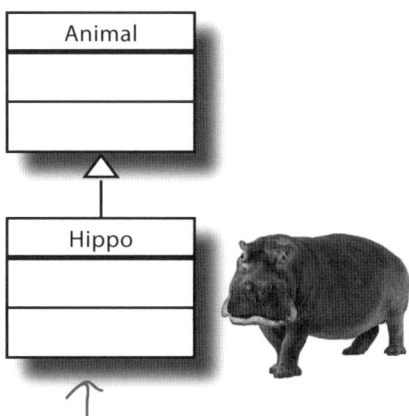

Wir können sagen: »Ein Nilpferd IST-EIN Tier.« Daher scheint es sinnvoll, Hippo als Subklasse von Animal zu definieren.

Andere Beziehungen mit dem HAT-EIN-Test überprüfen

Schlägt der IST-EIN-Test für zwei Klassen fehl, können sie trotzdem auf andere Weise verwandt sein.

Angenommen, Sie hätten zwei Klassen namens `Kühlschrank` und `Küche`. Keinen Sinn ergäbe: »Ein Kühlschrank IST-EINE Küche« oder »Eine Küche IST-EIN Kühlschrank«. Dennoch sind beide Klassen verwandt, nur nicht durch Vererbung.

`Kühlschrank` und `Küche` sind durch eine HAT-EIN-Beziehung miteinander verbunden. Kann man sagen: »Eine Küche HAT-EINEN Kühlschrank?« Falls ja, bedeutet das, dass eine `Küche` eine `Kühlschrank`-Eigenschaft besitzt. Das heißt, `Küche` enthält eine Referenz auf `Kühlschrank`. Trotzdem ist `Kühlschrank` keine Subklasse von `Küche` und umgekehrt.

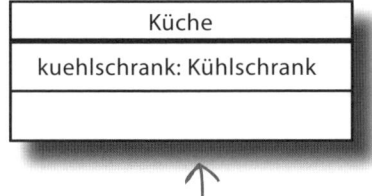
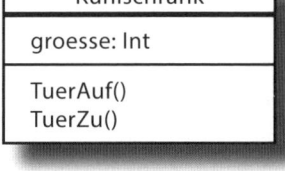

Eine Küche HAT-EINEN Kühlschrank. Es gibt also eine Beziehung. Trotzdem ist keine der Klassen eine Subklasse der anderen.

Sie sind hier ▸ **129**

IST-EIN-Test

Der IST-EIN-Test funktioniert im gesamten Vererbungsbaum

Klassen entwickeln
Klassen programmieren
Klassen verwenden

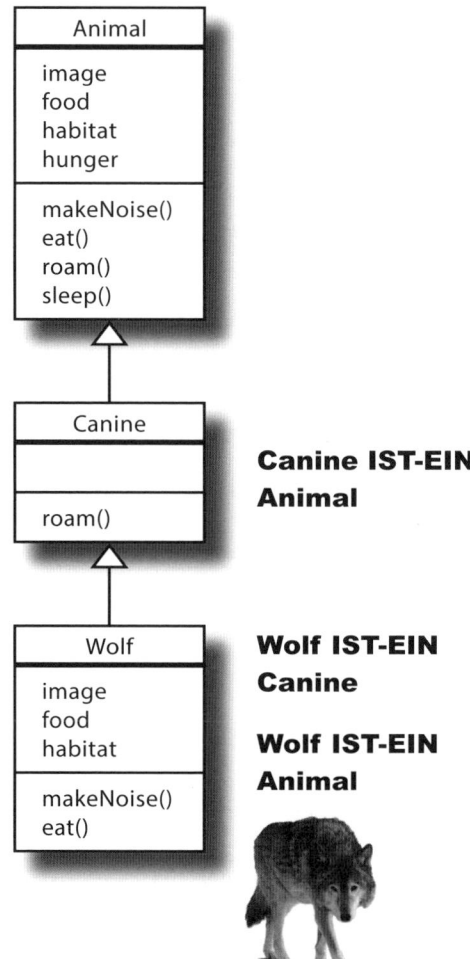

Canine IST-EIN Animal

Wolf IST-EIN Canine

Wolf IST-EIN Animal

Wenn Ihr Vererbungsbaum gut aufgebaut ist, sollte der IST-EIN-Test funktionieren, *egal welche* Subklasse Sie fragen, ob sie EINE ihrer Superklassen IST.

Ist Klasse B eine Subklasse von Klasse A, IST Klasse B ein Mitglied der Klasse A. **Das gilt für den gesamten Vererbungsbaum**. Ist Klasse C eine Subklasse von B, **besteht sie den IST-EIN-Test für Klasse B und Klasse A**.

Bei einem Vererbungsbaum wie dem hier gezeigten können Sie jederzeit sagen: »Wolf ist eine Subklasse von Animal« oder »Wolf IST-EIN Animal«. Dabei spielt es keine Rolle, ob Wolf sich im Vererbungsbaum direkt unterhalb von Animal befindet oder es weitere Superklassen dazwischen gibt (z. B. Canine). **Solange sich `Animal` im Vererbungsbaum irgendwo oberhalb von `Wolf` befindet, ist die Aussage »`Wolf IST-EIN Animal`« immer wahr.**

Die Struktur des `Animal`-Vererbungsbaums besagt: »Wolf IST-EIN Canine, kann also alles, was ein Canine auch kann. Und Wolf IST-EIN Animal, er kann also auch alles, was ein Animal kann.«

Dabei spielt es keine Rolle, ob Wolf einige Funktionen von Animal oder Canine überschreibt. Was den Code betrifft, kann ein Wolf diese Funktionen ausführen. Wie ein Wolf das tut oder in welcher Klasse sie überschrieben werden, ist dabei unerheblich. Ein Wolf hat die Fähigkeiten `makeNoise`, `eat`, `roam` und `sleep`, weil er eine Subklasse von Animal ist.

Nachdem Sie wissen, wie man eine Klassenhierarchie erstellt, wollen wir Ihr Wissen mit der folgenden Übung testen. Danach zeigen wir Ihnen, wie die Animal-Klassenhierarchie programmiert wird.

Schlägt der IST-EIN-Test fehl, sollten Sie die Vererbung nicht verwenden, nur um den Code aus einer anderen Klasse benutzen zu können.

Angenommen, Sie hätten eine Alarm-Klasse mit einer besonderen Stimmaktivierung versehen. Diese wollen Sie in einer Teekessel-Klasse wiederverwenden. Ein Teekessel ist aber keine bestimmte Form von Alarm und sollte deshalb auch keine Subklasse von Alarm sein. Stattdessen sollten Sie eine spezielle StimmAktivierung-Klasse erstellen, um die HAT-EINE-Beziehung nutzen zu können. (Weitere Designoptionen finden Sie im folgenden Kapitel.)

Subklassen und Superklassen

Spitzen Sie Ihren Bleistift

Unten sehen Sie eine Tabelle mit Klassennamen. Sie sollen die sinnvollen Beziehungen herausfinden. Geben Sie an, welche Superklassen und Subklassen für jede Klasse gültig sind. Danach zeichnen Sie einen Vererbungsbaum für die Klassen.

Klasse	Superklassen	Subklassen
Person		
Musiker		
RockStar		
Bassist		
KonzertPianist		

Spitzen Sie Ihren Bleistift: Lösung

Spitzen Sie Ihren Bleistift
Lösung

Unten sehen Sie eine Tabelle mit Klassennamen. Sie sollen die sinnvollen Beziehungen herausfinden. Geben Sie an, welche Superklassen und Subklassen für jede Klasse gültig sind. Danach zeichnen Sie einen Vererbungsbaum für die Klassen.

Klasse	Superklassen	Subklassen
Person		Musiker, RockStar, Bassist, KonzertPianist
Musiker	Person	RockStar, Bassist, KonzertPianist
RockStar	Musiker, Person	
Bassist	Musiker, Person	
KonzertPianist	Musiker, Person	

Alle Klassen erben von Person. → Person

Die Musiker-Klasse ist eine Subklasse von Person und eine Superklasse der RockStar-, KonzertPianist- und Bassist-Klassen. → Musiker

RockStar   KonzertPianist   Bassist

RockStar, KonzertPianist und Bassist sind Subklassen von Musiker. Das heißt, sie bestehen den IST-EIN-Test für Musiker und Person.

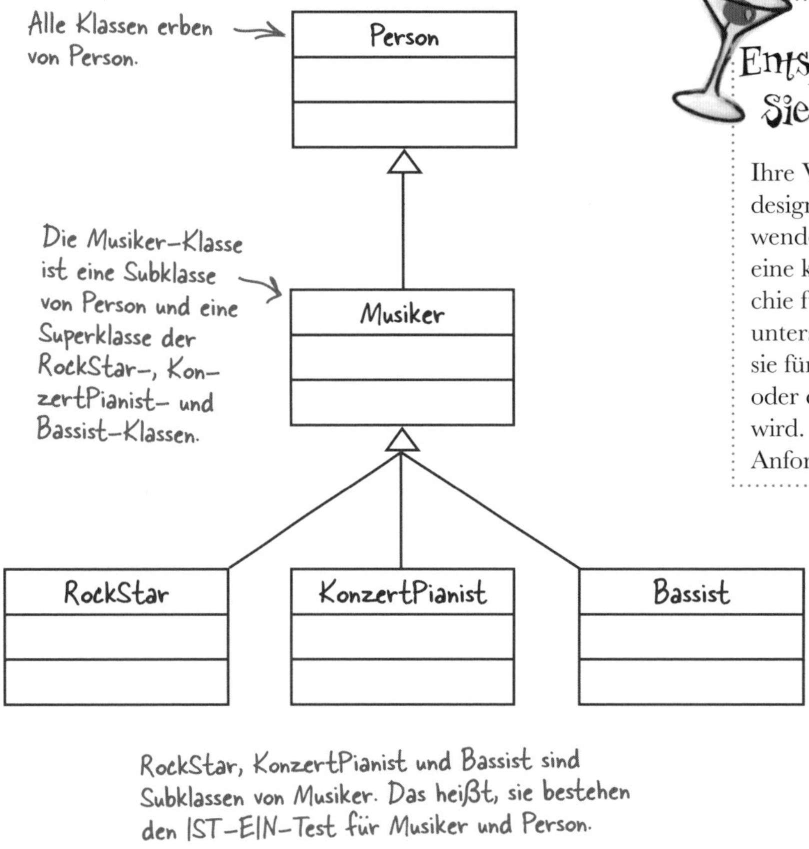

> **Entspannen Sie sich**
>
> **Keine Sorge, wenn Ihr Vererbungsbaum anders aussieht als unserer.**
>
> Ihre Vererbungshierarchien und Klassendesigns hängen davon ab, wie Sie sie verwenden wollen. Daher gibt es selten nur eine korrekte Lösung. Eine Designhierarchie für Tiere kann abhängig vom Zweck unterschiedlich ausfallen, je nachdem, ob sie für ein Videospiel, eine Tierhandlung oder ein zoologisches Museum erstellt wird. Wichtig ist, dass das Design zu den Anforderungen Ihrer Applikation passt.

Wir erstellen ein paar Kotlin-Tiere

Subklassen und *Superklassen*
Klassen entwickeln
Klassen programmieren
Klassen verwenden

Nachdem unsere »tierische« Klassenhierarchie steht, können wir den nötigen Code schreiben.

Legen Sie zunächst ein neues Kotlin-Projekt für die JVM an und nennen Sie das Projekt »Animals«. Danach erstellen Sie eine neue Kotlin-Datei namens *Animals.kt*, indem Sie den *src*-Ordner markieren und den Befehl New → Kotlin File/Class aus dem File-Menü wählen. Nennen Sie die Datei im Dialogfeld »Animals« und wählen Sie im unteren Aufklappmenü (Kind) die Option File.

Im Projekt legen wir eine neue Klasse namens Animal an, die den Standardcode für die Erstellung eines allgemeinen Tieres enthält. Fügen Sie den unten stehenden Code in Ihre *Animals.kt*-Datei ein:

Animal
image food habitat hunger
makeNoise() eat() roam() sleep()

```kotlin
class Animal {
    val image = ""
    val food = ""
    val habitat = ""
    var hunger = 10

    fun makeNoise() {
        println("The Animal is making a noise")
    }

    fun eat() {
        println("The Animal is eating")
    }

    fun roam() {
        println("The Animal is roaming")
    }

    fun sleep() {
        println("The Animal is sleeping")
    }
}
```

Die Animal-Klasse besitzt die Eigenschaften image, food, habitat und hunger.

Wir haben Standardimplementierungen für die Funktionen makeNoise, eat, roam und sleep erstellt.

Nachdem die Animal-Klasse fertig ist, müssen wir dem Compiler mitteilen, dass wir sie als Superklasse verwenden wollen.

Sie sind hier ▶ **133**

»Offene« Klassen

Die Superklasse und ihre Eigenschaften als »offen« deklarieren

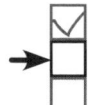

☑ **Klassen entwickeln**
☐ **Klassen programmieren**
☐ **Klassen verwenden**

Bevor eine Klasse als Superklasse benutzt werden kann, müssen Sie dem Compiler ausdrücklich mitteilen, dass dies erlaubt ist. Dafür stellen Sie dem Klassennamen sowie allen Eigenschaften und Funktionen, die später überschrieben werden sollen, das Schlüsselwort **open** voran. Hierdurch teilen Sie dem Compiler mit, dass Sie die Klasse als Superklasse vorgesehen haben und dass es erlaubt ist, die Eigenschaften und Funktionen später zu überschreiben.

In unserer Klassenhierarchie wollen wir Animal als Superklasse verwenden und die meisten ihrer Eigenschaften und Funktionen überschreiben. Es folgt der dafür nötige Code. Aktualisieren Sie Ihre Version von *Animals.kt* mit den unten stehenden Änderungen (fett hervorgehoben):

> **Um eine Klasse als Superklasse benutzen zu können, muss sie als »open« deklariert werden. Alles, was später überschrieben werden soll, muss ebenfalls »open« sein.**

Wir wollen die Klasse als Superklasse benutzen, also müssen wir sie als »open« deklarieren. →

```
open class Animal {
    open val image = ""
    open val food = ""
    open val habitat = ""
    var hunger = 10
```

Die Eigenschaften image, food und habitat sollen überschrieben werden, also brauchen auch sie das Schlüsselwort »open«.

Wir haben die Funktionen makeNoise, eat und roam ebenfalls als »open« deklariert, weil wir sie in unseren Subklassen überschreiben wollen.

```
    open fun makeNoise() {
        println("The Animal is making a noise")
    }

    open fun eat() {
        println("The Animal is eating")
    }

    open fun roam() {
        println("The Animal is roaming")
    }

    fun sleep() {
        println("The Animal is sleeping")
    }
}
```

Animal
image **food** **habitat** hunger
makeNoise() **eat()** **roam()** sleep()

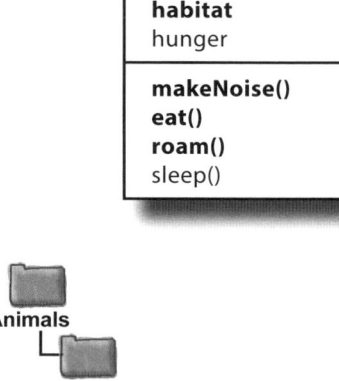

Nachdem wir die Animal-Klasse und alle Eigenschaften und Funktionen, die überschrieben werden sollen, als open deklariert haben, können wir damit beginnen, die Subklassen für die Tiere zu definieren, und zwar am Beispiel der Hippo-Klasse.

Wie eine Subklasse von einer Superklasse erbt

Subklassen und Superklassen
Klassen entwickeln
Klassen programmieren
Klassen verwenden

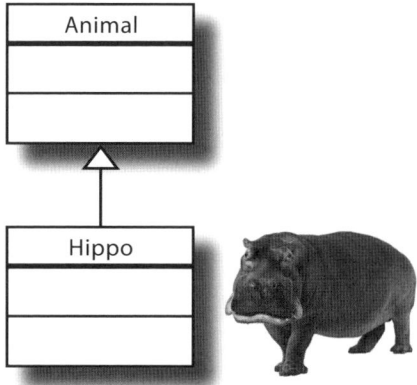

Damit eine Klasse von einer anderen erben kann, erweitern Sie den Klassen-Header um einen Doppelpunkt (:), gefolgt vom Namen der Superklasse. Dadurch wird die Klasse zu einer Subklasse, die alle mit open markierten Eigenschaften und Funktionen ihrer Superklasse erbt.

In unserem Fall soll die Klasse Hippo von der Animal-Klasse erben. Dafür benutzen wir folgenden Code:

```
class Hippo : Animal() {
    // Hier kommt der Hippo-
Code hin
}
```

Man könnte auch sagen: »Die Klasse Hippo ist eine Subklasse von Animal«. Der hierfür nötige Code folgt ein paar Seiten weiter.

Der Animal()-Teil nach dem Doppelpunkt ruft den Konstruktor von Animal auf. Dadurch wird der nötige Initialisierungscode für Animal, z. B. die Zuweisung von Werten an die Eigenschaften, ausgeführt. Der Konstruktor der Superklasse muss zwingend aufgerufen werden: **Besitzt die Superklasse einen primären Konstruktor, *muss* dieser im Header der Subklasse aufgerufen werden, oder der Code wird nicht kompiliert.** Vergessen Sie nicht: Selbst wenn Sie nicht explizit einen Konstruktor für die Superklasse definiert haben, erzeugt der Compiler bei der Kompilierung automatisch einen leeren Konstruktor.

Wir haben keinen Konstruktor für die Animal-Klasse definiert. Daher wird er bei der Kompilierung vom Compiler hinzugefügt. Dieser Konstruktor wird per Animal() aufgerufen.

Besitzt der Superklassenkonstruktor Parameter, müssen Sie bei dessen Aufruf die entsprechenden Werte übergeben. Nehmen wir zum Beispiel eine Car-Klasse, deren Konstruktor die Parameter make und model besitzt:

```
open class Car(val make: String, val model: String) {
    // Code für die Car-Klasse
}
```

Der Car-Konstruktor definiert zwei Eigenschaften: make and model.

Um eine Car-Subklasse namens ConvertibleCar zu erstellen, müssen Sie den Car-Konstruktor im Klassen-Header von ConvertibleCar aufrufen. Dabei übergeben Sie die Werte für die Parameter make und model. In solchen Situationen würden Sie normalerweise einen Konstruktor für die Subklasse schreiben, der die Werte anfordert und an die Superklasse übergibt, wie im unten stehenden Beispiel gezeigt:

```
class ConvertibleCar(make_param: String,
                    model_param: String) : Car(make_param, model_param) {
    // Code für die ConvertibleCar-Klasse
}
```

Der ConvertibleCar-Konstruktor hat zwei Parameter: make_param und model_param. Die Werte dieser Parameter übergibt er an den Car-Konstruktor, der damit die Eigenschaften make und model initialisiert.

Nachdem Sie wissen, wie eine Superklasse definiert wird, wollen wir sehen, wie Sie ihre Eigenschaften und Funktionen überschreiben können. Wir beginnen mit den Eigenschaften.

Sie sind hier ▸

Eigenschaften überschreiben

Wie (und wann) Eigenschaften überschrieben werden

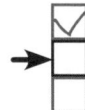
Klassen entwickeln
Klassen programmieren
Klassen verwenden

Um eine Eigenschaft zu überschreiben, die von einer Superklasse geerbt wurde, fügen Sie die Eigenschaft der Subklasse hinzu und versehen sie mit dem Schlüsselwort **override**.

In unserem Beispiel wollen wir die Eigenschaften image, food und habitat überschreiben, die die Hippo-Klasse von der Superklasse Animal erbt. Dadurch sollen die Eigenschaften mit Hippo-spezifischen Werten initialisiert werden. Hier der nötige Code:

Hiermit werden die Eigenschaften image, food und habitat aus der Animal-Klasse überschrieben.

Ein paar Seiten weiter werden wir unser Projekt um diesen Code erweitern.

```
class Hippo : Animal() {
    override val image = "hippo.jpg"
    override val food = "grass"
    override val habitat = "water"
}
```

```
Animal
image
food
habitat
hunger
```

```
Hippo
image
food
habitat
```

In diesem Beispiel haben wir die drei Eigenschaften überschrieben, um sie mit eigenen Werten (nicht denen der Superklasse) initialisieren zu können. Das funktioniert, weil die Eigenschaften in der Animal-Superklasse per val definiert wurden.

Wie wir auf der vorigen Seite gezeigt haben, müssen Sie den Konstruktor der Superklasse aufrufen, wenn von der Superklasse geerbt werden soll. Dadurch kann die Superklasse ihren Initialisierungscode ausführen, um beispielsweise die Eigenschaften zu erzeugen und zu initialisieren. Das heißt: **Wenn Sie in der Superklasse eine Eigenschaft per val definieren, *müssen* Sie die Eigenschaft in der Subklasse überschreiben, um ihr einen eigenen Wert zuweisen zu können.**

Wurde die Eigenschaft einer Superklasse mittels var definiert, müssen Sie diese nicht überschreiben, um ihr einen eigenen Wert zuweisen zu können, weil var-Variablen standardmäßig für andere Werte wiederverwendet werden können. Stattdessen können Sie den neuen Wert im Initialisierungsblock der Subklasse zuweisen, wie hier gezeigt:

```
open class Animal {
    var image = ""
    ...
}
```
Hier wird image per var definiert und mit einem leeren String ("") initialisiert.

```
class Hippo : Animal() {
    init {
        image = "hippo.jpg"
    }
    ...
}
```
Wir verwenden den Initialisierungsblock von Hippo, um der image-Eigenschaft einen neuen Wert zuzuweisen. In diesem Fall müssen wir die Eigenschaft nicht überschreiben.

Beim Überschreiben von Eigenschaften können nicht nur Standardwerte zugewiesen werden

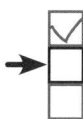

Subklassen und Superklassen
Klassen entwickeln
Klassen programmieren
Klassen verwenden

Bisher haben wir nur gesehen, wie Sie eine Eigenschaft überschreiben können, um ihr einen anderen Wert als den der Superklasse zuzuweisen. Es gibt aber noch mehr Möglichkeiten dazu, wie das Überschreiben Ihnen beim Klassendesign helfen kann:

- **Sie können Getter und Setter der Eigenschaft überschreiben.**
  Im vorigen Kapitel haben Sie gelernt, Ihre Eigenschaften mit eigenen Gettern und Settern zu versehen. Manchmal soll eine Eigenschaft andere Getter und Setter als die von der Superklasse geerbten erhalten. Diese können in der Subklasse überschrieben werden.

- **Eine val-Eigenschaft aus der Superklasse kann in einer Subklasse per var überschrieben werden.**
  Wurde eine Eigenschaft in der Superklasse mit val definiert, können Sie diese in einer Subklasse per var überschreiben. Hierfür müssen Sie die Eigenschaft einfach nur überschreiben und sie als var deklarieren. Das funktioniert allerdings nur in eine Richtung: Versuchen Sie, eine var-Eigenschaft per val zu überschreiben, bekommt der Compiler Schluckauf und weigert sich, Ihren Code zu kompilieren.

- **Sie können den Typ einer Superklasseneigenschaft mit einem ihrer Subtypen überschreiben.**
  Wenn Sie eine Eigenschaft überschreiben, muss sie den gleichen Typ (oder einen ihrer Subtypen) haben wie die in der Superklasse definierte Version.

Jetzt wissen Sie, wie man Eigenschaften überschreibt, und wir können uns mit dem Überschreiben von Funktionen beschäftigen.

Es gibt keine Dummen Fragen

F: Kann ich eine Eigenschaft überschreiben, die im Konstruktor der Superklasse definiert wurde?

A: Ja. Allen Eigenschaften, die im Klassenkonstruktor definiert werden, kann ein open oder override vorangestellt werden. Das gilt für alle Eigenschaften, die im Konstruktor der Superklasse definiert wurden.

F: Warum muss ich Klassen, Eigenschaften und Funktionen ein open voranstellen, um sie überschreiben zu können? In Java muss ich das nicht.

A: In Kotlin können Sie nur von Superklassen erben und ihre Eigenschaften und Funktionen überschreiben, wenn ihnen ein open vorangestellt wurde. Das funktioniert in Java genau umgekehrt.

In Java sind die Klassen standardmäßig »offen«, und Sie benutzen das Schlüsselwort final, um zu verhindern, dass andere Klassen die Instanzvariablen und Methoden erben.

F: Warum benutzt Kotlin den im Vergleich zu Java umgekehrten Weg?

A: Weil das Präfix open viel besser verdeutlicht, welche Klassen als Superklassen gedacht sind bzw. verwendet werden sollen und welche Eigenschaften und Funktionen überschrieben werden können. Dieser Ansatz findet sich auch in den Prinzipien von Joshua Blochs Buch *Effective Java* wieder: »Entwickeln und dokumentieren Sie für Vererbung oder verbieten Sie sie.«

Sie sind hier ▶

Funktionen überschreiben

Funktionen überschreiben

Klassen entwickeln
Klassen programmieren
Klassen verwenden

Beim Überschreiben von Funktionen geht man ähnlich vor wie beim Überschreiben von Eigenschaften: indem man die Funktion in die Subklasse einfügt und ihr ein `override` voranstellt.

In unserem Beispiel wollten wir die Funktionen `makeNoise` und `eat` in der `Hippo`-Subklasse überschreiben, damit die Aktionen auch zum Nilpferd (`Hippo`) passen. Hier der nötige Code:

```
class Hippo : Animal() {
    override val image = "hippo.jpg"
    override val food = "grass"
    override val habitat = "water"

    override fun makeNoise() {
        println("Grunt! Grunt!")
    }

    override fun eat() {
        println("The Hippo is eating $food")
    }
}
```

Ein paar Seiten weiter bauen wir die Hippo-Klasse in unser Projekt ein.

Wir überschreiben die Funktionen makeNoise und eat, um sie für die Hippo-Subklasse anzupassen.

Animal
image
food
habitat
hunger

makeNoise()
eat()
roam()
sleep()

Hippo
image
food
habitat

makeNoise()
eat()

Grunt! Grunt!

Die Regeln zum Überschreiben von Funktionen

Beim Überschreiben einer Funktion müssen Sie sich an zwei Regeln halten:

- **Die Funktionsparameter in der Subklasse müssen zu denen der Superklasse passen.**
  Übernimmt eine Funktion der Superklasse beispielsweise drei `Int`-Parameter, muss die überschriebene Funktion in der Subklasse ebenfalls drei `Int`-Parameter übernehmen, sonst wird der Code nicht kompiliert.

- **Die Rückgabetypen der Funktionen müssen kompatibel sein.**
  Wurde in der Superklasse ein bestimmter Rückgabetyp definiert, muss dieser (oder ein Subtyp davon) auch in der Subklasse verwendet werden. Der Typ der Subklasse tut garantiert alles, was seine Superklasse deklariert. Daher kann man gefahrlos eine Subklasse zurückgeben, wo eigentlich die Superklasse erwartet wird.

Im oben stehenden `Hippo`-Code besitzen die überschriebenen Funktionen keine Parameter oder Rückgabetypen. Das passt zur Funktionsdefinition der Superklasse. Die Regeln zum Überschreiben von Funktionen werden also befolgt.

Mehr zur Verwendung von Subklassen anstelle von Superklassen finden Sie weiter unten in diesem Kapitel.

Eine überschriebene Funktion oder Eigenschaft bleibt »offen« ...

Subklassen *und* **Superklassen**
Klassen entwickeln
Klassen programmieren
Klassen verwenden

Weiter vorne in diesem Kapitel haben Sie gelernt, dass Funktionen und Eigenschaften, die überschrieben werden sollen, in der Superklasse per open deklariert werden müssen. Eines haben wir Ihnen aber noch *nicht* gesagt: Funktionen und Eigenschaften bleiben in den jeweiligen Subklassen open, selbst wenn sie überschrieben werden. Sie müssen weiter unten im Vererbungsbaum also nicht erneut per open deklariert werden. Daher ist der Code der folgenden Klassenhierarchie gültig:

```
open class Vehicle {
    open fun lowerTemperature() {
        println("Turn down temperature")
    }
}
```
← Die Vehicle-Klasse definiert die Funktion lowerTemperature() als »open«.

```
open class Car : Vehicle() {
    override fun lowerTemperature() {
        println("Turn on air conditioning")
    }
}
```
← Die lowerTemperature()-Funktion bleibt auch in der Subklasse Car »open«, selbst wenn sie überschrieben wird ...

```
class ConvertibleCar : Car() {
    override fun lowerTemperature() {
        println("Open roof")
    }
}
```
← ... was bedeutet, dass wir sie in der ConvertibleCar-Klasse erneut überschreiben können.

... bis sie als »final« deklariert wird

Wenn Sie verhindern wollen, dass eine Eigenschaft oder Funktion weiter unten in der Klassenhierarchie überschrieben wird, können Sie ihr das Schlüsselwort **final** voranstellen. Wollen Sie beispielsweise verhindern, dass Subklassen von Car die lowerTemperature-Funktion überschreiben, verwenden Sie diesen Code:

Durch die Deklaration der Funktion als »final« in der Car-Klasse kann sie in folgenden Subklassen von Car nicht mehr überschrieben werden.

```
open class Car : Vehicle() {
    final override fun lowerTemperature() {
        println("Turn on air conditioning")
    }
}
```

Jetzt wissen Sie, wie Eigenschaften und Funktionen von einer Superklasse geerbt und überschrieben werden können, und wir können unser Projekt endlich um den Hippo-Code erweitern.

Die Klasse hinzufügen

Die Hippo-Klasse in das Animals-Projekt einbauen

Klassen entwickeln
Klassen programmieren
Klassen verwenden

Wir wollen das Animals-Projekt um unsere Hippo-Klasse erweitern. Aktualisieren Sie Ihren Code in *Animals.kt* so, dass er dem hier gezeigten Code entspricht (Änderungen sind fett hervorgehoben):

```
open class Animal {      ← Die Animal-Klasse bleibt unverändert.
    open val image = ""
    open val food = ""
    open val habitat = ""
    var hunger = 10

    open fun makeNoise() {
        println("The Animal is making a noise")
    }

    open fun eat() {
        println("The Animal is eating")
    }

    open fun roam() {
        println("The Animal is roaming")
    }

    fun sleep() {
        println("The Animal is sleeping")
    }
}
                    Die Hippo-Klasse ist eine Subklasse von Animal.
class Hippo : Animal() {
    override val image = "hippo.jpg"
    override val food = "grass"
    override val habitat = "water"

    override fun makeNoise() {
        println("Grunt! Grunt!")
    }

    override fun eat() {
        println("The Hippo is eating $food")
    }
}
```

Die Subklasse Hippo überschreibt diese Eigenschaften und Funktionen.

Animals / src / Animals.kt

Animal
image food habitat hunger
makeNoise() eat() roam() sleep()

Hippo
image food habitat
makeNoise() eat()

Da Sie jetzt wissen, wie die Hippo-Klasse erstellt wird, probieren Sie einmal, ob Sie das in der folgenden Übung mit den Klassen Canine und Wolf nachvollziehen können.

Subklassen und Superklassen

Code-Magnete

Versuchen Sie, die Magnete so zu platzieren, dass die Klassen Canine und Wolf entstehen.

Die Klasse Canine ist eine Subklasse von Animal und überschreibt die roam-Funktion.

Die Wolf-Klasse ist eine Subklasse von Canine und überschreibt die Eigenschaften image, food und habitat sowie die Funktionen makeNoise und eat aus der Animal-Klasse.

Sie werden nicht alle Magnete brauchen.

```
.............. class Canine .............. {

    .............. fun .............. {

        println("The .............. is roaming")
    }
}
class Wolf .............. {

    .............. val image = "wolf.jpg"

    .............. val food = "meat"

    .............. val habitat = "forests"

    .............. fun makeNoise() {

        println("Hooooowl!")
    }

    .............. fun eat() {

        println("The Wolf is eating $food")
    }
}
```

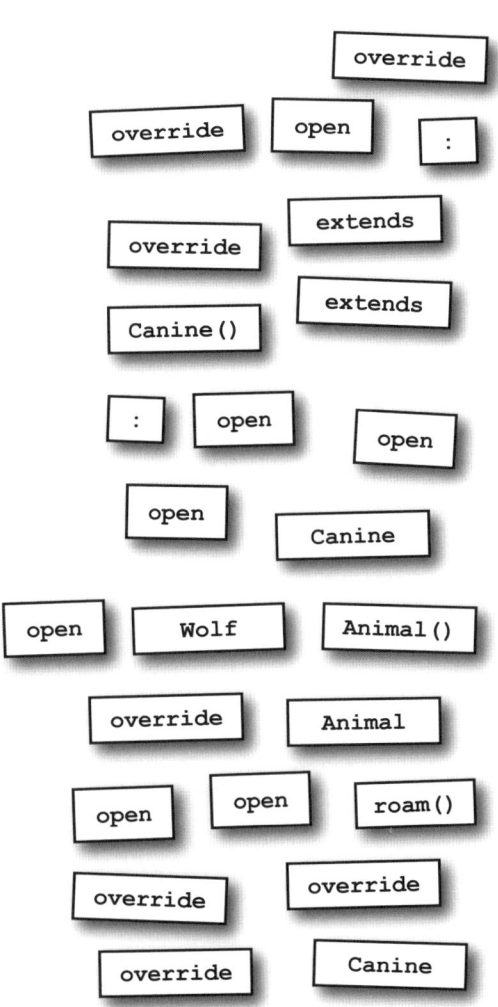

Code-Magnete, Lösung

Versuchen Sie, die Magnete so zu platzieren, dass die Klassen Canine und Wolf entstehen.

Die Klasse Canine ist eine Subklasse von Animal und überschreibt die roam-Funktion.

Die Wolf-Klasse ist eine Subklasse von Canine und überschreibt die Eigenschaften image, food und habitat sowie die Funktionen makeNoise und eat aus der Animal-Klasse.

Sie werden nicht alle Magnete brauchen.

```kotlin
open class Canine : Animal() {             // Canine ist eine Subklasse von Animal.
                                           // Sie wird als »open« deklariert,
                                           // damit wir sie als Superklasse für die
                                           // Wolf-Klasse benutzen können.

    override fun roam() {                  // Die roam()-Funktion überschreiben.
        println("The Canine is roaming")
    }
}

class Wolf : Canine() {                    // Wolf ist eine Subklasse von Canine.

    override val image = "wolf.jpg"        // Diese Eigenschaften werden überschrieben.
    override val food = "meat"
    override val habitat = "forests"

    override fun makeNoise() {             // Diese Funktionen werden überschrieben.
        println("Hooooowl!")
    }

    override fun eat() {
        println("The Wolf is eating $food")
    }
}
```

Diese Magnete wurden nicht gebraucht.

open extends extends open open open Canine Wolf Animal open open override

Die Canine- und Wolf-Klassen einbauen

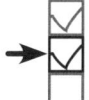

Subklassen und Superklassen
Klassen entwickeln
Klassen programmieren
Klassen verwenden

Nachdem Sie die Klassen `Canine` und `Wolf` erstellt haben, wollen wir sie in unser Animals-Projekt einbauen. Aktualisieren Sie den Code in *Animals.kt*, indem Sie die unten stehenden zwei Klassen hinzufügen (die Änderungen haben wir wieder fett hervorgehoben):

```
open class Animal {
    ...
}
```
Der Code für die Klassen Animal und Hippo wurde nicht verändert.

```
class Hippo : Animal() {
    ...
}
```

Die Canine-Klasse hinzufügen ...
```
open class Canine : Animal() {
    override fun roam() {
        println("The Canine is roaming")
    }
}
```

... und auch die Wolf-Klasse.
```
class Wolf : Canine() {
    override val image = "wolf.jpg"
    override val food = "meat"
    override val habitat = "forests"

    override fun makeNoise() {
        println("Hooooowl!")
    }

    override fun eat() {
        println("The Wolf is eating $food")
    }
}
```

Als Nächstes sehen wir uns an, was passiert, wenn Sie ein `Wolf`-Objekt erstellen und einige seiner Funktionen aufrufen.

Sie sind hier ▶ **143**

Funktionen aufrufen

Welche Funktion wird aufgerufen?

Klassen entwickeln
Klassen programmieren
Klassen verwenden

Die `Wolf`-Klasse besitzt vier Funktionen: eine von `Animal` geerbte, eine von `Canine` geerbte (die überschriebene Version einer Funktion aus der `Animal`-Klasse) und zwei überschriebene Funktionen in der `Wolf`-Klasse selbst. Wenn Sie ein `Wolf`-Objekt erzeugen und es einer Variablen zuweisen, können Sie den Punktoperator an der Variablen verwenden, um eine dieser vier Funktionen aufzurufen. Aber welche Version der Funktion wird tatsächlich aufgerufen?

Rufen Sie eine Funktion an einer Objektreferenz auf, wird die **Funktion mit der höchsten Spezifität für den gegebenen Objekttyp** aufgerufen, also die Version, die sich im Vererbungsbaum am weitesten unten befindet.

Wenn Sie beispielsweise eine Funktion am `Wolf`-Objekt aufrufen, sucht das System zunächst in der `Wolf`-Klasse nach dieser Funktion. Wird die Funktion in dieser Klasse gefunden, wird sie ausgeführt. Ist die Funktion *nicht* in der `Wolf`-Klasse definiert, probiert es das System eine Stufe höher im Vererbungsbaum mit der `Wolf`-Klasse. Ist die Funktion dort definiert, wird diese Version verwendet. Falls nicht, bewegt sich das System im Vererbungsbaum weiter nach oben. Es bewegt sich so lange durch die Klassenhierarchie, bis eine passende Funktion gefunden wurde.

Um das in Aktion zu sehen, stellen Sie sich vor, Sie möchten ein neues `Wolf`-Objekt erstellen und dessen Funktion `makeNoise` aufrufen. Das System sucht die Funktion zunächst in der `Wolf`-Klasse. Da die Funktion in dieser Klasse überschrieben wurde, wird folgende Version ausgeführt:

```
val w = Wolf()
w.makeNoise()
```
← *Die in der Wolf-Klasse definierte Version makeNoise() wird aufgerufen.*

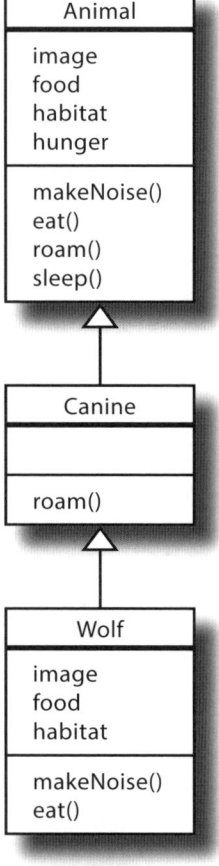

Was passiert beim Versuch, die `roam`-Funktion der `Wolf`-Klasse aufzurufen? Diese Funktion wird in der `Wolf`-Klasse nicht überschrieben. Also sucht das System in der `Canine`-Klasse danach. Da sie dort überschrieben wurde, verwendet das System diese Version.

```
w.roam()
```
← *Ruft die Funktion in der Canine-Klasse auf.*

Versuchen Sie schließlich, die `sleep`-Funktion der `Wolf`-Klasse aufzurufen, sucht das System zunächst in dieser Klasse danach. Dort wurde sie nicht überschrieben, also bewegt sich das System im Vererbungsbaum nach oben zur `Canine`-Klasse. Auch dort wurde sie nicht überschrieben, daher verwendet das System die `sleep`-Funktion der `Animal`-Klasse.

```
w.sleep()
```
← *Ruft die Funktion in der Animal-Klasse auf.*

Subklassen und Superklassen
Klassen entwickeln
Klassen programmieren
Klassen verwenden

Die Vererbung garantiert, dass Subklassen alle Funktionen und Eigenschaften der Superklasse besitzen

Wenn Sie in einer Superklasse bestimmte Eigenschaften und Funktionen definieren, stellen Sie sicher, dass sämtliche Subklassen ebenfalls über diese Eigenschaften und Funktionen verfügen. Anders gesagt: Sie definieren ein gemeinsames Protokoll oder eine Art Vertrag für mehrere Klassen, die über die Vererbung miteinander verwandt sind.

Die `Animal`-Klasse definiert beispielsweise ein gemeinsames Protokoll für sämtliche untergeordneten Tierarten, das besagt: »Jedes *Animal* besitzt die Eigenschaften *image*, *food*, *habitat* und *hunger* sowie die Funktionen *makeNoise*, *eat*, *roam* und *sleep*«:

Mit »sämtliche untergeordneten Tierarten« meinen wir die Animal-Klasse oder irgendeine davon abgeleitete Subklasse.

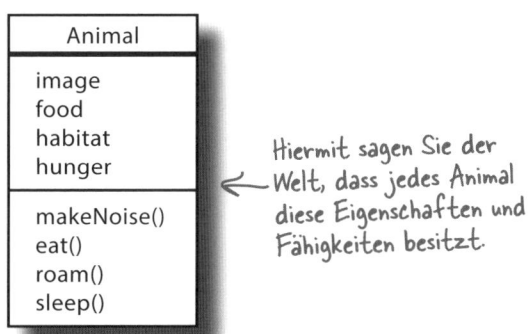

Hiermit sagen Sie der Welt, dass jedes Animal diese Eigenschaften und Fähigkeiten besitzt.

Überall dort, wo Sie eine Superklasse benutzen, können Sie auch eine seiner Subklassen einsetzen

Wenn Sie einen Supertyp für eine Gruppe von Klassen definieren, können Sie **anstelle der Superklasse eine beliebige Subklasse verwenden, die von ihr erbt.** Wenn Sie also eine Variable deklarieren, kann ihr jedes beliebige Objekt zugewiesen werden, das eine Unterklasse des passenden Variablentyps ist. Der folgende Code definiert zum Beispiel eine `Animal`-Variable und weist ihr eine Referenz auf ein `Wolf`-Objekt zu. Der Compiler weiß, dass `Wolf` eine Art `Animal` ist, und der Code wird kompiliert:

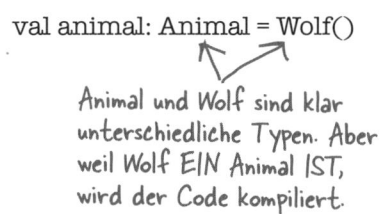

Animal und Wolf sind klar unterschiedliche Typen. Aber weil Wolf EIN Animal IST, wird der Code kompiliert.

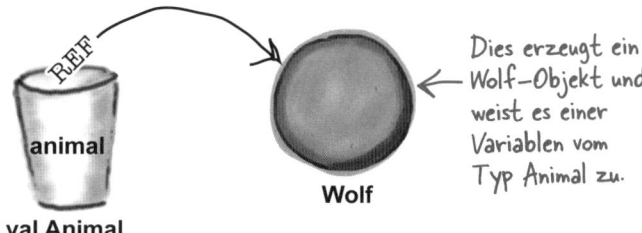

Dies erzeugt ein Wolf-Objekt und weist es einer Variablen vom Typ Animal zu.

Das Objekt antwortet auf einen Funktionsaufruf

Wenn Sie eine Funktion an einer Variablen aufrufen, antwortet die Version des Objekts

Klassen entwickeln
Klassen programmieren
Klassen verwenden

Wenn Sie einer Variablen ein Objekt zuweisen, können Sie die Variable verwenden, um auf die Funktionen des Objekts zuzugreifen. Das stimmt auch, wenn die Variable ein Supertyp des Objekts ist.

Nehmen wir an, Sie weisen einer `Animal`-Variablen ein `Wolf`-Objekt zu und rufen dessen `eat`-Funktion auf, wie hier gezeigt:

```
val animal: Animal = Wolf()
animal.eat()
```

Beim Aufruf der `eat`-Funktion antwortet die Version der `Wolf`-Klasse. Das System weiß, dass das entsprechende Objekt ein `Wolf` ist, und antwortet deshalb wie ein `Wolf`.

Sie können auch ein Array mit verschiedenen Tierarten (`Animals`) erstellen und jedes auf seine eigene Art agieren lassen. Jedes Tier ist eine Subklasse von `Animal`. Daher können wir sie einfach in einem Array speichern und an jedem Element die gewünschten Funktionen aufrufen:

Haben Sie ein Animal, das ein Wolf ist, wird der Aufruf seiner eat()-Funktion vom Wolf beantwortet.

```
val animals = arrayOf(Hippo(),
                      Wolf(),
                      Lion(),
                      Cheetah(),
                      Lynx(),
                      Fox())
```

Der Compiler sieht, dass dies alles Unterarten von Animal sind, und erzeugt ein Array vom Typ Array<Animal>.

```
for (item in animals) {
    item.roam()
    item.eat()
}
```

Wir iterieren über die Tiere im Array und rufen deren roam()- und eat()-Funktionen auf. Jedes Tier antwortet dabei auf seine Weise.

Die Vererbung ermöglicht das Schreiben von flexiblem Code mit der Sicherheit, dass jedes Objekt bei einem Funktionsaufruf das Richtige tut.

Aber das ist noch nicht alles.

Sie können einen Supertyp für die Parameter und den Rückgabetyp einer Funktion verwenden

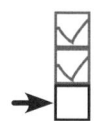

Subklassen und Superklassen
Klassen entwickeln
Klassen programmieren
Klassen verwenden

Angenommen, Sie würden eine Variable eines Supertyps (z. B. `Animal`) deklarieren und ihr ein Subklassenobjekt (z. B. `Wolf`) zuweisen. Was meinen Sie, passiert, wenn Sie dann einen Subtyp als Argument einer Funktion verwenden? Um das zu illustrieren, erstellen wir eine `Vet`-(Tierarzt)-Klasse mit einer Funktion namens `giveShot` (impfen):

```
class Vet {
    fun giveShot(animal: Animal) {
        // Code, der irgendwas Medizinisches tut, das das Tier (Animal) nicht mag
        animal.makeNoise()
    }
}
```

Die giveShot-Funktion des Vets hat einen Animal-Parameter.

giveShot ruft die makeNoise-Funktion von Animal auf

Vet
giveShot()

Der `Animal`-Parameter kann einen beliebigen `Animal`-Typ als Argument übernehmen. Dadurch ist es möglich, dass beim Aufruf der `giveShot`-Funktion aus der `Vet`-Klasse die `makeNoise`-Funktion von `Animal` aufgerufen wird und das jeweilige Tier darauf antwortet:

```
val vet = Vet()
val wolf = Wolf()
val hippo = Hippo()
vet.giveShot(wolf)
vet.giveShot(hippo)
```

Wolf und Hippo sind Subklassen von Animal. Dadurch können Sie Wolf- und Hippo-Objekte als Argumente an die giveShot-Funktion übergeben.

Damit weitere Tierarten ebenfalls mit der `Vet`-Klasse funktionieren, müssen Sie also nur dafür sorgen, dass die Tiere als Subklasse von `Animal` definiert sind. Die `giveShot`-Funktion von `Vet` funktioniert selbst dann, wenn sie ohne Kenntnis irgendwelcher neuer Subtypen von `Animal` geschrieben wurde.

Die Fähigkeit, einen Objekttyp an Stellen zu benutzen, die ausdrücklich einen anderen Typ erwarten, nennt man **Polymorphismus**. Das ist die Fähigkeit, verschiedene Funktionsimplementierungen zu verwenden, die von einem anderen Ort geerbt wurden.

Auf der folgenden Seite zeigen wir Ihnen den vollständigen Code für unser Animals-Projekt:

> **Polymorphismus bedeutet »viele Formen«. Dadurch können verschiedene Subklassen unterschiedliche Implementierungen der gleichen Funktion nutzen.**

Sie sind hier ▶

*Projekt*code

Der aktualisierte Animals-Code

Klassen entwickeln
Klassen programmieren
Klassen verwenden

Hier sehen Sie eine aktualisierte Fassung von *Animals.kt*. Sie enthält zusätzlich die Vet-Klasse und eine main-Funktion. Aktualisieren Sie Ihren Code, sodass er unserer Version entspricht (Änderungen sind wieder fett gedruckt hervorgehoben):

```kotlin
open class Animal {
    open val image = ""
    open val food = ""
    open val habitat = ""
    var hunger = 10

    open fun makeNoise() {
        println("The Animal is making a noise")
    }

    open fun eat() {
        println("The Animal is eating")
    }

    open fun roam() {
        println("The Animal is roaming")
    }

    fun sleep() {
        println("The Animal is sleeping")
    }
}

class Hippo: Animal() {
    override val image = "hippo.jpg"
    override val food = "grass"
    override val habitat = "water"

    override fun makeNoise() {
        println("Grunt! Grunt!")
    }

    override fun eat() {
        println("The Hippo is eating $food")
    }
}

open class Canine: Animal() {
    override fun roam() {
        println("The Canine is roaming")
    }
}
```

Auf dieser Seite gab es keine Codeänderungen.

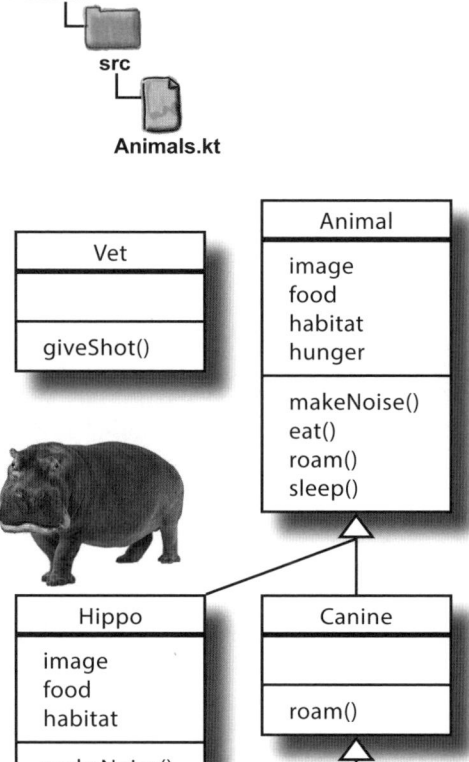

Der Code geht auf der folgenden Seite noch weiter.

Der Code (Fortsetzung)

Subklassen *und* Superklassen
- ☑ Klassen entwickeln
- ☑ Klassen programmieren
- → ☑ **Klassen verwenden**

```kotlin
class Wolf: Canine() {
    override val image = "wolf.jpg"
    override val food = "meat"
    override val habitat = "forests"

    override fun makeNoise() {
        println("Hooooowl!")
    }

    override fun eat() {
        println("The Wolf is eating $food")
    }
}
```
← Die Vet-Klasse hinzufügen.
```kotlin
class Vet {
    fun giveShot(animal: Animal) {
        //Code, der irgendwas Medizinisches tut
        animal.makeNoise()
    }
}
```
← Die main-Funktion einbauen.
```kotlin
fun main(args: Array<String>) {
    val animals = arrayOf(Hippo(), Wolf())
    for (item in animals) {
        item.roam()
        item.eat()
    }

    val vet = Vet()
    val wolf = Wolf()
    val hippo = Hippo()
    vet.giveShot(wolf)
    vet.giveShot(hippo)
}
```
← Über ein Array mit Animals iterieren.

Die giveShot-Funktion der Vet-Klasse aufrufen und zwei Animal-Subtypen übergeben.

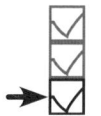

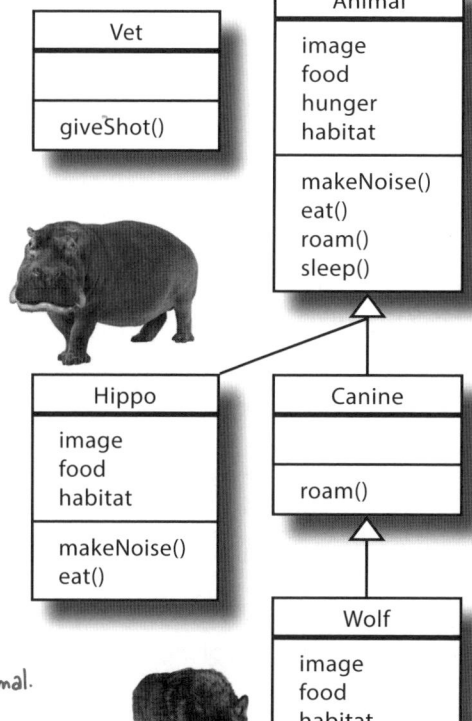

Probefahrt

Wenn Sie den Code ausführen, wird folgender Text im Ausgabefenster der IDE angezeigt:

> The Animal is roaming ← Hippo erbt die roam-Funktion von Animal.
> The Hippo is eating grass
> The Canine is roaming ← Wolf erbt die roam-Funktion von Canine.
> The Wolf is eating meat
> Hooooowl!
> Grunt! Grunt!

Jedes Tier macht ein eigenes Geräusch, wenn die giveShot-Funktion der Vet-Klasse aufgerufen wird.

Sie sind hier ▶ **149**

Keine dummen Fragen

Es gibt keine Dummen Fragen

F: Warum kann ich in Kotlin eine `val`-Eigenschaft mit `var` überschreiben?

A: In Kapitel 4 haben wir gesagt, dass der Compiler bei der Erstellung einer `val`-Eigenschaft im Hintergrund einen Getter anlegt. Benutzen Sie dagegen `var`, erzeugt der Compiler einen Getter und einen Setter.

Wenn Sie eine `val`-Eigenschaft mit einer `var`-Eigenschaft überschreiben, weisen Sie also den Compiler an, in der Subklasse zusätzlich einen Setter zu erzeugen, und der Code kann kompiliert werden.

F: Kann ich eine `var`-Eigenschaft auch per `val` überschreiben?

A: Nein. Wenn Sie das versuchen, wird Ihr Code nicht kompiliert.

Wenn Sie eine Klassenhierarchie erstellen, garantieren Sie, dass eine Subklasse alles tun kann, was auch der Superklasse möglich ist. Versuchen Sie, eine `var`-Eigenschaft mit `val` zu überschreiben, teilen Sie dem Compiler mit, dass der Eigenschaftswert nicht mehr aktualisiert werden kann. Das verletzt das gemeinsame Protokoll zwischen der Superklasse und ihren Subtypen, was eine Kompilierung des Codes verhindert.

F: Sie haben gesagt, dass sich das System beim Aufruf einer Funktion an einer Variablen durch die Vererbungshierarchie bewegt, um einen Treffer zu erzielen. Was passiert, wenn das System keine passende Funktion findet?

A: Sie müssen sich keine Sorgen darum machen, dass das System keine passende Funktion findet.

Der Compiler garantiert, dass eine bestimmte Funktion für einen spezifischen Variablentyp aufrufbar ist. Dabei ist ihm aber egal, aus welcher Klasse diese Funktion stammt. Wenn Sie beispielsweise die `sleep`-Funktion für ein `Wolf`-Objekt aufrufen, überprüft der Compiler, ob die `sleep`-Funktion existiert. Dabei ist es ihm egal, dass die Funktion in der `Animal`-Klasse definiert (oder von dort geerbt) wurde.

Wenn eine Klasse eine Funktion *erbt*, dann HAT sie diese Funktion. *Wo* die geerbte Funktion definiert wurde, macht für den Compiler keinen Unterschied. Während der Laufzeit wird das System immer die richtige Funktion auswählen: die Version mit der höchsten Spezifität für das jeweilige Objekt.

F: Kann eine Subklasse mehr als eine direkte Superklasse haben?

A: Nein. In Kotlin ist eine Mehrfachvererbung nicht erlaubt. Jede Subklasse kann nur eine direkte Superklasse haben. In Kapitel 6 werden wir genauer darauf eingehen.

F: Wenn ich in einer Subklasse eine Funktion überschreibe, müssen die Parametertypen der Funktion gleich sein. Kann ich auch eine Funktion definieren, die den gleichen Namen hat wie die aus der Superklasse, aber unterschiedliche Parametertypen besitzt?

A: Ja, das geht. Sie können mehrere Funktionen mit dem gleichen Namen definieren, solange die Parametertypen unterschiedlich sind. Das nennt man *Overloading* (also Überladen, nicht Überschreiben), und es hat nichts mit der Vererbung zu tun. Das Überladen von Funktionen behandeln wir in Kapitel 7.

F: Können Sie den Polymorphismus noch einmal erklären?

A: Sicher. Polymorphismus ist die Fähigkeit, ein beliebiges Subtyp-Objekt anstelle seines Supertyps zu verwenden. Da verschiedene Subklassen unterschiedliche Implementierungen der gleichen Funktion haben können, kann jedes Objekt auf die für es sinnvollste Art auf den Funktionsaufruf antworten.

Weitere Möglichkeiten für die Nutzung von Polymorphismus finden Sie im folgenden Kapitel.

SEIEN Sie der Compiler

Der Code auf der rechten Seite steht für eine Kotlin-Quelldatei. Spielen Sie Compiler und versuchen Sie, herauszubekommen, welche der A/B-Paare auf der rechten Seite kompiliert werden und die korrekten Ausgaben erzeugen, wenn sie in den Code auf der linken Seite eingebaut werden. Die A-Funktion gehört zur Klasse Monster, die B-Funktion zur Klasse Vampyre.

Ausgabe:
Fancy a bite?
Fire!
Aargh!

Der Code muss diese Ausgaben erzeugen.

Dies ist der Code.

```
open class Monster {

    A

}

class Vampyre : Monster() {

    B

}

class Dragon : Monster() {
    override fun frighten(): Boolean {
        println("Fire!")
        return true
    }
}

fun main(args: Array<String>) {
    val m = arrayOf(Vampyre(),
                    Dragon(),
                    Monster())
    for (item in m) {
        item.frighten()
    }
}
```

Dies sind die Funktionspaare.

1A
```
open fun frighten(): Boolean {
    println("Aargh!")
    return true
}
```

1B
```
override fun frighten(): Boolean {
    println("Fancy a bite?")
    return false
}
```

2A
```
fun frighten(): Boolean {
    println("Aargh!")
    return true
}
```

2B
```
override fun frighten(): Boolean {
    println("Fancy a bite?")
    return true
}
```

3A
```
open fun frighten(): Boolean {
    println("Aargh!")
    return false
}
```

3B
```
fun beScary(): Boolean {
    println("Fancy a bite?")
    return true
}
```

Sie sind hier ▶

SEIEN Sie der Compiler, Lösung

Der Code auf der rechten Seite steht für eine Kotlin-Quelldatei. Spielen Sie Compiler und versuchen Sie, herauszubekommen, welche der A/B-Paare auf der rechten Seite kompiliert werden und die korrekten Ausgaben erzeugen, wenn sie in den Code auf der linken Seite eingebaut werden. Die A-Funktion gehört zur Klasse Monster, die B-Funktion zur Klasse Vampyre.

Ausgabe:

Fancy a bite?
Fire!
Aargh!

```kotlin
open class Monster {

    Ⓐ

}

class Vampyre : Monster() {

    Ⓑ

}

class Dragon : Monster() {
    override fun frighten(): Boolean {
        println("Fire!")
        return true
    }
}

fun main(args: Array<String>) {
    val m = arrayOf(Vampyre(),
                    Dragon(),
                    Monster())
    for (item in m) {
        item.frighten()
    }
}
```

1A
```kotlin
open fun frighten(): Boolean {
    println("Aargh!")
    return true
}
```
Dieser Code wird kompiliert und erzeugt die korrekten Ausgaben.

1B
```kotlin
override fun frighten(): Boolean {
    println("Fancy a bite?")
    return false
}
```

2A
```kotlin
fun frighten(): Boolean {
    println("Aargh!")
    return true
}
```
Dieser Code kompiliert nicht, weil die frighten()-Funktion in der Monster-Klasse nicht als »open« deklariert wurde.

2B
```kotlin
override fun frighten(): Boolean {
    println("Fancy a bite?")
    return true
}
```

3A
```kotlin
open fun frighten(): Boolean {
    println("Aargh!")
    return false
}
```
Dieser Code wird kompiliert, erzeugt aber eine falsche Ausgabe, weil frighten() in der Vampyre-Klasse nicht überschrieben wurde.

3B
```kotlin
fun beScary(): Boolean {
    println("Fancy a bite?")
    return true
}
```

Ihr Kotlin-Werkzeugkasten

Jetzt haben Sie Kapitel 5 hinter sich, und Ihr Werkzeugkasten enthält nun auch Super- und Subklassen.

Den kompletten Code dieses Kapitels können Sie hier herunterladen: https://tinyurl.com/HFKotlin.

Punkt für Punkt

- Eine Superklasse enthält gemeinsame Eigenschaften und Funktionen, die von einer oder mehreren Subklassen geerbt werden.

- Eine Subklasse kann zusätzliche Eigenschaften und Funktionen besitzen, die nicht in der Superklasse enthalten sind, und geerbte Dinge überschreiben.

- Verwenden Sie einen IST-EIN-Test, um zu überprüfen, ob Ihre Vererbung gültig ist. Wenn X eine *Subklasse* von Y ist, dann muss »X *IST EIN* Y« Sinn ergeben.

- Die IST-EIN-Beziehung funktioniert nur in einer Richtung. Ein `Hippo` ist ein `Animal`, aber nicht alle `Animal`s sind `Hippo`s.

- Ist die Klasse B eine Subklasse von A und Klasse C eine Subklasse von B, dann besteht C den IST-EIN-Test für B und A.

- Bevor Sie eine Klasse als Superklasse verwenden können, müssen Sie sie als `open` deklarieren. Alle Eigenschaften und Funktionen, die überschreibbar sein sollen, müssen ebenfalls als `open` deklariert werden

- Benutzen Sie `:`, um die Superklasse einer Subklasse anzugeben.

- Besitzt die Superklasse einen primären Konstruktor, müssen Sie ihn im Header der Subklasse aufrufen.

- Um Eigenschaften und Funktionen in der Subklasse zu überschreiben, stellen Sie ihnen das Schlüsselwort `override` voran. Beim Überschreiben einer Eigenschaft muss ihr Typ dem der Superklasse entsprechen. Überschreiben Sie eine Funktion, muss die Parameterliste gleich bleiben, und der Rückgabetyp muss mit dem der Superklasse kompatibel sein.

- Überschriebene Funktionen und Eigenschaften bleiben open, bis sie als `final` deklariert werden.

- Wird eine Funktion in einer Subklasse überschrieben und als Instanz dieser Subklasse aufgerufen, wird die überschriebene Version der Funktion verwendet.

- Die Vererbung garantiert, dass alle Subklassen sämtliche in der Superklasse definierten Eigenschaften und Funktionen besitzen.

- Sie können eine Subklasse überall dort verwenden, wo der Typ der Superklasse erwartet wird.

- Polymorphismus bedeutet »viele Formen«. Dadurch können Subklassen unterschiedliche Implementierungen derselben Funktion besitzen.

6 Abstrakte Klassen und Interfaces

Ernsthafter Polymorphismus

Gute Nachrichten! Sam hat gerade alle abstrakten Funktionen implementiert!

Eine Superklassen-Vererbungshierarchie ist nur der Anfang.

Wenn Sie alle Möglichkeiten des **Polymorphismus nutzen wollen**, müssen Sie beim Design **abstrakte Klassen und Interfaces (Schnittstellen) einsetzen**. In diesem Kapitel lernen Sie, wie man abstrakte Klassen verwendet, um zu kontrollieren, welche Klassen Ihrer Hierarchie *instanziiert werden können und welche nicht*. Sie werden sehen, wie man konkrete Subklassen dazu zwingt, *ihre eigenen Implementierungen zu verwenden*. Und Sie werden erfahren, wie man Interfaces benutzt, um **Verhalten zwischen unabhängigen Klassen** zu teilen. Zwischendurch zeigen wir Ihnen noch, was es mit *is*, *as* und *when* auf sich hat.

Hierarchie der Tiere

Ein weiterer Blick auf die Animal-Klassenhierarchie

Im vorigen Kapitel haben Sie gelernt, durch die Erstellung einer Klassenhierarchie für verschiedene Tiere eine Vererbungsfolge aufzubauen. In einer `Animal`-Superklasse haben wir die gemeinsamen Eigenschaften und Funktionen abstrahiert. Diese wurden in den davon abgeleiteten Subklassen überschrieben, um einzelne Tiere bei Bedarf mit eigenen Implementierungen zu versehen.

Durch die Definition gemeinsamer Eigenschaften und Funktionen in der `Animal`-Superklasse haben wir ein gemeinsames Protokoll für alle `Animals` festgelegt, was das Design ordentlich und flexibel macht. Jetzt können wir Code mit `Animal`-Variablen und -Parametern schreiben, sodass während der Laufzeit jeder `Animal`-Subtyp benutzt werden kann (inklusive derer, die beim Schreiben des Codes noch nicht bekannt sind).

Hier noch einmal die Klassenstruktur:

Animal
image food habitat hunger
makeNoise() eat() roam() sleep()

Feline
roam()

Hippo
image food habitat
makeNoise() eat()

Canine
roam()

Lion
image food habitat
makeNoise() eat()

Cheetah
image food habitat
makeNoise() eat()

Lynx
image food habitat
makeNoise() eat()

Fox
image food habitat
makeNoise() eat()

Wolf
image food habitat
makeNoise() eat()

Einige Klassen sollten nicht instanziiert werden

Unsere Klassenstruktur ist noch nicht perfekt. Es scheint sinnvoll, neue `Wolf`-, `Hippo`- oder `Fox`-Objekte erstellen zu können. Mit unserer Vererbungshierarchie können wir aber auch allgemeine `Animal`-Objekte erzeugen. Das ist jedoch keine gute Idee. Schließlich wissen wir nicht, wie ein allgemeines `Animal` aussieht, welche Geräusche es macht und so weiter.

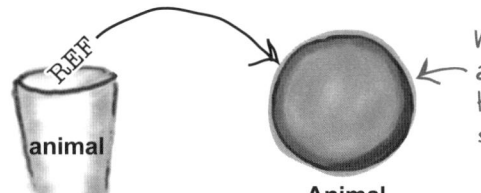

Wir wissen, wie Wolf-, Hippo- und Fox-Objekte aussehen. Was ist aber mit Animal-Objekten? Haben sie ein Fell? Beine? Und wie bewegen sie sich oder nehmen Nahrung auf?

Wie gehen wir nun damit um? Wir brauchen die `Animal`-Klasse für Vererbung und Polymorphismus. Gleichzeitig wollen wir nur die konkreten Subklassen von `Animal` tatsächlich instanziieren, aber nicht `Animal` selbst. Wir wollen `Hippo`-, `Wolf`- und `Fox`-Objekte erstellen, aber keine `Animal`-Objekte.

Deklarieren Sie die Klasse als »abstract«, um die Instanziierung zu verhindern

Wenn Sie verhindern wollen, dass eine Klasse instanziiert wird, können Sie der Klassendefinition das Schlüsselwort `abstract` voranstellen. Hier ändern wir beispielsweise `Animal` in eine abstrakte Klasse:

```
abstract class Animal {
    ...
}
```

Stellen Sie der Klassendefinition ein »abstract« voran, um sie als abstrakte Klasse zu markieren.

Durch die Definition als abstrakte Klasse kann niemand Objekte dieses Typs erstellen, selbst wenn es einen passenden Konstruktor gibt. Sie können die abstrakte Klasse immer noch als deklarierten Variablentyp verwenden. Aber Sie müssen nicht mehr befürchten, dass jemand Objekte dieses Typs erstellt. Das wird jetzt vom Compiler verhindert:

```
var animal: Animal
animal = Wolf()
animal = Animal()
```

Diese Zeile wird nicht kompiliert, weil keine abstrakten Animal-Objekte erzeugt werden können.

Welche Klassen sollten Ihrer Meinung nach als abstrakt deklariert werden? Anders gesagt: Welche Klassen sollten nicht instanziiert werden?

> Ist eine Superklasse als »abstract« markiert, muss sie nicht als »open« deklariert werden.

Abstrakte Klassen

Abstrakt oder konkret?

In unserer `Animal`-Klassenhierarchie müssen drei Klassen als abstrakt markiert werden: `Animal`, `Canine` und `Feline`. Sie werden zwar für die Vererbung gebraucht, aber es sollen keine Objekte dieser Typen erzeugt werden können.

Eine nicht abstrakte Klasse wird als **konkret** bezeichnet. Unsere konkreten Subklassen sind demnach `Hippo`, `Wolf`, `Fox`, `Lion`, `Cheetah` und `Lynx`.

Im Allgemeinen bestimmt der Kontext Ihrer Applikation, ob eine Klasse abstrakt oder konkret sein sollte. So muss eine `Baum`-Klasse in einer Baumschulenapplikation, in der der Unterschied zwischen `Eiche` und `Ahorn` wichtig ist, abstrakt sein. In einer Golfsimulation kann `Baum` dagegen konkret sein, weil die Applikation nicht zwischen verschiedenen Baumarten unterscheiden muss.

Wir kennzeichnen die Klassen Animal, Canine und Feline durch einen grauen Hintergrund als abstrakt.

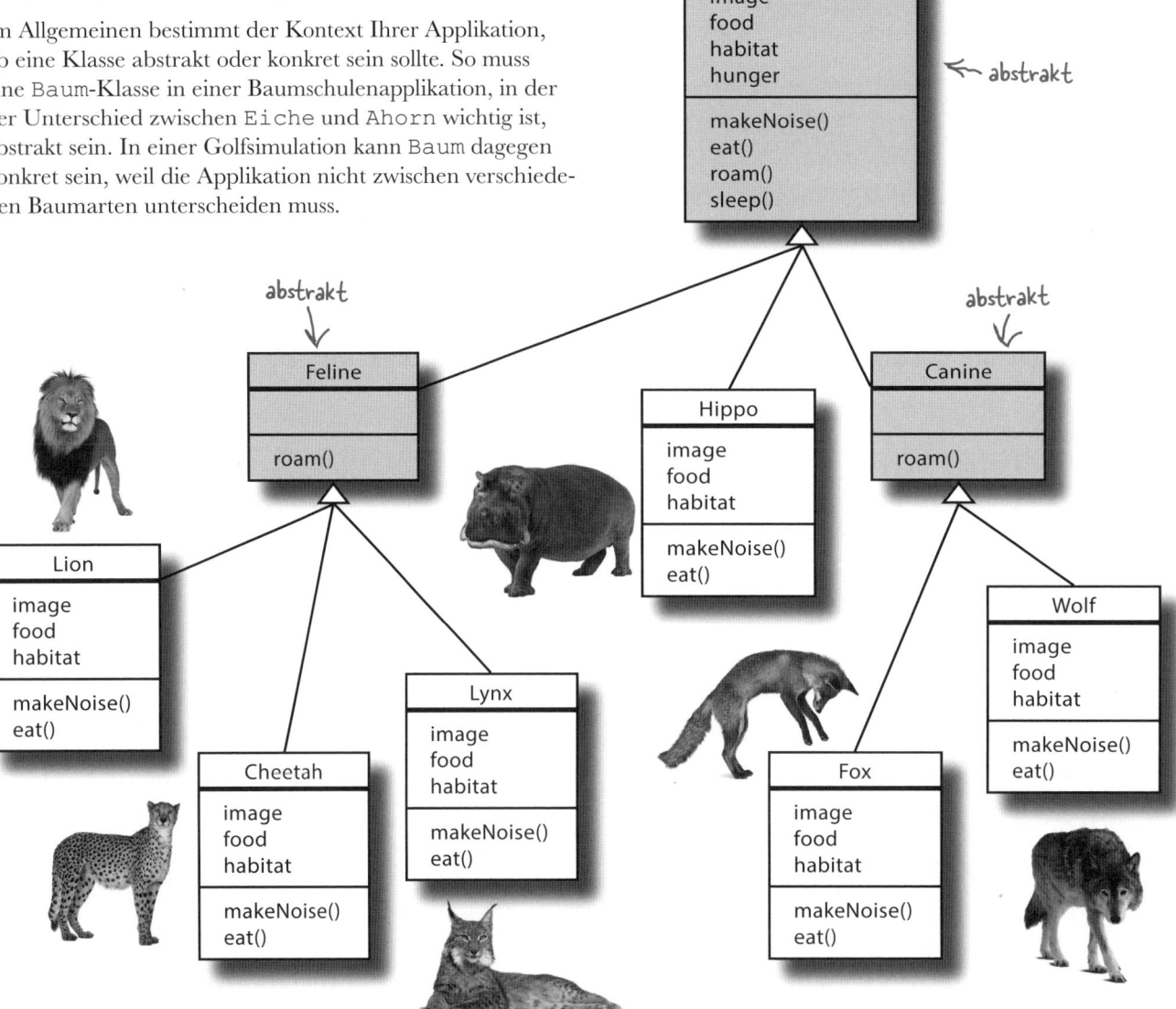

158   Kapitel 6

Abstrakte Klassen können abstrakte Eigenschaften und Funktionen enthalten

In abstrakten Klassen können Sie auch Eigenschaften und Funktionen als abstrakt kennzeichnen. Das ist hilfreich, wenn die Klasse Verhalten besitzt, das nur sinnvoll ist, wenn es von einer spezifischeren Subklasse implementiert wird und Ihnen keine allgemeine Implementierung einfällt, die von Subklassen geerbt werden könnte.

Um zu sehen, wie das funktioniert, überlegen wir, welche Eigenschaften und Funktionen in der `Animal`-Klasse als abstrakt markiert werden sollten.

Wir können drei Eigenschaften als abstrakt markieren

Bei der Erstellung der `Animal`-Klasse haben wir entschieden, die Eigenschaften `image`, `food` und `habitat` mit allgemeinen Werten zu initialisieren und in den spezifischen Subklassen zu überschreiben. Das haben wir gemacht, weil es für diese Eigenschaften keine Werte gab, die in den Subklassen sinnvoll gewesen wären.

Da diese Eigenschaften allgemeine Werte haben, die überschrieben werden müssen, können wir auch sie als abstrakt kennzeichnen, indem wir ihnen das Schlüsselwort `abstract` voranstellen, wie hier:

```
abstract class Animal {
    abstract val image: String
    abstract val food: String
    abstract val habitat: String
    var hunger = 10
    ...
}
```

Hier haben wir die Eigenschaften image, food und habitat als abstrakt gekennzeichnet.

Wie Sie sehen, wurden die abstrakten Eigenschaften nicht initialisiert. Versuchen Sie, eine abstrakte Eigenschaft zu initialisieren oder einen eigenen Getter oder Setter dafür zu definieren, wird der Compiler sich weigern, Ihren Code zu kompilieren. Durch die Markierung als abstrakt haben Sie schließlich entschieden, dass es keinen sinnvollen Startwert gibt und damit auch keine sinnvolle Implementierung eines Getters oder Setters.

Nachdem wir wissen, welche Eigenschaften als abstrakt markiert werden sollten, können wir uns um die Funktionen kümmern.

> Eine abstrakte Klasse kann abstrakte Eigenschaften und Funktionen enthalten. Das ist aber nicht zwingend.

> Abstrakte Eigenschaften und Funktionen müssen nicht als »open« markiert werden.

Abstrakte Funktionen

Die Animal-Klasse hat zwei abstrakte Funktionen

Die `Animal`-Klasse definiert zwei Funktionen: `makeNoise` und `eat`, die in allen konkreten Subklassen überschrieben werden. Da diese Funktionen grundsätzlich überschrieben werden und es keine Implementierung gibt, die den Subklassen helfen würde, können wir die Funktionen `makeNoise` und `eat` als abstrakt markieren, indem wir auch ihnen das Schlüsselwort `abstract` voranstellen. Hier der nötige Code:

```
abstract class Animal {
    ...
    abstract fun makeNoise()

    abstract fun eat()

    open fun roam() {
        println("The Animal is roaming")
    }

    fun sleep() {
        println("The Animal is sleeping")
    }
}
```

Animal
image
food
habitat
hunger
makeNoise()
eat()
roam()
sleep()

Im oben stehenden Code hat keine der beiden Funktionen einen Funktionskörper. Durch die Markierung als abstrakt teilen Sie dem Compiler mit, dass es keinen sinnvollen Code für den Funktionskörper gibt.

Versuchen Sie trotzdem, einen Körper für eine abstrakte Funktion zu definieren, beschwert sich der Compiler und weigert sich, Ihren Code zu kompilieren. Der folgende Code wird wegen der geschweiften Klammern nach der Funktionsdefinition nicht kompiliert:

```
abstract fun makeNoise() {}
```

Die geschweiften Klammern bilden einen leeren Funktionskörper, was die Kompilierung des Codes verhindert.

Damit der Code kompiliert wird, müssen zuerst die geschweiften Klammern entfernt werden, wie hier gezeigt:

```
abstract fun makeNoise()
```

Da die abstrakte Funktion keinen Funktionskörper mehr hat, wird der Code kompiliert.

Aufgepasst!

Wenn Sie eine Eigenschaft oder Funktion als abstrakt markieren, muss auch die Klasse als abstrakt gekennzeichnet werden.

Wird auch nur eine abstrakte Eigenschaft oder Funktion definiert, muss die umgebende Klasse ebenfalls als abstrakt markiert werden, sonst wird der Code nicht kompiliert.

Abstrakte Klassen und Interfaces

> Das verstehe ich nicht. Wofür ist eine abstrakte Funktion gut, wenn sie keinen Code enthalten darf? Ich dachte, bei abstrakten Funktionen ginge es um gemeinsamen Code, der von Subklassen geerbt werden kann.

Abstrakte Eigenschaften und Funktionen definieren ein gemeinsames Protokoll, damit Sie Polymorphismus nutzen können.

Es kann nützlich sein, vererbbare Funktionsimplementierungen (Funktionen mit einem Körper) in einer Superklasse zu platzieren, *sofern es auch sinnvoll ist*. Oft ergibt es aber *keinen* Sinn, weil es keinen allgemeinen Code gibt, der für die Subklassen einen Nutzen hat.

Abstrakte Funktionen sind praktisch. Obwohl sie selbst keinen Funktionscode enthalten, definieren sie ein Protokoll für eine Gruppe von Subklassen, das als Basis für Polymorphismus genutzt werden kann. Im vorigen Kapitel haben Sie erfahren, dass beim Polymorphismus ein Supertyp für eine Gruppe von Klassen definiert wird. Dadurch können Sie anstelle der Superklasse, von der geerbt wird, eine beliebige Subklasse verwenden. Das heißt, Sie können einen Superklassentyp als Variablentyp, Funktionsargument, Rückgabetyp oder Arraytyp benutzen. Hier ein Beispiel:

```
val animals = arrayOf(Hippo(),
                      Wolf(),
                      Lion(),
                      Cheetah(),
                      Lynx(),
                      Fox())

for (item in animals) {
    item.roam()
    item.eat()
}
```

Ein Array mit verschiedenen Animal-Objekten erstellen.

Jedes Tier (Animal) im Array antwortet auf seine eigene Weise.

Das heißt, Sie können Ihre Applikation um neue Subtypen (etwa eine neue `Animal`-Subklasse) erweitern, ohne neue Funktionen schreiben und hinzufügen zu müssen, um mit diesen neuen Typen umgehen zu können.

Da Sie nun wissen, wie Klassen, Eigenschaften und Funktionen als abstrakt markiert werden, wollen wir uns die Implementierung ansehen.

Sie sind hier ▸ **161**

Abstrakte Klassen implementieren

Eine abstrakte Klasse implementieren

Die Deklaration der Vererbung von einer abstrakten Superklasse funktioniert genauso wie bei einer normalen Superklasse: indem Sie dem Klassen-Header einen Doppelpunkt nachstellen, gefolgt vom Namen der abstrakten Klasse. Im folgenden Beispiel erbt die `Hippo`-Klasse von der abstrakten `Animal`-Klasse:

```
class Hippo : Animal() {
    ...
}
```

Wie bei der Vererbung aus einer normalen Superklasse müssen Sie den Konstruktor der abstrakten Klasse im Header der Subklasse aufrufen.

Abstrakte Eigenschaften und Funktionen werden überschrieben und stellen eigene Implementierungen zur Verfügung. Das bedeutet, abstrakte Eigenschaften müssen initialisiert werden, und abstrakte Funktionen benötigen einen Funktionskörper.

In unserem Beispiel ist `Hippo` eine konkrete Subklasse von `Animal`. Hier der Code für die `Hippo`-Klasse, die die Eigenschaften `image`, `food` und `habitat` sowie die Funktionen `makeNoise` und `eat` implementiert:

```
class Hippo : Animal() {
    override val image = "hippo.jpg"
    override val food = "grass"
    override val habitat = "water"

    override fun makeNoise() {
        println("Grunt! Grunt!")
    }

    override fun eat() {
        println("The Hippo is eating $food")
    }
}
```

Abstrakte Eigenschaften und Funktionen werden durch Überschreiben definiert, als sei die Superklasse konkret.

Animal
image food habitat hunger
makeNoise() eat() roam() sleep()

Hippo
image food habitat
makeNoise() eat()

Bei der Implementierung abstrakter Eigenschaften und Funktionen gelten die gleichen Regeln für das Überschreiben wie bei normalen Eigenschaften und Funktionen:

- ★ Wenn Sie eine abstrakte *Eigenschaft* überschreiben, muss sie den gleichen Namen haben. Außerdem muss der Typ mit dem in der abstrakten Superklasse definierten Typ kompatibel sein. Es muss also der gleiche Typ oder einer dessen Subtypen sein.

- ★ Bei der Implementierung einer abstrakten Funktion muss diese den gleichen Namen und die gleichen Argumente (die gleiche »Signatur«) haben wie die entsprechende Funktion in der abstrakten Superklasse. Der Rückgabetyp muss mit dem deklarierten Rückgabetyp der Superklasse kompatibel sein.

Abstrakte Eigenschaften und Funktionen MÜSSEN implementiert werden

Die erste **konkrete** Klasse im Vererbungsbaum unterhalb der abstrakten Superklasse *muss* sämtliche abstrakten Eigenschaften und Funktionen implementieren. In unserer Klassenhierarchie ist Hippo die erste konkrete Subklasse. Daher muss sie alle abstrakten Eigenschaften und Funktionen der Animal-Superklasse implementieren, damit der Code kompiliert werden kann.

Bei **abstrakten Subklassen** haben Sie die Wahl: Sie können die abstrakten Eigenschaften und Funktionen entweder implementieren oder die Aufgabe an die darunterliegenden Subklassen weitergeben. Sind beispielsweise Animal und Canine beide abstrakt, kann die Canine-Klasse die abstrakten Animal-Eigenschaften und -Funktionen entweder selbst implementieren oder diese Aufgabe ihren Subklassen überlassen.

Alle abstrakten Eigenschaften und Funktionen, die nicht in Canine implementiert wurden, müssen in ihren konkreten Subklassen implementiert werden, z. B. in Wolf. Definiert Canine weitere abstrakte Eigenschaften und Funktionen, müssen diese ebenfalls in den konkreten Subklassen weiter unten im Vererbungsbaum implementiert werden.

Mit diesem neuen Wissen über abstrakte Klassen, Eigenschaften und Funktionen können wir den Code in unserer Animal-Hierarchie jetzt aktualisieren.

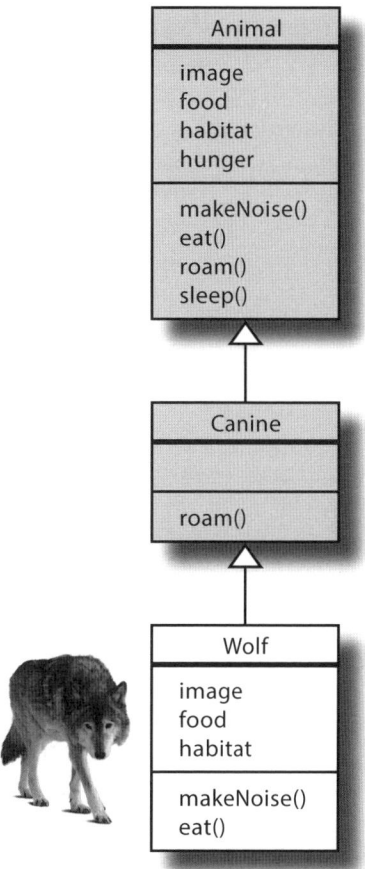

Es gibt keine Dummen Fragen

F: Warum muss die erste konkrete Klasse alle geerbten abstrakten Eigenschaften und Funktionen implementieren?

A: Ohne die Implementierung in der konkreten Klasse weiß der Compiler nicht, was bei einem Zugriff auf die Eigenschaften und Funktionen zu tun ist.

Nur abstrakte Klassen können auch abstrakte Eigenschaften und Funktionen besitzen. Enthält eine Klasse als abstrakt markierte Eigenschaften oder Funktionen, muss die gesamte Klasse abstrakt sein.

F: Ich möchte für eine abstrakte Eigenschaft eigene Getter und Setter definieren. Warum geht das nicht?

A: Wenn Sie eine Eigenschaft als abstrakt markieren, teilen Sie dem Compiler mit, dass die Eigenschaft keine Implementierung besitzt, die den Subklassen helfen könnte. Hat eine abstrakte Eigenschaft irgendeine Form der Implementierung wie eigene Getter und Setter oder einen Startwert (Initialisierung), kommt der Compiler durcheinander und weigert sich, Ihren Code zu kompilieren.

> **Erbt eine Subklasse von einer abstrakten Superklasse, kann die Subklasse weiterhin eigene Eigenschaften und Funktionen definieren.**

Das Animals-Projekt aktualisieren

Im vorigen Kapitel haben wir den Code für die Klassen `Animal`, `Canine`, `Hippo`, `Wolf` und `Vet` geschrieben und in das Animals-Projekt eingebaut. Um die `Animal`- und `Canine`-Klassen zu abstrahieren, müssen wir den Code aktualisieren. Außerdem markieren wir die Eigenschaften `image`, `food` und `habitat` sowie die Funktionen `makeNoise` und `eat` in der Animal-Klasse als abstrakt.

Öffnen Sie das Animals-Projekt aus dem vorigen Kapitel und aktualisieren Sie Ihre Version in der Datei *Animals.kt*, sodass sie unserem Code entspricht (Änderungen sind hervorgehoben):

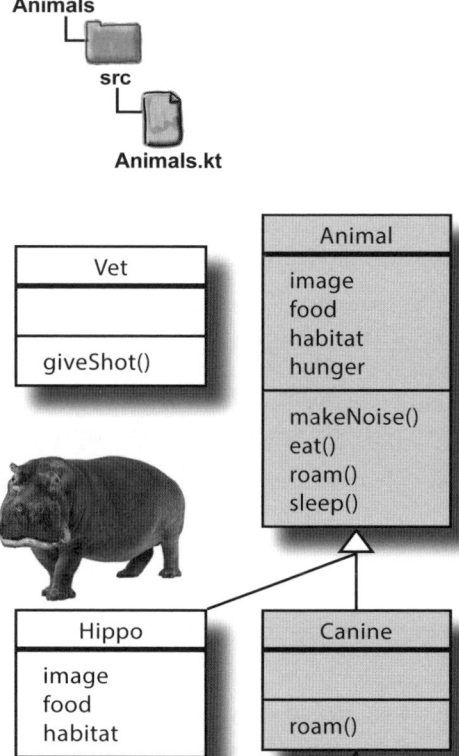

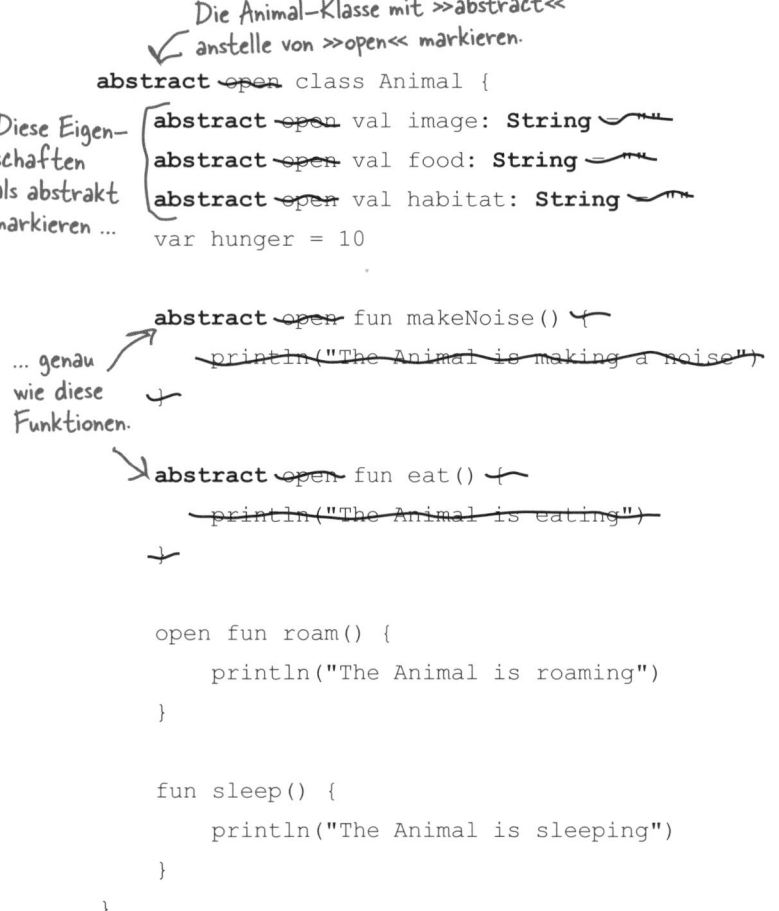

Der Code geht auf der folgenden Seite noch weiter.

Der Code (Fortsetzung)

```
class Hippo : Animal() {
    override val image = "hippo.jpg"
    override val food = "grass"
    override val habitat = "water"

    override fun makeNoise() {
        println("Grunt! Grunt!")
    }

    override fun eat() {
        println("The Hippo is eating $food")
    }
}
```

← Die Canine-Klasse als abstrakt markieren.

```
abstract open class Canine : Animal() {
    override fun roam() {
        println("The Canine is roaming")
    }
}

class Wolf : Canine() {
    override val image = "wolf.jpg"
    override val food = "meat"
    override val habitat = "forests"

    override fun makeNoise() {
        println("Hooooowl!")
    }

    override fun eat() {
        println("The Wolf is eating $food")
    }
}
```

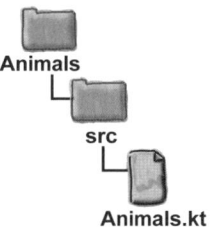

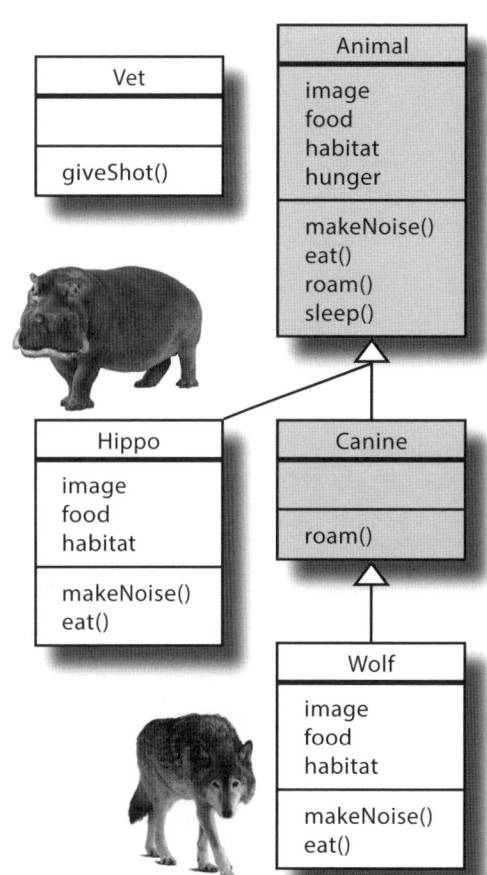

Wieder geht der Code auf der folgenden Seite weiter.

Probefahrt

Der Code (Fortsetzung)

```
class Vet {
    fun giveShot(animal: Animal) {
        // Irgendwas Medizinisches tun
        animal.makeNoise()
    }
}

fun main(args: Array<String>) {
    val animals = arrayOf(Hippo(), Wolf())
    for (item in animals) {
        item.roam()
        item.eat()
    }
    val vet = Vet()
    val wolf = Wolf()
    val hippo = Hippo()
    vet.giveShot(wolf)
    vet.giveShot(hippo)
}
```

Der Code auf dieser Seite wurde nicht verändert.

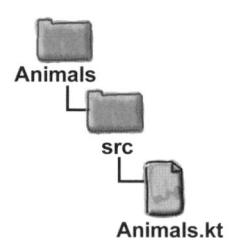

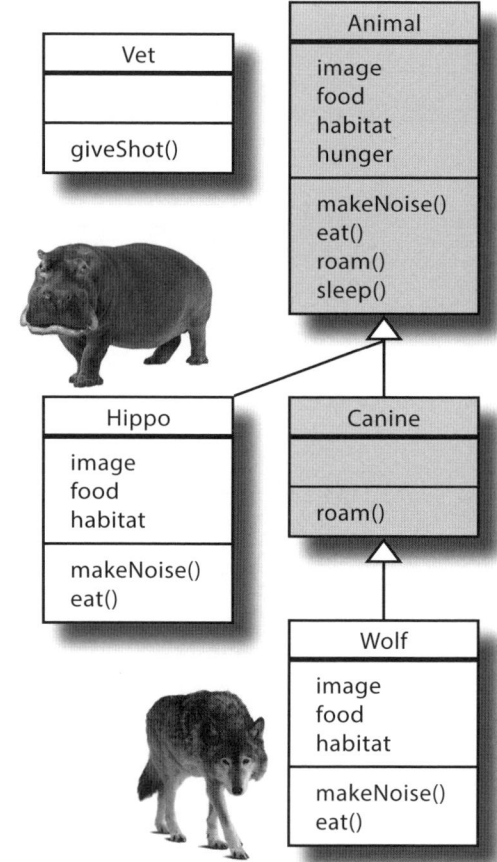

Jetzt können wir den Code einem Testlauf unterziehen.

Probefahrt

Führen Sie den Code aus. Der folgende Text wird wie zuvor im Ausgabefenster der IDE angezeigt. Jetzt benutzen wir allerdings abstrakte Klassen, um zu kontrollieren, welche Klassen instanziiert werden können.

> The Animal is roaming
> The Hippo is eating grass
> The Canine is roaming
> The Wolf is eating meat
> Hooooowl!
> Grunt! Grunt!

Pool-Puzzle

Ihre **Aufgabe** besteht darin, die Codeschnipsel aus dem Pool zu fischen und sie auf den leeren Zeilen im Code zu platzieren. Jeder Codeabschnitt darf nur einmal benutzt werden, und Sie werden nicht alle Schnipsel brauchen. Ihr **Ziel** ist es, die unten gezeigte Klassenhierarchie im Code nachzubauen.

```
............ class Appliance {
    var pluggedIn = true
          ............ val color: String

          ............ fun ............
}

class CoffeeMaker : ............ {
    ............ val color = ""
    var coffeeLeft = false

    ............ fun ............ {
        println("Consuming power")
    }

    fun fillWithWater() {
        println("Fill with water")
    }

    fun makeCoffee() {
        println("Make the coffee")
    }
}
```

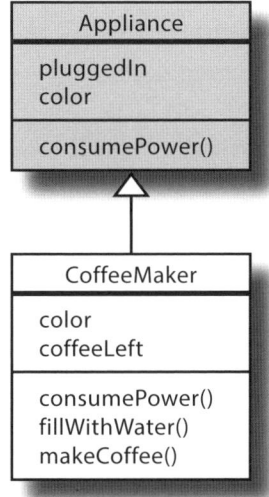

Hinweis: Die einzelnen Codeschnipsel im Pool dürfen jeweils nur einmal benutzt werden.

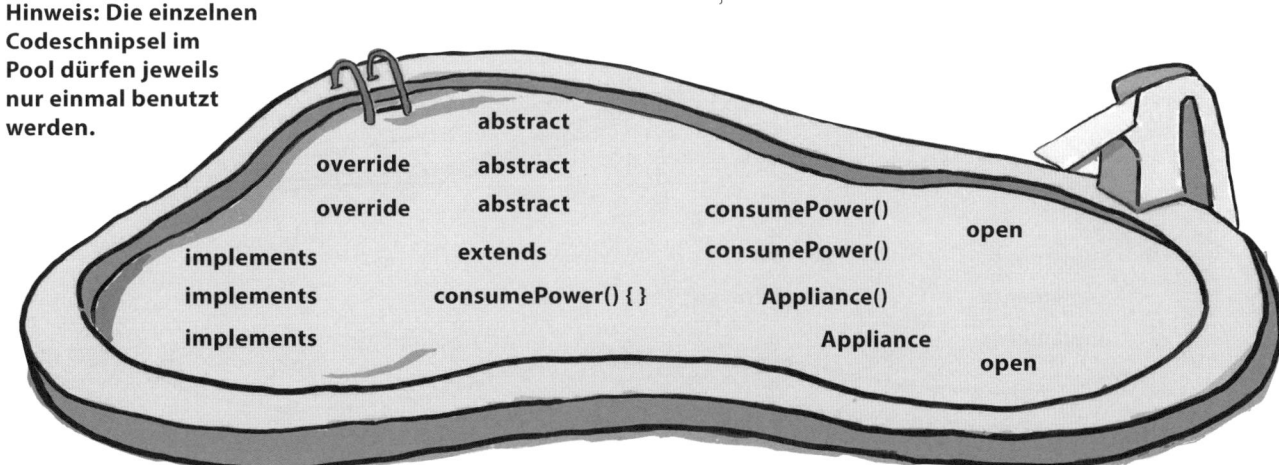

Pool-Puzzle: Lösung

Pool-Puzzle, Lösung

Ihre **Aufgabe** besteht darin, die Codeschnipsel aus dem Pool zu fischen und sie auf den leeren Zeilen im Code zu platzieren. Jeder Codeabschnitt darf nur einmal benutzt werden, und Sie werden nicht alle Schnipsel brauchen. Ihr **Ziel** ist es, die unten gezeigte Klassenhierarchie im Code nachzubauen.

Die Appliance-(Gerät-)Klasse wird zusammen mit der color-Eigenschaft und der consumePower()-Funktion als abstrakt markiert.

```kotlin
abstract class Appliance {
    var pluggedIn = true
    abstract val color: String

    abstract fun consumePower()
}
```

CoffeeMaker (Kaffeemaschine) erbt von Appliance.

```kotlin
class CoffeeMaker : Appliance() {
    override val color = ""
    var coffeeLeft = false

    override fun consumePower() {
        println("Consuming power")
    }

    fun fillWithWater() {
        println("Fill with water")
    }

    fun makeCoffee() {
        println("Make the coffee")
    }
}
```

Die color-Eigenschaft überschreiben.

Die consumePower()-Funktion überschreiben.

Klassendiagramm:

Appliance
- pluggedIn
- color
- consumePower()

CoffeeMaker
- color
- coffeeLeft
- consumePower()
- fillWithWater()
- makeCoffee()

Diese Schnipsel werden nicht gebraucht.

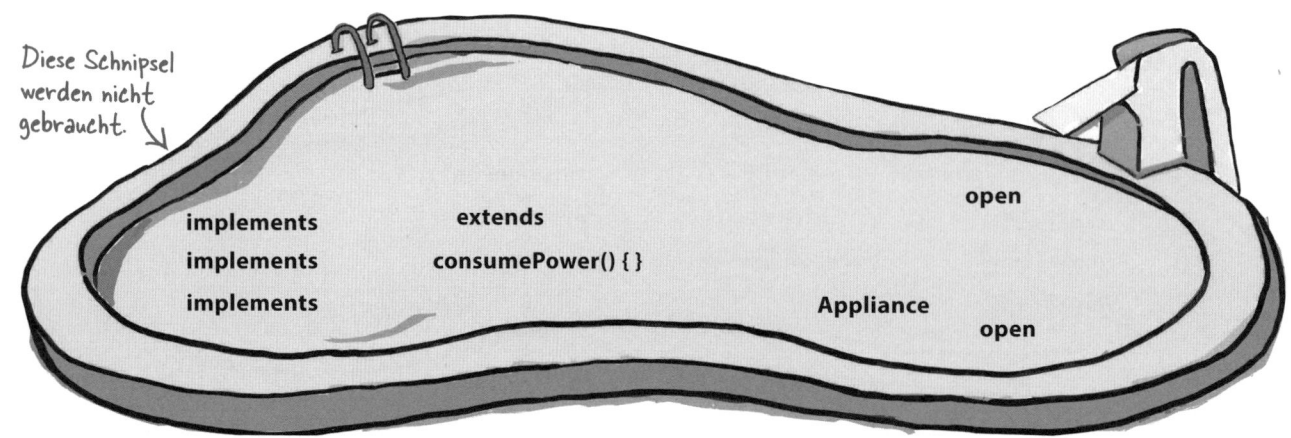

Nicht gebrauchte Schnipsel: implements, implements, implements, extends, consumePower() { }, open, Appliance, open

Abstrakte Klassen und Interfaces

Unabhängige Klassen können gemeinsames Verhalten haben

Inzwischen wissen Sie, wie man anhand von abstrakten Superklassen und konkreten Subklassen eine Vererbungshierarchie aufbaut. Dadurch wird doppelter Code vermieden. Gleichzeitig wird der Code flexibler, weil er die Vorteile des Polymorphismus nutzt. Wie gehen Sie aber vor, wenn Sie in Ihrer Applikation Klassen verwenden wollen, die *nur einen Teil* des in der Vererbungshierarchie definierten Verhaltens nutzen sollen?

Vielleicht soll unsere Tiersimulation um eine Klasse für Fahrzeuge (`Vehicle`) erweitert werden, die nur die Funktion roam besitzt. Auf diese Weise könnten wir `Vehicle`-Objekte erzeugen, die sich in der Umgebung der Tiere bewegen (roam) können.

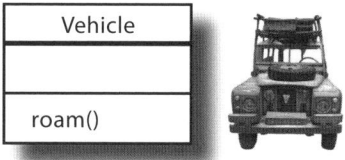

Es wäre nützlich, wenn die `Vehicle`-Klasse irgendwie die roam-Funktion der `Animal`-Klasse implementieren könnte. So wäre es möglich, Polymorphismus zu nutzen, um ein Array mit Objekten anzulegen, die die roam-Funktion unterstützen, und den Objekten dann verschiedene Funktionen zuzuweisen. Leider gehört `Vehicle` nicht zur Hierarchie der `Animal`-Superklasse. Der IST-EIN-Test schlägt fehl: Ein Fahrzeug IST **KEIN** Tier. Genauso wenig kann man sagen: »Ein Animal ist ein Vehicle.«

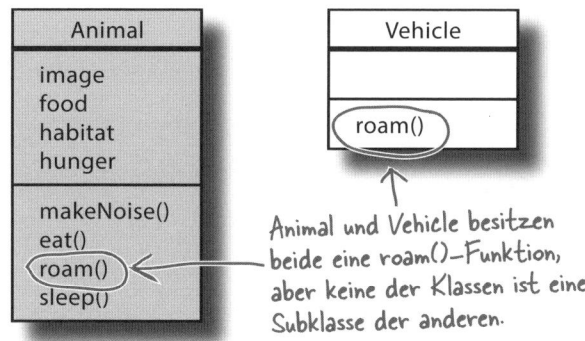

Wenn Sie unabhängige Klassen mit gemeinsamem Verhalten haben, können Sie das Verhalten über ein **Interface** nachbilden. Aber was ist ein Interface?

> Schlägt der IST-EIN-Test für zwei Klassen fehl, gehören sie sehr wahrscheinlich nicht zur gleichen Klassenhierarchie.

Sie sind hier ▸ **169**

Interfaces

Über ein Interface können Sie gemeinsames Verhalten AUSSERHALB der Superklassenhierarchie definieren

Interfaces werden verwendet, um ein Protokoll für gemeinsames Verhalten zu definieren. So können Sie die Vorteile des Polymorphismus nutzen, ohne hierfür eine strikte Vererbungsstruktur aufbauen zu müssen. Interfaces haben Ähnlichkeit mit abstrakten Klassen, auch sie können abstrakte oder konkrete Funktionen definieren, aber nicht instanziiert werden. Allerdings gibt es einen wesentlichen Unterschied: Eine Klasse kann **mehrere Interfaces implementieren**, aber nur von **einer direkten Superklasse erben**. Der Einsatz von Interfaces bietet also die gleichen Vorteile wie abstrakte Klassen, aber mehr Flexibilität.

Um zu sehen, wie das in der Praxis funktioniert, erweitern wir unsere Applikation um ein Interface namens `Roamable`. Hier definieren wir, wie sich die einzelnen Objekte umherbewegen (roam). Wir implementieren dieses Interface in den Klassen `Animal` und `Vehicle`.

Zuerst wird das `Roamable`-Interface definiert.

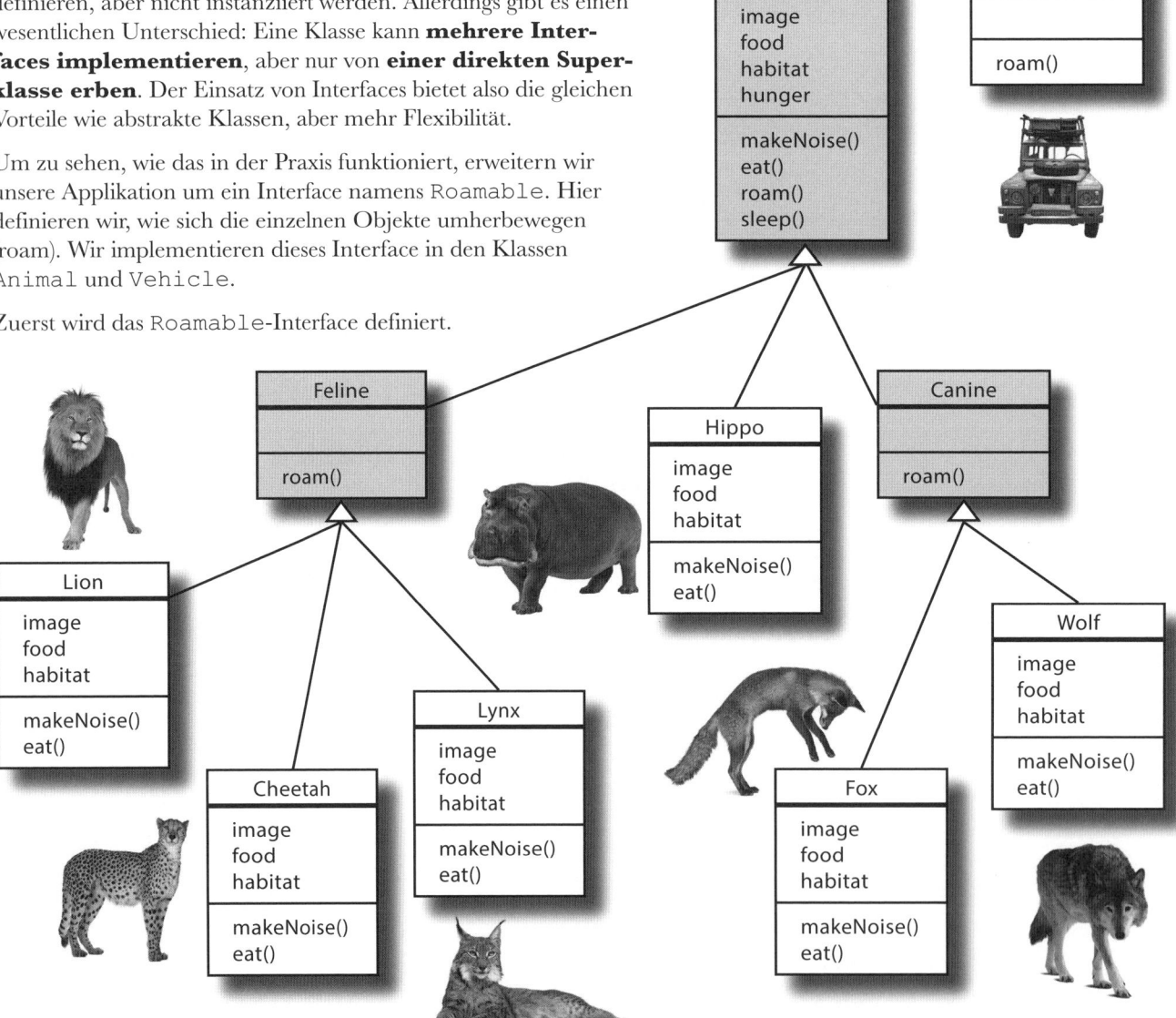

Das Roamable-Interface definieren

Wir erstellen ein `Roamable`-Interface, um ein gemeinsames Protokoll für das Verhalten »Bewegen« (Roaming) nutzen zu können. Wir definieren eine abstrakte Funktion namens `roam`, die in den Klassen `Animal` und `Vehicle` implementiert werden muss (den Code für die Klassen zeigen wir Ihnen später).

Der Code für das `Roamable`-Interface sieht folgendermaßen aus (ein paar Seiten später bauen wir ihn in unser `Animals`-Projekt ein):

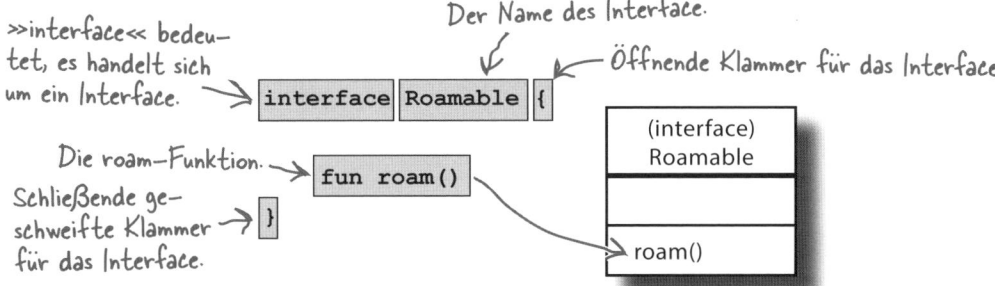

Interface-Funktionen können abstrakt oder konkret sein

Funktionen werden dem Interface hinzugefügt, indem sie im Körper des Interface (innerhalb der geschweiften Klammern, { }) platziert werden. In unserem Beispiel definieren wir eine abstrakte Funktion namens `roam`. Hier der nötige Code:

```
interface Roamable {
    fun roam()   ← So wird eine abstrakte Funktion in einem Interface definiert.
}
```

Wird das Interface um eine abstrakte Funktion erweitert, müssen Sie der Funktion das Schlüsselwort `abstract` nicht voranstellen (im Gegensatz zur Erweiterung einer abstrakten Klasse um eine abstrakte Funktion). Bei einem Interface geht der Compiler automatisch davon aus, dass eine Funktion ohne Körper abstrakt sein muss. Die Markierung ist also nicht nötig.

Durch die Verwendung eines Funktionskörpers können Sie die Funktionen in einem Interface »konkretisieren«. Der folgende Code implementiert eine konkrete Version der `roam`-Funktion:

```
interface Roamable {
    fun roam() {
        println("The Roamable is roaming")   ← Um ein Interface um eine konkrete Funktion zu erweitern, muss sie einen Funktionskörper haben.
    }
}
```

Wie Sie sehen, werden Funktionen in einem Interface auf ähnliche Weise definiert wie in einer abstrakten Klasse. Wie sieht es aber mit den Eigenschaften aus?

Interface-Eigenschaften

Eigenschaften für Interfaces definieren

Um ein Interface mit einer Eigenschaft zu versehen, müssen Sie die Eigenschaft im Körper des Interface angeben. Dies ist die *einzige* Möglichkeit, eine Interface-Eigenschaft zu definieren. Im Gegensatz zu abstrakten Klassen besitzen **Interfaces keine Konstruktoren**. Im folgenden Beispiel erweitern wir das Roamable-Interface um eine abstrakte Int-Eigenschaft namens velocity (Geschwindigkeit):

```
interface Roamable {
    val velocity: Int
}
```

Wie bei abstrakten Funktionen muss der Funktion auch hier nicht das Schlüsselwort »abstract« vorangestellt werden.

(interface) Roamable
velocity

Im Gegensatz zu Eigenschaften in abstrakten Klassen können Eigenschaften von Interfaces keinen Zustand speichern, also auch nicht initialisiert werden. Sie können aber trotzdem einen Wert zurückgeben, indem Sie einen eigenen Getter verwenden, wie hier:

```
interface Roamable {
    val velocity: Int
        get() = 20
}
```

Das gibt bei jedem Zugriff auf die Eigenschaft den Wert 20 zurück. Sie können die Eigenschaft aber immer noch in jeder Klasse, die das Interface implementiert, überschreiben.

Eine weitere Einschränkung der Interface-Eigenschaften ist, dass sie **keine Unterstützungsfelder** besitzen. In Kapitel 4 haben wir gesagt, dass ein Unterstützungsfeld eine Referenz auf den darunterliegenden Eigenschaftswert bereitstellt. Daher kann kein eigener Setter definiert werden, der den Eigenschaftswert aktualisiert. Der folgende Code wird nicht kompiliert:

```
interface Roamable {
    var velocity: Int
        get() = 20
        set(value) {
            field = value
        }
}
```

Versuchen Sie, Code wie diesen in einem Interface zu schreiben, wird er nicht kompiliert. Da das Schlüsselwort »field« in einem Interface nicht funktioniert, kann auch der darunterliegende Wert nicht aktualisiert werden.

Okay, einen Setter können Sie schon schreiben – solange er nicht versucht, das Unterstützungsfeld der Eigenschaft zu referenzieren. Der folgende Code ist zum Beispiel gültig:

```
interface Roamable {
    var velocity: Int
        get() = 20
        set(value) {
            println("Unable to update velocity")
        }
}
```

Dieser Code wird kompiliert, weil Sie das Schlüsselwort »field« nicht benutzen. Der darunterliegende Eigenschaftswert wird aber nicht aktualisiert.

Nach der Theorie kommt die Praxis. Daher wollen wir jetzt sehen, wie ein Interface implementiert wird.

172   Kapitel 6

Abstrakte Klassen und Interfaces

Deklarieren, dass einen Klasse ein Interface implementiert ...

Dass eine Klasse ein Interface implementiert, markieren Sie ähnlich wie die Angabe, dass sie von einer Superklasse erbt: indem dem Header der Klasse ein Doppelpunkt gefolgt vom Namen des Interface nachgestellt wird. Im folgenden Beispiel geben wir an, dass die `Vehicle`-Klasse das `Roamable`-Interface implementiert:

```
class Vehicle : Roamable {
    ...
}
```

Man könnte sagen: »Die Vehicle-Klasse implementiert das Roamable-Interface.«

Im Gegensatz zur Deklaration einer Vererbung wird der Name des Interface nicht mit runden Klammern versehen. Diese werden nur benötigt, um den Konstruktor der Superklasse aufzurufen. Das ist bei Interfaces aber nicht der Fall, sie haben keinen Konstruktor.

... und anschließend dessen Eigenschaften und Funktionen überschreiben

Die Deklaration, dass eine Klasse ein Interface implementiert, versieht die Klasse mit allen Eigenschaften und Funktionen des Interface. Diese können auf die gleiche Weise überschrieben werden wie die Eigenschaften und Werte aus einer Superklasse. Der folgende Code überschreibt beispielsweise die `roam`-Funktion aus dem `Roamable`-Interface:

```
class Vehicle : Roamable {
    override fun roam() {
        println("The Vehicle is roaming")
    }
}
```

Dieser Code überschreibt die roam()-Funktion, die die Vehicle-Klasse vom Roamable-Interface erbt.

Wie abstrakte Superklassen *müssen* auch konkrete Klassen, die ein Interface implementieren, eine konkrete Implementierung für sämtliche Eigenschaften und Werte besitzen. Die `Vehicle`-Klasse enthält beispielsweise eine direkte Implementierung des `Roamable`-Interface. Daher muss sie alle Eigenschaften und Werte implementieren, die im Interface definiert wurden, damit der Code kompiliert wird. Ist die Klasse, die das Interface implementiert, dagegen abstrakt, kann die Klasse die Eigenschaften und Funktionen entweder selbst implementieren oder dies den abgeleiteten Subklassen überlassen.

Beachten Sie, dass eine Klasse, die ein Interface implementiert, auch eigene Eigenschaften und Funktionen definieren kann. So könnte die Klasse eine eigene `fuelType`-Eigenschaft besitzen und trotzdem das `Roamable`-Interface implementieren.

Wir haben bereits gesagt, dass eine Klasse mehr als ein Interface implementieren kann. Das wollen wir uns jetzt ansehen.

> **Konkrete Klassen können keine abstrakten Eigenschaften und Funktionen enthalten. Sie müssen alle geerbten Eigenschaften und Funktionen implementieren.**

Sie sind hier ▶ 173

Mehrfache Interfaces implementieren

Soll eine Klasse (oder ein Interface) mehrere Interfaces implementieren, müssen diese durch Kommata getrennt im Header der Klasse angegeben werden. Angenommen, Sie hätten die Interfaces A und B. Damit die Klasse X beide Interfaces implementiert, können Sie schreiben:

```
class X : A, B {
    ...
}
```

← Die Klasse X implementiert die Interfaces A und B.

Implementiert eine Klasse ein oder mehrere Interfaces, kann sie auch weiterhin von einer Superklasse erben. Im folgenden Beispiel implementiert die Klasse Y das Interface A und erbt gleichzeitig von der Klasse C.

```
class Y : C(), A {
    ...
}
```

← Die Klasse Y erbt von Klasse C und implementiert das Interface A.

Erbt eine Klasse mehrere Implementierungen der gleichen Funktion oder Eigenschaft, muss die Klasse angeben, welche Version der Funktion oder Eigenschaft tatsächlich verwendet werden soll, oder ihre eigenen Implementierungen definieren. Angenommen, die Interfaces A und B implementierten beide eine Funktion namens myFunction. Werden beide Interfaces von der Klasse X implementiert, muss die X-Klasse eine eigene Implementierung von myFunction enthalten, damit der Compiler weiß, was er bei einem Aufruf dieser Funktion tun soll:

```
interface A {
    fun myFunction() { println("from A") }
}

interface B {
    fun myFunction() { println("from B") }
}

class X : A, B {
    override fun myFunction() {
        super<A>.myFunction()
        super<B>.myFunction()
        // Für Klasse X spezifischer Extracode
    }
}
```

super<A> bezieht sich auf die Superklasse (oder das Interface) namens A. super<A>.myFunction() ruft also die Version von myFunction auf, die in A definiert wurde.

↖ Dieser Code ruft zuerst die Version von myFunction auf, die in A definiert wurde, danach die Version aus B. Zum Schluss wird der Code ausgeführt, der spezifisch für die Klasse X ist.

Wie kann ich entscheiden, ob ich eine Klasse, eine Unterklasse, eine abstrakte Klasse oder ein Interface benutzen soll?

Die folgenden Tipps sollen Ihnen bei der Entscheidungsfindung helfen:

- Verwenden Sie eine Klasse ohne Superklasse, wenn die neue Klasse den IST-EIN-Test für keinen anderen Typ besteht.

- Verwenden Sie eine Subklasse, die von einer Superklasse erbt, wenn Sie eine spezifischere Version einer Klasse brauchen und Verhalten überschreiben oder neu definieren müssen.

- Verwenden Sie eine abstrakte Klasse, wenn Sie eine Schablone (Template) für eine Reihe von Subklassen definieren wollen. Definieren Sie die Klasse als abstrakt, um zu verhindern, dass Objekte dieses Typs erstellt werden.

- Verwenden Sie ein Interface, um gemeinsames Verhalten zu definieren oder eine Rolle, die andere Klassen unabhängig von ihrer Position im Vererbungsbaum spielen können.

> Rosen sind rot,
> Veilchen sind blau,
> Von einer geerbt,
> Zwei implementiert – wie schlau!
>
> Eine Kotlin-Klasse kann nur einen direkten Vorfahren (Superklasse) haben. Dieser definiert, wer sie ist. Aber Sie können mehrere Interfaces implementieren, die definieren, welche Rollen sie spielen kann.

Da Sie jetzt wissen, wie Interfaces definiert und implementiert werden, können wir den Code für unser Animals-Projekt aktualisieren.

Es gibt keine Dummen Fragen

F: Gibt es Namenskonventionen für Interfaces?

A: Nichts wird erzwungen. Da Interfaces Verhalten spezifizieren, werden oft die englischen Endungen *-ible* oder *-able* verwendet. Der Name gibt an, was etwas *tut*, und nicht, was etwas *ist*.

F: Warum müssen Interfaces und abstrakte Klassen nicht als open markiert werden?

A: Der Lebenszweck von Interfaces und abstrakten Klassen besteht darin, dass von ihnen geerbt werden kann. Der Compiler weiß das. Hinter den Kulissen sind Interfaces und abstrakte Klassen daher implizit »open«, auch wenn das nicht ausdrücklich angegeben wurde.

F: Sie sagten, alle in einem Interface definierten Eigenschaften und Funktionen können überschrieben werden. Eigentlich meinten Sie doch die *abstrakten* Eigenschaften und Funktionen des Interface, oder?

A: Nein. Bei einem Interface können wirklich alle Eigenschaften und Funktionen überschrieben werden. Selbst wenn eine Funktion in einem Interface konkret implementiert wurde, können Sie diese überschreiben.

F: Kann ein Interface von einer Superklasse erben?

A: Nein, aber es *kann* ein oder mehrere Interfaces implementieren.

F: Wann sollte ich eine konkrete Implementierung für eine Funktion verwenden, und wann sollte sie abstrakt bleiben?

A: Eine konkrete Implementierung wird normalerweise verwendet, wenn das hilfreicher erscheint, als sie zu vererben.

Wenn Ihnen *keine* hilfreiche Implementierung einfällt, sollte die Funktion besser abstrakt bleiben, weil dies konkrete Subklassen dazu zwingt, ihre eigene Implementierung zu definieren.

Den Code *updaten*

Das Animals-Projekt aktualisieren

Jetzt können wir unser Projekt um das Roamable-Interface und die Vehicle-Klasse erweitern. Dabei wird das Roamable-Interface von der Vehicle-Klasse und von der abstrakten Animal-Klasse implementiert.

Aktualisieren Sie Ihre Version von *Animals.kt*, sodass sie unserer unten gezeigten Version entspricht (Änderungen haben wir fett hervorgehoben):

Das Roamable-Interface inklusive der abstrakten Funktion roam() einbauen.

```
interface Roamable {
    fun roam()
}
```

Die Animal-Klasse muss das Roamable-Interface implementieren.

```
abstract class Animal : Roamable {
    abstract val image: String
    abstract val food: String
    abstract val habitat: String
    var hunger = 10

    abstract fun makeNoise()

    abstract fun eat()
```

Die roam()-Funktion aus dem Roamable-Interface überschreiben.

```
    override fun roam() {
        println("The Animal is roaming")
    }

    fun sleep() {
        println("The Animal is sleeping")
    }
}
```

Der Code wird auf der folgenden Seite fortgesetzt.

176   Kapitel 6

Der Code (Fortsetzung)

```kotlin
class Hippo : Animal() {
    override val image = "hippo.jpg"
    override val food = "grass"
    override val habitat = "water"

    override fun makeNoise() {
        println("Grunt! Grunt!")
    }

    override fun eat() {
        println("The Hippo is eating $food")
    }
}

abstract class Canine : Animal() {
    override fun roam() {
        println("The Canine is roaming")
    }
}

class Wolf : Canine() {
    override val image = "wolf.jpg"
    override val food = "meat"
    override val habitat = "forests"

    override fun makeNoise() {
        println("Hooooowl!")
    }

    override fun eat() {
        println("The Wolf is eating $food")
    }
}
```

Auf dieser Seite wurde der Code nicht verändert.

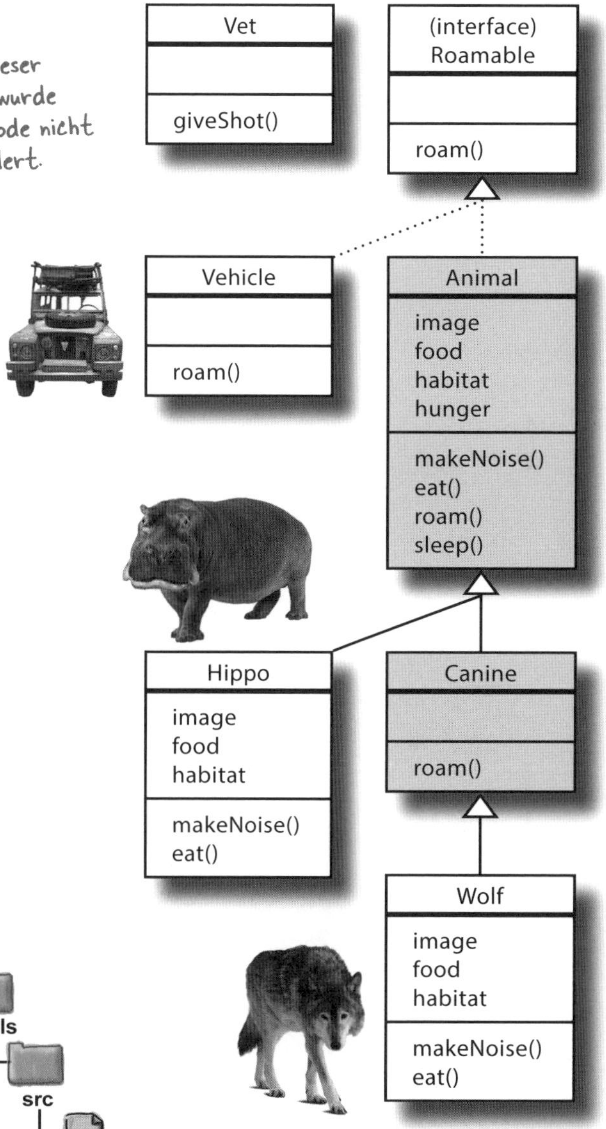

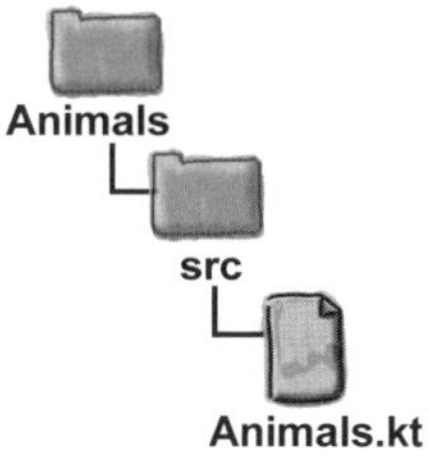

Der Code wird auf der folgenden Seite fortgesetzt.

Probefahrt

Der Code (Fortsetzung)

```kotlin
class Vehicle : Roamable {    ← Die Vehicle-Klasse hinzufügen.
    override fun roam() {
        println("The Vehicle is roaming")
    }
}

class Vet {
    fun giveShot(animal: Animal) {
        // Irgendwas Medizinisches tun
        animal.makeNoise()
    }
}

fun main(args: Array<String>) {
    val animals = arrayOf(Hippo(), Wolf())
    for (item in animals) {
        item.roam()
        item.eat()
    }

    val vet = Vet()
    val wolf = Wolf()
    val hippo = Hippo()
    vet.giveShot(wolf)
    vet.giveShot(hippo)
}
```

Sehen wir, was passiert, wenn wir den Code einem Testlauf unterziehen.

Probefahrt

Führen Sie den Code aus. Wie zuvor gibt es eine Anzeige im Ausgabefenster der IDE. Jetzt verwendet die `Animal`-Klasse jedoch die `roam`-Funktion aus dem `Roamable`-Interface.

```
The Animal is roaming
The Hippo is eating grass
The Canine is roaming
The Wolf is eating meat
Hooooowl!
Grunt! Grunt!
```

Abstrakte Klassen und Interfaces

Übung

Links sehen Sie eine Reihe von Klassendiagrammen. Erstellen Sie daraus gültige Kotlin-Deklarationen. Die erste Deklaration haben wir schon für Sie definiert.

Diagramm:

1 Click → Clack

2 Top → Tip

3 Alpha → Omega

4 Foo ⇠ Bar → Baz

5 Fee, Fi → Fo → Fum

Deklaration:

1
```
open class Click { }
class Clack : Click() { }
```

2

3

4

5

Schlüssel:

△ (solid) erbt von
△ (dashed) implementiert
Clack — Klasse
Clack (grau) — Abstrakte Klasse
Clack — Interface

Sie sind hier ▸ **179**

Lösung der Übung

Links sehen Sie eine Reihe von Klassendiagrammen. Erstellen Sie daraus gültige Kotlin-Deklarationen. Die erste Deklaration haben wir schon für Sie definiert.

Diagramm:

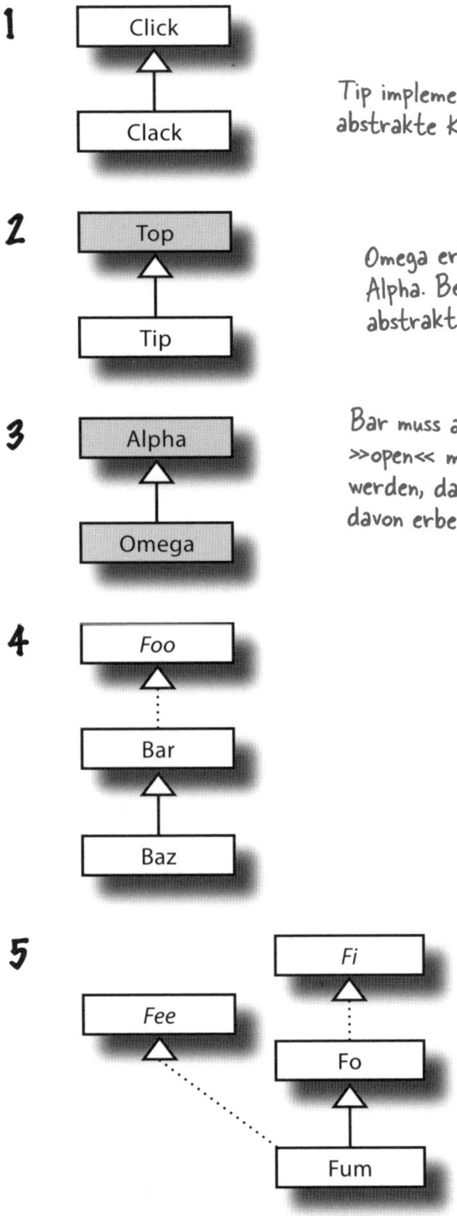

1. Click → Clack

2. Top → Tip

3. Alpha → Omega

4. Foo ⇢ Bar → Baz

5. Fee, Fi → Fo → Fum

Deklaration:

1. `open class Click { }`
   `class Clack : Click() { }`

   Tip implementiert die abstrakte Klasse Top.

2. `abstract class Top { }`
   `class Tip : Top() { }`

   Omega erbt von Alpha. Beide sind abstrakt.

3. `abstract class Alpha { }`
   `abstract class Omega : Alpha() { }`

4. `interface Foo { }`
   `open class Bar : Foo { }`
   `class Baz : Bar() { }`

   Bar muss als »open« markiert werden, damit Baz davon erben kann.

5. `interface Fee { }`
   `interface Fi { }`
   `open class Fo : Fi { }`
   `class Fum : Fo(), Fee { }`

   Fum erbt von der Klasse Fo() und implementiert das Fee-Interface.

Schlüssel:

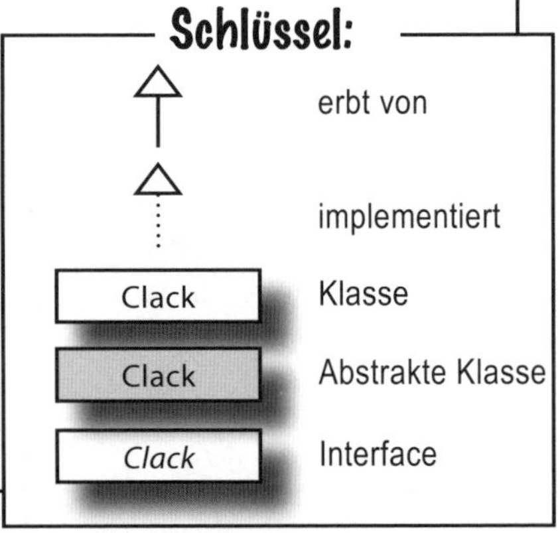

△ erbt von
△ implementiert
Clack — Klasse
Clack — Abstrakte Klasse
Clack — Interface

Polymorphismus funktioniert auch mit Interfaces

Sie wissen bereits, dass Ihr Code durch die Verwendung von Interfaces den Polymorphismus nutzen kann. Dadurch können Sie beispielsweise ein Array mit `Roamable`-Objekten erstellen und daran die jeweilige `roam`-Funktion aufrufen:

Diese Zeile erzeugt ein Array mit Roamable-Objekten.

```
val roamables = arrayOf(Hippo(), Wolf(), Vehicle())
for (item in roamables) {
    item.roam()
}
```

Da das roamables-Array Roamable-Objekte enthält, hat auch die Variable item den Typ Roamable.

var Roamable

Was machen Sie aber, wenn Sie nicht nur auf die im `Roamable`-Interface definierten Eigenschaften und Funktionen zugreifen wollen? Was, wenn Sie außerdem die `makeNoise`-Funktionen der einzelnen `Animal`-Objekte nutzen möchten? Das hier funktioniert jedenfalls nicht:

```
item.makeNoise()
```

Der Grund ist, dass jedes Element eine Variable vom Typ `Roamable` ist, das die `makeNoise`-Funktion nicht kennt.

Den Objekttyp überprüfen, um auf nicht gemeinsames Verhalten zuzugreifen

Sie können auf Verhalten zugreifen, das nicht vom Typ einer Variablen definiert wurde. Hierfür verwenden Sie zunächst den **is**-Operator, um den Typ des zugrunde liegenden Objekts zu überprüfen. Hat das Objekt einen passenden Typ, lässt Sie der Compiler auf das für diesen Typ passende Verhalten zugreifen. Der folgende Code testet zum Beispiel, ob eine `Animal`-Variable ein `Wolf` ist. Falls ja, wird dessen `eat`-Funktion aufgerufen:

```
val animal: Animal = Wolf()
if (animal is Wolf) {
    animal.eat()
}
```

Der Compiler weiß, dass das Objekt ein Wolf ist, und ruft dessen eat()-Funktion auf.

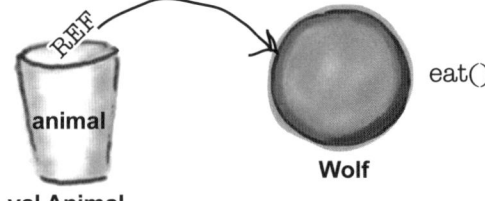

val Animal — **Wolf** eat()

Im oben stehenden Code weiß der Compiler, dass das zugrunde liegende Objekt ein `Wolf` ist. Daher kann man gefahrlos Code ausführen, der für einen `Wolf` spezifisch ist. Um die `eat`-Funktion für jedes `Animal`-Objekt in einem Array aufzurufen, können wir beispielsweise das schreiben:

```
val roamables = arrayOf(Hippo(), Wolf(), Vehicle())
for (item in roamables) {
    item.roam()
    if (item is Animal) {
        item.eat()
    }
}
```

Ist das Objekt ein Animal, weiß der Compiler, dass er die eat()-Funktion dieses Elements aufrufen kann.

Der `is`-Operator kann in vielen Situationen hilfreich sein. Mehr dazu auf der folgenden Seite.

> **Mit dem is-Operator können Sie überprüfen, ob das zugrunde liegende Objekt den angegebenen Typ (oder einen seiner Subtypen) hat.**

Wann sollte man den is-Operator verwenden?

Hier einige der am häufigsten vorkommenden Fälle, in denen es sinnvoll ist, den `is`-Operator einzusetzen:

Als Bedingung für ein if

Wie auf der vorigen Seite gezeigt, können Sie `is` als Bedingung eines `if`-Ausdrucks verwenden. Der folgende Code weist der Variablen `str` den String »Wolf« zu, falls die Variable `animal` eine Referenz auf ein `Wolf`-Objekt enthält. Falls nicht, wird der String »not Wolf« benutzt:

```
val str = if (animal is Wolf) "Wolf" else "not Wolf"
```

Es muss möglich sein, dass das zugrunde liegende Objekt den angegebenen Typ hat. Ansonsten wird der Code nicht kompiliert. Sie können also nicht testen, ob eine Animal-Variable einen Int-Wert enthält, weil beide Typen inkompatibel miteinander sind.

In Bedingungen mit && und ||

Mit dem logischen UND (`&&`) bzw. ODER (`||`) können Sie komplexere Bedingungen formulieren. Der folgende Code testet beispielsweise, ob die Variable `Roamable` eine Referenz auf ein `Animal`-Objekt enthält. Ist das der Fall, wird außerdem überprüft, ob die hunger-Eigenschaft des `Animal`-Objekts kleiner ist als 5:

```
if (roamable is Animal && roamable.hunger < 5) {
    // Code für den Umgang mit hungrigen Tieren
}
```

Die rechte Seite der if-Bedingung wird nur überprüft, falls roamable ein Animal ist und wir auf dessen hunger-Eigenschaft zugreifen können.

Um zu testen, ob ein Objekt einen bestimmten Typ *nicht* hat, können Sie auch die Negation (`!`) verwenden. Die folgende Bedingung bedeutet sinngemäß: »Wenn die Variable roamable keine Referenz auf ein Animal enthält oder der Wert der Eigenschaft hunger größer oder gleich 5 ist«:

```
if (roamable !is Animal || x.hunger >= 5) {
    // Code für den Umgang mit Dingen, die kein Tier sind,
    // oder mit Tieren, die nicht besonders hungrig sind
}
```

Nicht vergessen: Die rechte Seite einer ||-Bedingung wird nur ausgeführt, wenn die linke Seite falsch (false) ist. Die rechte Seite kann also nur ausgeführt werden, wenn roamable ein Animal ist.

In einer while-Schleife

Um den `is`-Operator als Bedingung für eine `while`-Schleife zu nutzen, können Sie Code wie diesen verwenden:

```
while (animal is Wolf) {
    // Code ausführen, solange das Animal ein Wolf ist
}
```

Im obigen Beispiel wird die Schleife so lange ausgeführt, wie die `animal`-Variable eine Referenz auf ein `Wolf`-Objekt enthält.

Außerdem können Sie den `is`-Operator in einer **when**-Anweisung verwenden, zu der wir auf der folgenden Seite kommen.

Benutzen Sie <u>when</u>, um eine Variable mit einer Reihe von Optionen zu vergleichen

Eine when-Anweisung hilft, wenn eine Variable mit verschiedenen Optionen verglichen werden soll. Das funktioniert auf die gleiche Weise wie eine Reihe verketteter if/else-Ausdrücke, aber kompakter und lesbarer.

Hier ein Beispiel für eine when-Anweisung:

```
when (x) {
    0 -> println("x is zero")
    1, 2 -> println("x is 1 or 2")
    else -> {
        println("x is neither 0, 1 nor 2")
        println("x is some other value")
    }
}
```

Den Wert der Variablen x überprüfen. → when (x)
Wenn x den Wert 0 hat, diesen Code ausführen.
Diesen Code ausführen, wenn x den Wert 1 oder 2 hat.
when-Anweisungen können ein else-Klausel haben.
Diesen Codeblock ausführen, wenn x einen anderen Wert hat.

Dieser Code vergleicht den Wert der Variablen x mit verschiedenen Optionen. Man könnte auch sagen: »WENN x 0 ist, gib ›x is 0‹ aus; WENN x 1 oder 2 ist, gib ›x is 1 or 2‹ aus, sonst gib etwas anderes aus.«

Soll abhängig vom zugrunde liegenden Objekttyp unterschiedlicher Code ausgeführt werden, können Sie den is-Operator innerhalb einer when-Anweisung verwenden. Der unten stehende Code benutzt den is-Operator, um zu überprüfen, welchen Typ das von der roamable-Variablen referenzierte Objekt hat. Ist der Typ Wolf, wird der Wolf-spezifische Code ausgeführt, ist der Typ Hippo, wird stattdessen spezieller Hippo-Code ausgeführt. Ist der Typ ein anderes Animal (weder Wolf noch Hippo), wird anderer Code ausgeführt.

```
when (roamable) {
    is Wolf -> {
        // Wolf-spezifischer Code
    }
    is Hippo -> {
        // Hippo-spezifischer Code
    }
    is Animal -> {
        // Code, der ausgeführt wird,
        // wenn roamable ein anderer Animal-Typ ist
    }
}
```

Den Wert von roamable überprüfen.

Dieser Code wird nur ausgeführt, wenn der Typ von roamable ein Animal ist, aber weder ein Wolf noch ein Hippo.

> ### when als Ausdruck benutzen
>
> Sie können when auch als Ausdruck verwenden, sodass ein Wert zurückgegeben werden kann. Der folgende Code benutzt when, um einer Variablen einen Wert zuzuweisen:
>
> ```
> var y = when (x) {
>     0 -> true
>     else -> false
> }
> ```
>
> Nutzen Sie when auf diese Weise, *müssen* Sie auf jeden Wert, den die Variable haben kann, vorbereitet sein, üblicherweise mit einer else-Klausel.

Intelligente Typumwandlung

Der is-Operator führt ~~normalerweise~~ eine automatische Typumwandlung (Smart Casting) durch

In den meisten Fällen führt der `is`-Operator einen sogenannten **Smart Cast** durch. Beim *Casting* behandelt der Compiler eine als bestimmten Typ deklarierte Variable als einen anderen Typ. Dabei bedeutet *Smart Casting*, dass der Compiler die Umwandlung automatisch und ohne Ihr Zutun durchführt. Der unten stehende Code benutzt den `is`-Operator, um eine Variable namens `item` in einen `Wolf` umzuwandeln, damit der Compiler `item` im Körper der `if`-Bedingung behandeln kann, als sei sie ein `Wolf`:

```
if (item is Wolf) {
    item.eat()
    item.makeNoise()
    // Anderer Wolf-spezifischer Code
}
```

item wird für die Dauer des Codeblocks automatisch in einen Wolf umgewandelt.

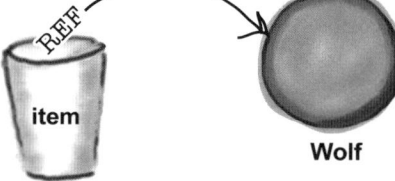

Du weißt, ich bin ein Wolf, also behandle mich auch so.

item val Roamable → **Wolf**

Der `is`-Operator führt eine automatische Typumwandlung nur durch, wenn der Compiler garantiert, dass sich die Variable zwischen der Überprüfung des Objekttyps und ihrer Verwendung nicht verändert. Im oben stehenden Code weiß der Compiler beispielsweise, dass der Variablen `item` zwischen dem Aufruf des `is`-Operators und weiteren `Wolf`-spezifischen Funktionsaufrufen keine Referenz auf einen anderen Typ zugewiesen werden kann.

Es gibt aber auch Situationen, in denen die automatische Umwandlung nicht funktioniert. So führt der `is`-Operator keine automatische Umwandlung für eine `var`-Eigenschaft in einer Klasse durch, denn der Compiler kann nicht garantieren, dass nicht anderer Code die Eigenschaft »durch die Hintertür« verändert. Der folgende Code wird nicht kompiliert, weil der Compiler die Variable `r` nicht automatisch in einen `Wolf` umwandeln kann:

```
class MyRoamable {
    var r: Roamable = Wolf()

    fun myFunction() {
        if (r is Wolf) {
            r.eat()
        }
    }
}
```

Der Compiler kann die Roamable-Eigenschaft namens r nicht in einen Wolf umwandeln. Das liegt daran, dass der Compiler nicht garantieren kann, dass die Eigenschaft zwischen der Typüberprüfung und ihrer Verwendung nicht verändert wird. Daher kann dieser Code nicht kompiliert werden.

> **Entspannen Sie sich**
>
> **Sie müssen sich nicht merken, wo überall das Smart Casting nicht verwendet werden kann.**
>
> Wenn Sie versuchen, die automatische Typumwandlung unangemessen einzusetzen, wird der Compiler Sie darauf hinweisen.

Aber was kann man in so einer Situation tun?

Abstrakte Klassen und Interfaces

Explizite Typumwandlung mit as

Wollen Sie auf das Verhalten eines zugrunde liegenden Objekts zugreifen, obwohl der Compiler keine automatische Typumwandlung erlaubt, können Sie das Objekt auch explizit in den passenden Typ umwandeln.

Angenommen, eine `Roamable`-Variable namens `r` enthielte eine Referenz auf ein `Wolf`-Objekt und Sie wollten auf das `Wolf`-spezifische Verhalten zugreifen. In solchen Fällen können Sie den `as`-Operator verwenden, um die Referenz in der `Roamable`-Variablen zu kopieren, und die Zuweisung auf eine neue `Wolf`-Variable erzwingen. Danach können Sie die neue `Wolf`-Variable benutzen, um auf das `Wolf`-Verhalten zuzugreifen. Hier der nötige Code:

```
var wolf = r as Wolf
wolf.eat()
```

⬅ Dieser Code wandelt das Objekt explizit in einen Wolf um, damit Sie die Wolf-spezifischen Funktionen aufrufen können.

Beachten Sie, dass die Variablen `wolf` und `r` **beide eine Referenz auf dasselbe Wolf-Objekt enthalten.** Während die Variable nur weiß, dass das Objekt das `Roamable`-Interface implementiert, weiß die Variable `wolf`, dass das Objekt eigentlich ein `Wolf` ist und dass sie es entsprechend behandeln kann:

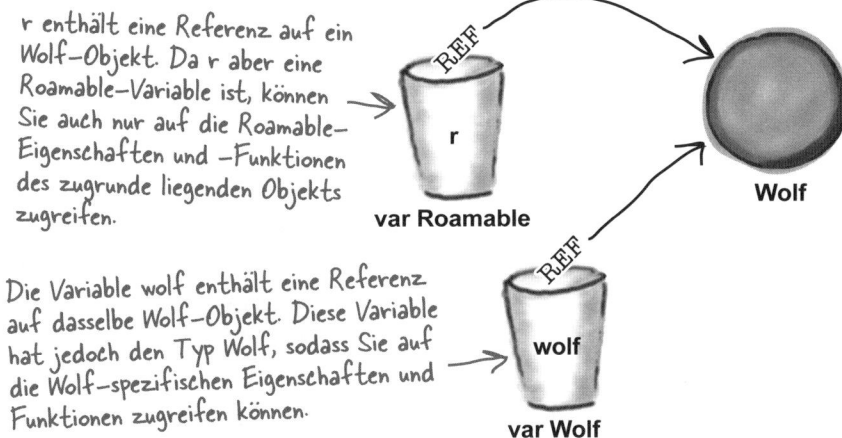

r enthält eine Referenz auf ein Wolf-Objekt. Da r aber eine Roamable-Variable ist, können Sie auch nur auf die Roamable-Eigenschaften und -Funktionen des zugrunde liegenden Objekts zugreifen.

Die Variable wolf enthält eine Referenz auf dasselbe Wolf-Objekt. Diese Variable hat jedoch den Typ Wolf, sodass Sie auf die Wolf-spezifischen Eigenschaften und Funktionen zugreifen können.

Wenn Sie nicht sicher, ob das zugrunde liegende Objekt ein `Wolf` ist, können Sie den `is`-Operator vor der Umwandlung benutzen, wie hier gezeigt:

```
if (r is Wolf) {
    val wolf = r as Wolf
    wolf.eat()
}
```

) Falls r ein Wolf ist, wandle ihren Typ in Wolf um und rufe die eat()-Funktion auf.

Da Sie jetzt wissen, wie die (automatische) Typumwandlung funktioniert, können wir den Code in unserem Animals-Projekt auf den neuesten Stand bringen.

Sie sind hier ▸ **185**

Probefahrt

Das Animals-Projekt aktualisieren

Wir haben den Code in unserer main-Funktion um ein Array mit Roamable-Objekten erweitert. Aktualisieren Sie Ihre Version in der *Animals.kt*-Datei, sodass sie der unten stehenden Fassung entspricht (die Änderungen haben wir fett gedruckt hervorgehoben):

```
                    ← Wir ändern nur den Code in der main-Funktion.
...
fun main(args: Array<String>) {
    val animals = arrayOf(Hippo(), Wolf())
    for (item in animals) {
        item.roam()
        item.eat()
    }

    val vet = Vet()
    val wolf = Wolf()
    val hippo = Hippo()
    vet.giveShot(wolf)
    vet.giveShot(hippo)

    val roamables = arrayOf(Hippo(), Wolf(), Vehicle())
    for (item in roamables) {
        item.roam()
        if (item is Animal) {
            item.eat()   ← Die eat()-Funktion für jedes
        }                   Animal im Array aufrufen.
    }
}
```

Ein Array mit Roamable-Objekten erstellen.

Sobald Sie Ihren Code aktualisiert haben, können wir einen weiteren Testlauf absolvieren.

Probefahrt

Führen Sie Ihren Code aus. Während er über das roamables-Array iteriert, wird die roam-Funktion des jeweiligen Elements aufgerufen. Die eat-Funktion wird dagegen nur aufgerufen, wenn das zugrunde liegende Objekt ein Animal ist.

```
The Animal is roaming
The Hippo is eating grass
The Canine is roaming
The Wolf is eating meat
Hooooowl!
Grunt! Grunt!
The Animal is roaming
The Hippo is eating grass
The Canine is roaming
The Wolf is eating meat
The Vehicle is roaming
```

Abstrakte Klassen und Interfaces

SEIEN Sie der Compiler

Der Code auf der linken Seite steht für eine Quellcodedatei. Spielen Sie Compiler und finden Sie heraus, welche Codeabschnitte auf der rechten Seite kompiliert werden und die gewünschten Ausgaben erzeugen, wenn sie in den Code auf der linken Seite eingefügt werden.

Ausgabe: *Der Code muss diese Ausgabe erzeugen:*

Plane is flying
Superhero is flying

```kotlin
interface Flyable {
    val x: String

    fun fly() {
        println("$x is flying")
    }
}

class Bird : Flyable {
    override val x = "Bird"
}

class Plane : Flyable {
    override val x = "Plane"
}

class Superhero : Flyable {
    override val x = "Superhero"
}

fun main(args: Array<String>) {
    val f = arrayOf(Bird(), Plane(), Superhero())
    var x = 0
    while (x in 0..2) {



        x++
    }
}
```

Die Codeabschnitte werden hier eingefügt.

Das sind die Codeabschnitte.

1
```kotlin
when (f[x]) {
    is Bird -> {
        x++
        f[x].fly()
    }
    is Plane, is Superhero ->
                f[x].fly()
}
```

2
```kotlin
if (x is Plane || x is Superhero) {
    f[x].fly()
}
```

3
```kotlin
when (f[x]) {
    Plane, Superhero -> f[x].fly()
}
```

4
```kotlin
val y = when (f[x]) {
    is Bird -> false
    else -> true
}
if (y) {f[x].fly()}
```

SEIEN Sie der Compiler, Lösung

Der Code auf der linken Seite steht für eine Quellcodedatei. Spielen Sie Compiler und finden Sie heraus, welche Codeabschnitte auf der rechten Seite kompiliert werden und die gewünschten Ausgaben erzeugen, wenn sie in den Code auf der linken Seite eingefügt werden.

Ausgabe:

```
Plane is flying
Superhero is flying
```

```kotlin
interface Flyable {
    val x: String

    fun fly() {
        println("$x is flying")
    }
}

class Bird : Flyable {
    override val x = "Bird"
}

class Plane : Flyable {
    override val x = "Plane"
}

class Superhero : Flyable {
    override val x = "Superhero"
}

fun main(args: Array<String>) {
    val f = arrayOf(Bird(), Plane(), Superhero())
    var x = 0
    while (x in 0..2) {


        x++
    }
}
```

❶
```kotlin
when (f[x]) {
    is Bird -> {
        x++
        f[x].fly()
    }
    is Plane, is Superhero ->
            f[x].fly()
}
```
Dieser Code wird kompiliert und erzeugt die korrekte Ausgabe.

Dies wird nicht kompiliert, weil x ein Int ist und daher kein Plane oder Superhero sein kann.

❷
```kotlin
if (x is Plane || x is Superhero) {
    f[x].fly()
}
```
Dieser Code wird nicht kompiliert, weil der is-Operator gebraucht wird, um den Typ von f[x] zu überprüfen.

❸
```kotlin
when (f[x]) {
    Plane, Superhero -> f[x].fly()
}
```

❹
```kotlin
val y = when (f[x]) {
    is Bird -> false
    else -> true
}
if (y) {f[x].fly()}
```
Dieser Code wird kompiliert und erzeugt die korrekten Ausgaben.

Ihr Kotlin-Werkzeugkasten

Damit haben Sie Kapitel 6 hinter sich gebracht, und Ihr Werkzeugkasten enthält jetzt auch abstrakte Klassen und Interfaces.

Den kompletten Code dieses Kapitels können Sie hier herunterladen: https://tinyurl.com/HFKotlin.

Punkt für Punkt

- Eine abstrakte Klasse kann nicht instanziiert werden. Sie kann abstrakte und nicht abstrakte Eigenschaften und Funktionen enthalten.

- Jede Klasse, die eine abstrakte Eigenschaft oder Funktion enthält, muss mit dem Schlüsselwort `abstract` entsprechend deklariert werden.

- Eine nicht abstrakte Klasse wird als konkret bezeichnet.

- Abstrakte Eigenschaften und Funktionen werden durch Überschreiben implementiert.

- Alle abstrakten Eigenschaften und Funktionen müssen in konkreten Subklassen überschrieben werden.

- Mit einem Interface können Sie gemeinsames Verhalten außerhalb einer Superklassenhierarchie definieren, damit auch unabhängige Klassen den Polymorphismus nutzen können.

- Interfaces können abstrakte und nicht abstrakte Funktionen enthalten.

- Interface-Eigenschaften können abstrakt sein oder Getter und Setter besitzen. Sie können nicht initialisiert werden und haben keinen Zugriff auf ein Unterstützungsfeld.

- Eine Klasse kann mehrere Interfaces implementieren.

- Angenommen, eine Subklasse erbt von einer Superklasse (oder implementiert ein Interface) namens A.

    ```
    super<A>.myFunction
    ```

    Dann können Sie den oben stehenden Code benutzen, um die in `A` definierte Implementierung von `myFunction` aufzurufen.

- Enthält eine Variable eine Referenz auf ein Objekt, können Sie den `is`-Operator verwenden, um den Typ des zugrunde liegenden Objekts zu überprüfen.

- Der `is`-Operator führt eine automatische Typumwandlung durch, wenn der Compiler garantieren kann, dass sich das zugrunde liegende Objekt zwischen der Überprüfung und seiner Verwendung nicht verändert.

- Mit dem `as`-Operator können Sie eine explizite Typumwandlung vornehmen.

- In einem `when`-Ausdruck können Sie eine Variable mit einer Vielzahl verschiedener Optionen vergleichen.

7 Datenklassen

Mit Daten umgehen

> Die copy()-Funktion hat perfekte Arbeit geleistet. Ich bin wie du, nur etwas größer.

Niemand will sein Leben lang das Rad neu erfinden.

Die meisten Applikationen enthalten Klassen, die ausschließlich für die *Datenspeicherung* zuständig sind. Um Ihnen das Programmieren zu erleichtern, haben die Kotlin-Entwickler sich das Konzept der **Datenklassen** ausgedacht. In diesem Kapitel zeigen wir Ihnen, wie Sie Datenklassen verwenden, um Code zu schreiben, der *sauberer und knapper* ist, als Sie es je für möglich gehalten haben. Sie werden die Datenklassen-*Hilfsfunktionen* kennenlernen und entdecken, wie man ein *Datenobjekt in seine Bestandteile destrukturieren* kann. Unterwegs zeigen wir Ihnen außerdem, wie **Standardparameter** Ihren Code flexibler machen können. Außerdem stellen wir Ihnen **Any** vor, die *Mutter aller Superklassen*.

Hinter den Kulissen des ==-Operators

== ruft eine Funktion namens equals auf

Wie Sie wissen, testet man mit dem ==-Operator auf Gleichheit. Hinter den Kulissen ruft == jedesmal die Funktion `equals` auf, die jedes Objekt besitzt. Ihre Implementierung legt fest, wie sich der ==-Operator verhält.

Standardmäßig testet `equals` auf Gleichheit, indem die Funktion überprüft, ob zwei Variablen Referenzen auf dasselbe zugrunde liegende Objekt enthalten.

Angenommen, wir hätten zwei `Wolf`-Variablen namens w1 und w2. Enthalten beide Variablen eine Referenz auf dasselbe `Wolf`-Objekt, wird ein Vergleich mit dem ==-Operator zu `true` ausgewertet.

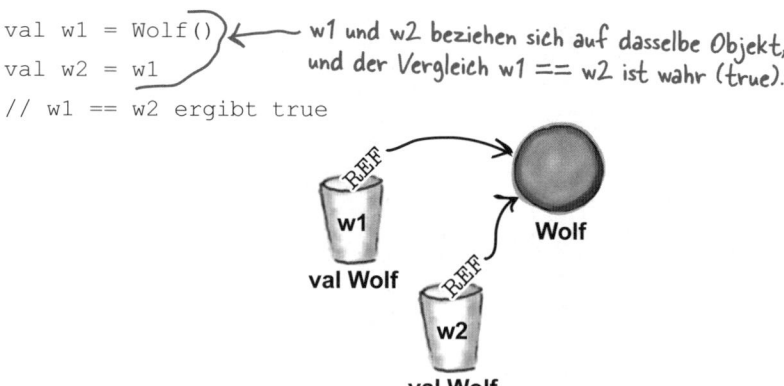

Enthalten w1 und w2 Referenzen auf unterschiedliche `Wolf`-Objekte, ergibt der Vergleich per == dagegen das Ergebnis `false`, *selbst wenn die Objekte identische Eigenschaftswerte enthalten.*

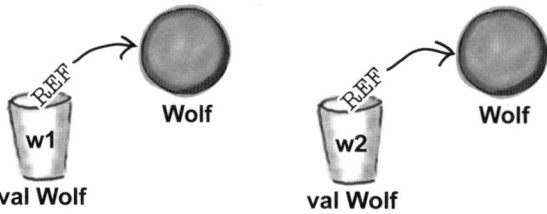

Wie bereits gesagt, besitzt jedes von Ihnen erstellte Objekt eine eigene `equals`-Funktion. Aber woher kommt diese Funktion?

equals wird von einer Superklasse namens Any geerbt

Die Funktion equals steht allen Objekten zur Verfügung, weil sie von **Any** geerbt wird. Die Klasse **Any** ist die Mutter aller Klassen, die ultimative Superklasse von *allem*. Jede von Ihnen definierte Klasse ist standardmäßig eine Subklasse von Any, ohne dass Sie dies explizit angeben müssen. Angenommen, Sie schrieben Code für eine Klasse namens myClass:

```
class MyClass {
    ...
}
```

> Jede Klasse ist eine Subklasse von Any und erbt ihr Verhalten. Jede Klasse IST EIN Any, ohne dass Sie dies ausdrücklich angeben müssen.

Das verwandelt der Compiler hinter den Kulissen in diesen Code:

```
class MyClass : Any() {
    ...
}
```

Der Compiler definiert die Klasse heimlich als Subklasse von Any.

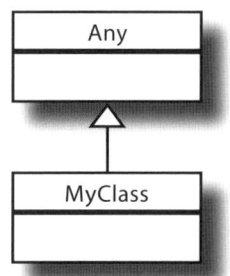

Die Bedeutung von Any

Any als ultimative Superklasse hat zwei große Vorteile:

- ⭐ **Alle Klassen erben gemeinsames Verhalten.**
  Any definiert wichtiges Verhalten, auf das sich das System verlässt. Und da jede Klasse eine Subklasse von Any ist, wird das Verhalten an jedes von Ihnen erstellte Objekt vererbt. Die Klasse Any definiert beispielsweise eine Funktion namens equals, die jedes Objekt automatisch erbt.

- ⭐ **Sie können Polymorphismus mit jedem Objekt benutzen.**
  Da jede Klasse eine Subklasse von Any ist, können Sie Funktionen mit Any-Parametern oder einem Any-Rückgabetyp definieren, die mit allen Objekttypen funktionieren. Außerdem können Sie polymorphe Arrays erstellen, die Objekte beliebigen Typs enthalten. Hier ein Beispiel:

  ```
  val myArray = arrayOf(Car(), Guitar(), Giraffe())
  ```
  Der Compiler sieht, dass jedes Objekt im Array den gemeinsamen Supertyp Any besitzt, und erzeugt ein Array vom Typ Array<Any>.

Sehen wir uns das von der Any-Klasse geerbte gemeinsame Verhalten einmal genauer an.

Any

Das von Any definierte gemeinsame Verhalten

Die Klasse Any definiert eine Reihe von Funktionen, die von jeder Klasse geerbt werden. Wir zeigen Ihnen einige Funktionen, die uns am wichtigsten sind, sowie Beispiele für ihr Standardverhalten:

equals(any: Any): Boolean
Ermittelt, ob zwei Objekte als »gleich« gelten. Gibt true zurück, wenn die getesteten Variablen Referenzen auf dasselbe Objekt enthalten, und false, sofern zwei verschiedene Objekte verglichen wurden. Hinter den Kulissen wird bei jedem Einsatz des ==-Operators die equals-Funktion aufgerufen.

```
val w1 = Wolf()              val w1 = Wolf()
val w2 = Wolf()              val w2 = w1
println(w1.equals(w2))       println(w1.equals(w2))
```

equals gibt false zurück, weil w1 und w2 Referenzen auf verschiedene Objekte enthalten. → false

true ← equals gibt true zurück, weil w1 und w2 Referenzen auf dasselbe Objekt enthalten. Dies entspricht einem Test per w1 == w2.

hashCode(): Int
Gibt einen Hashcode-Wert für das Objekt zurück. Wird oft von bestimmten Datenstrukturen benutzt, um Werte effizienter speichern zu können.

```
val w = Wolf()
println(w.hashCode())
```

523429237 ← Dies ist der Wert des Hashcodes für w.

toString(): String
Gibt einen String zurück, der das Objekt repräsentiert. Standardmäßig ist dies der Klassenname und eine Zahl, die uns aber nur selten interessiert.

```
val w = Wolf()
println(w.toString())
```

Wolf@1f32e575

Die Any-Klasse stellt für alle oben genannten Funktionen eine Standardimplementierung zur Verfügung. Sie wird von allen Klassen geerbt, kann allerdings überschrieben werden, um das Standardverhalten dieser Funktionen zu ändern.

Standardmäßig überprüft equals, ob zwei Objekte dasselbe zugrunde liegende Objekt sind.

Die equals-Funktion definiert das Verhalten des ==-Operators.

Vielleicht soll equals testen, ob zwei Objekte gleich<u>wertig</u> sind

Manchmal ist es nötig, die Implementierung von `equals` anzupassen, um das Verhalten des `==`-Operators zu ändern.

Angenommen, Sie hätten eine Klasse namens `Recipe`, die Daten zu Rezepten enthält. In diesem Fall gelten zwei `Recipe`-Objekte als gleich (bzw. äquivalent), wenn sie die Details zum gleichen Rezept enthalten. Die Klasse `Recipe` besitzt zwei Eigenschaften namens `title` und `isVegetarian`, wie hier gezeigt:

```
class Recipe(val title: String, val isVegetarian: Boolean) {
}
```

Der `==`-Operator soll `true` ergeben, wenn zwei `Recipe`-Objekte verglichen werden, deren `title`- und `isVegetarian`-Eigenschaften gleich sind:

```
val r1 = Recipe("Chicken Bhuna", false)
val r2 = Recipe("Chicken Bhuna", false)
```

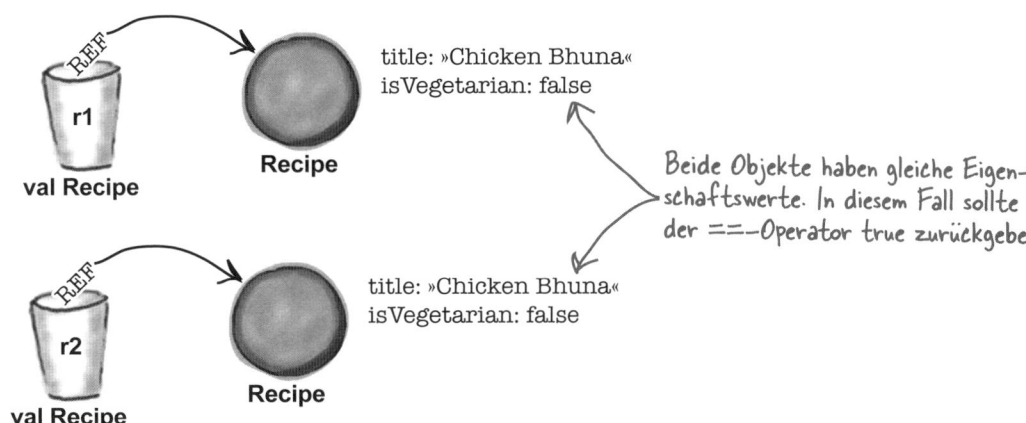

Beide Objekte haben gleiche Eigenschaftswerte. In diesem Fall sollte der `==`-Operator true zurückgeben.

Wir *könnten* das Verhalten des `==`-Operators verändern, indem wir die `equals`-Funktion überschreiben. Die Kotlin-Entwickler haben sich aber noch etwas Besseres ausgedacht: das Konzept der **Datenklasse**. Finden wir heraus, was das ist und wie sie erstellt wird.

*Daten*klassen

Mit einer Datenklasse können Sie Datenobjekte erstellen

Mit einer *Datenklasse* können Objekte erstellt werden, deren Hauptzweck die Datenspeicherung ist. Sie besitzt Fähigkeiten, die hilfreich beim Umgang mit Daten sind. Das kann zum Beispiel eine Neuimplementierung der `equals`-Funktion sein, die überprüft, ob zwei Datenobjekte die gleichen Eigenschaftswerte enthalten. Falls ja, sollen sie als »gleich« betrachtet werden.

Eine Datenklasse wird definiert, indem Sie einer normalen Klassendefinition das Schlüsselwort **data** voranstellen. Der folgende Code ändert die zuvor erstellte `Recipe`-Klasse in eine Datenklasse:

Das Präfix data ändert eine normale Klasse in eine Datenklasse.

```
data class Recipe(val title: String, val isVegetarian: Boolean) {
}
```

Objekte von einer Datenklasse ableiten

Um ein Objekt von einer Datenklasse abzuleiten, gehen Sie vor wie bei einer normalen Klasse: Sie rufen ihren Konstruktor auf. Der folgende Code erzeugt beispielsweise ein neues `Recipe`-Datenobjekt und weist es der neuen Variablen `r1` zu:

```
val r1 = Recipe("Chicken Bhuna", false)
```

Datenklassen überschreiben ihre `equals`-Funktion automatisch, um das Verhalten des `==`-Operators so anzupassen, dass die Objektgleichheit anhand der **Eigenschaftswerte der Objekte** überprüft wird. Haben Sie zum Beispiel zwei `Recipe`-Objekte mit identischen Eigenschaftswerten, evaluiert der Vergleich mit `==` zu *true*, weil die Objekte die gleichen Daten enthalten:

```
val r1 = Recipe("Chicken Bhuna", false)
val r2 = Recipe("Chicken Bhuna", false)
// r1 == r2 ergibt true
```

r1 und r2 gelten als »gleich«, weil beide Recipe-Objekte die gleichen Daten enthalten.

Zusätzlich zu einer neuen Implementierung der von der Superklasse `Any` geerbten `equals`-Funktion werden außerdem die Funktionen `hashCode` und `toString` überschrieben. Die Implementierung sehen wir uns etwas genauer an.

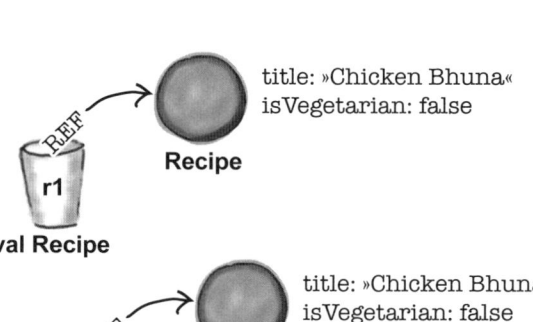

Datenklassen überschreiben das geerbte Verhalten

In einer Datenklasse müssen die Objekte gut mit Daten umgehen können. Daher stellen Datenklassen automatisch die folgenden Implementierungen der von der Superklasse `Any` geerbten Funktionen `equals`, `hashCode` und `toString` zur Verfügung:

Die equals-Funktion vergleicht Eigenschaftswerte

Definieren Sie eine Datenklasse, gibt die `equals`-Funktion (und damit der `==`-Operator) auch weiterhin `true` zurück, wenn damit dasselbe Objekt überprüft wird. Zusätzlich wird `true` zurückgegeben, wenn die verglichenen Objekte identische Werte für die im Konstruktor definierten Eigenschaften haben:

```
val r1 = Recipe("Chicken Bhuna", false)
val r2 = Recipe("Chicken Bhuna", false)
println(r1.equals(r2))
    true
```

> **Datenobjekte gelten als gleich, wenn sie die gleichen Eigenschaftswerte enthalten.**

Gleiche Objekte geben den gleichen hashCode-Wert zurück

Gelten zwei Datenobjekte als gleich (d.h., sie haben identische Eigenschaftswerte), gibt die Funktion `hashCode` für beide Objekte den gleichen Wert zurück:

```
val r1 = Recipe("Chicken Bhuna", false)
val r2 = Recipe("Chicken Bhuna", false)
println(r1.hashCode())
println(r2.hashCode())
    241131113
    241131113
```

Ein Hashcode ist etwas Ähnliches wie die Beschriftung auf einem Behälter. Objekte gelten als gleich, wenn sie in denselben Behälter gefüllt werden. Der Hashcode teilt dem System mit, wo das Objekt gefunden werden kann. Gleiche Objekte MÜSSEN den gleichen Hashcode haben, weil das System sich darauf verlässt. Mehr dazu finden Sie in Kapitel 9.

toString gibt den Wert jeder Eigenschaft zurück

Die Funktion `toString` gibt nicht länger den Namen der Klasse und eine Zahl zurück, sondern einen nützlichen String, der die Werte aller im Klassenkonstruktor definierten Eigenschaften enthält:

```
val r1 = Recipe("Chicken Bhuna", false)
println(r1.toString())
    Recipe(title=Chicken Bhuna, isVegetarian=false)
```

Zusätzlich zum Überschreiben der von der Superklasse `Any` geerbten Funktionen besitzt eine Datenklasse weitere Fähigkeiten für den effizienteren Umgang mit Daten. Hierzu gehört beispielsweise das Kopieren von Datenobjekten. Wie das funktioniert, sehen wir auf der folgenden Seite.

Daten mit der copy-Funktion kopieren

Mit der **copy**-Funktion können Sie eine neue Kopie eines Datenobjekts erstellen und dabei nur einige der Eigenschaften verändern, während der Rest intakt bleibt. Hierfür rufen Sie die Funktion an dem zu kopierenden Objekt auf und übergeben ihr die Namen und neuen Werte der Eigenschaften, die geändert werden sollen.

Nehmen wir zum Beispiel ein `Recipe`-Objekt namens `r1`, das folgendermaßen definiert wurde:

```
val r1 = Recipe("Thai Curry", false)
```

> Mit der copy-Funktion können Sie ein Datenobjekt kopieren und dabei bestimmte Eigenschaften verändern. Das Originalobjekt bleibt dabei unverändert.

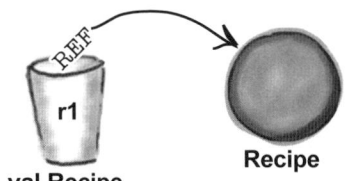

Um eine Kopie des `Recipe`-Objekts zu erzeugen und den Wert seiner `isVegetarian`-Eigenschaft in `true` zu ändern, können Sie die `copy`-Funktion so einsetzen:

```
val r1 = Recipe("Thai Curry", false)
val r2 = r1.copy(isVegetarian = true)
```

Dies kopiert das r1-Objekt und ändert den Wert der isVegetarian-Eigenschaft zu true.

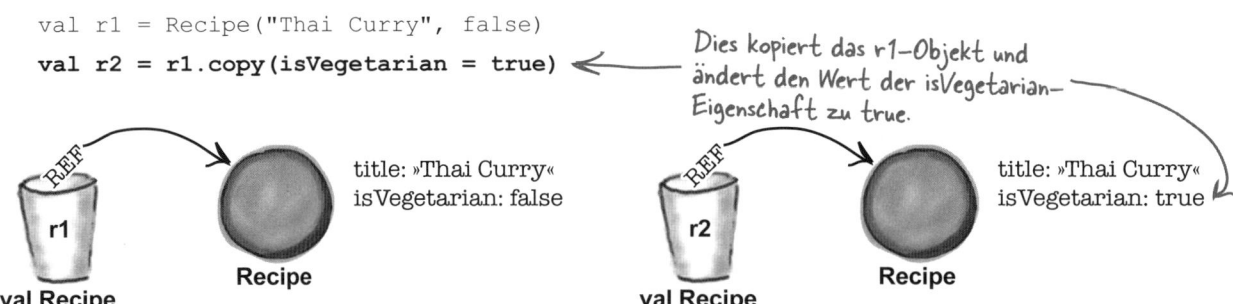

Man könnte sagen: »Erzeuge eine Kopie des Objekts von *r1*, ändere den Wert seiner *isVegetarian*-Eigenschaft zu *true* und weise das neue Objekt der Variablen *r2* zu.« Man erhält eine neue Kopie des Objekts, wobei das Ursprungsobjekt unverändert bleibt.

Neben `copy` besitzen Datenklassen weitere Funktionen, mit denen Sie ein Datenobjekt in seine Eigenschaftswerte auftrennen können. Das Verfahren nennt sich **Destrukturierung**. Sehen wir, wie das funktioniert.

Datenklassen definieren componentN-Funktionen ...

Bei der Definition einer Datenklasse fügt der Compiler der Klasse automatisch eine Reihe von Funktionen hinzu, die Sie als alternativen Weg für den Zugriff auf die Eigenschaftswerte des Objekts benutzen können. Die Funktionen werden als componentN-Funktionen bezeichnet. Dabei steht N für die Zahl der Eigenschaft (in der Reihenfolge ihrer Deklaration), deren Wert ausgelesen werden soll.

Folgendes Beispiel zeigt die Funktionsweise von componentN-Funktionen anhand eines Recipe-Objekts:

```
val r = Recipe("Chicken Bhuna", false)
```

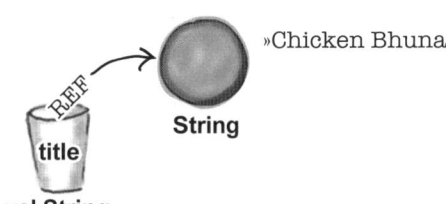

Soll der Wert der ersten Objekteigenschaft ausgelesen werden (hier: title), können Sie die component1()-Funktion des Objekts aufrufen, wie hier gezeigt:

```
val title = r.component1()
```

component1() gibt die Referenz der ersten vom Konstruktor der Datenklasse definierten Eigenschaft zurück.

Das entspricht dem Code:

```
val title = r.title
```

... ist aber allgemeiner. Warum ist es also sinnvoll, dass eine Datenklasse allgemeine ComponentN-Funktionen besitzt?

... mit denen Sie Datenobjekte <u>destrukturieren</u> können

Allgemeine componentN-Funktionen sind hilfreich, weil sie eine einfache Möglichkeit bieten, ein Datenobjekt in seine enthaltenen Eigenschaftswerte aufzuteilen, es also zu *destrukturieren*.

Angenommen, Sie wollten die Eigenschaftswerte eines Recipe-Objekts jeweils eigenen Variablen zuweisen. Anstelle des folgenden Codes:

```
val title = r.title
val vegetarian = r.isVegetarian
```

... können Sie den unten gezeigten Code benutzen, statt jede Eigenschaft einzeln zu bearbeiten:

```
val (title, vegetarian) = r
```

Weist den Wert der ersten Eigenschaft von r der Variablen titel zu und den Wert der zweiten Eigenschaft der Variablen vegetarian.

Das ist, als sagte man: »Erzeuge die zwei Variablen *title* und *vegetarian* und weise jeder die entsprechenden Eigenschaftswerte von *r* zu.« Das macht das Gleiche wie dieser Code:

```
val title = r.component1()
val vegetarian = r.component2()
```

... ist aber deutlich kürzer.

> Die Destrukturierung eines Datenobjekts trennt es in seine Bestandteile auf.

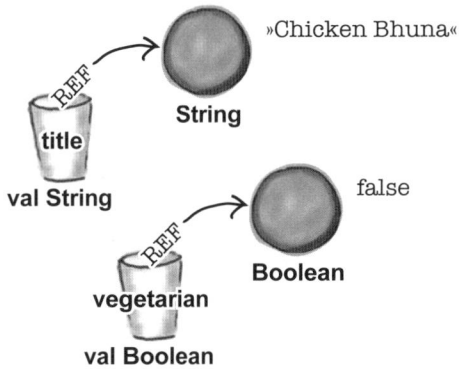

== vs. ===

Datenklassen klingen schon ganz gut. Aber gibt es vielleicht eine ultimative Methode, mit der man testen kann, ob sich zwei Variablen auf dasselbe zugrunde liegende Objekt beziehen? Anscheinend ist der ==-Operator nicht besonders verlässlich, weil sein Verhalten von der Implementierung der equals-Funktion abhängt. Und das kann von Klasse zu Klasse unterschiedlich sein.

Mit dem ===-Operator können Sie immer überprüfen, ob sich zwei Variablen auf dasselbe zugrunde liegende Objekt beziehen.

Um das zu abzuchecken, sollten Sie anstelle von == den ===-Operator benutzen, denn === evaluiert immer zu **true**, wenn (und *nur* wenn) zwei Variablen eine Referenz auf dasselbe Objekt enthalten. Angenommen, wir hätten die Variablen x und y und den folgenden Code:

```
x === y
```

Hat dieser Vergleich true zum Ergebnis, wissen Sie, dass x und y sich auf dasselbe zugrunde liegende Objekt beziehen müssen:

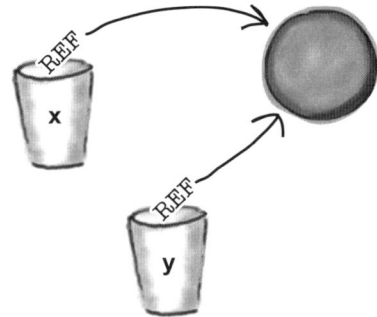

== testet auf Objekt-<u>Äquivalenz</u>.

=== testet auf Objekt-<u>Identität</u>.

Im Gegensatz zu == verlässt sich der ===-Operator nicht auf die equals-Funktion, um sein Verhalten zu steuern. Der ===-Operator verhält sich – unabhängig von der Klasse – immer gleich.

Nachdem Sie nun wissen, was Datenklassen sind, können wir ein Projekt für unseren Recipe-Code anlegen.

Das Recipes-Projekt anlegen

Erstellen Sie ein neues Kotlin-Projekt für die JVM und nennen Sie es »Recipes«. Danach erstellen Sie eine neue Kotlin-Datei namens *Recipes.kt*, indem Sie den *src*-Ordner anklicken und aus dem File-Menü den Befehl New → Kotlin File/ Class wählen. Nennen Sie die Datei »Recipes« und wählen Sie im Aufklappmenü Kind die Option File.

Wir werden eine neue Datenklasse namens Recipe im Projekt anlegen und ein paar Recipe-Datenobjekte erzeugen. Bauen Sie den unten stehenden Code in Ihre Version von *Recipes.kt* ein:

Da unsere Datenklasse keinen Körper hat, haben wir die geschweiften Klammern ({}) weggelassen.

```
data class Recipe(val title: String, val isVegetarian: Boolean)

fun main(args: Array<String>) {
    val r1 = Recipe("Thai Curry", false)
    val r2 = Recipe("Thai Curry", false)
    val r3 = r1.copy(title = "Chicken Bhuna")
    println("r1 hash code: ${r1.hashCode()}")
    println("r2 hash code: ${r2.hashCode()}")
    println("r3 hash code: ${r3.hashCode()}")
    println("r1 toString: ${r1.toString()}")
    println("r1 == r2? ${r1 == r2}")
    println("r1 === r2? ${r1 === r2}")
    println("r1 == r3? ${r1 == r3}")
    val (title, vegetarian) = r1
    println("title is $title and vegetarian is $vegetarian")
}
```

Eine Kopie von r1 anlegen und dessen title-Eigenschaft verändern.

r1 destrukturieren.

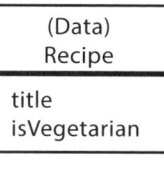

Probefahrt

Wenn Sie den Code ausführen, wird folgender Text im Ausgabefenster der IDE angezeigt:

```
r1 hash code: -135497891
r2 hash code: -135497891
r3 hash code: 241131113
r1 toString: Recipe(title=Thai Curry, isVegetarian=false)
r1 == r2? true
r1 === r2? false
r1 == r3? false
title is Thai Curry and vegetarian is false
```

r1 == r2 ist wahr (true), weil ihre Objekte passende Werte haben. Da sie sich auf unterschiedliche Objekte beziehen, ist der Vergleich r1 === r2 dagegen falsch (false).

Es gibt keine Dummen Fragen

F: Sie sagten, jede Klasse ist eine Subklasse von `Any`. Ich dachte, jede Klasse kann nur eine direkte Superklasse haben?

A: Hinter den Kulissen steht die `Any`-Klasse an der Spitze jeder Superklassenhierarchie. Daher ist jede von Ihnen erstellte Klasse ein direkter oder indirekter Nachfahre von `Any`. Das heißt, jede Klasse IST EIN Typ `Any` und erbt die von ihr definierten Funktionen `equals`, `hashCode` und `toString`.

F: Ich verstehe. Und Sie sagten, dass Datenklassen diese Funktionen automatisch überschreiben?

A: Genau. Wenn Sie eine Datenklasse definieren, überschreibt der Compiler im Hintergrund die von der Klasse geerbten Funktionen `equals`, `hashCode` und `toString`, damit diese besser für Klassen geeignet sind, die hauptsächlich Daten enthalten sollen.

F: Kann ich diese Funktionen auch überschreiben, ohne eine Datenklasse zu erstellen?

A: Ja. Auf die gleiche Weise, wie Sie Funktionen aus anderen Klassen überschreiben: indem Sie im Körper Ihrer Klasse eine eigene Implementierung der Funktion bereitstellen.

F: Müssen dabei bestimmte Regeln befolgt werden?

A: Die wichtigste Regel lautet: Wenn Sie die `equals`-Funktion überschreiben, sollte die `hashCode`-Funktion ebenfalls eine eigene Implementierung erhalten.

Werden zwei Objekte als gleich angesehen, müssen sie den gleichen Hashcode-Wert besitzen. Einige Datenstrukturen (»Collections«) verwenden Hashcodes, um Daten effizient zu speichern. Dabei geht das System davon aus, dass zwei Objekte gleich sind, wenn sie den gleichen Hashcode-Wert besitzen. Mehr hierzu finden Sie in Kapitel 9.

F: Das klingt aber ziemlich kompliziert.

A: Es ist sicher einfacher, eine Datenklasse zu erstellen. Dadurch wird Ihr Code sauberer und kürzer. Wollen Sie `equals`, `hashCode` und `toString` trotzdem selbst überschreiben, kann die IDE den größten Teil der Implementierung für Sie übernehmen.

Hierfür schreiben Sie zunächst die grundsätzlichen Klassendefinitionen inklusive der nötigen Eigenschaften. Danach stellen Sie sicher, dass sich der Cursor innerhalb der Klasse befindet. Dann wählen Sie aus dem Code-Menü die Option Generate, um den nötigen Code automatisch erzeugen zu lassen.

F: Ich habe bemerkt, dass wir die Datenklasseneigenschaften ausschließlich mit `val` definiert haben. Kann ich dafür auch `var` verwenden?

A: Ja. Das ist grundsätzlich möglich, wir raten aber dringend dazu, Ihre Datenklassen immutabel (unveränderlich) zu machen, indem Sie nur `val`-Eigenschaften verwenden. Dadurch können erzeugte Datenobjekte nicht verändert werden. Sie müssen also keine Sorge haben, dass anderer Code ihre Eigenschaften manipuliert. Zudem sind `val`-Eigenschaften die Voraussetzung für die Erstellung bestimmter Datenstrukturen.

F: Warum besitzen Datenklassen eine `copy`-Funktion?

A: Da Datenklassen üblicherweise per `val` definiert werden, können sie nicht verändert werden. Die `copy`-Funktion bietet eine gute Alternative zu veränderlichen Datenobjekten. Per `copy` können Sie auf einfache Weise eine neue Version eines Objekts mit veränderten Eigenschaftswerten erzeugen.

F: Kann ich eine Datenklasse als »abstract« oder »open« deklarieren?

A: Nein. Datenklassen können nicht als »abstract« oder »open« deklariert und können daher auch nicht als Superklassen verwendet werden. Sie können aber Interfaces implementieren. Und seit Kotlin 1.1 sind sie zudem in der Lage, von anderen Klassen zu erben.

Datenklassen

Vermischte Nachrichten

Unten sehen Sie ein kurzes Kotlin-Programm. Ein Block des Programms fehlt. Ihre Aufgabe ist es, den Kandidaten (links) die richtigen Ausgaben (rechts) zuzuordnen, wenn der jeweilige Block in das Programm eingefügt wird. Es werden beide Ausgabezeilen verwendet, teilweise auch mehr als einmal. Verbinden Sie die Kandidatenblöcke auf der linken Seite mit den passenden Ausgaben rechts.

```
data class Movie(val title: String, val year: String)

class Song(val title: String, val artist: String)

fun main(args: Array<String>) {
    var m1 = Movie("Black Panther", "2018")
    var m2 = Movie("Jurassic World", "2015")
    var m3 = Movie("Jurassic World", "2015")
    var s1 = Song("Love Cats", "The Cure")
    var s2 = Song("Wild Horses", "The Rolling Stones")
    var s3 = Song("Love Cats", "The Cure")

}
```

Hier kommen die Kandidaten hin.

Kandidaten:

```
println(m2 == m3)
```

```
println(s1 == s3)
```

Verbinden Sie die Kandidaten mit den passenden Ausgaben.

```
var m4 = m1.copy()
println(m1 == m4)
```

```
var m5 = m1.copy()
println(m1 === m5)
```

```
var m6 = m2
m2 = m3
println(m3 == m6)
```

Mögliche Ausgaben:

```
true
```

```
false
```

Sie sind hier ▸ **203**

Vermischte Nachrichten: Lösung

Unten sehen Sie ein kurzes Kotlin-Programm. Ein Block des Programms fehlt. Ihre Aufgabe ist es, den Kandidaten (links) die richtigen Ausgaben (rechts) zuzuordnen, wenn der jeweilige Block in das Programm eingefügt wird. Es werden beide Ausgabezeilen verwendet, teilweise auch mehr als einmal. Verbinden Sie die Kandidatenblöcke auf der linken Seite mit den passenden Ausgaben rechts.

Vermischte Nachrichten, Lösung

```
data class Movie(val title: String, val year: String)

class Song(val title: String, val artist: String)

fun main(args: Array<String>) {
    var m1 = Movie("Black Panther", "2018")
    var m2 = Movie("Jurassic World", "2015")
    var m3 = Movie("Jurassic World", "2015")
    var s1 = Song("Love Cats", "The Cure")
    var s2 = Song("Wild Horses", "The Rolling Stones")
    var s3 = Song("Love Cats", "The Cure")

    
}
```

Hier kommen die Kandidaten hin.

m2 == m3 ist wahr (true), weil m1 und m2 Datenobjekte sind.

m4 und m1 haben die gleichen Eigenschaftswerte; der Vergleich m1 == m4 ist wahr (true).

m1 und m5 verweisen auf unterschiedliche Objekte, daher ist m1 === m5 falsch (false).

Kandidaten:

```
println(m2 == m3)
```

```
println(s1 == s3)
```

```
var m4 = m1.copy()
println(m1 == m4)
```

```
var m5 = m1.copy()
println(m1 === m5)
```

```
var m6 = m2
m2 = m3
println(m3 == m6)
```

Mögliche Ausgaben:

true

false

Erzeugte Funktionen verwenden nur die im Konstruktor definierten Eigenschaften

Bisher haben Sie gesehen, wie man eine Datenklasse definiert und ihrem Konstruktor Eigenschaften hinzufügt. Der folgende Code definiert beispielsweise die Datenklasse `Recipe` mit den Eigenschaften `title` und `isVegetarian`:

```
data class Recipe(val title: String, val isVegetarian: Boolean) {
}
```

Wie andere Klassen können Sie auch Datenklassen im Klassenkörper um Eigenschaften und Funktionen erweitern. Allerdings hat die Sache einen großen Haken.

Wenn der Compiler die Implementierung der Datenklassenfunktionen erzeugt, wie beispielsweise das Überschreiben der `equals`-Funktion und die Erzeugung der `copy`-Funktion, werden nur Eigenschaften berücksichtigt, die **im primären Konstruktor definiert wurden**. Wenn Sie eine Datenklasse im Klassenkörper um weitere Eigenschaften erweitern, *werden diese nicht auf die erzeugten Funktionen übertragen*.

Angenommen, Sie erweiterten die Datenklasse `Recipe` um die Eigenschaft `mainIngredient`, wie hier gezeigt:

```
data class Recipe(val title: String, val isVegetarian: Boolean) {
    var mainIngredient = ""
}
```

Da die Eigenschaft `mainIngredient` im Körper der Klasse und nicht im Konstruktor definiert wurde, wird sie von Funktionen wie `equals` ignoriert. Wenn Sie beispielsweise zwei `Recipe`-Objekte erzeugen:

```
val r1 = Recipe("Thai Curry", false)
r1.mainIngredient = "Chicken"
val r2 = Recipe("Thai Curry", false)
r2.mainIngredient = "Duck"
println(r1 == r2)   // Ergibt true
```

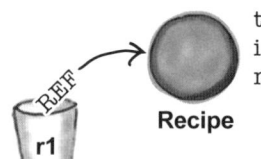

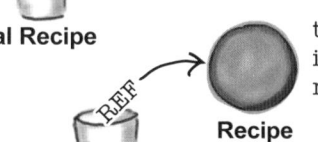

r1 == r2 ist wahr, weil die Eigenschaften title und isVegetarian von r1 und r2 gleich sind. Der ==-Operator ignoriert die mainIngredient-Eigenschaft, weil sie nicht im Konstruktor definiert wurde.

… dann verwendet der ==-Operator für den Test auf Gleichheit nur die Eigenschaften `title` und `isVegetarian`, denn nur sie wurden im Konstruktor der Datenklasse definiert. Haben die Objekte unterschiedliche Werte für die `mainIngredient`-Eigenschaft (wie im obigen Beispiel), wird diese Eigenschaft von `equals` beim Vergleich zweier Objekte nicht berücksichtigt.

Was machen Sie aber, wenn Ihre Datenklasse mehrere Eigenschaften besitzt, die in den erzeugten Funktionen berücksichtigt werden sollen?

Standard-Parameterwerte

Die Initialisierung vieler Eigenschaften kann zu schwerfälligem Code führen

Wie Sie gerade gesehen haben, müssen alle Eigenschaften, die in Funktionen berücksichtigt werden sollen, die von der Datenklasse erzeugt werden, in ihrem primären Konstruktor definiert werden. Ist die Zahl dieser Eigenschaften *sehr hoch*, kann der Code schnell unhandlich werden. Sobald Sie ein neues Objekt erzeugen, müssen Sie für jede Eigenschaft einen Wert angeben. Für die Datenklasse Recipe könnte das zum Beispiel so aussehen:

```
data class Recipe(val title: String,
                  val mainIngredient: String,
                  val isVegetarian: Boolean,
                  val difficulty: String) {
}
```

(Data) Recipe
title mainIngredient isVegetarian difficulty

Hier der entsprechende Code zur Erzeugung eines Recipe-Objekts:

```
val r = Recipe("Thai Curry", "Chicken", false, "Easy")
```

Das sieht jetzt nicht so schlimm aus, weil die Zahl der Eigenschaften nicht besonders groß ist. Aber stellen Sie sich einmal vor, Sie müssten jedes Mal zehn, zwanzig oder sogar *fünfzig* Eigenschaften angeben, um ein neues Objekt zu erstellen. Der Code würde immer schwerer zu handhaben.

Was kann man in solchen Situationen tun?

Die Rettung: Standardwerte für Parameter!

Definiert Ihr Konstruktor viele Eigenschaften, können Sie die Aufrufe vereinfachen, indem Sie einer oder mehreren Eigenschaftsdefinitionen einen Standardwert oder -ausdruck zuweisen. Im folgenden Beispiel erhalten die Eigenschaften isVegetarian und difficulty im Recipe-Konstruktor jeweils Standardwerte:

> **Jede Datenklasse braucht einen primären Konstruktor, der mindestens einen Parameter definiert. Jedem Parameter muss ein val oder var vorangestellt werden.**

```
data class Recipe(val title: String,
                  val mainIngredient: String,
                  val isVegetarian: Boolean = false,
                  val difficulty: String = "Easy") {
}
```

isVegetarian hat den Standardwert false.

difficulty hat den Standardwert »Easy«.

(Data) Recipe
title mainIngredient isVegetarian difficulty

Sehen wir uns einmal an, worin der Unterschied beim Erstellen neuer Recipe-Objekte besteht.

Die Standardwerte des Konstruktors verwenden

Nutzt ein Konstruktor Standardwerte, kann er auf zwei Arten aufgerufen werden: durch die Übergabe von Werten in der Reihenfolge der Deklarierung und durch die Verwendung benannter Argumente. Wir sehen uns beide Ansätze an.

1. Werte in der Reihenfolge der Deklarierung übergeben

Dieser Ansatz funktioniert so, wie Sie es bereits kennen. Die einzige Ausnahme ist, dass Sie für Argumente, die bereits Standardwerte haben, keine Werte angeben müssen.

Angenommen, Sie wollten ein `Recipe`-Objekt für Spaghetti Bolognese erzeugen, das nicht vegetarisch und leicht nachzukochen (»easy«) ist. Wir können das Objekt erzeugen, indem wir Werte für die ersten beiden Eigenschaften im Konstruktor angeben, wie im folgenden Code:

```
val r = Recipe("Spaghetti Bolognese", "Beef")
```

Für die Eigenschaften isVegetarian und difficulty wurden keine Werte angegeben. Daher benutzt das Objekt die Standardwerte.

title: »Spaghetti Bolognese«
mainIngredient: "Beef"
isVegetarian: false
difficulty: »Easy«

Dieser Code weist den Eigenschaften `title` und `mainIngredient` die Werte »Spaghetti Bolognese« und »Beef« zu. Für die übrigen Eigenschaften werden die Standardwerte aus dem Konstruktor genutzt.

So können Sie die Standardwerte bestimmter Eigenschaften überschreiben. Um beispielsweise ein `Recipe`-Objekt für ein vegetarisches Spaghetti-Bolognese-Rezept zu erzeugen, können Sie folgenden Code verwenden:

```
val r = Recipe("Spaghetti Bolognese", "Tofu", true)
```

Weist isVegetarian den Wert true zu und verwendet für die Eigenschaft difficulty den Standardwert.

title: »Spaghetti Bolognese«
mainIngredient: "Tofu"
isVegetarian: true
difficulty: »Easy«

Damit werden den ersten drei im `Recipe`-Konstruktor definierten Eigenschaften die Werte von »Spaghetti Bolognese«, »Tofu« und *true* zugewiesen. Die letzte Eigenschaft, `difficulty`, behält den Standardwert »Easy«.

Vergessen Sie nicht: Bei diesem Ansatz müssen die Werte in der Reihenfolge ihrer Deklaration übergeben werden. Sie können die `isVegetarian`-Eigenschaft also nicht einfach weglassen, wenn nur der Wert der darauffolgenden `difficulty`-Eigenschaft überschrieben werden soll. Der folgende Code ist daher ungültig:

```
val r = Recipe("Spaghetti Bolognese", "Beef", "Moderate")
```

Dieser Code wird nicht kompiliert, weil der Compiler als dritten Wert einen booleschen Wert erwartet.

Jetzt wissen Sie, wie die Übergabe von Werten in der Reihenfolge ihrer Deklarierung funktioniert. Als Nächstes wollen wir uns damit beschäftigen, wie man stattdessen benannte Argumente verwenden kann.

Benannte *Argumente*

2. Benannte Argumente verwenden

Durch den Aufruf eines Konstruktors mit benannten Argumenten können Sie ausdrücklich angeben, welcher Wert welcher Eigenschaft zugewiesen werden soll, ohne sich an die Deklarationsreihenfolge der Eigenschaften halten zu müssen.

Angenommen, wir wollten ein `Recipe`-Objekt für Spaghetti Bolognese erzeugen, bei dem wie zuvor die Standardwerte der Eigenschaften `title` und `mainIngredient` überschrieben werden. Um hierfür benannte Argumente zu verwenden, können Sie beispielsweise schreiben:

```
val r = Recipe(title = "Spaghetti Bolognese",
               mainIngredient = "Beef")
```

← Hier werden die Namen der Eigenschaften und die gewünschten Werte angegeben.

Für jedes Argument ohne Standardwert muss ein Wert übergeben werden, oder der Code wird nicht kompiliert.

Der obige Code weist den Eigenschaften `title` und `mainIngredient` die Werte »Spaghetti Bolognese« und »Beef« zu. Für die übrigen Eigenschaften werden die im Konstruktor angegebenen Standardwerte verwendet.

Da wir jetzt benannte Argumente nutzen, spielt die Reihenfolge keine Rolle mehr. Der folgende Code macht das Gleiche wie der Code oben:

```
val r = Recipe(mainIngredient = "Beef",
               title = "Spaghetti Bolognese")
```

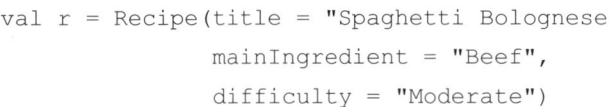

title: »Spaghetti Bolognese«
mainIngredient: "Beef"
isVegetarian: false
difficulty: »Easy«

— Bei benannten Argumenten spielt die Reihenfolge, in der die Werte angegeben werden, keine Rolle.

Der große Vorteil bei der Verwendung benannter Argumente liegt darin, dass Sie nur Argumente angeben müssen, die keinen Standardwert besitzen oder deren Standardwerte Sie überschreiben wollen. Soll beispielsweise die Eigenschaft `difficulty` überschrieben werden, reicht folgender Code:

```
val r = Recipe(title = "Spaghetti Bolognese",
               mainIngredient = "Beef",
               difficulty = "Moderate")
```

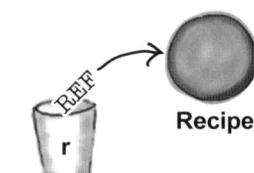

title: »Spaghetti Bolognese«
mainIngredient: "Beef"
isVegetarian: false
difficulty: »Moderate«

Die Verwendung von Standard-Parameterwerten und benannten Argumenten funktioniert übrigens nicht nur bei Konstruktoren für Datenklassen, Sie können sie auch für normale Klassenkonstruktoren oder Funktionen benutzen. Nach einem kleinen Ausflug zeigen wir Ihnen, wie Sie Funktionen mit Standardwerten einsetzen können.

Datenklassen

Sekundäre Konstruktoren im Detail

Manche Sprachen, zum Beispiel Java, erlauben die Definition von **sekundären Konstruktoren**. Das geht auch in Kotlin. Sekundäre Konstruktoren erlauben die Übergabe unterschiedlicher Parameterkombinationen, um Objekte zu erzeugen. Sie werden diese zusätzlichen Konstruktoren aber nur selten brauchen, weil die Verwendung von Standard-Parameterwerten bereits sehr flexibel ist.

Obwohl sekundäre Konstruktoren in Kotlinville nur selten vorkommen, wollten wir Ihnen zumindest einen kleinen Überblick geben.

Im folgenden Beispiel definiert die Klasse `Mushroom` zwei Konstruktoren: einen primären Konstruktor, der im Klassen-Header definiert wird, und einen sekundären Konstruktor, der im Körper der Klasse definiert wird:

Primärer Konstruktor.

```
class Mushroom(val size: Int, val isMagic: Boolean) {
    constructor(isMagic_param: Boolean) : this(0, isMagic_param) {
        // Code, der beim Aufruf des sekundären
        // Konstruktors ausgeführt wird
    }
}
```
Sekundärer Konstruktor.

Sekundäre Konstruktoren werden durch das Schlüsselwort `constructor` eingeleitet, gefolgt von den Parametern, mit denen er aufgerufen wird, wie hier:

constructor(isMagic_param: Boolean)

Dieser Code erzeugt einen sekundären Konstruktor mit einem Parameter vom Typ `Boolean`.

Besitzt die Klasse einen primären Konstruktor, muss jeder sekundäre Konstruktor darauf verweisen. Der folgende Konstruktor ruft beispielsweise (über das Schlüsselwort `this`) den primären Konstruktor der `Mushroom`-Klasse auf und übergibt ihm den Wert 0 für die Eigenschaft `size` und den Wert des `isMagic_param`-Parameters:

Dies ruft den primären Konstruktor der aktuellen Klasse auf. Ihm wird für den Parameter size der Wert 0 übergeben; der isMagic-Parameter erhält den Wert von isMagic_param.

```
constructor(isMagic_param: Boolean) : this(0, isMagic_param)
```

Soll beim Aufruf des sekundären Konstruktors zusätzlicher Code ausgeführt werden, können Sie diesen im Körper des sekundären Konstruktors angeben:

```
constructor(isMagic_param: Boolean) : this(0, isMagic_param) {
    // Code, der beim Aufruf des sekundären
    // Konstruktors ausgeführt wird
}
```

Um Objekte zu erzeugen, können Sie wie hier den sekundären Konstruktor verwenden:

```
val m = Mushroom(true)
```

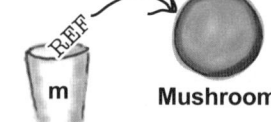

Sie sind hier ▸ **209**

*Standard*werte

Auch Funktionen können Standardwerte verwenden

Stellen Sie sich vor, wir hätten eine Funktion namens `findRecipes`, die die Rezepte nach bestimmten Kriterien durchsucht:

```
fun findRecipes(title: String,
                ingredient: String,
                isVegetarian: Boolean,
                difficulty: String) : Array<Recipe> {
    // Code zum Finden von Rezepten
}
```

Bei jedem Funktionsaufruf müssen für alle vier Parameter Werte übergeben werden, damit der Code kompiliert wird:

```
val recipes = findRecipes("Thai Curry", "", false, "")
```

Die Funktion wird flexibler, wenn wir jedem Parameter einen Standardwert zuweisen. Dadurch müssen nicht länger alle vier Werte an die Funktion übergeben werden, damit der Code kompiliert wird, sondern nur jene, die überschrieben werden sollen:

```
fun findRecipes(title: String = "",
                ingredient: String = "",
                isVegetarian: Boolean = false,
                difficulty: String = "") : Array<Recipe> {
    // Code zum Finden von Rezepten
}
```

> Die gleiche Funktion wie oben, aber mit Standardwerten für die Parameter.

Wollen Sie der Funktion beispielsweise den Wert »Thai Curry« für den Parameter `title` übergeben, während für den Rest weiterhin die Standardwerte gelten, können wir das mit folgendem Code erledigen:

```
val recipes = findRecipes("Thai Curry")
```

> Beide Male wird die findRecipes-Funktion mit dem Wert »Thai Curry« für das title-Argument aufgerufen.

Möchten wir für die Übergabe des Parameterwerts stattdessen benannte Argumente verwenden, geht das so:

```
val recipes = findRecipes(title = "Thai Curry")
```

Durch die Verwendung von Standardwerten können Sie Funktionen schreiben, die deutlich flexibler sind. Manchmal ist es jedoch leichter, eine neue Version der Funktion zu erstellen, indem sie **überladen** wird.

dass es sich bei den Parametern 2 und 5 um `Int`-
Funktionen überladen

Vom **Überladen einer Funktion** spricht man, wenn zwei oder mehr Funktionen den gleichen Namen, aber unterschiedliche Argumentlisten besitzen.

Angenommen, Sie hätten eine Funktion namens `addNumbers`, die so aussieht:

```
fun addNumbers(a: Int, b: Int) : Int {
    return a + b
}
```

Die Funktion hat zwei Argumente vom Typ `Int`. Sie können also nur ganzzahlige Werte übergeben. Wollen Sie die Funktion nutzen, um zwei `Double`-Werte zu addieren, müssen Sie die Werte vor der Übergabe an die Funktion in `Int`-Werte konvertieren.

Sie können das Leben für den Aufrufer deutlich vereinfachen, indem Sie die Funktion stattdessen mit einer Version überladen, die `Double`-Werte übernimmt, wie hier:

```
fun addNumbers(a: Double, b: Double) : Double {
    return a + b
}
```
Dies ist eine überladene Version der gleichen Funktion, die anstelle von Int-Werten Double-Werte verarbeitet.

Wenn Sie die `addNumbers`-Funktion mit folgendem Code aufrufen:

```
addNumbers(2, 5)
```

sieht das System, dass es sich bei den Parametern 2 und 5 um `Int`-Werte handelt, und ruft die `Int`-Version der Funktion auf. Wenn Sie `addNumbers` dagegen aufrufen wie hier gezeigt ...

```
addNumbers(1.6, 7.3)
```

... ruft das System stattdessen die `Double`-Version der Funktion auf, weil beide Parameter `Double`-Werte sind.

> Eine überladene Funktion ist einfach eine andere Funktion, die zufällig den gleichen Namen, aber andere Argumente besitzt. Eine überladene Funktion ist NICHT das Gleiche wie eine überschriebene Funktion.

Was man beim Überladen von Funktionen beachten sollte:

⭐ **Unterschiedliche Rückgabetypen sind möglich.**
Sie können den Rückgabetyp einer überladenen Funktion verändern, so lange die Argumentlisten unterschiedlich sind.

⭐ **Es reicht nicht, NUR den Rückgabetyp zu ändern.**
Für das Überladen reicht es nicht aus, nur den Rückgabetyp zu ändern. Stattdessen glaubt der Compiler, Sie versuchten die Funktion zu *überschreiben*. Und selbst das wird nur funktionieren, wenn der Rückgabetyp ein Subtyp des in der Superklasse definierten Rückgabetyps ist. Um eine Funktion zu überladen, MÜSSEN Sie die Argumentliste verändern, auch wenn Sie den Rückgabetyp beliebig verändern können.

Den Code *aktualisieren*

Das Recipes-Projekt aktualisieren

Nachdem Sie wissen, wie man Standard-Parameterwerte und überladene Funktionen einsetzt, wollen wir unseren Code für das Recipes-Projekt auf den neuesten Stand bringen.

Aktualisieren Sie Ihre Version von *Recipes.kt* so, dass sie der unten gezeigten Fassung entspricht (Änderungen sind fett gedruckt hervorgehoben):

```
data class Recipe(val title: String,
                  val mainIngredient: String,
                  val isVegetarian: Boolean = false,
                  val difficulty: String = "Easy") {

class Mushroom(val size: Int, val isMagic: Boolean) {
    constructor(isMagic_param: Boolean) : this(0, isMagic_param) {
        // Code, der beim Aufruf des sekundären Konstruktors ausgeführt wird
    }
}

fun findRecipes(title: String = "",
                ingredient: String = "",
                isVegetarian: Boolean = false,
                difficulty: String = "") : Array<Recipe> {
    // Code zum Finden von Rezepten
    return arrayOf(Recipe(title, ingredient, isVegetarian, difficulty))
}

fun addNumbers(a: Int, b: Int) : Int {
    return a + b
}

fun addNumbers(a: Double, b: Double) : Double {
    return a + b
}
```

Die neuen Eigenschaften mainIngredient (Hauptzutat) und difficulty (Schwierigkeitsgrad) hinzufügen.

Die Eigenschaften isVegetarian und difficulty mit Standardwerten versorgen.

Dies ist ein Beispiel für eine Klasse mit einem sekundären Konstruktor, einfach damit Sie das mal in Aktion sehen.

Beispiel für eine Funktion, die Standard-Parameterwerte verwendet.

Dies sind überladene Funktionen.

(Data) Recipe
title
mainIngredient
isVegetarian
difficulty

Mushroom
size
isMagic

Recipes / src / Recipes.kt

Der Code (Fortsetzung)

Wir haben den primären Konstruktor von Recipe verändert. Daher müssen wir auch dessen Aufruf anpassen, damit der Code kompiliert werden kann.

```
fun main(args: Array<String>) {
    val r1 = Recipe("Thai Curry", "Chicken", false)
    val r2 = Recipe(title = "Thai Curry", mainIngredient = "Chicken", false)
    val r3 = r1.copy(title = "Chicken Bhuna")
    println("r1 hash code: ${r1.hashCode()}")
    println("r2 hash code: ${r2.hashCode()}")
    println("r3 hash code: ${r3.hashCode()}")
    println("r1 toString: ${r1.toString()}")
    println("r1 == r2? ${r1 == r2}")
    println("r1 === r2? ${r1 === r2}")
    println("r1 == r3? ${r1 == r3}")
    val (title, mainIngredient, vegetarian, difficulty) = r1
    println("title is $title and vegetarian is $vegetarian")

    val m1 = Mushroom(6, false)
    println("m1 size is ${m1.size} and isMagic is ${m1.isMagic}")
    val m2 = Mushroom(true)
    println("m2 size is ${m2.size} and isMagic is ${m2.isMagic}")

    println(addNumbers(2, 5))
    println(addNumbers(1.6, 7.3))
}
```

In "Chicken" und "false" im ersten Recipe-Aufruf ist `false` durchgestrichen. Im zweiten Recipe-Aufruf ist `false` nach "Chicken" ebenfalls durchgestrichen.

Die neuen Eigenschaften von Recipe bei der Destrukturierung von r1 hinzufügen.

Einen Mushroom (Pilz) durch Aufruf seines primären Konstruktors erzeugen.

Einen Mushroom durch Aufruf seines sekundären Konstruktors erzeugen.

Die Int-Version von addNumbers aufrufen.

Die Double-Version von addNumbers aufrufen.

Ordnerstruktur: Recipes / src / Recipes.kt

Probefahrt

Wenn Sie den Code ausführen, wird der folgende Text im Ausgabefenster der IDE angezeigt:

```
r1 hash code: 295805076
r2 hash code: 295805076
r3 hash code: 1459025056
r1 toString: Recipe(title=Thai Curry, mainIngredient=Chicken, isVegetarian=false, difficulty=Easy)
r1 == r2? true
r1 === r2? false
r1 == r3? false
title is Thai Curry and vegetarian is false
m1 size is 6 and isMagic is false
m2 size is 0 and isMagic is true
7
8.9
```

Sie sind hier ▸

Es gibt keine Dummen Fragen

F: Kann eine Datenklasse Funktionen enthalten?

A: Ja. Funktionen für Datenklassen werden genau so definiert wie bei anderen Klassen auch: durch Hinzufügen zum Klassenkörper.

F: Die Standard-Parameterwerte sehen ziemlich flexibel aus.

A: Und das sind sie auch! Sie können sie in Klassenkonstruktoren (auch bei Datenklassen) und Funktionen verwenden. Sie können sogar Ausdrücke als Standardwerte verwenden. Das heißt, Sie können Code schreiben, der flexibel und trotzdem kurz ist.

F: Sie haben gesagt, dass der Einsatz von Standard-Parameterwerten das Schreiben von sekundären Konstruktoren oft unnötig macht. Gibt es Situationen, in denen sie trotzdem gebraucht werden?

A: Am häufigsten kommt das vor, wenn Sie eine Klasse in ein Framework (wie z. B. Android) erweitern wollen, das mehrere Konstruktoren besitzt.

Weitere Informationen zu sekundären Konstruktoren finden Sie in der Kotlin-Onlinedokumentation unter:

https://kotlinlang.org/docs/reference/classes.html

F: Ich möchte, dass Java-Programmierer meine Kotlin-Klassen verwenden können. Java kennt aber keine Standard-Parameterwerte. Kann ich sie in meinen Kotlin-Klassen trotzdem benutzen?

A: Das geht. Wenn Sie aus Java heraus einen Kotlin-Konstruktor oder eine Kotlin-Funktion aufrufen, müssen Sie allerdings dafür sorgen, dass der Java-Code einen Wert für jeden Parameter angibt, selbst wenn dieser in Kotlin einen Standardwert besitzt.

Soll der Kotlin-Konstruktor oft aus Java heraus aufgerufen werden, gibt es noch eine Alternative: Sie können Funktionen und Konstruktoren, die Standard-Parameterwerte verwenden, mit **@JvmOverloads** annotieren. Damit weisen Sie den Compiler an, automatisch überladene Versionen zu erstellen, die einfacher aus Java heraus aufgerufen werden können.

Hier ein Beispiel für die Verwendung von `@JvmOverloads` mit einer Funktion:

```
@JvmOverloads fun myFun(str: String = ""){
    // Hier steht der Funktionscode
}
```

Und hier ein Beispiel für die Verwendung mit einer Klasse, die einen primären Konstruktor besitzt:

```
class Foo @JvmOverloads constructor(i: Int = 0){
    // Hier steht der Klassencode
}
```

Um den primären Konstruktor mit `@JvmOverloads` zu annotieren, müssen Sie dem Konstruktor außerdem das Schlüsselwort `constructor` voranstellen. In den meisten Fällen ist das Schlüsselwort optional.

SEIEN Sie der Compiler

Unten sehen Sie zwei komplette Kotlin-Dateien. Es ist Ihre Aufgabe, Compiler zu spielen und herauszufinden, welche der beiden Dateien kompiliert wird. Überlegen Sie, was verändert werden muss, falls der Code nicht kompiliert werden kann.

```kotlin
data class Student(val firstName: String, val lastName: String,
                   val house: String, val year: Int = 1)

fun main(args: Array<String>) {
    val s1 = Student("Ron", "Weasley", "Gryffindor")
    val s2 = Student("Draco", "Malfoy", house = "Slytherin")
    val s3 = s1.copy(firstName = "Fred", year = 3)
    val s4 = s3.copy(firstName = "George")

    val array = arrayOf(s1, s2, s3, s4)
    for ((firstName, lastName, house, year) in array) {
        println("$firstName $lastName is in $house year $year")
    }
}
```

```kotlin
data class Student(val firstName: String, val lastName: String,
                   val house: String, val year: Int = 1)

fun main(args: Array<String>) {
    val s1 = Student("Ron", "Weasley", "Gryffindor")
    val s2 = Student(lastName = "Malfoy", firstName = "Draco", year = 1)
    val s3 = s1.copy(firstName = "Fred")
    s3.year = 3
    val s4 = s3.copy(firstName = "George")

    val array = arrayOf(s1, s2, s3, s4)
    for (s in array) {
        println("${s.firstName} ${s.lastName} is in ${s.house} year ${s.year}")
    }
}
```

Sie sind hier ▶

SEIEN Sie der Compiler, Lösung

Unten sehen Sie zwei komplette Kotlin-Dateien. Es ist Ihre Aufgabe, Compiler zu spielen und herauszufinden, welche der beiden Dateien kompiliert wird. Überlegen Sie, was verändert werden muss, falls der Code nicht kompiliert werden kann.

```kotlin
data class Student(val firstName: String, val lastName: String,
                   val house: String, val year: Int = 1)

fun main(args: Array<String>) {
    val s1 = Student("Ron", "Weasley", "Gryffindor")
    val s2 = Student("Draco", "Malfoy", house = "Slytherin")
    val s3 = s1.copy(firstName = "Fred", year = 3)
    val s4 = s3.copy(firstName = "George")

    val array = arrayOf(s1, s2, s3, s4)
    for ((firstName, lastName, house, year) in array) {
        println("$firstName $lastName is in $house year $year")
    }
}
```

Dieser Code wird erfolgreich kompiliert und ausgeführt. Er gibt die Werte der Eigenschaften firstName, lastName, house und year für jeden Schüler (Student) aus.

← Diese Zeile destrukturiert das Student-Objekt in ein Array.

```kotlin
data class Student(val firstName: String, val lastName: String,
                   val house: String, val year: Int = 1)

fun main(args: Array<String>) {
    val s1 = Student("Ron", "Weasley", "Gryffindor")
    val s2 = Student(lastName = "Malfoy", firstName = "Draco", year = 1, house = "Slytherin")
    val s3 = s1.copy(firstName = "Fred", year = 3)
    s3.year = 3
    val s4 = s3.copy(firstName = "George")

    val array = arrayOf(s1, s2, s3, s4)
    for (s in array) {
        println("${s.firstName} ${s.lastName} is in ${s.house} year ${s.year}")
    }
}
```

Dieser Code kann nicht kompiliert werden, weil der Wert für die Eigenschaft house von s2 fehlt. Außerdem kann der Wert von year bei der Initialisierung festgelegt werden, weil es per val definiert wurde.

Ihr Kotlin-Werkzeugkasten

Damit haben Sie auch Kapitel 7 erfolgreich beendet. Ihr Werkzeugkasten enthält jetzt zusätzlich Datenklassen und Standard-Parameterwerte.

Den kompletten Code dieses Kapitels können Sie hier herunterladen:
https://tinyurl.com/HFKotlin.

Punkt für Punkt

- Das Verhalten des ==-Operators wird durch die Implementierung der equals-Funktion bestimmt.

- Jede Klasse erbt die Funktionen equals, hashCode und toString von der Any-Klasse, weil alle Klassen Subklassen von Any sind. Diese Funktionen können überschrieben werden.

- Die equals-Funktion ermittelt, ob zwei Objekte »gleich« sind. Standardmäßig gibt sie true zurück, wenn es sich um dasselbe zugrunde liegende Objekt handelt, und false, wenn die Objekte unterschiedlich sind.

- Mit dem ===-Operator können Sie überprüfen, ob zwei Variablen dasselbe zugrunde liegende Objekt referenzieren – unabhängig vom Typ des Objekts.

- Mit einer Datenklasse können Sie Objekte erzeugen, deren Hauptzweck die Speicherung von Daten ist. Datenklassen überschreiben automatisch die Funktionen equals, hashCode und toString und enthalten außerdem die Funktionen copy und componentN.

- Die equals-Funktion einer Datenklasse testet auf Gleichheit, indem sie die Eigenschaftswerte der verglichenen Objekte überprüft. Enthalten zwei Datenobjekte die gleichen Daten, gibt equals true zurück.

- Mit der copy-Funktion können Sie eine neue Kopie eines Datenobjekts anlegen und dabei bestimmte Eigenschaften verändern. Das Originalobjekt bleibt dabei unverändert.

- componentN-Funktionen ermöglichen das Destrukturieren von Objekten in ihre jeweiligen Eigenschaftswerte.

- Eine Datenklasse erzeugt ihre Funktionen anhand der Eigenschaften, die in ihrem primären Konstruktor definiert wurden.

- Konstruktoren und Funktionen können Standard-Parameterwerte besitzen. Sie können einen Konstruktor oder eine Funktion aufrufen, indem Sie Parameterwerte in der Reihenfolge ihrer Definition übergeben oder indem Sie benannte Argumente verwenden.

- Klassen können sekundäre Konstruktoren besitzen.

- Eine überladene Funktion ist eine eigenständige Funktion, die den gleichen Funktionsnamen trägt wie das Original. Eine überladene Funktion muss andere Argumente haben als das Original und kann einen anderen Rückgabetyp besitzen.

Regeln für Datenklassen

* Es muss einen primären Konstruktor geben.
* Der primäre Konstruktor muss einen oder mehrere Parameter definieren.
* Jeder Parameter muss als val oder var gekennzeichnet sein.
* Datenklassen dürfen weder »open« noch »abstract« sein.

8 Nullwerte und Ausnahmen

Gesund und munter

Alle wollen sicheren Code schreiben.

Die gute Nachricht ist: Kotlin wurde *mit dem Ziel der Codesicherheit* entwickelt. Wir beginnen, indem wir Ihnen Kotlins **nullwertfähige Datentypen** zeigen und warum dadurch *in Kotlinville so gut wie keine Fehler vom Typ NullPointerException auftreten*. Sie werden erfahren, wie man *sichere Aufrufe* durchführt und wie Kotlins **Elvis**-Operator verhindert, dass Sie vollkommen durcheinanderkommen (»*All shook up*«). Wenn wir damit fertig sind, zeigen wir Ihnen noch, wie Sie **Ausnahmen auslösen und abfangen können wie ein Profi**.

Referenzen entfernen

Wie entfernt man Objektreferenzen aus Variablen?

Um eine neue `Wolf`-Variable zu definieren und ihr eine `Wolf`-Objektreferenz zuzuweisen, können Sie Code wie diesen verwenden:

```
var w = Wolf()
```

Das kennen Sie schon. Der Compiler erkennt, dass Sie der Variablen w ein `Wolf`-Objekt zuweisen wollen, und schließt daraus, dass die Variable den Typ `Wolf` haben muss:

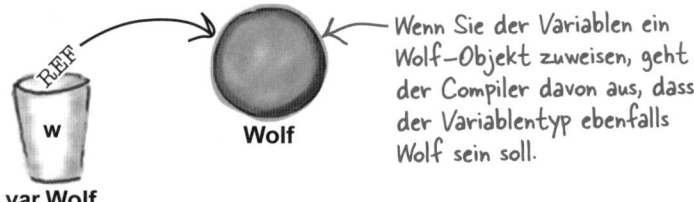

Wenn Sie der Variablen ein Wolf-Objekt zuweisen, geht der Compiler davon aus, dass der Variablentyp ebenfalls Wolf sein soll.

Sobald der Compiler den Variablentyp kennt, sorgt er dafür, dass die Variable *nur* Referenzen auf `Wolf`-Objekte (und deren Subtypen) enthalten kann. Wurde die Variable mit var definiert, können Sie ihren Wert aktualisieren, sodass Sie eine Referenz auf ein ganz anderes `Wolf`-Objekt enthält, zum Beispiel:

```
w = Wolf()
```

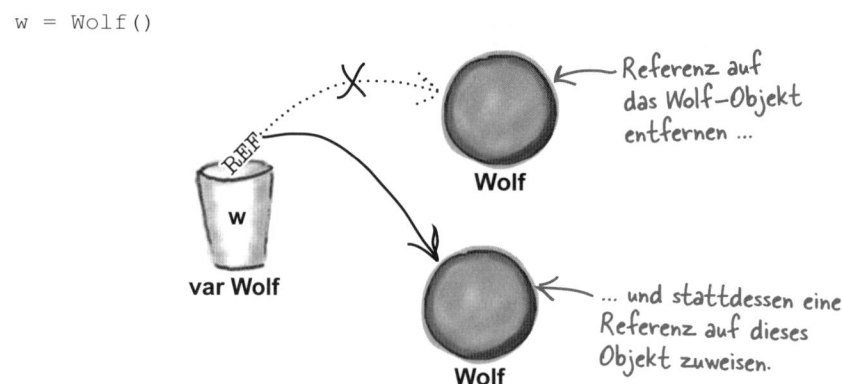

Referenz auf das Wolf-Objekt entfernen ...

... und stattdessen eine Referenz auf dieses Objekt zuweisen.

Was aber, wenn die Variable nach der Aktualisierung *eine Referenz auf gar kein Objekt mehr enthalten* soll? **Wie entfernt man eine Objektreferenz nach ihrer Zuweisung wieder aus einer Variablen?**

Eine Objektreferenz mit null entfernen

Wollen Sie eine Referenz auf ein Objekt aus einer Variablen entfernen, können Sie ihr den Wert **null** zuweisen:

```
w = null
```

Der Wert null bedeutet, dass die Variable nicht mehr auf ein Objekt verweist. Sie existiert zwar noch, enthält aber keine Referenz mehr.

Die Sache hat allerdings einen Haken. Standardmäßig *akzeptieren Kotlins Datentypen keine Nullwerte*. **Soll eine Variable Nullwerte enthalten können, müssen Sie angeben, dass der Variablentyp nullwertfähig (»nullable«) ist.**

Wozu braucht man nullwertfähige Datentypen überhaupt?

Ist ein Datentyp nullwertfähig, kann er Nullwerte enthalten. Im Gegensatz zu anderen Programmiersprachen überwacht Kotlin Werte, die null sein können, damit Sie keine ungültigen Aktionen daran ausführen. In anderen Sprachen wie Java sind genau diese Aktionen der häufigste Grund für Laufzeitprobleme. Sie können Ihre Applikation zum Absturz bringen, wenn Sie es am wenigsten erwarten. Durch den geschickten Einsatz nullwertfähiger Datentypen treten diese Probleme in Kotlin aber nur selten auf.

Soll ein Typ nullwertfähig sein, versehen Sie ihn am Ende mit einem Fragezeichen (?). Um eine nullwertfähige Wolf-Variable zu erstellen und ihr ein neues Wolf-Objekt zuzuweisen, können Sie beispielsweise diesen Code verwenden:

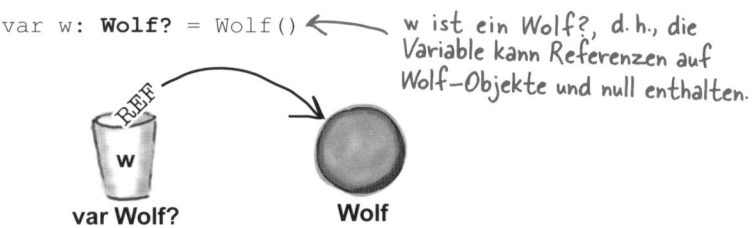

`var w: Wolf? = Wolf()` ← w ist ein Wolf?, d.h., die Variable kann Referenzen auf Wolf-Objekte und null enthalten.

Um die Referenz auf das Wolf-Objekt wieder zu entfernen, können Sie schreiben:

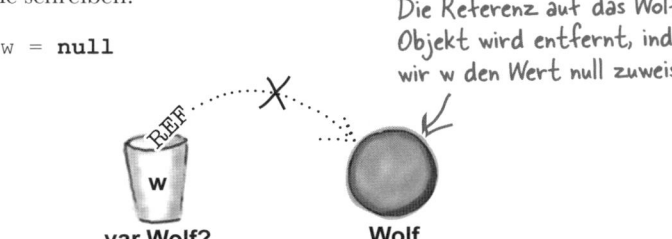

`w = null`

Die Referenz auf das Wolf-Objekt wird entfernt, indem wir w den Wert null zuweisen.

Wo kann man nullwertfähige Typen einsetzen?

Die Bedeutung von null

Weisen Sie einer Variablen den Wert `null` zu, ist das, als entfernten Sie die Programmierung einer Fernbedienung. Die Fernbedienung (die Variable) existiert zwar noch, sie ist aber nicht mehr mit einem Fernseher (dem Objekt) verbunden.

Eine `null`-Referenz besitzt Bits, die für »null« stehen. Welche Bits das sind, ist für uns aber nicht wichtig. Das System kümmert sich automatisch darum.

Wenn Sie in Java versuchen, eine ungültige Aktion an einem Nullwert auszuführen, erhalten Sie eine dicke, fette NullPointerException. Eine Ausnahme (»Exception«) ist eine Warnung, die Ihnen mitteilt, dass gerade etwas besonders Schlimmes passiert ist. Später in diesem Kapitel werden wir Ausnahmen noch genauer betrachten.

> **Ein nullwertfähiger Typ kann zusätzlich zu seinem eigentlichen Datentyp auch Nullwerte enthalten. Eine Variable vom Typ Duck? kann ein Duck-Objekte, aber auch null aufnehmen.**

Wo man nullwertfähige Typen benutzen sollte

Nullwertfähige Typen können überall genutzt werden, wo auch nicht nullwertfähige Typen möglich sind

Jeder von Ihnen definierte Typ kann in eine nullwertfähige Version des gleichen Typs umgewandelt werden, indem Sie ihm am Ende ein Fragezeichen (?) hinzufügen. Sie können nullwertfähige Typen überall dort verwenden, wo auch nicht nullwertfähige Typen möglich sind:

 Bei der Definition von Variablen und Eigenschaften.
Jede Variable oder Eigenschaft kann nullwertfähig sein. Das muss bei der Typdeklaration allerdings ausdrücklich durch ein nachgestelltes Fragezeichen (?) angegeben werden. Standardmäßig erstellt der Compiler nicht nullwertfähige Typen. Ohne die explizite Angabe kann der Compiler nicht feststellen, ob eine Variable oder Eigenschaft nullwertfähig ist. Wollen Sie beispielsweise eine nullwertfähige Variable namens `str` erstellen und mit dem Wert »Pizza« initialisieren, müssen Sie den Typ als `String?` angeben, wie hier gezeigt:

```
var str: String? = "Pizza"
```

Variablen und Eigenschaften können mit `null` instanziiert werden.
Der folgende Code wird kompiliert und gibt den Text »null« aus:

```
var str: String? = null
println(str)
```

> Das ist nicht das Gleiche, als würde man schreiben:
> `var str: String? = ""`
> `""` ist ein String-Objekt, das keine Zeichen enthält, null ist dagegen kein String-Objekt.

 Bei der Definition von Parametern.
Sie können beliebige Parametertypen für Funktionen oder Konstruktoren als nullwertfähig deklarieren. Der folgende Code definiert beispielsweise eine Funktion namens `printInt`, die einen Parameter vom Typ `Int?` (einen nullwertfähigen `Int`-Wert) übernimmt:

```
fun printInt(x: Int?) {
    println(x)
}
```

Auch bei der Definition einer Funktion (oder eines Konstruktors) mit einem nullwertfähigen Parameter müssen Sie (wie bei nicht nullwertfähigen Parametern) beim Funktionsaufruf einen Wert für diesen Parameter angeben, es sei denn, Sie haben einen Standardwert definiert.

 Bei der Definition des Rückgabetyps einer Funktion.
Eine Funktion kann einen nullwertfähigen Rückgabetyp besitzen. Die folgende Funktion hat beispielsweise den Rückgabetyp `Long?`:

```
fun result() : Long? {
    // Code zur Berechnung und Rückgabe eines Long?-Werts
}
```

> Der Rückgabetyp der Funktion muss entweder Long oder null sein.

Außerdem ist es möglich, Arrays mit nullwertfähigen Elementen zu erstellen.
Das sehen wir uns jetzt an.

Ein Array mit nullwertfähigen Typen erstellen

Hierbei sind die Elemente des Arrays nullwertfähig. Der folgende Code erstellt ein Array namens myArray, das nullwertfähige Strings (String?) enthalten kann:

```
var myArray: Array<String?> = arrayOf("Hi", "Hello")
```
← Ein Array<String?> kann String- und null-Werte enthalten.

Wurde das Array mit einem oder mehr null-Elementen initialisiert, kann der Compiler selbstständig ermitteln, dass ein Array nullwertfähige Typen enthalten soll. Sieht der Compiler beispielsweise diesen Code:

```
var myArray = arrayOf("Hi", "Hello", null)
```

bemerkt er, dass das Array eine Mischung aus String- und null-Werten enthalten kann, und schließt daraus, dass das Array den Typ Array<String?> haben sollte:

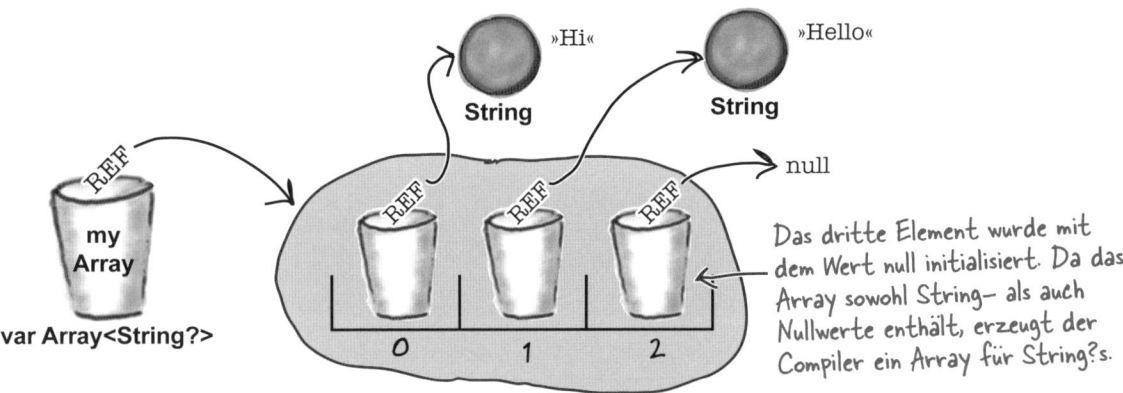

Das dritte Element wurde mit dem Wert null initialisiert. Da das Array sowohl String- als auch Nullwerte enthält, erzeugt der Compiler ein Array für String?s.

Da Sie jetzt wissen, wie man nullwertfähige Typen definiert, können wir Ihnen zeigen, wie man auf die Funktionen und Eigenschaften seines Objekts zugreifen kann.

Es gibt keine Dummen Fragen

F: Was passiert, wenn ich eine Variable mit einem null-Wert initialisiere und dann den Compiler den Variablentyp feststellen lasse, zum Beispiel:

```
var x = null
```

A: Der Compiler sieht, dass die Variable auch Nullwerte enthalten soll. Allerdings weiß er nicht, ob und welche anderen Objekte gegebenenfalls noch möglich sein sollen. Daher erzeugt er eine Variable, die nur den Wert null enthalten kann. Das ist vermutlich nicht das, was Sie wollten. Wenn Sie eine Variable mit einem Nullwert initialisieren, sollten Sie daher nicht vergessen, auch einen Typ anzugeben.

F: Im vorigen Kapitel haben Sie gesagt, dass jedes Objekt eine Subklasse von Any ist. Kann eine Variable vom Typ Any auch Nullwerte enthalten?

A: Nein. Soll eine Variable eine Referenz auf ein Any-Objekt und Nullwerte enthalten können, müssen Sie dies explizit angeben, wie hier:

```
var z: Any?
```

Sie sind hier ▸ **223**

Auf Funktionen und Eigenschaften eines nullwertfähigen Typs zugreifen

Nehmen wir an, eine Variable hätte einen nullwertfähigen Typ und Sie wollten auf die Eigenschaften und Funktionen des Objekts zugreifen. Sie können weder auf die Eigenschaften eines Nullwerts zugreifen noch dessen Funktionen aufrufen, weil es keine gibt. Um zu verhindern, dass Sie derartige ungültige Operationen ausführen, *besteht* der Compiler darauf, dass Sie vor dem Zugriff auf Funktionen oder Eigenschaften einer Variablen überprüfen, ob diese nicht den Wert null hat.

Angenommen, wir hätten eine Wolf?-Variable, der eine Referenz auf ein neues Wolf-Objekt zugewiesen wurde:

```
var w: Wolf? = Wolf()
```

Um auf die Funktionen und Eigenschaften des zugrunde liegenden Objekts zugreifen zu können, müssen Sie zuerst feststellen, ob der Wert der Variablen nicht null ist. Das geht beispielsweise, indem man den Variablenwert in einem if-Block überprüft. Der folgende Code stellt sicher, dass der Wert der Variablen w nicht null ist, und ruft dann die eat()-Funktion des Objekts auf:

```
if (w != null) {
    w.eat()  ← Der Compiler weiß, dass w nicht null ist und
}              die eat()-Funktion aufgerufen werden kann.
```

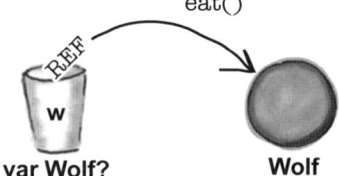

Auf diese Weise können auch komplexere Bedingungen aufgebaut werden. Der folgende Code überprüft beispielsweise, ob der Wert der Variablen w nicht null ist, und ruft dann dessen eat()-Funktion auf, sofern der Wert seiner hunger-Eigenschaft kleiner als 5 ist:

```
if (w != null && w.hunger < 5) {
    w.eat()
}
```

Die rechte Seite von && wird nur ausgewertet, wenn die linke Seite wahr ist. In diesem Fall weiß der Compiler, dass w nicht null sein kann, und erlaubt daher den Aufruf von w.hunger.

Trotzdem gibt es Situationen, in denen Code wie dieser fehlschlagen kann. Wurde die Variable w verwendet, um in einer Klasse eine var-Eigenschaft zu definieren, kann es sein, dass der Variablen zwischen dem Test auf null und ihrer Verwendung ein Nullwert zugewiesen wurde. Daher wird der folgende Code nicht kompiliert:

```
class MyWolf {
    var w: Wolf? = Wolf()

    fun myFunction() {
        if (w != null){
            w.eat()
        }
    }
}
```

Dieser Code wird nicht kompiliert, weil der Compiler nicht sicherstellen kann, dass die w-Eigenschaft zwischen dem Test auf null und ihrer Verwendung durch anderen Code verändert wurde.

Glücklicherweise gibt es einen sichereren Ansatz, der Probleme dieser Art vermeidet.

Sichere Aufrufe (»Safe Calls«)

Eigenschaften und Funktionen eines nullwertfähigen Typs können auch über einen sogenannten »**Safe Call**« aufgerufen werden. Bei einem sicheren Aufruf können Sie in einer einzelnen Operation auf Funktionen und Eigenschaften zugreifen, ohne eine separate Überprüfung auf einen Nullwert durchführen zu müssen.

Nehmen wir zum Beispiel eine `Wolf?`-Eigenschaft, die eine Referenz auf ein `Wolf`-Objekt enthält:

```
var w: Wolf? = Wolf()
```

Um die `eat()`-Funktion von `Wolf` auf sichere Weise aufzurufen, nutzen wir folgenden Code:

`w?.eat()` ← Das ? bedeutet, dass eat() nur aufgerufen wird, wenn w nicht null ist.

> ?. ist der Operator für sichere Aufrufe. Hiermit können Sie auf sichere Weise auf nullwertfähige Funktionen und Eigenschaften zugreifen.

Dadurch wird die `eat()`-Funktion von `Wolf` nur aufgerufen, wenn `w` nicht `null` ist. Man könnte auch sagen: »Sofern *w* nicht null ist, rufe *eat()* auf.«

Auf ähnliche Weise lässt sich die `hunger`-Eigenschaft von `w` über einen sicheren Aufruf abfragen:

```
w?.hunger
```

Ist `w` nicht `null`, gibt der Ausdruck eine Referenz auf den Wert der `hunger`-Eigenschaft zurück. Ist `w` dagegen `null`, evaluiert der Wert des gesamten Ausdrucks zu `null`. Hier die zwei Szenarien:

(A) Szenario A: w ist nicht null.
Die Variable w enthält eine Referenz auf ein `Wolf`-Objekt, und der Wert seiner `hunger`-Eigenschaft ist 10. Der Code `w?.hunger` evaluiert zu 10.

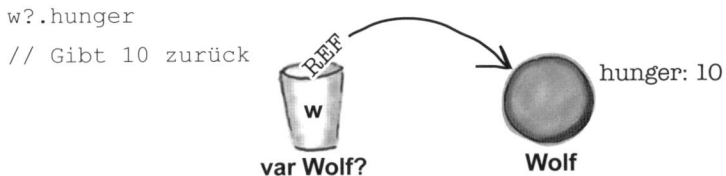

```
w?.hunger
// Gibt 10 zurück
```

(B) Szenario B: w ist null.
Die Variable w enthält kein `Wolf`-Objekt, sondern einen Nullwert, daher wird der gesamte Ausdruck zu `null` ausgewertet.

```
w?.hunger
// Gibt null zurück
```

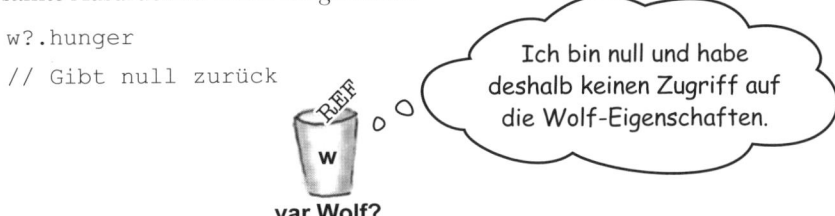

Ich bin null und habe deshalb keinen Zugriff auf die Wolf-Eigenschaften.

Die Kette

Sichere Aufrufe können verkettet werden

Ein weiterer Vorteil bei der Verwendung sicherer Aufrufe ist die Möglichkeit der Verkettung. Daraus lassen sich mächtige und dennoch kurze Ausdrücke aufbauen.

Angenommen, Sie hätten eine Klasse namens `MyWolf`, die eine einzelne `Wolf?`-Eigenschaft namens w besitzt. Hier die Klassendefinition:

```
class MyWolf {
    var w: Wolf? = Wolf()
}
```

Außerdem gibt es eine `MyWolf?`-Variable namens `myWolf`:

```
var myWolf: MyWolf? = MyWolf()
```

Dann lässt sich der Wert der `hunger`-Eigenschaft für das in der `myWolf`-Variablen enthaltene `Wolf`-Objekt folgendermaßen abfragen:

`myWolf?.w?.hunger` ← Wenn weder myWolf noch w einen Nullwert hat, hunger auslesen, ansonsten null verwenden.

Man könnte auch sagen: »Wenn *myWolf* oder *w* null ist, gib einen Nullwert zurück. Ansonsten gib den Wert der *hunger*-Eigenschaft zurück.« Der Ausdruck gibt den Wert der Eigenschaft `hunger` also nur zurück, wenn weder `myWolf` noch w einen Nullwert hat. Ist `myWolf` oder w dagegen `null`, wird der gesamte Ausdruck zu `null` ausgewertet.

Was geschieht, wenn eine Kette aus sicheren Aufrufen ausgewertet wird?

Was genau passiert, wenn das System eine Kette sicherer Aufrufe auswertet, wollen wir uns noch einmal im Detail ansehen:

`myWolf?.w?.hunger`

 Zuerst überprüft das System, ob myWolf nicht null ist.
Ist myWolf null, wird der gesamte Ausdruck zu `null` ausgewertet.
Ist myWolf nicht `null` (wie hier), macht das System mit dem nächsten Teil des Ausdrucks weiter.

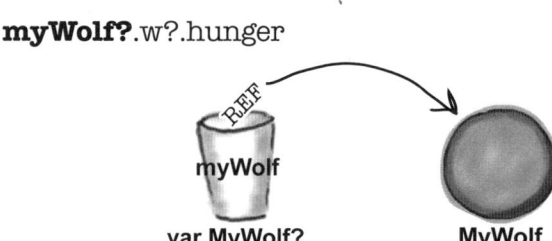

Die Geschichte geht weiter …

❷ Dann überprüft das System, ob die w-Eigenschaft von myWolf nicht null ist.
Vorausgesetzt, `myWolf` ist nicht `null`, macht das System mit dem nächsten Teil des Ausdrucks (dem `w?`-Teil) weiter.

Ist `myWolf` `null`, wird der gesamte Ausdruck zu `null` ausgewertet. Ist w, wie in diesem Beispiel, nicht `null`, macht das System mit dem nächsten Teil des Ausdrucks weiter.

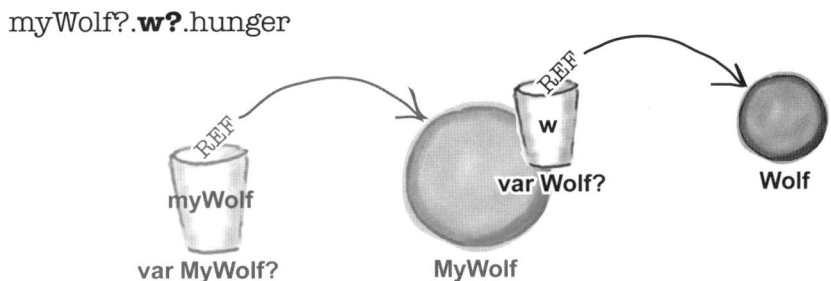

❸ Ist w nicht null, wird der Wert der hunger-Eigenschaft von w zurückgegeben.
Ist weder die Variable `myWolf` noch ihre `w`-Eigenschaft `null`, gibt der Ausdruck den Wert der `hunger`-Eigenschaft von `w` zurück. In diesem Beispiel wird der Ausdruck zu `10` ausgewertet.

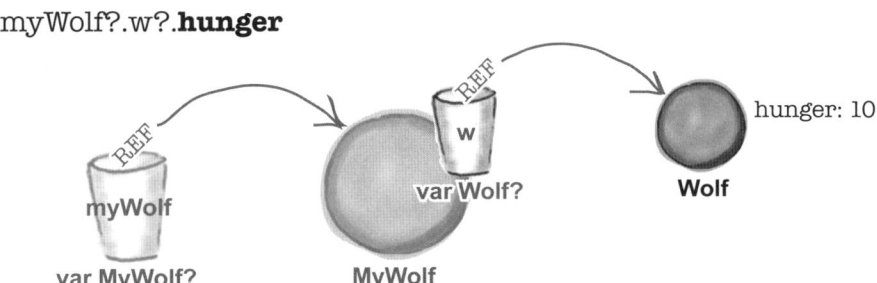

Wie Sie gesehen haben, können sichere Aufrufe verkettet werden, um Ausdrücke aufzubauen, die kurz, mächtig und trotzdem sicher sind. Aber die Geschichte geht noch weiter.

Sichere Aufrufe für die Zuweisung von Werten verwenden ...

Wie Sie vermutlich erwartet haben, können Sie sichere Aufrufe auch verwenden, um einer Variablen oder Eigenschaft einen Wert zuzuweisen. Wenn Sie beispielsweise eine `Wolf?`-Variable mit dem Namen w haben, können Sie den folgenden Code verwenden, um den Wert ihrer `hunger`-Eigenschaft einer neuen Variablen namens x zuzuweisen:

```
var x = w?.hunger
```

Man könnte sagen: »Wenn *w* den Wert null hat, weise *x* den Wert null zu. Ansonsten weise *x* den Wert der *hunger*-Eigenschaft von *w* zu.« Der Ausdruck:

```
w?.hunger
```

kann zu einem `Int`-Wert oder zu einem Nullwert ausgewertet werden. Daraus schließt der Compiler, dass x den Typ `Int?` haben muss.

Hat die hunger-Eigenschaft von w den Wert 10, erzeugt var x = w?.hunger eine Int?-Variable mit dem Wert 10.

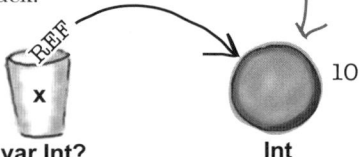

... und Werte an sichere Aufrufe zuweisen

Sichere Aufrufe können auch auf der linken Seite einer Variablen oder einer Eigenschaftszuweisung verwendet werden.

Stellen Sie sich beispielsweise vor, Sie wollten der Eigenschaft w.hunger den Wert 6 zuweisen, sofern w nicht `null` ist. Dafür können Sie folgenden Code verwenden:

```
w?.hunger = 6
```

Dieser Code überprüft den Wert von w. Ist er nicht `null`, wird der Eigenschaft hunger der Wert 6 zugewiesen. Ist w dagegen `null`, bleibt der Code untätig.

Ist w nicht null, weist w?.hunger = 6 der hunger-Eigenschaft von w den Wert 6 zu.

Auch in diesen Situationen können Sie sichere Aufrufe verketten. Der folgende Code weist der Eigenschaft hunger nur dann einen Wert zu, wenn sowohl myWolf als auch w nicht `null` sind.

```
myWolf?.w?.hunger = 2
```

Man könnte auch sagen: »Wenn weder *myWolf* noch dessen *w*-Eigenschaft null ist, weise der *hunger*-Eigenschaft von *w* den Wert *2* zu.«

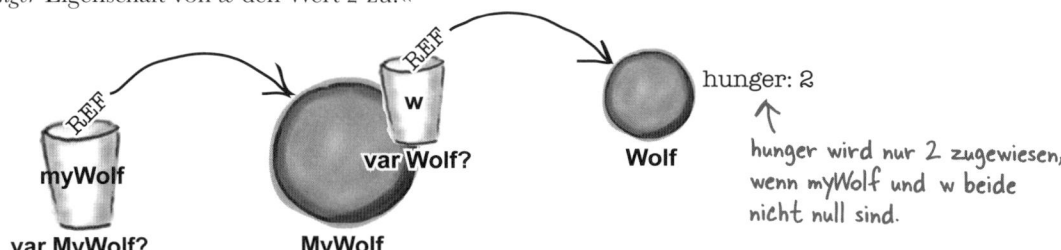

hunger wird nur 2 zugewiesen, wenn myWolf und w beide nicht null sind.

Da Sie nun wissen, wie nullwertfähige Typen sicher aufgerufen werden können, ist es Zeit für die nachfolgende Übung:

Nullwerte und Ausnahmen

SEIEN Sie der Compiler

Jedes der vier Beispiele auf dieser Seite steht für eine komplette Kotlin-Datei. Spielen Sie Compiler und finden Sie heraus, welche Dateien kompiliert werden und die Ausgaben auf der rechten Seite erzeugen. Falls dies nicht funktioniert, geben Sie einen Grund an.

← Das ist die gewünschte Ausgabe.

Misty: Meow!
Socks: Meow!

A
```kotlin
class Cat(var name: String? = "") {
    fun Meow() { println("Meow!") }
}

fun main(args: Array<String>) {
    var myCats = arrayOf(Cat("Misty"),
                         null,
                         Cat("Socks"))
    for (cat in myCats) {
        if (cat != null) {
            print("${cat.name}: ")
            cat.Meow()
        }
    }
}
```

B
```kotlin
class Cat(var name: String? = null) {
    fun Meow() { println("Meow!") }
}

fun main(args: Array<String>) {
    var myCats = arrayOf(Cat("Misty"),
                         Cat(null),
                         Cat("Socks"))
    for (cat in myCats) {
        print("${cat.name}: ")
        cat.Meow()
    }
}
```

C
```kotlin
class Cat(var name: String? = null) {
    fun Meow() { println("Meow!") }
}

fun main(args: Array<String>) {
    var myCats = arrayOf(Cat("Misty"),
                         null,
                         Cat("Socks"))
    for (cat in myCats) {
        print("${cat?.name}: ")
        cat?.Meow()
    }
}
```

D
```kotlin
class Cat(var name: String = "") {
    fun Meow() { println("Meow!") }
}

fun main(args: Array<String>) {
    var myCats = arrayOf(Cat("Misty"),
                         Cat(null),
                         Cat("Socks"))
    for (cat in myCats) {
        if (cat != null) {
            print("${cat?.name}: ")
            cat?.Meow()
        }
    }
}
```

Sie sind hier ▶

SEIEN Sie der Compiler, Lösung

Jedes der vier Beispiele auf dieser Seite steht für eine komplette Kotlin-Datei. Spielen Sie Compiler und finden Sie heraus, welche Dateien kompiliert werden und die Ausgaben auf der rechten Seite erzeugen. Falls dies nicht funktioniert, geben Sie einen Grund an.

← Das ist die gewünschte Ausgabe.

Misty: Meow!
Socks: Meow!

A
```kotlin
class Cat(var name: String? = "") {
    fun Meow() { println("Meow!") }
}

fun main(args: Array<String>) {
    var myCats = arrayOf(Cat("Misty"),
                        null,
                        Cat("Socks"))
    for (cat in myCats) {
        if (cat != null) {
            print("${cat.name}: ")
            cat.Meow()
        }
    }
}
```
Dieser Code wird kompiliert und erzeugt die richtige Ausgabe.

B
```kotlin
class Cat(var name: String? = null) {
    fun Meow() { println("Meow!") }
}

fun main(args: Array<String>) {
    var myCats = arrayOf(Cat("Misty"),
                        Cat(null),
                        Cat("Socks"))
    for (cat in myCats) {
        print("${cat.name}: ")
        cat.Meow()
    }
}
```
Dieser Code wird kompiliert, aber die Ausgabe stimmt nicht. Die zweite Katze (Cat) mit null als Name miaut ebenfalls.

C
```kotlin
class Cat(var name: String? = null) {
    fun Meow() { println("Meow!") }
}

fun main(args: Array<String>) {
    var myCats = arrayOf(Cat("Misty"),
                        null,
                        Cat("Socks"))
    for (cat in myCats) {
        print("${cat?.name}: ")
        cat?.Meow()
    }
}
```
Dieser Code wird kompiliert, aber die Ausgabe ist inkorrekt. Bei der zweiten Iteration des myCats-Arrays wird null ausgegeben.

D
```kotlin
class Cat(var name: String = "") {
    fun Meow() { println("Meow!") }
}

fun main(args: Array<String>) {
    var myCats = arrayOf(Cat("Misty"),
                        Cat(null),
                        Cat("Socks"))
    for (cat in myCats) {
        if (cat != null) {
            print("${cat?.name}: ")
            cat?.Meow()
        }
    }
}
```
Dieser Code wird nicht kompiliert, weil die name-Eigenschaft von Cat keine Nullwerte enthalten darf.

Nullwerte und Ausnahmen

let verwenden, um Code auszuführen, wenn Werte nicht null sind

Wenn Sie nullwertfähige Typen verwenden, wollen Sie den Code möglicherweise nur ausführen, wenn ein bestimmter Wert nicht `null` ist. Haben Sie beispielsweise eine `Wolf?`-Variable namens w, wollen Sie vielleicht den Wert ihrer `hunger`-Eigenschaft ausgeben, sofern w nicht `null` ist.

Das geht zum Beispiel mit diesem Code:

```
if (w != null ) {
    println(w.hunger)
}
```

Kann der Compiler aber nicht garantieren, dass sich die Variable w zwischen dem Test auf `null` und ihrer Verwendung nicht verändert, wird der Code nicht kompiliert.

Das kann beispielsweise passieren, wenn w eine var-Eigenschaft in einer Klasse definiert und Sie ihre hunger-Eigenschaft in einer separaten Funktion verwenden wollen. Das ist im Prinzip die gleiche Situation wie die weiter vorn in diesem Kapitel, als wir die Notwendigkeit für sichere Aufrufe erklärt haben.

Ein alternativer Ansatz, der in *all*en Situationen funktioniert, ist die Verwendung des folgenden Codes:

```
w?.let {
    println(it.hunger)
}
```

← *Wenn w nicht null ist, geben wir den Wert seiner hunger-Eigenschaft aus.*

Man könnte auch sagen: »Wenn *w* nicht null ist, gib den Wert seiner *hunger*-Eigenschaft aus.« Das gehen wir am besten Schritt für Schritt durch.

Wird das Schlüsselwort **let** in Verbindung mit dem Operator für sichere Aufrufe **?** verwendet, teilen wir dem Compiler mit, dass er die Aktion nur durchführen soll, wenn der aktuell bearbeitete Wert nicht `null` ist. Der Code innerhalb der geschweiften Klammern wird also nur ausgeführt, sofern w nicht `null` ist:

```
w?.let {
    // Weiterer Code
}
```

Mit ?.let können Sie Code für einen Wert ausführen, der nicht null ist.

Sobald sichergestellt ist, dass der Wert nicht `null` ist, können Sie diesen im Körper der `let`-Anweisung verwenden. Im folgenden Codebeispiel wird eine nicht nullwertfähige Version der Variablen w genutzt, mit der Sie direkt auf dessen `hunger`-Eigenschaft zugreifen können:

```
w?.let {
    println(it.hunger)
}
```

← *Anhand von »it« können wir direkt auf die Funktionen und Eigenschaften von Wolf zugreifen.*

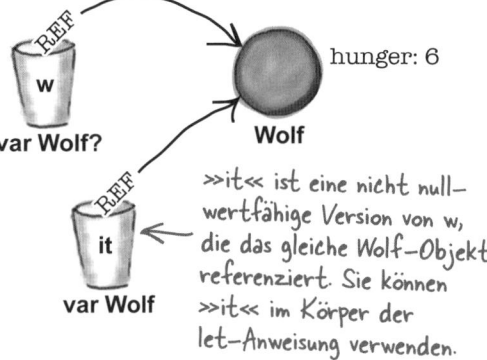

»it« ist eine nicht null-wertfähige Version von w, die das gleiche Wolf-Objekt referenziert. Sie können »it« im Körper der let-Anweisung verwenden.

Sehen wir uns noch ein paar weitere Situationen an, in denen die Verwendung von `let` sinnvoll sein kann.

Sie sind hier ▶ **231**

let mit Arrayelementen verwenden

`let` kann außerdem genutzt werden, um Aktionen an Elementen eines Arrays auszuführen, die nicht null sind. Der folgende Code führt eine Schleife über ein Array mit `String?`s aus und gibt die Elemente aus, die nicht null sind:

```
var array = arrayOf("Hi", "Hello", null)
for (item in array) {
    item?.let {
        println(it)   ← Diese Zeile wird nur für Arrayelemente
    }                   ausgeführt, die nicht null sind.
}
```

Ausdrücke mit let vereinfachen

`let` ist besonders nützlich, wenn Sie Aktionen am Rückgabewert einer Funktion durchführen wollen, der nicht `null` sein darf.

Angenommen, Sie hätten eine Funktion namens `getAlphaWolf`, deren Rückgabewert den Typ `Wolf?` hat, wie hier:

```
fun getAlphaWolf() : Wolf? {
    return Wolf()
}
```

Benötigen Sie eine Referenz auf den Rückgabewert der Funktion und soll dessen `eat()`-Funktion nur aufgerufen werden, wenn der Rückgabewert nicht null ist, können Sie hierfür (meistens) Code wie diesen verwenden:

```
var alpha = getAlphaWolf()
if (alpha != null) {
    alpha.eat()
}
```

Aufgepasst! **Der Körper einer let-Anweisung muss mit geschweiften Klammern gekennzeichnet werden.**

Lassen Sie die { }-Klammern weg, wird Ihr Code nicht kompiliert.

Wenn Sie diesen Code mithilfe von `let` jedoch neu schreiben, müssen Sie keine separate Variable mehr erstellen, die den Rückgabewert der Funktion enthält. Stattdessen können Sie schreiben:

```
getAlphaWolf()?.let {   ← Die Verwendung von let macht den Code
    it.eat()              kürzer. Außerdem ist er sicher und kann
}                         in allen Situationen eingesetzt werden.
```

Man könnte auch sagen: »Hol den Alpha-Wolf, und wenn er nicht null ist, lass ihn essen (`eat`).«

Anstatt einen Ausdruck zu benutzen ...

Oft soll ein Ausdruck verwendet werden, der einen alternativen Wert angibt, der anstelle eines Nullwerts benutzt werden soll.

Angenommen, Sie hätten wie zuvor eine `Wolf?`-Variable namens `w` und wollten den Wert der `hunger`-Eigenschaft von `w` zurückgeben, aber nur wenn `w` nicht `null` ist. Falls doch, soll der Standardrückgabewert `-1` sein. In den *meisten* Fällen wird der folgende Ausdruck das Gewünschte tun:

```
if (w != null) w.hunger else -1
```

Ist der Compiler aber der Meinung, dass sich `w` zwischen dem Test auf `null` und seiner Verwendung geändert haben könnte, sieht er dies als unsicher an und kompiliert den Code nicht.

Zum Glück gibt es einen Ausweg: den **Elvis-Operator**. ← [Anmerkung des Herausgebers: Elvis? Soll das ein Witz sein? Bitte nicht albern werden.]

... können Sie auch den sichereren Elvis-Operator einsetzen

Der Elvis-Operator `?:` ist eine sichere Alternative zu einem `if`-Ausdruck. Drehen Sie den Operator um 90° im Uhrzeigersinn, sieht er tatsächlich ein wenig wie Elvis aus.

Hier ein Beispiel für einen Ausdruck, der einen Elvis-Operator verwendet:

```
w?.hunger ?: -1
```

Zuerst überprüft der Elvis-Operator den Wert auf der linken Seite:

```
w?.hunger
```

Ist dieser Wert nicht `null`, gibt der Elvis-Operator ihn zurück. Ist der Wert dagegen `null`, gibt der Elvis-Operator stattdessen den Wert auf der rechten Seite zurück (hier `-1`). Dieser Code:

```
w?.hunger ?: -1
```

sagt so etwas wie: »Falls *w* nicht null ist und seine `hunger`-Eigenschaft ebenfalls nicht null ist, gib den Wert der `hunger`-Eigenschaft zurück, ansonsten gib `-1` zurück.« Das entspricht dem folgenden Code:

```
if (w?.hunger != null) w.hunger else -1
```

Da der Elvis-Operator jedoch eine sichere Alternative ist, können Sie ihn überall einsetzen.

Auf den vorangegangenen Seiten haben Sie gelernt, durch sichere Aufrufe auf nullwertfähige Eigenschaften und Funktion zuzugreifen. Außerdem haben wir Ihnen gezeigt, wie man den Elvis-Operator anstelle von `if`-Anweisungen und -Ausdrücken benutzen kann. Es gibt aber noch eine dritte Möglichkeit, auf Nullwerte zu testen: den »**Nicht-Null-Annahme-Operator**« (not-null assertion operator).

Der Elvis-Operator.

> **Der Elvis-Operator ?: ist eine sichere Version eines if-Ausdrucks. Ist der Wert auf der linken Seite nicht null, wird dieser zurückgegeben, ansonsten der Wert auf der rechten Seite.**

Absichtliche NullPointer-Ausnahmen

Der !!-Operator löst absichtlich einen NullPointerException-Fehler aus

Der Nicht-Null-Annahme-Operator (not-null assertion operator) oder auch `!!` unterscheidet sich von den Methoden für den Umgang mit Nullwerten der vorigen Seite. Anstatt sicherzustellen, dass Ihr Code sicher ist, indem die Nullwerte entsprechend behandelt werden, löst `!!` absichtlich eine `NullPointerException` aus, falls irgendetwas `null` ist.

Wir verwenden wieder das Beispiel einer `Wolf?`-Variablen namens w. Der Wert ihrer `hunger`-Eigenschaft soll einer neuen Variablen namens x zugewiesen werden, aber nur, wenn weder w noch `hunger` einen Nullwert enthält. Folgender Code verwendet für die Überprüfung eine Nicht-Null-Annahme:

```
var x = w!!.hunger
```
← Hier trifft der !!-Operator die Annahme, dass w nicht null ist.

Hat, wie angenommen, weder w noch `hunger` einen Nullwert, wird der Variablen x der Wert der `hunger`-Eigenschaft zugewiesen. Hat w oder `hunger` den Wert `null`, wird eine `NullPointerException` ausgelöst, eine entsprechende Nachricht im Ausgabefenster der IDE angezeigt und die Applikation angehalten.

Die im Ausgabefenster angezeigte Meldung gibt Auskunft über die `NullPointerException` inklusive eines Stack Trace, der Auskunft darüber gibt, wo sich die »Nicht-Null-Annahme« befindet, die die Ausnahme ausgelöst hat. Die folgende Ausgabe besagt zum Beispiel, dass die `NullPointerException` in der `main`-Funktion in Zeile 45 der Datei *App.kt* ausgelöst wurde:

```
Exception in thread "main" kotlin.KotlinNullPointerException
    at AppKt.main(App.kt:45)
```
← Hier ist die NullPointerException inklusive eines Stack Trace, der angibt, wo der Fehler aufgetreten ist.
← Die Ausnahme trat in Zeile 45 auf.

Die folgende Ausnahme gibt dagegen an, dass die `NullPointerException` von einer Funktion namens `myFunction` in der Klasse `MyWolf` in Zeile 98 der Datei *App.kt* ausgelöst wurde. Diese Funktion wurde von der `main`-Funktion in Zeile 67 der gleichen Datei aufgerufen:

```
Exception in thread "main" kotlin.KotlinNullPointerException
    at MyWolf.myFunction(App.kt:98)
    at AppKt.main(App.kt:67)
```

»Nicht-Null-Annahmen« können sinnvoll sein, um Annahmen über Ihren Code zu überprüfen. Bestimmte Probleme lassen sich damit sehr gut eingrenzen.

Wie Sie gesehen haben, treibt der Kotlin-Compiler einen großen Aufwand, um sicherzustellen, dass Ihr Code fehlerfrei läuft. Trotzdem gibt es Situationen, in denen es hilft, zu wissen, wie Ausnahmen ausgelöst und behandelt werden können. Nachdem wir Ihnen den vollständigen Code für ein neues Projekt gezeigt haben, das sich mit Nullwerten beschäftigt, werden wir uns um die Ausnahmen kümmern.

Das Projekt Null Values bauen

Erstellen Sie ein neues Kotlin-Projekt für die JVM und nennen Sie es »Null Values«. Danach erzeugen Sie eine neue Kotlin-Datei namens *App.kt*, indem Sie den `src`-Ordner markieren und den Menübefehl New → Kotlin File/Class auswählen. Im folgenden Eingabefenster geben Sie als Namen »App« ein. In der zweiten Zeile (»Kind«) behalten Sie den Standardwert »File«.

Wir werden dem Projekt eine Reihe von Klassen und Funktionen (inklusive einer `main`-Funktion) hinzufügen, mit denen Sie die Nullwerte erforschen können. Aktualisieren Sie Ihre Version von *App.kt*, sodass sie mit dem hier gezeigten Code übereinstimmt:

Die Wolf-Klasse erstellen.

```
class Wolf {
    var hunger = 10
    val food = "meat"

    fun eat() {
        println("The Wolf is eating $food")
    }
}

class MyWolf {
    var wolf: Wolf? = Wolf()

    fun myFunction() {
        wolf?.eat()
    }
}

fun getAlphaWolf() : Wolf? {
    return Wolf()
}
```

Die MyWolf-Klasse erstellen.

Die getAlphaWolf-Funktion erstellen.

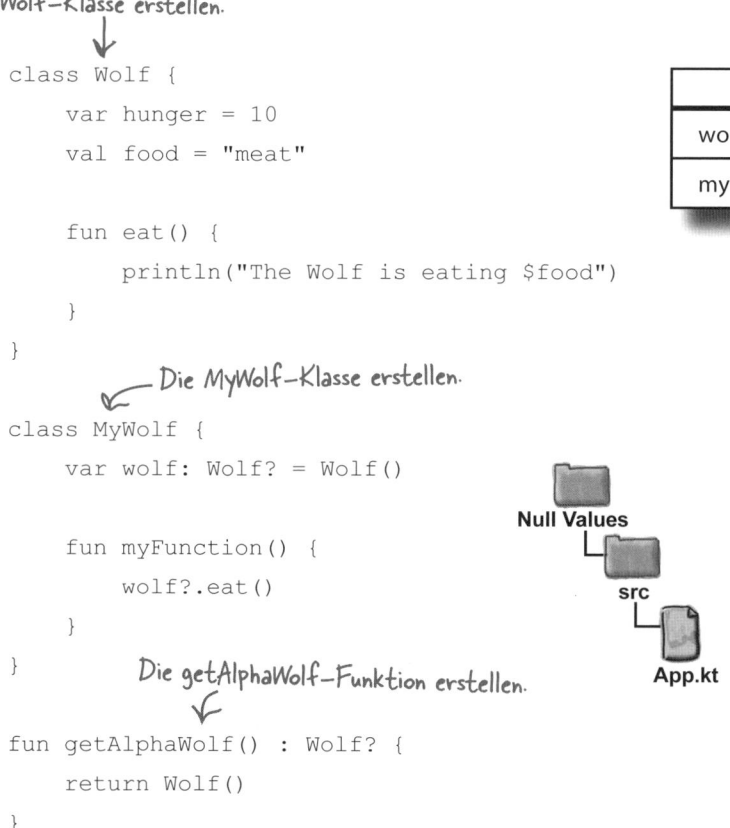

Um den Code einfach zu halten, verwenden wir hier eine reduzierte Version der Wolf-Klasse aus den vorigen Kapiteln.

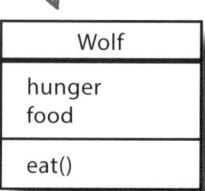

Der Code geht auf der folgenden Seite weiter.

Der Code (Fortsetzung)

```
fun main(args: Array<String>) {
    var w: Wolf? = Wolf()

    if (w != null) {
        w.eat()
    }

    var x = w?.hunger
    println("The value of x is $x")

    var y = w?.hunger ?: -1
    println("The value of y is $y")
```
← Den Elvis-Operator benutzen, um y den Wert von hunger zuzuweisen, wenn w nicht null ist. Andernfalls erhält y den Wert -1.

```
    var myWolf = MyWolf()
    myWolf?.wolf?.hunger = 8
    println("The value of myWolf?.wolf?.hunger is ${myWolf?.wolf?.hunger}")

    var myArray = arrayOf("Hi", "Hello", null)
    for (item in myArray) {
        item?.let { println(it) }
    }
```
← Alle Elemente des Arrays ausgeben, die nicht null sind.

```
    getAlphaWolf()?.let { it.eat() }

    w = null
    var z = w!!.hunger
}
```
← Wenn w null ist, wird eine NullPointerException ausgelöst.

Probefahrt

Wenn wir den Code ausführen, wird folgender Text im Ausgabefenster der IDE angezeigt:

```
The Wolf is eating meat
The value of x is 10
The value of y is 10
The value of myWolf?.wolf?.hunger is 8
Hi
Hello
The Wolf is eating meat
Exception in thread "main" kotlin.KotlinNullPointerException
    at AppKt.main(App.kt:55)
```

Nullwerte und Ausnahmen

Pool-Puzzle

Ihre **Aufgabe** besteht darin, die Codeschnipsel aus dem Pool zu fischen und sie auf den leeren Zeilen auf der rechten Seite zu platzieren. Jeder Codeschnipsel darf **nur einmal** benutzt werden, einige werden nicht gebraucht. Ihr **Ziel** ist es, zwei Klassen namens Duck (Ente) und MyDucks (AlleMeineEntchen) zu erstellen. Dabei soll MyDucks ein Array mit nullwertfähigen Ducks enthalten, eine Funktion, um eine Ente (Duck) zum Quaken zu bringen (quack), und eine weitere, mit der die Gesamthöhe aller Enten zurückgegeben werden kann.

```
class Duck(val height: ......... = null) {
    fun quack() {
        println("Quack! Quack!")
    }
}

class MyDucks(var myDucks: Array<............>) {
    fun quack() {
        for (duck in myDucks) {
            ..................... {
                ............quack()
            }
        }
    }

    fun totalDuckHeight(): Int {
        var h: ............ = ............
        for (duck in myDucks) {
            h ........ duck ........ height ........ 0
        }
        return h
    }
}
```

Hinweis: Jeder Codeschnipsel im Pool kann höchstens einmal benutzt werden!

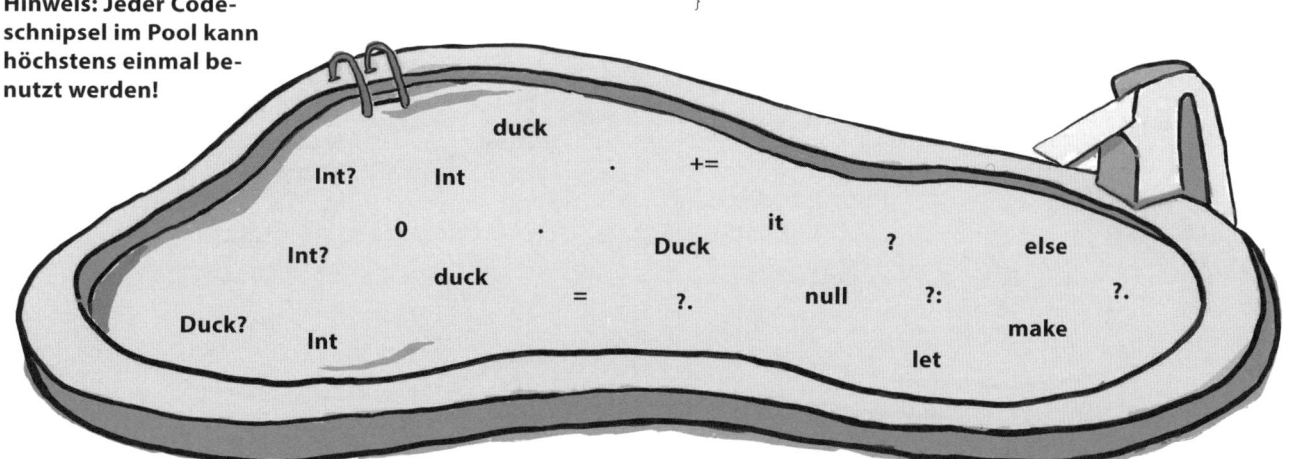

Pool: duck, Int?, Int, +=, 0, ., it, ?, else, Int?, ., Duck, ?., make, duck, =, ?., null, ?:, let, Duck?, Int

Pool-Puzzle: *Lösung*

Pool Puzzle, Lösung

Ihre **Aufgabe** besteht darin, die Codeschnipsel aus dem Pool zu fischen und sie auf den leeren Zeilen auf der rechten Seite zu platzieren. Jeder Codeschnipsel darf **nur einmal** benutzt werden, einige werden nicht gebraucht. Ihr **Ziel** ist es, zwei Klassen namens Duck (Ente) und MyDucks (AlleMeineEntchen) zu erstellen. Dabei soll MyDucks ein Array mit nullwertfähigen Ducks enthalten, eine Funktion, um eine Ente (Duck) zum Quaken zu bringen (quack), und eine weitere, mit der die Gesamthöhe aller Enten zurückgegeben werden kann.

Hier muss Int? anstelle von Int stehen, damit auch Nullwerte akzeptiert werden.

```
class Duck(val height: Int? = null) {
    fun quack() {
        println("Quack! Quack!")
    }
}
```

myDucks ist ein Array mit nullwertfähigen Ducks.

```
class MyDucks(var myDucks: Array<Duck?>) {
    fun quack() {
        for (duck in myDucks) {
            duck ?. let {
                it .quack()
            }
        }
    }
```

Hier verwenden wir let, um die einzelnen Enten quaken zu lassen. Stattdessen hätten wir auch duck?.quack() einsetzen können.

totalDuckHeight() gibt einen Int-Wert zurück. Daher muss auch h ein Int (und kein Int?) sein.

Hat weder duck noch dessen height-Eigenschaft einen Nullwert, wird h die Höhe der Ente (duck?.height) hinzuaddiert. Ansonsten wird 0 addiert.

```
    fun totalDuckHeight(): Int {
        var h: Int = 0
        for (duck in myDucks) {
            h += duck ?. height ?: 0
        }
        return h
    }
}
```

Diese Schnipsel wurden nicht gebraucht.

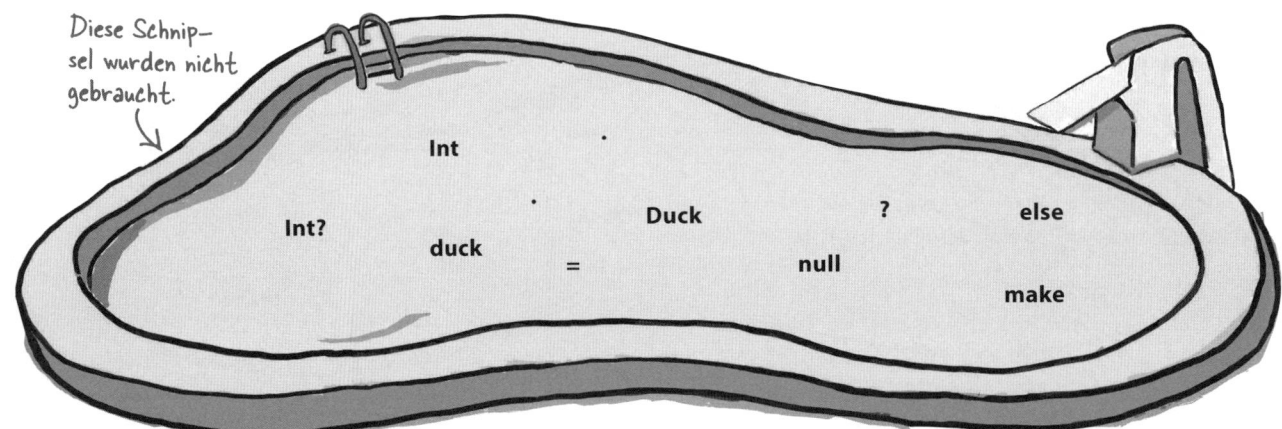

Nullwerte und Ausnahmen

In außergewöhnlichen Situationen wird eine Ausnahme ausgelöst

Wie bereits gesagt, ist eine Ausnahme (Exception) eine Warnung vor einer Ausnahmesituation, die zur Laufzeit auftritt. So kann der Code Ihnen mitteilen: »Etwas Schlimmes ist passiert. Ich habe versagt.«

Angenommen, Sie hätten eine Funktion namens `myFunction`, die einen `String`-Parameter in einen `Int`-Wert konvertiert und dann ausgibt:

```
fun myFunction(str: String) {
    val x = str.toInt()
    println(x)
    println("myFunction has ended")
}
```

Übergeben Sie einen `String`, z. B. `"5"`, an `myFunction`, kann der Code den `String` erfolgreich in einen `Int`-Wert umwandeln und den Wert 5 zusammen mit dem Text »myFunction has ended« ausgeben. Übergeben Sie der Funktion dagegen einen `String`, der nicht konvertiert werden kann, etwa: »I am a name, not a number«, wird das Programm abgebrochen, und eine entsprechende Ausnahmemeldung erscheint, wie hier:

Oje!

```
Exception in thread "main" java.lang.NumberFormatException: For input string: "I am a name, not a number"
    at java.lang.NumberFormatException.forInputString(NumberFormatException.java:65)
    at java.lang.Integer.parseInt(Integer.java:580)
    at java.lang.Integer.parseInt(Integer.java:615)
    at AppKt.myFunction(App.kt:119)
    at AppKt.main(App.kt:3)
```

Der Stack Trace für die Ausnahme erwähnt Java, weil unser Code in einer JVM läuft.

Ausnahmen können abgefangen werden

Wurde eine Ausnahme ausgelöst, haben Sie zwei Möglichkeiten, damit umzugehen:

- ⭐ **Sie können die Ausnahme ignorieren.**
  Eine Meldung wird im Ausgabefenster angezeigt, und das Programm wird abgebrochen (wie oben).

- ⭐ **Sie können die Ausnahme abfangen und darauf reagieren.**
  Wenn Sie wissen, dass bei der Ausführung bestimmter Codezeilen eine Ausnahme auftreten kann, können Sie dafür sorgen, dass das Programm möglicherweise trotzdem weiterläuft.

Was passiert, wenn Sie nicht weiter auf die Ausnahme reagieren, haben Sie schon gesehen. Daher wollen wir uns jetzt damit befassen, wie Sie sie abfangen können.

Ausnahmen mit try/catch abfangen

Sie können Ausnahmen abfangen, indem Sie den riskanten Code mit einem **try/catch**-Block umgeben. Dieser teilt dem Compiler mit, dass Sie wissen, dass im auszuführenden Code eine Ausnahme auftreten kann und Sie entsprechend darauf reagieren können. Dabei ist es dem Compiler egal, wie Sie darauf reagieren. Ihm ist nur wichtig, dass Sie sich darum kümmern.

Ich probiere (TRY) ein riskantes Manöver. Geht etwas schief, fange (CATCH) ich mich schon wieder.

Ein try/catch-Block sieht so aus:

```
fun myFunction(str: String) {

    try {
        val x = str.toInt()
        println(x)
    } catch (e: NumberFormatException) {
        println("Bummer")
    }

    println("myFunction has ended")
}
```

Dies ist der Versuch (try), den Code auszuführen ...

... und hier wird die Ausnahme bei Bedarf abgefangen (catch).

Der try-Teil eines try/catch-Blocks enthält den riskanten Code, der eine Ausnahme auslösen könnte. Im obigen Beispiel ist das dieser Code:

```
try {
    val x = str.toInt()
    println(x)
}
```

Der catch-Teil des Blocks gibt an, welche Ausnahme Sie abfangen wollen, und enthält den Code, der in diesem Fall ausgeführt werden soll. Für unser Beispiel heißt das: Löst unser riskanter Code eine Ausnahme vom Typ NumberFormatException aus, fangen wir sie ab und geben eine passende Nachricht aus, wie hier:

```
catch (e: NumberFormatException) {
    println("Bummer")
}
```

Diese Zeile wird nur ausgeführt, wenn eine Ausnahme abgefangen wurde.

Sämtlicher Code, der auf den catch-Block folgt, wird danach ausgeführt. Bei uns ist das dieser Code:

```
println("myFunction has ended")
```

Dinge mit <u>finally</u> auf jeden Fall ausführen

Soll bestimmter Code unabhängig davon, ob eine Ausnahme aufgetreten ist oder nicht, ausgeführt werden, können Sie diesen mit einem **finally**-Block umgeben. Ein finally-Block ist optional, er wird aber auf jeden Fall ausgeführt.

Um das in Aktion zu sehen, stellen Sie sich vor, Sie wollten etwas Experimentelles backen, das möglicherweise schiefgehen kann.

Zuerst schalten Sie den Backofen ein.

War Ihr Backexperiment erfolgreich, *müssen Sie den Backofen ausschalten*.

Ist Ihr Backexperiment dagegen kläglich gescheitert, *müssen Sie den Backofen ausschalten*.

Der Backofen muss in jedem Fall ausgeschaltet werden, daher gehört der Code zum Ausschalten in einen finally-Block:

```
try {
    turnOvenOn()
    x.bake()
} catch (e: BakingException) {
    println("Baking experiment failed")
} finally {
    turnOvenOff()
}
```

Die Funktion turnOvenOff() soll grundsätzlich aufgerufen werden. Also umgeben wir sie mit einem finally-Block.

Ohne finally müssten Sie den Aufruf der turnOvenOff-Funktion *sowohl* im try- *als auch* im catch-Block angeben, weil Sie *den Backofen auf jeden Fall ausschalten müssen*. Mit einem finally-Block müssen Sie den wichtigen Clean-up-Code nur an einer Stelle angeben, anstatt ihn wie hier zu duplizieren:

```
try {
    turnOvenOn()
    x.bake()
    turnOvenOff()
} catch (e: BakingException) {
    println("Baking experiment failed")
    turnOvenOff()
}
```

> ### try/catch/finally-Flusskontrolle
>
> ★ **Wenn der try-Block fehlschlägt (eine Ausnahme):**
>
> Das Programm springt direkt zum catch-Block. Nach dessen Ausführung wird der finally-Block ausgeführt. Danach wird der folgende Programmcode ausgeführt.
>
> ★ **Wenn der try-Block erfolgreich war (keine Ausnahme):**
>
> Der catch-Block wird übersprungen, und sofort wird der finally-Block ausgeführt. Danach wird der Rest des Codes ausgeführt.
>
> ★ **Der finally-Block wird auch ausgeführt, wenn der try- oder catch-Block eine return-Anweisung enthält:**
>
> Der Programmfluss springt zunächst zum finally-Block und danach zur entsprechenden return-Anweisung.

Sie sind hier ▸

Hierarchie der Ausnahmen

Eine Ausnahme ist ein Objekt vom Typ Exception

Jede Ausnahme ist letztlich ein Objekt vom Typ `Exception`. Dies ist die Superklasse für alle Ausnahmen, von der sämtliche Ausnahmen erben. In der JVM besitzt jede Ausnahme beispielsweise eine Funktion namens `printStackTrace`, mit der Sie den Stack Track der Ausnahme ausgeben können, wie hier gezeigt:

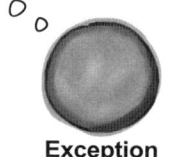

Ich bin ein Ausnahmefall!

```
try {
    // Etwas Riskantes tun
} catch (e: Exception) {
    e.printStackTrace()
    // Weiterer Code, der bei einer Ausnahme
    // ausgeführt werden soll
}
```

Die Funktion printStackTrace() steht allen Ausnahmen in der JVM zur Verfügung. Kann das Programm nach einer Ausnahme nicht weiter ausgeführt werden, können Sie printStackTrace() verwenden, um mögliche Fehler leichter zu finden.

Exception

Es gibt eine Vielzahl verschiedener Ausnahmen, die alle Subtypen von `Exception` sind. Die häufigsten (oder bekanntesten) sind:

★ **NullPointerException**
Wird beim Versuch ausgelöst, eine Operation an einem Nullwert auszuführen. Wie Sie wissen, sind `NullPointerException`s in Kotlinville fast ausgestorben.

★ **ClassCastException**
Diese Ausnahme tritt auf, wenn Sie versuchen, ein Objekt (z. B. `Wolf`) in einen nicht korrekten Typ (z. B. `Tree`) umzuwandeln.

★ **IllegalArgumentException**
Dieser Fehler kann ausgelöst werden, wenn ein unerlaubtes Argument übergeben wurde.

★ **IllegalStateException**
Benutzen Sie diese Ausnahme, wenn ein Objekt einen ungültigen Zustand besitzt.

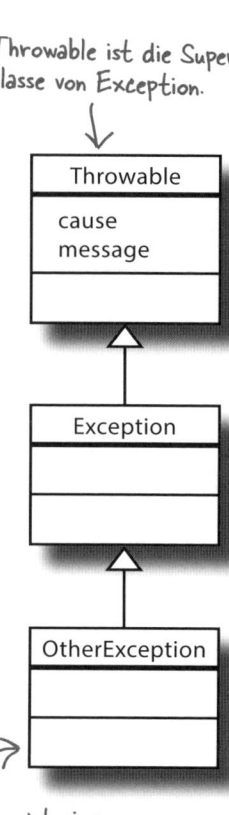

Throwable ist die Superklasse von Exception.

Jede Ausnahme ist eine Subklasse von Exception, inklusive der auf dieser Seite genannten.

Außerdem können Sie eigene Ausnahmen definieren, indem Sie eine neue Klasse erstellen, die `Exception` zur Superklasse hat. Der folgende Code definiert beispielsweise einen neuen Ausnahmetyp namens `AnimalException`:

```
class AnimalException : Exception() { }
```

Eigene Ausnahmetypen können hilfreich sein, wenn Sie im eigenen Code absichtlich bestimmte Ausnahmen auslösen wollen. Das werden wir uns nach einem kleinen Umweg noch genauer betrachten.

Nullwerte und Ausnahmen

Sichere Typumwandlungen im Detail

Wie Sie aus Kapitel 6 wissen, führt der Compiler in den meisten Fällen eine automatische Typumwandlung (»Smart Cast«) durch, wenn Sie den `is`-Operator benutzen. Im folgenden Code überprüft der Compiler, ob die Variable `r` ein `Wolf`-Objekt enthält. Falls ja, kann er den Typ von `Roamable` in `Wolf` ändern.

```
val r: Roamable = Wolf()
if (r is Wolf) {
    r.eat()  ← Hier wurde r automatisch in
             einen Wolf umgewandelt.
}
```

Manchmal kann der Compiler aber keine automatische Typumwandlung durchführen, weil sich die Variable zwischen der Typüberprüfung und ihrer Verwendung ändern kann. So wird der folgende Code nicht kompiliert, weil der Compiler nicht sicher sein kann, dass die Eigenschaft `r` nach ihrer Überprüfung immer noch ein `Wolf` ist:

```
class MyRoamable {
    var r: Roamable = Wolf()

    fun myFunction() {
        if (r is Wolf) {
            r.eat()  ← Dieser Code wird nicht kompiliert,
                     weil der Compiler nicht garantieren
        }            kann, dass r immer noch eine Refe-
    }                renz auf ein Wolf-Objekt enthält.
}
```

In Kapitel 6 haben wir gezeigt, dass Sie in solchen Fällen das Schlüsselwort `as` verwenden können, um `r` ausdrücklich in einen `Wolf` umzuwandeln, wie hier:

```
if (r is Wolf) {
    val wolf = r as Wolf  ← Dieser Code wird kompiliert. Wenn
    wolf.eat()             r allerdings keine Referenz auf ein
}                          Wolf-Objekt enthält, wird während
                           der Laufzeit eine Ausnahme ausgelöst.
```

Wurde `r` zwischen der Typüberprüfung und der Umwandlung jedoch ein Wert eines anderen Typs zugewiesen, löst das System eine Ausnahme vom Typ `ClassCastException` aus.

Die sichere Alternative besteht darin, eine sichere Umwandlung anhand des **as?**-Operators durchzuführen, zum Beispiel:

```
val wolf = r as? Wolf
```

Dieser Code wandelt `r` in einen `Wolf` um, sofern `r` ein Objekt dieses Typs enthält. Ansonsten wird `null` zurückgegeben. Damit vermeiden Sie die `ClassCastException`, falls Ihre Annahmen über den Variablentyp nicht korrekt waren.

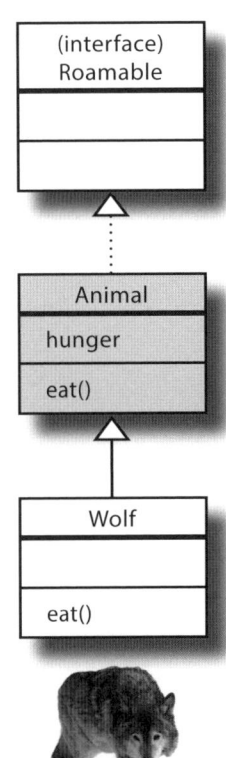

Mit as? können Sie eine explizite Typumwandlung sicher durchführen. Schlägt die Umwandlung fehl, wird null zurückgegeben.

Ausnahmen selbst auslösen

Sie können Ausnahmen selbst auslösen

Manchmal ist es sinnvoll, Ausnahmen im eigenen Code absichtlich auszulösen. Wenn Sie beispielsweise eine Funktion namens setWorkRatePercentage (Prozent Arbeitsleistung) haben, soll vielleicht eine Ausnahme vom Typ IllegalArgumentException (»ungültiges Argument«) ausgelöst werden, sobald versucht wird, einen Prozentsatz einzugeben, der kleiner als 0 oder größer als 100 ist. Anstatt die Fehlerbehandlung der Funktion zu überlassen, wird der Aufrufer gezwungen, sich mit dem Problem zu befassen.

Um eine Ausnahme auszulösen, verwenden Sie das Schlüsselwort **throw**. Im folgenden Beispiel wird die setWorkRatePercentage-Funktion angewiesen, eine Ausnahme vom Typ IllegalArgumentException auszulösen:

```
fun setWorkRatePercentage(x: Int) {
    if (x !in 0..100) {
        throw IllegalArgumentException("Percentage not in range 0..100: $x")
    }
    // Mehr Code, der ausgeführt wird, wenn der Wert gültig ist
}
```

Dies löst eine Ausnahme vom Typ IllegalArgumentException aus, falls x sich nicht im Bereich von 0 bis 100 befindet.

Danach können Sie die Ausnahme so abfangen:

```
try {
    setWorkRatePercentage(110)
} catch(e: IllegalArgumentException) {
    // Code zur Ausnahmebehandlung
}
```

Die Funktion setWorkRatePercentage() kann niemanden dazu bringen, eine Arbeitsleistung von 110 Prozent zu erbringen. Mit diesem Problem muss sich der Aufrufer (vermutlich Ihr Boss) selbst befassen.

Regeln für Ausnahmen

* Kein catch oder finally ohne ein try.

```
callRiskyCode()
catch (e: BadException) { }
```
Ungültig, weil es keinen try-Block gibt.

* Zwischen try und catch sowie zwischen catch und finally darf sich kein anderer Code befinden.

```
try { callRiskyCode() }
x = 7
catch (e: BadException) { }
```
Ungültig, weil sich zwischen try und catch kein anderer Code befinden darf.

* Auf ein try muss entweder ein catch oder ein finally folgen.

```
try { callRiskyCode() }
finally { }
```
Gültig, weil es einen finally-Block gibt, auch wenn der catch-Block fehlt.

* Ein try kann mehrere catch-Blöcke haben.

```
try { callRiskyCode() }
catch (e: BadException) { }
catch (e: ScaryException) { }
```
Gültig, weil ein try mehrere catch-Blöcke haben kann.

Nullwerte und Ausnahmen

try und throw sind Ausdrücke

Anders als in Sprachen wie etwa Java sind `try` und `throw` in Kotlin *Ausdrücke*; sie können also Rückgabewerte haben.

try als Ausdruck verwenden

Der Rückgabewert eines `try` ist entweder der letzte Ausdruck des `try`-Blocks oder der letzte Ausdruck des `catch`-Blocks (gibt es einen `finally`-Block, hat dieser keinen Einfluss auf den Rückgabewert). Ein Beispiel:

```
val result = try { str.toInt() } catch (e: Exception) { null }
```

> Man könnte auch sagen: »Versuche (try), str.toInt() das Ergebnis zuzuweisen. Ansonsten weise result den Wert null zu.«

Dieser Code erzeugt eine Variable namens `result` vom Typ `Int?`. Der `try`-Block versucht, den Wert einer `String`-Variablen in einen `Int` umzuwandeln. Bei Erfolg wird der `Int`-Wert der Variablen `result` zugewiesen. Schlägt der `try`-Block dagegen fehl, erhält `result` stattdessen den Wert `null`.

throw als Ausdruck verwenden

`throw` ist ebenfalls ein Ausdruck. Daher können Sie ihn beispielsweise mit dem Elvis-Operator verwenden, wie hier gezeigt:

```
val h = w?.hunger ?: throw AnimalException()
```

Enthält weder `w` noch `hunger` einen Nullwert, weist der obige Code den Wert der `hunger`-Eigenschaft von `w` einer neuen Variablen namens `h` zu. Enthält dagegen `w` oder `hunger` einen Nullwert, wird stattdessen eine Ausnahme vom Typ `AnimalException` ausgelöst.

Es gibt keine Dummen Fragen

F: Sie haben gesagt, dass man `throw` in einem Ausdruck verwenden kann. Heißt das, `throw` hat einen Rückgabetyp? Welchen?

A: Der Rückgabetyp von `throw` ist `Nothing`. Dies ist ein spezieller Typ, der keine Werte hat. Eine Variable vom Typ `Nothing?` kann also auch Nullwerte enthalten. Der folgende Code erzeugt beispielsweise eine Variable namens `x` vom Typ `Nothing?`, der nur `null` sein kann:

```
var x = null
```

F: Ich verstehe, dass `Nothing` ein Typ ohne Werte ist. Aber wofür kann ich ihn verwenden?

A: Sie können `Nothing` auch benutzen, um Codeteile anzugeben, die niemals erreicht werden, zum Beispiel als Rückgabetyp einer Funktion, die niemals einen Rückgabewert hat:

```
fun fail(): Nothing {
    throw BadException()
}
```

Der Compiler weiß, dass die Codeausführung nach dem Aufruf von `fail()` anhält.

F: In Java muss ich deklarieren, wenn eine Methode eine Ausnahme auslöst.

A: Das stimmt für Java, aber nicht für Kotlin. Hier gibt es keine Unterscheidung zwischen überprüften und nicht überprüften Ausnahmen (checked/unchecked exceptions).

Spitzen Sie Ihren Bleistift

Sehen Sie sich den Code auf der linken Seite an. Welche Ausgabe wird Ihrer Meinung nach bei seiner Ausführung erzeugt? Was passiert, wenn der Code in Zeile 2 folgendermaßen geändert wird?

```
val test: String = "Yes"
```

Schreiben Sie Ihre Antworten in die Kästen auf der rechten Seite.

```kotlin
fun main(args: Array<String>) {
    val test: String = "No"

    try {
        println("Start try")
        riskyCode(test)
        println("End try")
    } catch (e: BadException) {
        println("Bad Exception")
    } finally {
        println("Finally")
    }

    println("End of main")
}

class BadException : Exception()

fun riskyCode(test: String) {
    println("Start risky code")

    if (test == "Yes") {
        throw BadException()
    }

    println("End risky code")
}
```

Ausgabe, wenn test = "No"

Ausgabe, wenn test = "Yes"

→ Antworten auf Seite 248.

Nullwerte und Ausnahmen

Code-Magnete

Der Kotlin-Code am Kühlschrank ist vollkommen durcheinandergeraten. Versuchen Sie, ihn wieder zusammenzusetzen, sodass `myFunction` bei der Übergabe des `Strings` »Yes« den Text »thaws« (taut auf) ausgibt. Wird dagegen der `String` »No« übergeben, soll stattdessen der Text »throws« (Ausnahme ausgelöst) ausgegeben werden.

← Hier kommen die Magnete hin.

```
}

fun riskyCode(test:String) {

print("h")            } finally {

class BadException : Exception()

fun myFunction(test: String) {

                    if (test == "Yes") {

throw BadException()

print("w")        riskyCode(test)

        print("t")        try {

                                }

print("a")

                    print("s")
print("o")

                    print("r")
}

            } catch (e: BadException) {
}
```

→ Antworten auf Seite 249.

Sie sind hier ▸

Bleistift: Lösung

Spitzen Sie Ihren Bleistift
Lösung

Sehen Sie sich den Code auf der linken Seite an. Welche Ausgabe wird Ihrer Meinung nach bei seiner Ausführung erzeugt? Was passiert, wenn der Code in Zeile 2 folgendermaßen geändert wird?

```
val test: String = "Yes"
```

Schreiben Sie Ihre Antworten in die Kästen auf der rechten Seite.

```kotlin
fun main(args: Array<String>) {
    val test: String = "No"

    try {
        println("Start try")
        riskyCode(test)
        println("End try")
    } catch (e: BadException) {
        println("Bad Exception")
    } finally {
        println("Finally")
    }

    println("End of main")
}

class BadException : Exception()

fun riskyCode(test: String) {
    println("Start risky code")

    if (test == "Yes") {
        throw BadException()
    }

    println("End risky code")
}
```

Ausgabe, wenn test = "No"

Start try
Start risky code
End risky code
End try
Finally
End of main

Ausgabe, wenn test = "Yes"

Start try
Start risky code
Bad Exception
Finally
End of main

Nullwerte und Ausnahmen

Code-Magnete, Lösung

Der Kotlin-Code am Kühlschrank ist vollkommen durcheinandergeraten. Versuchen Sie, ihn wieder zusammenzusetzen, sodass `myFunction` bei der Übergabe des `Strings` »Yes« den Text »thaws« (taut auf) ausgibt. Wird dagegen der `String` »No« übergeben, soll stattdessen der Text »throws« (Ausnahme ausgelöst) ausgegeben werden.

```kotlin
class BadException : Exception()          // Subklasse von Exception anlegen.

fun myFunction(test: String) {            // myFunction erstellen.
    try {
        print("t")
        riskyCode(test)                   // Versuch (try), den
        print("o")                        // Code auszuführen.
    } catch (e: BadException) {
        print("a")                        // Diesen Code ausführen, wenn eine Ausnahme
                                          // vom Typ BadException ausgelöst wurde.
    } finally {
        print("w")                        // Dieser Code wird auf
    }                                     // jeden Fall ausgeführt.
    print("s")
}

fun riskyCode(test: String) {             // riskyCode erstellen.
    print("h")
    if (test == "Yes") {
        throw BadException()              // Ausnahme vom Typ BadException
    }                                     // auslösen, falls test == "Yes".
    print("r")
}
```

Sie sind hier ▸ **249**

Ihr Kotlin-Werkzeugkasten

Damit haben Sie auch Kapitel 8 hinter sich gebracht und Ihrem Werkzeugkasten Nullwerte und Ausnahmen hinzugefügt.

> Den kompletten Code dieses Kapitels können Sie hier herunterladen: https://tinyurl.com/HFKotlin.

Punkt für Punkt

- `null` ist ein Wert, der bedeutet, dass eine Variable keine Referenz auf ein Objekt enthält. Die Variable existiert, aber sie verweist auf nichts.

- Ein nullwertfähiger Typ kann zusätzlich zu seinem Basistyp auch Nullwerte enthalten. Sie definieren einen Typ als nullwertfähig, indem Sie ihm ein Fragezeichen (?) nachstellen.

- Um auf die Eigenschaften und Funktionen einer nullwertfähigen Variablen zuzugreifen, müssen Sie zuerst überprüfen, ob der Wert nicht `null` ist.

- Gelegentlich kann der Compiler nicht sicherstellen, dass eine Variable zwischen ihrer Überprüfung auf einen Nullwert und ihrer Verwendung nicht `null` ist. Um trotzdem auf die Eigenschaften und Funktionen zugreifen zu können, müssen Sie den Operator für sichere Aufrufe (`?.`) verwenden.

- Sichere Aufrufe können verkettet werden.

- Um Code nur dann auszuführen, wenn ein Wert mit Sicherheit nicht `null` ist, können Sie `?.let` verwenden.

- Der Elvis-Operator (`?:`) ist eine sichere Alternative zu einem `if`-Ausdruck.

- Der Nicht-Null-Annahme-Operator (not-null assertion operator) (`!!`) löst eine Ausnahme vom Typ `NullPointerException` aus, falls das Subjekt der Annahme nicht `null` ist.

- Eine Ausnahme ist eine Warnung, die in außergewöhnlichen Situationen auftritt.

- Mit `throw` können Sie selbst eine Ausnahme auslösen.

- Per `try/catch/finally` können Sie eine Ausnahme abfangen.

- `try` und `throw` sind Ausdrücke.

- Verwenden Sie die sichere Typumwandlung (`as?`), um Ausnahmen vom Typ `ClassCastException` zu vermeiden.

9 Collections

Dinge organisieren

Ach, wenn ich meine Freunde-Sammlung doch nur erweitern könnte ...

Haben Sie jemals etwas Flexibleres als ein Array gebraucht?

Kotlin besitzt eine Reihe nützlicher **Collections** (Sammlungen), die mehr Flexibilität und eine größere Kontrolle über *die Speicherung und Verwaltung von Objektgruppen* bieten. Brauchen Sie eine *erweiterbare Liste*? Wollen Sie den Inhalt *mischen oder umkehren*? Wollen Sie *etwas anhand seines Namens finden*? Oder *wollen Sie Duplikate entfernen*, ohne auch nur einen Finger rühren zu müssen? Wenn Sie auch nur eines dieser Merkmale brauchen, lesen Sie weiter. In diesem Kapitel finden Sie, was Sie suchen …

Arrays können nützlich sein ...

Bisher haben wir immer ein Array benutzt, wenn wir mehrere Referenzen an einem Ort speichern wollten. Arrays sind leicht anzulegen und besitzen viele nützliche Funktionen. Hier einige Dinge, die Sie mit einem Array anstellen können (abhängig vom Datentyp seiner Elemente):

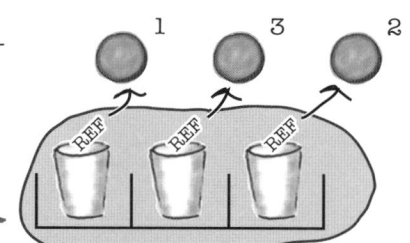

- ★ **Ein Array erstellen:**

    `var array = arrayOf(1, 3, 2)`

- ★ **Ein Array erzeugen und mit Nullwerten initialisieren:**

    `var nullArray: Array<String?> = arrayOfNulls(2)` ← Erstellt ein Array mit zwei Elementen und initialisiert es mit Nullwerten. Man könnte auch schreiben: arrayOf(null, null)

- ★ **Die Größe eines Arrays ermitteln:**

    `val size = array.size` ← array hat Platz für drei Elemente und hat daher die Größe 3.

- ★ **Die Reihenfolge der Arrayelemente umkehren:**

    `array.reverse()` ← Kehrt die Reihenfolge der Arrayelemente um.

- ★ **Herausfinden, ob ein Array etwas enthält:**

    `val isIn = array.contains(1)` ← array enthält 1, also wird true zurückgegeben.

- ★ **Die Summe der Arrayelemente berechnen (für numerische Werte):**

    `val sum = array.sum()` ← Dies gibt 6 zurück, denn: 2 + 3 + 1 = 6.

- ★ **Den Durchschnittswert der Elemente berechnen (sofern diese numerisch sind):**

    `val average = array.average()` ← Gibt einen Wert vom Typ Double zurück, hier: (2 + 3 + 1)/3 = 2.0.

- ★ **Das kleinste und größte Arrayelement finden (funktioniert für Zahlen, Strings, Char-Werte und boolesche Werte):**

    `array.min()` — min() gibt 1 zurück, weil dies der niedrigste Wert im Array ist.
    `array.max()` — max() gibt 3 zurück, weil dies der höchste Wert ist.

- ★ **Das Array in »natürlicher« Reihenfolge sortieren (funktioniert für Zahlen, Strings, Char-Werte und boolesche Werte):**

    `array.sort()` ← Sortiert die Arrayelemente vom niedrigsten zum höchsten Wert oder von false nach true.

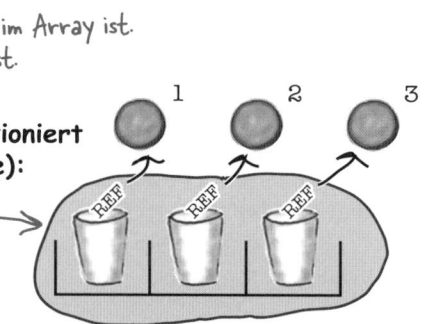

Aber Arrays sind nicht perfekt.

... mit manchen Dingen können Arrays aber nicht umgehen

Obwohl man mit Arrays viele nützliche Dinge anstellen kann, gibt es zwei wichtige Bereiche, mit denen Arrays nicht umgehen können.

Die Größe eines Arrays kann nicht verändert werden.

Wenn Sie ein Array erstellen, leitet der Compiler dessen Größe von der Anzahl der Elemente ab, mit denen es initialisiert wurde. Danach kann die Größe nicht mehr geändert werden. Das Array wächst nicht mit, wenn Sie weitere Elemente hinzufügen wollen. Es wird auch nicht kleiner, wenn Sie Elemente daraus entfernen wollen.

Arrays sind mutabel, d. h., sie können aktualisiert werden.

Eine weitere Einschränkung besteht darin, dass Sie nicht verhindern können, dass ein einmal erstelltes Array möglicherweise verändert wird. Angenommen, Sie hätten ein Array, wie hier gezeigt:

```
val myArray = arrayOf(1, 2, 3)
```

Dann können Sie nicht verhindern, dass das Array aktualisiert wird:

```
myArray[0] = 6
```

Hängt Ihr Code davon ab, dass das Array nicht verändert wird, kann dies eine potenzielle Fehlerquelle in Ihrer Applikation sein.

Was gibt es für Alternativen?

Es gibt keine Dummen Fragen

F: Kann ich ein Element nicht entfernen, indem ich ihm `null` zuweise?

A: Wenn Sie ein Array mit nullwertfähigen Elementen erstellen, können Sie eines oder mehrere Elemente mit Code wie diesem auf `null` setzen:

```
val a: Array<Int?> = arrayOf(1, 2, 3)
a[2] = null
```

Das ändert aber nicht die Größe des Arrays. Im obigen Beispiel bleibt die Größe des Arrays 3, selbst wenn eines seiner Elemente einen Nullwert erhält.

F: Könnte ich nicht eine Kopie des Arrays erstellen, die eine andere Größe hat?

A: Ja, das ist möglich. Arrays besitzen sogar eine Funktion namens `plus`, die das erleichtern soll. `plus` kopiert das Array und fügt ihm am Ende ein neues Element hinzu. Das ändert aber nicht die Größe des ursprünglichen Arrays.

F: Ist das ein Problem?

A: Ja, denn Sie müssen zusätzlichen Code schreiben. Wenn andere Variablen Referenzen auf das alte Array enthalten, kann das zu fehlerhaftem Code führen.

Allerdings gibt es eine Reihe guter Alternativen zur Verwendung eines Arrays, die wir uns als Nächstes ansehen wollen.

Sie sind hier

Im Zweifel gehen Sie zur Bibliothek

Kotlin liegen standardmäßig Hunderte von Klassen bei, die Sie in Ihrem Code verwenden können. Einige haben Sie bereits kennengelernt, zum Beispiel `String` und `Any`. Die gute Nachricht ist, dass die **Kotlin-Standardbibliothek** auch Klassen bereitstellt, die großartige Alternativen zu Arrays bieten.

Die Klassen und Funktionen der Kotlin-Standardbibliothek sind in verschiedene **Packages** einsortiert. Jede Klasse gehört in ein Package, und jedes Package hat einen Namen. Das Package *kotlin* enthält beispielsweise Kotlins Kernfunktionen und -datentypen, während das Package *kotlin.math* mathematische Funktionen und Konstanten bereitstellt.

Wir interessieren uns hier für das Package *kotlin.collections*. Es enthält eine Reihe von Klassen, mit denen Sie Objekte in einer sogenannten **Collection** (Sammlung) gruppieren können. Sehen wir uns die Basistypen für Collections einmal näher an:

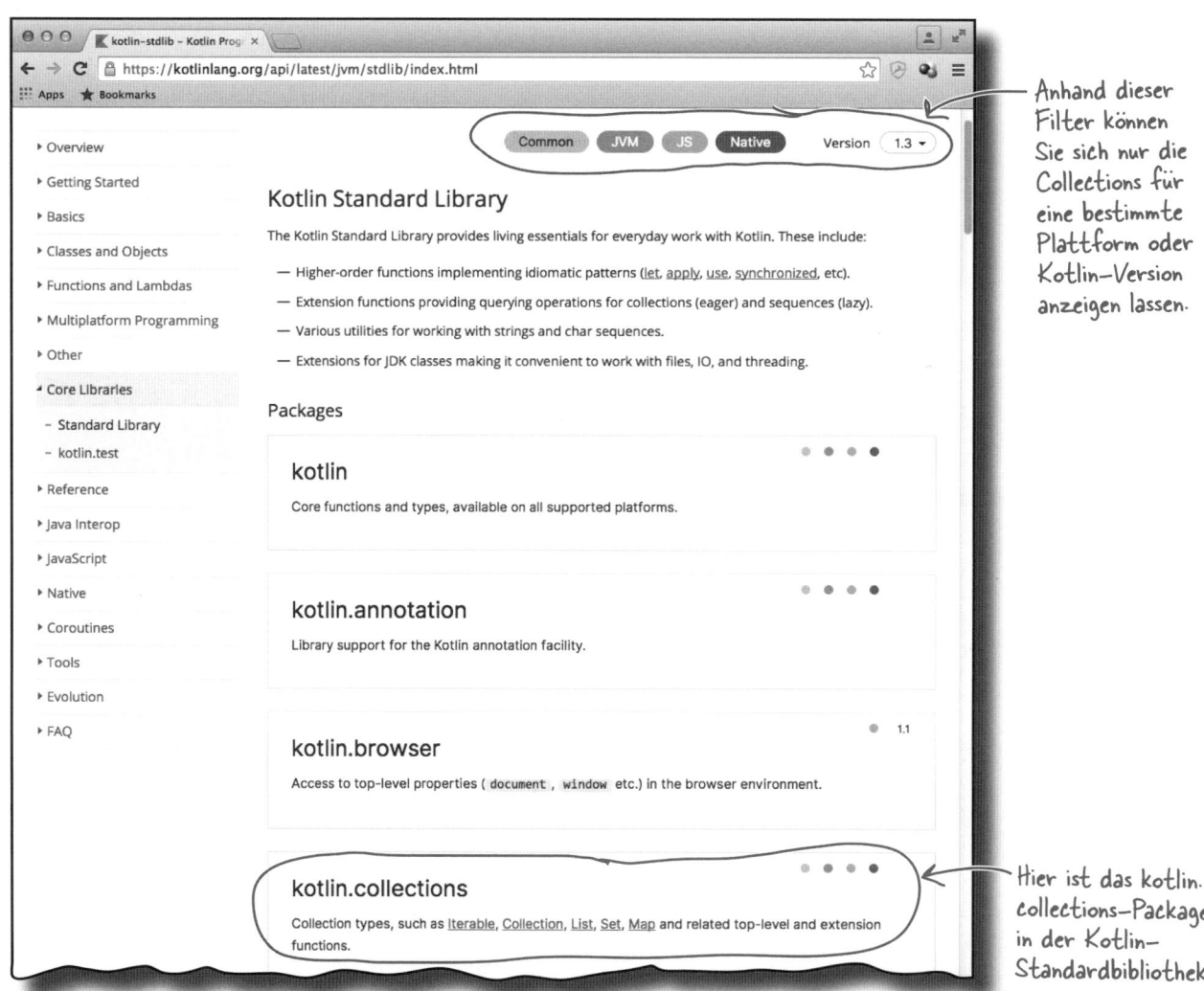

Standardbibliothek
Eine Übersicht über den Inhalt von Kotlins Standardbibliothek finden Sie unter dieser Adresse:

https://kotlinlang.org/api/latest/jvm/stdlib/index.html

List, Set und Map

Kotlin besitzt drei Basistypen für Collections: **List**, **Set** und **Map**. Jeder dient einem bestimmten Zweck:

List – wenn die Reihenfolge wichtig ist

Bei einer List (Liste) ist die Indexposition bekannt und wichtig. Dadurch weiß man, an welcher Stelle sich etwas in der Liste befindet. Außerdem kann in einer Liste mehr als ein Element eine Referenz auf das gleiche Objekt enthalten.

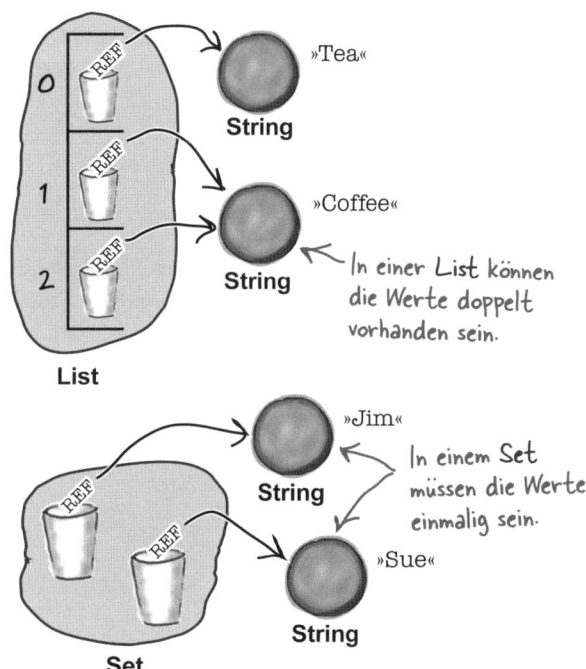

Set – wenn Einmaligkeit wichtig ist

In einem Set sind Duplikate nicht erlaubt. Die Reihenfolge der Elemente spielt keine Rolle. Es kann immer nur ein Element eine Referenz auf ein bestimmtes Objekt oder zwei als gleichwertig betrachtete Objekte enthalten.

Map – wenn das Finden eines Schlüssels wichtig ist

Eine Map verwendet Schlüssel/Wert-Paare. Die Map weiß, welcher Wert mit einem bestimmten Schlüssel verknüpft ist. Dabei können zwei Schlüssel auf das gleiche Objekt verweisen. Die Schlüssel müssen jedoch einmalig sein. Üblicherweise werden für die Schlüssel String-Werte verwendet (etwa um Listen mit benannten Eigenschaften zu erstellen). Grundsätzlich kann aber ein beliebiges Objekt als Schlüssel benutzt werden.

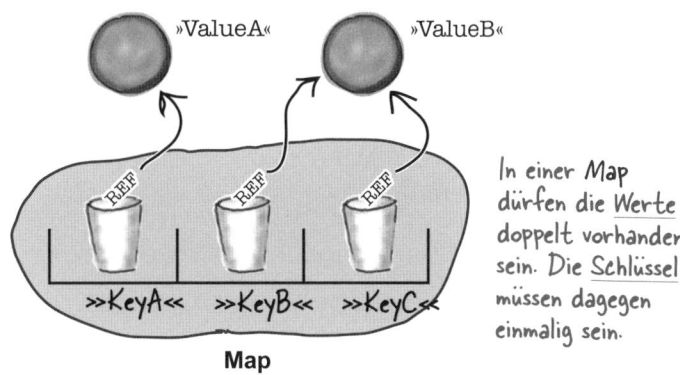

Einfache Lists, Sets und Maps sind *immutabel*, d.h., nach der Initialisierung einer dieser Collections können keine Elemente hinzufügt oder entfernt werden. Soll das doch einmal möglich sein, können Sie stattdessen einen von Kotlins mutablen Subtypen **MutableList**, **MutableSet** und **MutableMap** verwenden. Wenn Sie alle Vorteile einer Liste nutzen wollen, deren Inhalt aber aktualisierbar sein soll, benutzen Sie eine MutableList.

Nachdem Sie drei Basistypen von Kotlins Collections kennen, wollen wir uns ansehen, wie sie verwendet werden. Wir beginnen mit einer List.

Sie sind hier

Fantastische Listen ...

Eine **List** wird auf ähnliche Weise erstellt wie ein Array: durch den Aufruf der Funktion **listOf**. Dabei übergeben Sie die Werte, mit denen die **List** initialisiert werden soll. Der folgende Code erstellt beispielsweise eine Liste aus drei Strings und weist sie (die Liste) der neuen Variablen shopping zu:

```
val shopping = listOf("Tea", "Eggs", "Milk")
```

Um herauszufinden, welchen Typ die Liste hat, sieht sich der Compiler die Typen der einzelnen bei der Erstellung übergebenen Objekte an. Die obige Liste wurde mit drei Strings initialisiert. Daher erzeugt der Compiler eine Liste vom Typ List<String>. Um den Typ einer Liste explizit anzugeben, können Sie Code wie diesen verwenden:

```
val shopping: List<String>
shopping = listOf("Tea", "Eggs", "Milk")
```

Der Code erzeugt eine Liste mit den String-Werten »Tea«, »Eggs« und »Milk«.

Der Variablentyp lautet List<String>. Die Liste enthält also Referenzen auf String-Objekte.

... und ihre Verwendung

Nach der Erstellung einer List können Sie die **get**-Funktion nutzen, um auf die enthaltenen Elemente zuzugreifen. Folgender Code testet, ob die Liste mehr als 0 Elemente enthält, und gibt anschließend den Wert des Elements an Index 0 aus:

```
if (shopping.size > 0) {
    println(shopping.get(0))
    // Gibt "Tea" aus
}
```

Hier ist es sinnvoll, zuerst die Größe der Liste zu überprüfen. Ansonsten löst get() möglicherweise eine ArrayIndexOutOfBoundsException aus, wenn ihr ein ungültiger Index übergeben wurde.

Das Iterieren über die Elemente einer Liste funktioniert wie hier gezeigt:

```
for (item in shopping) println (item)
```

Außerdem können Sie überprüfen, ob die Liste eine Referenz auf ein bestimmtes Objekt enthält, und dessen Index ausgeben:

```
if (shopping.contains("Milk")) {
    println(shopping.indexOf("Milk"))
    // Gibt 2 aus
}
```

Wie Sie sehen, hat der Einsatz einer Liste große Ähnlichkeit mit dem von Arrays. Der Unterschied ist, dass Listen immutabel sind. Die enthaltenen Referenzen können nicht verändert werden.

> **Listen und andere Collections können Referenzen auf Objekte beliebigen Typs enthalten: Strings, Int-Werte, Enten, Pizzas usw.**

Eine mutable Liste erstellen ...

Brauchen Sie eine `List`, deren Werte Sie aktualisieren können, müssen Sie eine **MutableList** benutzen. Die Definition einer `MutableList` funktioniert auf ähnliche Weise wie die einer normalen `List`, nur dass Sie diesmal die Funktion **mutableListOf** für die Erstellung verwenden:

```
val mShopping = mutableListOf("Tea", "Eggs")
```

`MutableList` ist ein Subtyp von `List`. Alle `List`-Funktionen stehen daher auch einer `MutableList` zur Verfügung. Der große Unterschied ist, dass `MutableLists` zusätzliche Funktionen besitzen, mit denen Werte hinzugefügt, entfernt, aktualisiert oder neu geordnet werden können.

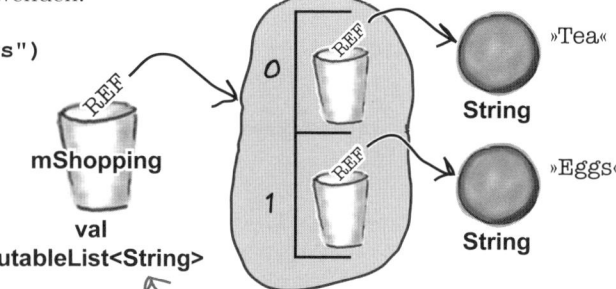

Wenn Sie der Funktion mutableListOf() String-Werte übergeben, geht der Compiler davon aus, dass Sie ein Objekt vom Typ MutableList<String> (eine mutable Liste, die Strings enthält) erstellen wollen.

... und Werte hinzufügen

Um einer `MutableList` neue Werte hinzuzufügen, verwenden Sie die Funktion **add**. Wollen Sie am Ende einer mutablen Liste einen Wert einfügen, übergeben Sie der `add`-Funktion den gewünschten Wert als einzigen Parameter. Im folgenden Beispiel erweitern wir die mutable Liste `mShopping` um den Wert »Milk«:

```
mShopping.add("Milk")
```

Dadurch wird die mutable Liste um ein Element erweitert und enthält nun drei statt zwei Elementen.

Soll ein Wert an einer bestimmten Stelle eingefügt werden, übergeben Sie der `add`-Funktion zusätzlich zum Wert die gewünschte Indexposition. Soll der Wert »Milk« nicht am Ende, sondern an Indexposition 1 der mutablen Liste eingefügt werden, können Sie schreiben:

```
mShopping.add(1, "Milk")
```

Durch das Einfügen eines Werts an einer bestimmten Indexposition werden die bereits vorhandenen Werte verschoben, um Platz für das neue Element zu machen. In diesem Beispiel verschiebt sich der Wert »Eggs« von Index 1 nach Index 2, damit »Milk« an Indexposition 1 eingefügt werden kann.

In einer `MutableList` können aber nicht nur Elemente hinzugefügt, sie können auch entfernt oder ersetzt werden. Wie das geht, sehen wir jetzt.

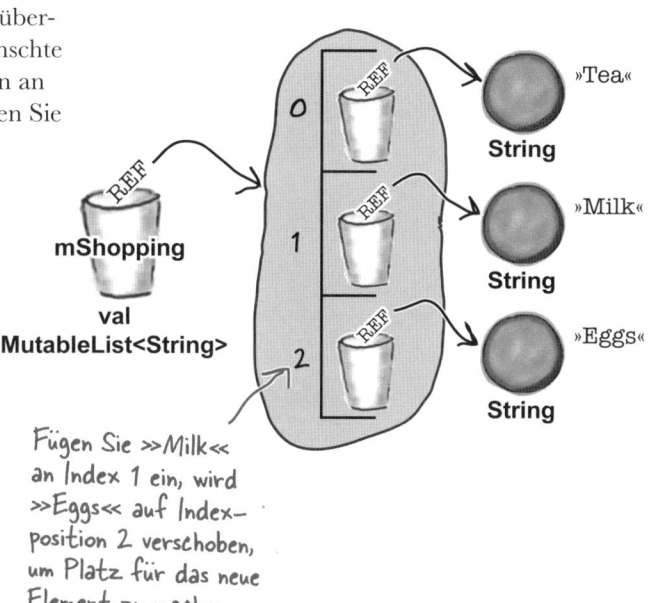

Fügen Sie »Milk« an Index 1 ein, wird »Eggs« auf Indexposition 2 verschoben, um Platz für das neue Element zu machen.

MutableLists verändern

Sie können Werte entfernen ...

Es gibt zwei Wege, einen Wert aus einer mutablen Liste zu entfernen.

Die erste Möglichkeit besteht im Aufruf der Funktion **remove**. Dabei übergeben Sie den Wert, der entfernt werden soll. Der folgende Code überprüft, ob mShopping den String »Milk« enthält, und entfernt ihn.

```
if (mShopping.contains("Milk")) {
    mShopping.remove("Milk")
}
```

Die zweite Möglichkeit ist die Verwendung der Funktion **removeAt**, um einen Wert an einer bestimmten Indexposition zu entfernen. Folgender Code stellt sicher, dass die Länge von mShopping größer als 1 ist, und entfernt dann den Wert an Index 1:

```
if (mShopping.size > 1) {
    mShopping.removeAt(1)
}
```

Bei beiden Ansätzen wird die MutableList verkleinert.

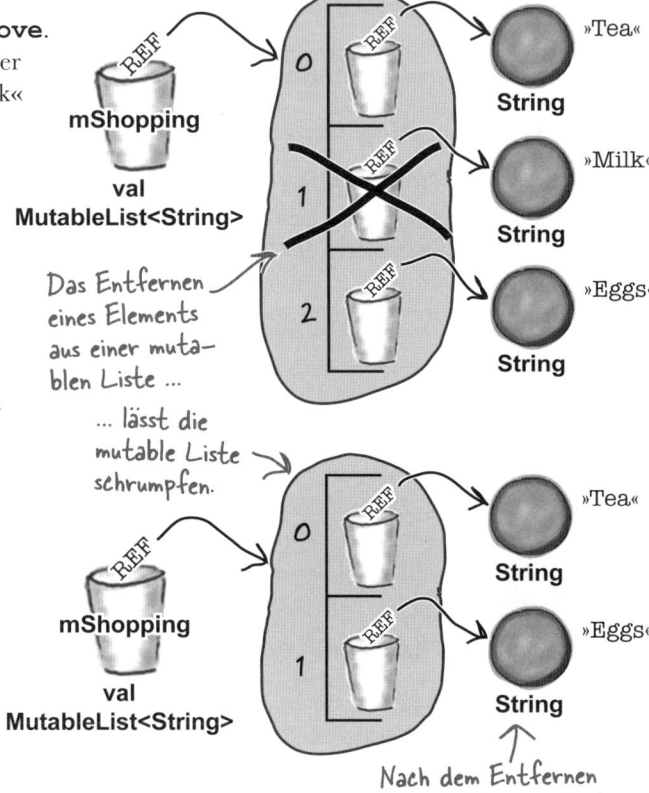

... und einen Wert durch einen anderen ersetzen

Soll der Wert an einer bestimmten Indexposition in einer mutablen Liste durch einen anderen ersetzt werden, können Sie hierfür die Funktion **set** verwenden. Folgender Wert ersetzt den Wert »Tea« an Index 0 durch »Coffee«:

```
if (mShopping.size > 0) {
    mShopping.set(0, "Coffee")
}
```

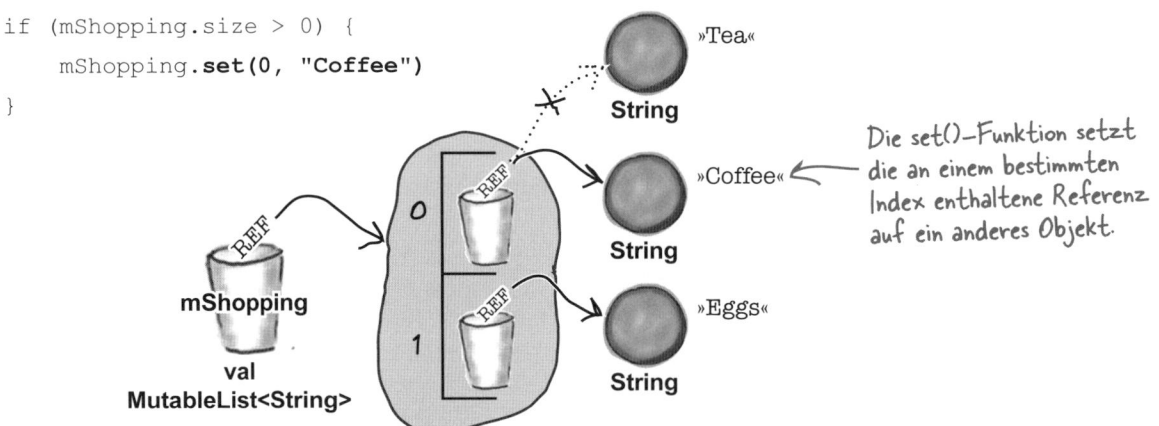

Reihenfolge ändern und mehrere Änderungen gleichzeitig durchführen ...

`MutableLists` besitzen außerdem Funktionen, mit denen die Reihenfolge der enthaltenen Elemente verändert werden kann. So können Sie mutable Listen mit der **sort**-Funktion auf »natürliche« Weise sortieren oder ihre Reihenfolge per **reverse** umkehren:

```
mShopping.sort()
mShopping.reverse()
```

Gemeinsam sortieren diese Zeilen die MutableList in umgekehrter Reihenfolge.

Mit der **shuffle**-Funktion können Sie die Elemente in eine zufällige Reihenfolge bringen.

```
mShopping.shuffle()
```

Außerdem gibt es nützliche Funktionen, um mehrere Elemente einer mutablen Liste auf einmal zu verändern. Mit der Funktion **addAll** können Sie einer mutablen Liste alle Elemente einer anderen Collection hinzufügen. Folgender Code erweitert mShopping um die Werte »Cookies« und »Sugar«:

```
val toAdd = listOf("Cookies", "Sugar")
mShopping.addAll(toAdd)
```

Mithilfe von **removeAll** werden alle Elemente entfernt, die in einer anderen Collection enthalten sind:

```
val toRemove = listOf("Milk", "Sugar")
mShopping.removeAll(toRemove)
```

Die **retainAll**-Funktion behält alle Elemente, die in einer anderen Collection enthalten sind, und entfernt alle anderen:

```
val toRetain = listOf("Milk", "Sugar")
mShopping.retainAll(toRetain)
```

Um alle Elemente zu entfernen, können Sie die **clear**-Funktion verwenden, wie hier gezeigt:

```
mShopping.clear()
```

Dieser Code leert mShopping, sodass sie nun die Größe 0 hat.

... oder eine Kopie einer MutableList anfertigen

Manchmal ist es sinnvoll, eine `List` oder `MutableList` zu kopieren, um einen Schnappschuss ihres Zustands zu sichern. Für diesen Zweck gibt es die Funktion **toList**. Im folgenden Beispiel kopieren wir mShopping und speichern die Kopie in der Variablen shoppingSnapshot.

```
val shoppingCopy = mShopping.toList()
```

Hierbei gibt toList eine `List` (keine `MutableList`!) zurück. shoppingCopy kann also nicht verändert werden. Weitere nützliche Funktionen zum Kopieren einer `MutableList` sind **sorted** (gibt eine sortierte Liste zurück), **reversed** (gibt eine Liste mit den Elementen in umgekehrter Reihenfolge zurück) und **shuffled** (gibt eine Liste mit den Elementen in zufälliger Reihenfolge zurück).

MutableLists besitzen außerdem eine toMutableList()-Funktion, die eine Kopie als neue mutable Liste zurückgibt.

Es gibt keine Dummen Fragen

F: Was ist ein Package?

A: Ein Package ist eine Gruppe von Klassen und Funktionen, die aus verschiedenen Gründen nützlich sind:

Erstens helfen sie, ein Projekt oder eine Bibliothek zu ordnen. Klassen sind hier keine ungeordnete Menge, sondern werden in Packages nach ihrer jeweiligen Funktionalität strukturiert.

Zweitens ermöglicht dies die Verwendung namensbasierter Geltungsbereiche. Mehrere Programmierer können Klassen mit dem gleichen Namen schreiben, solange sich diese in unterschiedlichen Packages befinden.

Mehr über die Strukturierung Ihres Codes in Packages finden Sie in Anhang III.

F: In Java muss ich alle Packages, die ich benutzen will, importieren. Ist das in Kotlin auch so?

A: Kotlin importiert viele Packages seiner Standardbibliothek automatisch, inklusive kotlin.collections. Trotzdem gibt es Situationen, in denen Sie Packages explizit importieren müssen. Mehr dazu finden Sie in Anhang III.

Das *Projekt* erstellen

Das Collections-Projekt anlegen

Da Sie den Unterschied zwischen `List`s und `MutableList`s nun kennen, wollen wir ein Projekt erstellen, das beide Formen verwendet.

Erzeugen Sie ein neues Kotlin-Projekt für die JVM und nennen Sie es »Collections«. Danach erstellen Sie eine neue Kotlin-Datei mit dem Namen *Collections.kt*, indem Sie den *src*-Ordner markieren und den Befehl New → Kotlin File/Class aus dem File-Menü wählen. Nennen Sie die Datei »Collections« und wählen Sie aus dem unteren Aufklappmenü (Kind) den Typ File aus.

Danach können Sie *Collections.kt* mit folgendem Code füllen.

```
fun main(args: Array<String>) {
    val mShoppingList = mutableListOf("Tea", "Eggs", "Milk")
    println("mShoppingList original: $mShoppingList")
    val extraShopping = listOf("Cookies", "Sugar", "Eggs")
    mShoppingList.addAll(extraShopping)
    println("mShoppingList items added: $mShoppingList")
    if (mShoppingList.contains("Tea")) {
        mShoppingList.set(mShoppingList.indexOf("Tea"), "Coffee")
    }
    mShoppingList.sort()
    println("mShoppingList sorted: $mShoppingList")
    mShoppingList.reverse()
    println("mShoppingList reversed: $mShoppingList")
}
```

Probefahrt

Wenn wir den Code ausführen, wird folgender Text im Ausgabefenster der IDE angezeigt:

> mShoppingList original: [Tea, Eggs, Milk]
> mShoppingList items added: [Tea, Eggs, Milk, Cookies, Sugar, Eggs]
> mShoppingList sorted: [Coffee, Cookies, Eggs, Eggs, Milk, Sugar]
> mShoppingList reversed: [Sugar, Milk, Eggs, Eggs, Cookies, Coffee]

Die Ausgabe einer List oder einer MutableList zeigt die einzelnen Elemente in eckigen Klammern an.

Und damit ist es Zeit für eine Übung.

Code-Magnete

Jemand hat Kühlschrankmagnete benutzt, um eine funktionierende main-Funktion zu schreiben, die die Ausgaben auf der rechten Seite erzeugt. Dummerweise hat ein Sharknado die Magnete total durcheinandergewirbelt. Versuchen Sie, die Funktion wieder in Ordnung zu bringen.

Hier kommt Ihr Code hin.

Die Funktion soll diese Ausgaben erzeugen.

[Zero, Two, Four, Six]
[Two, Four, Six, Eight]
[Two, Four, Six, Eight, Ten]
[Two, Four, Six, Eight, Ten]

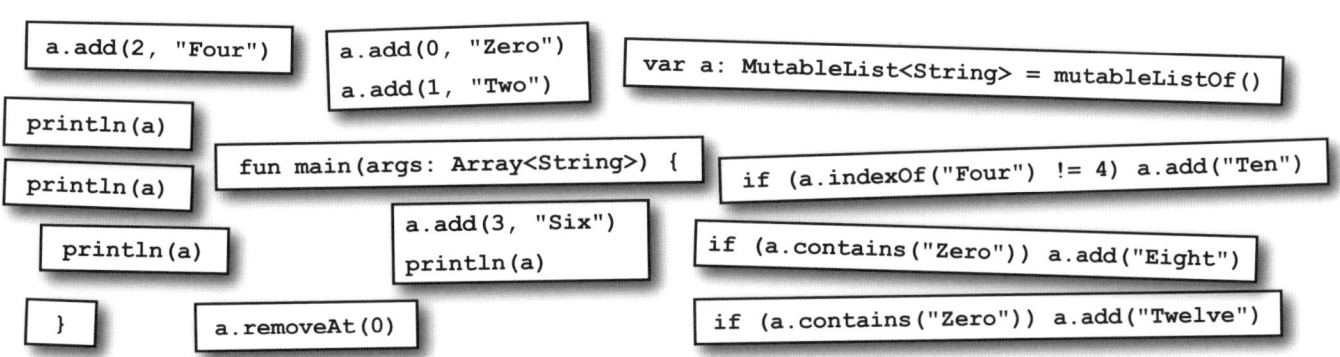

Code-Magnete: Lösung

Code-Magnete, Lösung

Jemand hat Kühlschrankmagneten benutzt, um eine funktionierende `main`-Funktion zu schreiben, die die Ausgaben auf der rechten Seite erzeugt. Dummerweise hat ein Sharknado die Magnete total durcheinandergewirbelt. Versuchen Sie, die Funktion wieder in Ordnung zu bringen.

[Zero, Two, Four, Six]
[Two, Four, Six, Eight]
[Two, Four, Six, Eight, Ten]
[Two, Four, Six, Eight, Ten]

```
fun main(args: Array<String>) {
    var a: MutableList<String> = mutableListOf()
    a.add(0, "Zero")
    a.add(1, "Two")
    a.add(2, "Four")
    a.add(3, "Six")
    println(a)
    if (a.contains("Zero")) a.add("Eight")
    a.removeAt(0)
    println(a)
    if (a.indexOf("Four") != 4) a.add("Ten")
    println(a)
    if (a.contains("Zero")) a.add("Twelve")
    println(a)
}
```

Listen dürfen doppelte Werte enthalten

Wie Sie inzwischen wissen, geben Ihnen Collections vom Typ `List` oder `MutableList` mehr Flexibilität als ein Array. Im Gegensatz zum Array können Sie selbst bestimmen, ob die Collection mutabel oder immutabel sein soll und ob Ihr Code Werte hinzufügen, entfernen und aktualisieren kann.

In manchen Situationen sind aber auch `Lists` (oder `MutableLists`) nicht ganz das Richtige.

Stellen Sie sich vor, Sie möchten mit Ihren Freunden essen gehen und sind für die Organisation zuständig. Dafür müssen Sie wissen, wie viele Leute kommen, um einen Tisch bestellen zu können. Sie könnten hierfür eine `List` verwenden. Allerdings gibt es dabei ein Problem: **In Lists kann der gleiche Wert mehrfach vorkommen**. Es kann also passieren, dass Ihre Freunde in der Liste mehr als einmal gespeichert werden:

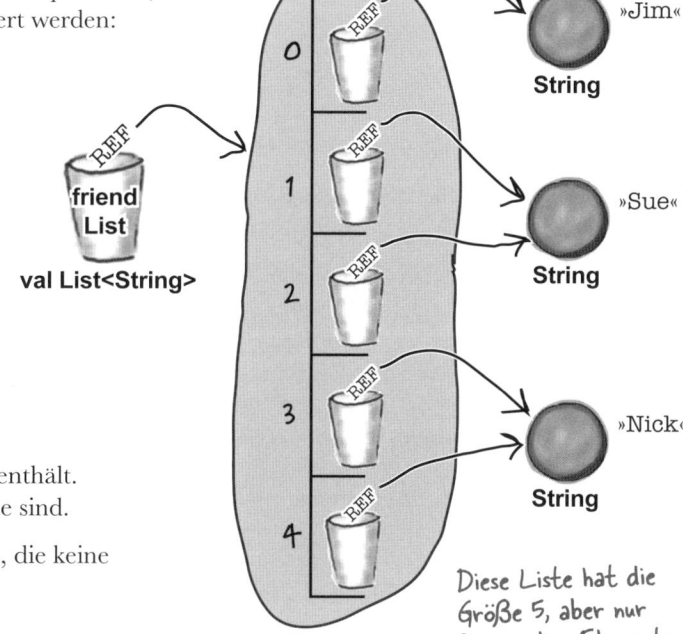

```
val friendList = listOf("Jim",
                        "Sue",
                        "Sue",
                        "Nick",
                        "Nick")
```

Hier heißen die drei Freunde Jim, Sue und Nick, aber Sue und Nick sind zweimal vorhanden.

Um herauszufinden, wie viele *einmalige* Freunde sich in der Liste befinden, wird der folgende Code *nicht* funktionieren:

```
friendList.size
```

Die Eigenschaft sieht nur, dass die Liste fünf Elemente enthält. Dabei spielt es keine Rolle, dass zwei Elemente Duplikate sind.

In solchen Fällen müssen wir eine Collection verwenden, die keine Duplikate erlaubt.

KOPF-NUSS

Weiter oben in diesem Kapitel haben wir die verschiedenen Arten von Kotlins Collections vorgestellt. Welche Art von Collection ist Ihrer Meinung nach am besten für diese Situation geeignet?

....

Sets

Ein Set anlegen

Brauchen Sie eine Collection, die keine doppelten Werte enthalten kann, können Sie ein `Set` verwenden: eine ungeordnete Collection mit einmaligen Werten.

Um ein `Set` zu erstellen, rufen Sie die Funktion **setOf** auf und übergeben ihr die Werte, mit denen das `Set` initialisiert werden soll. Der folgende Code legt ein `Set` an, initialisiert es mit drei `Strings` und weist es der neuen Variablen `friendSet` zu:

```
val friendSet = setOf("Jim", "Sue", "Nick")
```

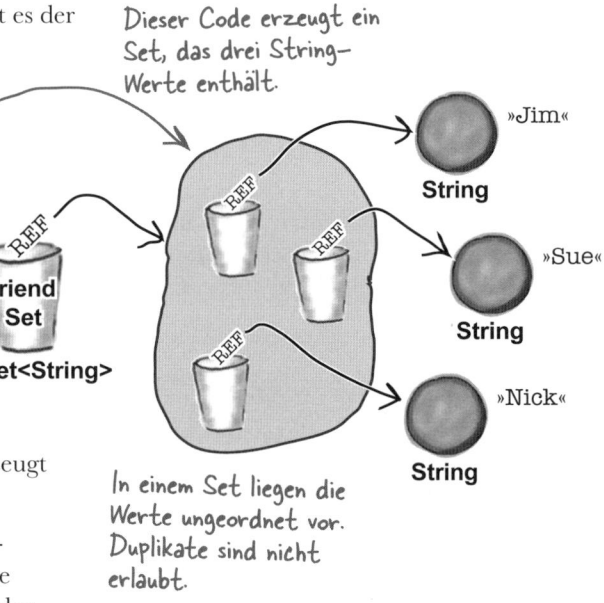

Dieser Code erzeugt ein Set, das drei String-Werte enthält.

In einem `Set` müssen die Werte einmalig sein. Wenn Sie versuchen, ein `Set` mit Code wie diesem zu definieren:

```
val friendSet = setOf("Jim",
                     "Sue",
                     "Sue",
                     "Nick",
                     "Nick")
```

… ignoriert das `Set` die Werte »Sue« und »Nick«. Der Code erzeugt ein `Set`, das wie zuvor drei einmalige `Strings` enthält.

Anhand der Werte, die bei der Erstellung übergeben wurden, bestimmt der Compiler, welchen Typ das `Set` haben soll. Der obige Code initialisiert das Set mit einer Reihe von `String`-Werten. Also erzeugt der Compiler ein `Set` des Typs `Set<String>`.

In einem Set liegen die Werte ungeordnet vor. Duplikate sind nicht erlaubt.

Auf die Werte eines Sets zugreifen

In einem `Set` liegen die Werte ungeordnet vor. Anders als bei einer `List` können Sie also nicht über einen Index darauf zugreifen. Die Überprüfung per `contains`, ob sich ein bestimmter Wert im `Set` befindet, funktioniert aber auch hier:

```
val isFredGoing = friendSet.contains("Fred")
```

Dieser Code gibt true zurück, wenn friendSet den Wert »Fred« enthält, ansonsten false.

Um über ein `Set` eine Schleife auszuführen, gehen Sie vor wie folgt:

```
for (item in friendSet) println(item)
```

Ein `Set` ist immutabel, es können also keine Werte hinzufügt oder entfernt werden. Soll das möglich sein, brauchen Sie stattdessen ein `MutableSet`. Bevor wir Ihnen zeigen, wie Sie ein `MutableSet` erstellen und benutzen, gibt es aber noch eine wichtige Frage zu klären: **Wie soll ein Set entscheiden, ob ein Wert ein Duplikat ist oder nicht?**

Im Gegensatz zu einer List ist ein Set ungeordnet und kann keine doppelten Werte enthalten.

Collections

Wie ein Set auf Duplikate testet

Um diese Frage zu beantworten, schauen wir uns Schritt für Schritt an, wie ein Set beim Testen auf Duplikate vorgeht.

 Das Set vergleicht den Hashcode des Objekts mit den Hashcodes der Objekte, die sich bereits im Set befinden.

Um sehr schnell auf seine Elemente zugreifen zu können, verwendet ein Set Hashcodes (siehe Kapitel 7). Das ist vergleichbar mit der Beschriftung eines Behälters, in dem das Set seine Elemente speichert. Hat ein Objekt den Hashcode 742, wird es im Behälter mit der Beschriftung »742« abgelegt.

Findet das Set keinen passenden Hashcode für einen neuen Wert, geht es davon aus, dass es kein Duplikat ist, und speichert den neuen Wert in einem passenden Behälter. Wurde dagegen ein passender Hashcode gefunden, müssen zusätzliche Tests durchgeführt werden, und das Set macht mit Schritt 2 weiter.

 Das Set verwendet den ===-Operator, um den neuen Wert mit den Hashwerten aller bereits enthaltenen Objekte zu vergleichen.

Wie Sie aus Kapitel 7 wissen, kann man mit dem ===-Operator testen, ob zwei Referenzen auf das gleiche Objekt verweisen. Gibt der ===-Operator für ein Objekt mit dem gleichen Hashcode true zurück, weiß das Set, dass der neue Wert ein Duplikat ist, und weist ihn zurück. Gibt der ===-Operator dagegen false zurück, macht das Set mit Schritt 3 weiter.

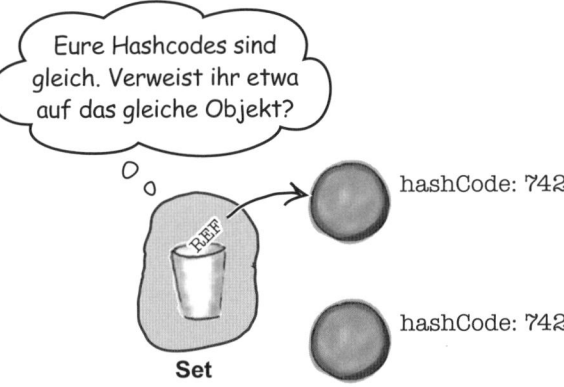

 Das Set verwendet den ==-Operator, um den neuen Wert mit den Hashcodes aller enthaltenen Objekte zu vergleichen.

Der ==-Operator ruft die equals-Funktion des Werts auf. Gibt sie true zurück, behandelt das Set den Wert als Duplikat und lehnt ihn ab. Gibt der ==-Operator dagegen false zurück, geht das Set davon aus, dass der neue Wert kein Duplikat ist, und fügt ihn hinzu.

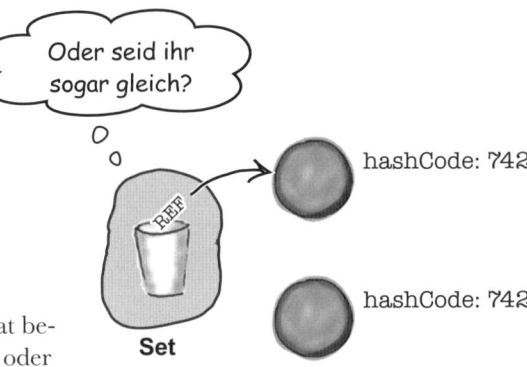

Es gibt also zwei Situationen, in denen ein Set einen Wert als Duplikat betrachtet: wenn es sich um eine Referenz auf das *gleiche* Objekt handelt oder wenn der Wert der *gleiche* ist wie der eines bereits gespeicherten Objekts. Das wollen wir uns noch etwas genauer ansehen.

Sie sind hier   **265**

Gleichheit ist wichtig

Hashcodes und Gleichheit

Wie Sie aus Kapitel 7 wissen, testet der ===-Operator, ob zwei Referenzen auf das gleiche Objekt verweisen, während der ==-Operator überprüft, ob die Referenzen auf Objekte verweisen, die als gleichwertig betrachtet werden sollen. Ein Set benutzt diese Operatoren allerdings nur, *wenn klar ist, dass zwei Objekte den gleichen Hashcode besitzen*. Das heißt: Damit ein Set richtig funktionieren kann, **müssen gleiche Objekte den gleichen Hashcode haben**. Aber was bedeutet das für die Operatoren === und ==?

Gleichheit mit dem ===-Operator testen

Verweisen zwei Referenzen auf das gleiche Objekt, erhalten Sie beim Aufruf der hashCode-Funktion für beide Referenzen das gleiche Ergebnis. Sofern Sie die hashCode-Funktion nicht überschrieben haben, erhält jedes Objekt standardmäßig (per Definition in der Superklasse Any) einen einmaligen Hashcode.

Wird der folgende Code ausgeführt, merkt das Set, dass a und b den gleichen Hashcode haben und auf das gleiche Objekt verweisen. Es wird also nur einer der Werte hinzugefügt:

```
val a = "Sue"
val b = a
val set = setOf(a, b)
```

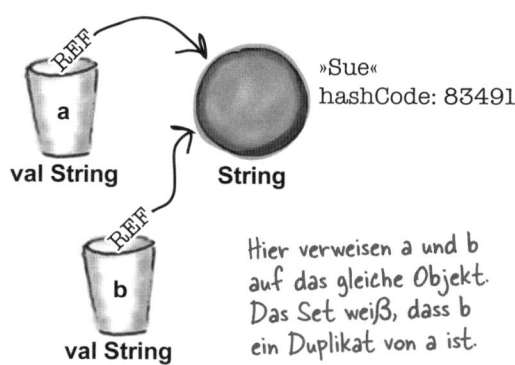

Hier verweisen a und b auf das gleiche Objekt. Das Set weiß, dass b ein Duplikat von a ist.

Gleichheit mit dem ==-Operator testen

Soll ein Set zwei unterschiedliche Recipe-Objekte als gleich oder gleichwertig betrachten, haben Sie zwei Optionen: Definieren Sie Recipe als Datenklasse oder überschreiben Sie die von Any geerbten Funktionen hashCode und equals. Die Umwandlung von Recipe in eine Datenklasse ist am einfachsten, da beide Funktionen automatisch überschrieben werden.

Wie gesagt, das (von Any) geerbte Standardverhalten sieht vor, dass jedes Objekt einen einmaligen Hashcode erhält. Damit zwei gleichwertige Objekte den gleichen Hashcode zurückgeben, *müssen* Sie hashCode überschreiben. Außerdem müssen Sie equals überschreiben, damit auch der ==-Operator true zurückgibt, wenn er für den Vergleich zweier passender Eigenschaftswerte verwendet wird.

Im folgenden Beispiel wird Set ein Wert hinzugefügt, sofern Recipe eine Datenklasse ist:

```
val a = Recipe("Thai Curry")
val b = Recipe("Thai Curry")
val set = setOf(a, b)
```

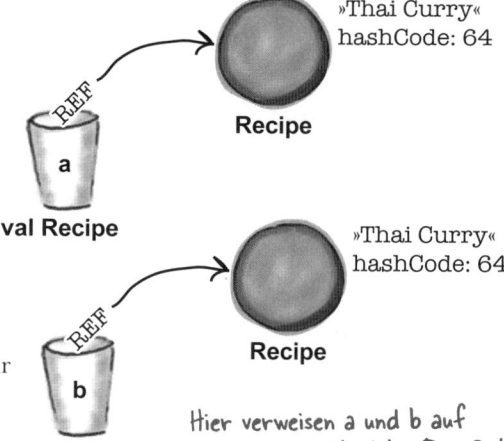

Hier verweisen a und b auf verschiedene Objekte. Das Set sieht b nur dann als Duplikat von a an, wenn beide den gleichen Hashcode-Wert besitzen und a == b true ergibt. Das ist der Fall, sofern Recipe eine Datenklasse ist.

Regeln für das überschreiben von hashCode und equals

Wenn Sie die Funktionen `hashCode` und `equals` lieber manuell in Ihrer Klasse überschreiben, anstatt eine Datenklasse zu verwenden, müssen Sie sich an eine Reihe von Vorschriften halten. Ansonsten kollabiert das Kotlin-Universum, weil Dinge wie `Sets` nicht mehr korrekt funktionieren. Daher sollten Sie unbedingt folgende Regeln beherzigen:

- ★ Sind zwei Objekte gleich, müssen auch ihre Hashcodes gleich sein.
- ★ Sind zwei Objekte gleich, muss der Aufruf von `equals` an beiden Objekten `true` zurückgeben. Anders gesagt: wenn (a.equals(b)), dann (b.equals(a))
- ★ Haben zwei Objekte den gleichen Hashcode-Wert, müssen sie nicht gleich sein. Sind zwei Objekte gleich, müssen Sie dagegen den gleichen Hashcode-Wert besitzen.
- ★ Wenn Sie `equals` überschreiben, müssen Sie auch `hashCode` überschreiben.
- ★ Standardmäßig erzeugt `hashCode` einen einmaligen Integerwert für jedes Objekt. Daher müssen Sie `hashCode` in einer Nicht-Datenklasse explizit überschreiben, damit zwei Objekte dieses Typs als gleich angesehen werden können.
- ★ Standardmäßig führt die `equals`-Funktion einen `===`-Vergleich durch. Hiermit wird getestet, ob zwei Referenzen auf das gleiche Objekt verweisen. Daher müssen Sie `equals` in einer Nicht-Datenklasse explizit überschreiben. Ansonsten werden keine zwei Objekte jemals als gleich betrachtet, weil Referenzen auf zwei verschiedene Objekte immer ein unterschiedliches Bitmuster ergeben.

a.equals(b) muss heißen, dass a.hashCode() == b.hashCode() ist.

Aber a.hashCode() == b.hashCode() heißt nicht zwangsläufig, dass auch a.equals(b) gültig ist.

> ### Es gibt keine Dummen Fragen
>
> **F: Wie können Hashcodes gleich sein, wenn es die Objekte nicht sind?**
>
> **A:** Wie Sie wissen, verwenden `Sets` Hashcodes, um möglichst schnell auf die gespeicherten Elemente zugreifen zu können. Um ein Element im `Set` zu finden, müssen nicht alle Elemente betrachtet werden, um einen Treffer zu erzielen. Stattdessen wird der Hashcode als Beschriftung des »Behälters« verwendet, in dem ein bestimmtes Element gespeichert wurde. Wenn Sie also sagen: »Ich möchte ein Objekt im Set finden, das aussieht wie dieses ...«, holt sich das Set den Hashcode des von Ihnen übergebenen Objekts und kann damit direkt auf den passend »beschrifteten Behälter« zugreifen.
>
> Das ist zwar noch nicht die ganze Geschichte, aber mehr als genug, um ein Set effektiv zu benutzen und zu verstehen, was hinter den Kulissen passiert.
>
> Im Kern heißt das, dass Hashcodes gleich sein können, ohne dass dadurch auch die referenzierten Objekte gleich sein müssen. Der Grund ist, dass der für die `hashCode`-Funktion verwendete Algorithmus den gleichen Wert für mehrere Objekte zurückgeben könnte. Und das würde heißen, dass mehrere Objekte im gleichen Behälter des Sets landen würden (weil jeder Behälter für einen bestimmten Hashcode steht). Das ist aber nicht das Ende der Welt. Möglicherweise ist das `Set` dadurch etwas weniger effizient, oder es enthält eine sehr große Anzahl Elemente. Sieht das `Set` mehr als ein Objekt im betreffenden Behälter, benutzt es einfach die Operatoren `===` und `==`, um einen perfekten Treffer zu erzielen. Das heißt, mit Hashcode-Werten kann die Suche eingegrenzt werden, es wird aber nicht unbedingt ein eindeutiger Treffer erzielt. Das `Set` muss immer noch alle Objekte im gleichen Behälter (für alle Objekte mit einem bestimmten Hashcode) vergleichen, um das richtige Objekt zu finden.

Ein MutableSet verwenden

Nachdem wir Sets kennengelernt haben, wollen wir nun einen Blick auf **MutableSet**s werfen. Ein MutableSet ist ein Subtyp von Set, der zusätzliche Funktionen zum Hinzufügen und Entfernen von Werten bereitstellt. Um ein MutableSet zu erstellen, verwenden Sie die Funktion **mutableSetOf**, wie hier:

```
val mFriendSet = mutableSetOf("Jim", "Sue")
```

Hier initialisieren wir ein MutableSet mit zwei Strings. Der vom Compiler abgeleitete Typ des MutableSet ist also MutableSet<String>.

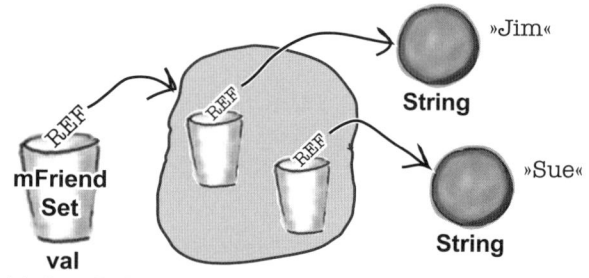

Übergeben Sie der mutableSetOf()-Funktion String-Werte, leitet der Compiler daraus ab, dass Sie ein Objekt vom Typ MutableSet<String> (ein MutableSet, das Strings enthält) erzeugen wollen.

Mit der add-Funktion können Sie dem MutableSet neue Werte hinzufügen. Der folgende Code erweitert mFriendSet um den Wert »Nick«:

```
mFriendSet.add("Nick")
```

Dabei überprüft die add-Funktion, ob sich das übergebene Objekt bereits im MutableSet befindet. Wird ein Duplikat des Werts gefunden, gibt add false zurück. Ist der Wert kein Duplikat, wird er dem MutableSet hinzugefügt (und sein Wert für size wird um 1 erhöht). Außerdem gibt die Funktion true zurück, um anzuzeigen, dass die Operation erfolgreich war.

Um Werte aus einem MutableSet zu entfernen, benutzen Sie die remove-Funktion. Der folgende Code entfernt den Wert »Nick« aus mFriendSet:

```
mFriendSet.remove("Nick")
```

Existiert »Nick« im MutableSet, entfernt die Funktion diesen Wert und gibt true zurück. Wurde kein passendes Objekt gefunden, gibt die Funktion einfach false zurück.

Außerdem können Sie auch mit MutableSets die Funktionen **addAll**, **removeAll** und **retainAll** verwenden, um Änderungen an mehreren Elementen auf einmal durchzuführen. Die Funktion addAll fügt einem MutableSet beispielsweise die Elemente einer anderen Collection hinzu. Der folgende Code erweitert mFriendSet um die Werte »Joe« und »Mia«:

```
val toAdd = setOf("Joe", "Mia")
mFriendSet.addAll(toAdd)
```

addAll() fügt die Werte aus einem anderen Set hinzu.

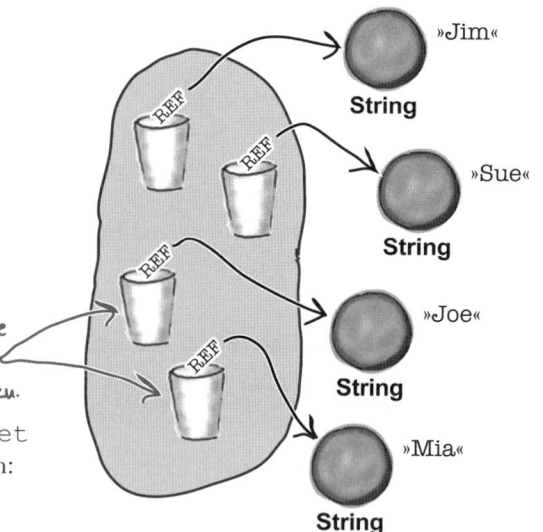

Und wie bei einer MutableList können Sie auch für ein MutableSet die Funktion **clear** nutzen, um alle enthaltenen Elemente zu entfernen:

```
mFriendSet.clear()
```

Ein MutableSet kann kopiert werden

Um einen Schnappschuss von einem `MutableSet` anzufertigen, gehen Sie genauso vor wie bei einer `MutableList`. So können Sie anhand der Funktion **toSet** eine immutable Kopie von `mFriendSet` anfertigen und einer neuen Variablen namens `friendSetCopy` zuweisen, wie hier gezeigt:

```
val friendSetCopy = mFriendSet.toSet()
```

Die Funktion **toList** ermöglicht es, ein `Set` oder `MutableSet` in ein neues `List`-Objekt zu kopieren:

```
val friendList = mFriendSet.toList()
```

Um eine `MutableList` oder `List` in ein `Set` zu kopieren, können Sie die Funktion **toSet** verwenden:

MutableSets besitzen auch die Funktionen toMutableSet() (die eine Kopie in einem neuen MutableSet ablegt) und toMutableList() (die eine Kopie in einer neuen MutableList ablegt).

```
val shoppingSet = mShopping.toSet()
```

Das Kopieren einer Collection in einen anderen Typ kann besonders hilfreich sein, wenn Sie Aktionen durchführen wollen, die ansonsten ineffizient wären. Beispielsweise können Sie testen, ob eine `List` Duplikate enthält, indem Sie die `List` in ein `Set` kopieren und dann die Größen beider Collections vergleichen. Der folgende Code nutzt dieses Technik, um zu überprüfen, ob `mShopping` (eine `MutableList`) Duplikate enthält.

```
if (mShopping.size > mShopping.toSet().size) {
    // mShopping enthält doppelte Werte
}
```

Dies erzeugt eine Set-Version von mShopping und ermittelt ihre Größe.

Enthielte mShopping Duplikate, müsste das Ergebnis von mShopping größer sein als dessen Kopie in einem `Set`, denn die Konvertierung einer `MutableList` in ein `Set` entfernt die Duplikate.

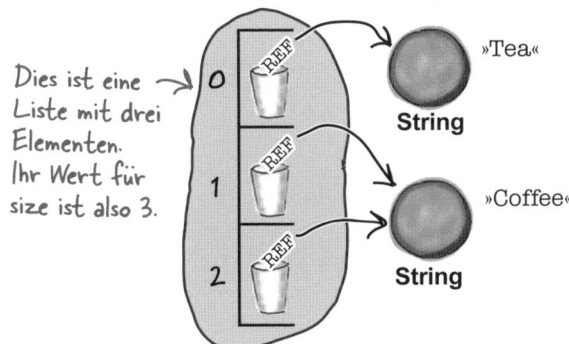

Das Projekt aktualisieren

Das Collections-Projekt aktualisieren

Nachdem Sie wissen, wie `Sets` und `MutableSets` funktionieren, wollen wir unser Collections-Projekt auf den neuesten Stand bringen, damit auch diese Collection-Typen verwendet werden.

Aktualisieren Sie Ihre Version von *Collections.kt* so, dass sie dem unten gezeigten Code entspricht (Änderungen sind fett hervorgehoben):

```
fun main(args: Array<String>) {
    var mShoppingList = mutableListOf("Tea", "Eggs", "Milk")
    println("mShoppingList original: $mShoppingList")
    val extraShopping = listOf("Cookies", "Sugar", "Eggs")
    mShoppingList.addAll(extraShopping)
    println("mShoppingList items added: $mShoppingList")
    if (mShoppingList.contains("Tea")) {
        mShoppingList.set(mShoppingList.indexOf("Tea"), "Coffee")
    }
    mShoppingList.sort()
    println("mShoppingList sorted: $mShoppingList")
    mShoppingList.reverse()
    println("mShoppingList reversed: $mShoppingList")

    val mShoppingSet = mShoppingList.toMutableSet()
    println("mShoppingSet: $mShoppingSet")
    val moreShopping = setOf("Chives", "Spinach", "Milk")
    mShoppingSet.addAll(moreShopping)
    println("mShoppingSet items added: $mShoppingSet")
    mShoppingList = mShoppingSet.toMutableList()
    println("mShoppingList new version: $mShoppingList")
}
```

mShoppingList in eine var-Variable ändern, damit wir sie später im Code durch eine andere MutableList<String> ersetzen können.

Fügen Sie diesen Code hinzu.

Mit diesem Code wollen wir jetzt einen Probelauf starten.

Probefahrt

Wenn wir diesen Code ausführen, wird der folgende Text im Ausgabefenster der IDE angezeigt:

```
mShoppingList original: [Tea, Eggs, Milk]
mShoppingList items added: [Tea, Eggs, Milk, Cookies, Sugar, Eggs]
mShoppingList sorted: [Coffee, Cookies, Eggs, Eggs, Milk, Sugar]
mShoppingList reversed: [Sugar, Milk, Eggs, Eggs, Cookies, Coffee]
mShoppingSet: [Sugar, Milk, Eggs, Cookies, Coffee]
mShoppingSet items added: [Sugar, Milk, Eggs, Cookies, Coffee, Chives, Spinach]
mShoppingList new version: [Sugar, Milk, Eggs, Cookies, Coffee, Chives, Spinach]
```

Der Inhalt eines Set oder MutableSet wird bei der Ausgabe in eckigen Klammern dargestellt.

Es gibt keine Dummen Fragen

F: Sie haben gesagt, ich kann eine List als Kopie eines Set anlegen und ein Set als Kopie einer List. Geht so etwas auch mit einem Array?

A: Ja, das ist möglich. Arrays besitzen eine Reihe von Funktionen, mit denen Sie das Array in eine neue Collection kopieren können: `toList()`, `toMutableList()`, `toSet()` und `toMutableSet()`. Der folgende Code erzeugt ein Array mit Int-Werten und kopiert dieses anschließend in ein Set<Int>:

```
val a = arrayOf(1, 2, 3)
val s = a.toSet()
```

Auf ähnliche Weise besitzen List und Set (und damit auch MutableList und MutableSet) eine Funktion namens `toTypedArray()`, die eine Collection in ein neues Array des passenden Typs kopiert:

```
val s = setOf(1, 2, 3)
val a = s.toTypedArray()
```

Dieser Code erzeugt ein Array des Typs Array<Int>.

F: Kann ich ein Set sortieren?

A: Nein. Ein Set ist der Definition nach ungeordnet, und Sie können es nicht direkt sortieren. Sie können es aber mit der `toList()`-Funktion in eine List kopieren und diese dann sortieren.

F: Kann ich den Inhalt zweier Sets mit dem ==-Operator vergleichen?

A: Ja, das geht. Angenommen, Sie hätten die zwei Sets a und b, die die gleichen Werte enthalten. In diesem Fall ergibt der Vergleich a == b das Ergebnis true, wie im folgenden Beispiel:

```
val a = setOf(1, 2, 3)
val b = setOf(3, 2, 1)
// a == b ergibt true
```

Enthalten die beiden verglichenen Sets dagegen unterschiedliche Werte, ist das Ergebnis false.

F: Ganz schön schlau. Was passiert, wenn eines der beiden Sets ein MutableSet ist? Muss ich es vor dem Vergleich in ein Set kopieren?

A: Sie können == verwenden, ohne das MutableSet in ein Set zu kopieren. Im folgenden Beispiel ergibt der Vergleich a == b das Ergebnis true.

```
val a = setOf(1, 2, 3)
val b = mutableSetOf(3, 2, 1)
```

F: Ich verstehe. Funktioniert == auch mit Lists?

A: Ja. Sie können == benutzen, um den Inhalt zweier Lists zu vergleichen. Enthalten die Lists die gleichen Werte an den gleichen Indizes, ist der Rückgabewert des Vergleichs true. Enthalten die Lists unterschiedliche Werte oder sind die gleichen Werte in unterschiedlicher Reihenfolge enthalten, wird dagegen false zurückgegeben. Im folgenden Beispiel ergibt a == b das Ergebnis true:

```
val a = listOf(1, 2, 3)
val b = listOf(1, 2, 3)
```

Sie sind hier

Seien Sie das Set

SEIEN Sie das Set

Hier sehen Sie vier Duck-Klassen. Spielen Sie Set und finden Sie heraus, welche Klassen ein Set erzeugen, das beim Einsatz der main-Funktion auf der rechten Seite genau ein Element enthält. Gibt es Duck-Klassen, die die Regeln für hashCode() und equals() verletzen?

Dies ist die main-Funktion.

```kotlin
fun main(args: Array<String>) {
    val set = setOf(Duck(), Duck(17))
    println(set)
}
```

A
```kotlin
class Duck(val size: Int = 17) {
    override fun equals(other: Any?): Boolean {
        if (this === other) return true
        if (other is Duck && size == other.size) return true
        return false
    }

    override fun hashCode(): Int {
        return size
    }
}
```

B
```kotlin
class Duck(val size: Int = 17) {
    override fun equals(other: Any?): Boolean {
        return false
    }

    override fun hashCode(): Int {
        return 7
    }
}
```

C
```kotlin
data class Duck(val size: Int = 18)
```

D
```kotlin
class Duck(val size: Int = 17) {
    override fun equals(other: Any?): Boolean {
        return true
    }

    override fun hashCode(): Int {
        return (Math.random() * 100).toInt()
    }
}
```

→ Antworten auf Seite 274.

Spitzen Sie Ihren Bleistift

Vier Freunde haben Listen ihrer Haustiere (pets) erstellt. Jeder Eintrag in der `List` steht für ein Haustier. Hier die vier Listen:

```
val petsLiam = listOf("Cat", "Dog", "Fish", "Fish")
val petsSophia = listOf("Cat", "Owl")
val petsNoah = listOf("Dog", "Dove", "Dog", "Dove")
val petsEmily = listOf("Hedgehog")
```

Schreiben Sie Code, um eine neue Collection namens `pets` anzulegen, die alle Haustiere enthält.

....

....

....

....

....

Wir würden Sie die `pets`-Collection nutzen, um die Gesamtzahl aller Haustiere zu ermitteln?

....

Schreiben Sie Code, um auszugeben, wie viele Arten von Haustieren es gibt.

....

....

Wie würden Sie die Arten von Haustieren in alphabetischer Reihenfolge auflisten?

....

....

....

→ Antworten auf Seite 275.

SEIEN Sie das Set, Lösung

Hier haben wir vier Duck-Klassen. Spielen Sie Set und finden Sie heraus, welche Klassen ein Set erzeugen, das beim Einsatz der main-Funktion auf der rechten Seite genau ein Element enthält. Gibt es Duck-Klassen, die die Regeln für hashCode() und equals() verletzen?

Dies ist die main-Funktion.

```kotlin
fun main(args: Array<String>) {
    val set = setOf(Duck(), Duck(17))
    println(set)
}
```

A
```kotlin
class Duck(val size: Int = 17) {
    override fun equals(other: Any?): Boolean {
        if (this === other) return true
        if (other is Duck && size == other.size) return true
        return false
    }

    override fun hashCode(): Int {
        return size
    }
}
```

Hier werden die Regeln für hashCode() und equals() befolgt. Das Set erkennt, dass das zweite Duck-Objekt ein Duplikat ist. Also erzeugt die main-Funktion ein Set, das ein Element enthält.

B
```kotlin
class Duck(val size: Int = 17) {
    override fun equals(other: Any?): Boolean {
        return false
    }

    override fun hashCode(): Int {
        return 7
    }
}
```

Dieser Code erzeugt ein Duck-Objekt mit zwei Elementen. Die Klasse verletzt die Regeln für hashCode() und equals(), weil equals() immer false zurückgibt, selbst wenn ein Objekt mit sich selbst verglichen wird.

C
```kotlin
data class Duck(val size: Int = 18)
```

Hier werden die Regeln befolgt. Trotzdem wird ein Set mit zwei Elementen erzeugt.

D
```kotlin
class Duck(val size: Int = 17) {
    override fun equals(other: Any?): Boolean {
        return true
    }

    override fun hashCode(): Int {
        return (Math.random() * 100).toInt()
    }
}
```

Dieser Code erzeugt ein Set mit zwei Elementen. Die Klasse verletzt die Regeln, weil hashCode() eine zufällige Zahl zurückgibt. Nach den Regeln müssen gleiche Objekte den gleichen Hashcode haben.

Spitzen Sie Ihren Bleistift
Lösung

Vier Freunde haben Listen ihrer Haustiere (pets) erstellt. Jeder Eintrag in der `List` steht für ein Haustier. Hier die vier Listen:

```kotlin
val petsLiam = listOf("Cat", "Dog", "Fish", "Fish")
val petsSophia = listOf("Cat", "Owl")
val petsNoah = listOf("Dog", "Dove", "Dog", "Dove")
val petsEmily = listOf("Hedgehog")
```

Schreiben Sie Code, um eine neue Collection namens `pets` anzulegen, die alle Haustiere enthält.

Machen Sie sich keine Sorgen, wenn Ihre Antworten von unseren abweichen. Es gibt verschiedene Wege, das gleiche Ergebnis zu erzielen.

```kotlin
var pets: MutableList<String> = mutableListOf()
pets.addAll(petsLiam)
pets.addAll(petsSophia)
pets.addAll(petsNoah)
pets.addAll(petsEmily)
```

Wir würden Sie die `pets`-Collection nutzen, um die Gesamtzahl aller Haustiere zu ermitteln?

```kotlin
pets.size
```

Schreiben Sie Code, um auszugeben, wie viele Arten von Haustieren es gibt.

```kotlin
val petSet = pets.toMutableSet()
println(petSet.size)
```

Wie würden Sie die Arten von Haustieren in alphabetischer Reihenfolge auflisten?

```kotlin
val petList = petSet.toMutableList()
petList.sort()
println(petList)
```

Zeit für Maps

Lists und Sets sind großartig. Trotzdem wollen wir Ihnen noch eine weitere Collection vorstellen: die **Map**. Maps funktionieren wie eine Eigenschaftsliste. Sie übergeben ihr einen Schlüssel, und die Map gibt Ihnen den damit verbundenen Wert zurück. Üblicherweise werden als Schlüssel Strings verwendet. Im Prinzip kann aber ein beliebiges Objekt ein Schlüssel sein.

Jeder Eintrag in einer Map besteht eigentlich aus zwei Objekten: einem **Schlüssel** und einem **Wert**. Mit jedem Schlüssel ist ein einzelner Wert verbunden. Die **Werte** können Duplikate sein, die **Schlüssel** müssen einmalig sein.

Eine Map erstellen

Um eine Map zu erstellen, rufen Sie die Funktion **mapOf** auf und übergeben ihr die Schlüssel/Wert-Paare, mit denen die Map initialisiert werden soll. Im folgenden Beispiel erzeugen wir eine Map mit drei Einträgen. Die Schlüssel sind die Strings »Recipe1«, »Recipe2« und »Recipe3«. Die Werte sind Recipe-Objekte:

```
val r1 = Recipe("Chicken Soup")
val r2 = Recipe("Quinoa Salad")
val r3 = Recipe("Thai Curry")

val recipeMap = mapOf("Recipe1" to r1, "Recipe2" to r2, "Recipe3" to r3)
```

Jeder Eintrag besteht aus einem Schlüssel und einem dazugehörigen Wert. Die Schlüssel sind wie in diesem Beispiel normalerweise Strings.

Wie erwartet, leitet der Compiler den Typ der Schlüssel/Wert-Paare von den Einträgen ab, mit denen die Map initialisiert wurde. Im obigen Beispiel wurde die Map mit String-Schlüsseln und Recipe-Werten initialisiert. Also erzeugt der Compiler eine Map vom Typ Map<String, Recipe>. Um den Typ einer Map explizit festzulegen, können Sie Code wie diesen verwenden:

```
val recipeMap: Map<String, Recipe>
```

Die allgemeine Form für den Typ einer Map sieht so aus:

```
Map<Schluessel_Typ, Wert_Typ>
```

Da Sie nun wissen, wie man eine Map erstellt, wollen wir uns anschauen, wie man sie benutzt.

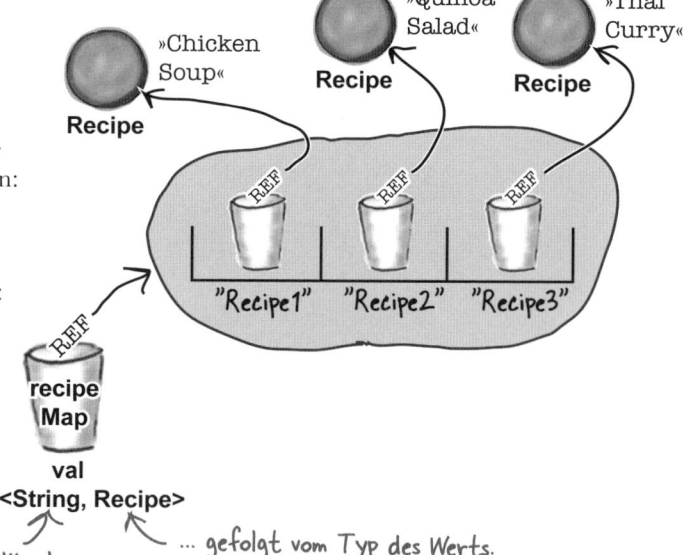

Eine Map benutzen

Drei Aktionen sind bei einer Map besonders häufig: die Überprüfung, ob ein bestimmter Schlüssel oder Wert enthalten ist, das Auslesen des Werts für einen bestimmten Schlüssel und das Ausführen einer Schleife über die Einträge der Map.

Um herauszufinden, ob eine Map einen bestimmten Schlüssel oder Wert enthält, stehen Ihnen die Funktionen **containsKey** bzw. **containsValue** zur Verfügung. Folgender Code überprüft beispielsweise, ob die Map namens recipeMap den Schlüssel »Recipe1« enthält:

```
recipeMap.containsKey("Recipe1")
```

Wenn Sie wissen möchten, ob recipeMap ein Rezept für Hühnersuppe enthält, benutzen Sie die Funktion containsValue, wie hier gezeigt:

```
val recipeToCheck = Recipe("Chicken Soup")
if (recipeMap.containsValue(recipeToCheck)) {
    // Code, der ausgeführt wird, wenn die Map den Wert enthält
}
```

Wir gehen hier davon aus, dass Recipe eine Datenklasse ist, sodass die Map erkennen kann, ob zwei Objekte gleich sein.

Zum Auslesen des Werts für einen bestimmten Schlüssel dienen die Funktionen **get** und **getValue**. Existiert der angegebene Schlüssel nicht, gibt get einen Nullwert zurück, während getValue eine Ausnahme auslöst. Im folgenden Beispiel benutzen wir getValue, um das Recipe-Objekt für den Schlüssel »Recipe1« auszulesen:

```
if (recipeMap.containsKey("Recipe1")) {
    val recipe = recipeMap.getValue("Recipe1")
    // Code zur Verwendung des Recipe-Objekts
}
```

Enthält recipeMap keinen »Recipe1«-Schlüssel, löst diese Zeile eine Ausnahme aus.

Über die Einträge einer Map kann außerdem eine Schleife ausgeführt werden. Um jedes Schlüssel/Wert-Paar in recipeMap auszugeben, könnten Sie so vorgehen:

```
for ((key, value) in recipeMap) {
    println("Key is $key, value is $value")
}
```

Maps sind immutabel. Es können also keine Schlüssel/Wert-Paare hinzugefügt oder entfernt werden. Der Wert für einen bestimmten Schlüssel kann nicht verändert werden. Soll das möglich sein, müssen Sie stattdessen eine MutableMap verwenden, die wir uns im Folgenden ansehen wollen.

Sie sind hier

Eine MutableMap erstellen

Eine **MutableMap** wird auf ähnliche Weise definiert wie eine Map, nur wird hierfür die Funktion **mutableMapOf** verwendet. Der folgende Code erstellt beispielsweise eine MutableMap mit drei Schlüssel/Wert-Paaren:

```
val r1 = Recipe("Chicken Soup")
val r2 = Recipe("Quinoa Salad")

val mRecipeMap = mutableMapOf("Recipe1" to r1, "Recipe2" to r2)
```

Die MutableMap wird mit String-Schlüsseln und Recipe-Werten initialisiert. Der vom Compiler abgeleitete Typ für die MutableMap lautet demnach MutableMap<String, Recipe>.

MutableMap ist ein Subtyp von Map, Sie können also die gleichen Funktionen an einer MutableMap aufrufen wie an einer Map. Wie andere mutable Collections besitzt auch MutableMap zusätzliche Funktionen zum Hinzufügen, Entfernen und Aktualisieren der Schlüssel/Wert-Paare.

Einträge in eine MutableMap einfügen

Um einer MutableMap Einträge hinzuzufügen, verwenden Sie die **put**-Funktion. Folgender Code erweitert mRecipeMap um den Schlüssel »Recipe3« und verbindet ihn mit einem Recipe-Objekt für Thai Curry:

```
val r3 = Recipe("Thai Curry")
mRecipeMap.put("Recipe3", r3)
```
← Zuerst wird der Schlüssel angegeben, dann der Wert.

Wenn Sie der Funktion mutableMapOf() String-Schlüssel und Recipe-Werte übergeben, geht der Compiler davon aus, dass Sie ein Objekt vom Typ Mutable-Map<String, Recipe> haben wollen.

Enthält die MutableMap den angegebenen Schlüssel bereits, ersetzt die put-Funktion den Wert für diesen Schlüssel und gibt den ursprünglichen Wert zurück.

Mit der Funktion **putAll** können Sie einer MutableMap mehrere Schlüssel/Wert-Paare auf einmal hinzufügen. Sie übernimmt als einziges Argument eine Map, die die gewünschten Einträge enthält. Im folgenden Beispiel erweitern wir mRecipeMap um Recipe-Objekte für Jambalaya und Sausage Rolls. Sie stammen aus der Map namens recipesToAdd:

```
val r4 = Recipe("Jambalaya")
val r5 = Recipe("Sausage Rolls")
val recipesToAdd = mapOf("Recipe4" to r4, "Recipe5" to r5)
mRecipeMap.putAll(recipesToAdd)
```

Auf der folgenden Seite zeigen wir Ihnen, wie Sie Einträge entfernen können.

Einträge aus einer MutableMap entfernen

Um einen Eintrag aus einer `MutableMap` zu entfernen, steht Ihnen die **remove**-Funktion zur Verfügung. Diese Funktion ist überladen, sodass sie auf zwei Arten aufgerufen werden kann.

In der ersten Form übergeben Sie `remove` den Schlüssel, dessen Eintrag entfernt werden soll. Folgender Code entfernt beispielsweise den Eintrag mit dem Schlüssel »Recipe2« aus `mRecipeMap`:

```
mRecipeMap.remove("Recipe2")
```
⟵ Den Eintrag mit dem Schlüssel »Recipe2« entfernen.

Bei der zweiten Form übergeben Sie `remove` den Schlüsselnamen und einen Wert. In diesem Fall entfernt die Funktion den Eintrag nur, wenn Schlüssel und Wert zusammenpassen. Der folgende Code entfernt den Eintrag für den Schlüssel »Recipe2« nur, wenn er mit einem `Recipe`-Objekt für Quinoa Salad verbunden ist.

```
val recipeToRemove = Recipe("Quinoa Salad")
mRecipeMap.remove("Recipe2", recipeToRemove)
```
⟵ Den Eintrag mit dem Schlüssel »Recipe2« entfernen, aber nur wenn der Wert ein Recipe-Objekt für Quinoa Salad ist.

Bei beiden Formen verkleinert die Entfernung eines Eintrags die `MutableMap`.

Um alle Einträge auf einmal aus einer `MutableMap` zu entfernen, können Sie, wie bei `MutableLists` und `MutableSets`, außerdem die Funktion **clear** einsetzen.

```
mRecipeMap.clear()
```

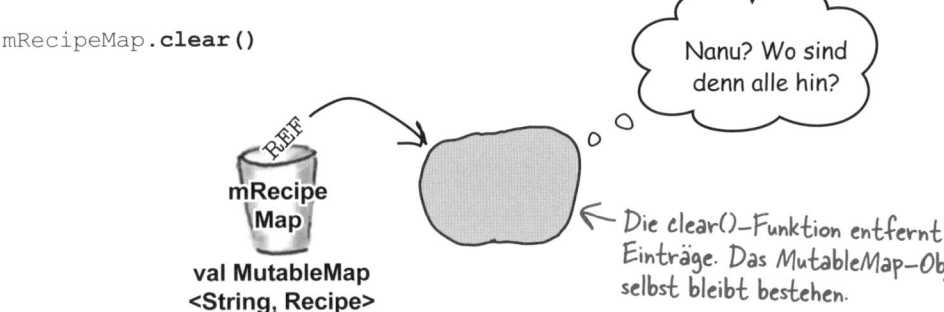

Die clear()-Funktion entfernt alle Einträge. Das MutableMap-Objekt selbst bleibt bestehen.

Nachdem Sie wissen, wie man eine `MutableMap` aktualisiert, wollen wir uns nun anschauen, wie wir eine `MutableMap` kopieren können.

Sie sind hier **279**

Maps kopieren

Maps und MutableMaps können kopiert werden

Analog zu den anderen Collections können Sie auch von einer `MutableMap` eine Kopie erstellen. Eine immutable Kopie erhalten Sie beispielsweise mit der Funktion **toMap**. Hier kopieren wir `mRecipeMap` und weisen die Kopie einer neuen Variablen zu:

```
val recipeMapCopy = mRecipeMap.toMap()
```

Mit der Funktion **toList** können Sie eine `Map` oder eine `MutableMap` in ein neues `List`-Objekt kopieren, das alle Schlüssel/Wert-Paare enthält, wie hier gezeigt:

```
val RecipeList = mRecipeMap.toList()
```

> Eine MutableMap stellt außerdem die Funktionen toMutableMap() und toMutableList() zur Verfügung.

Über die Eigenschaft **entries** können Sie außerdem direkt auf die Schlüssel/Wert-Paare zugreifen. Mit einer `Map` verwendet, gibt **entries** ein `Set` zurück, mit einer `MutableMap` entsprechend ein `MutableSet`. Folgender Code gibt ein `MutableSet` mit den Schlüssel/Wert-Paaren aus `mRecipeMap` zurück:

```
val recipeEntries = mRecipeMap.entries
```

Weitere nützliche Eigenschaften sind **keys** (gibt ein `Set` oder ein `MutableSet` mit den Schlüsseln der Map zurück) und **values** (gibt eine generische Collection der Werte der Map zurück). Folgender Code überprüft zum Beispiel, ob die `Map` doppelte Werte enthält:

```
if (mRecipeMap.size > mRecipeMap.values.toSet().size) {
    println("mRecipeMap contains duplicates values")
}
```

> Beachten Sie: Die Eigenschaften entries, keys und values stehen für den wirklichen Inhalt der Map bzw. MutableMap. Es sind keine Kopien. Das heißt, wenn Sie eine MutableMap verwenden, können diese Eigenschaften aktualisiert werden.

Das funktioniert, weil der Code:

```
mRecipeMap.values.toSet()
```

die Werte der `Map` in ein `Set` kopiert, wodurch die Duplikate entfernt werden.

Sie wissen jetzt, wie `Maps` und `MutableMaps` funktionieren. Bauen wir sie also nun in unser Collections-Projekt ein.

Der vollständige Code für unser Collections-Projekt

Aktualisieren Sie Ihre Version von *Collections.kt* so, dass sie der unten gezeigten Fassung entspricht (unsere Änderungen sind fett hervorgehoben):

```
data class Recipe(var name: String)    ← Die Datenklasse Recipe
                                          wird hinzugefügt.
fun main(args: Array<String>) {
    var mShoppingList = mutableListOf("Tea", "Eggs", "Milk")8
    println("mShoppingList original: $mShoppingList")
    val extraShopping = listOf("Cookies", "Sugar", "Eggs")
    mShoppingList.addAll(extraShopping)
    println("mShoppingList items added: $mShoppingList")
    if (mShoppingList.contains("Tea")) {
        mShoppingList.set(mShoppingList.indexOf("Tea"), "Coffee")
    }
    mShoppingList.sort()
    println("mShoppingList sorted: $mShoppingList")
    mShoppingList.reverse()
    println("mShoppingList reversed: $mShoppingList")

    val mShoppingSet = mShoppingList.toMutableSet()
    println("mShoppingSet: $mShoppingSet")
    val moreShopping = setOf("Chives", "Spinach", "Milk")
    mShoppingSet.addAll(moreShopping)
    println("mShoppingSet items added: $mShoppingSet")
    mShoppingList = mShoppingSet.toMutableList()
    println("mShoppingList new version: $mShoppingList")

    val r1 = Recipe("Chicken Soup")
    val r2 = Recipe("Quinoa Salad")
    val r3 = Recipe("Thai Curry")
    val r4 = Recipe("Jambalaya")
    val r5 = Recipe("Sausage Rolls")
    val mRecipeMap = mutableMapOf("Recipe1" to r1, "Recipe2" to r2, "Recipe3" to r3)
    println("mRecipeMap original: $mRecipeMap")
    val recipesToAdd = mapOf("Recipe4" to r4, "Recipe5" to r5)
    mRecipeMap.putAll(recipesToAdd)
    println("mRecipeMap updated: $mRecipeMap")
    if (mRecipeMap.containsKey("Recipe1")) {
        println("Recipe1 is: ${mRecipeMap.getValue("Recipe1")}")
    }
}
```

Fügen Sie jetzt diesen Code ein.

Collections/src/Collections.kt

Damit können wir einen Probelauf mit diesem Code durchführen.

Probefahrt

Wenn wir den Code ausführen, erhalten wir folgende Anzeige im Ausgabefenster der IDE :

```
mShoppingList original: [Tea, Eggs, Milk]
mShoppingList items added: [Tea, Eggs, Milk, Cookies, Sugar, Eggs]
mShoppingList sorted: [Coffee, Cookies, Eggs, Eggs, Milk, Sugar]
mShoppingList reversed: [Sugar, Milk, Eggs, Eggs, Cookies, Coffee]
mShoppingSet: [Sugar, Milk, Eggs, Cookies, Coffee]
mShoppingSet items added: [Sugar, Milk, Eggs, Cookies, Coffee, Chives, Spinach]
mShoppingList new version: [Sugar, Milk, Eggs, Cookies, Coffee, Chives, Spinach]
mRecipeMap original: {Recipe1=Recipe(name=Chicken Soup), Recipe2=Recipe(name=Quinoa Salad),
    Recipe3=Recipe(name=Thai Curry)}
mRecipeMap updated: {Recipe1=Recipe(name=Chicken Soup), Recipe2=Recipe(name=Quinoa Salad),
    Recipe3=Recipe(name=Thai Curry), Recipe4=Recipe(name=Jambalaya),
    Recipe5=Recipe(name=Sausage Rolls)}
Recipe1 is: Recipe(name=Chicken Soup)
```

Bei der Ausgabe einer Map oder einer MutableMap werden die Schlüssel/Wert-Paare mit geschweiften Klammern umgeben.

Es gibt keine Dummen Fragen

F: Warum besitzt Kotlin mutable und immutable Versionen der gleichen Collection-Typen? Warum gibt es nicht nur mutable Versionen?

A: Weil Sie entscheiden *müssen*, ob eine Collection mutabel oder immutabel sein soll. Dadurch können Sie festlegen, dass Collections nur aktualisiert werden, wenn Sie dies ausdrücklich wollen.

F: Kann ich das nicht auch mit `val` oder `var` machen?

A: Nein. `val` und `var` geben an, ob die in einer Variablen enthaltene Referenz nach der Initialisierung durch eine andere ausgetauscht werden kann. Enthält eine per `val` definierte Variable eine Referenz auf eine mutable Collection, kann die Collection immer noch verändert werden. `val` bedeutet einfach, dass die Variable immer auf die gleiche Collection verweisen muss.

F: Ist es möglich, eine nicht aktualisierbare Version einer mutablen Collection zu erstellen?

A: Angenommen, Sie hätten ein `MutableSet` mit Int-Werten, das der Variablen x zugewiesen wurde:

```
val x = mutableSetOf(1, 2)
```

Dann können Sie x mit folgendem Code einer `Set`-Variable namens y zuweisen:

```
val y: Set<Int> = x
```

Da y eine `Set`-Variable ist, kann das zugrunde liegende Objekt aktualisiert werden, ohne es vorher in ein `MutableSet` umzuwandeln.

F: Gibt es da einen Unterschied zu `toSet`?

A: Ja. `toSet` *kopiert* eine Collection. Änderungen an der ursprünglichen Collection werden nicht übernommen.

F: Kann ich in Kotlin explizit Java-Collections verwenden?

A: Ja. Kotlin besitzt verschiedenen Funktionen, mit denen Sie explizit Java-Collections anlegen können. Mit den Funktionen `arrayListOf` und `hashMapOf` können Sie beispielsweise eine `ArrayList` bzw. `HashMap` erzeugen. Diese Funktionen erzeugen allerdings mutable Objekte.

Wir empfehlen Ihnen, bei den in diesem Kapitel besprochenen Kotlin-Collections zu bleiben, es sei denn, Sie haben wirklich gute Gründe, das nicht zu tun.

Pool-Puzzle

Ihre **Aufgabe** besteht darin, die Codeschnipsel aus dem Pool zu fischen und sie auf den leeren Codezeilen zu platzieren. Jeder Codeabschnitt darf **nur einmal** verwendet werden, manche Abschnitte werden überhaupt nicht gebraucht. Ihr **Ziel** ist es, die Einträge einer Map namens glossary auszugeben, die die Definitionen aller Collection-Typen ausgibt, die Sie in diesem Kapitel kennengelernt haben.

```
fun main(args: Array<String>) {
    val term1 = "Array"
    val term2 = "List"
    val term3 = "Map"
    val term4 = ........................
    val term5 = "MutableMap"
    val term6 = "MutableSet"
    val term7 = "Set"

    val def1 = "Enthält Werte in ungeordneter Reihenfolge."
    val def2 = "Enthält Schlüssel/Wert-Paare."
    val def3 = "Enthält Werte in fester Reihenfolge."
    val def4 = "Kann aktualisiert werden."
    val def5 = "Kann nicht aktualisiert werden."
    val def6 = "Größe kann verändert werden."
    val def7 = "Größe kann nicht verändert werden."

    val glossary = ............(............ to "$def3 $def4 $def6",
            ............ to "$def1 $def5 $def7",
            ............ to "$def3 $def4 $def7",
            ............ to "$def2 $def4 $def6",
            ............ to "$def3 $def5 $def7",
            ............ to "$def1 $def4 $def6",
            ............ to "$def2 $def5 $def7")
    for ((key, value) in glossary) println("$key: $value")
}
```

Hinweis: Jeder Codeabschnitt im Pool kann höchstens einmal verwendet werden!

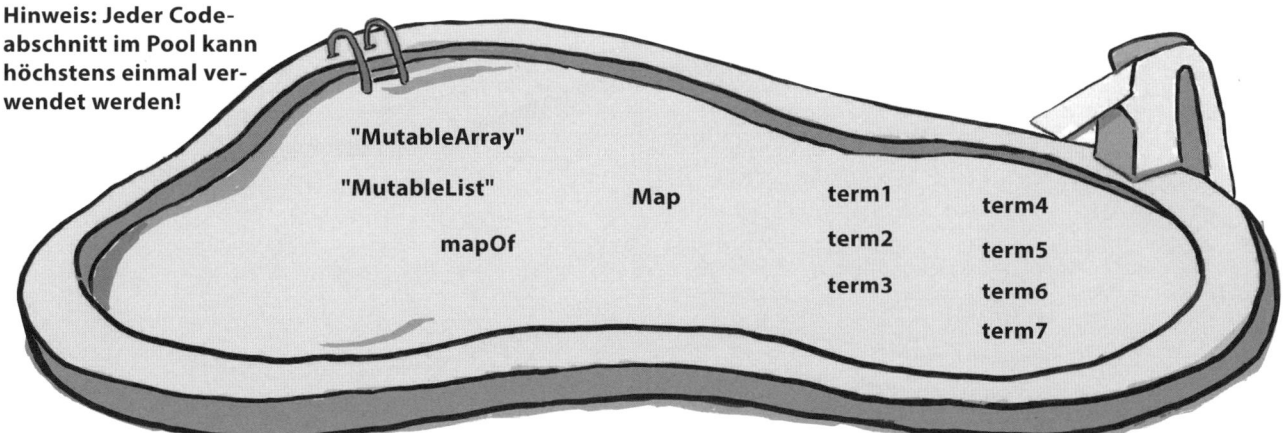

"MutableArray" "MutableList" Map term1 term4
mapOf term2 term5
term3 term6
term7

Pool-Puzzle: Lösung

Pool-Puzzle, Lösung

Ihre **Aufgabe** besteht darin, die Codeschnipsel aus dem Pool zu fischen und sie auf den leeren Codezeilen zu platzieren. Jeder Codeabschnitt darf **nur einmal** verwendet werden, manche Abschnitte werden überhaupt nicht gebraucht. Ihr **Ziel** ist es, die Einträge einer Map namens glossary auszugeben, die die Definitionen aller Collection-Typen ausgibt, die Sie in diesem Kapitel kennengelernt haben.

```kotlin
fun main(args: Array<String>) {
    val term1 = "Array"
    val term2 = "List"
    val term3 = "Map"
    val term4 =   "MutableList"
    val term5 = "MutableMap"
    val term6 = "MutableSet"
    val term7 = "Set"

    val def1 = »Enthält Werte in ungeordneter Reihenfolge.«
    val def2 = »Enthält Schlüssel/Wert-Paare.«
    val def3 = »Enthält Werte in fester Reihenfolge.«
    val def4 = »Kann aktualisiert werden.«
    val def5 = »Kann nicht aktualisiert werden.«
    val def6 = »Größe kann verändert werden.«
    val def7 = »Größe kann nicht verändert werden.«

    val glossary = mapOf ( term4 to "$def3 $def4 $def6",
            term7 to "$def1 $def5 $def7",
            term1 to "$def3 $def4 $def7",
            term5 to "$def2 $def4 $def6",
            term2 to "$def3 $def5 $def7",
            term6 to "$def1 $def4 $def6",
            term3 to "$def2 $def5 $def7")
    for ((key, value) in glossary) println("$key: $value")
}
```

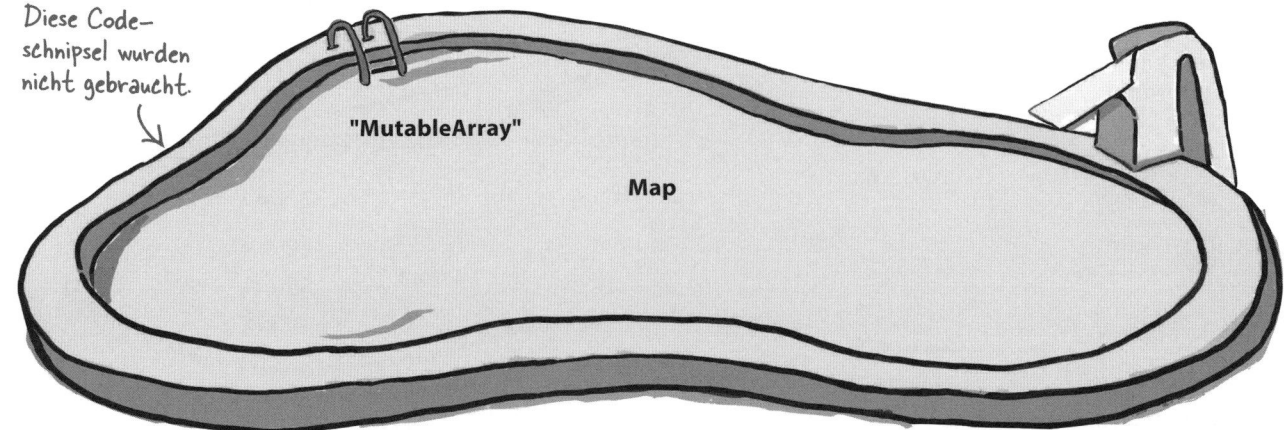

Diese Codeschnipsel wurden nicht gebraucht.

"MutableArray"

Map

Collections

Vermischte Nachrichten

Unten sehen Sie ein kurzes Kotlin-Programm, in dem ein Block fehlt. Ihre Aufgabe besteht darin, die Kandidaten-Codeblöcke auf der linken Seite mit den korrekten Ausgaben auf der rechten Seite zu verbinden. Es werden nicht alle Ausgaben gebraucht, und einige Ausgaben können mehrmals vorkommen. Zeichnen Sie Linien, die die Codeblöcke mit den richtigen Ausgaben verbinden.

```kotlin
fun main(args: Array<String>) {
    val mList = mutableListOf("Football", "Baseball", "Basketball")




}
```

Hier kommen die Kandidaten-Codeblöcke hin.

Verbinden Sie jeden Kandidaten mit einer der möglichen Ausgaben.

Kandidaten:

```kotlin
mList.sort()
println(mList)
```

```kotlin
val mMap = mutableMapOf("0" to "Netball")
var x = 0
for (item in mList) {
    mMap.put(x.toString(), item)
}
println(mMap.values)
```

```kotlin
mList.addAll(mList)
mList.reverse()
val set = mList.toSet()
println(set)
```

```kotlin
mList.sort()
mList.reverse()
println(mList)
```

Mögliche Ausgaben:

[Netball]

[Baseball, Basketball, Football]

[Basketball]

[Football, Basketball, Baseball]

{Basketball}

[Basketball, Baseball, Football]

{Netball}

[Football]

{Basketball, Baseball, Football}

[Football, Baseball, Basketball]

Sie sind hier

Vermischte Nachrichten: Lösung

Unten sehen Sie ein kurzes Kotlin-Programm, in dem ein Block fehlt. Ihre Aufgabe besteht darin, die Kandidaten-Codeblöcke auf der linken Seite mit den korrekten Ausgaben auf der rechten Seite zu verbinden. Es werden nicht alle Ausgaben gebraucht, und einige Ausgaben können mehrmals vorkommen. Zeichnen Sie Linien, die die Codeblöcke mit den richtigen Ausgaben verbinden.

Vermischte Nachrichten, Lösung

Hier kommen die Kandi-daten-Code-blöcke hin.

```
fun main(args: Array<String>) {
    val mList = mutableListOf("Football", "Baseball", "Basketball")

}
```

Kandidaten:

```
mList.sort()
println(mList)
```

```
val mMap = mutableMapOf("0" to "Netball")
var x = 0
for (item in mList) {
    mMap.put(x.toString(), item)
}
println(mMap.values)
```

```
mList.addAll(mList)
mList.reverse()
val set = mList.toSet()
println(set)
```

```
mList.sort()
mList.reverse()
println(mList)
```

Mögliche Ausgaben:

[Netball]

[Baseball, Basketball, Football]

[Basketball]

[Football, Basketball, Baseball]

{Basketball}

[Basketball, Baseball, Football]

{Netball}

[Football]

{Basketball, Baseball, Football}

[Football, Baseball, Basketball]

Ihr Kotlin-Werkzeugkasten

Damit haben Sie Kapitel 9 abgeschlossen. Ihr Werkzeugkasten enthält jetzt auch Collections.

> Den kompletten Code dieses Kapitels können Sie hier herunterladen: https://tinyurl.com/HFKotlin.

Punkt für Punkt

- Mit der Funktion `arrayOfNulls` können Sie ein Array mit `null`-Werten initialisieren.

- Einige nützliche Arrayfunktionen sind `sort`, `reverse`, `contains`, `min`, `max`, `sum` und `average`.

- Die Kotlin-Standardbibliothek enthält vorgefertigte Klassen und Funktionen, die in Packages geordnet sind.

- Eine `List` ist eine Collection, die mit Indexpositionen arbeitet. Die enthaltenen Werte dürfen Duplikate sein.

- Ein `Set` ist eine ungeordnete Collection, die keine Duplikate enthalten darf.

- Eine `Map` ist eine Collection, die Schlüssel/Wert-Paare verwendet. Sie kann Duplikatwerte enthalten, die Schlüssel müssen jedoch einmalig sein.

- `List`, `Set` und `Map` sind immutabel. `MutableList`, `MutableSet` und `MutableMap` sind mutable Subtypen dieser Collections.

- Eine `List` erzeugen Sie mit der Funktion `listOf`.

- Eine `MutableList` erzeugen Sie mit der Funktion `mutableListOf`.

- Ein `Set` erzeugen Sie mit der Funktion `setOf`.

- Ein `MutableSet` erzeugen Sie mit der Funktion `mutableSetOf`.

- Ein `Set` testet auf Duplikate, indem es zuerst nach passenden Hashcode-Werten sucht. Danach verwendet es die Operatoren `===` und `==`, um zu überprüfen, ob Referenzen oder Werte möglicherweise gleich sind.

- Eine `Map` erzeugen Sie mit der Funktion `mapOf`, der Paare aus Schlüsseln und Werten übergeben werden.

- Eine `MutableMap` erzeugen Sie mit der Funktion `mutableMapOf`.

10 Generische Programmierung

Innen und außen unterscheiden

Schatz, ich fürchte, das T in Fleisch<T> implementiert ein Tiger-Interface.

Alle mögen konsistenten Code.

Generics helfen dabei, konsistenteren Code zu schreiben, der weniger Probleme verursacht. In diesem Kapitel zeigen wir Ihnen, wie **Kotlins Collection-Klassen Generics** einsetzen, um zu verhindern, dass Sie versehentlich einen Salat in einer List<Seemöwe> speichern. Sie werden lernen, wann und wie Sie *Ihre eigenen generischen Klassen, Interfaces und Funktionen* erstellen und wie Sie einen **generischen Typ** auf einen bestimmten Supertyp beschränken können. Schließlich lernen Sie, wie Sie mit **Kovarianz und Kontravarianz** das Verhalten generischer Typen SELBST bestimmen können.

Generics ermöglichen Typenkonsistenz

Collections verwenden Generics

Wie im vorigen Kapitel gezeigt, muss bei der expliziten Deklaration des Typs einer Collection angegeben werden, welche Art von Collection benötigt wird und welchen Typ die enthaltenen Elemente haben sollen. Folgender Code definiert beispielsweise eine Variable, die eine Referenz auf eine `MutableList` mit `Strings` enthält.

```
val x: MutableList<String>
```

Der Elementtyp wird innerhalb spitzer Klammern (<>) angegeben, was bedeutet, dass hier **Generics** verwendet werden. Mithilfe von Generics können Sie typensicheren Code schreiben. Dieser hält den Compiler davon ab, einen `Volkswagen` in einer Liste von `Ducks` zu speichern. Der Compiler weiß, dass eine `MutableList<Duck>` nur Duck-Objekte enthalten kann. Dadurch werden Probleme bereits bei der Kompilierung abgefangen.

OHNE Generics würden Objekte als Referenzen auf Duck-, Fish, Guitar- und Car-Objekte IN der MutableList gespeichert ...

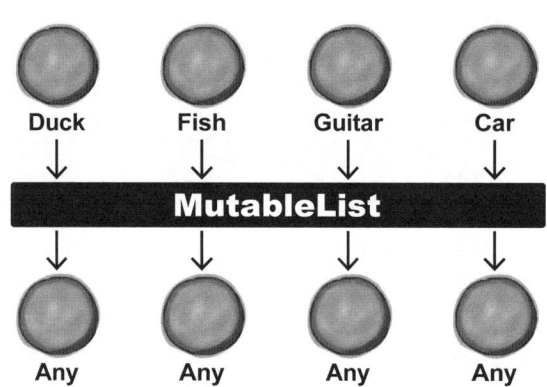

Ohne Generics gäbe es keine Möglichkeit, zu deklarieren, welche Objekttypen die MutableList enthalten soll.

... und würden als Referenz auf den Typ Any wieder HERAUSkommen.

MIT Generics werden ausschließlich Referenzen auf Duck-Objekte IN der MutableList gespeichert ...

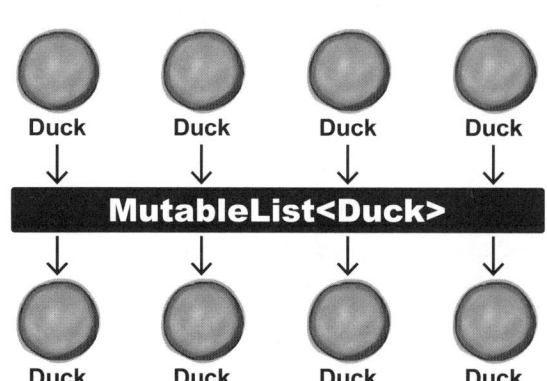

Mit Generics können Sie sicherstellen, dass Ihre Collection nur Objekte des korrekten Typs enthält. Sie müssen nicht fürchten, dass versehentlich ein Kürbis in einer MutableList<Duck> gespeichert wird oder dass das, was herauskommt, kein Duck-Objekt ist.

... und kommen als Referenzen auf den Objekttyp Duck auch wieder HERAUS.

Eine MutableList definieren

Um zu verstehen, wie eine `MutableList` definiert wird und wie sie Generics einsetzt, werfen wir einen Blick auf die Onlinedokumentation. Hierbei sind zwei Bereiche besonders wichtig: die Interface-Deklaration und die Definition der `add`-Funktion.

Die Collection-Dokumentation verstehen (oder: Wofür steht »E«?)

Hier eine vereinfachte Version der `MutableList`-Definition:

> Das »E« ist ein Platzhalter für den TATSÄCHLICH bei der Definition einer Mutable-List verwendeten Typ.

> MutableList erbt von den Interfaces für List und MutableCollection. Der von Ihnen angegebene Typ der MutableList (der Wert von »E«) wird automatisch als Typ für List und MutableCollection verwendet.

```
interface MutableList<E> : List<E>, MutableCollection<E> {

    fun add(index: Int, element: E): Unit

    // Mehr Code

}
```

> Der tatsächliche Wert von »E« legt fest, welche Dinge Sie in der MutableList speichern dürfen.

`MutableList` verwendet »E« als Platzhalter für den Elementtyp, den die Collection enthalten und zurückgeben soll. Wenn Sie in der Dokumentation ein »E« sehen, können Sie es im Kopf durch den Typ ersetzen, den die Collection tatsächlich enthalten soll.

`MutableList<String>` bedeutet beispielsweise, dass »E« in allen Funktions- und Variablendeklarationen, die »E« benutzen, zu »String« wird. Im Fall einer `MutableList<Duck>` werden alle Instanzen von »E« zu »Duck«.

Das wollen wir uns etwas genauer ansehen.

Es gibt keine Dummen Fragen

F: `MutableList` ist also gar keine Klasse?

A: Nein, es ist ein Interface. Wenn Sie die `mutableListOf`-Funktion verwenden, um eine `MutableList` zu erstellen, erzeugt das System eine *Implementierung* dieses Interface. Sie müssen bei der Benutzung nur darauf achten, dass alle Eigenschaften und Funktionen im `MutableList`-Interface definiert werden.

*Funktionsweise der **Typparameter***

Typparameter mit einer MutableList verwenden

Wenn Sie diesen Code schreiben:

```
val x: MutableList<String>
```

bedeutet er, dass MutableList:

```
interface MutableList<E> : List<E>, MutableCollection<E> {

    fun add(index: Int, element: E): Unit

    // Mehr Code
}
```

vom Compiler so behandelt wird:

```
interface MutableList<String> : List<String>, MutableCollection<String> {

    fun add(index: Int, element: String): Unit

    // Mehr Code
}
```

Das »E« wird also durch den *tatsächlichen* Typ ersetzt (auch als *Typparameter* bezeichnet), der bei der Definition der MutableList verwendet wurde. Darum verhindert die add-Funktion, dass Sie etwas anderes hinzufügen als Objekte, die mit dem Typ von »E« kompatibel sind. Wenn Sie eine MutableList<String> erstellen, erlaubt die add-Funktion das Hinzufügen von Strings. Definieren Sie jedoch eine MutableList vom Typ Duck, erlaubt die add-Funktion das Hinzufügen von Duck-Objekten.

Möglichkeiten generischer Klassen und Interfaces

Hier eine Zusammenfassung der wichtigsten Dinge, die möglich sind, wenn Sie eine Klasse oder ein Interface mit generischen Typen verwenden:

- **Eine Instanz einer generifizierten Klasse erstellen.**
  Erstellen Sie eine Collection wie z. B. eine `MutableList`, müssen Sie angeben, welchen Objekttyp sie enthalten darf, oder es dem Compiler überlassen, den richtigen Typ herauszufinden:

  ```
  val duckList: MutableList<Duck>
  duckList = mutableListOf(Duck("Donald"), Duck("Daisy"), Duck("Daffy"))

  val list = mutableListOf("Fee", "Fi", "Fum")
  ```

- **Funktionen erstellen, die generische Typen übernehmen.**
  Sie können eine Funktion mit einem generischen Parameter definieren, indem Sie – wie bei jedem anderen Parameter auch – dessen Typ angeben:

  ```
  fun quack(ducks: MutableList<Duck>) {
      // Code, um Enten (Ducks) zum Quaken zu bewegen
  }
  ```

- **Funktionen erstellen, die generische Typen zurückgeben.**
  Funktionen können generische Typen auch zurückgeben. Folgender Code gibt beispielsweise eine `MutableList` mit `Duck`-Objekten zurück:

  ```
  fun getDucks(breed: String): MutableList<Duck> {
      // Code, um Enten (Ducks) einer bestimmten Rasse
      // auszulesen
  }
  ```

Es gibt aber immer noch eine Reihe offener Fragen zu Generics. Wie können Sie beispielsweise eigene generische Klassen und Interfaces definieren? Und wie arbeitet der *Polymorphismus* mit generischen Typen zusammen? Was passiert, wenn Sie versuchen, einer `MutableList<Animal>` eine `MutableList<Dog>` zuzuweisen?

Um diese und weitere Fragen zu beantworten, werden wir eine Applikation erstellen, die generische Typen verwendet.

Schritte

Diese Schritte wollen wir abarbeiten.

Wir erstellen eine Applikation für den Umgang mit Haustieren. Hierfür erzeugen wir einige Haustiere, halten Wettbewerbe ab und bauen Tierhändler, die bestimmte Tierarten verkaufen. Und da wir Generics verwenden, stellen wir sicher, dass ein Tierhändler nur mit einer bestimmten Tierart handeln kann.

Dafür gehen wir wie folgt vor:

❶ Eine Pet-(Haustier-)Hierarchie erstellen.
Wir bauen eine Haustier-(Pet-)Hierarchie, mit der wir drei Arten von Pets erzeugen können: Katzen (Cat), Hunde (Dog) und Fische (Fish).

❷ Die Klasse für Wettbewerbe (Contest) erstellen.
Mit der Klasse Contest (Wettbewerb) können wir Wettbewerbe für die verschiedenen Haustierarten veranstalten. Wir benutzen sie, um die Punktestände zu verwalten, damit später ein Gewinner zu ermitteln ist. Und da jeder Wettbewerb nur auf eine bestimmte Tierart begrenzt sein soll, definieren wir die Contest-Klasse mithilfe von Generics.

❸ Die Tierhändler-(Retailer-)Hierarchie erstellen.
Wir erstellen ein Retailer-(Tierhändler-)Interface und konkrete Implementierungen für Händler der einzelnen Tierarten: CatRetailer, DogRetailer und FishRetailer. Auch hier benutzen wir Generics, damit jeder Tierhändler nur eine bestimmte Haustierart verkaufen kann und Ihnen ein Fischhändler nicht versehentlich eine Katze andreht.

❹ Eine Klasse für Tierärzte (Vet) erstellen.
Zum Schluss erstellen wir eine Vet-(Tierarzt-)Klasse, damit für jeden Wettbewerb ein passender Tierarzt anwesend ist. Für die Vet-Klasse verwenden wir ebenfalls Generics, damit für jede Tierart (Pet) ein passender Spezialist (Vet) verfügbar ist.

Wir beginnen mit dem Erstellen der Klassenhierarchie für die Haustiere.

Generische Programmierung

→ **Pets**
Contest
Retailers
Vet

Die Pet-Klassenhierarchie erstellen

Unsere Klassenhierarchie wird vier Klassen umfassen: eine abstrakte Pet-Klasse sowie die konkreten Subklassen Cat, Dog und Fish. Die Pet-Klasse erhält eine name-Eigenschaft, die von den konkreten Subklassen geerbt wird.

Wir markieren Pet als abstrakt, damit nur Objekte erzeugt werden können, die ein Subtyp von Pet sind, z. B. Cat oder Dog. Wie Sie aus Kapitel 6 wissen, verhindert die Kennzeichnung einer Klasse als abstrakt, dass diese instanziiert wird.

Hier ist die Klassenhierarchie:

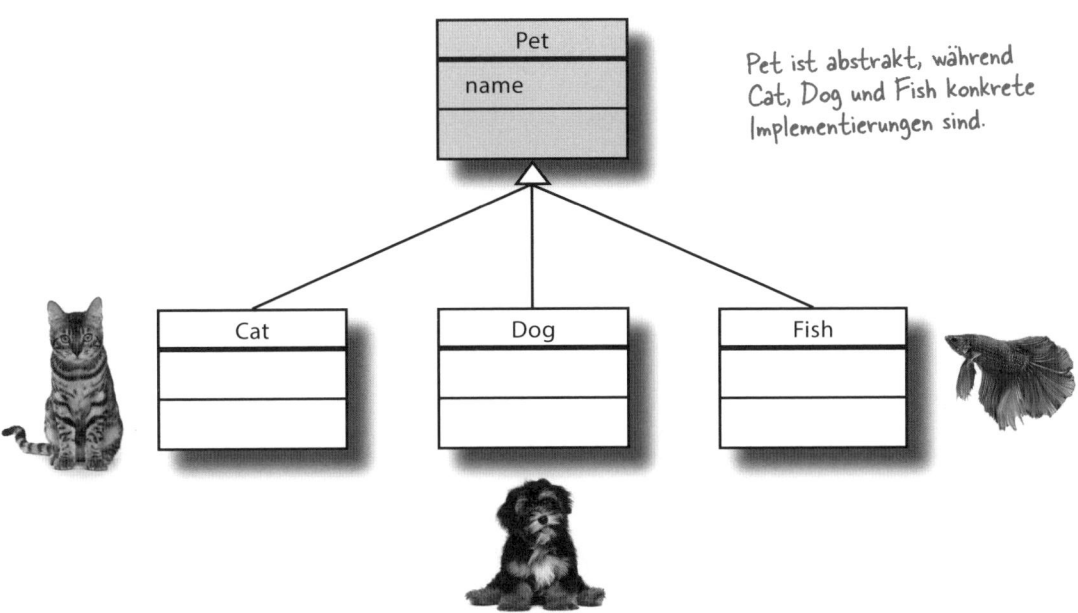

Pet ist abstrakt, während Cat, Dog und Fish konkrete Implementierungen sind.

Der Code für die Klassenhierarchie sieht so aus:

```
abstract class Pet(var name: String)

class Cat(name: String) : Pet(name)

class Dog(name: String) : Pet(name)

class Fish(name: String) : Pet(name)
```

Jeder Subtyp von Pet besitzt einen (von Pet geerbten) name-Parameter, der im Konstruktor der jeweiligen Klasse festgelegt wird.

Als Nächstes wollen wir die Contest-Klasse erstellen, um Wettbewerbe für die einzelnen Tierarten abhalten zu können.

Sie sind hier ▸

Die Contest-Klasse

Die Contest-Klasse definieren

Die Contest-Klasse soll uns helfen, die Punktestände eines Haustier-Wettbewerbs zu verwalten und einen Gewinner zu ermitteln. Die Klasse erhält eine Eigenschaft namens scores sowie die Funktionen addScore (Punktestand hinzufügen) und getWinners (Gewinner ermitteln).

Jeder Wettbewerb soll auf eine bestimmte Tierart beschränkt sein. Bei einer Katzenschau sollen tatsächlich nur Katzen (Cat-Objekte) teilnehmen können, bei einem Fischwettbewerb nur Fische. Diese Regel setzen wir mit Generics um.

Deklarieren, dass Contest einen generischen Typ verwendet

Um festzulegen, dass eine Klasse einen generischen Typ verwendet, wird dessen Name, von spitzen Klammern umgeben, direkt nach dem Klassennamen angegeben. Wir verwenden hier »T« für den generischen Typ. »T« ist ein Platzhalter für den *tatsächlichen* Typ, mit dem das jeweilige Contest-Objekt funktionieren soll.

Hier der Code:

```
class Contest<T> {
    // Mehr Code
}
```

Das <T> nach dem Klassennamen teilt dem Compiler mit, dass T ein generischer Typ ist.

Der generische Typname kann ein beliebiger gültiger Identifier sein. Per Konvention wird allerdings »T« verwendet (und Sie sollten das auch tun). Ausnahmen gibt es beim Schreiben einer Collection, einer Klasse oder eines Interface. In diesem Fall wird »E« (für »Element«) verwendet bzw. für Maps »K« und »V« (für »Key« = Schlüssel und »Value« = Wert). verwendet.

Sie können T auf einen bestimmten Supertyp beschränken

Im obigen Beispiel kann T mit einem beliebigen tatsächlichen Typ ersetzt werden, wenn die Klasse instanziiert wird. Sie können T allerdings beschränken, indem Sie angeben, dass es einen *bestimmten Typ* besitzt. Im folgenden Code wird beispielsweise festgelegt, dass T den Typ Pet haben muss:

```
class Contest<T: Pet> {
    // Mehr Code
}
```

T ist ein generischer Typ, der Pet oder einer seiner Subtypen sein muss.

Der oben stehende Code bedeutet also, dass Sie Contest-Objekte erstellen können, die mit Objekten vom Typ Cat, Fish und Pet umgehen dürfen, aber nicht mit Bicycle- oder Begonia-Objekten.

Im nächsten Schritt erhält die Contest-Klasse ihre scores-Eigenschaft.

Generische Programmierung

Pets
Contest
Retailers
Vet

Die scores-Eigenschaft hinzufügen

Die Eigenschaft `scores` soll den Punktestand der einzelnen Wettbewerbsteilnehmer speichern. Daher benutzen wir eine `MutableMap`. Als Schlüssel verwenden wir die Teilnehmer, die Punktestände sind die dazugehörigen Werte. Da jeder Teilnehmer ein Objekt mit dem Typ T ist und jeder Punktestand ein `Int`-Objekt, brauchen wir eine `MutableMap` vom Typ `MutableMap<T, Int>`. Erstellen wir einen Katzen-Wettbewerb (`Contest<Cat>`), wird der Typ der `scores`-Eigenschaft zu `MutableMap<Cat, Int>`. Erstellen wir dagegen ein `Contest<Pet>`-Objekt, wird als Typ für `scores` automatisch `MutableMap<Pet, Int>` festgelegt.

Hier der aktualisierte Code für die `Contest`-Klasse:

```
class Contest<T: Pet> {
    val scores: MutableMap<T, Int> = mutableMapOf()
    // Mehr Code
}
```

↖ Dies definiert eine MutableMap mit Schlüsseln vom Typ T und Werten vom Typ Int. Dabei steht T für den generischen Pet-Typ, mit dem dieser Contest gerade durchgeführt wird.

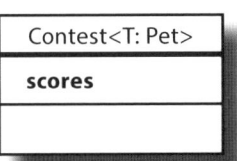

Contest<T: Pet>
scores

Nach der `scores`-Eigenschaft befassen wir uns nun mit den Funktionen `addScore` und `getWinners`.

Die addScore-Funktion erstellen

Die Funktion `addScore` soll den Punktestand (Score) eines Teilnehmers in der `MutableMap scores` speichern. Hierfür übergeben wir den Teilnehmer (Contestant) und dessen Punktestand als Parameterwerte. Solange der Punktestand größer oder gleich 0 ist, fügt die Funktion ihn als Schlüssel/Wert-Paar der `MutableMap` hinzu.

Hier der nötige Code:

```
class Contest<T: Pet> {
    val scores: MutableMap<T, Int> = mutableMapOf()

    fun addScore(t: T, score: Int = 0) {
        if (score >= 0) scores.put(t, score)
    }

    // Mehr Code
}
```

↑ Teilnehmer und Punktestand in einer MutableMap speichern, sofern der Punktestand größer oder gleich 0 ist.

Contest<T: Pet>
scores
addScore

Zum Schluss bauen wir noch die `getWinners`-Funktion ein.

Sie sind hier ▸

Die getWinners-Funktion

Die getWinners-Funktion erstellen

Die `getWinners`-Funktion muss die Teilnehmer mit den höchsten Punkteständen zurückgeben. Hierfür ermitteln wir den Wert mit dem höchsten Punktestand in der Eigenschaft `scores` und geben alle Teilnehmer mit diesem Punktestand als `MutableSet` zurück. Da `T` als generischer Typ für die Teilnehmer verwendet wurde, muss der Rückgabetyp der Funktion `MutableSet<T>` lauten.

Hier der Code für die `getWinners`-Funktion:

```
fun getWinners(): MutableSet<T> {        ← Den höchsten Wert
    val highScore = scores.values.max()     in scores ermitteln.
    val winners: MutableSet<T> = mutableSetOf()
    for ((t, score) in scores) {
        if (score == highScore) winners.add(t)
    }
    return winners    ← Alle Teilnehmer, die den
}                        Höchststand erreicht
                         haben, einem MutableSet
        MutableSet mit den    hinzufügen.
        Gewinnern zurückgeben.
```

Und dies ist der Code für die vollständige `Contest`-Klasse:

```
class Contest<T: Pet> {
    val scores: MutableMap<T, Int> = mutableMapOf()
    
    fun addScore(t: T, score: Int = 0) {
        if (score >= 0) scores.put(t, score)
    }
    
    fun getWinners(): MutableSet<T> {
        val highScore = scores.values.max()
        val winners: MutableSet<T> = mutableSetOf()
        for ((t, score) in scores) {
            if (score == highScore) winners.add(t)
        }
        return winners
    }
}
```

← Etwas später in diesem Kapitel werden wir diese Klasse in eine neue Applikation einbauen.

Da wir unsere `Contest`-Klasse nun fertiggestellt haben, ist es Zeit, ein paar Objekte zu erzeugen.

Generische Programmierung

> Pets
> **Contest**
> Retailers
> Vet

Ein paar Contest-Objekte erstellen

Um ein `Contest`-Objekt zu erstellen, geben Sie an, mit welcher Art von Objekten es funktionieren soll, und rufen dann seinen Konstruktor auf. Folgender Code erzeugt beispielsweise ein `Contest<Cat>`-Objekt namens `catContest`, das mit `Cat`-Objekten arbeitet:

```
val catContest = Contest<Cat>()
```
← *Dies erzeugt einen Wettbewerb (Contest) für Katzen (Cat-Objekte).*

Das bedeutet, Sie können `Cat`-Objekte in seiner `scores`-Eigenschaft speichern und seine `getWinners`-Funktion verwenden, um ein `MutableSet` mit `Cat`-Objekten zurückzubekommen:

```
catContest.addScore(Cat("Fuzz Lightyear"), 50)
catContest.addScore(Cat("Katsu"), 45)
val topCat = catContest.getWinners().first()
```
← *getWinners() gibt ein MutableSet<Cat> zurück, weil wir angegeben haben, dass catContest mit Cat-Objekten funktionieren muss.*

Und weil `Contest` Generics verwendet, sorgt der Compiler dafür, dass Sie nur `Cat`-Referenzen übergeben können. Aus diesem Grund wird der folgende Code beispielsweise nicht kompiliert:

```
catContest.addScore(Dog("Fido"), 23)
```
← *Der Compiler verhindert, dass Sie einem Objekt vom Typ Contest<Cat> »Nicht-Cat«-Objekte hinzufügen. Diese Zeile wird also nicht kompiliert.*

Ein Objekt vom Typ `Contest<Pet>` akzeptiert dagegen eine beliebige Art von `Pet`, wie hier:

```
val petContest = Contest<Pet>()
petContest.addScore(Cat("Fuzz Lightyear"), 50)
petContest.addScore(Fish("Finny McGraw"), 56)
```
Da ein Contest<Pet> mit beliebigen Pet-Objekten funktioniert, können die Teilnehmer einen beliebigen Pet-Subtyp haben.

Der Compiler kann den generischen Typ ermitteln

Manchmal kann der Compiler den generischen Typ aus den verfügbaren Informationen ableiten. Erstellen Sie eine Variable vom Typ `Contest<Dog>`, geht der Compiler automatisch davon aus, dass alle übergebenen `Contest`-Objekte den Typ `Contest<Dog>` haben (es sei denn, Sie sagen ausdrücklich etwas anderes). Folgender Code erzeugt ein `Contest<Dog>`-Objekt und weist es `dogContest` zu:

```
val dogContest: Contest<Dog>
dogContest = Contest()
```
← *Hier können Sie Contest() anstelle von Contest<Dog>() benutzen, weil der Compiler den Objekttyp aus dem Typ der Variablen ableitet.*

Wo es sinnvoll ist, kann der Compiler außerdem den generischen Typ aus seinen Kontruktorparametern ableiten. Angenommen, wir benutzten für die `Contest`-Klasse einen Parameter mit einem generischen Typ:

```
class Contest<T: Pet>(t: T) {...}
```

... dann könnte der Compiler daraus schließen, dass der folgende Code einen `Contest<Fish>` erzeugt:

```
val contest = Contest(Fish("Finny McGraw"))
```
← *Das ist das Gleiche, als würden wir einen Contest per Contest<Fish>(Fish("Finny McGraw")) erstellen. Sie können den <Fish>-Teil weglassen, weil der Compiler dies aus seinem Konstruktorargument schließen kann.*

Sie sind hier ▶ **299**

Unter der Lupe

 Generische Funktionen unter der Lupe

Inzwischen wissen Sie, wie Sie innerhalb einer Klassendefinition eine Funktion definieren können, die einen generischen Typ verwendet. Wie sieht es aber aus, wenn die Funktion außerhalb einer Klasse definiert werden soll? Was passiert, wenn Sie innerhalb einer Klasse eine Funktion definieren wollen, die einen generischen Typ verwendet, der nicht in der Klassendefinition enthalten ist?

Soll eine Funktion mit einem besonderen generischen Typ definiert werden, können Sie diesen als Teil der Funktionsdefinition angeben. Folgender Code definiert beispielsweise eine Funktion namens listPet mit einem generischen Typ T, der auf Objekte vom Typ Pet beschränkt ist. Die Funktion übernimmt einen T-Parameter und gibt eine Referenz auf ein Objekt vom Typ MutableList<T> zurück:

Bei Funktionen, die ihren eigenen generischen Typ deklarieren, muss das <T: Pet> vor dem Funktionsnamen stehen.

```
fun <T: Pet> listPet(t: T): MutableList<T> {
    println("Create and return MutableList")
    return mutableListOf(t)
}
```

Wenn Sie eine generische Funktion auf diese Weise deklarieren, muss der Typ in spitzen Klammern *vor* dem Funktionsnamen stehen, wie hier:

```
fun <T: Pet> listPet...
```

Um die Funktion aufzurufen, müssen Sie angeben, mit welchem Objekttyp sich die Funktion befassen soll. Folgender Code ruft beispielsweise die listPet-Funktion auf und verwendet spitze Klammern, um anzugeben, dass wir sie mit Cat-Objekten verwenden wollen:

```
val catList = listPet<Cat>(Cat("Zazzles"))
```

Diese Funktionsaufrufe machen das Gleiche, weil der Compiler automatisch herausfinden kann, dass die Funktion mit Cat-Objekten zu tun hat.

Der generische Typ kann weggelassen werden, sofern der Compiler diesen aus den Funktionsargumenten ableiten kann. Folgender Code ist gültig, weil der Compiler selbstständig herausfinden kann, dass die Funktion listPet mit Cat-Objekten verwendet wird:

```
val catList = listPet(Cat("Zazzles"))
```

Das Generics-Projekt erstellen

Generische Programmierung
Pets
→ **Contest**
Retailers
Vet

Jetzt wissen Sie, wie man eine Klasse erstellt, die Generics einsetzt, und wir können sie in einer neuen Applikation verwenden.

Legen Sie ein neues Kotlin-Projekt für die JVM an und nennen Sie es »Generics«. Dann erstellen Sie eine neue Kotlin-Datei namens *Pets.kt*. Markieren Sie hierfür den *src*-Ordner und wählen Sie aus dem File-Menü den Befehl New → Kotlin File/Class. Geben Sie als Dateiname »Pets« ein und wählen Sie aus dem Aufklappmenü darunter (Kind) die Option File.

Danach fügen Sie den unten stehenden Code in Ihre *Pets.kt*-Datei ein:

```
abstract class Pet(var name: String)

class Cat(name: String) : Pet(name)

class Dog(name: String) : Pet(name)

class Fish(name: String) : Pet(name)
```
Die Pet-Hierarchie hinzufügen.

```
class Contest<T: Pet> {
    val scores: MutableMap<T, Int> = mutableMapOf()

    fun addScore(t: T, score: Int = 0) {
        if (score >= 0) scores.put(t, score)
    }

    fun getWinners(): MutableSet<T> {
        val winners: MutableSet<T> = mutableSetOf()
        val highScore = scores.values.max()
        for ((t, score) in scores) {
            if (score == highScore) winners.add(t)
        }
        return winners
    }
}
```
Die Contest-Klasse einbauen.

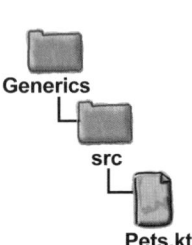

Der Code geht auf der folgenden Seite weiter.

Sie sind hier ▸ **301**

Probefahrt

Der Code (Fortsetzung)

```
fun main(args: Array<String>) {
    val catFuzz = Cat("Fuzz Lightyear")
    val catKatsu = Cat("Katsu")
    val fishFinny = Fish("Finny McGraw")
```
← Zwei Katzen (Cat) und einen Fisch (Fish) erzeugen.

```
    val catContest = Contest<Cat>()
    catContest.addScore(catFuzz, 50)
    catContest.addScore(catKatsu, 45)
    val topCat = catContest.getWinners().first()
    println("Cat contest winner is ${topCat.name}")
```
← Einen Katzen-Wettbewerb abhalten (nur Cat-Objekte).

```
    val petContest = Contest<Pet>()
    petContest.addScore(catFuzz, 50)
    petContest.addScore(fishFinny, 56)
    val topPet = petContest.getWinners().first()
    println("Pet contest winner is ${topPet.name}")
}
```
← Einen Haustier-(Pet-)Wettbewerb abhalten, bei dem alle Arten von Pet-Objekten zugelassen sind.

Probefahrt

Wenn wir den Code ausführen, wird folgender Text im Ausgabefenster der IDE angezeigt:

```
Cat contest winner is Fuzz Lightyear
Pet contest winner is Finny McGraw
```

Nach der folgenden Übung sehen wir uns die Retailer-(Tierhändler-)Hierarchie an.

Es gibt keine Dummen Fragen

F: Kann ein generischer Typ nullwertfähig sein?

A: Ja. Angenommen, Sie hätten eine Funktion, die einen generischen Typ zurückgibt, der nullwertfähig sein soll. Dann müssen Sie der Angabe des generischen Typs einfach ein Fragezeichen (?) nachstellen, wie hier gezeigt:

```
class MyClass<T> {
    fun myFun(): T?
}
```

F: Kann eine Klasse mehr als einen generischen Typ haben?

A: Klar. Es sind auf jeden Fall mehrere generische Typen möglich. Sie werden innerhalb der spitzen Klammern durch Kommata getrennt angegeben. Um beispielsweise eine Klasse namens MyMap mit den generischen Typen K und V zu definieren, könnten Sie das folgendermaßen erledigen:

```
class MyMap<K, V> {
    // Hier kommt der Code hin
}
```

Pool-Puzzle

Ihre **Aufgabe** ist es, die Codeschnipsel aus dem Pool zu fischen und sie auf den leeren Codezeilen zu platzieren. Jeder Codeabschnitt darf höchstens einmal benutzt werden (es werden nicht alle gebraucht). Ihr **Ziel** besteht darin, eine Klasse namens `PetOwner` zu erstellen, die generische `Pet`-Typen übernimmt. Die Klasse soll anschließend verwendet werden, um einen neuen Katzenhalter (`PetOwner<Cat>`) zu erzeugen, dem zwei Katzen gehören (d. h., der Referenzen auf zwei `Cat`-Objekte enthält).

```
class PetOwner ................. {
    val pets = mutableListOf(.....)

    fun add(..........) {
        pets.add(.....)
    }

    fun remove(..........) {
        pets.remove(.....)
    }
}

fun main(args: Array<String>) {
    val catFuzz = Cat("Fuzz Lightyear")
    val catKatsu = Cat("Katsu")
    val fishFinny = Fish("Finny McGraw")
    val catOwner = PetOwner .................
    catOwner.add(catKatsu)
}
```

pets enthält eine Referenz auf jedes Tier mit einem Besitzer. Es wird mit einem Wert initialisiert, der dem PetOwner-Konstruktor übergeben wird.

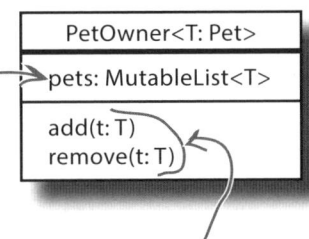

Die Funktionen add und remove werden verwendet, um die Eigenschaft pets zu aktualisieren. Die add-Funktion fügt eine Referenz hinzu, remove entfernt eine Referenz.

Hinweis: Jeder Codeschnipsel im Pool kann höchstens einmal verwendet werden!

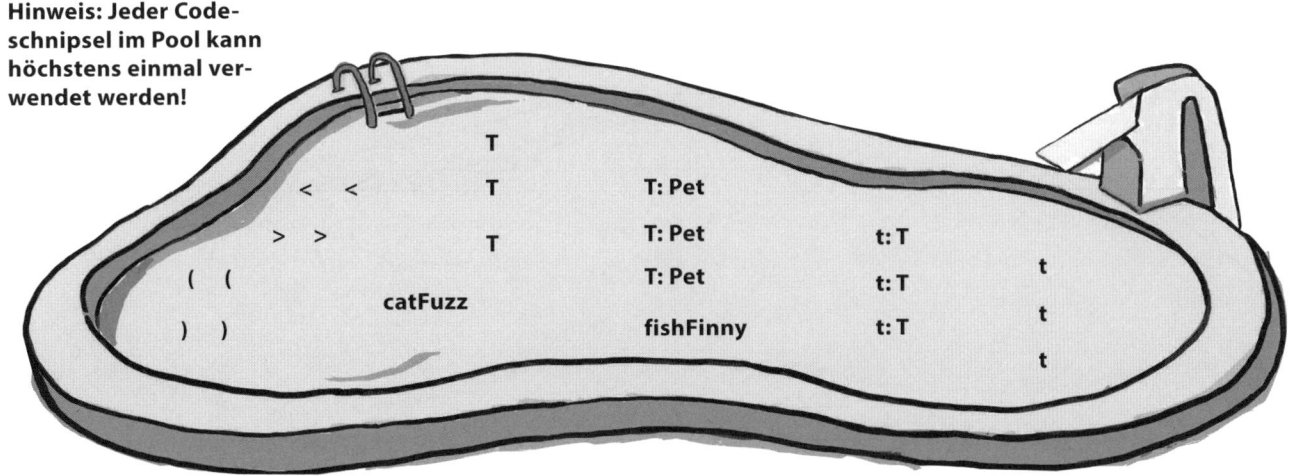

Pool-Puzzle: Lösung

Pool-Puzzle, Lösung

Ihre **Aufgabe** ist es, die Codeschnipsel aus dem Pool zu fischen und sie auf den leeren Codezeilen zu platzieren. Jeder Codeabschnitt darf höchstens einmal benutzt werden (es werden nicht alle gebraucht). Ihr **Ziel** besteht darin, eine Klasse namens PetOwner zu erstellen, die generische Pet-Typen übernimmt. Die Klasse soll anschließend verwendet werden, um einen neuen Katzenhalter (PetOwner<Cat>) zu erzeugen, dem zwei Katzen gehören (d. h., der Referenzen auf zwei Cat-Objekte enthält).

Den generischen Typ angeben. → *Der Konstruktor.*

```
class PetOwner <T: Pet>(t: T) {
    val pets = mutableListOf(t)

    fun add(t: T) {
        pets.add(t)
    }

    fun remove(t: T) {
        pets.remove(t)
    }
}
```

Dies erzeugt eine MutableList<T>.

T-Werte hinzufügen/entfernen.

PetOwner<T: Pet>
pets: MutableList<T>
add(t: T) remove(t: T)

```
fun main(args: Array<String>) {
    val catFuzz = Cat("Fuzz Lightyear")
    val catKatsu = Cat("Katsu")
    val fishFinny = Fish("Finny McGraw")
    val catOwner = PetOwner (catFuzz)
    catOwner.add(catKatsu)
}
```

Erzeugt ein Objekt vom Typ PetOwner<Cat> und initialisiert pets mit einer Referenz auf catFuzz

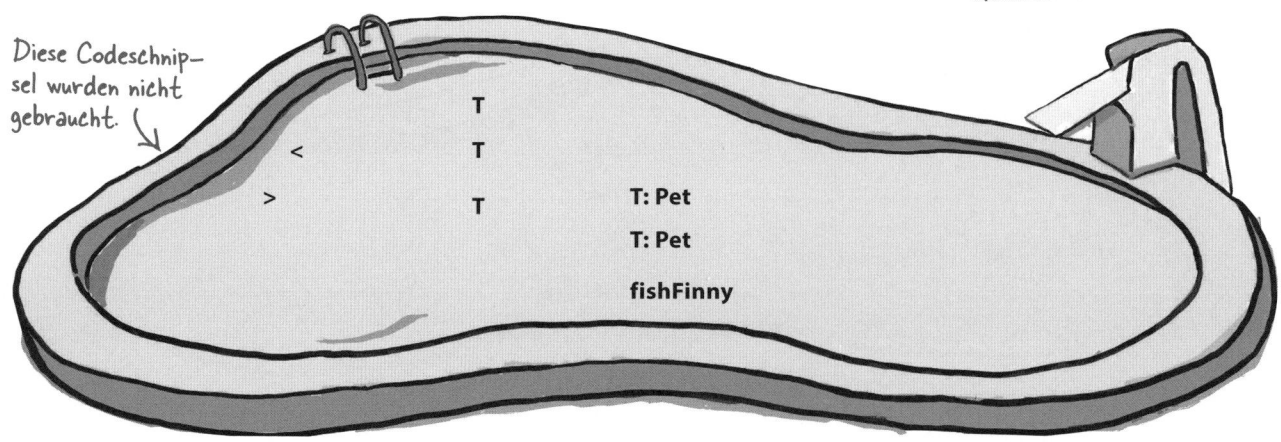

Diese Codeschnipsel wurden nicht gebraucht.

Die Retailer-Hierarchie

Wir werden die bereits vorhandenen Pet-Klassen benutzen, um eine Hierarchie von Tierhändlern aufzubauen, die verschiedene Tierarten verkaufen können. Hierfür definieren wir ein Retailer-Interface, das eine sell-(Verkaufen-)Funktion besitzt, sowie drei konkrete Klassen namens CatRetailer, DogRetailer und FishRetailer, die das Interface implementieren.

Jeder Tierhändler (»Retailer«) soll nur eine bestimmte Tierart (einen bestimmten Objekttyp) verkaufen können. Ein CatRetailer (Katzenhändler) darf also nur Katzen (Cat-Objekte) verkaufen und ein Hundehändler (DogRetailer) nur Hunde (Dog-Objekte). Das setzen wir mithilfe von Generics um, anhand deren wir angeben, mit welchem Objekttyp es die jeweiligen Klassen zu tun haben. Wir erweitern das Retailer-Interface um den generischen Typ T und legen fest, dass die sell-Funktion Objekte dieses Typs zurückgeben muss. Da alle drei Klassen (CatRetailer, DogRetailer und FishRetailer) dieses Interface implementieren, müssen sie den generischen Typ T jeweils durch den »echten« Objekttyp ersetzen, mit dem sie jeweils funktionieren sollen.

Hier die Klassenhierarchie, die wir verwenden werden:

Es gibt keine Dummen Fragen

F: Warum benutzen Sie keine konkrete **PetRetailer**-Klasse?

A: In der rauen Wirklichkeit ist es sehr wahrscheinlich, dass Sie einen Tierhändler (PetRetailer) brauchen, der alle Tierarten (Pet-Objekte) verkaufen kann. Hier unterscheiden wir zwischen den drei verschiedenen PetRetailer-Typen, um Ihnen wichtige Details zu Generics beizubringen.

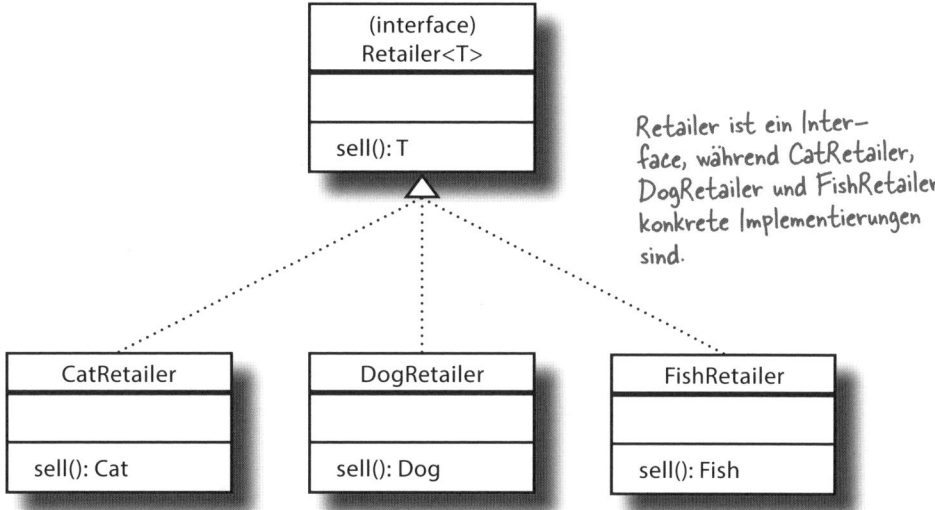

Retailer ist ein Interface, während CatRetailer, DogRetailer und FishRetailer konkrete Implementierungen sind.

Nachdem Sie die Klassenhierarchie kennen, können wir den nötigen Code schreiben. Wir beginnen mit dem Retailer-Interface.

Das Retailer-Interface

Das Retailer-Interface definieren

Das Retailer-Interface muss angeben, dass es einen generischen Typ T verwendet, der als Rückgabetyp der sell-Funktion benutzt wird.

Hier der Code für das Interface:

```
interface Retailer<T> {
    fun sell(): T
}
```

Die Klassen CatRetailer, DogRetailer und FishRetailer müssen das Retailer-Interface implementieren und angeben, mit welchem Objekttyp sie jeweils funktionieren. Die Klasse CatRetailer soll beispielsweise nur mit Cat-Objekten funktionieren. Für die Definition benutzen wir Code wie diesen:

```
class CatRetailer : Retailer<Cat> {
    override fun sell(): Cat {
        println("Sell Cat")
        return Cat("")
    }
}
```

Die CatRetailer-Klasse implementiert das Retailer-Interface so, dass es mit Cat-Objekten arbeitet. Das heißt, die sell()-Funktion muss ein Cat-Objekt zurückgeben.

Entsprechend funktioniert die Klasse DogRetailer mit Dog-Objekten. Die Definition sieht so aus:

```
class DogRetailer : Retailer<Dog> {
    override fun sell(): Dog {
        println("Sell Dog")
        return Dog("")
    }
}
```

DogRetailer ersetzt den generischen Typ des Retailer-Interface durch Dog. Also muss auch ihre sell()-Funktion ein Dog-Objekt zurückgeben.

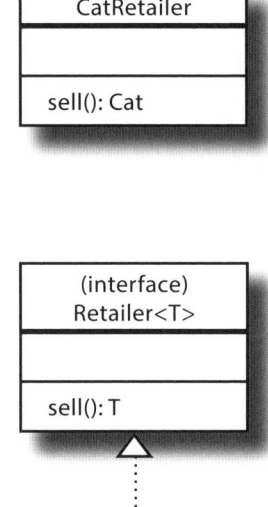

Jede Implementierung des Retailer-Interface muss angeben, mit welchem Objekttyp sie jeweils arbeitet. Hierfür muss das im Interface definierte »T« durch den tatsächlichen Typ ersetzt werden. Die CatRetailer-Implementierung ersetzt das »T« entsprechend durch »Cat«, sodass die sell-Funktion ein Cat-Objekt zurückgeben muss. Versuchen Sie, etwas anderes als ein Cat-Objekt (oder einen Subtyp) zurückzugeben, wird der Code nicht kompiliert:

```
class CatRetailer : Retailer<Cat> {
    override fun sell(): Dog = Dog("")
}
```

Dieser Code wird nicht kompiliert, weil die sell()-Funktion von CatRetailer ein Cat-Objekt zurückgeben muss. Hunde (Dog-Objekte) sind nun einmal keine Katzen (Cat-Objekte).

Durch die Verwendung von Generics können Sie also einschränken, wie eine Klasse ihre Typen verwendet. Dadurch wird der Code robuster und konsistenter.

Nachdem unsere Tierhändler am Start sind, können wir ein paar Objekte erzeugen.

Generische Programmierung

- ✓ Pets
- ✓ Contest
- → ☐ Retailers
- ☐ Vet

Wir können CatRetailer-, DogRetailer- und FishRetailer-Objekte erzeugen ...

Wie Sie vermutlich erwarten, können Sie ein `CatRetailer`-, ein `DogRetailer`- oder ein `FishRetailer`-Objekt erzeugen und es einer Variablen zuweisen, indem Sie den Variablentyp explizit deklarieren. Alternativ können Sie den Variablentyp durch den Compiler anhand des übergebenen Werts ermitteln lassen. Der folgende Code verwendet diese Techniken, um zwei `CatRetailer`-Variablen zu erzeugen und jeder ein `CatRetailer`-Objekt zuzuweisen:

```
val catRetailer1 = CatRetailer()
val catRetailer2: CatRetailer = CatRetailer()
```

... aber was ist mit Polymorphismus?

Da die Klassen `CatRetailer`, `DogRetailer` und `FishRetailer` das `Retailer`-Interface implementieren, *sollten* wir in der Lage sein, eine Variable vom Typ `Retailer` (mit einem kompatiblen Typparameter) zu erstellen und ihr einen passenden Subtyp zuzuweisen. Wenn wir einer `Retailer<Cat>`-Variablen ein `CatRetailer`-Objekt zuweisen oder einer `Retailer<Dog>`-Variablen ein `DogRetailer`-Objekt, funktioniert auch das:

```
val dogRetailer: Retailer<Dog> = DogRetailer()
val catRetailer: Retailer<Cat> = CatRetailer()
```

> Diese Zeilen sind gültig, weil die Klasse Dog-Retailer das Retailer<Dog>-Interface und die Klasse CatRetailer das Retailer<Cat>-Interface implementieren.

Versuchen wir aber, eines dieser Objekte einer Variablen vom Typ `Retailer<Pet>` zuzuweisen, wird der Code nicht kompiliert:

```
val petRetailer: Retailer<Pet> = CatRetailer()
```

> Dieser Code wird nicht kompiliert, obwohl CatRetailer EIN Retailer<Cat> IST und Cat EIN Subtyp von Pet IST.

Obwohl `CatRetailer` ein Subtyp von `Retailer` ist und `Cat` ein Subtyp von `Pet`, kann unser aktueller Code einer `Retailer<Pet>`-Variablen kein `Retailer<Cat>`-Objekt zuweisen. Eine `Retailer<Pet>`-Variable akzeptiert nur Objekte vom Typ `Retailer<Pet>`, aber kein Objekt vom Typ `Retailer<Cat>` oder `Retailer<Dog>`.

Dieses Verhalten scheint dem Konzept des Polymorphismus komplett zu widersprechen. Die gute Nachricht ist, dass wir **den generischen Typ im `Retailer`-Interface, der kontrolliert, welche Objekttypen eine `Retailer<Pet>`-Variable übernehmen kann, anpassen können.**

Sie sind hier ▶

Kovarianz

out verwenden, um den generischen Typ kovariant zu machen

Wenn Sie anstelle eines generischen Supertyps ein generisches Subtyp-Objekt verwenden wollen, können Sie dem generischen Typ das Präfix **out** voranstellen. In unserem Beispiel wollen wir einem Retailer<Pet> (dem Supertyp) ein Retailer<Cat>-Objekt (ein Subtyp) zuweisen. Hierfür stellen wir dem generischen Typ T ein out voran, wie hier gezeigt:

```
interface Retailer<out T> {
    fun sell(): T        Hier ist das out-Präfix.
}
```

Wenn wir einen generischen Typ mit dem Präfix out versehen, sagen wir, der generische Typ sei **kovariant**. Anders gesagt: Ein Subtyp kann anstelle eines Supertyps verwendet werden.

Durch die oben gezeigte Änderung kann einer Variablen vom Typ Retailer<Pet> nun ein Retailer-Objekt zugewiesen werden, das mit verschiedenen Pet-Subtypen umgehen kann. Der folgende Code wird kompiliert:

```
val petRetailer: Retailer<Pet> = CatRetailer()
```

Im Allgemeinen kann der generische Typ einer Klasse oder eines Interface mit out versehen werden, sofern die Klasse Funktionen besitzt, die ihn als Rückgabetyp verwenden, oder die Klasse val-Eigenschaften dieses Typ besitzt. out kann jedoch nicht benutzt werden, wenn die Klasse Funktionsparameter oder var-Eigenschaften des generischen Typs besitzt.

Collections werden mit kovarianten Typen definiert

Das out-Präfix wird nicht nur von generischen Klassen und Interfaces benutzt, die Sie selbst definieren. Auch Kotlins »eingebauter« Code macht häufig Gebrauch davon, zum Beispiel bei Collections.

Die List-Collection etwa wird mit Code wie diesem definiert:

```
public interface List<out E> ... { ... }
```

Das bedeutet, Sie können einer List mit Pet-Objekten eine List mit Cat-Objekten zuweisen, und der Code wird kompiliert:

```
val catList: List<Cat> = listOf(Cat(""), Cat(""))
val petList: List<Pet> = catList
```

Jetzt wissen Sie, wie Sie generische Typen mit out als kovariant definieren können, und damit fügen wir unseren Code dem Projekt hinzu.

> *Ist ein generischer Typ kovariant, können Sie einen Subtyp anstelle eines Supertyps verwenden.*

Das out-Präfix im Retailer-Interface bedeutet, dass wir einer Retailer<Pet>-Variablen jetzt ein Retailer<Cat>-Objekt zuweisen können.

Man könnte auch sagen, dass ein mit dem out-Präfix versehener generischer Typ nur in einer »out«-(Ausgabe-)Position verwendet werden kann, etwa als Rückgabetyp einer Funktion. An einer »in«-(Eingabe-)Position ist der Einsatz dagegen nicht möglich. Eine Funktion kann also keinen kovarianten Typ als Parameterwert entgegennehmen.

Das Generics-Projekt aktualisieren

Jetzt können Sie Ihre Version von *Pets.kt* im Generics-Projekt so aktualisieren, dass Ihr Code dem hier gezeigten (Änderungen fett hervorgehoben) entspricht:

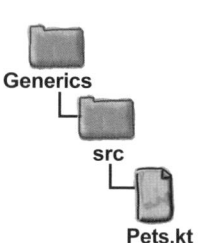

```
abstract class Pet(var name: String)
class Cat(name: String) : Pet(name)
class Dog(name: String) : Pet(name)
class Fish(name: String) : Pet(name)

class Contest<T: Pet> {
    val scores: MutableMap<T, Int> = mutableMapOf()

    fun addScore(t: T, score: Int = 0) {
        if (score >= 0) scores.put(t, score)
    }

    fun getWinners(): MutableSet<T> {
        val winners: MutableSet<T> = mutableSetOf()
        val highScore = scores.values.max()
        for ((t, score) in scores) {
            if (score == highScore) winners.add(t)
        }
        return winners
    }
}
```

— Das Retailer-Interface hinzufügen.

```
interface Retailer<out T> {
    fun sell(): T
}

class CatRetailer : Retailer<Cat> {
    override fun sell(): Cat {
        println("Sell Cat")
        return Cat("")
    }
}
```

Die Klassen CatRetailer und DogRetailer hinzufügen.

```
class DogRetailer : Retailer<Dog> {
    override fun sell(): Dog {
        println("Sell Dog")
        return Dog("")
    }
}
```

Der Code geht auf der folgenden Seite weiter.

Probefahrt

Der Code (Fortsetzung)

Pets
Contest
Retailers
Vet

```
class FishRetailer : Retailer<Fish> {        ← Die FishRetailer-
    override fun sell(): Fish {                 Klasse einbauen.
        println("Sell Fish")
        return Fish("")
    }
}

fun main(args: Array<String>) {
    val catFuzz = Cat("Fuzz Lightyear")
    val catKatsu = Cat("Katsu")
    val fishFinny = Fish("Finny McGraw")

    val catContest = Contest<Cat>()
    catContest.addScore(catFuzz, 50)
    catContest.addScore(catKatsu, 45)
    val topCat = catContest.getWinners().first()
    println("Cat contest winner is ${topCat.name}")

    val petContest = Contest<Pet>()
    petContest.addScore(catFuzz, 50)
    petContest.addScore(fishFinny, 56)
    val topPet = petContest.getWinners().first()
    println("Pet contest winner is ${topPet.name}")

    val dogRetailer: Retailer<Dog> = DogRetailer()        ← Ein paar Retailer-
    val catRetailer: Retailer<Cat> = CatRetailer()          Objekte erzeugen.
    val petRetailer: Retailer<Pet> = CatRetailer()
    petRetailer.sell()
}
```

Generics / src / Pets.kt

Probefahrt

Wenn wir den Code kompilieren und ausführen, wird folgender Text im Ausgabefenster der IDE angezeigt:

> Cat contest winner is Fuzz Lightyear
> Pet contest winner is Finny McGraw
> Sell Cat

Sie wissen jetzt, wie man generische Typen als kovariant definiert und das out-Präfix verwendet. Dazu haben wir eine weitere Übung für Sie vorbereitet.

SEIEN Sie der Compiler

Unten sehen Sie fünf Klassen und Interfaces, die Generics benutzen. Ihre Aufgabe besteht darin, Compiler zu spielen und herauszufinden, welche Codeabschnitte kompiliert werden. Falls sie nicht kompiliert werden, sagen Sie bitte, warum.

A
```
interface A<out T> {
    fun myFunction(t: T)
}
```

B
```
interface B<out T> {
    val x: T
    fun myFunction(): T
}
```

C
```
interface C<out T> {
    var y: T
    fun myFunction(): T
}
```

D
```
interface D<out T> {
    fun myFunction(str: String): T
}
```

E
```
abstract class E<out T>(t: T) {
    val x = t
}
```

SEIEN Sie der Compiler, Lösung

Unten sehen Sie fünf Klassen und Interfaces, die Generics benutzen. Ihre Aufgabe besteht darin, Compiler zu spielen und herauszufinden, welche Codeabschnitte kompiliert werden. Falls sie nicht kompiliert werden, sagen Sie bitte, warum.

A
```
interface A<out T> {
    fun myFunction(t: T)
}
```
Dieser Code wird nicht kompiliert, weil der kovariante Typ T nicht als Funktionsparameter benutzt werden kann.

B
```
interface B<out T> {
    val x: T
    fun myFunction(): T
}
```
Dieser Code wird erfolgreich kompiliert.

C
```
interface C<out T> {
    var y: T
    fun myFunction(): T
}
```
Dieser Code wird nicht kompiliert, weil der kovariante Typ T nicht als Typ einer var-Eigenschaft verwendet werden kann.

D
```
interface D<out T> {
    fun myFunction(str: String): T
}
```
Dieser Code wird erfolgreich kompiliert.

E
```
abstract class E<out T>(t: T) {
    val x = t
}
```
Dieser Code wird erfolgreich kompiliert.

Generische Programmierung

☑ Pets
☑ Contest
☑ Retailers
→ ☐ Vet

Wir brauchen eine Vet-Klasse

Wie weiter vorne in diesem Kapitel gesagt, brauchen wir die Möglichkeit, jedem Wettbewerb (Contest) einen Tierarzt (Vet) zuzuordnen, falls bei den Teilnehmern ein medizinischer Notfall eintritt. Da sich Tierärzte auf bestimmte Tierarten spezialisieren können, erstellen wir eine Vet-Klasse mit einem generischen Typ T. Die Klasse besitzt eine treat-(Behandeln-)Funktion, die ein Argument dieses Typs übernimmt. Außerdem legen wir fest, dass T ein Typ von Pet sein muss. Der Tierarzt kann also keine Objekte vom Typ Planet oder Broccoli behandeln. Hier die Vet-Klasse:

```
class Vet<T: Pet> {
    fun treat(t: T) {
        println("Treat Pet ${t.name}")
    }
}
```

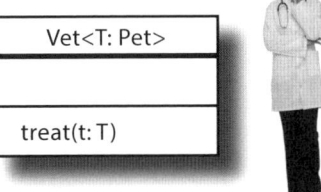

Außerdem müssen wir die Klasse Contest so anpassen, dass sie Vet-Objekte akzeptiert.

Einem Wettbewerb einen Tierarzt zuordnen

Wir wollen sicherstellen, dass für jeden Wettbewerb (Contest) ein Tierarzt (Vet) bereitsteht. Daher erweitern wir den Konstruktor für Contest um eine passende Eigenschaft (vet). Hier der aktualisierte Code:

```
class Contest<T: Pet>(var vet: Vet<T>) {
    val scores: MutableMap<T, Int> = mutableMapOf()

    fun addScore(t: T, score: Int = 0) {
        if (score >= 0) scores.put(t, score)
    }

    fun getWinners(): MutableSet<T> {
        val winners: MutableSet<T> = mutableSetOf()
        val highScore = scores.values.max()
        for ((t, score) in scores) {
            if (score == highScore) winners.add(t)
        }
        return winners
    }
}
```

— Wir erweitern den Contest-Konstruktor um Vet<T>. Dadurch ist sichergestellt, dass bei der Erzeugung eines Contest auf jeden Fall ein Vet zugewiesen wird.

Wir wollen nun ein paar Tierärzte (Vet-Objekte) erzeugen und sie verschiedenen Wettbewerben (Contests) zuweisen.

Ein paar Tierärzte erzeugen

Vet-Objekte erzeugen

Vet-Objekte können auf die gleiche Weise erzeugt werden wie Contest-Objekte: durch die Angabe des Typs, mit dem das jeweilige Vet-Objekt funktionieren soll. Folgender Code erzeugt drei verschiedene Objekte der Typen Vet<Cat>, Vet<Fish> und Vet<Pet>:

```
val catVet = Vet<Cat>()
val fishVet = Vet<Fish>()
val petVet = Vet<Pet>()
```

Jeder Tierarzt (Vet) ist auf eine bestimmte Tierart (Pet) spezialisiert. Ein Vet<Cat> kann beispielsweise nur Katzen (Cat-Objekte) behandeln, während ein Vet<Pet> alle Tierarten inklusive Hunden (Dog) und Fischen (Fish) behandeln kann:

```
catVet.treat(Cat("Fuzz Lightyear"))     ← Sowohl ein Vet<Cat> als auch ein Vet<Pet>
petVet.treat(Cat("Katsu"))                 können Katzen (Cat-Objekte) behandeln.
petVet.treat(Fish("Finny McGraw"))    ← Ein Vet<Pet> kann einen Fisch behandeln.
catVet.treat(Fish("Finny McGraw"))    ← Diese Zeile wird nicht kompiliert, weil ein
                                          Vet<Cat> kein Fish-Objekt behandeln kann.
```

Jetzt können wir ausprobieren, was passiert, wenn wir einem Wettbewerb (Contest) ein Vet-Objekt übergeben.

Dem Contest-Konstruktor einen Vet übergeben

Die Contest-Klasse besitzt einen Parameter, einen Vet, der die Tierart (Pet) behandeln können muss, für die der aktuelle Wettbewerb (Contest) durchgeführt wird. Dadurch können wir einem Contest<Cat> einen Vet<Cat> und einen Vet<Pet> einem Contest<Pet> zuweisen, wie hier gezeigt:

```
val catContest = Contest<Cat>(catVet)
val petContest = Contest<Pet>(petVet)
```

Es gibt aber ein Problem. Ein Vet<Pet> kann alle Pet-Typen behandeln, auch Cat-Objekte. **Trotzdem können wir einem Contest<Cat> keinen Vet<Pet> zuweisen. Der Code wird nicht kompiliert:**

```
val catContest = Contest<Cat>(petVet)   ← Auch wenn ein Vet<Pet> mit Cat-Ob-
                                           jekten umgehen kann, akzeptiert ein
                                           Contest<Cat> keinen Vet<Pet>. Diese
                                           Zeile wird also nicht kompiliert.
```

Was ist in einer solchen Situation zu tun?

Verwenden Sie in, um einen generischen Typ kontravariant zu machen

Generische Programmierung

Pets
Contest
Retailers
→ Vet

In unserem Beispiel wollten wir einem `Contest<Cat>` einen `Pet<Vet>` anstelle eines `Pet<Cat>` übergeben. Anders gesagt: Wir wollten einen generischen Supertyp anstelle eines generischen Subtyps übergeben.

Das Problem lässt sich lösen, indem wir dem in der Vet-Klasse verwendeten generischen Typ das Präfix **in** voranstellen. Dies ist das genaue Gegenteil von **out**. Während **out** die Verwendung eines generischen Subtyps anstelle eines generischen Supertyps ermöglicht (wie bei der Zuweisung von `Retailer<Cat>` an `Retailer<Pet>`), gibt in Ihnen die Möglichkeit, einen generischen Supertyp anstelle eines Subtyps zu verwenden. Wenn wir dem generischen Typ in der Vet-Klasse ein `in` voranstellen:

```
class Vet<in T: Pet> {         ← Hier ist das Präfix.
    fun treat(t: T) {
        println("Treat Pet ${t.name}")
    }
}
```

können wir ein `Vet<Pet>` anstelle eines `Vet<Cat>` verwenden. Der folgende Code wird kompiliert:

```
val catContest = Contest<Cat>(Vet<Pet>())
```

Das Präfix »in« in der Vet-Klasse bedeutet, dass wir jetzt anstelle eines Vet<Cat> auch einen Vet<Pet> benutzen können. Dadurch wird auch dieser Code kompiliert.

Wird ein generischer Typ mit dem Präfix `in` versehen, bezeichnet man ihn als **kontravariant**. Das heißt, es kann ein Supertyp anstelle eines Subtyps verwendet werden.

Im Allgemeinen kann das Präfix `in` verwendet werden, wenn die Klasse oder das Interface eine Funktion besitzt, die ihn als Parametertyp verwendet. `in` kann jedoch nicht in Klassenfunktionen verwendet werden, die ihn als Rückgabetyp einsetzen, oder wenn dieser Typ von einer oder mehreren Eigenschaften benutzt wird. Dies gilt unabhängig davon, ob die Eigenschaften per `val` oder `var` definiert wurden.

Ist ein generischer Typ kontravariant, können Sie einen Supertyp anstelle eines Subtyps verwenden. Dies ist das Gegenteil der Kovarianz.

Anders gesagt: Ein mit dem Präfix »in« versehener Typ kann nur an einer »in«-(Eingabe-) Position verwendet werden, z. B. dem Wert eines Funktionsparameters. Er kann nicht an »out«-Positionen (siehe Seite 308) benutzt werden.

Sollte ein Vet<Cat> IMMER einen Vet<Pet> akzeptieren?

Bevor Sie den generischen Typ einer Klasse oder eines Interface mit dem Präfix `in` versehen, sollten Sie überlegen, ob der generische Subtyp in jeder Situation durch einen generischen Supertyp austauschbar sein soll. Dadurch können Sie beispielsweise einer `Vet<Cat>`-Variablen ein `Vet<Pet>`-Objekt zuweisen. Das ist aber nicht immer sinnvoll:

```
val catVet: Vet<Cat> = Vet<Pet>()   ← Diese Zeile wird kompiliert, weil die Vet-Klasse
                                      ein »in«-Präfix für T verwendet.
```

Die gute Nachricht ist, dass die Bedingungen für die Kontravarianz eines generischen Typs anpassbar sind. Im Folgenden sehen wir, wie das geht.

Sie sind hier ▶ **315**

Lokale Kontravarianz

Ein generischer Typ kann lokal kontravariant sein

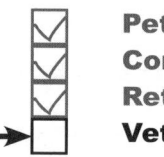

Wir haben gesehen, dass der Einsatz des `in`-Präfix als Teil einer Klassen- oder Interface-Deklaration den generischen Typ global kontravariant macht. Dieses Verhalten kann jedoch auf bestimmte Eigenschaften oder Funktionen beschränkt werden.

Angenommen, wir wollten eine `Vet<Pet>`-Referenz anstelle einer `Vet<Cat>`-Referenz verwenden. Das soll aber *nur* gelten, wenn die Referenz im Konstruktor eines `Contest<Cat>` übergeben wurde. Das ist möglich, indem wir das Präfix vom generischen Typ in der `Vet`-Klasse entfernen und ihn stattdessen für die Eigenschaft `vet` im `Contest`-Konstruktor einsetzen.

Hat ein generischer Typ kein in- oder out-Präfix, sagen wir, der Typ sei <u>invariant</u>. Ein invarianter Typ akzeptiert nur Referenzen eines bestimmten Typs.

Hier der nötige Code:

```
class Vet<~~in~~ T: Pet> {
    fun treat(t: T) {
        println("Treat Pet ${t.name}")
    }
}
class Contest<T: Pet>(var vet: Vet<in T>) {
    ...
}
```

— Das »in«-Präfix aus der Vet-Klasse entfernen ...

... und stattdessen im Contest-Konstruktor verwenden. Dadurch ist T kontravariant, aber nur im Contest-Konstruktor.

Durch diese Änderungen kann weiterhin ein `Vet<Pet>` an einen `Contest<Cat>` übergeben werden:

```
val catContest = Contest<Cat>(Vet<Pet>())
```

Diese Zeile wird kompiliert, weil Sie im Contest<Cat>-Konstruktor einen Vet<Pet> anstelle eines Vet<Cat> verwenden können.

Allerdings verhindert der Compiler jetzt, dass einer `Vet<Cat>`-Variablen ein `Vet<Pet>`-Objekt zugewiesen wird, weil der generische Typ von `Vet` nicht global kontravariant ist.

```
val catVet: Vet<Cat> = Vet<Pet>()
```

Diese Zeile wird jedoch nicht kompiliert. Eine globale Verwendung von Vet<Pet> anstelle von Vet<Cat> ist nicht möglich.

Da Sie jetzt wissen, wie Kontravarianz verwendet wird, können wir den `Vet`-Code in unser Generics-Projekt einbauen.

Das Generics-Projekt aktualisieren

Generische Programmierung

- ☑ Pets
- ☑ Contest
- ☑ Retailers
- ➔ ☑ **Vet**

Aktualisieren Sie die Datei *Pets.kt* im Generics-Projekt, sodass Ihre Version dem unten stehenden Code entspricht (die Änderungen haben wir für Sie hervorgehoben):

```
abstract class Pet(var name: String)
class Cat(name: String) : Pet(name)
class Dog(name: String) : Pet(name)
class Fish(name: String) : Pet(name)

class Vet<T: Pet> {      ← Die Vet-Klasse hinzufügen.
    fun treat(t: T) {
        println("Treat Pet ${t.name}")
    }
}
                                    Die Contest-Klasse mit
                                 ← einem Konstruktor versehen.
class Contest<T: Pet>(var vet: Vet<in T>) {
    val scores: MutableMap<T, Int> = mutableMapOf()

    fun addScore(t: T, score: Int = 0) {
        if (score >= 0) scores.put(t, score)
    }

    fun getWinners(): MutableSet<T> {
        val winners: MutableSet<T> = mutableSetOf()
        val highScore = scores.values.max()
        for ((t, score) in scores) {
            if (score == highScore) winners.add(t)
        }
        return winners
    }
}

interface Retailer<out T> {
    fun sell(): T
}

class CatRetailer : Retailer<Cat> {
    override fun sell(): Cat {
        println("Sell Cat")
        return Cat("")
    }
}
```

Der Code geht auf der folgenden Seite weiter.

Mehr Code

Der Code (Fortsetzung)

Pets
Contest
Retailers
→ Vet

```
class DogRetailer : Retailer<Dog> {
    override fun sell(): Dog {
        println("Sell Dog")
        return Dog("")
    }
}

class FishRetailer : Retailer<Fish> {
    override fun sell(): Fish {
        println("Sell Fish")
        return Fish("")
    }
}

fun main(args: Array<String>) {
    val catFuzz = Cat("Fuzz Lightyear")
    val catKatsu = Cat("Katsu")
    val fishFinny = Fish("Finny McGraw")

    val catVet = Vet<Cat>()        ← Ein paar Vet-Objekte erzeugen.
    val fishVet = Vet<Fish>()
    val petVet = Vet<Pet>()

    catVet.treat(catFuzz)          ← Die Tierärzte (Vets) be-
    petVet.treat(catKatsu)           handeln einige Tiere (Pets).
    petVet.treat(fishFinny)

                                   ← Einem Katzen-Wettbewerb (Contest<Cat>)
    val catContest = Contest<Cat>(catVet)   einen Tierarzt für Katzen (Vet<Cat>) zuweisen.
    catContest.addScore(catFuzz, 50)
    catContest.addScore(catKatsu, 45)
    val topCat = catContest.getWinners().first()
    println("Cat contest winner is ${topCat.name}")
```

Der Code geht auf der folgenden Seite weiter. →

Generische Programmierung

Pets
Contest
Retailers
→ **Vet**

Der Code (Fortsetzung)

Einem Contest<Pet> einen Vet<Pet> zuordnen.

```
    val petContest = Contest<Pet>(petVet)
    petContest.addScore(catFuzz, 50)
    petContest.addScore(fishFinny, 56)
    val topPet = petContest.getWinners().first()
    println("Pet contest winner is ${topPet.name}")

    val fishContest = Contest<Fish>(petVet)
```

Einen allgemeinen Tierarzt (Vet<Pet>) einem Wettbewerb für Fische (Contest<Fish>) zuordnen.

Generics
src
Pets.kt

```
    val dogRetailer: Retailer<Dog> = DogRetailer()
    val catRetailer: Retailer<Cat> = CatRetailer()
    val petRetailer: Retailer<Pet> = CatRetailer()
    petRetailer.sell()
}
```

Probefahrt

Wenn wir den Code ausführen, wird folgender Text im Ausgabefenster der IDE angezeigt:

    Treat Pet Fuzz Lightyear
    Treat Pet Katsu
    Treat Pet Finny McGraw
    Cat contest winner is Fuzz Lightyear
    Pet contest winner is Finny McGraw
    Sell Cat

Es gibt keine Dummen Fragen

F: Hätte ich nicht einfach die vet-Eigenschaft von Contest als Vet<Pet> deklarieren können?

A: Nein. Das würde bedeuten, dass die vet-Eigenschaft nur Vet<Pet>-Objekte akzeptiert. Sie können die vet-Eigenschaft zwar als lokal kovariant definieren, wie hier:

    var vet: Vet<out Pet>

Das würde aber bedeuteten, dass wir einem Contest<Cat> auch einen Vet<Fish> zuweisen könnten. Das geht sehr wahrscheinlich nicht gut.

F: In Kotlin werden Generics anders behandelt als in Java. Stimmt das?

A: Das stimmt. In Java sind generische Typen immer invariant. Einige dadurch entstehende Probleme lassen sich allerdings mit Wildcards lösen. In Kotlin haben Sie dagegen weit mehr Kontrolle darüber, wie Sie generische Typen kovariant bzw. kontravariant machen oder sie einfach invariant belassen können.

Sie sind hier ▶

SEIEN Sie der Compiler

Unten sehen Sie vier Klassen und Interfaces, die Generics verwenden. Spielen Sie Compiler und finden Sie heraus, welche Beispiele kompiliert werden. Kann ein Beispiel nicht kompiliert werden, geben Sie den Grund dafür an.

A
```
class A<in T>(t: T) {
    fun myFunction(t: T) { }
}
```

B
```
class B<in T>(t: T) {
    val x = t
    fun myFunction(t: T) { }
}
```

C
```
abstract class C<in T> {
    fun myFunction(): T { }
}
```

D
```
class E<in T>(t: T) {
    var y = t
    fun myFunction(t: T) { }
}
```

→ Antworten auf Seite 322.

Generische Programmierung

Spitzen Sie Ihren Bleistift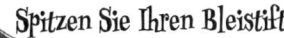

Unten sehen Sie eine komplette Kotlin-Datei. Der Code wird jedoch nicht kompiliert. Welche Zeilen sind fehlerhaft? Welche Änderungen müssen an den Klassen- und Interface-Definitionen vorgenommen werden, damit der Code kompiliert wird?

Hinweis: Die `main`-Funktion darf nicht verändert werden.

```kotlin
// Nahrungsmittel
open class Food

class VeganFood: Food()

// Verkäufer
interface Seller<T>

class FoodSeller: Seller<Food>

class VeganFoodSeller: Seller<VeganFood>

// Konsumenten
interface Consumer<T>

class Person: Consumer<Food>

class Vegan: Consumer<VeganFood>

fun main(args: Array<String>) {
    var foodSeller: Seller<Food>
    foodSeller = FoodSeller()
    foodSeller = VeganFoodSeller()

    var veganFoodConsumer: Consumer<VeganFood>
    veganFoodConsumer = Vegan()
    veganFoodConsumer = Person()
}
```

→ Antworten auf Seite 323.

Sie sind hier ▶ **321**

SEIEN Sie der Compiler, Lösung

Unten sehen Sie vier Klassen und Interfaces, die Generics verwenden. Spielen Sie Compiler und finden Sie heraus, welche Beispiele kompiliert werden. Kann ein Beispiel nicht kompiliert werden, geben Sie den Grund dafür an.

A
```
class A<in T>(t: T) {
    fun myFunction(t: T) { }
}
```
Dieser Code wird erfolgreich kompiliert, weil der kontravariante Typ T für Konstruktoren und Funktionsparameter verwendet werden kann.

B
```
class B<in T>(t: T) {
    val x = t
    fun myFunction(t: T) { }
}
```
Dieser Code wird kompiliert, weil T nicht als Typ einer val-Eigenschaft benutzt werden kann.

C
```
abstract class C<in T> {
    fun myFunction(): T { }
}
```
Dieser Code wird nicht kompiliert, weil T nicht als Rückgabetyp einer Funktion verwendet werden kann.

D
```
class E<in T>(t: T) {
    var y = t
    fun myFunction(t: T) { }
}
```
Dieser Code wird nicht kompiliert, weil T nicht als Typ einer var-Eigenschaft benutzt werden kann.

Spitzen Sie Ihren Bleistift
Lösung

Unten sehen Sie eine komplette Kotlin-Datei. Der Code wird jedoch nicht kompiliert. Welche Zeilen sind fehlerhaft? Welche Änderungen müssen an den Klassen- und Interface-Definitionen vorgenommen werden, damit der Code kompiliert wird?

Hinweis: Die `main`-Funktion darf nicht verändert werden.

```kotlin
// Nahrungsmittel
open class Food

class VeganFood: Food()

// Verkäufer
interface Seller<out T>

class FoodSeller: Seller<Food>

class VeganFoodSeller: Seller<VeganFood>

// Konsumenten
interface Consumer<in T>

class Person: Consumer<Food>

class Vegan: Consumer<VeganFood>

fun main(args: Array<String>) {
    var foodSeller: Seller<Food>
    foodSeller = FoodSeller()
    foodSeller = VeganFoodSeller()

    var veganFoodConsumer: Consumer<VeganFood>
    veganFoodConsumer = Vegan()
    veganFoodConsumer = Person()
}
```

Im Interface `Seller<out T>` wurde `out` ergänzt.

Diese Zeile (`foodSeller = VeganFoodSeller()`) wird nicht kompiliert, weil hier versucht wird, einem Seller<Food> ein Objekt vom Typ Seller<VeganFood> zuzuweisen. Damit der Code kompiliert wird, müssen Sie T im Seller-Interface mit einem out-Präfix versehen.

Im Interface `Consumer<in T>` wurde `in` ergänzt.

Diese Zeile (`veganFoodConsumer = Person()`) wird nicht kompiliert, weil versucht wird, einem Consumer<VeganFood> ein Objekt vom Typ Consumer<Food> zuzuweisen. Soll die Zeile kompiliert werden, müssen Sie T im Consumer-Interface mit dem Präfix »in« versehen.

Ihr Kotlin-Werkzeugkasten

Sie haben Kapitel 10 abgeschlossen. Ihr Werkzeugkasten enthält jetzt auch Generics.

Den kompletten Code dieses Kapitels können Sie hier herunterladen: https://tinyurl.com/HFKotlin.

Punkt für Punkt

- Mit Generics können Sie konsistenten und typensicheren Code schreiben. Collections, wie beispielsweise `MutableList`, verwenden Generics.

- Der generische Typ wird in spitzen Klammern `<>` angegeben, zum Beispiel:

  ```
  class Contest<T>
  ```

- Sie können den generischen Typ auf einen bestimmten Supertyp beschränken, zum Beispiel:

  ```
  class Contest<T: Pet>
  ```

- Sie können eine Instanz einer Klasse mit einem generischen Typ erstellen, indem Sie den »tatsächlichen« Typ in spitzen Klammern angeben, wie hier:

  ```
  Contest<Cat>
  ```

- Wenn möglich, ermittelt der Compiler den generischen Typ.

- Sie können eine Funktion, die einen generischen Typ verwendet, außerhalb einer Klasse definieren oder innerhalb einer Klasse, die einen anderen Typ verwendet, zum Beispiel:

  ```
  fun <T> listPet(): List<T>{
      ...
  }
  ```

- Ein generischer Typ ist invariant, wenn er nur Referenzen eines bestimmten Typs akzeptiert. Generische Typen sind standardmäßig invariant.

- Ein generischer Typ ist kovariant, wenn Sie einen Subtyp anstelle eines Supertyps verwenden können. Um einen Typ als kovariant zu deklarieren, wird er mit dem Präfix `out` versehen.

- Ein generischer Typ ist kontravariant, wenn Sie einen Supertyp anstelle eines Subtyps verwenden können. Um einen Typ als kontravariant zu deklarieren, wird er mit dem Präfix `in` versehen.

11 Lambdas und Funktionen höherer Ordnung

Code wie Daten behandeln

```
val keks = cook { it.teig()
                  it.fuellung()
                  it.backen() }
```

Wollen Sie Code schreiben, der noch flexibler und mächtiger ist?

Falls ja, brauchen Sie **Lambdas**. Ein *Lambda* – oder *Lambda-Ausdruck* (offiziell auch Lambda-Funktion oder anonyme Funktion) – ist ein Codeblock, den Sie wie ein Objekt herumreichen können. In diesem Kapitel erfahren Sie, wie man ein *Lambda definiert, es einer Variablen zuweist* und *seinen Code ausführt*. Sie lernen verschiedene **Funktionstypen** kennen und wie diese Ihnen beim Schreiben von **Funktionen höherer Ordnung** helfen können, die Lambdas für ihre Parameter- und Rückgabewerte zu benutzen. Nebenbei zeigen wir Ihnen noch, wie ein wenig *syntaktischer Zucker das Programmiererleben etwas versüßen kann*.

Hier fängt ein neues Kapitel an

Einführung in Lambdas

Im Verlauf dieses Buchs haben Sie gelernt, Kotlins eingebaute Funktionen zu verwenden und eigene Funktionen zu definieren. Das ist aber längst nicht alles. Kotlin besitzt eine Vielzahl an Funktionen, die *noch wesentlich mächtiger sind* als die bisher gesehenen. Für ihren Einsatz müssen Sie lernen, wie man **Lambda-Ausdrücke erstellt und benutzt**.

Ein Lambda-Ausdruck, oder einfach **Lambda**, ist ein Objekttyp, der einen Codeblock enthält. Wie andere Objekte können Sie ein Lambda einer Variablen zuweisen oder einer Funktion übergeben, die den enthaltenen Code ausführen kann. Sie können **Lambdas verwenden, um ein bestimmtes Verhalten an eine allgemeine Funktion zu übergeben.**

Lambdas einzusetzen, ist besonders bei der Arbeit mit Collections nützlich. Das *collections*-Package besitzt beispielsweise eine eingebaute `sortBy`-Funktion, die eine allgemeine Sortierung für eine `MutableList` implementiert. Sie geben an, *wie* die Funktion die Collection sortieren soll, indem Sie ihr ein Lambda übergeben, das die Kriterien beschreibt:

Was wir vorhaben

Bevor wir Ihnen die eingebauten Funktionen vorstellen, die Lambdas benutzen, wollen wir Ihnen zeigen, wie Lambdas grundsätzlich funktionieren. In diesem Kapitel lernen Sie Folgendes:

① Ein Lambda definieren.
Wir zeigen Ihnen, wie ein Lambda aussieht und wie man es einer Variablen zuweist, welchen Typ sie hat und wie der enthaltene Code aufgerufen wird.

② Eine Funktion höherer Ordnung erstellen.
Sie lernen, Funktionen zu definieren, die Lambdas als Funktionsparameter und Rückgabewerte verwenden.

Kümmern wir uns erst einmal darum, wie Lambdas aussehen.

Wie Lambdas aussehen

Wie schreiben ein einfaches Lambda, das einem Int-Parameter 5 hinzuaddiert. Hier der nötige Code:

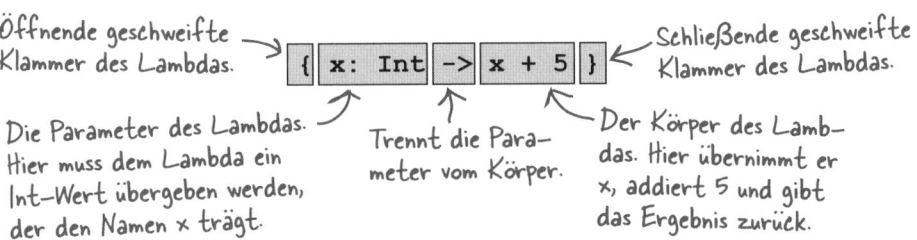

Ein Lambda wird grundsätzlich mit geschweiften Klammern (`{}`) umgeben. Innerhalb der geschweiften Klammern definiert das Lambda mit der Schreibweise `x: Int` einen einzelnen `Int`-Parameter namens `x`. Die Anzahl der Parameter für Lambdas ist beliebig (keiner, einer oder mehrere).

Auf die Parameterdefinition folgen die Zeichen **->**. Hiermit werden mögliche Parameter vom Funktionskörper getrennt, als würde man sagen: »Hallo Parameter, hier ist eure Aufgabe.«

Auf **->** folgt schließlich der Lambda-Körper, in unserem Fall `x + 5`. Dieser Code soll bei der Auswertung des Lambdas ausgeführt werden. Der Körper kann mehrzeilig sein. Der zuletzt ausgewertete Ausdruck im Körper wird als Rückgabewert verwendet.

Im obigen Beispiel übernimmt das Lambda den Wert von `x` und gibt `x + 5` zurück. Das entspricht im Prinzip dieser Funktion:

```
fun addFive(x: Int) = x + 5
```

Im Unterschied zu Funktionen sind Lambdas jedoch anonym, sie besitzen keinen Namen.

Wie oben gesagt, können Lambdas mehrere Parameter haben. Im folgenden Beispiel übernimmt das Lambda zwei `Int`-Parameter (`x` und `y`) und gibt das Ergebnis von `x + y` zurück.

```
{ x: Int, y: Int -> x + y }
```

Hat das Lambda keine Parameter, kann das **->** weggelassen werden, wie im folgenden Beispiel. Der Rückgabewert ist der String »Pow!«:

```
{ "Pow!" }
```
⟵ Dieses Lambda hat keinen Parameter. Daher können wir das -> weglassen.

Nachdem Sie wissen, wie Lambdas aussehen, erfahren Sie nun, wie wir sie Variablen zuweisen können.

Lambdas zuweisen

Lambdas können Variablen zugewiesen werden

Lambdas werden Variablen auf die gleiche Weise zugewiesen wie Objekte: indem Sie die Variable per `val` oder `var` definieren und ihr dann das Lambda übergeben. Der folgende Code weist der Variablen `addFive` ein Lambda zu:

```
val addFive = { x: Int -> x + 5 }
```

Wir haben die Variable `addFive` per `val` definiert. Sie kann also kein anderes Lambda enthalten. Um die Variable aktualisieren zu können, müssen wir sie per `var` definieren, wie hier:

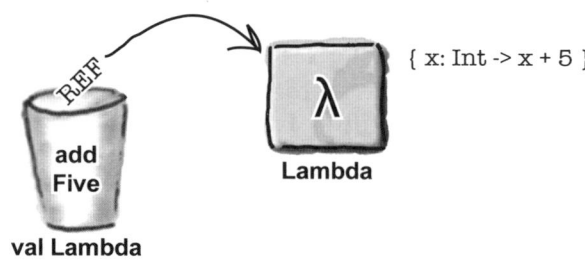

```
var addFive = { x: Int -> x + 5 }
addFive = { y: Int -> 5 + y }
```

Hier können wir addFive ein neues Lambda zuweisen, weil die Variable per var definiert wurde.

Wenn Sie einer Variablen ein Lambda zuweisen, übergeben Sie einen Codeblock, aber nicht das Ergebnis der Codeauswertung. Um den Code in einem Lambda auszuwerten, müssen Sie ihn explizit aufrufen.

Lambda-Code durch einen Aufruf auswerten

Der Code eines Lambdas wird durch den Aufruf seiner `invoke`-Funktion und die Übergabe der nötigen Parameterwerte ausgeführt. Im folgenden Beispiel definieren wir ein Lambda namens `addInts`, das zwei `Int`-Parameter addiert. Der Code ruft das Lambda auf, übergibt ihm die Parameterwerte 6 und 7 und weist das Ergebnis einer neuen Variablen namens `result` zu.

```
val addInts = { x: Int, y: Int -> x + y }
val result = addInts.invoke(6, 7)
```

Seien Sie nicht beunruhigt, wenn Lambda-Ausdrücke zunächst etwas seltsam wirken.

Nehmen Sie sich Zeit, dieses Kapitel in Ruhe durchzuarbeiten, und alles wird gut werden.

Ein Lambda kann außerdem über folgende Kurzschreibweise aufgerufen werden:

```
val result = addInts(6, 7)
```

Das macht das Gleiche wie:

```
val result = addInts.invoke(6, 7)
```

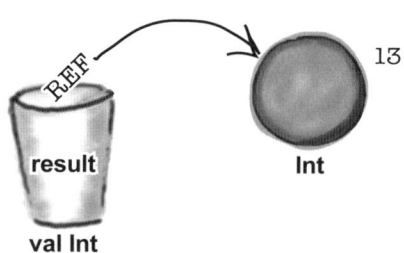

Allerdings wird bei der Kurzschreibweise weniger Code benötigt. Man kann sagen: »Führe den Lambda-Ausdruck in der Variablen *addInts* mit den Werten 6 und 7 aus.«

Werfen wir einen Blick hinter die Kulissen, um zu sehen, was beim Aufruf eines Lambdas im Einzelnen passiert.

Was beim Aufruf eines Lambdas passiert

Wenn Sie diesen Code ausführen:

```
val addInts = { x: Int, y: Int -> x + y }
val result = addInts(6, 7)
```

... passiert Folgendes:

① **`val addInts = { x: Int, y: Int -> x + y }`**

Dieser Code erzeugt ein Lambda mit dem Wert `{ x: Int, y: Int -> x + y }`. Eine Referenz auf das Lambda wird einer neuen Variablen namens `addInts` zugewiesen.

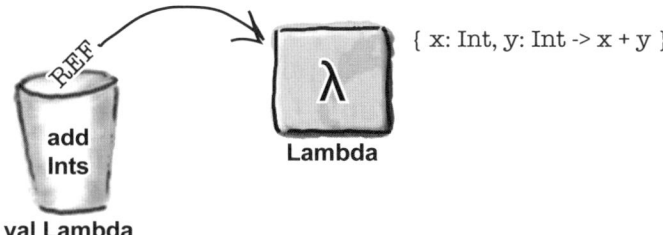

② **`val result = addInts(6, 7)`**

Hier wird das von `addInts` referenzierte Lambda aufgerufen, und die Werte 6 und 7 werden übergeben. Die 6 landet im x-Parameter und die 7 im y-Parameter des Lambdas.

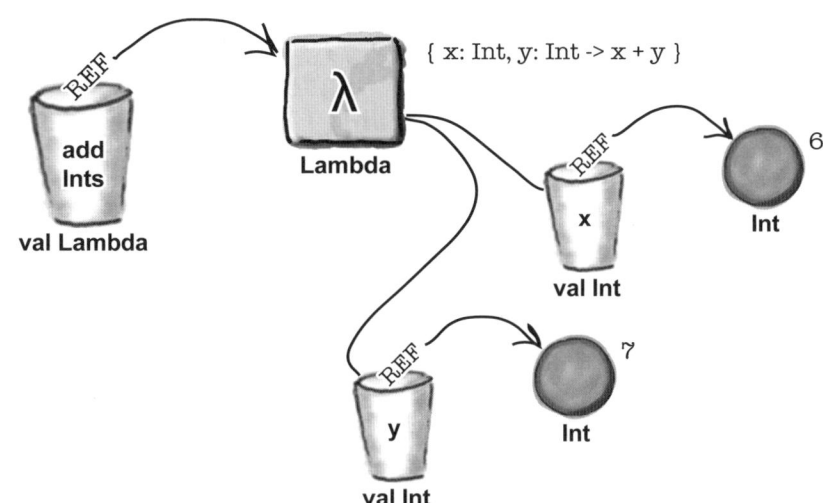

Sie sind hier ▸

Was passiert

Die Geschichte geht weiter ...

3   val addInts = { x: Int, y: Int -> **x + y** }

Der Körper des Lambdas wird ausgeführt und berechnet das Ergebnis von x + y. Das Lambda erzeugt ein `Int`-Objekt mit dem Wert 13 und gibt eine Referenz darauf zurück.

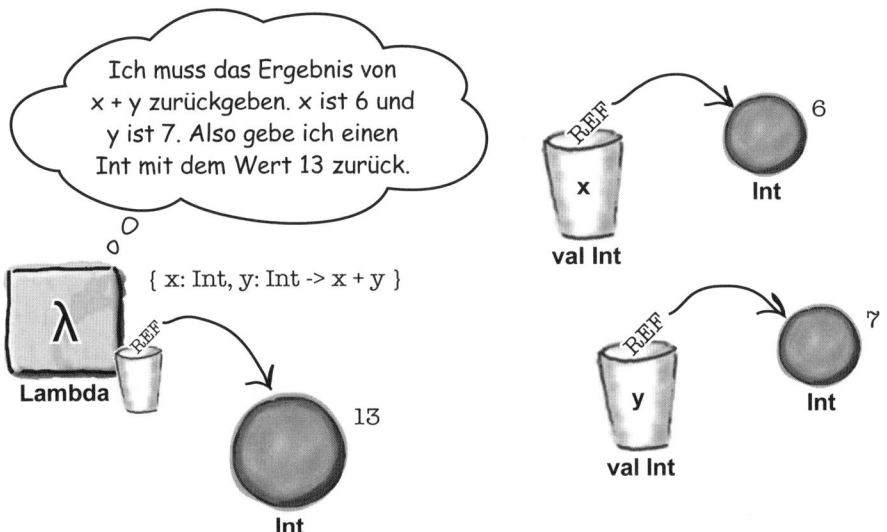

4   **val result =** addInts(6, 7)

Der Rückgabewert des Lambdas wird einer neuen `Int`-Variablen namens `result` zugewiesen.

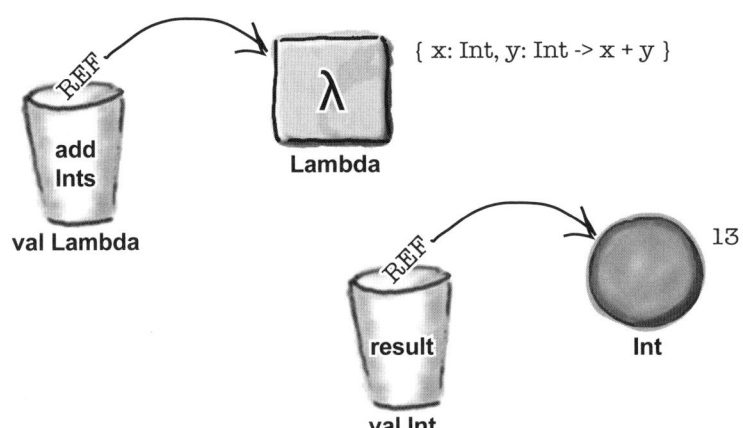

Da Sie nun wissen, was beim Aufruf eines Lambdas passiert, können wir uns die verschiedenen Lambda-Typen ansehen.

Lambda-Ausdrücke haben einen Typ

Wie alle Objekte hat auch ein Lambda einen bestimmten Typ. Allerdings gibt der Lambda-Typ keinen Klassennamen an, der das Lambda implementiert. Stattdessen werden die Typen der Parameter und des Rückgabewerts des Lambdas angegeben.

Ein Lambda-Typ kann folgende Form haben:

```
(parameters) -> return_type
```

Angenommen, wir hätten ein Lambda, das einen einzelnen `Int`-Parameter übernimmt und einen `String` zurückgibt:

```
val msg = { x: Int -> "The value is $x" }
```

Dann ist sein Typ:

```
(Int) -> String
```

Weisen Sie ein Lambda einer Variablen zu, ermittelt der Compiler den Typ der Variablen wie im obigen Beispiel aus dem übergebenen Lambda. Wie bei anderen Objekten, können Sie den Variablentyp auch explizit angeben. Im folgenden Code wird eine Variable namens `add` definiert. Sie kann eine Referenz auf ein Lambda enthalten, das zwei `Int`-Parametern besitzt und einen `Int`-Wert zurückgibt:

```
val add: (Int, Int) -> Int
add = { x: Int, y: Int -> x + y }
```

Auf ähnliche Weise definiert der folgende Code eine Variable namens `greeting`, die eine Referenz auf ein Lambda enthält. Dieses besitzt keine Parameter und gibt einen `String` zurück:

```
val greeting: () -> String
greeting = { "Hello!" }
```

Wie bei anderen Variablendeklarationen reicht eine Codezeile, um ihren Typ explizit anzugeben und einen Wert zuzuweisen. Der obige Code kann also auch so formuliert werden:

```
val greeting: () -> String = { "Hello!" }
```

Die Variable deklarieren. Den Typ angeben. Einen Wert zuweisen.

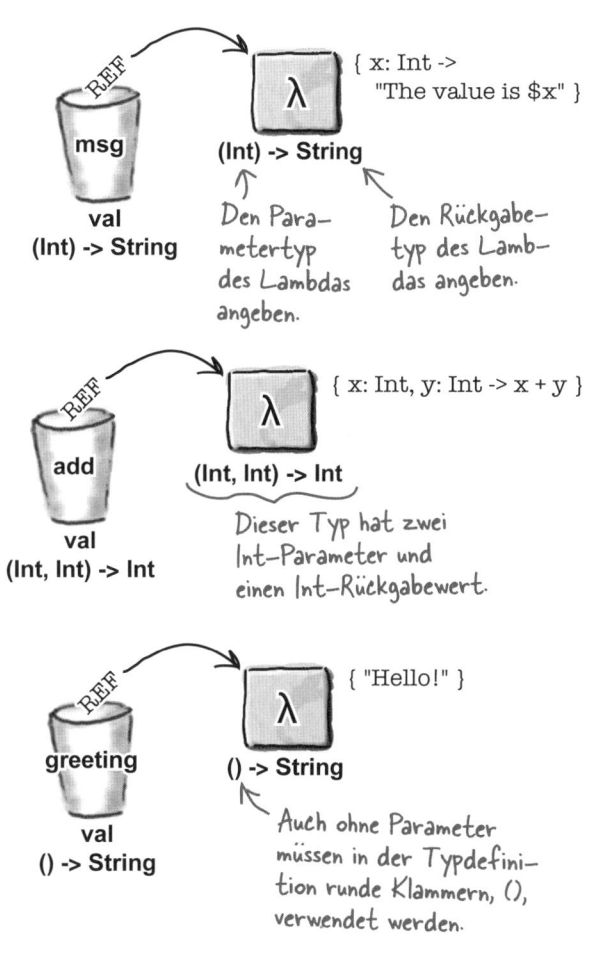

Der Typ eines Lambdas wird auch Funktionstyp genannt.

Der Compiler kann die Lambda-Parametertypen ableiten

Wenn Sie den Typ einer Variablen explizit angeben, brauchen Sie für Lambdas, deren Typ der Compiler ermitteln kann, keinerlei Typdeklarationen vorzunehmen.

Folgender Code weist der Variablen addFive ein Lambda zu: — *Dieses Lambda addiert 5 einem Int namens x hinzu.*

```
val addFive: (Int) -> Int = { x: Int -> x + 5 }
```

Der Compiler weiß bereits aus der Definition von addFive, das jedes Lambda, das der Variablen zugewiesen wird, einen Int-Parameter besitzen muss. Daher können Sie die Int-Typdeklaration bei der Definition der Lambda-Parameter weglassen, wie hier gezeigt:

```
val addFive: (Int) -> Int = { x -> x + 5 }
```

Der Compiler weiß, dass x ein Int sein muss. Daher können wir die Typangabe weglassen.

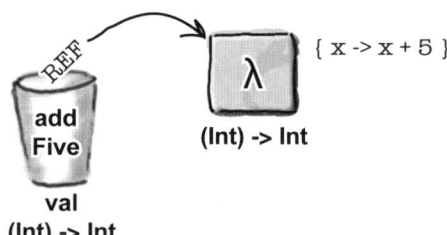

Einzelne Parameter können durch <u>it</u> ersetzt werden

Hat ein Lambda nur einen Parameter, dessen Typ der Compiler selbstständig ermitteln kann, können Sie den Parameter weglassen und im Körper über das Schlüsselwort it darauf zugreifen.

Um zu sehen, wie das funktioniert, stellen Sie sich vor, Sie hätten ein Lambda, das mit folgendem Code einer Variablen zugewiesen wird:

```
val addFive: (Int) -> Int = { x -> x + 5 }
```

Da das Lambda nur einen einzelnen Parameter besitzt (x), kann der Compiler ableiten, dass x ein Int ist. Dadurch können wir den x-Parameter im Lambda-Körper durch it ersetzen, wie hier:

```
val addFive: (Int) -> Int = { it + 5 }
```

Im obigen Code ist { it + 5 } gleichbedeutend mit { x -> x + 5 }, aber wesentlich kürzer.

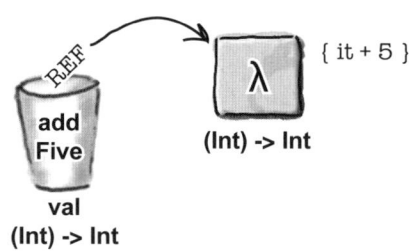

Bedenken Sie, dass diese Schreibweise nur benutzt werden kann, wenn der Compiler den Parametertyp selbstständig ermitteln kann. Folgender Code wird nicht kompiliert, weil der Compiler keine Möglichkeit hat, den Typ herauszufinden:

```
val addFive = { it + 5 }
```
← *Dies wird nicht kompiliert, weil der Compiler den Typ nicht ermitteln kann.*

Lambdas und Funktionen höherer Ordnung

Das richtige Lambda für einen bestimmten Variablentyp verwenden

Sie wissen bereits, dass dem Compiler der Variablentyp sehr wichtig ist. Das gilt für einfache Objekttypen, aber auch für Lambda-Typen. Daher erlaubt der Compiler die Zuweisung eines Lambdas an eine Variable nur, wenn ihre Typen kompatibel sind.

Angenommen, die Variable `calculation` enthielte eine Referenz auf ein Lambda mit zwei `Int`-Parametern und einem `Int`-Rückgabewert:

```
val calculation: (Int, Int) -> Int
```

Versuchen Sie, `calculation` ein Lambda zuzuweisen, dessen Typ nicht zu dem der Variablen passt, bekommt der Compiler schlechte Laune. Folgender Code wird nicht kompiliert, weil das Lambda explizit `Double`-Werte verwendet:

```
calculation = { x: Double, y: Double -> x + y }
```

← *Dieser Code wird nicht kompiliert, weil die Variable calculation nur ein Lambda mit zwei Int-Parametern und dem Rückgabetyp Int übernimmt.*

Verwenden Sie Unit, um anzugeben, dass ein Lambda keinen Rückgabewert hat

Wollen Sie angeben, dass ein Lambda keinen Rückgabewert hat, können Sie `Unit` als Rückgabetyp angeben. Folgendes Lambda hat keinen Rückgabewert und gibt bei seinem Aufruf einfach den Text »Hi!« aus:

```
val myLambda: () -> Unit = { println("Hi!") }
```

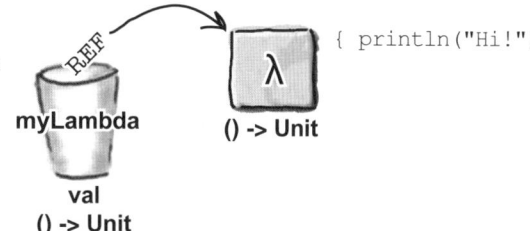

Außerdem können Sie mit **Unit** explizit angeben, dass Sie nicht auf das Ergebnis der Berechnung eines Lambdas zugreifen wollen. Folgender Code wird kompiliert, aber das Ergebnis von x + y ist nicht zugänglich:

```
val calculation: (Int, Int) -> Unit = { x, y -> x + y }
```

─── Es gibt keine ───
Dummen Fragen

F: Weist der Code
```
val x = { "Pow!" }
```
der Variablen x den Text "Pow!" zu?

A: Nein. Der Code weist x ein Lambda zu, keinen String. Das Lambda gibt allerdings bei seiner Ausführung "Pow!" aus.

F: Kann ich einer Variablen vom Typ Any ein Lambda zuweisen?

A: Ja. Eine `Any`-Variable kann einen beliebigen Objekttyp übernehmen, auch Lambdas.

F: Die it-Syntax kommt mir bekannt vor. Habe ich das schon irgendwo gesehen?

A: Ja. In Kapitel 8 haben wir `it` mit `let` benutzt. Wir sind dort nicht weiter darauf eingegangen, weil wir uns auf Nullwerte konzentrieren wollten. Tatsächlich ist `let` eine Funktion, der Sie ein Lambda als Parameter übergeben können.

Sie sind hier ▶ **333**

Probefahrt

Das Lambdas-Projekt anlegen

Sie wissen jetzt, wie man Lambdas erstellt – also Zeit für eine neue Applikation!

Legen Sie ein neues Kotlin-Projekt für die JVM an und nennen Sie es »Lambdas«. Danach erstellen Sie eine neue Kotlin-Datei, indem Sie den *src*-Ordner markieren und aus dem File-Menü den Befehl New → Kotlin File/Class aufrufen. Nennen Sie die Datei »Lambdas« und wählen Sie im unteren Aufklappmenü (Kind) die Option File.

Danach fügen Sie Ihrer Version von *Lambdas.kt* den unten stehenden Code hinzu:

```kotlin
fun main(args: Array<String>) {
    var addFive = { x: Int -> x + 5 }
    println("Pass 6 to addFive: ${addFive(6)}")

    val addInts = { x: Int, y: Int -> x + y }
    val result = addInts.invoke(6, 7)
    println("Pass 6, 7 to addInts: $result")

    val intLambda: (Int, Int) -> Int = { x, y -> x * y }
    println("Pass 10, 11 to intLambda: ${intLambda(10, 11)}")

    val addSeven: (Int) -> Int = { it + 7 }
    println("Pass 12 to addSeven: ${addSeven(12)}")

    val myLambda: () -> Unit = { println("Hi!") }
    myLambda()
}
```

Probefahrt

Wenn wir den Code ausführen, wird folgender Text im Ausgabefenster der IDE angezeigt:

> Pass 6 to addFive: 11
> Pass 6, 7 to addInts: 13
> Pass 10, 11 to intLambda: 110
> Pass 12 to addSeven: 19
> Hi!

Lambdas und Funktionen höherer Ordnung

Vermischte Nachrichten

Unten sehen Sie ein kurzes Kotlin-Programm, dem ein Codeblock fehlt. Ihre Aufgabe besteht darin, die Kandidatenblöcke auf der linken Seite mit den passenden Ausgaben auf der rechten Seite zu verbinden, wenn der jeweilige Codeblock in das Programm eingefügt würde. Nicht alle Ausgabezeilen werden gebraucht, andere mehrmals. Zeichnen Sie Linien, die die Codekandidaten mit den passenden Ausgaben verbinden.

```
fun main(args: Array<String>) {
    val x = 20
    val y = 2.3



}
```

Hier kommt der Kandidatencode hin.

Verbinden Sie die Kandidaten mit den passenden Ausgaben.

Kandidaten:

```
val lam1 = { x: Int -> x }
println(lam1(x + 6))
```

```
val lam2: (Double) -> Double
lam2 = { (it * 2) + 5}
println(lam2(y))
```

```
val lam3: (Double, Double) -> Unit
lam3 = { x, y -> println(x + y) }
lam3.invoke(y, y)
```

```
var lam4 = { y: Int -> (y/2).toDouble() }
print(lam4(x))
lam4 = { it + 6.3 }
print(lam4(7))
```

Mögliche Ausgaben:

22.3

26

9.6

8.3

1.1513.3

9.3

10.013.3

4.6

Vermischte Nachrichten: Lösung

Unten sehen Sie ein kurzes Kotlin-Programm, dem ein Codeblock fehlt. Ihre Aufgabe besteht darin, die Kandidatenblöcke auf der linken Seite mit den passenden Ausgaben auf der rechten Seite zu verbinden, wenn der jeweilige Codeblock in das Programm eingefügt würde. Nicht alle Ausgabezeilen werden gebraucht, andere mehrmals. Zeichnen Sie Linien, die die Codekandidaten mit den passenden Ausgaben verbinden.

Vermischte Nachrichten, Lösung

```kotlin
fun main(args: Array<String>) {
    val x = 20
    val y = 2.3



}
```

Hier kommt der Kandidatencode hin.

Kandidaten:

```kotlin
val lam1 = { x: Int -> x }
println(lam1(x + 6))
```

```kotlin
val lam2: (Double) -> Double
lam2 = { (it * 2) + 5}
println(lam2(y))
```

```kotlin
val lam3: (Double, Double) -> Unit
lam3 = { x, y -> println(x + y) }
lam3.invoke(y, y)
```

```kotlin
var lam4 = { y: Int -> (y/2).toDouble() }
print(lam4(x))
lam4 = { it + 6.3 }
print(lam4(7))
```

Mögliche Ausgaben:

22.3

26

9.6

8.3

1.1513.3

9.3

10.013.3

4.6

336 Kapitel 11

Lambdas und Funktionen höherer Ordnung

WAS IST MEIN TYP?

Unten sehen Sie eine Liste mit Variablendefinitionen und eine Liste mit Lambdas. Welche Lambdas können welchen Variablen zugewiesen werden? Zeichnen Sie Linien, die die Lambdas mit den passenden Variablen verbinden.

Variablendefinitionen:

```
var lambda1: (Double) -> Int
```

```
var lambda2: (Int) -> Double
```

```
var lambda3: (Int) -> Int
```

```
var lambda4: (Double) -> Unit
```

```
var lambda5
```

Lambdas:

```
{ it + 7.1 }
```

```
{ (it * 3) - 4 }
```

```
{ x: Int -> x + 56 }
```

```
{ println("Hello!") }
```

```
{ x: Double -> x + 75 }
```

Sie sind hier ▸ **337**

Was ist mein Typ: *Lösung*

WAS IST MEIN TYP?
LÖSUNG

Unten sehen Sie eine Liste mit Variablendefinitionen und eine Liste mit Lambdas. Welche Lambdas können welchen Variablen zugewiesen werden? Zeichnen Sie Linien, die die Lambdas mit den passenden Variablen verbinden.

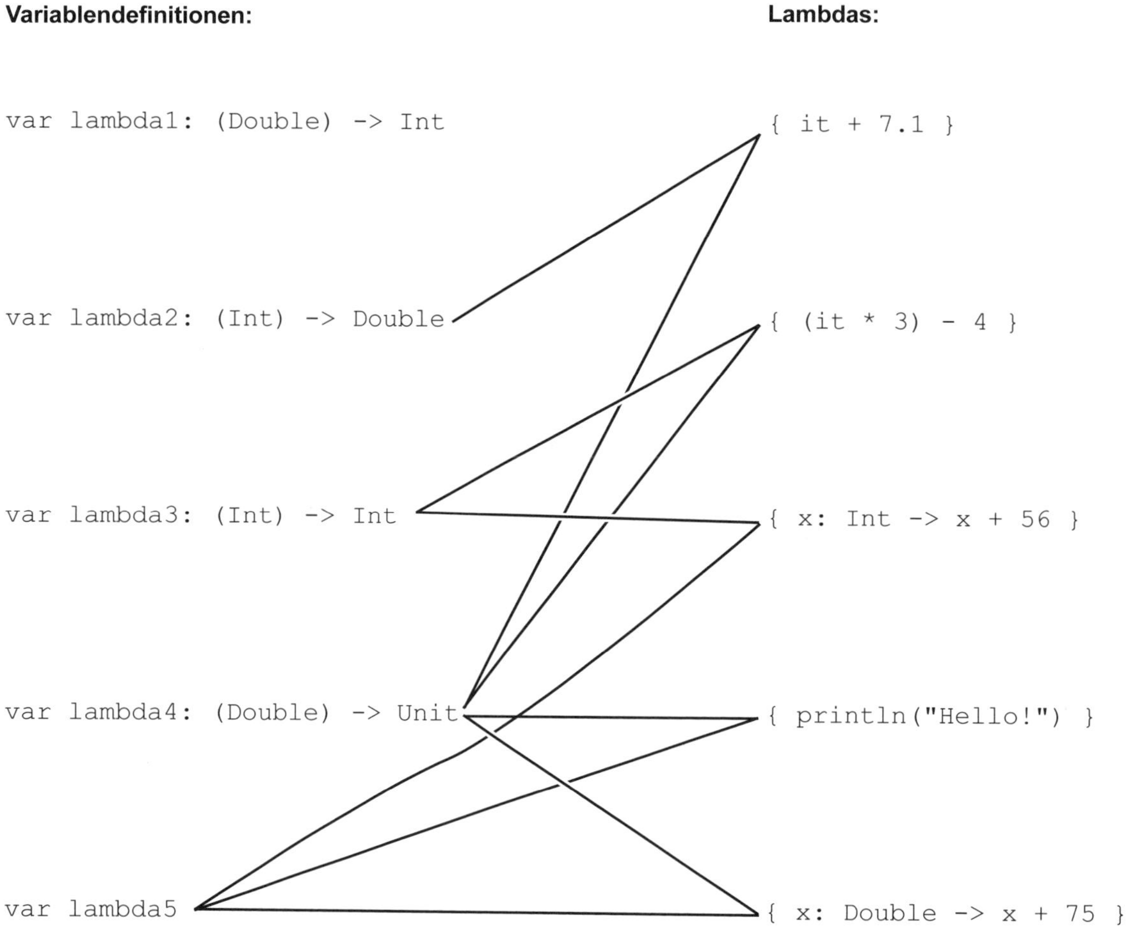

Variablendefinitionen: **Lambdas:**

```
var lambda1: (Double) -> Int            { it + 7.1 }

var lambda2: (Int) -> Double            { (it * 3) - 4 }

var lambda3: (Int) -> Int               { x: Int -> x + 56 }

var lambda4: (Double) -> Unit           { println("Hello!") }

var lambda5                             { x: Double -> x + 75 }
```

Lambdas können an Funktionen übergeben werden

Lambdas können nicht nur Variablen zugewiesen werden, sondern auch als ein oder mehrere Funktionsparameter benutzt werden. Dadurch kann eine **allgemeine Funktion mit spezifischem Verhalten** versehen werden.

Um das zu illustrieren, erstellen wir eine `convert`-Funktion, die `Double`-Werte konvertiert. Die dafür nötige Formel wird anhand eines Lambdas übergeben. Die Funktion konvertiert den Wert, gibt ihn aus und gibt ihn zurück. Dadurch können wir beispielsweise Temperaturen von Celsius nach Fahrenheit konvertieren oder Zoll in Zentimeter, je nachdem, welche Formel wir im Lambda-Argument übergeben.

Zu Beginn definieren wir die Funktionsparameter.

> Eine Funktion, die ein Lambda als Parameter oder Rückgabewert verwendet, bezeichnet man als Funktion höherer Ordnung.

Um eine Funktion mit einem Lambda-Parameter zu versehen, geben Sie ihren Namen und Typ an

Damit die `convert`-Funktion einen `Double`-Wert in einen anderen konvertieren kann, müssen wir ihr zwei Dinge mitteilen: den zu konvertierenden `Double`-Wert und das Lambda, das angibt, wie der Wert konvertiert werden soll. Die `convert`-Funktion erhält also zwei Parameter: einen `Double`-Wert und ein Lambda.

Lambda-Parameter werden definiert wie andere Funktionsparameter auch: durch die Angabe des Typs und eines Parameternamens. Innerhalb der Funktion erhält unser Lambda den Namen `converter`. Da es einen `Double`-Wert in einen anderen konvertieren soll, muss der Typ als `(Double) -> Double` (ein Lambda, das einen `Double`-Parameter übernimmt und einen `Double`-Wert zurückgibt) angegeben werden.

Unten sehen Sie die Funktionsdefinition (ohne den Funktionskörper). Es werden zwei Parameter angegeben: ein `Double`-Wert namens `x` und ein Lambda namens `converter`. Der Rückgabewert hat ebenfalls den Typ `Double`:

```
                       Dies ist der Parameter x vom Typ Double.
                              ↓
         fun convert(x: Double,
                     converter: (Double) -> Double) : Double {
                                                      ↑
                                 Die Funktion gibt einen Double-Wert zurück.
             // Code zum Konvertieren des Double-Werts
         }
```

Das ist der Lambda-Parameter namens converter. Er hat den Typ (Double) -> Double.

Als Nächstes schreiben wir den Code für den Funktionskörper.

Die convert-Funktion

Das Lambda im Funktionskörper aufrufen

Die `convert`-Funktion soll den Wert des x-Parameters anhand der im `converter`-Parameter (einem Lambda) übergebenen Formel umrechnen. Daher rufen wir das `converter`-Lambda im Funktionskörper auf, übergeben ihm den Wert von x, zeigen das Ergebnis an und geben es außerdem zurück.

Hier der vollständige Code für die `convert`-Funktion:

```
fun convert(x: Double,
            converter: (Double) -> Double) : Double {
    val result = converter(x)
    println("$x is converted to $result")
    return result
}
```

Ruft das Lambda auf und weist den Rückgabewert der Variablen result zu. → `val result = converter(x)`

`println("$x is converted to $result")` ← Ergebnis ausgeben.

`return result` ← Ergebnis zurückgeben.

Nachdem die Funktion fertig ist, können wir sie aufrufen.

Die Funktion durch Übergabe von Parameterwerten aufrufen

Funktionen mit Lambda-Parametern werden auf die gleiche Weise aufgerufen wie andere Funktionen auch: durch die Übergabe eines Werts für jedes Argument, hier ein Double-Wert und ein Lambda.

Im folgenden Beispiel wollen wir die `convert`-Funktion verwenden, um 20 Grad Celsius in Grad Fahrenheit zu konvertieren. Hierfür übergeben wir der Funktion die Werte `20.0` und `{ c: Double -> c * 1.8 + 32 }`:

```
convert(20.0, { c: Double -> c * 1.8 + 32 })
```

Dieser Wert soll konvertiert werden ...

... anhand dieses Lambdas. Wir könnten hier übrigens it anstelle von c benutzen, weil das Lambda nur einen Parameter verwendet, dessen Typ vom Compiler ermittelt werden kann.

Beim Aufruf des obigen Codes wird der Wert 68.0 (die Entsprechung von 20 Grad Celsius) nach Grad Fahrenheit konvertiert.

Werfen wir einen Blick hinter die Kulissen, um zu sehen, was passiert, wenn der Code ausgeführt wird.

Was beim Aufruf der Funktion passiert

Beim Aufruf der convert-Funktion (Code siehe unten) passiert Folgendes:

```
val fahrenheit = convert(20.0, { c: Double -> c * 1.8 + 32 })
```

❶

Dies erzeugt ein Double-Objekt mit dem Wert 20.0 und ein Lambda mit dem Wert { c: Double -> c * 1.8 + 32 }.

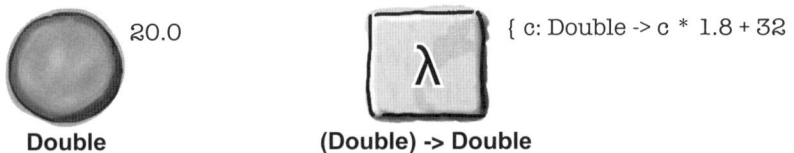

❷
```
fun convert(x: Double, converter: (Double) -> Double) : Double {
    val result = converter(x)
    println("$x is converted to $result")
    return result
}
```

Der Code übergibt Referenzen für die erzeugten Objekte an die convert-Funktion. Der Double-Wert landet im x-Parameter, das Lambda im converter-Parameter der convert-Funktion. Danach ruft der Code das converter-Lambda auf und verwendet x als dessen Parameter.

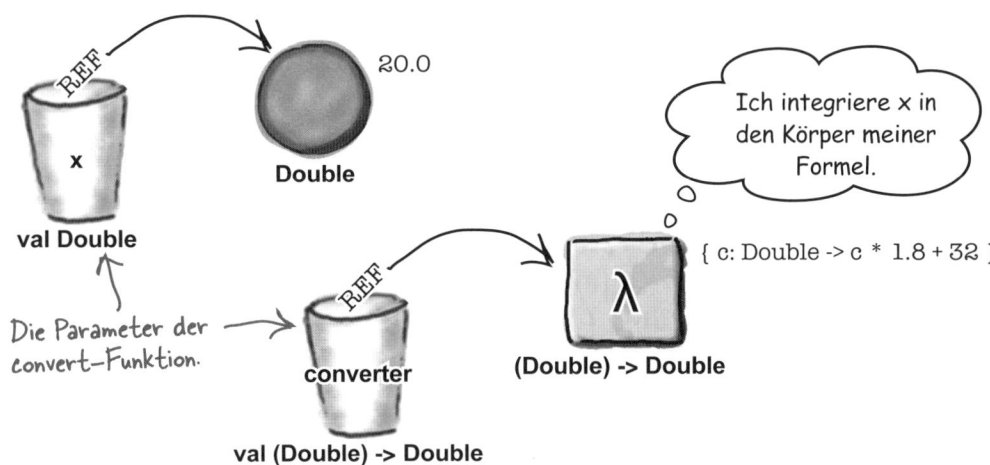

Sie sind hier ▸ **341**

Die Geschichte geht weiter ...

③ fun convert(x: Double, converter: (Double) -> Double) : Double {
    val result = converter(x)
    println("\$x is converted to \$result")
    return result
}

Der Lambda-Körper wird ausgeführt, und das Ergebnis (der Double-Wert 68.0) wird einer neuen Variablen namens result zugewiesen. Die Funktion gibt die Werte der Variablen x und result aus und eine Referenz auf das result-Objekt zurück.

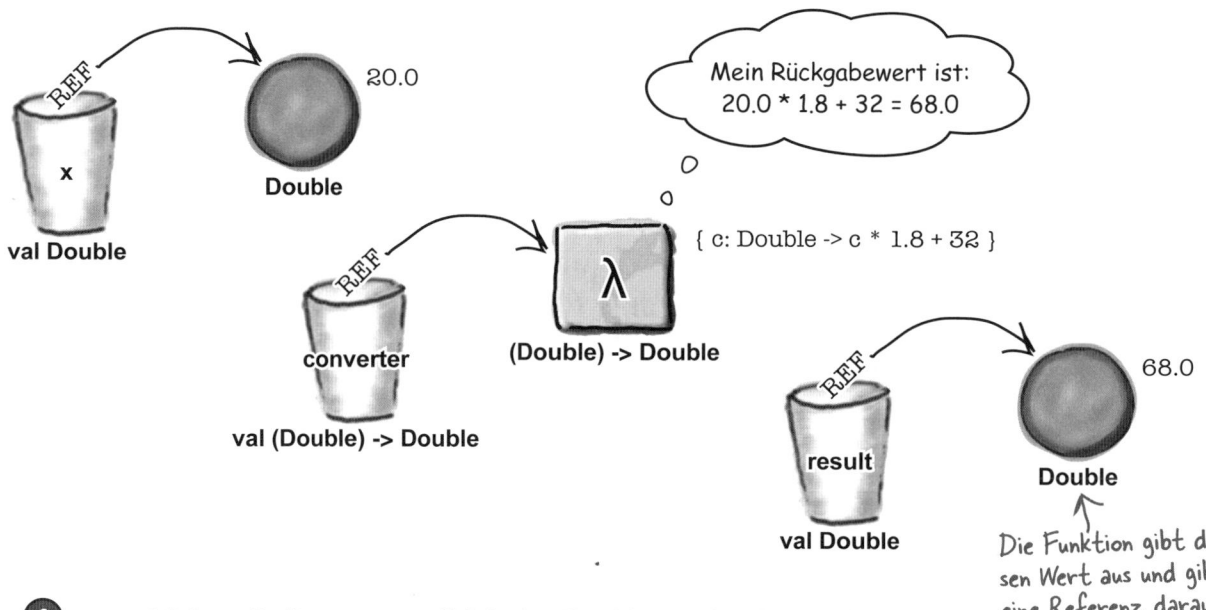

Die Funktion gibt diesen Wert aus und gibt eine Referenz darauf zurück.

④   **val fahrenheit =** convert(20.0, { c: Double -> c * 1.8 + 32 })

Es wird eine neue fahrenheit-Variable angelegt. Ihr wird eine Referenz auf das von der convert-Funktion zurückgegebene Objekt zugewiesen.

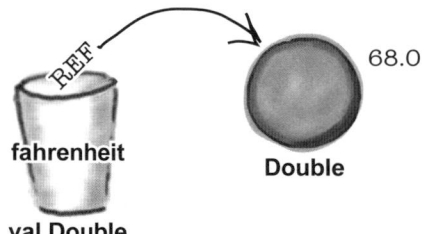

Da Sie nun wissen, was beim Aufruf einer Funktion mit einem Lambda-Parameter passiert, können wir uns einige Abkürzungen ansehen, die beim Aufruf dieser Art von Funktionen möglich sind.

Das Lambda aus den runden Klammern befreien ...

Bisher haben Sie gesehen, wie man eine Funktion mit einem Lambda-Parameter aufruft, indem innerhalb runder Klammern Argumente an die Funktion übergeben wurden. Die `convert`-Funktion haben wir beispielsweise mit folgendem Code aufgerufen:

```
convert(20.0, { c: Double -> c * 1.8 + 32 })
```

Ist der letzte Parameter der aufzurufenden Funktion ein Lambda (hier: die `convert`-Funktion), können Sie das Lambda-Argument auch *außerhalb* der runden Klammern des Funktionsaufrufs angeben. Folgender Code funktioniert wie der oben gezeigte. Allerdings befindet sich das Lambda jetzt außerhalb der runden Klammern:

```
convert(20.0) { c: Double -> c * 1.8 + 32 }
```

↑ Die schließende runde Klammer der Funktion.

← Das Lambda befindet sich außerhalb der runden Klammern der Funktion.

... oder die runden Klammern ganz weglassen

Besitzt eine Funktion nur einen Parameter, der ein Lambda ist, können Sie die runden Klammern beim Funktionsaufruf auch ganz weglassen.

Um zu sehen, wie das funktioniert, erstellen wir eine neue Funktion namens `convertFive`, die anhand einer in einem Lambda übergebenen Formel den `Int` 5 in einen `Double`-Wert umwandelt. Hier der Code:

```
fun convertFive(converter: (Int) -> Double) : Double {
    val result = converter(5)
    println("5 is converted to $result")
    return result
}
```

Da die `convertFive`-Funktion nur ein Lambda als Parameter hat, können Sie die Funktion auch so aufrufen:

convertFive { it * 1.8 + 32 } ← Dieser Funktionsaufruf verwendet keine Klammern. Das ist möglich, weil der einzige Parameter der Funktion ein Lambda ist.

Das macht das Gleiche wie:

```
convertFive() { it * 1.8 + 32 }
```

... allerdings ohne die runden Klammern.

Nachdem Sie wissen, wie man eine Funktion mit Lambda-Parameter erstellt, können wir unseren Projektcode aktualisieren.

*Projekt*code

Das Lambdas-Projekt aktualisieren

Wir erweitern unser Lambdas-Projekt um die Funktionen `convert` und `convertFive`. Aktualisieren Sie Ihre Version von *Lambdas.kt*, sodass sie dem unten stehenden Code entspricht (Änderungen sind hervorgehoben):

```kotlin
fun convert(x: Double,
            converter: (Double) -> Double) : Double {
    val result = converter(x)
    println("$x is converted to $result")
    return result
}

fun convertFive(converter: (Int) -> Double) : Double {
    val result = converter(5)
    println("5 is converted to $result")
    return result
}

fun main(args: Array<String>) {
    val addFive = { x: Int -> x + 5 }
    println("Pass 6 to addFive: ${addFive(6)}")

    val addInts = { x: Int, y: Int -> x + y }
    val result = addInts.invoke(6, 7)
    println("Pass 6, 7 to addInts: $result")

    val intLambda: (Int, Int) -> Int = { x, y -> x * y }
    println("Pass 10, 11 to intLambda: ${intLambda(10, 11)}")

    val addSeven: (Int) -> Int = { it + 7 }
    println("Pass 12 to addSeven: ${addSeven(12)}")

    val myLambda: () -> Unit = { println("Hi!") }
    myLambda()

    convert(20.0) { it * 1.8 + 32 }
    convertFive { it * 1.8 + 32 }
}
```

Diese Funktionen werden hinzugefügt.

Diese Zeilen werden nicht mehr gebraucht. Sie können sie löschen.

Fügen Sie diese Zeilen hinzu. Wir verwenden hier »it«, weil das Lambda nur einen Parameter verwendet, dessen Typ vom Compiler ermittelt werden kann.

Zeit für eine Probefahrt mit unserem neuen Code.

Probefahrt

Wenn wir den Code ausführen, wird der folgender Text im Ausgabefenster der IDE angezeigt:

```
20.0 is converted to 68.0
5 is converted to 41.0
```

Bevor wir uns ansehen, was Sie sonst noch mit Lambdas anstellen können, haben wir eine weitere Übung für Sie vorbereitet.

Lambda-Formatierung unter der Lupe

Wie bereits gesagt, kann ein Lambda-Körper mehrere Codezeilen enthalten. Das folgende Lambda gibt beispielsweise den Wert seines Parameters aus und verwendet ihn anschließend in einer Berechnung:

```
{ c: Double -> println(c)
           c * 1.8 + 32 }
```

Besteht ein Lambda aus mehreren Zeilen, wird der letzte ausgewertete Ausdruck als Rückgabewert des Lambdas verwendet. Im obigen Beispiel wird der Rückgabewert demnach durch folgende Zeile definiert:

```
c * 1.8 + 32
```

Ein Lambda kann so formatiert werden, dass es wie ein Codeblock aussieht, indem es von geschweiften Klammern umgeben wird. Der folgende Code verwendet diese Technik, um ein Lambda `{ it * 1.8 + 32 }` an die `convertFive`-Funktion zu übergeben:

```
convertFive {
    it * 1.8 + 32
}
```

Es gibt keine Dummen Fragen

F: Offenbar gibt es eine Menge Kurzschreibweisen für die Verwendung von Lambdas. Muss ich die wirklich alle kennen?

A: Es ist sinnvoll, diese Abkürzungen zu kennen. Sobald Sie sich an sie gewöhnt haben, können Sie sie nutzen, um Ihren Code knapper und lesbarer zu machen. Alternative Schreibweisen, die Ihren Code einfacher lesbar machen sollen, werden auch als »syntaktischer Zucker« bezeichnet, weil die Sprache dadurch für Menschen »genießbarer« wird. Und selbst wenn Sie die hier besprochenen Abkürzungen nicht verwenden wollen, ist die Kenntnis davon sinnvoll, weil sie Ihnen im Code anderer Programmierer begegnen können.

F: Woher haben Lambdas ihren Namen?

A: Lambdas stammen aus einem Bereich der Mathematik und Informatik namens Lambda Calculus, in dem kleine anonyme Funktionen mit dem Buchstaben λ (griechisch: Lambda) gekennzeichnet werden.

F: Warum heißen Lambdas nicht Funktionen?

A: Ein Lambda ist ein bestimmter Funktionstyp. Allerdings haben Funktionen in den meisten Programmiersprachen einen Namen. Lambdas sind anonym.

Pool-Puzzle

Ihre **Aufgabe** besteht darin, die Codeabschnitte aus dem Pool zu fischen und sie auf den leeren Zeilen im Code zu platzieren. Jeder Codeabschnitt darf **höchstens** einmal benutzt werden (manche werden nicht gebraucht). Ihr **Ziel** ist es, eine Funktion namens `unless` (»es sei denn«) zu erstellen, die von der unten gezeigten `main`-Funktion aufgerufen wird. Die `unless`-Funktion soll zwei Parameter übernehmen: einen booleschen Wert namens `condition` (Bedingung) und ein Lambda mit dem Namen `code`. Die Funktion soll das `code`-Lambda aufrufen, sofern die Bedingung falsch ist.

```
fun unless(........................... , code:....................) {
    if (....................) {
        ..............
    }
}


fun main(args: Array<String>) {
    val options = arrayOf("Red", "Amber", "Green")
    var crossWalk = options[(Math.random() * options.size).toInt()]
    if (crossWalk == "Green") {
        println("Walk!")
    }
    unless (crossWalk == "Green") {    ← "Stop!" ausgeben, es sei denn,
        println("Stop!")                  (unless) crossWalk == "Green".
    }
}
```

Hinweis: Alle Codeabschnitte im Pool werden maximal einmal benutzt!

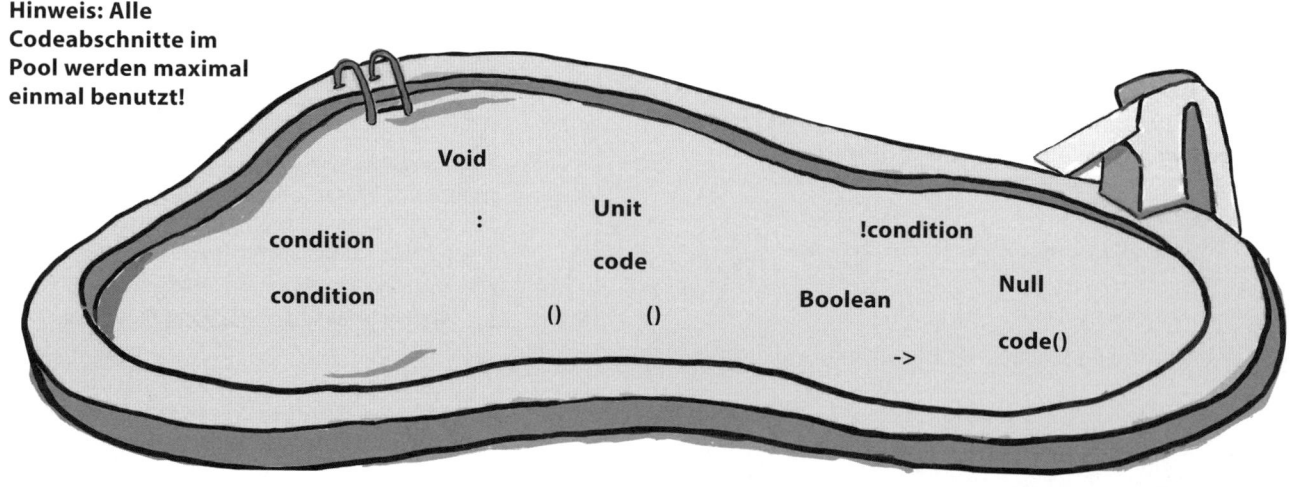

Antworten auf Seite 360.

Funktionen können Lambdas zurückgeben

Funktionen können Lambdas nicht nur als Parameter übernehmen, sie können Lambdas auch zurückgeben. Hierfür wird der Typ des Lambdas als Rückgabetyp angegeben. Folgender Code definiert beispielsweise eine Funktion namens `getConversionLambda`, die ein Lambda des Typs `(Double) -> Double` zurückgibt. Das tatsächlich von der Funktion zurückgegebene Lambda hängt vom Wert des übergebenen Strings ab.

Die Funktion besitzt einen Parameter: einen String.

Sie gibt ein Lambda vom Typ (Double) -> Double zurück.

```kotlin
fun getConversionLambda(str: String): (Double) -> Double {
    if (str == "CentigradeToFahrenheit") {
        return { it * 1.8 + 32 }
    } else if (str == "KgsToPounds") {
        return { it * 2.204623 }
    } else if (str == "PoundsToUSTons") {
        return { it / 2000.0 }
    } else {
        return { it }
    }
}
```

λ

(Double) -> Double

Abhängig vom Wert des übergebenen Strings gibt die Funktion eines dieser Lambdas zurück.

Das von einer Funktion zurückgegebene Lambda kann aufgerufen oder als Argument für eine andere Funktion verwendet werden. Folgender Code ruft den Rückgabewert von `getConversion-Lambda` auf, um den Wert 2,5 kg in Pfund (lb) umzurechnen und der Variablen pounds zuzuweisen:

```kotlin
val pounds = getConversionLambda("KgsToPounds")(2.5)
```

Hier wird die Funktion getConversionLambda aufgerufen ...

... und hier wird das von der Funktion zurückgegebene Lambda aufgerufen.

Im folgenden Beispiel verwenden wir `getConversionLambda`, um ein Lambda zu erhalten, das eine Temperatur von Grad Celsius in Grad Fahrenheit konvertiert und den Wert dann an die convert-Funktion übergibt:

Hier wird der Rückgabewert von getConversionLambda an die convert-Funktion übergeben.

```kotlin
convert(20.0, getConversionLambda("CentigradeToFahrenheit"))
```

Sie können sogar eine Funktion definieren, die ein Lambda übernimmt und auch eines zurückgibt. Dazu kommen wir gleich.

Die combine-Funktion

Eine Funktion, die Lambdas übernimmt UND zurückgibt

Wir erstellen jetzt eine Funktion mit dem Namen combine, die zwei Lambda-Parameter übernimmt, sie kombiniert und das Ergebnis (ein weiteres Lambda) zurückgibt. Erhält die Funktion ein Lambda für die Konvertierung von Kilogramm in Pfund und eines für die Konvertierung von Pfund in US-Tonnen, gibt sie ein Lambda zurück, das einen Wert von Kilogramm in US-Tonnen umwandelt. Danach können wir das Lambda an anderer Stelle in unserem Code weiterverwenden.

Wir beginnen mit der Definition der Funktionsparameter und des Rückgabetyps:

Funktionsparameter und Rückgabetyp definieren

Alle von der combine-Funktion verwendeten Lambdas müssen einen Double-Wert in einen anderen umwandeln. Daher haben beide Lambdas den Typ (Double) -> Double. Unsere Funktionsdefinition muss daher so aussehen:

```
fun combine(lambda1: (Double) -> Double,
            lambda2: (Double) -> Double): (Double) -> Double {
    // Code zum Kombinieren beider Lambdas
}
```

Die combine-Funktion hat zwei Parameter vom Typ (Double) -> Double.

Die Funktion gibt außerdem ein Lambda dieses Typs zurück.

Jetzt können wir uns den Funktionskörper ansehen.

Den Funktionskörper definieren

Der Funktionskörper muss ein Lambda mit folgenden Eigenschaften zurückgeben:

★ Es muss einen Parameter vom Typ Double übernehmen. Wir nennen ihn x.

★ Der Körper des Lambdas soll lambda1 aufrufen und ihm den Wert von x übergeben. Das Ergebnis dieses Aufrufs soll danach an lambda2 übergeben werden.

Das können wir mit folgendem Code erreichen:

```
fun combine(lambda1: (Double) -> Double,
            lambda2: (Double) -> Double): (Double) -> Double {
    return { x: Double -> lambda2(lambda1(x)) }
}
```

Das von combine zurückgegebene Lambda übernimmt einen Double-Parameter namens x.

x wird an lambda1 übergeben. Das Ergebnis wird danach an lambda2 übergeben. Beide Lambdas übernehmen einen Wert vom Typ Double und geben einen Double-Wert zurück.

Jetzt können wir Code schreiben, der diese Funktion einsetzt.

Die combine-Funktion benutzen

Die gerade erstellte `combine`-Funktion übernimmt zwei Lambdas und kombiniert sie zu einem dritten. Übergeben wir der Funktion ein Lambda, das Kilogramm in Pfund konvertiert, und ein weiteres, das Pfund in US-Tonnen umwandelt, gibt die Funktion ein Lambda zurück, das einen Wert von Kilogramm in US-Tonnen umwandelt.

Hier der nötige Code:

```
// Zwei Konvertierungs-Lambdas definieren
val kgsToPounds = { x: Double -> x * 2.204623 }
val poundsToUSTons = { x: Double -> x / 2000.0 }

// Zwei Lambdas zu einem neuen kombinieren
val kgsToUSTons = combine(kgsToPounds, poundsToUSTons)

// Das kgsToUSTons-Lambda aufrufen
val usTons = kgsToUSTons(1000.0)      //1.1023115
```

Diese Lambdas konvertieren einen Double-Wert von Kilogramm in Pfund und dann von Pfund in US-Tonnen.

Die Lambdas an die combine-Funktion übergeben. Dies erzeugt ein Lambda, das einen Double-Wert von Kilogramm in US-Tonnen konvertiert.

Das neue Lambda aufrufen, indem wir ihm den Wert 1000.0 übergeben. Das Ergebnis ist 1.1023115.

Werfen wir einen Blick hinter die Kulissen, um zu sehen, was hier passiert.

Was passiert bei der Ausführung dieses Codes?

①
val kgsToPounds = { x: Double -> x * 2.204623 }
val poundsToUSTons = { x: Double -> x / 2000.0 }
val kgsToUSTons = **combine(kgsToPounds, poundsToUSTons)**

Hier werden zwei Variablen angelegt. Beiden wird ein Lambda zugewiesen. Die Referenzen auf beide Lambdas werden dann an die `combine`-Funktion übergeben.

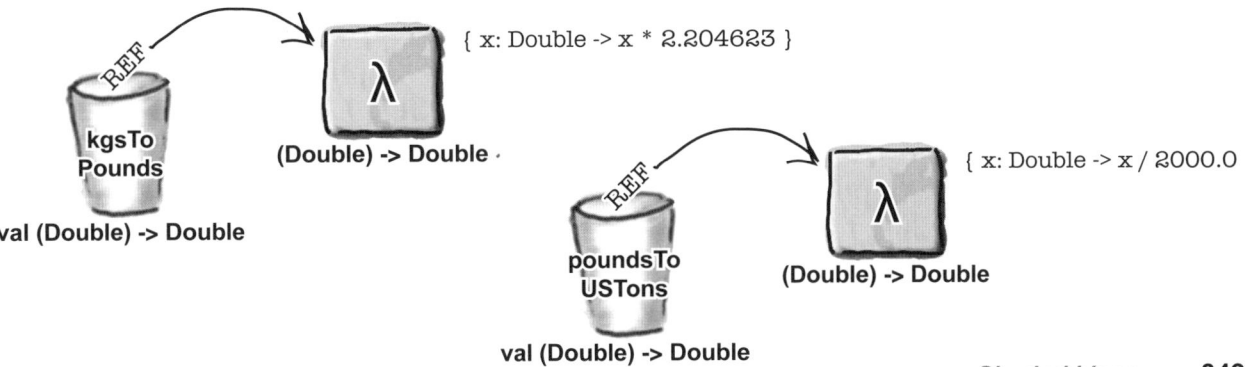

Sie sind hier ▶ **349**

Was *passiert*

Die Geschichte geht weiter ...

2   **fun combine(lambda1: (Double) -> Double,**
                lambda2: (Double) -> Double): (Double) -> Double {
  return { x: Double -> lambda2(lambda1(x)) }
}

Das kgsToPounds-Lambda landet im Parameter lambda1 der combine-Funktion, das poundsToUSTons-Lambda wird im lambda2-Parameter abgelegt.

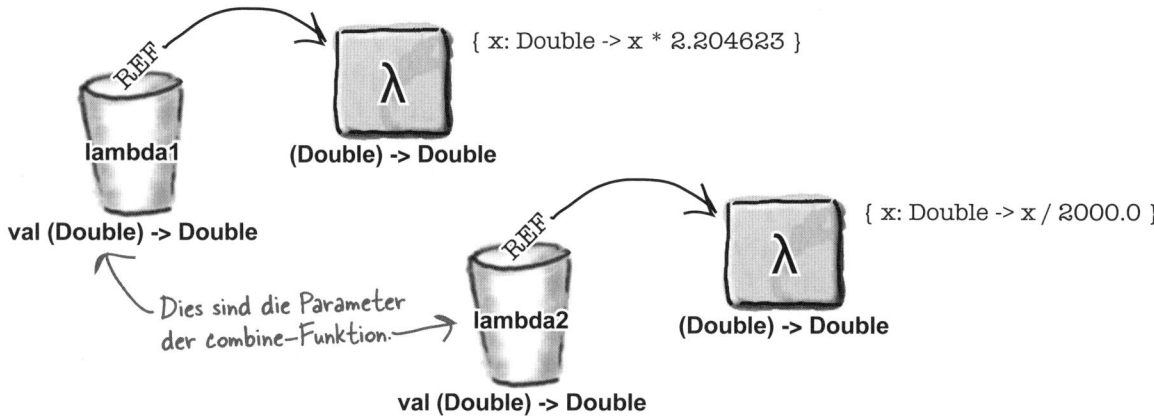

3   fun combine(lambda1: (Double) -> Double,
              lambda2: (Double) -> Double): (Double) -> Double {
  return { x: Double -> lambda2(**lambda1(x)**) }
}

lambda1(x) wird ausgeführt. Der Körper von lambda1 lautet x * 2.204623. Dabei ist x ein Double-Wert, wodurch ein Double-Objekt mit dem Wert x * 2.204623 erzeugt wird.

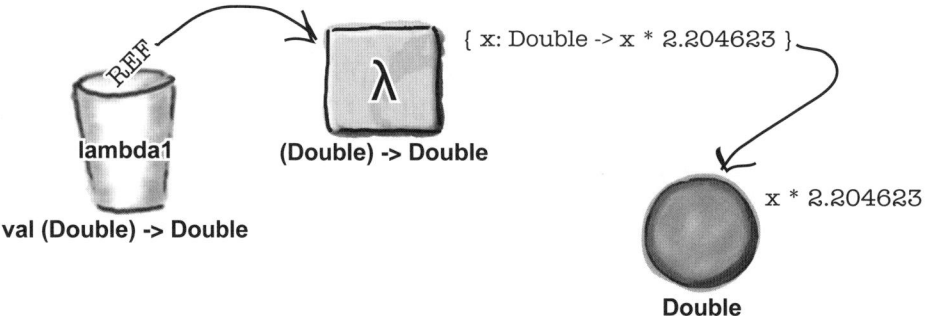

Die Geschichte geht noch weiter ...

④ fun combine(lambda1: (Double) -> Double,
            lambda2: (Double) -> Double): (Double) -> Double {
   return { x: Double -> **lambda2(**lambda1(x)**)** }
}

Das `Double`-Objekt mit dem Wert x * 2.204623 wird jetzt an lambda2 weitergegeben. Der Körper von lambda2 lautet x / 2000.0. Dadurch wird x durch x * 2.204623 ersetzt. Es wird ein Double-Objekt mit dem Wert (x * 2.204623) / 2000.0 oder x * 0.0011023115 erzeugt.

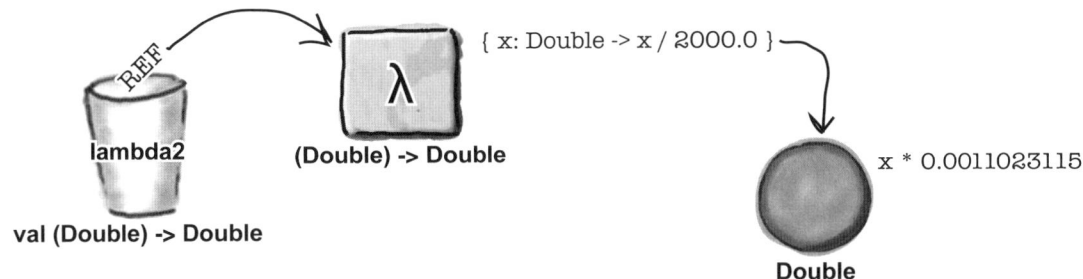

⑤ fun combine(lambda1: (Double) -> Double,
            lambda2: (Double) -> Double): (Double) -> Double {
   return { x: Double -> lambda2(lambda1(x)) }
}

Dies erzeugt das Lambda { x: Double -> x * 0.0011023115 }. Eine Referenz auf dieses Lambda wird von der Funktion zurückgegeben.

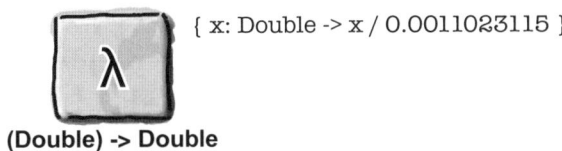

Typalias

Die Geschichte ist immer noch nicht zu Ende ...

 val kgsToUSTons = combine(kgsToPounds, poundsToUSTons)
val usTons = kgsToUSTons(1000.0)

Das von der `combine`-Funktion zurückgegebene Lambda wird der Variablen `kgsToUSTons` zugewiesen. Es wird mit dem Argument 1000.0 aufgerufen und gibt den Wert 1.1023115 zurück, der daraufhin der Variablen `usTons` zugewiesen wird.

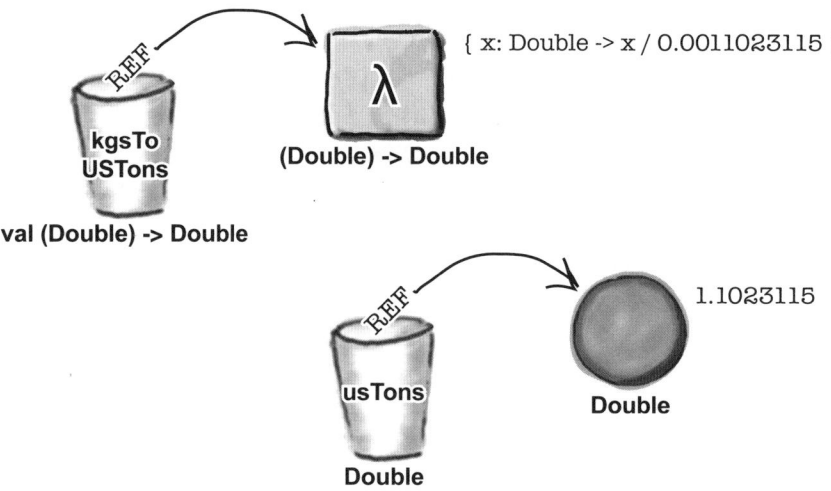

Lambda-Code noch lesbarer machen

Wir haben das Ende des Kapitels fast schon wieder erreicht. Zuvor wollen wir Ihnen aber noch zeigen, wie Sie Ihren Lambda-Code noch lesbarer gestalten können.

Wenn Sie Funktionstypen benutzen (die für die Definition von Lambdas nötigen Typen), wird der Code schnell unhandlich und schwer lesbar. In der `combine`-Funktion wird der Funktionstyp `(Double) -> Double` beispielsweise mehrmals genannt:

In der combine-Funktion wird der Funktionstyp (Double) -> Double dreimal genannt.

```
fun combine(lambda1: (Double) -> Double,
            lambda2: (Double) -> Double): (Double) -> Double {
    return { x: Double -> lambda2(lambda1(x)) }
}
```

Sie können Ihren Code lesbarer machen, indem Sie den Funktionstyp durch ein **Typalias** ersetzen. Mehr dazu auf den folgenden Seiten.

Verwenden Sie typealias, um einen anderen Namen für einen vorhandenen Typ anzugeben

Über ein **Typalias** können Sie einen alternativen Namen angeben, der im Code anstelle eines bereits definierten Typs verwendet wird. Wenn Sie beispielsweise den Funktionstyp (Double) -> Double benutzen, können Sie ein Typalias definieren, das anstelle des Typs eingesetzt wird. Dadurch ist der Code besser lesbar.

Ein Typalias wird mithilfe des Schlüsselworts **typealias** definiert. Im folgenden Beispiel definieren wir das Typalias DoubleConversion, das anstelle des Funktionstyps (Double) -> Double verwendet wird:

```
typealias DoubleConversion = (Double) -> Double
```

Durch dieses Typalias können wir anstelle von (Double) -> Double auch DoubleConversion verwenden.

Das heißt, die Funktionen convert und combine können wir auch so formulieren:

```
fun convert(x: Double,
            converter: DoubleConversion) : Double {
    val result = converter(x)
    println("$x is converted to $result")
    return result
}

fun combine(lambda1: DoubleConversion,
            lambda2: DoubleConversion): DoubleConversion {
    return { x: Double -> lambda2(lambda1(x)) }
}
```

Wir können das Typalias DoubleConversion in den Funktionen convert und combine nutzen, um den Code lesbarer zu machen.

Der Compiler weiß, dass jedes Vorkommen von DoubleConversion ein Platzhalter für (Double) -> Double ist. Die Funktionen convert und combine machen das Gleiche wie zuvor, sind aber deutlich besser lesbar.

Per typealias können Sie alternative Namen nicht nur für Funktionstypen, sondern für Typen jeder Art angeben, zum Beispiel:

```
typealias DuckArray = Array<Duck>
```

Anstelle von Array<Duck> können Sie jetzt auch DuckArray schreiben.

Das bauen wir jetzt in unser Projekt ein.

Projektcode

Das Lambdas-Projekt aktualisieren

Wir erweitern unser Lambdas-Projekt um das Typalias `DoubleConversion` sowie die Funktionen `getConversionLambda` und `combine`, außerdem um etwas Code, der diese Funktionen benutzt. Aktualisieren Sie Ihre Version von *Lambdas.kt*, sodass sie dem unten stehenden Code entspricht (die Änderungen haben wir fett gedruckt hervorgehoben):

```kotlin
typealias DoubleConversion = (Double) -> Double
```
← *Das Typalias hinzufügen.*

Den Funktionstyp durch das Typalias ersetzen.

```kotlin
fun convert(x: Double,
            converter: DoubleConversion) : Double {
    val result = converter(x)
    println("$x is converted to $result")
    return result
}
```

Diese Funktion wird nicht mehr gebraucht und kann entfernt werden.

```
fun convertFive(converter: (Int) -> Double) : Double {
    val result = converter(5)
    println("5 is converted to $result")
    return result
}
```

Die getConversionLambda-Funktion hinzufügen.

```kotlin
fun getConversionLambda(str: String): DoubleConversion {
    if (str == "CentigradeToFahrenheit") {
        return { it * 1.8 + 32 }
    } else if (str == "KgsToPounds") {
        return { it * 2.204623 }
    } else if (str == "PoundsToUSTons") {
        return { it / 2000.0 }
    } else {
        return { it }
    }
}
```

Die combine-Funktion hinzufügen.

```kotlin
fun combine(lambda1: DoubleConversion,
            lambda2: DoubleConversion): DoubleConversion {
    return { x: Double -> lambda2(lambda1(x)) }
}
```

Lambdas / src / Lambdas.kt

→ *Der Code geht auf der folgenden Seite weiter.*

Der Code (Fortsetzung)

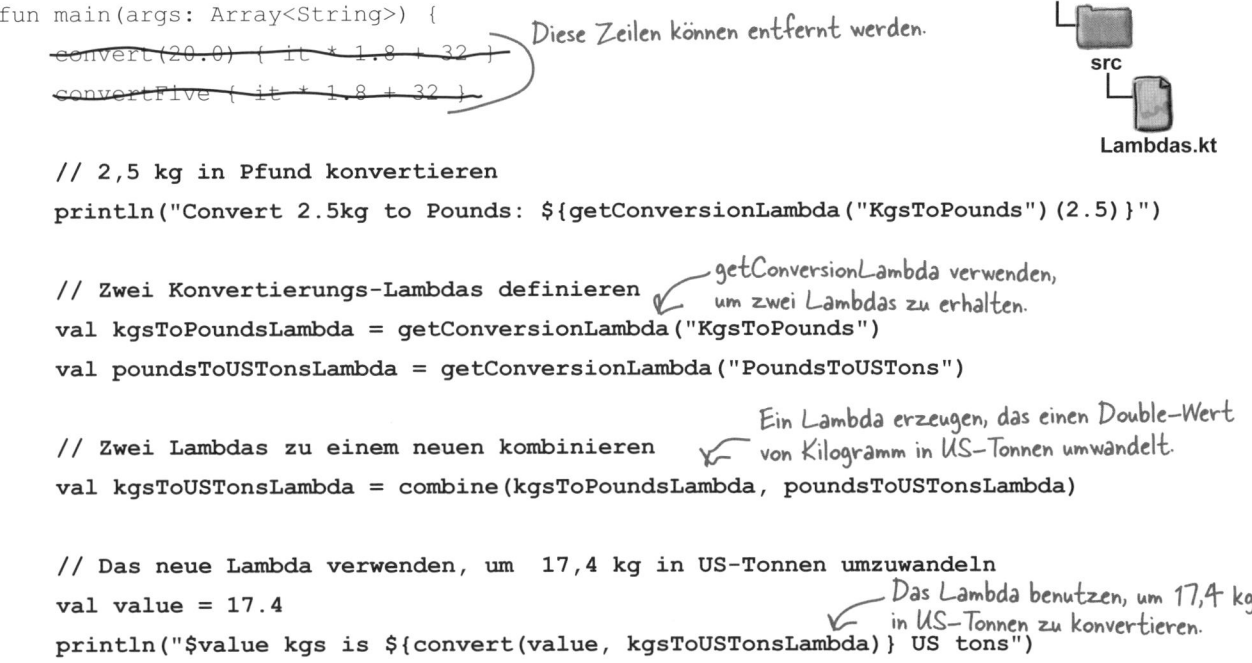

```
fun main(args: Array<String>) {
    convert(20.0) { it * 1.8 + 32 }
    convertFive { it * 1.8 + 32 }
```
Diese Zeilen können entfernt werden.

```
    // 2,5 kg in Pfund konvertieren
    println("Convert 2.5kg to Pounds: ${getConversionLambda("KgsToPounds")(2.5)}")

    // Zwei Konvertierungs-Lambdas definieren
    val kgsToPoundsLambda = getConversionLambda("KgsToPounds")
    val poundsToUSTonsLambda = getConversionLambda("PoundsToUSTons")

    // Zwei Lambdas zu einem neuen kombinieren
    val kgsToUSTonsLambda = combine(kgsToPoundsLambda, poundsToUSTonsLambda)

    // Das neue Lambda verwenden, um  17,4 kg in US-Tonnen umzuwandeln
    val value = 17.4
    println("$value kgs is ${convert(value, kgsToUSTonsLambda)} US tons")
}
```

getConversionLambda verwenden, um zwei Lambdas zu erhalten.

Ein Lambda erzeugen, das einen Double-Wert von Kilogramm in US-Tonnen umwandelt.

Das Lambda benutzen, um 17,4 kg in US-Tonnen zu konvertieren.

Jetzt können wir den Code einem Testlauf unterziehen.

Probefahrt

Wenn wir diesen Code ausführen, wird der folgende Text im Ausgabefenster der IDE angezeigt:

Convert 2.5kg to Pounds: 5.5115575
17.4 is converted to 0.0191802201
17.4 kgs is 0.0191802201 US tons

Jetzt wissen Sie, wie man Lambdas und Funktionen höherer Ordnung erstellt, und es ist Zeit für ein paar Übungen. Im folgenden Kapitel stellen wir Ihnen einige von Kotlins eigenen Funktionen höherer Ordnung vor und zeigen Ihnen, wie mächtig und flexibel sie sein können.

Es gibt keine Dummen Fragen

F: Was ist eigentlich funktionale Programmierung?

A: Lambdas sind ein wichtiger Teil funktionaler Programmierung. Während nicht funktionale Programme *Daten einlesen* und *Daten ausgeben*, können funktionale Programme *Funktionen* als Eingabe übernehmen und *Funktionen* auch wieder ausgeben. Wenn Ihr Code Funktionen höherer Ordnung enthält, programmieren Sie bereits funktional.

F: Gibt es große Unterschiede zwischen funktionaler und objektorientierter Programmierung?

A: Beides sind Wege, Ihren Code zu gestalten. Bei der objektorientierten Programmierung kombinieren Sie Daten mit Funktionen. Bei der funktionalen Programmierung kombinieren Sie Funktionen mit Funktionen. Dabei sind diese Programmierstile nicht inkompatibel. Es sind nur verschiedene Sichtweisen auf die Welt.

Code-Magnete

Code-Magnete

Jemand hat Kühlschrankmagnete benutzt, um eine Suchfunktion (`search`) zu programmieren, die die Namen der Elemente einer `List<Grocery>` nach bestimmten Kriterien ausgibt. Leider wurde der Magnetismus kurzzeitig deaktiviert, und die Magnete sind heruntergefallen. Können Sie die Funktion wiederherstellen?

Hier kommt die Funktion hin.

```
data class Grocery(val name: String, val category: String,
                   val unit: String, val unitPrice: Double)
```
Dies ist die Grocery-Datenklasse.

```
fun main(args: Array<String>) {
    val groceries = listOf(Grocery("Tomatoes", "Vegetable", "lb", 3.0),
            Grocery("Mushrooms", "Vegetable", "lb", 4.0),
            Grocery("Bagels", "Bakery", "Pack", 1.5),
            Grocery("Olive oil", "Pantry", "Bottle", 6.0),
            Grocery("Ice cream", "Frozen", "Pack", 3.0))
    println("Expensive ingredients:")
    search(groceries) {i: Grocery -> i.unitPrice > 5.0}
    println("All vegetables:")
    search(groceries) {i: Grocery -> i.category == "Vegetable"}
    println("All packs:")
    search(groceries) {i: Grocery -> i.unit == "Pack"}
}
```
Die main-Funktion ruft die search-Funktion auf.

Magnete:
- `println(l.name)`
- `l in list`
- `list:`
- `,`
- `for (`
- `(g: Grocery) -> Boolean`
- `)`
- `criteria(l)`
- `}`
- `search`
- `fun`
- `}`
- `)`
- `{`
- `{`
- `(`
- `List<Grocery>`
- `)`
- `if (`
- `criteria:`
- `}`
- `{`

→ *Antworten auf Seite 358.*

Lambdas und Funktionen höherer Ordnung

SEIEN Sie der Compiler

Unten sehen Sie fünf Funktionen. Ihre Aufgabe ist es, Compiler zu spielen und herauszufinden, welche der Funktionen kompiliert werden. Falls nicht, geben Sie den Grund dafür an.

A
```
fun myFun1(x: Int = 6, y: (Int) -> Int = 7): Int {
    return y(x)
}
```

B
```
fun myFun2(x: Int = 6, y: (Int) -> Int = { it }) {
    return y(x)
}
```

C
```
fun myFun3(x: Int = 6, y: (Int) -> Int = { x: Int -> x + 6 }): Int {
    return y(x)
}
```

D
```
fun myFun4(x: Int, y: Int,
        z: (Int, Int) -> Int = {
            x: Int, y: Int -> x + y
        }) {
    z(x, y)
}
```

E
```
fun myFun5(x: (Int) -> Int = {
    println(it)
    it + 7
}) {
    x(4)
}
```

→ Antworten auf Seite 359.

Sie sind hier ▶ **357**

Code-Magnete, Lösung

Jemand hat Kühlschrankmagnete benutzt, um eine Suchfunktion (`search`) zu programmieren, die die Namen der Elemente einer `List<Grocery>` nach bestimmten Kriterien ausgibt. Leider wurde der Magnetismus kurzzeitig deaktiviert, und die Magnete sind heruntergefallen. Können Sie die Funktion wiederherstellen?

```kotlin
fun search(list: List<Grocery>, criteria: (g: Grocery) -> Boolean) {
    for (l in list) {
        if (criteria(l)) {
            println(l.name)
        }
    }
}
```

```kotlin
data class Grocery(val name: String, val category: String,
                   val unit: String, val unitPrice: Double)

fun main(args: Array<String>) {
    val groceries = listOf(Grocery("Tomatoes", "Vegetable", "lb", 3.0),
            Grocery("Mushrooms", "Vegetable", "lb", 4.0),
            Grocery("Bagels", "Bakery", "Pack", 1.5),
            Grocery("Olive oil", "Pantry", "Bottle", 6.0),
            Grocery("Ice cream", "Frozen", "Pack", 3.0))
    println("Expensive ingredients:")
    search(groceries) {i: Grocery -> i.unitPrice > 5.0}
    println("All vegetables:")
    search(groceries) {i: Grocery -> i.category == "Vegetable"}
    println("All packs:")
    search(groceries) {i: Grocery -> i.unit == "Pack"}
}
```

Lambdas und Funktionen höherer Ordnung

SEIEN Sie der Compiler, Lösung

Unten sehen Sie fünf Funktionen. Ihre Aufgabe ist es, Compiler zu spielen und herauszufinden, welche der Funktionen kompiliert werden. Falls nicht, geben Sie den Grund dafür an.

A
```
fun myFun1(x: Int = 6, y: (Int) -> Int = 7): Int {
    return y(x)
}
```
Wird nicht kompiliert, weil versucht wird, einem Lambda den Standard-Int-Wert 7 zuzuweisen.

B
```
fun myFun2(x: Int = 6, y: (Int) -> Int = { it }) {
    return y(x)    ← Diese Zeile gibt einen Int-Wert zurück.
}
```
Wird nicht kompiliert, weil die Funktion einen nicht deklarierten Int-Wert zurückgibt.

C
```
fun myFun3(x: Int = 6, y: (Int) -> Int = { x: Int -> x + 6 }): Int {
    return y(x)
}
```
Dieser Code wird kompiliert. Standardwerte der Parameter haben den richtigen Typ, und auch der Rückgabetyp wurde korrekt deklariert.

D
```
fun myFun4(x: Int, y: Int,
        z: (Int, Int) -> Int = {
            x: Int, y: Int -> x + y
        }) {
    z(x, y)
}
```
Dieser Code wird kompiliert. Der Variablen z wird ein gültiges Lambda als Standardwert zugewiesen.

E
```
fun myFun5(x: (Int) -> Int = {
    println(it)
    it + 7
}) {
    x(4)
}
```
Dieser Code wird kompiliert. Der Variablen x wird als Standardwert ein gültiges mehrzeiliges Lambda zugewiesen.

Sie sind hier ▸ 359

Pool-Puzzle: *Lösung*

Pool-Puzzle, Lösung

Ihre **Aufgabe** besteht darin, die Codeabschnitte aus dem Pool zu fischen und sie auf den leeren Zeilen im Code zu platzieren. Jeder Codeabschnitt darf **höchstens** einmal benutzt werden (manche werden nicht gebraucht). Ihr **Ziel** ist es, eine Funktion namens unless (»es sei denn«) zu erstellen, die von der unten gezeigten main-Funktion aufgerufen wird. Die unless-Funktion soll zwei Parameter übernehmen: einen booleschen Wert namens condition (Bedingung) und ein Lambda mit dem Namen code. Die Funktion soll das code-Lambda aufrufen, sofern die Bedingung falsch ist.

```kotlin
fun unless( condition: Boolean , code: () -> Unit ) {
    if ( !condition ) {
        code()
    }
}
```

Das Lambda aufrufen, wenn condition zu false ausgewertet wird.

```kotlin
fun main(args: Array<String>) {
    val options = arrayOf("Red", "Amber", "Green")
    var crossWalk = options[(Math.random() * options.size).toInt()]
    if (crossWalk == "Green") {
        println("Walk!")
    }
    unless (crossWalk == "Green") {
        println("Stop!")
    }
}
```

Das hier sieht aus wie ein Codeblock, ist aber ein Lambda. Das Lambda wird an die unless-Funktion übergeben und ausgeführt, wenn crossWalk nicht den Wert "Green" hat.

Diese Code-schnipsel wurden nicht gebraucht.

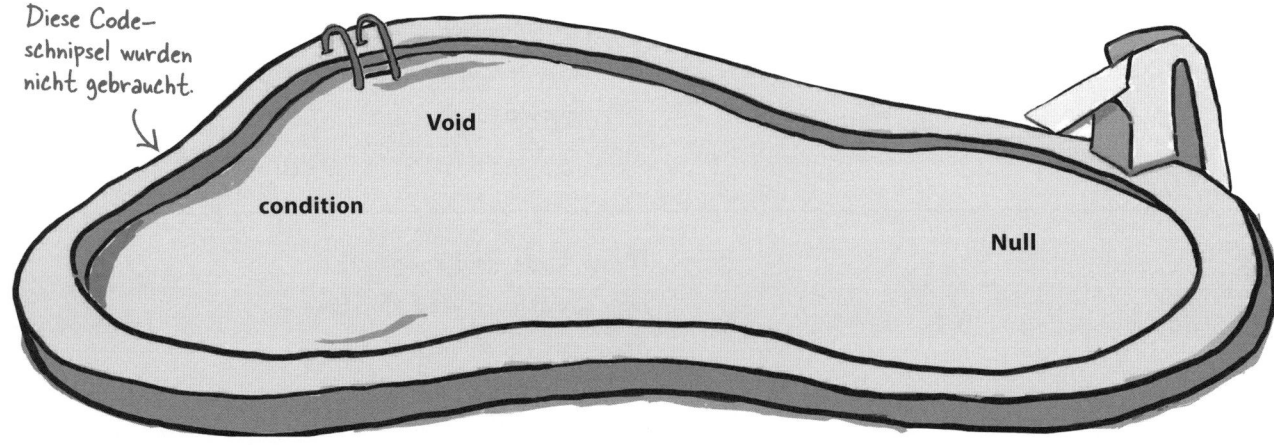

Void

condition

Null

Ihr Kotlin-Werkzeugkasten

Damit haben Sie Kapitel 11 abgeschlossen. Zusätzlich zu den bereits vorhandenen Werkzeugen enthält Ihr Werkzeugkasten jetzt auch Lambdas und Funktionen höherer Ordnung.

Den kompletten Code dieses Kapitels können Sie hier herunterladen: https://tinyurl.com/HFKotlin.

Punkt für Punkt

- Ein Lambda-Ausdruck, oder einfach Lambda, hat die Form:

    ```
    { x: Int -> x + 5 }
    ```

    Ein Lambda wird innerhalb geschweifter Klammern definiert und kann Parameter und einen Körper besitzen.

- Ein Lambda kann mehrzeilig sein. Der zuletzt ausgewertete Ausdruck im Lambda-Körper wird als Rückgabewert verwendet.

- Lambdas können Variablen zugewiesen werden. Der Variablentyp muss dabei mit dem Typ des Lambdas kompatibel sein.

- Der Funktionstyp eines Lambdas hat dieses Format:

    ```
    (Parameter) -> Rückgabetyp
    ```

- Unter den richtigen Voraussetzungen kann der Compiler die Parametertypen des Lambdas selbstständig ermitteln.

- Hat das Lambda nur einen Parameter, kann dieser durch `it` ersetzt werden.

- Ein Lambda wird per Aufruf ausgeführt. Hierfür werden das Lambda und möglicherweise benötigte Parameter in runden Klammern übergeben, oder die `invoke`-Funktion des Lambdas wird aufgerufen.

- Lambdas können als Funktionsparameter und als Rückgabewerte einer Funktion verwendet werden. Funktionen, die Lambdas auf diese Weise verwenden, werden als Funktionen höherer Ordnung bezeichnet.

- Ist der letzte Parameter einer Funktion ein Lambda, kann das Lambda beim Funktionsaufruf außerhalb der runden Klammern der Funktion angegeben werden.

- Ist der einzige Parameter einer Funktion ein Lambda, können Sie die runden Klammern beim Funktionsaufruf weglassen.

- Anhand eines Typalias können Sie mithilfe des Schlüsselworts `typealias` einen alternativen Namen für einen vorhandenen Typ angeben.

12 Eingebaute Funktionen höherer Ordnung

Dem Code Beine machen

> ... dann ist die Collection völlig durchgedreht. Überall Elemente. Also habe ich ihr mit einem map() und einem foldRight() Manieren beigebracht – und zack!, war es nur noch ein Int mit dem Wert 42.

Kotlin besitzt eine Vielzahl eigener Funktionen höherer Ordnung.

In diesem Kapitel werden wir Ihnen einige davon vorstellen. Sie werden die flexible *filter-Familie* kennenlernen und erfahren, wie Sie Ihre Collections damit auf die richtige Größe zurechtstutzen können. Außerdem zeigen wir Ihnen, wie Sie eine **Collection mit map umwandeln, per forEach über ihre Elemente iterieren** und die enthaltenen **Elemente per groupBy ordnen können**. Darüber hinaus erläutern wir Ihnen, wie Sie *fold* benutzen können, um komplexe Berechnungen *mit nur einer Codezeile* durchzuführen. Am Ende dieses Kapitels werden Sie **mächtigeren Code** schreiben können, **als Sie je gedacht haben**.

Die Grocery-Klasse

Kotlin besitzt eine Vielzahl eingebauter Funktionen höherer Ordnung

Wie zu Beginn des vorigen Kapitels gesagt, besitzt Kotlin viele eingebaute Funktionen höherer Ordnung, die ein Lambda als Parameter übernehmen. Viele haben mit Collections zu tun. So ermöglichen sie es beispielsweise, Collections nach bestimmten Kriterien zu filtern oder die Elemente nach einem bestimmten Eigenschaftswert zu gruppieren. Jede Funktion höherer Ordnung besitzt eine allgemeine Implementierung. Ihr spezifisches Verhalten wird durch das übergebene Lambda bestimmt. Wollen Sie eine Collection mit der eingebauten `filter`-Funktion filtern, können Sie der Funktion ein Lambda übergeben, das die nötigen Kriterien festlegt.

Da viele von Kotlins eigenen Funktionen höherer Ordnung mit Collections arbeiten, stellen wir Ihnen hier einige der nützlichsten Funktionen höherer Ordnung aus Kotlins *collections*-Package vor. Für die Erforschung dieser Funktionen verwenden wir die Datenklasse `Grocery` und eine Einkaufsliste namens `groceries`. Dies der nötige Code:

```kotlin
data class Grocery(val name: String, val category: String,
                   val unit: String, val unitPrice: Double,
                   val quantity: Int)
```
Die Grocery-Datenklasse.

```kotlin
fun main(args: Array<String>) {
    val groceries = listOf(Grocery("Tomatoes", "Vegetable", "lb", 3.0, 3),
                           Grocery("Mushrooms", "Vegetable", "lb", 4.0, 1),
                           Grocery("Bagels", "Bakery", "Pack", 1.5, 2),
                           Grocery("Olive oil", "Pantry", "Bottle", 6.0, 1),
                           Grocery("Ice cream", "Frozen", "Pack", 3.0, 2))
}
```
Die groceries-Liste enthält fünf Dinge, die eingekauft werden sollen.

Zuerst versuchen wir, den niedrigsten und höchsten Wert in einer Collection mit Objekten zu finden.

Die Funktionen min und max arbeiten mit Basisdatentypen

Wie Sie wissen, nutzen wir die Funktionen `min` und `max`, um den niedrigsten oder höchsten Wert zu ermitteln. Um den höchsten Wert in einer `List<Int>` zu finden, können Sie beispielsweise diesen Code verwenden:

```
val ints = listOf(1, 2, 3, 4)
val maxInt = ints.max()     // maxInt == 4
```

Die Funktionen `min` und `max` arbeiten mit Kotlins Basisdatentypen, weil diese eine natürliche Reihenfolge besitzen. `Int`-Werte können numerisch geordnet werden. So lässt sich leicht ermitteln, welcher `Int`-Wert größer oder kleiner ist; `Strings` können alphabetisch geordnet werden.

Für Datentypen, die keine natürliche Ordnung haben, funktionieren `min` und `max` dagegen nicht. Die Funktionen wissen nicht von sich aus, welche Reihenfolge eine `List<Grocery>` oder ein `Set<Duck>` haben muss. Für komplexere Typen brauchen Sie also einen anderen Ansatz.

1, 2, 3, 4, 5 ...
"A", "B", "C" ...

> Zahlen und Strings haben eine natürliche Ordnung. Dadurch können der niedrigste und der höchste Wert per min() und max() ermittelt werden.

Die Funktionen minBy und maxBy funktionieren mit ALLEN Typen

Wollen Sie den höchsten oder niedrigsten Wert eines bestimmten Typs herausfinden, der etwas komplexer ist, können Sie die Funktionen **minBy** und **maxBy** verwenden. Sie arbeiten so ähnlich wie `min` und `max`, allerdings können Sie ihnen bestimmte Kriterien übergeben, um den `Einkaufsartikel` (Grocery) mit dem niedrigsten Preis oder die größte `Ente` (Duck) zu finden.

Die Funktionen `minBy` und `maxBy` übernehmen jeweils ein Lambda als Parameter. Dieses teilt der Funktion mit, welche Eigenschaft zum Ermitteln des höchsten oder niedrigsten Werts verwendet werden soll. Soll in einer `List<Grocery>` (Einkaufsliste) das Element mit dem höchsten `unitPrice` (Preis) gefunden werden, können Sie die maxBy-Funktion verwenden, wie hier gezeigt:

> Diese Artikel/Elemente haben keine natürliche Reihenfolge. Um den niedrigsten oder höchsten Wert zu finden, müssen wir bestimmte Kriterien angeben, beispielsweise unitPrice (Preis) oder quantity (Menge).

```
val highestUnitPrice = groceries.maxBy { it.unitPrice }
```

> Wörtlich: »Finde in der Einkaufsliste (groceries) den Artikel mit dem höchsten (maxBy) Preis (unitPrice).«

Um den Artikel mit der kleinsten Menge (lowestQuantity) zu finden, nutzen Sie minBy, wie hier:

```
val lowestQuantity = groceries.minBy { it.quantity }
```

> Diese Zeile gibt eine Referenz auf den Artikel in der Einkaufsliste mit der kleinsten Menge (quantity) zurück.

Damit der Code kompiliert wird und korrekt funktioniert, muss der an die `minBy`- oder `maxBy`-Funktion übergebene Lambda-Ausdruck eine bestimmte Form haben. Darum kümmern wir uns als Nächstes.

minBy und *maxBy*

Ein näherer Blick auf die Lambda-Parameter von maxBy und minBy

Beim Aufruf der Funktionen `minBy` oder `maxBy` müssen Sie ein Lambda in der folgenden Form angeben:

`{ i: Element_Typ -> Kriterien }`

Das Lambda benötigt einen Parameter, der als `i: item_type` oben angegeben wurde. Der Typ des Parameters **muss dem Typ der Elemente in der Collection entsprechen**. Soll eine der beiden Funktionen mit einer `List<Grocery>` funktionieren, muss auch der Lambda-Parameter den Typ `Grocery` haben:

`{ i: Grocery -> Kriterien }`

Da jedes Lambda einen Parameter eines bekannten Typs besitzt, können wir die Parameterdeklaration komplett weglassen und im Körper des Lambdas per `it` darauf zugreifen. Der Lambda-Körper bestimmt, nach welchen Kriterien der höchste oder niedrigste Wert der Collection ermittelt wird. Üblicherweise ist dies der Name einer Eigenschaft (z. B. `{ it.unitPrice }`). Es kann aber ein beliebiger Typ benutzt werden, solange die Funktion ihn zum Ermitteln des höchsten oder niedrigsten Eigenschaftswerts verwenden kann.

> minBy und maxBy funktionieren mit Collections, die beliebige Objekte enthalten können. Dadurch sind sie wesentlich flexibler als min und max. Rufen Sie minBy oder maxBy an einer leeren Collection auf, gibt die Funktion einen Nullwert zurück.

Welchen Rückgabetyp haben minBy und maxBy?

Beim Aufruf von `minBy` oder `maxBy` entspricht der Rückgabetyp dem Typ der Elemente in der Collection. Verwenden Sie `minBy` mit einer `List<Grocery>`, gibt die Funktion einen Wert vom Typ `Grocery` zurück. Verwenden Sie `maxBy` mit einem `Set<Duck>`, ist der Rückgabetyp `Duck`.

Nachdem Sie `minBy` und `maxBy` kennengelernt haben, wollen wir uns zwei nahe Verwandte ansehen: `sumBy` und `sumByDouble`.

Es gibt keine Dummen Fragen

F: Arbeiten die Funktionen `min` und `max` nur mit Kotlins Basisdatentypen wie Strings und Zahlen?

A: `min` und `max` funktionieren mit Datentypen, bei denen zwei Werte verglichen werden können, um herauszufinden, ob einer der beiden größer oder kleiner ist.

Das trifft auf Kotlins Basistypen zu, denn hinter den Kulissen implementieren sie das `Comparable`-Interface, das definiert, wie Instanzen bestimmter Typen geordnet und verglichen werden sollen.

In der Praxis funktionieren `min` und `max` mit *jedem* Typ, der das `Comparable`-Interface implementiert. Wir sind allerdings der Meinung, dass die Verwendung von `minBy` und `maxBy` sinnvoller ist, als `Comparable` selbst zu implementieren, weil die Funktionen mehr Flexibilität bieten.

Die Funktionen sumBy und sumByDouble

Wie unschwer zu erraten, geben die Funktionen `sumBy` und `sumByDouble` anhand bestimmter Kriterien die Summe der Elemente in einer Collection zurück. Die Kriterien werden anhand eines Lambdas übergeben. Sie können diese Funktionen verwenden, um beispielsweise die `quantity`-Werte aller Elemente in einer `List<Grocery>` zu addieren oder die Summe aller `unitPrice`-Werte multipliziert mit dem jeweiligen `quantity`-Wert zurückzugeben.

sumBy addiert Int-Werte und gibt Int-Werte zurück.

Die Funktionen `sumBy` und `sumByDouble` sind fast identisch, nur dass `sumBy` mit `Int`-Werten funktioniert und `sumByDouble` mit `Double`s. Um die Summe aller `quantity`-Werte für den Typ `Grocery` auszugeben, können Sie die `sum`-Funktion verwenden, weil `quantity` ein `Int`-Wert ist:

sumByDouble addiert Double-Werte und gibt Double-Werte zurück.

```
val sumQuantity = groceries.sumBy { it.quantity }
```
← *Dies gibt die Summe aller quantity-Werte in der groceries-Collection zurück.*

Um die Summe für jeden Preis (`unitPrice`) multipliziert mit der Menge (`quantity`) zurückzugeben, würden Sie `sumByDouble` verwenden, weil die Multiplikation `unitPrice * quantity` einen Wert vom Typ `Double` ergibt:

```
val totalPrice = groceries.sumByDouble { it.quantity * it.unitPrice }
```

Die Lambda-Parameter für sumBy und sumByDouble

Analog zu `minBy` und `maxBy` müssen Sie auch bei `sumBy` und `sumByDouble` ein Lambda in dieser Form angeben:

```
{ i: Element_Typ -> Kriterien }
```

Wie zuvor, muss der `Element_Typ` dem Datentyp der Elemente der Collection entsprechen. Im obigen Beispiel verwenden wir die Funktionen mit einer `List<Grocery>`. Der Lambda-Parameter muss also den Typ `Grocery` haben. Da der Compiler den Typ selbst ermitteln kann, können wir die Parameterdeklaration für das Lambda weglassen und im Körper des Lambdas per `it` auf den Parameter zugreifen.

Im Körper des Lambdas wird festgelegt, was summiert werden soll. Wie gesagt, für `sumBy` muss dies ein `Int` sein, für `sumByDouble` ein Wert vom Typ `Double`. Die Rückgabetypen entsprechen den Parametertypen.

Jetzt wissen Sie, wie man `minBy`, `maxBy`, `sumBy` und `sumByDouble` einsetzt, und wir können ein neues Projekt erstellen, um die neuen Funktionen zu testen.

Aufgepasst!

Sie können sumBy oder sumByDouble nicht direkt mit einer Map benutzen.

Aber: Sie können die Funktionen für die Eigenschaften keys, values und entries einer Map verwenden. Folgender Code gibt die Summe der Werte einer Map zurück:

```
myMap.values.sumBy { it }
```

Das Groceries-Projekt

Erstellen Sie ein neues Kotlin-Projekt für die JVM und nennen Sie es »Groceries«. Danach markieren Sie den *src*-Ordner und wählen den Befehl New → Kotlin File/Class aus dem File-Menü, um eine neue Kotlin-Datei zu erstellen. Geben Sie ihr den Namen »Groceries« und wählen Sie im unteren Aufklappmenü (Kind) die Option File.

Danach aktualisieren Sie Ihre Version von *Groceries.kt*, sodass sie der unten gezeigten Fassung entspricht:

```
data class Grocery(val name: String, val category: String,
                   val unit: String, val unitPrice: Double,
                   val quantity: Int)

fun main(args: Array<String>) {
    val groceries = listOf(Grocery("Tomatoes", "Vegetable", "lb", 3.0, 3),
                           Grocery("Mushrooms", "Vegetable", "lb", 4.0, 1),
                           Grocery("Bagels", "Bakery", "Pack", 1.5, 2),
                           Grocery("Olive oil", "Pantry", "Bottle", 6.0, 1),
                           Grocery("Ice cream", "Frozen", "Pack", 3.0, 2))

    val highestUnitPrice = groceries.maxBy { it.unitPrice * 5 }
    println("highestUnitPrice: $highestUnitPrice")
    val lowestQuantity = groceries.minBy { it.quantity }
    println("lowestQuantity: $lowestQuantity")

    val sumQuantity = groceries.sumBy { it.quantity }
    println("sumQuantity: $sumQuantity")
    val totalPrice = groceries.sumByDouble { it.quantity * it.unitPrice }
    println("totalPrice: $totalPrice")
}
```

Probefahrt

Wenn wir den Code ausführen, wird folgender Text im Ausgabefenster der IDE angezeigt:

    highestUnitPrice: Grocery(name=Olive oil, category=Pantry, unit=Bottle, unitPrice=6.0, quantity=1)
    lowestQuantity: Grocery(name=Mushrooms, category=Vegetable, unit=lb, unitPrice=4.0, quantity=1)
    sumQuantity: 9
    totalPrice: 28.0

SEIEN Sie der Compiler

Unten sehen Sie eine komplette Kotlin-Datei. Spielen Sie Compiler und finden Sie heraus, ob die Datei kompiliert werden kann. Falls nicht, erklären Sie, warum nicht. Wie würden Sie die Fehler beheben?

```kotlin
data class Pizza(val name: String, val pricePerSlice: Double, val quantity: Int)

fun main(args: Array<String>) {
    val ints = listOf(1, 2, 3, 4, 5)

    val pizzas = listOf(Pizza("Sunny Chicken", 4.5, 4),
            Pizza("Goat and Nut", 4.0, 1),
            Pizza("Tropical", 3.0, 2),
            Pizza("The Garden", 3.5, 3))

    val minInt = ints.minBy({ it.value })
    val minInt2 = ints.minBy({ int: Int -> int })
    val sumInts = ints.sum()
    val sumInts2 = ints.sumBy { it }
    val sumInts3 = ints.sumByDouble({ number: Double -> number })
    val sumInts4 = ints.sumByDouble { int: Int -> int.toDouble() }

    val lowPrice = pizzas.min()
    val lowPrice2 = pizzas.minBy({ it.pricePerSlice })
    val highQuantity = pizzas.maxBy { p: Pizza -> p.quantity }
    val highQuantity3 = pizzas.maxBy { it.quantity }
    val totalPrice = pizzas.sumBy { it.pricePerSlice * it.quantity }
    val totalPrice2 = pizzas.sumByDouble { it.pricePerSlice * it.quantity }
}
```

SEIEN Sie der Compiler, Lösung

Unten sehen Sie eine komplette Kotlin-Datei. Spielen Sie Compiler und finden Sie heraus, ob die Datei kompiliert werden kann. Falls nicht, erklären Sie, warum nicht. Wie würden Sie die Fehler beheben?

```
data class Pizza(val name: String, val pricePerSlice: Double, val quantity: Int)

fun main(args: Array<String>) {
    val ints = listOf(1, 2, 3, 4, 5)

    val pizzas = listOf(Pizza("Sunny Chicken", 4.5, 4),
            Pizza("Goat and Nut", 4.0, 1),
            Pizza("Tropical", 3.0, 2),
            Pizza("The Garden", 3.5, 3))

    val minInt = ints.minBy({ it.value })
    val minInt2 = ints.minBy({ int: Int -> int })
    val sumInts = ints.sum()
    val sumInts2 = ints.sumBy { it }
    val sumInts3 = ints.sumByDouble({ number: Double -> number it.toDouble() })
    val sumInts4 = ints.sumByDouble { int: Int -> int.toDouble() }

    val lowPrice = pizzas.min()
    val lowPrice2 = pizzas.minBy({ it.pricePerSlice })
    val highQuantity = pizzas.maxBy { p: Pizza -> p.quantity }
    val highQuantity3 = pizzas.maxBy { it.quantity }
    val totalPrice = pizzas.sumByDouble { it.pricePerSlice * it.quantity }
    val totalPrice2 = pizzas.sumByDouble { it.pricePerSlice * it.quantity }
}
```

Da ints eine List<Int> ist, hat »it« den Typ Int und besitzt keine value-Eigenschaft.

Diese Zeile wird nicht kompiliert, weil der Parameter des Lambdas ein Int sein muss. Wir können diesen Ausdruck durch { it.toDouble() } ersetzen.

Die min-Funktion funktioniert mit einer List<Pizza> nicht.

*{ it.pricePerSlice * it.quantity } gibt einen Double-Wert zurück. Daher funktioniert sumBy hier nicht. Wir müssen stattdessen sumByDouble verwenden.*

Eingebaute Funktionen höherer Ordnung

Willkommen bei der filter-Funktion

Der nächste Stopp unserer Tour durch Kotlins Funktionen höherer Ordnung ist `filter`. Mit dieser Funktion können Sie eine Collection anhand bestimmter Kriterien durchsuchen bzw. *filtern*. Die Kriterien werden über ein Lambda übergeben.

Für die meisten Collections gibt `filter` eine `List` zurück, die alle Elemente enthält, die Ihren Kriterien entsprechen. Diese `List` können Sie an anderer Stelle im Code weiterverwenden. Wird `filter` dagegen mit einer `Map` verwendet, wird auch eine `Map` zurückgegeben. Folgender Code nutzt `filter`, um eine `List` aller Elemente in `groceries` zurückzugeben, deren `category`-Wert »Vegetable« lautet:

```
val vegetables = groceries.filter { it.category == "Vegetable" }
```

> Dies gibt eine List der Elemente in Groceries zurück, deren Wert für category »Vegetable« lautet.

Wie bei den bisher in diesem Kapitel gezeigten Funktionen übernimmt auch `filter` ein Lambda als Parameter, dessen Typ mit dem der Elemente in der Collection übereinstimmen muss. Da der Parametertyp des Lambdas bekannt ist, können Sie die Parameterdeklaration weglassen und im Lambda-Körper per `it` darauf zugreifen.

Das Lambda muss einen booleschen Wert zurückgeben, der für die Kriterien der `filter`-Funktion verwendet wird. Die Funktion gibt eine Referenz auf alle Elemente der ursprünglichen Collection zurück, für die das Lambda zu `true` ausgewertet wird. Mit dem folgenden Code erhalten wir eine `List` mit Einkaufsartikeln (`Grocery`), deren Wert für `unitPrice` größer als 3.0 ist:

```
val unitPriceOver3 = groceries.filter { it.unitPrice > 3.0 }
```

Es gibt eine ganze FAMILIE von filter-Funktionen

Kotlin besitzt eine ganze Reihe hilfreicher Variationen der `filter`-Funktion. So funktioniert `filterTo` wie `filter`. Allerdings fügt `filterTo` die gefundenen/gefilterten Elemente einer anderen Collection hinzu. Die Funktion `filterIsInstance` gibt wiederum alle Elemente zurück, die Instanzen einer bestimmten Klasse sind. Und die Funktion `filterNot` gibt alle Elemente einer Collection zurück, die *nicht* den angegebenen Kriterien entsprechen. Hier ein Beispiel für die Verwendung von `filterNot`, das eine `List` aller `Grocery`-Elemente zurückgibt, deren `category`-Wert nicht »Frozen« ist:

> Weitere Informationen zu Kotlins filter-Familie finden Sie in der Online-dokumentation unter:
> https://kotlinlang.org/api/latest/jvm/stdlib/kotlin.collections/index.html

```
val notFrozen = groceries.filterNot { it.category == "Frozen" }
```

> filterNot gibt die Elemente zurück, für die das Lambda zu false ausgewertet wird.

Nachdem Sie `filter` kennengelernt haben, kommen wir jetzt zu einer weiteren Kotlin-Funktion höherer Ordnung namens `map`.

Die map-Funktion

map verwenden, um eine Collection umzuwandeln

Die map-Funktion transformiert die in einer Collection enthaltenen Elemente anhand einer von Ihnen angegebenen Formel. Die Ergebnisse der Konvertierung werden als neue List zurückgegeben.

Nehmen wir zum Beispiel die folgende List mit Ganzzahlen (List<Int>):

```
val ints = listOf(1, 2, 3, 4)
```

Jetzt können Sie map verwenden, um eine neue List<Int> zu erstellen, bei der die ursprünglichen Elemente mit zwei multipliziert werden, wie hier:

```
val doubleInts = ints.map { it * 2 }
```
← Hier wird eine List mit den Elementen 2, 4, 6 und 8 zurückgegeben.

Ja! Die map-Funktion gibt eine List und keine Map zurück.

Oder Sie nutzen map, um eine List mit den Namen der verschiedenen Einkaufsartikel (Grocery-Elemente) in groceries anzulegen:

```
val groceryNames = groceries.map { it.name }
```
← Dies erstellt eine neue List und füllt sie mit den Namen der Einkaufsartikel in groceries.

In beiden Fällen gibt map eine neue List zurück. Die ursprüngliche Collection bleibt unverändert. Verwenden Sie map beispielsweise, um eine List zu erzeugen, deren unitPrice-Werte jeweils mit 0.5 multipliziert wurden, bleiben die Werte für unitPrice der Elemente in der ursprünglichen Collection unberührt, wie hier gezeigt:

```
val halfUnitPrice = groceries.map { it.unitPrice * 0.5 }
```
← Dies gibt eine List zurück, in der die unitPrice-Werte jeweils mit 0.5 multipliziert wurden.

Wie zuvor besitzt das an map übergebene Lambda einen einzelnen Parameter, dessen Typ mit dem der Elemente in der Collection übereinstimmen muss. Anhand dieses Parameters (im Lambda-Körper als it bezeichnet) können Sie angeben, wie die Elemente der ursprünglichen Collection umgewandelt werden sollen.

Funktionsaufrufe können verkettet werden

Da die Aufrufe von filter und map beide eine Collection zurückgeben, können Sie diese Aufrufe von Funktionen höherer Ordnung miteinander verketten. So können auch komplexe Operationen knapp formuliert werden. Im folgenden Beispiel soll eine List erstellt werden, bei der die Werte für unitPrice mit 2 multipliziert werden, sofern der ursprüngliche unitPrice-Wert größer als 3.0 ist. Zunächst wird filter an der Original-Collection (groceries) aufgerufen, danach verwenden wir map, um das Ergebnis umzuwandeln:

```
val newPrices = groceries.filter { it.unitPrice > 3.0 }
                         .map { it.unitPrice * 2 }
```
Dies ruft zuerst die filter-Funktion an groceries und dann map an der resultierenden Liste auf.

Werfen wir einen Blick hinter die Kulissen, um zu sehen, was im Einzelnen passiert, wenn dieser Code ausgeführt wird.

Eingebaute Funktionen *höherer Ordnung*

Was passiert, wenn der Code ausgeführt wird

① val newPrices = **groceries.filter { it.unitPrice > 3.0 }**
                                       .map { it.unitPrice * 2 }

Die filter-Funktion wird an groceries (vom Typ List<Grocery>) aufgerufen. Die Funktion erzeugt eine neue List mit Grocery-Elementen, deren Wert für unitPrice größer ist als 3.0.

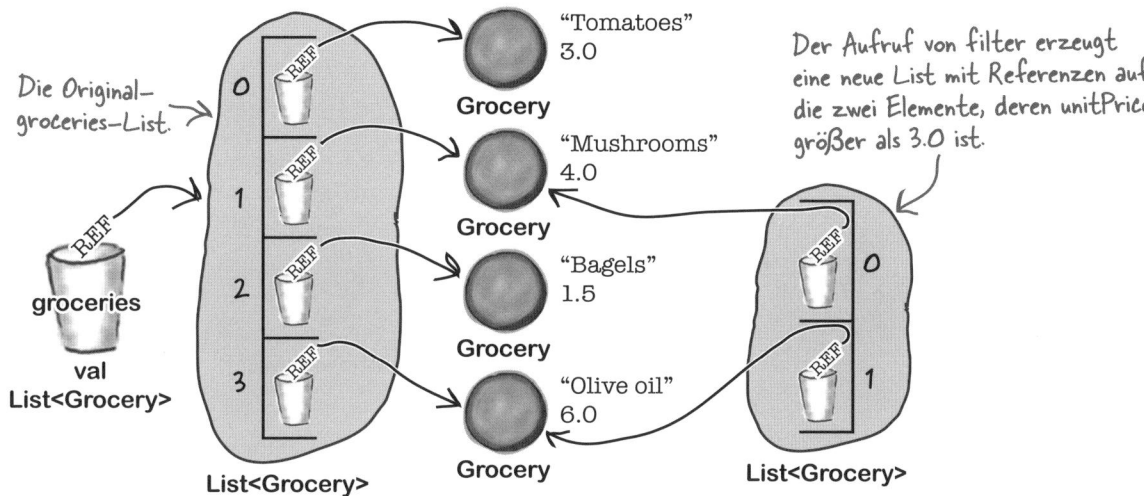

② val newPrices = groceries.filter { it.unitPrice > 3.0 }
                                       .map { it.unitPrice * 2 }

An der neuen List wird nun die map-Funktion aufgerufen. Da das Lambda { it.unitPrice * 2 } einen Double-Wert zurückgibt, erzeugt die Funktion eine Collection vom Typ List<Double>, die Referenzen auf die beiden unitPrice-Werte multipliziert mit 2 enthält.

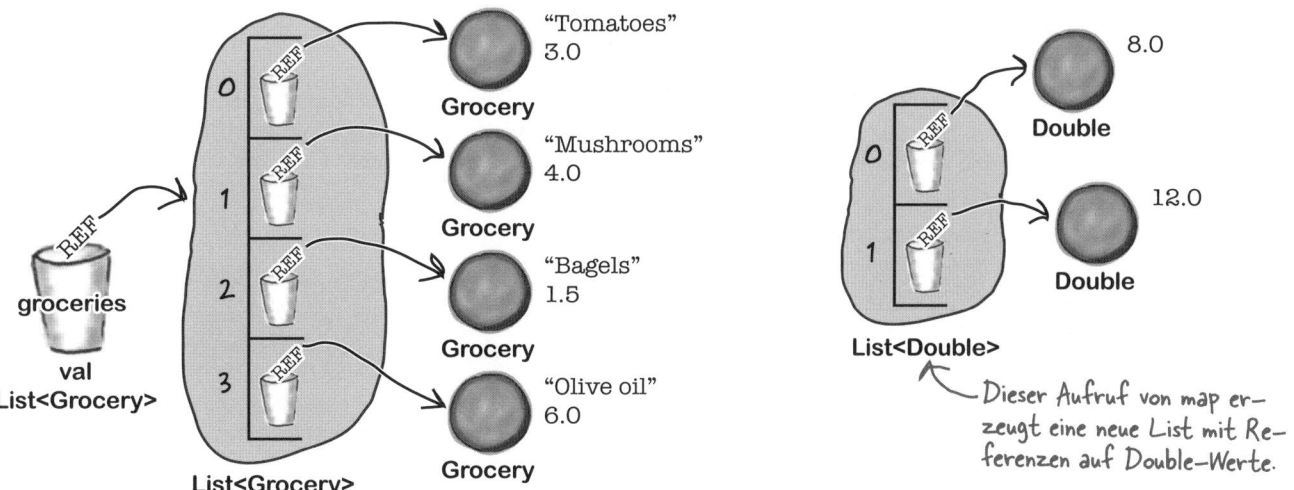

Sie sind hier ▶ **373**

Was passiert

Die Geschichte geht weiter …

③ val newPrices = groceries.filter { it.unitPrice > 3.0 }
     .map { it.unitPrice * 2 }

Eine neue Variable namens newPrices wird erstellt. Ihr wird die von der map-Funktion zurückgegebene Referenz auf die List<Double> zugewiesen.

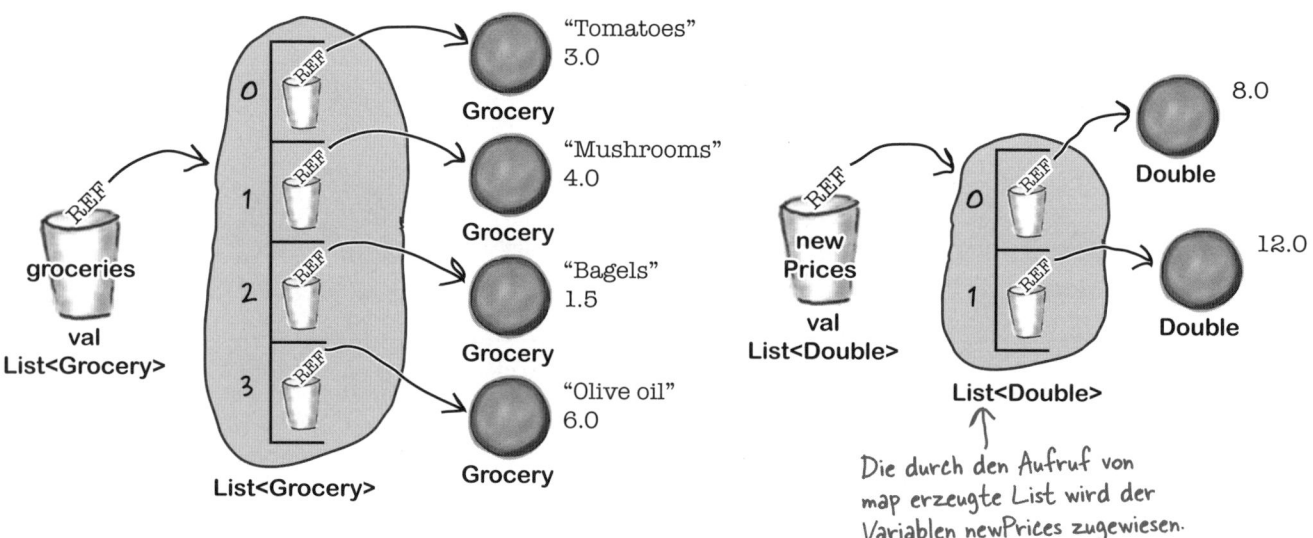

Die durch den Aufruf von map erzeugte List wird der Variablen newPrices zugewiesen.

Nachdem wir uns mit der Verkettung von Funktionen höherer Ordnung auseinandergesetzt haben, wollen wir uns die forEach-Funktion ansehen.

Es gibt keine Dummen Fragen

F: Sie haben gesagt, es gäbe verschiedene Variationen der Funktionen filter, wie etwa filterTo und filter-Not. Gibt es solche Variationen auch für die map-Funktion?

A: Ja. Zu den Variationen gehören beispielsweise mapTo (fügt die Ergebnisse der Umwandlung einer anderen Collection hinzu), mapNotNull (ignoriert Nullwerte) und mapValues (funktioniert mit Maps und gibt eine Map zurück). Details finden Sie hier:

https://kotlinlang.org/api/latest/jvm/stdlib/kotlin.collections/index.html

F: Bei den bisher besprochenen Funktionen höherer Ordnung musste der Parametertyp des Lambdas dem Typ der Elemente in der Collection entsprechen. Wie wird das umgesetzt?

A: Mit Generics.

Durch Generics ist es möglich, Code mit konsistenter Typisierung zu schreiben (siehe Kapitel 10). Generics halten Sie davon ab, einer List<Duck> eine Cabbage-Referenz zuzuweisen. Kotlins eigene Funktionen höherer Ordnung verwenden Generics, um sicherzustellen, dass nur Parameter und Rückgabewerte benutzt werden, deren Typ den Elementen der gerade bearbeiteten Collection entsprechen.

forEach funktioniert wie eine Schleife

Die **forEach**-Funktion arbeitet ähnlich wie eine Schleife. Sie können für jedes (for each) Element einer Collection eine oder mehrere Aktionen durchführen. Diese Aktionen werden über ein Lambda angegeben.

Als Beispiel wollen wir die Namen der Elemente in der `groceries`-List ausgeben. Mit einer `for`-Schleife würde das so aussehen:

```
for (item in groceries) {
    println(item.name)
}
```

forEach kann mit Arrays, Lists, Sets sowie mit Schlüsseln und Werten einer Map verwenden.

Und hier das Gleiche, aber mit der `forEach`-Funktion:

```
groceries.forEach { println(it.name) }
```

← *Beachten Sie, dass wir der forEach-Funktion ein Lambda der Form { println(it.name) } übergeben. Der Körper des Lambdas kann mehrzeilig sein.*

Beide Codebeispiele machen das Gleiche. Dabei ist die `forEach`-Form etwas kürzer.

> Wozu brauchen wir **noch eine Funktion**, die eigentlich das Gleiche tut wie eine for-Schleife? Warum sollten wir uns **das auch noch merken**?

Da forEach eine Funktion ist, können Sie sie mit anderen Funktionen verketten.

Angenommen, Sie wollten den Namen jedes Elements in `groceries` ausgeben, deren `unitPrice` größer als 3.0 ist. Mit einer `for`-Schleife könnte das etwa so aussehen:

```
for (item in groceries) {
    if (item.unitPrice > 3.0) println(item.name)
}
```

Dieser Code lässt sich folgendermaßen verkürzen:

```
groceries.filter { it.unitPrice > 3.0 }
        .forEach { println(it.name) }
```

Mit `forEach` können Sie Funktionsaufrufe verketten, um auch umfangreiche Aufgaben trotzdem mit knappen Anweisungen ausführen zu können.

Das wollen wir uns etwas genauer ansehen:

forEach hat keinen Rückgabewert

Wie die anderen in diesem Kapitel vorgestellten Funktionen übernimmt das an `forEach` übergebene Lambda einen Parameter, dessen Typ den Elementen der verarbeiteten Collection entsprechen muss. Da der Parametertyp bekannt ist, ist eine explizite Deklaration nicht nötig. Im Lambda-Körper kann per `it` auf den Parameter zugegriffen werden.

Im Gegensatz zu anderen Funktionen hat `forEach` den Rückgabetyp `Unit`. Das heißt, Sie können `forEach` zwar für Berechnungen verwenden, aber nicht direkt auf das Ergebnis zugreifen. Es gibt allerdings einen Workaround.

Lambdas können auf Variablen zugreifen

Der Körper einer `for`-Schleife hat Zugriff auf Variablen, die außerhalb der Schleife definiert wurden. Folgender Code definiert beispielsweise eine `String`-Variable (`itemNames`), die im Körper der `for`-Schleife aktualisiert wird:

```
var itemNames = ""
for (item in groceries) {
    itemNames += "${item.name} "
}
println("itemNames: $itemNames")
```

← *Die Variable itemNames kann im Körper einer for-Schleife aktualisiert werden.*

Wenn Sie einer Funktion höherer Ordnung wie `forEach` ein Lambda übergeben, hat das Lambda Zugriff auf die gleichen Variablen, *auch wenn diese außerhalb des Lambdas definiert wurden*. Anstelle des Rückgabewerts von `forEach` können Sie das Ergebnis einer Berechnung im Lambda-Körper also einer anderen Variablen zuweisen, wie im folgenden Beispiel gezeigt:

```
var itemNames = ""
groceries.forEach({ itemNames += "${it.name} " })
println("itemNames: $itemNames")
```

Die Variable itemNames kann im Körper des an forEach übergebenen Lambdas aktualisiert werden.

Außerhalb des Lambdas definierte Variablen, auf die das Lambda Zugriff hat, werden auch als **Closures** des Lambdas bezeichnet. Wir sagen: *Das Lambda kann auf seine Closure zugreifen*. Da das Lambda die Variable `itemNames` in seinem Körper verwendet, sagen wir, die *Closure des Lambdas hat die Variable **übernommen (captured)***.

Da Sie jetzt auch die `forEach`-Funktion kennen, können wir unseren Projektcode aktualisieren.

> **Closure heißt, das Lambda kann auf alle übernommenen lokalen Variablen zugreifen.**

376   Kapitel 12

Das Groceries-Projekt aktualisieren

Wir erweitern den Code unseres Groceries-Projekts um die Verwendung der Funktionen `filter`, `map` und `forEach`. Aktualisieren Sie Ihre Version von *Groceries.kt*, sodass sie dem unten stehenden Code entspricht (unsere Änderungen sind fett hervorgehoben):

```
data class Grocery(val name: String, val category: String,
                   val unit: String, val unitPrice: Double,
                   val quantity: Int)

fun main(args: Array<String>) {
    val groceries = listOf(Grocery("Tomatoes", "Vegetable", "lb", 3.0, 3),
                           Grocery("Mushrooms", "Vegetable", "lb", 4.0, 1),
                           Grocery("Bagels", "Bakery", "Pack", 1.5, 2),
                           Grocery("Olive oil", "Pantry", "Bottle", 6.0, 1),
                           Grocery("Ice cream", "Frozen", "Pack", 3.0, 2))
```

Diese Zeilen werden nicht mehr gebraucht.

```
    val highestUnitPrice = groceries.maxBy { it.unitPrice * 5 }
    println("highestUnitPrice: $highestUnitPrice")
    val lowestQuantity = groceries.minBy { it.quantity }
    println("lowestQuantity: $lowestQuantity")

    val sumQuantity = groceries.sumBy { it.quantity }
    println("sumQuantity: $sumQuantity")
    val totalPrice = groceries.sumByDouble { it.quantity * it.unitPrice }
    println("totalPrice: $totalPrice")
```

← Diese Zeilen hinzufügen.

```
    val vegetables = groceries.filter { it.category == "Vegetable" }
    println("vegetables: $vegetables")
    val notFrozen = groceries.filterNot { it.category == "Frozen" }
    println("notFrozen: $notFrozen")

    val groceryNames = groceries.map { it.name }
    println("groceryNames: $groceryNames")
    val halfUnitPrice = groceries.map { it.unitPrice * 0.5 }
    println("halfUnitPrice: $halfUnitPrice")

    val newPrices = groceries.filter { it.unitPrice > 3.0 }
            .map { it.unitPrice * 2 }
    println("newPrices: $newPrices")
```

Der Code geht auf der folgenden Seite weiter.

Probefahrt

Der Code (Fortsetzung)

Erweitern Sie die main-Funktion um diese Zeilen.

```
println("Grocery names: ")
groceries.forEach { println(it.name) }

println("Groceries with unitPrice > 3.0: ")
groceries.filter { it.unitPrice > 3.0 }
        .forEach { println(it.name) }

var itemNames = ""
groceries.forEach({ itemNames += "${it.name} " })
println("itemNames: $itemNames")
}
```

Groceries
└ src
  └ Groceries.kt

Jetzt können wir den Code einem Probelauf unterziehen.

Probefahrt

Wenn wir den Code ausführen, wird im Ausgabefenster der IDE Folgendes angezeigt:

> vegetables: [Grocery(name=Tomatoes, category=Vegetable, unit=lb, unitPrice=3.0, quantity=3), Grocery(name=Mushrooms, category=Vegetable, unit=lb, unitPrice=4.0, quantity=1)]
> notFrozen: [Grocery(name=Tomatoes, category=Vegetable, unit=lb, unitPrice=3.0, quantity=3), Grocery(name=Mushrooms, category=Vegetable, unit=lb, unitPrice=4.0, quantity=1), Grocery(name=Bagels, category=Bakery, unit=Pack, unitPrice=1.5, quantity=2), Grocery(name=Olive oil, category=Pantry, unit=Bottle, unitPrice=6.0, quantity=1)]
> groceryNames: [Tomatoes, Mushrooms, Bagels, Olive oil, Ice cream]
> halfUnitPrice: [1.5, 2.0, 0.75, 3.0, 1.5]
> newPrices: [8.0, 12.0]
> Grocery names:
> Tomatoes
> Mushrooms
> Bagels
> Olive oil
> Ice cream
> Groceries with unitPrice > 3.0:
> Mushrooms
> Olive oil
> itemNames: Tomatoes Mushrooms Bagels Olive oil Ice cream

Nach der Aktualisierung Ihres Projektcodes ist es Zeit für eine Übung. Danach sehen wir uns die nächste Funktion höherer Ordnung an.

Eingebaute Funktionen höherer Ordnung

Pool-Puzzle

Ihre **Aufgabe** besteht darin, die Codeschnipsel aus dem Pool zu fischen und sie auf den leeren Zeilen im Code zu platzieren. Die Codeabschnitte dürfen **höchstens einmal** benutzt werden (manche werden nicht gebraucht). Ihr **Ziel** ist es, die `getWinners`-Funktion in der `Contest`-Klasse zu vervollständigen, sodass sie ein `Set<T>` mit den Teilnehmern mit dem höchsten Punktestand zurückgibt und ihre Namen ausgibt.

```
abstract class Pet(var name: String)

class Cat(name: String) : Pet(name)

class Dog(name: String) : Pet(name)

class Fish(name: String) : Pet(name)

class Contest<T: Pet>() {
    var scores: MutableMap<T, Int> = mutableMapOf()

    fun addScore(t: T, score: Int = 0) {
        if (score >= 0) scores.put(t, score)
    }

    fun getWinners(): Set<T> {
        val highScore = ......................................
        val winners = scores............ { ............ == highScore } ............
        winners ............ { println("Winner: ${............}") }
        return winners
    }
}
```

Wenn Ihnen der Code bekannt vorkommt, liegt das daran, dass wir eine Variation davon bereits in Kapitel 10 besprochen haben.

Hinweis: Die Codeabschnitte im Pool dürfen höchstens einmal benutzt werden!

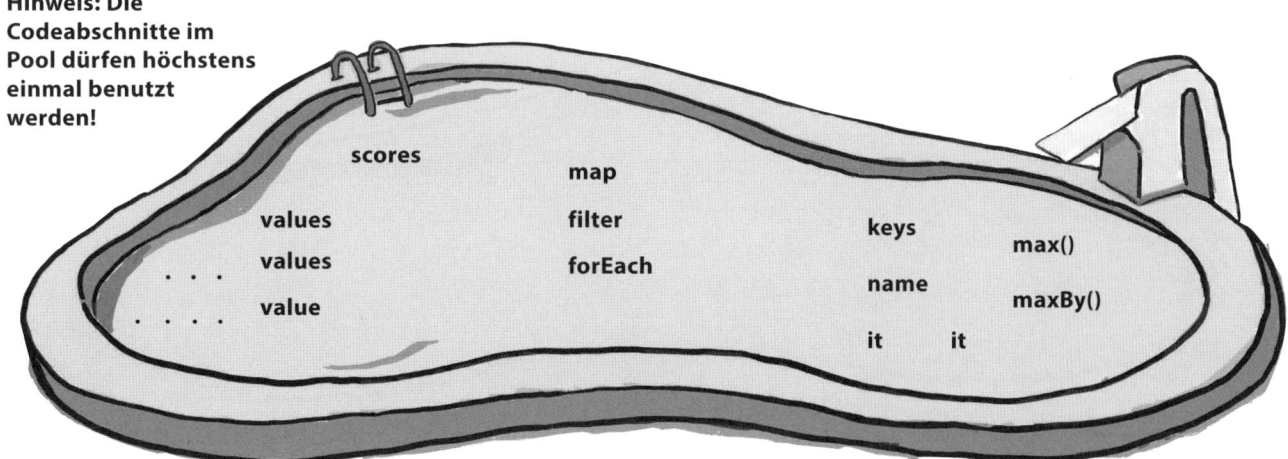

scores
map
values
filter
values
forEach
keys
max()
...
value
name
maxBy()
....
it
it

Sie sind hier ▶ **379**

Pool-Puzzle: Lösung

Pool-Puzzle, Lösung

Ihre **Aufgabe** besteht darin, die Codeschnipsel aus dem Pool zu fischen und sie auf den leeren Zeilen im Code zu platzieren. Die Codeabschnitte dürfen **höchstens einmal** benutzt werden (manche werden nicht gebraucht). Ihr **Ziel** ist es, die getWinners-Funktion in der Contest-Klasse zu vervollständigen, sodass sie ein Set<T> mit den Teilnehmern mit dem höchsten Punktestand zurückgibt und ihre Namen ausgibt.

```kotlin
abstract class Pet(var name: String)

class Cat(name: String) : Pet(name)

class Dog(name: String) : Pet(name)

class Fish(name: String) : Pet(name)

class Contest<T: Pet>() {
    var scores: MutableMap<T, Int> = mutableMapOf()

    fun addScore(t: T, score: Int = 0) {
        if (score >= 0) scores.put(t, score)
    }

    fun getWinners(): Set<T> {
        val highScore = scores.values.max()
        val winners = scores .filter { it.value == highScore } .keys
        winners .forEach { println("Winner: ${ it.name }") }
        return winners
    }
}
```

Die Punktestände werden als Int-Werte in einer MutableMap namens scores gespeichert. Das hier ermittelt also den Höchststand.

Punktestände filtern, um die Einträge zu finden, deren Wert highScore entspricht. Danach die Eigenschaft keys verwenden, um die Gewinner zu ermitteln.

Die forEach-Funktion einsetzen, um die Gewinner auszugeben.

Diese Codeschnipsel wurden nicht gebraucht.

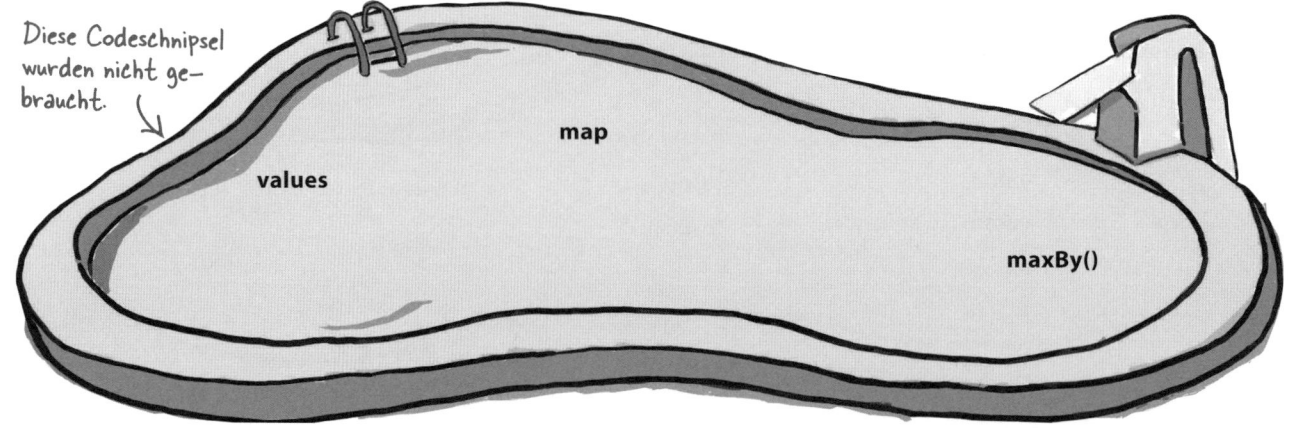

map

values

maxBy()

Collections mit groupBy gruppieren

Als Nächstes wollen wir uns die Funktion **groupBy** ansehen. Hiermit können Sie die Elemente einer Collection nach bestimmten Kriterien gruppieren, z. B. nach bestimmten Eigenschaftswerten. Sie können groupBy etwa verwenden, um den Namen der Grocery-Elemente (in Verbindung mit weiteren Funktionen) nach den category-Werten gruppiert auszugeben:

← *Achtung: Es ist nicht möglich, groupBy direkt mit einer Map zu verwenden. Stattdessen können Sie die Funktion an den Eigenschaften keys und values der Einträge aufrufen.*

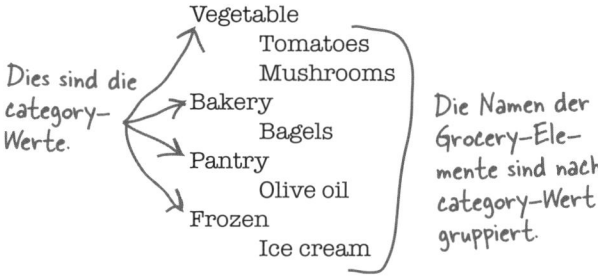

groupBy übernimmt ein Lambda als Parameter, das angibt, wie die Funktion die Elemente der Collection gruppieren soll. Folgender Code gruppiert die Elemente in groceries (vom Typ List<Grocery>) nach ihrem category-Wert:

```
val groupByCategory = groceries.groupBy { it.category }
```

← *Man könnte auch sagen: »Gruppiere die Elemente in groceries nach ihrem category-Wert.«*

Der Rückgabewert von groupBy ist eine Map. Die Funktion benutzt die im Körper des Lambdas übergebenen Kriterien als Schlüssel, jeder damit verbundene Wert ist eine List mit Elementen der ursprünglichen Collection. Der obige Code erzeugt eine Map. Die category-Werte der Grocery-Elemente dienen als Schlüssel, die Werte haben den Typ List<Grocery>:

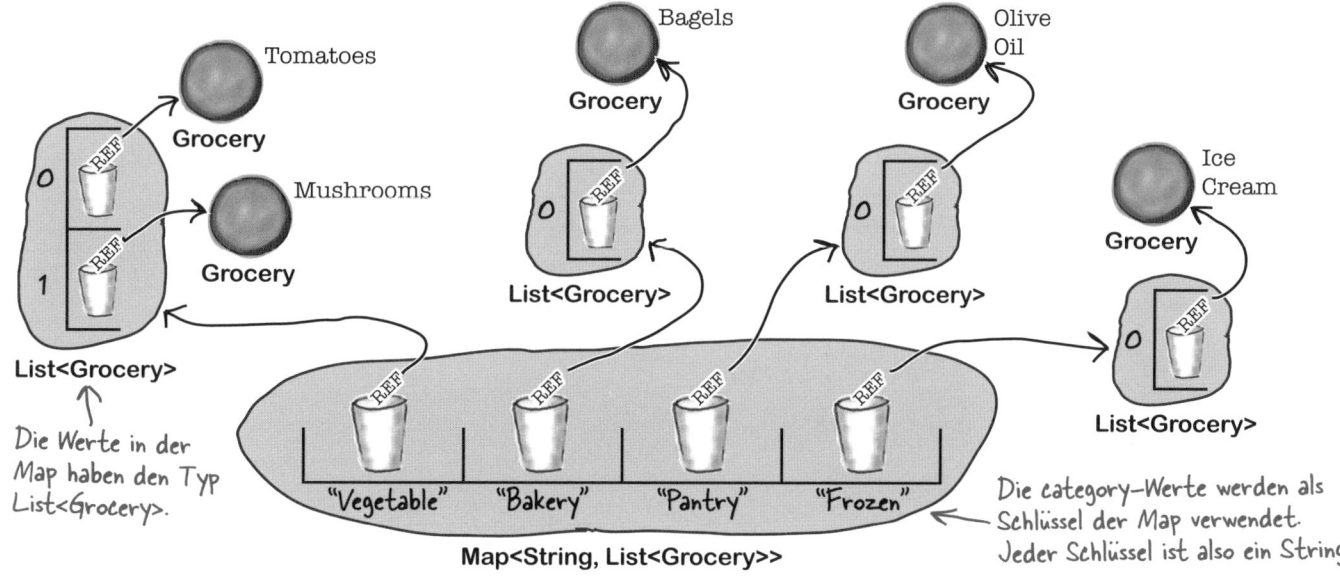

Aufrufe verketten

Sie können groupBy in verketteten Funktionsaufrufen verwenden

Da die `groupBy`-Funktion eine `Map` mit `List`-Werten zurückgibt, können Sie weitere Funktionen höherer Ordnung am Rückgabewert aufrufen, wie bei den Funktionen `filter` und `map`.

Angenommen, Sie wollten die `category`-Werte für eine `List<Grocery>` sowie jedes `Grocery`-Element ausgeben, dessen `category`-Eigenschaft diesen Wert besitzt. Dann könnten Sie die `Grocery`-Elemente per `groupBy` nach ihren `category`-Werten gruppieren und dann die `forEach`-Funktion verwenden, um über die resultierende Map eine Schleife auszuführen:

```
groceries.groupBy { it.category }.forEach {
    // Mehr Code hier
}
```

← groupBy gibt eine Map zurück. Dadurch können Sie die forEach-Funktion an ihrem Rückgabewert aufrufen.

Da `groupBy` die `Grocery-category`-Werte als Schlüssel verwendet, können wir sie ausgeben, indem wir den Code `println(it.key)` als Lambda an die `forEach`-Funktion übergeben:

```
groceries.groupBy { it.category }.forEach {
    println(it.key)
    // Mehr Code hier
}
```

← Dies gibt die Schlüssel der Map aus (die Grocery-category-Werte).

Die Werte der Map haben den Typ `List<Grocery>`. Deshalb können wir `forEach` nochmals aufrufen, um den Namen jedes Einkaufsartikels (`Grocery`-Elements) auszugeben:

```
groceries.groupBy { it.category }.forEach {
    println(it.key)
    it.value.forEach { println("    ${it.name}") }
}
```

← Diese Zeile ermittelt den Wert für den entsprechenden Schlüssel der Map. Da dieser den Typ List<Grocery> hat, können wir forEach daran aufrufen, um den Namen des Artikels (Grocery-Elements) auszugeben.

Wenn Sie den oben stehenden Code ausführen, erhalten Sie folgende Ausgabe:

```
Vegetable
    Tomatoes
    Mushrooms
Bakery
    Bagels
Pantry
    Olive oil
Frozen
    Ice cream
```

Da Sie nun wissen, wie man `groupBy` verwendet, können wir uns der letzten Funktion unserer Rundreise zuwenden: der `fold`-Funktion.

Die fold-Funktion

Die `fold`-Funktion ist wohl Kotlins flexibelste Funktion höherer Ordnung. Mit `fold` können Sie einen Startwert angeben und eine Operation für jedes Element einer Collection durchführen. So können Sie beispielsweise alle Elemente einer `List<Int>` miteinander multiplizieren und das Ergebnis zurückgeben oder die Namen aller Elemente in einer `List<Grocery>` aneinanderhängen (verketten, concatenate) – und das alles in einer einzigen Codezeile.

Im Gegensatz zu den anderen in diesem Kapitel vorgestellten Funktionen übernimmt `fold` zwei Parameter: den Startwert und ein Lambda, das definiert, welche Operation damit ausgeführt werden soll. Dies ist ein Beispiel mit einer `List<Int>`:

```
val ints = listOf(1, 2, 3)
```

Hier können Sie `fold` verwenden, um alle Elemente zum Startwert 0 hinzuzuaddieren:

```
val sumOfInts = ints.fold(0) { runningSum, item -> runningSum + item }
```

Dies ist der Startwert.

Hier wird die Funktion angewiesen, den Wert jedes Elements der Collection zum Startwert hinzuzuaddieren.

Der erste Parameter der `fold`-Funktion ist der Startwert, in unserem Fall 0. Dieser Parameter kann einen beliebigen Typ haben, ist aber normalerweise einer von Kotlins Basisdatentypen, etwa eine Zahl oder ein String.

Der zweite Parameter ist ein Lambda, das die Operation beschreibt, die für jedes Element der Collection am Startwert ausgeführt werden soll. Im obigen Beispiel wollten wir jedes Element dem Startwert hinzuaddieren. Also benutzen wir folgendes Lambda:

```
{ runningSum, item -> runningSum + item }
```

Hier haben wir uns entschieden, die Lambda-Parameter runningSum (Zwischensumme) und item (Element) zu nennen, da wir den Wert jedes Elements zu einer Zwischensumme addieren. Sie können die Parameter nennen, wie Sie wollen, solange es gültige Variablennamen sind.

Das an `fold` übergebene Lambda besitzt zwei Parameter, die in diesem Beispiel `runningSum` und `item` heißen.

Der erste Parameter, `runningSum`, erhält seinen Typ vom angegebenen Startwert. Er wird mit dem Startwert initialisiert. Im obigen Beispiel ist `runningSum` also ein `Int` mit dem Wert 0.

Der zweite Lambda-Parameter, `item`, hat den gleichen Typ wie die Elemente der Collection. Im obigen Beispiel rufen wir `fold` an einer Collection vom Typ `List<Int>` auf. Demnach hat `item` den Typ `Int`.

Im Körper des Lambdas wird definiert, welche Operation für jedes Element der Collection durchgeführt und dessen Ergebnis der ersten Parametervariablen des Lambdas zugewiesen werden soll. Im obigen Beispiel übernimmt die Funktion den Wert von `runningSum`, addiert ihn zum Wert des aktuellen Elements hinzu und weist den neuen Wert wieder `runningSum` zu. Sobald die Funktion über alle Elemente der Collection iteriert hat, gibt `fold` den letzten Wert dieser Variablen zurück.

Sehen wir uns Schritt für Schritt an, was beim Aufruf von `fold` passiert:

> **fold kann an den Map-Eigenschaften keys, values und entries aufgerufen werden, aber nicht direkt an der Map.**

Was *passiert* hier?

Hinter den Kulissen der fold-Funktion

Hier sehen Sie Schritt für Schritt, was beim Aufruf des Codes passiert:

```
val sumOfInts = ints.fold(0) { runningSum, item -> runningSum + item }
```

Die Definition von ints sieht so aus:

```
val ints = listOf(1, 2, 3)
```

① val sumOfInts = ints.fold(**0**) { **runningSum**, item -> runningSum + item }

Das erzeugt eine Int-Variable namens runningSum, die mit 0 initialisiert wird. Die Variable ist als für die fold-Funktion lokal definiert.

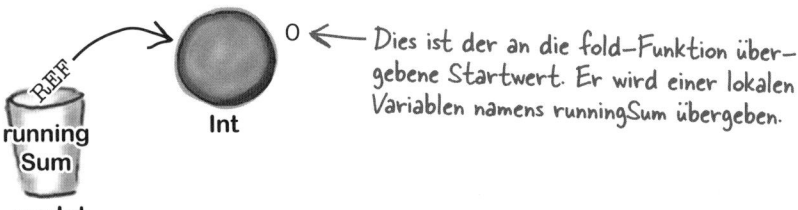

Dies ist der an die fold-Funktion übergebene Startwert. Er wird einer lokalen Variablen namens runningSum übergeben.

② val sumOfInts = ints.fold(0) { runningSum, item -> **runningSum + item** }

Die Funktion übernimmt den Wert des ersten Elements der Collection (ein Int mit dem Wert 1) und addiert ihn dem Wert von runningSum hinzu. Daraufhin wird runningSum mit dem neuen Wert (1) aktualisiert.

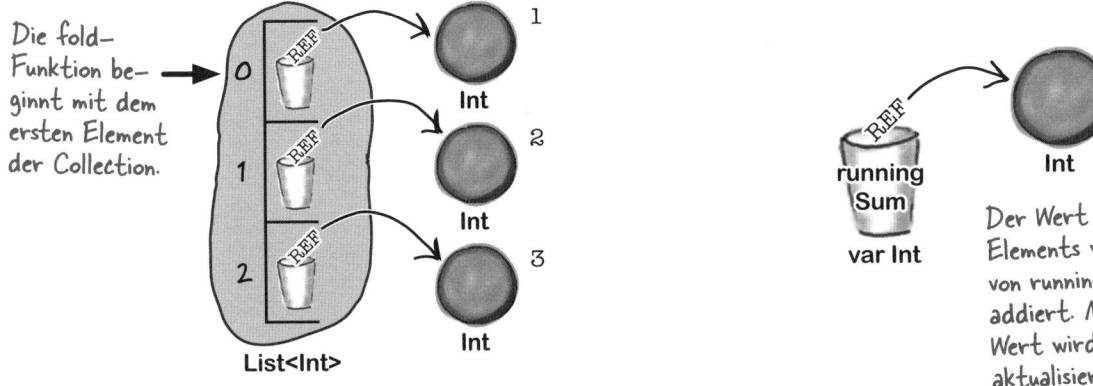

Die fold-Funktion beginnt mit dem ersten Element der Collection.

Der Wert des ersten Elements wird zum Wert von runningSum hinzuaddiert. Mit diesem Wert wird runningSum aktualisiert.

Fortsetzung ...

③ val sumOfInts = ints.fold(0) { runningSum, item -> **runningSum + item** }

Die Funktion macht mit dem zweiten Element der Collection weiter, einem Int mit dem Wert 2. Dieser wird wiederum runningSum zugewiesen. Ihr Wert lautet jetzt 3.

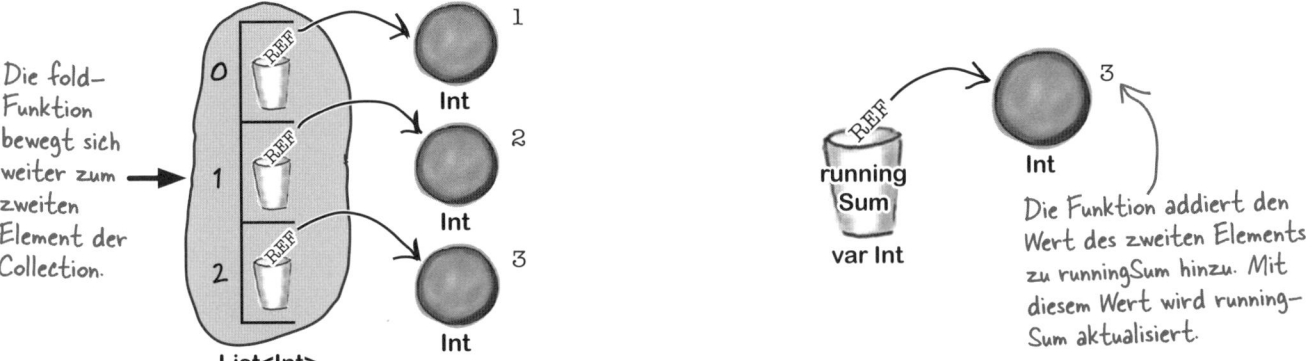

Die fold-Funktion bewegt sich weiter zum zweiten Element der Collection.

Die Funktion addiert den Wert des zweiten Elements zu runningSum hinzu. Mit diesem Wert wird runningSum aktualisiert.

④ val sumOfInts = ints.fold(0) { runningSum, item -> **runningSum + item** }

Die Funktion fährt fort mit dem dritten Element der Collection, einem Int mit dem Wert 3. Dieser Wert wird runningSum hinzugezählt, sodass ihr Wert nun 6 ist.

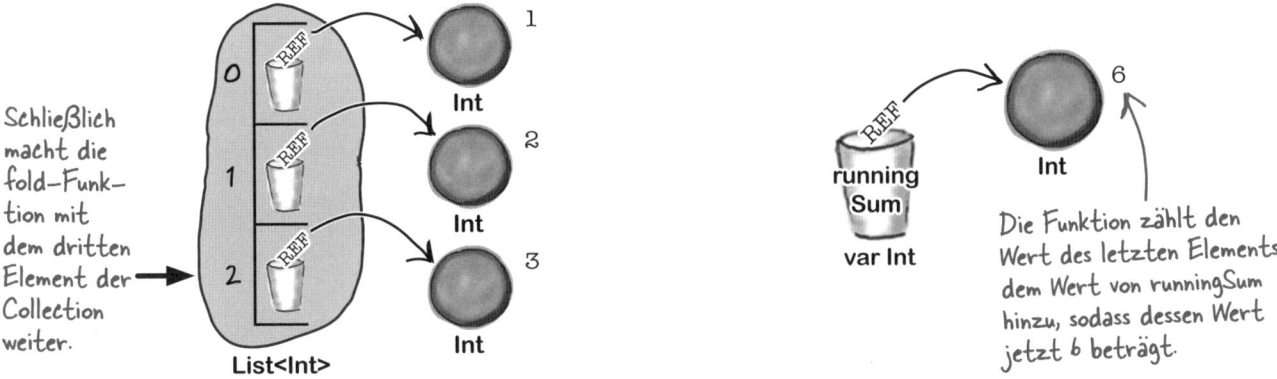

Schließlich macht die fold-Funktion mit dem dritten Element der Collection weiter.

Die Funktion zählt den Wert des letzten Elements dem Wert von runningSum hinzu, sodass dessen Wert jetzt 6 beträgt.

⑤ **val sumOfInts** = ints.fold(0) { runningSum, item -> runningSum + item }

Da die Collection keine weiteren Elemente enthält, gibt die Funktion den Endwert von runningSum zurück. Dieser Wert wird der neuen Variablen sumOfInts zugewiesen.

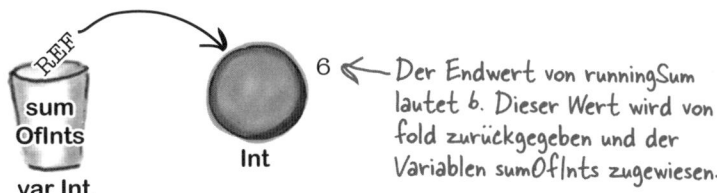

Der Endwert von runningSum lautet 6. Dieser Wert wird von fold zurückgegeben und der Variablen sumOfInts zugewiesen.

Die fold-Funktion

Weitere Beispiele für fold

Nachdem Sie gesehen haben, wie man `fold` für die Addition der Werte einer `List<Int>` nutzen kann, hier ein paar weitere Beispiele:

Das Produkt einer List<Int> ermitteln

Sollen alle Zahlen in einer `List<Int>` multipliziert und soll das Ergebnis zurückgegeben werden, können Sie der `fold`-Funktion den Startwert 1 und ein Lambda übergeben, dessen Körper die Multiplikation ausführt:

```
ints.fold(1) { runningProduct, item -> runningProduct * item }
```

runningProduct mit 1 initialisieren.

runningProduct mit dem Wert jedes Elements multiplizieren.

Die Namen aller Elemente in einer List<Grocery> verketten

Um einen `String` zurückzugeben, der die Namen aller `Grocery`-Elemente in einer `List<Grocery>` enthält, können Sie der `fold`-Funktion den Startwert `""` übergeben. Im Körper des als zweiten Parameter übergebenen Lambdas wird die Verkettung (Concatenation) durchgeführt:

Diese Aufgabe können Sie übrigens ebenfalls mit der Funktion joinToString ausführen.

```
groceries.fold("") { string, item -> string + " ${item.name}" }
```

string mit "" initialisieren.

Man könnte auch sagen: Für jedes Element in groceries: string = string + " ${item.name}"

Den Gesamtpreis aller Elemente vom Startwert subtrahieren

Sie können `fold` auch benutzen, um zu ermitteln, wie viel Wechselgeld Sie noch haben, wenn Sie alle Artikel (Elemente) in der `List<Grocery>` kaufen. Hierfür setzen Sie den Startwert auf den Betrag, der Ihnen zur Verfügung steht. Danach verwenden Sie das Lambda, um den Wert von `unitPrice` der einzelnen Elemente, multipliziert mit dem Wert für `quantity`, vom Startwert zu subtrahieren.

```
groceries.fold(50.0) { change, item
    -> change - item.unitPrice * item.quantity }
```

change mit 50.0 initialisieren.

*Hier wird der Gesamtpreis, also (unitPrice * quantity), für jedes Element in groceries vom Wert der Variablen change (Wechselgeld) subtrahiert.*

Nachdem Sie wissen, wie man die Funktionen `groupBy` und `fold` benutzt, können wir unseren Projektcode entsprechend aktualisieren.

Das Groceries-Projekt aktualisieren

Wir erweitern unser Groceries-Projekt um die Funktionen `groupBy` und `fold`. Aktualisieren Sie Ihre Version von *Groceries.kt* im Projekt, sodass sie dem unten stehenden Code entspricht (Änderungen sind fett hervorgehoben):

```
data class Grocery(val name: String, val category: String,
                   val unit: String, val unitPrice: Double,
                   val quantity: Int)

fun main(args: Array<String>) {
    val groceries = listOf(Grocery("Tomatoes", "Vegetable", "lb", 3.0, 3),
                           Grocery("Mushrooms", "Vegetable", "lb", 4.0, 1),
                           Grocery("Bagels", "Bakery", "Pack", 1.5, 2),
                           Grocery("Olive oil", "Pantry", "Bottle", 6.0, 1),
                           Grocery("Ice cream", "Frozen", "Pack", 3.0, 2))
```

Diese Zeilen werden nicht mehr gebraucht und können gelöscht werden.

```
    val vegetables = groceries.filter { it.category == "Vegetable" }
    println("vegetables: $vegetables")
    val notFrozen = groceries.filterNot { it.category == "Frozen" }
    println("notFrozen: $notFrozen")

    val groceryNames = groceries.map { it.name }
    println("groceryNames: $groceryNames")
    val halfUnitPrice = groceries.map { it.unitPrice * 0.5 }
    println("halfUnitPrice: $halfUnitPrice")

    val newPrices = groceries.filter { it.unitPrice > 3.0 }
            .map { it.unitPrice * 2 }
    println("newPrices: $newPrices")

    println("Grocery names: ")
    groceries.forEach { println(it.name) }

    println("Groceries with unitPrice > 3.0: ")
    groceries.filter { it.unitPrice > 3.0 }
            .forEach { println(it.name) }

    var itemNames = ""
    groceries.forEach({ itemNames += "${it.name} " })
    println("itemNames: $itemNames")
```

Der Code geht auf der folgenden Seite weiter.

Probefahrt

Der Code (Fortsetzung)

Erweitern Sie die main-Funktion um diese Zeilen.

```
groceries.groupBy { it.category }.forEach {
    println(it.key)
    it.value.forEach { println("    ${it.name}") }
}

val ints = listOf(1, 2, 3)
val sumOfInts = ints.fold(0) { runningSum, item -> runningSum + item }
println("sumOfInts: $sumOfInts")

val productOfInts = ints.fold(1) { runningProduct, item -> runningProduct * item }
println("productOfInts: $productOfInts")

val names = groceries.fold("") { string, item -> string + " ${item.name}" }
println("names: $names")

val changeFrom50 = groceries.fold(50.0) { change, item
                       -> change - item.unitPrice * item.quantity }
println("changeFrom50: $changeFrom50")
```

(Groceries / src / Groceries.kt)

Jetzt können wir mit dem neuen Code einen Probelauf starten.

Probefahrt

Wenn Sie diesen Code ausführen, wird im Ausgabefenster der IDE Folgendes angezeigt:

>   Vegetable
>   Tomatoes
>   Mushrooms
>   Bakery
>   Bagels
>   Pantry
>   Olive oil
>   Frozen
>   Ice cream
>   sumOfInts: 6
>   productOfInts: 6
>   names: Tomatoes Mushrooms Bagels Olive oil Ice cream
>   changeFrom50: 22.0

Es gibt keine Dummen Fragen

F: Sie sagten, dass einige Funktionen höherer Ordnung nicht direkt mit einer `Map` benutzt werden können. Warum nicht?

A: Der Grund ist, dass `Map`s anders definiert sind als `List`s oder `Set`s. Das hat Auswirkungen darauf, welche Funktionen benutzt werden können.

Im Hintergrund erben `List` und `Set` bestimmtes Verhalten von einem Interface namens `Collection`. Dieses erbt wiederum Verhalten vom `Iterable`-Interface. `Map` erbt dagegen von keinem der beiden Interfaces. Das heißt, `List` und `Set` haben den Typ `Iterable`, `Map` jedoch nicht.

Dieser Unterschied ist wichtig, weil Funktionen wie `fold`, `forEach` und `groupBy` für die Arbeit mit `Iterable`s konstruiert sind. Da `Map` kein `Iterable` ist, erhalten Sie einen Compilerfehler, wenn Sie versuchen, eine dieser Funktionen mit einer `Map` zu verwenden.

Die gute Nachricht ist, dass die Eigenschaften `entries`, `keys` und `values` den Typ `Iterable` haben, denn `entries` und `keys` sind beide `Set`s, während `values` vom `Collection`-Interface erbt. Dadurch können Funktionen wie `groupBy` und `fold` zwar nicht direkt an einer `Map` aufgerufen werden, an ihren Eigenschaften aber schon.

F: Muss ich grundsätzlich einen Startwert für die `fold`-Funktion angeben? Reicht es nicht, das erste Element der Collection als Startwert zu verwenden?

A: Für die Verwendung von `fold` *müssen Sie immer* einen Startwert angeben. Dieser Parameter ist Pflicht und kann nicht weggelassen werden.

Soll das erste Element einer Collection als Startwert benutzt werden, können Sie alternativ die Funktion `reduce` einsetzen, die so ähnlich wie `fold` funktioniert, nur dass Sie für `reduce` keinen Startwert anzugeben brauchen. `fold` verwendet automatisch den ersten Wert einer Collection als Startwert.

F: Iteriert `fold` in einer bestimmte Reihenfolge über die Collection? Kann ich diese Reihenfolge umkehren?

A: Die Funktionen `fold` und `reduce` gehen die Elemente einer Collection von »links nach rechts« durch, beginnend mit dem ersten Element der Collection.

Soll die Reihenfolge umgekehrt werden, können Sie stattdessen die Funktionen **`foldRight`** und **`reduceRight`** einsetzen. Sie funktionieren mit Arrays und Listen, aber nicht mit `Set`s oder `Map`s.

F: Können die Variablen in der Closure eines Lambdas aktualisiert werden?

A: Ja.

Wie Sie sich erinnern werden, bezieht sich die Closure eines Lambdas auf die Variablen, die außerhalb des Lambdas definiert wurden und auf die das Lambda Zugriff hat. Im Gegensatz zu anderen Sprachen wie Java können diese Variablen im Körper des Lambdas aktualisiert werden, solange sie per `var` definiert wurden.

F: Besitzt Kotlin noch mehr Funktionen höherer Ordnung?

A: Ja. Allerdings sind Kotlins Funktionen höherer Ordnung so zahlreich, dass wir sie in diesem Kapitel nicht alle behandeln können. Daher haben wir uns nur auf die unserer Meinung nach nützlichsten oder wichtigsten konzentriert. Da Sie inzwischen wissen, wie diese Funktionen benutzt werden, können Sie Ihr neues Wissen selbstständig erweitern.

Eine vollständige Liste der Kotlin-Funktionen (inklusive der Funktionen höherer Ordnung) finden Sie in der Onlinedokumentation unter:

https://kotlinlang.org/api/latest/jvm/stdlib/index.html

Spitzen Sie Ihren Bleistift

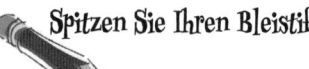

Folgender Code definiert die Datenklasse `Grocery` und eine Collection vom Typ `List<Grocery>` namens `groceries`:

```kotlin
data class Grocery(val name: String, val category: String,
                   val unit: String, val unitPrice: Double,
                   val quantity: Int)

val groceries = listOf(Grocery("Tomatoes", "Vegetable", "lb", 3.0, 3),
                       Grocery("Mushrooms", "Vegetable", "lb", 4.0, 1),
                       Grocery("Bagels", "Bakery", "Pack", 1.5, 2),
                       Grocery("Olive oil", "Pantry", "Bottle", 6.0, 1),
                       Grocery("Ice cream", "Frozen", "Pack", 3.0, 2))
```

Schreiben Sie den Code, um zu ermitteln, wie viel Geld für Gemüse (Vegetable) ausgegeben wird.

....

Erstellen Sie eine `List` mit den Namen aller Artikel (Elemente), deren Gesamtpreis kleiner ist als 5.0.

....

Geben Sie die Gesamtkosten für jede Kategorie (category) aus.

....

....

....

Geben Sie die Namen aller Artikel aus, die nicht in Flaschen verpackt sind, gruppiert nach dem Wert von `unit`:

....

....

....

....

➤ Antworten auf Seite 392.

Eingebaute Funktionen höherer Ordnung

Vermischte Nachrichten

Unten sehen Sie ein kleines Kotlin-Programm. Ein Block des Programms fehlt. Ihre Herausforderung besteht darin, die Kandidatenblöcke (links) mit den Ausgaben (rechts) zu verbinden, wenn die Blöcke in unseren Code eingefügt werden. Es werden nicht alle möglichen Ausgaben gebraucht, manche dagegen mehr als einmal. Zeichnen Sie Linien, die die Kandidaten mit den korrekten Ausgaben verbinden.

```kotlin
fun main(args: Array<String>) {
    val myMap = mapOf("A" to 4, "B" to 3, "C" to 2, "D" to 1, "E" to 2)
    var x1 = ""
    var x2 = 0


    
    

    println("$x1$x2")
}
```

Hier kommt der Kandidatencode hin.

Verbinden Sie alle Kandidaten mit einer der möglichen Ausgaben.

Kandidaten:

```
x1 = myMap.keys.fold("") { x, y -> x + y}
x2 = myMap.entries.fold(0) { x, y -> x * y.value }
```

```
x2 = myMap.values.groupBy { it }.keys.sumBy { it }
```

```
x1 = "ABCDE"
x2 = myMap.values.fold(12) { x, y -> x - y }
```

```
x2 = myMap.entries.fold(1) { x, y -> x * y.value }
```

```
x1 = myMap.values.fold("") { x, y -> x + y }
```

```
x1 = myMap.values.fold(0) { x, y -> x + y }
              .toString()
x2 = myMap.keys.groupBy { it }.size
```

Mögliche Ausgaben:

10

ABCDE0

ABCDE48

43210

432120

48

125

→ Antworten auf Seite 393.

Spitzen Sie Ihren Bleistift: Lösung

Folgender Code definiert die Datenklasse `Grocery` und eine Collection vom Typ `List<Grocery>` namens `groceries`:

```kotlin
data class Grocery(val name: String, val category: String,
                   val unit: String, val unitPrice: Double,
                   val quantity: Int)

val groceries = listOf(Grocery("Tomatoes", "Vegetable", "lb", 3.0, 3),
                       Grocery("Mushrooms", "Vegetable", "lb", 4.0, 1),
                       Grocery("Bagels", "Bakery", "Pack", 1.5, 2),
                       Grocery("Olive oil", "Pantry", "Bottle", 6.0, 1),
                       Grocery("Ice cream", "Frozen", "Pack", 3.0, 2))
```

Schreiben Sie den Code, um zu ermitteln, wie viel Geld für Gemüse (Vegetable) ausgegeben wird.

`groceries.filter { it.category == "Vegetable" }.sumByDouble { it.unitPrice * it.quantity }` ← Nach category filtern und dann den Gesamtpreis berechnen.

Erstellen Sie eine `List` mit den Namen aller Artikel (Elemente), deren Gesamtpreis kleiner ist als 5.0.

`groceries.filter { it.unitPrice * it.quantity < 5.0 }.map { it.name }` ← Nach unitPrice * quantity filtern, dann die map-Funktion benutzen, um das Ergebnis umzuwandeln.

Geben Sie die Gesamtkosten für jede Kategorie (category) aus.

```
groceries.groupBy { it.category }.forEach {    ← Für jede Kategorie (category) ...
    println("${it.key}: ${it.value.sumByDouble { it.unitPrice * it.quantity }}")
}
```
... den Schlüssel (key), gefolgt vom Ergebnis von sumByDouble für jeden Wert ausgeben.

Geben Sie die Namen aller Artikel aus, die nicht in Flaschen verpackt sind, gruppiert nach dem Wert von `unit`:

```
groceries.filterNot { it.unit == "Bottle" }.groupBy { it.unit }.forEach {    ← Ergebnis nach dem Wert von unit gruppieren.
    println(it.key)    ← Alle Schlüssel der erzeugten Map ausgeben.
    it.value.forEach { println("   ${it.name}") }
}
```
Einträge ermitteln, deren Wert für unit nicht »Bottle« ist.

Jeder Wert der Map hat den Typ `List<Grocery>`. Wir können also forEach benutzen, um über jede Liste zu iterieren und die Namen der Artikel auszugeben.

Eingebaute Funktionen höherer Ordnung

Vermischte Nachrichten, Lösung

Unten sehen Sie ein kleines Kotlin-Programm. Ein Block des Programms fehlt. Ihre Herausforderung besteht darin, die Kandidatenblöcke (links) mit den Ausgaben (rechts) zu verbinden, wenn die Blöcke in unseren Code eingefügt werden. Es werden nicht alle möglichen Ausgaben gebraucht, manche dagegen mehr als einmal. Zeichnen Sie Linien, die die Kandidaten mit den korrekten Ausgaben verbinden.

```
fun main(args: Array<String>) {
    val myMap = mapOf("A" to 4, "B" to 3, "C" to 2, "D" to 1, "E" to 2)
    var x1 = ""
    var x2 = 0




    println("$x1$x2")
}
```

Hier kommt der Kandidatencode hin.

Verbinden Sie alle Kandidaten mit einer der möglichen Ausgaben.

Kandidaten:

```
x1 = myMap.keys.fold("") { x, y -> x + y}
x2 = myMap.entries.fold(0) { x, y -> x * y.value }
```

```
x2 = myMap.values.groupBy { it }.keys.sumBy { it }
```

```
x1 = "ABCDE"
x2 = myMap.values.fold(12) { x, y -> x - y }
```

```
x2 = myMap.entries.fold(1) { x, y -> x * y.value }
```

```
x1 = myMap.values.fold("") { x, y -> x + y }
```

```
x1 = myMap.values.fold(0) { x, y -> x + y }
              .toString()
x2 = myMap.keys.groupBy { it }.size
```

Mögliche Ausgaben:

10

ABCDE0

ABCDE48

43210

432120

48

125

Ihr Kotlin-Werkzeugkasten

Damit haben Sie auch das zwölfte und letzte Kapitel dieses Buchs hinter sich gebracht. Zusätzlich zu den vorhandenen Werkzeugen enthält Ihr Werkzeugkasten jetzt auch eingebaute Funktionen höherer Ordnung.

Herzlichen Glückwunsch!

Den kompletten Code dieses Kapitels können Sie hier herunterladen: https://tinyurl.com/HFKotlin.

Punkt für Punkt

- Verwenden Sie `minBy` und `maxBy`, um den niedrigsten oder höchsten Wert in einer Collection zu ermitteln. Diese Funktionen übernehmen ein Lambda als Parameter, dessen Körper die Funktionskriterien definiert. Der Rückgabetyp entspricht dem Typ der Elemente in der Collection.

- Verwenden Sie `sumBy` oder `sumByDouble`, um die Summe aller Elemente einer Collection zu ermitteln. Als Parameter wird ein Lambda übergeben, das angibt, was summiert werden soll. Für `Int`-Werte benutzen Sie `sumBy`, für `Double`-Werte entsprechend die Funktion `sumByDouble`.

- Mithilfe der `filter`-Funktion können Sie eine Collection anhand bestimmter Kriterien durchsuchen oder filtern. Diese Kriterien werden über ein Lambda angegeben, dessen Körper einen booleschen Wert zurückgeben muss. `filter` gibt normalerweise eine `List` zurück. Wird die Funktion mit einer `Map` verwendet, wird stattdessen auch eine `Map` zurückgegeben.

- Die `map`-Funktion kann die Elemente einer Collection anhand bestimmter Kriterien, die über ein Lambda definiert werden, umwandeln. Der Rückgabetyp ist `List`.

- `forEach` funktioniert wie eine `for`-Schleife. Sie können damit eine oder mehrere Aktionen für jedes (for each) Element einer Collection durchführen.

- Verwenden Sie `groupBy`, um eine Collection in mehrere Gruppen zu unterteilen. Die Funktion übernimmt als Parameter ein Lambda, das definiert, wie die Elemente gruppiert werden sollen. Sie gibt eine `Map` zurück, die die Lambda-Kriterien als Schlüssel verwendet. Die Werte haben den Typ `List`.

- Anhand der `fold`-Funktion können Sie einen Startwert angeben und bestimmte Aktionen für jedes Element einer Collection durchführen. `fold` übernimmt zwei Parameter: den Startwert und ein Lambda, das angibt, welche Operationen durchgeführt werden sollen.

Raus aus der Stadt ...

Vielen Dank für Ihren Besuch hier in Kotlinville

Schade, dass Sie gehen müssen, aber es gibt nichts Besseres, als das Gelernte tatsächlich anzuwenden. Ein paar Schätze haben wir in den Anhängen dieses Buchs noch für Sie versteckt. Zudem gibt es einen praktischen Index. Danach ist es Zeit, alle diese neuen Ideen endlich in die Tat umzusetzen. Bon Voyage!

Anhang I: Koroutinen

Code parallel ausführen

> Sie sagen, ich **kann gleichzeitig** laufen und Kaugummi kauen? Wie aufregend!

Manche Aufgaben laufen am besten im Hintergrund.

Sollen Daten von einem langsamen externen Server gelesen werden, wollen Sie vermutlich nicht bis zum Ende danebensitzen und Däumchen drehen. In solchen Fällen sind **Koroutinen Ihre neuen besten Freunde**. Mit Koroutinen können Sie Code *asynchron ausführen*, das heißt *weniger Däumchen drehen* und eine *bessere Benutzbarkeit*. Außerdem können Ihre Applikationen durch Koroutinen *skalierbarer* werden. Wenn Sie weiterlesen, werden Sie das Geheimnis lüften, wie Sie gleichzeitig mit Bob reden und Suzy zuhören können.

Dies ist ein Anhang

Einen Drumcomputer bauen

Mit Koroutinen können Sie Codebausteine erstellen, die **asynchron** ausgeführt werden. Anstatt die Codeteile nacheinander abzuarbeiten, können Koroutinen Seite an Seite laufen.

Mit Koroutinen können Sie eine Aufgabe im Hintergrund ausführen, etwa das Lesen von Daten von einem externen Server. Dabei muss der restliche Code nicht darauf warten, dass diese Aufgabe beendet ist, bevor etwas anderes begonnen werden kann. Dadurch scheint das Programm für den Benutzer flüssiger zu laufen. Zudem wird Ihre Applikation besser skalierbar.

Um zu sehen, welchen Unterschied Koroutinen in Ihrem Code ausmachen können, wollen wir einen Drumcomputer programmieren, der eine bestimmte Schlagzeugsequenz abspielt. Wir beginnen mit der Erstellung des IDEA-Projekts »Drum Machine«. Folgende Schritte sind nötig:

> Der Code in diesem Kapitel bezieht sich auf Kotlin 1.3 und höher. In früheren Versionen galten Koroutinen als experimentelles Feature.

1. Legen Sie ein neues GRADLE-Projekt an.

Um Code mit Koroutinen zu schreiben, müssen wir ein neues **Gradle**-Projekt anlegen und es für die Verwendung von Koroutinen konfigurieren. Erstellen Sie hierfür in IntelliJ ein neues Projekt, wählen Sie die Option Gradle und markieren Sie das Ankreuzfeld »Kotlin/JVM«. Danach klicken Sie auf den Next-Button.

> Gradle ist ein Build-Werkzeug, mit dem Sie Code kompilieren und bereitstellen können. Dabei können beliebige von Ihrem Code benötigte Drittherstellerbibliotheken eingebunden werden. Wir benutzen Gradle, um unser Projekt ein paar Seiten weiter mit Koroutinen zu versehen.

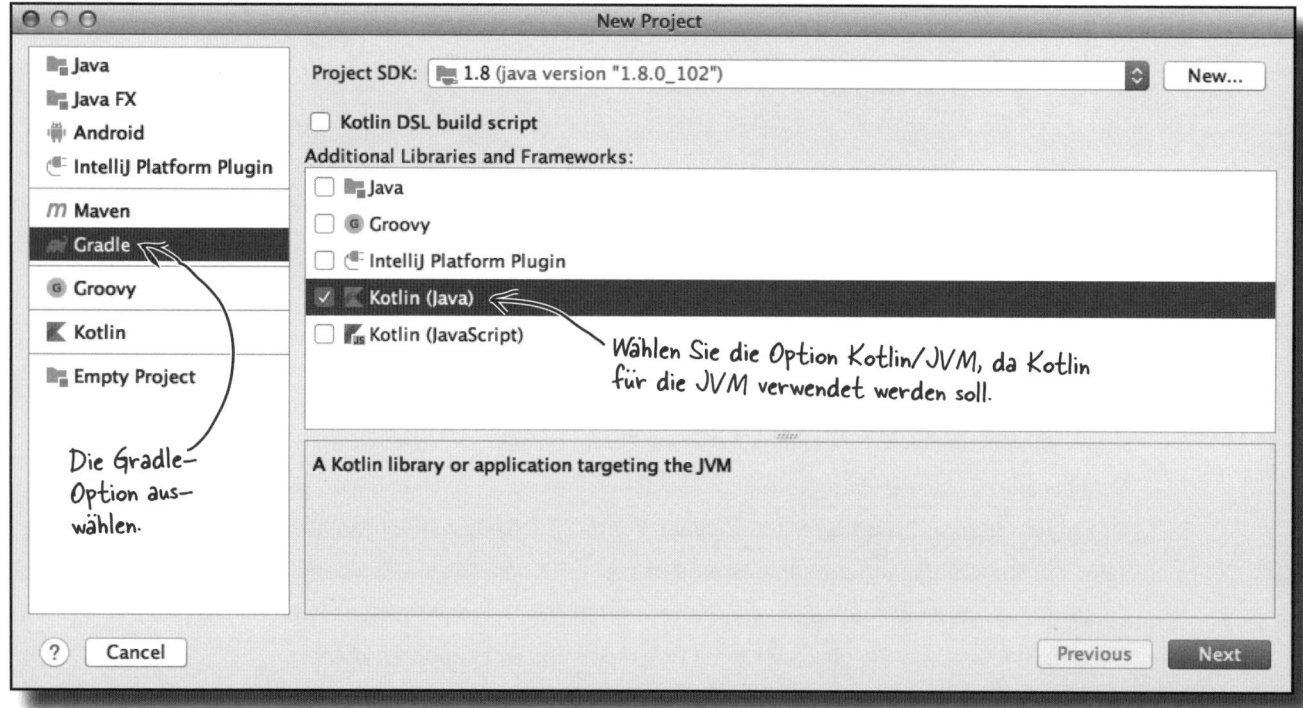

2. Geben Sie eine Artifact-ID ein.

Bei der Erstellung eines Gradle-Projekts müssen Sie eine Artifact-ID angeben. Das ist im Prinzip der Projektname, der hier per Konvention jedoch kleingeschrieben wird. Geben Sie die Artifact-ID »drummachine« ein und klicken Sie dann auf den Next-Button.

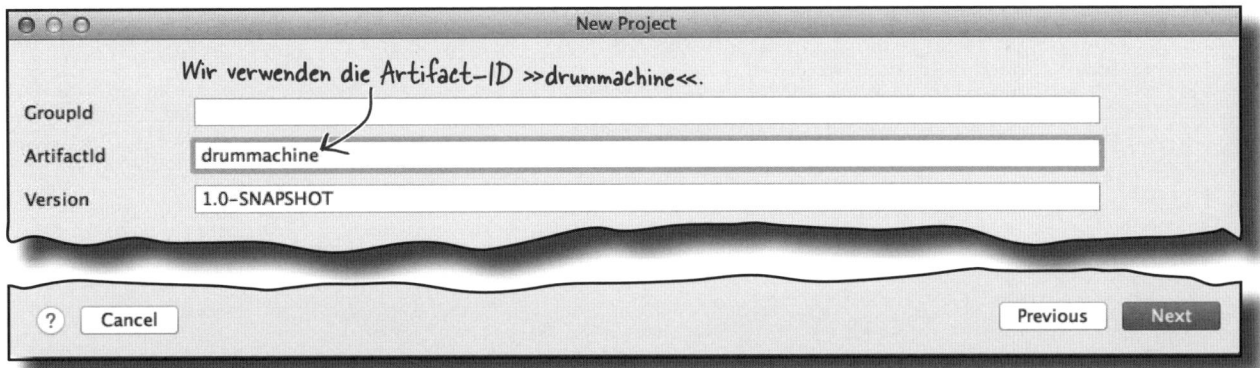

3. Geben Sie die Konfigurationsdetails an.

Jetzt müssen Sie festlegen, welche Änderungen gegenüber der Standardprojektkonfiguration nötig sind. Klicken Sie auf den Next-Button, um die Standardwerte zu akzeptieren.

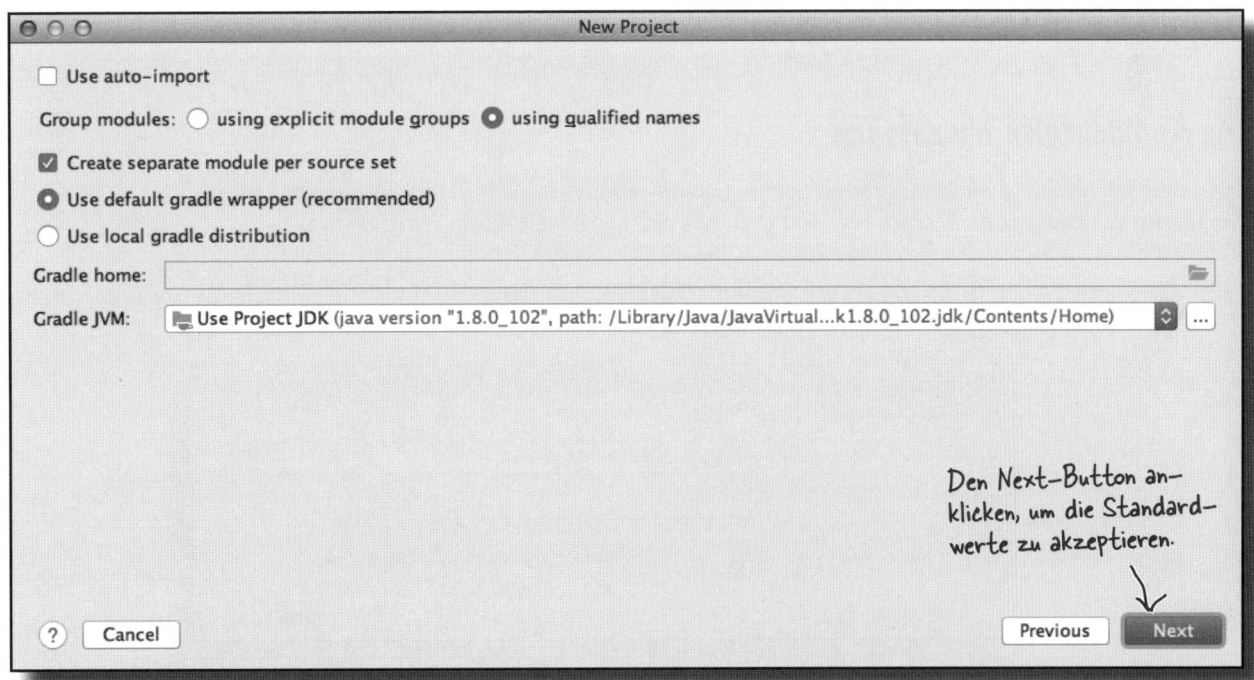

Dateien hinzufügen

4. Geben Sie den Projektnamen an.

Schließlich müssen Sie noch den tatsächlichen Projektnamen angeben. Wir verwenden den Namen »Drum Machine«. Danach können Sie den Finish-Button anklicken, und die IntelliJ IDEA erzeugt Ihr Projekt.

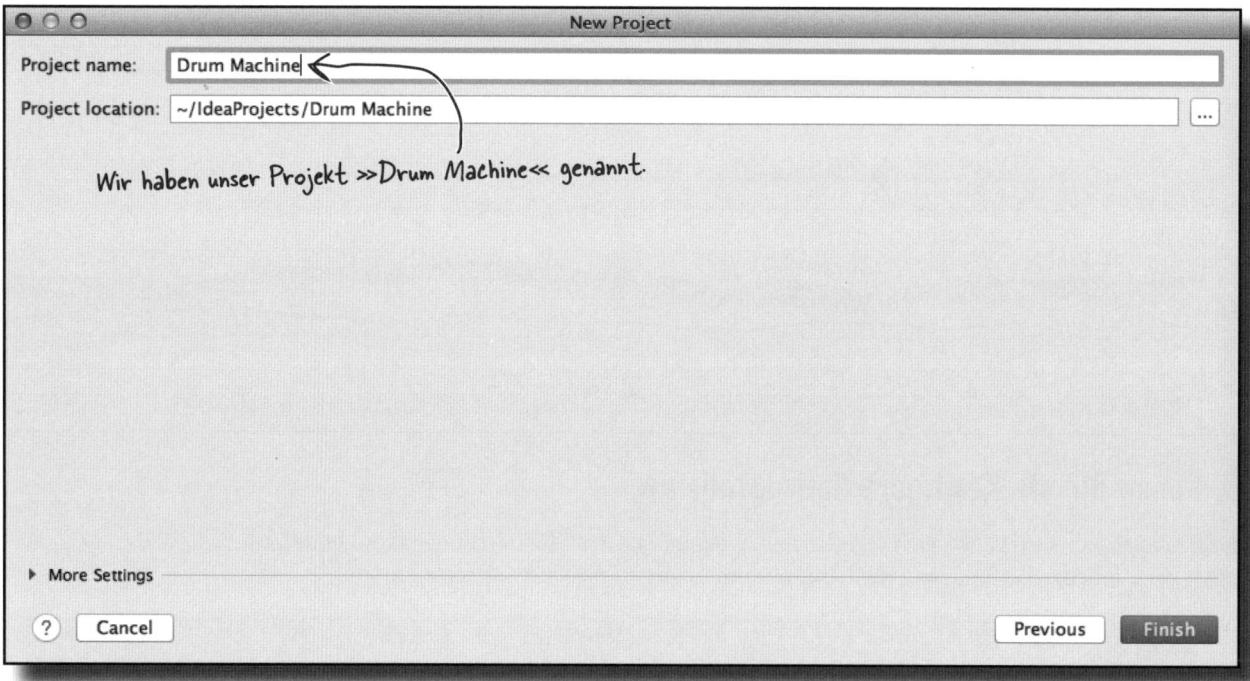

Die Audiodateien hinzufügen

Nachdem das Projekt erstellt ist, müssen Sie die nötigen Audiodateien hinzufügen. Laden Sie hierfür die Dateien *crash_cymbal.aiff* und *toms.aiff* von *https://tinyurl.com/HFKotlin* herunter und ziehen Sie sie auf den *Drum Machine*-Ordner Ihres Projekts in der linken Seitenleiste. Es erscheint ein »Move«-Fenster, in dem Sie bestätigen müssen, dass die Dateien in den *Drum Machine*-Ordner verschoben werden sollen.

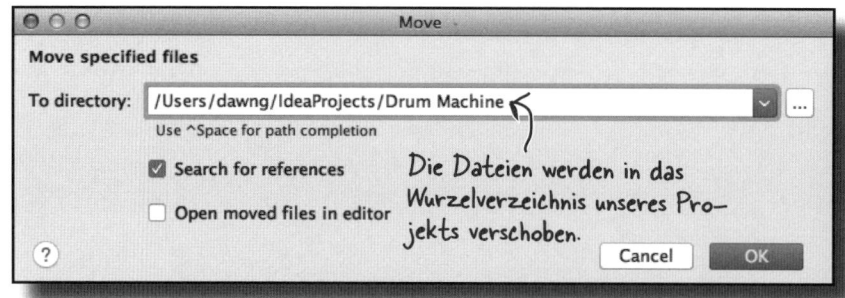

Den Code dem Projekt hinzufügen

Wir haben etwas Code erhalten, der eine Drum-Sequenz spielt und den wir unserem Projekt hinzufügen müssen. Erstellen Sie eine neue Kotlin-Datei namens *Beats.kt*, indem Sie den Ordner *src/main/kotlin* markieren, und wählen Sie dann den Befehl New → Kotlin File/Class aus dem File-Menü. Geben Sie der neuen Datei den Namen »Beats« und wählen Sie im unteren Aufklappmenü (Kind) die Option File. Danach fügen Sie den unten stehenden Code in die Datei ein:

Obacht: Der Code liegt diesmal nicht im src-Ordner, sondern im Unterverzeichnis src/main/kotlin.

```
import java.io.File
import javax.sound.sampled.AudioSystem
```
Wir benutzen zwei Java-Bibliotheken, die zunächst importiert werden müssen. Mehr über import-Anweisungen finden Sie in Anhang III.

```
fun playBeats(beats: String, file: String) {
    val parts = beats.split("x")
    var count = 0
    for (part in parts) {
        count += part.length + 1
        if (part == "") {
            playSound(file)
        } else {
            Thread.sleep(100 * (part.length + 1L))
            if (count < beats.length) {
                playSound(file)
            }
        }
    }
}
```
Der beats-Parameter definiert das Muster der Schlagzeugschläge. Der file-Parameter gibt an, welche Audiodatei abgespielt werden soll.

Pausiert den aktuellen Ausführungs-Thread, damit genug Zeit ist, die Audiodatei abzuspielen.

playSound für jedes »x« im beats-Parameter aufrufen.

Spielt die angegebene Audiodatei ab.
```
fun playSound(file: String) {
    val clip = AudioSystem.getClip()
    val audioInputStream = AudioSystem.getAudioInputStream(
        File(
            file
        )
    )
    clip.open(audioInputStream)
    clip.start()
}

fun main() {
    playBeats("x-x-x-x-x-x-", "toms.aiff")
    playBeats("x-----x-----", "crash_cymbal.aiff")
}
```
Die Dateien für die Toms und Becken gemäß dem definierten Muster abspielen.

Sehen, nein, hören wir mal, was passiert, wenn wir den Code ausführen.

Probefahrt

Wenn wir den Code ausführen, werden zunächst die Toms (*toms.aiff*) gespielt, gefolgt vom Crashbecken (*crash_cymbal.aiff*). Dies passiert nacheinander. Sobald die Toms beendet wurden, werden die Becken abgespielt.

Bam! Bam! Bam! Bam! Bam! Bam! Tish! Tish!

Der Code spielt die Toms-Audiodatei sechsmal ab.

Danach wird die Becken-(Cymbal-)Audiodatei zweimal abgespielt.

Was machen wir aber, wenn Toms und Becken gleichzeitig zu hören sein sollen?

Verwenden Sie Koroutinen, um mehrere Instrumente gleichzeitig spielen zu lassen

Wie bereits gesagt, es ist mit Koroutinen möglich, Codeteile asynchron auszuführen. Für unser Beispiel heißt das, dass wir den Code für die Toms in eine Koroutine verlagern können, damit sie gleichzeitig mit den Becken erklingen.

Dafür müssen wir zwei Dinge tun:

① Fügen Sie dem Projekt Koroutinen als Dependency hinzu.
Koroutinen befinden sich in einer separaten Kotlin-Bibliothek, die wir unserem Projekt vor der Benutzung hinzufügen müssen.

② Starten Sie die Koroutine.
Die Koroutine bindet den Code ein und spielt die Toms.

Sehen wir uns an, wie das funktioniert.

1. Eine Koroutinen-Dependency hinzufügen

Um Koroutinen in Ihrem Projekt nutzen zu können, müssen Sie sie Ihrem Projekt zuvor als Dependency (Abhängigkeit) hinzufügen. Öffnen Sie hierfür *build.gradle* durch einen Doppelklick und aktualisieren Sie den `dependencies`-Abschnitt, wie hier gezeigt:

```
dependencies {
    compile "org.jetbrains.kotlin:kotlin-stdlib-jdk8"
    implementation 'org.jetbrains.kotlinx:kotlinx-coroutines-core:1.0.1'
}
```

Erweitern Sie build.gradle um diese Zeile, um die coroutines-Bibliothek Ihrem Projekt hinzuzufügen.

Danach klicken Sie auf die Option Import Changes, um die Änderungen anzuwenden.

Klicken Sie auf Import Changes, wenn Sie dazu aufgefordert werden.

> Gradle projects need to be imported
> Import Changes Enable Auto-Import

Als Nächstes müssen wir die `main`-Funktion aktualisieren, damit sie eine Koroutine benutzt.

2. Eine Koroutine starten

Wir weisen unseren Code an, die Toms-Audiodatei in einer separaten Koroutine im Hintergrund abzuspielen. Hierfür umgeben wir den Abspielcode mit einem Aufruf an **`GlobalScope.launch`** aus der Bibliothek `kotlinx.coroutines`. Dadurch wird der Code, der die Toms spielt, jetzt im Hintergrund ausgeführt, sodass zwei Klänge gleichzeitig abgespielt werden.

Hier die neue Version unserer `main`-Funktion. Aktualisieren Sie Ihre Fassung, damit sie dem unten stehenden Code entspricht (Änderungen sind fett hervorgehoben):

```
...
import kotlinx.coroutines.*
...

fun main() {
    GlobalScope.launch { playBeats("x-x-x-x-x-x-", "toms.aiff") }
    playBeats("x-----x-----", "crash_cymbal.aiff")
}
```

Fügen Sie diese Zeile nach den anderen beiden import-Anweisungen ein, um die Funktionen aus der coroutines-Bibliothek nutzen zu können.

Eine Koroutine im Hintergrund starten.

Der erste Aufruf von playBeats wird von geschweiften Klammern umgeben.

Um das in Aktion zu sehen, unternehmen wir einen weiteren Probelauf.

Koroutinen und Threads im Vergleich

Probefahrt

Wenn wir den Code ausführen, werden Toms und Becken gleichzeitig abgespielt. Dabei werden die Toms von einer separaten Koroutine im Hintergrund gespielt.

Nachdem Sie wissen, wie eine Koroutine im Hintergrund gestartet wird und welche Auswirkungen das hat, wollen wir uns Koroutinen noch etwas näher betrachten.

Eine Koroutine funktioniert wie ein abgespeckter Thread

Hinter den Kulissen funktioniert der Aufruf einer Koroutine wie das Starten eines separaten Ausführungs-**Threads**. Threads kommen in anderen Sprachen wie Java ziemlich häufig vor. Koroutinen und Threads können parallel laufen und miteinander kommunizieren. Der Hauptunterschied liegt darin, dass die Verwendung von **Koroutinen effizienter ist als die von Threads**.

Das Starten und Laufenlassen eines Threads kann schnell zu Performanceeinbußen führen. Normalerweise kann der Prozessor nur eine begrenzte Anzahl von Threads gleichzeitig ausführen. Daher ist es effizienter, so wenige Threads wie möglich zu verwenden. Koroutinen werden dagegen standardmäßig aus einem verfügbaren Pool an Threads ausgeführt. Der gleiche Thread kann mehrere Koroutinen ausführen. Weil weniger Threads gebraucht werden, ist es effizienter, für die asynchrone Ausführung von Aufgaben Koroutinen zu nutzen.

In unserem Code verwenden wir `GlobalScope.launch`, um eine neue Koroutine im Hintergrund auszuführen. Dort wird ein neuer Thread erzeugt, in dem die Koroutine läuft, wodurch *toms.aiff* und *crash_cymbal.aiff* in separaten Threads abgespielt werden. Da wenige Threads effizienter sind, wollen wir versuchen, die Audiodateien in separaten Koroutinen, aber im gleichen Thread abspielen zu lassen.

runBlocking verwenden, um Koroutinen im gleichen Geltungsbereich auszuführen

Wenn Ihr Code im gleichen Thread, aber in unterschiedlichen Koroutinen ausgeführt wird, können Sie die Funktion **runBlocking** verwenden. Dies ist eine Funktion höherer Ordnung, die den aktuellen Thread so lange blockiert, bis der übergebene Code zu Ende ausgeführt wurde. runBlocking definiert einen Geltungsbereich (Scope), der vom übergebenen Code geerbt wird. In unserem Beispiel können wir diesen Geltungsbereich verwenden, um separate Koroutinen im gleichen Thread laufen zu lassen.

Unten sehen Sie eine neue Version unserer main-Funktion, die genau das tut. Fügen Sie die Änderungen (fett hervorgehoben) in Ihren Code ein:

```
fun main() {                    Den auszuführenden Code mit einem
    runBlocking {  ←            Aufruf von runBlocking umgeben.
        GlobalScope.launch { playBeats("x-x-x-x-x-x-", "toms.aiff") }
        playBeats("x-----x-----", "crash_cymbal.aiff")
    }
}
```
Die Referenz auf GlobalScope entfernen.

Hier starten wir eine neue Koroutine per launch und nicht mehr über GlobalScope.launch. Der Grund ist, dass die Koroutine im gleichen Thread ausgeführt werden soll und nicht in einem separaten Hintergrund-Thread. Durch das Weglassen der Referenz auf GlobalScope kann die Koroutine im gleichen Geltungsbereich ausgeführt werden wie runBlocking.

Sehen wir mal, was passiert, wenn wir den Code laufen lassen.

Probefahrt

Wenn wir diesen Code ausführen, werden die Audiodateien zwar abgespielt, aber nicht parallel, sondern nacheinander.

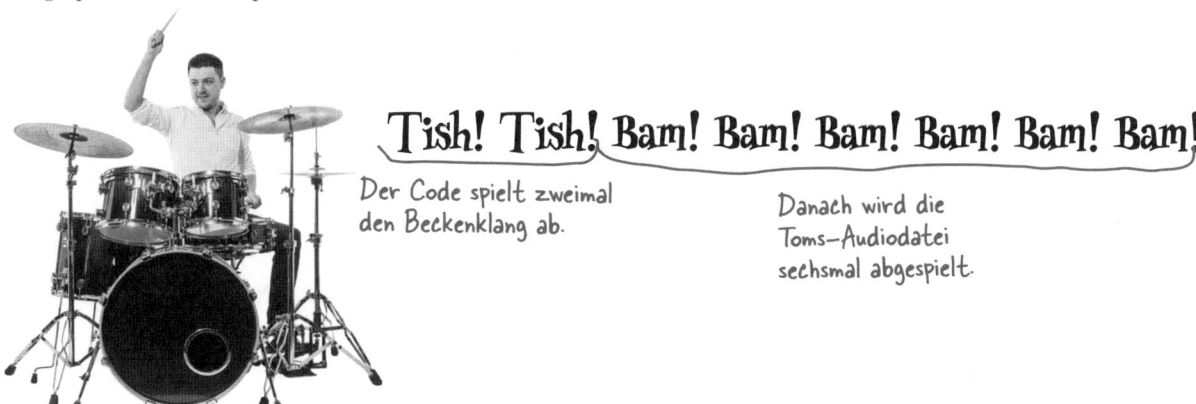

Tish! Tish! Bam! Bam! Bam! Bam! Bam! Bam!

Der Code spielt zweimal den Beckenklang ab.

Danach wird die Toms-Audiodatei sechsmal abgespielt.

Was ist hier schiefgegangen?

Thread.sleep oder delay

Thread.sleep hält den aktuellen THREAD an

Als wir die `playBeats`-Funktion in unser Projekt eingebaut haben, ist Ihnen vermutlich die folgende Zeile aufgefallen:

```
Thread.sleep(100 * (part.length + 1L))
```

Dieser Code verwendet eine Java-Bibliothek, um den aktuellen Thread anzuhalten, damit genug Zeit ist, die Audiodatei abzuspielen. Gleichzeitig wird verhindert, dass der Thread in dieser Zeit etwas anderes tut. Da wir die Audiodateien jetzt im gleichen Thread abspielen, können sie nicht länger gleichzeitig (parallel) erklingen, obwohl sie sich in unterschiedlichen Koroutinen befinden.

Die delay-Funktion hält die aktuelle KOROUTINE an

In dieser Situation ist es besser, die **delay**-Funktion der Koroutine zu verwenden. Der Effekt ist so ähnlich wie bei `Thread.sleep`. Anstatt jedoch den gesamten aktuellen *Thread* anzuhalten, wird nur die aktuelle *Koroutine* unterbrochen. Die Funktion hält die Koroutine für eine bestimmte Zeit an, während anderer Code im gleichen Thread weiterlaufen kann. Folgender Code verzögert die Koroutine beispielsweise für eine Sekunde:

```
delay(1000)
```
← *Die delay-Funktion bewirkt eine Pause, allerdings effizienter als Thread.sleep.*

Die `delay`-Funktion kann in diesen zwei Situationen verwendet werden:

 Innerhalb einer Koroutine.
Folgender Code ruft `delay` beispielsweise aus einer Koroutine heraus auf:

```
GlobalScope.launch {
    delay(1000)
    // Code, der nach 1 Sekunde
    // ausgeführt werden soll
}
```
← *Hier starten wir die Koroutine und verzögern (delay) ihre Ausführung für eine Sekunde.*

 Innerhalb einer Funktion, von der der Compiler weiß, dass sie pausieren oder aussetzen (suspend) kann.

In unserem Beispiel wollen wir die `delay`-Funktion innerhalb der `playBeats`-Funktion nutzen. Wir müssen dem Compiler also mitteilen, dass `playBeats` – und die aufrufende `main`-Funktion – aussetzen können. Hierfür stellen wir beiden Funktionen das Schlüsselwort `suspend` voran, wie hier gezeigt:

```
suspend fun playBeats(beats: String, file: String) {
    ...
}
```
← *Das Schlüsselwort suspend teilt dem Compiler mit, dass diese Funktion ausgesetzt (suspended) werden kann.*

Den vollständigen Projektcode zeigen wir Ihnen auf der folgenden Seite.

> **Wenn Sie eine aussetzbare (suspendable) Funktion (z. B. delay) aus einer anderen Funktion aufrufen, muss diese mit suspend gekennzeichnet werden.**

Der vollständige Projektcode

Hier der vollständige Code für unser Drum Machine-Projekt. Aktualisieren Sie Ihre Version von *Beats.kt*, sodass sie dem unten stehenden Code entspricht (Änderungen haben wir fett gedruckt hervorgehoben):

```
import java.io.File
import javax.sound.sampled.AudioSystem
import kotlinx.coroutines.*

suspend fun playBeats(beats: String, file: String) {
    val parts = beats.split("x")
    var count = 0
    for (part in parts) {
        count += part.length + 1
        if (part == "") {
            playSound(file)
        } else {
            delay(100 * (part.length + 1L))
            if (count < beats.length) {
                playSound(file)
            }
        }
    }
}

fun playSound(file: String) {
    val clip = AudioSystem.getClip()
    val audioInputStream = AudioSystem.getAudioInputStream(
        File(
            file
        )
    )
    clip.open(audioInputStream)
    clip.start()
}

suspend fun main() {
    runBlocking {
        launch { playBeats("x-x-x-x-x-x-", "toms.aiff") }
        playBeats("x-----x-----", "crash_cymbal.aiff")
    }
}
```

playBeats mit suspend kennzeichnen, damit die delay-Funktion aufgerufen werden kann.

Thread.sleep durch delay ersetzen.

Die main-Funktion mit suspend kennzeichnen, damit sie die playBeats-Funktion aufrufen kann.

Sehen wir, was passiert, wenn wir diesen Code ausführen.

*Probe**fahrt**

Probefahrt

Wenn der Code läuft, werden wie zuvor die Toms und Becken gleichzeitig abgespielt. Jetzt laufen die Audiodateien zwar in separaten Koroutinen, aber im gleichen Thread.

Bam! Bam! Bam! Bam! Bam! Bam!
Tish!   Tish!

← Toms und Becken werden weiterhin parallel abgespielt. Diesmal verwenden wir jedoch einen effizienteren Weg, die Audiodateien abzuspielen.

Mehr über den Einsatz von Koroutinen finden Sie hier:

https://kotlinlang.org/docs/reference/coroutines-overview.html

---

Punkt für Punkt

- Mit Koroutinen können Sie Code asynchron ausführen. Das ist nützlich, um Aufgaben im Hintergrund durchzuführen.

- Eine Koroutine funktioniert wie ein »abgespeckter« Thread. Standardmäßig laufen Koroutinen in einem Thread-Pool. Der gleiche Thread kann mehrere Koroutinen ausführen.

- Um Koroutinen zu verwenden, legen Sie ein Gradles-Projekt an und fügen die coroutines-Bibliothek als Dependency (Abhängigkeit) zu *build.gradle* hinzu.

- Verwenden Sie die `launch`-Funktion, um eine neue Koroutine zu starten.

- Die `runBlocking`-Funktion blockiert den aktuellen Thread, bis der enthaltene Code zu Ende ausgeführt wurde.

- Die `delay`-Funktion hält den Code für eine bestimmte Zeit an. Sie kann innerhalb einer Koroutine oder einer mit `suspend` gekennzeichneten Funktion verwendet werden.

Den vollständigen Code für diesen Anhang finden Sie unter: https://tinyurl.com/HFKotlin.

Anhang II: Testen

Ziehen Sie Ihren Code zur Rechenschaft

Es ist mir egal, wer Sie sind oder wie stark Sie aussehen. Ohne Passwort kommt hier niemand rein.

Jeder weiß, dass guter Code funktionieren muss.

Aber jede Codeänderung birgt das Risiko neuer Bugs, die verhindern, dass Ihr Code wie gewünscht funktioniert. Darum ist *sorgfältiges Testen* so wichtig: Sie erfahren von möglichen Problemen im Code, *bevor er in einer Produktionsumgebung eingesetzt wird*. In diesem Anhang besprechen wir **JUnit** und **KotlinTest**, zwei Bibliotheken für die Durchführung von **Unit-Tests**. Dadurch haben Sie *grundsätzlich ein Sicherheitsnetz zur Verfügung*.

JUnit

Kotlin kann bereits vorhandene Testbibliotheken verwenden

Wie Sie mittlerweile wissen, kann Kotlin-Code nach Java, JavaScript oder nativem Code kompiliert werden. Sie können also bereits vorhandene Bibliotheken der Zielplattform verwenden. Das heißt, Sie können zwei der beliebtesten Testbibliotheken zum Testen Ihres Kotlin-Codes in Java und JavaScript nutzen.

Als Erstes wollen wir uns JUnit ansehen.

Die JUnit-Bibliothek hinzufügen

Die **JUnit**-Bibliothek (*https://junit.org*) ist die am häufigsten für Tests eingesetzte Java-Bibliothek.

Um JUnit in Ihrem Kotlin-Projekt zu verwenden, müssen Sie die Bibliothek zuerst in das Projekt einbinden. Hierfür wählen Sie den Befehl Project Structure → Libraries aus dem File-Menü. Bei einem Gradle-Projekt fügen Sie der *build.gradle*-Datei Folgendes hinzu:

> **Beim Unit Testing** werden einzelne Einheiten (Units), wie Klassen oder Funktionen des Quellcodes getestet.

```
dependencies {
    ....
    testImplementation 'org.junit.jupiter:junit-jupiter-api:5.3.1'
    testRuntimeOnly 'org.junit.jupiter:junit-jupiter-engine:5.3.1'
    test { useJUnitPlatform() }
    ....
}
```

Diese Zeilen binden die Version 5.3.1 der JUnit-Bibliothek in das Projekt ein. Um eine andere Version zu verwenden, müssen Sie die Nummern entsprechend anpassen.

Sobald der Code kompiliert ist, können Sie die Tests durchführen. Hierfür genügt ein Rechtsklick auf den Klassen- oder Funktionsnamen und die Auswahl der Run-Option.

Um die Verwendung von JUnit mit Kotlin zu veranschaulichen, schreiben wir einen Test für eine Klasse namens `Totaller`: Die Klasse wird mit einem `Int`-Wert initialisiert und gibt die Gesamtsumme (`total`) aller Werte zurück, die ihr zur Addition mit der `add`-Funktion übergeben wurden:

```
class Totaller(var total: Int = 0) {
    fun add(num: Int): Int {
        total += num
        return total
    }
}
```

Jetzt können wir Ihnen zeigen, wie ein JUnit-Test für diese Klasse aussehen kann.

Eine JUnit-Testklasse erstellen

Hier sehen Sie eine JUnit-Testklasse namens `TotallerTest`, die – wer hätte das gedacht? – zum Testen von `Totaller` benutzt wird:

```kotlin
import org.junit.jupiter.api.Assertions.*
import org.junit.jupiter.api.Test
```
← Wir nehmen Code aus den JUnit-Packages. Diesen müssen wir zunächst importieren. Weitere Informationen zu import-Anweisungen finden Sie in Anhang III.

```kotlin
class TotallerTest {
```
← Die Klasse TotallerTest wird benutzt, um Totaller zu testen.

```kotlin
    @Test
```
← Dies ist eine Annotation, die die folgende Funktion als Test kennzeichnet.

```kotlin
    fun shouldBeAbleToAdd3And4() {
        val totaller = Totaller()
```
← Ein Totaller-Objekt erzeugen.

```kotlin
        assertEquals(3, totaller.add(3))
```
← Die Addition von 3 sollte den Rückgabewert 3 ergeben.

```kotlin
        assertEquals(7, totaller.add(4))
```
← Bei der Addition von 4 sollte der Rückgabewert 7 lauten.

```kotlin
        assertEquals(7, totaller.total)
```
← Überprüfen, ob der Rückgabewert dem Wert der total-Variablen entspricht.

```kotlin
    }
}
```

Jeder Test wird in einer Funktion durchgeführt, die mit der Annotation `@Test` versehen wird. Annotations werden verwendet, um Ihren Code mit programmatischen Informationen zu versehen. Die Annotation `@Test` besagt im Prinzip: »Dies ist eine Testfunktion.«

Tests bestehen aus *Aktionen* und *Annahmen* (Assertions). Aktionen sind Codestücke, die etwas *tun*. Annahmen sind Codestücke, die Dinge *überprüfen*. Im obigen Code haben wir die Annahme `assertEquals` benutzt, um sicherzustellen, dass die beiden übergebenen Werte gleich sind. Ist das nicht der Fall, löst `assertEquals` eine Ausnahme aus, und der Test schlägt fehl.

Im obigen Beispiel haben wir unsere Testfunktion `shouldBeAbleToAdd3And4` (»sollte 3 und 4 addieren können«) genannt. Wir können aber auch ein selten genutztes Kotlin-Feature verwenden und die Funktionsnamen mit Backticks (`` ` ``) umgeben. Dadurch kann der Name Leer- und andere Zeichen enthalten, die ihn lesbarer machen, wie hier:

```kotlin
....
@Test
fun `should be able to add 3 and 4 - and it mustn't go wrong`() {
    val totaller = Totaller()
...
```
← Das sieht seltsam aus, ist aber ein gültiger Kotlin-Funktionsname.

In den meisten Fällen verwenden Sie JUnit in Kotlin auf die gleiche Weise wie in einem Java-Projekt. Wenn Ihnen das nicht »kotlinisch« genug ist, gibt es auch noch eine Bibliothek namens KotlinTest.

Mehr über die Verwendung von JUnit finden Sie unter: https://junit.org

KotlinTest verwenden

Die Bibliothek **KotlinTest** (*https://github.com/kotlintest/kotlintest*) nutzt die gesamte Bandbreite der Sprache Kotlin, um das Schreiben von ausdrucksstärkeren Tests zu ermöglichen. Wie JUnit handelt es sich um eine separate Bibliothek, die Sie Ihrem Projekt vor der Verwendung explizit hinzufügen müssen.

KotlinTest ist ziemlich umfangreich und erlaubt das Schreiben von Tests in den verschiedensten Stilen. Als Beispiel zeigen wir Ihnen die KotlinTest-Version des JUnit-Tests von der vorigen Seite:

```kotlin
import io.kotlintest.shouldBe
import io.kotlintest.specs.StringSpec
```
Diese Funktionen stammen aus der KotlinTest-Bibliothek und müssen vor ihrem Einsatz importiert werden.

```kotlin
class AnotherTotallerTest : StringSpec({
    "should be able to add 3 and 4 - and it mustn't go wrong" {
        val totaller = Totaller()

        totaller.add(3) shouldBe 3
        totaller.add(4) shouldBe 7
        totaller.total shouldBe 7
    }
})
```
Die JUnit-Test-Funktion wird durch einen String ersetzt.

Anstelle von assertEquals benutzen wir hier shouldBe.

Der obige Test sieht so ähnlich aus wie der JUnit-Test von der vorigen Seite. Nur wird die Test-Funktion hier durch einen String ersetzt, und die Aufrufe von assertEquals wurden in shouldBe-Ausdrücke umgewandelt. Dies ist ein Beispiel für den **String-Specification**-Stil (kurz **StringSpec**-Stil) von KotlinTest. KotlinTest stellt verschiedene Teststile zur Verfügung. Sie sollten den Stil wählen, der für Ihren Code am besten geeignet ist.

KotlinTest ist aber nicht einfach eine Kotlin-Version von JUnit (tatsächlich greift KotlinTest im Hintergrund auf JUnit zurück). Kotlin-Test besitzt eine große Zahl zusätzlicher Merkmale, die das Erstellen von Tests deutlich erleichtern. Dabei wird weniger Code gebraucht, als bei einer einfachen Java-Bibliothek möglich. Sie können beispielsweise Spalten (Rows) verwenden, um Ihren Code gegen komplette Datensätze (Data Sets) zu testen. Schauen wir uns dazu mal ein Beispiel an.

rows verwenden, um gegen Datensätze zu testen

Hier ein Beispiel für einen zweiten Test, der Rows (Spalten wie in einer Tabelle) verwendet, um eine große Anzahl verschiedener Zahlen miteinander zu addieren (Änderungen sind fett hervorgehoben):

```kotlin
import io.kotlintest.data.forall
import io.kotlintest.shouldBe
import io.kotlintest.specs.StringSpec
import io.kotlintest.tables.row

class AnotherTotallerTest : StringSpec({
    "should be able to add 3 and 4 - and it mustn't go wrong" {
        val totaller = Totaller()

        totaller.add(3) shouldBe 3
        totaller.add(4) shouldBe 7
        totaller.total shouldBe 7
    }

    "should be able to add lots of different numbers" {
        forall(
                row(1, 2, 3),
                row(19, 47, 66),
                row(11, 21, 32)
        ) { x, y, expectedTotal ->
            val totaller = Totaller(x)
            totaller.add(y) shouldBe expectedTotal
        }
    }
})
```

Wir verwenden zusätzlich diese beiden Funktionen der KotlinTest-Bibliothek.

Dies ist der zweite Test.

Dieser Test wird für jede Datenspalte durchgeführt.

Die Werte jeder Spalte werden den Variablen x, y und expectedTotal (erwartete Gesamtsumme) zugewiesen.

Diese zwei Zeilen werden für jede Spalte ausgeführt.

Sie können KotlinTest verwenden, um:

- ★ Tests parallel auszuführen.
- ★ Tests mit automatisch erzeugten Eigenschaften durchführen.
- ★ Tests dynamisch zu de-/aktivieren. Vielleicht sollen manche Tests beispielsweise nur unter Linux oder macOS ausgeführt werden.
- ★ Tests zu gruppieren.

Und vieles, vieles mehr. Wenn Sie planen, eine Menge Kotlin-Code zu schreiben, ist KotlinTest auf jeden Fall einen Blick wert.

Mehr zu KotlinTest finden Sie hier:

https://github.com/kotlintest/kotlintest

Anhang III: Was übrig bleibt

Die Top Ten der Themen, die wir nicht behandelt haben

Nach allem, was wir behandelt haben, gibt es immer noch ein paar weitere wichtige Dinge.

Ein paar Themen haben wir noch für Sie. Wir wollten sie nicht ignorieren, aber es war uns wichtig, dass man unser Buch noch hochheben kann, ohne vorher ein Fitnessstudio besuchen zu müssen. Bevor Sie das Buch zur Seite legen, sollten Sie sich **diese Leckerbissen** nicht entgehen lassen.

1. Packages und Importe

Wie in Kapitel 9 gesagt, sind die Klassen und Funktionen der Kotlin-Standardbibliothek in Packages unterteilt. Was wir Ihnen *nicht* gesagt haben, ist, dass Sie auch Ihren *eigenen* Code in Packages gruppieren können.

Die Verwendung von Packages ist aus zwei Gründen sinnvoll:

> ★ **Sie können Ihren Code organisieren.**
> Mithilfe von Packages können Sie Ihren Code anhand bestimmter Funktionalitäten gruppieren, z. B. nach Datenstrukturen und datenbankspezifischen Dingen.

> ★ **Packages verhindern Namenskonflikte.**
> Wenn Sie eine Duck-Klasse in einem Package platzieren, können Sie sie von anderen Duck-Klassen unterscheiden, die ebenfalls Teil Ihres Projekts sind.

Ein Package hinzufügen

Um Ihrem Kotlin-Projekt ein Package hinzuzufügen, markieren Sie den *src*-Ordner und wählen den Menübefehl File → New → Package. Es erscheint ein Eingabefenster, in das Sie den Namen des Packages eingeben können (zum Beispiel *com.hfkotlin.mypackage*). Danach klicken Sie auf OK.

Der Name unseres neu erstellten Packages.

Package-Deklarationen

Wenn Sie einem Package eine Kotlin-Datei hinzufügen (durch Markieren des Package-Namens und Auswahl des Menübefehls File → New → Kotlin File/Class), wird am Anfang der Quellcodedatei automatisch eine **package**-Deklaration eingefügt, wie hier gezeigt:

```
package com.hfkotlin.mypackage
```

Die package-Deklaration teilt dem Compiler mit, dass alles in der Quelldatei zu diesem Package gehört. Folgender Code gibt beispielsweise an, dass das Package *com.hfkotlin.mypackage* die Duck-Klasse und die doStuff-Funktion enthält:

```
package com.hfkotlin.mypackage

class Duck
fun doStuff() {
    ...
}
```

Dies ist eine einzelne Quellcodedatei. Duck und doStuff werden dem Package com.hfkotlin.mypackage hinzufügt.

Besitzt die Quelldatei keine package-Deklaration, wird der Code einem namenlosen Standard-Package hinzugefügt.

Ihr Projekt kann mehrere Packages enthalten, die ihrerseits aus mehreren Quellcodedateien bestehen können. Jede Quelldatei kann jedoch nur eine package-Deklaration enthalten.

Was übrig bleibt

Der voll qualifizierte Name

Wenn Sie einem Package eine Klasse hinzufügen, ist ihr vollständiger oder *voll qualifizierter* Name der eigentliche Klassenname, dem der Name des Packages vorangestellt wird. Enthält das Package *com.hfkotlin.mypackage* eine Klasse namens Duck, lautet der voll qualifizierte Name der Duck-Klasse com.hfkotlin.mypackage.Duck. Sämtlicher Code innerhalb des Packages kann weiterhin über den Namen Duck darauf zugreifen. Soll die Klasse in einem anderen Package verwendet werden, müssen Sie dem Compiler den voll qualifizierten Namen angeben.

Es gibt zwei Möglichkeiten, einen voll qualifizierten Klassennamen anzugeben: indem Sie überall im Code den vollständigen Namen verwenden oder durch einen Import.

Geben Sie entweder den voll qualifizierten Namen an ...

Die erste Möglichkeit besteht in der Angabe des vollständigen Klassennamens, wenn die Klasse außerhalb ihres Packages verwendet wird, zum Beispiel:

```
package com.hfkotlin.myotherpackage
                            Ein anderes Package.
fun main(args: Array<String>) {
    val duck = com.hfkotlin.mypackage.Duck()
    ...           Der voll qualifizierte Name.
}
```

Wenn Sie den Klassennamen häufig verwenden müssen (im gleichen oder einem anderen Package), kann dieses Vorgehen schnell sehr mühselig werden.

... oder importieren Sie ihn

Alternativ dazu können Sie die Klasse oder das Package aber auch **importieren**. Auf diese Weise können Sie die Duck-Klasse verwenden, ohne jedes Mal den voll qualifizierten Namen angeben zu müssen. Hier ein Beispiel:

```
package com.hfkotlin.myotherpackage
import com.hfkotlin.mypackage.Duck    Diese Zeile importiert die Duck-
                                      Klasse ...
fun main(args: Array<String>) {
    val duck = Duck()    ... sodass wir sie ohne Angabe des
    ...                  voll qualifizierten Namens ver-
}                        wenden können.
```

Standard-Importe

Folgende Packages werden automatisch in jede Kotlin-Datei importiert:

kotlin.*

kotlin.annotation.*

kotlin.collections.*

kotlin.comparisons.*

kotlin.io.*

kotlin.ranges.*

kotlin.sequences.*

kotlin.text.*

Ist Ihre Zielplattform die JVM, werden zusätzlich diese Pakete importiert:

java.lang.*

kotlin.jvm.*

Ist stattdessen die Zielplattform JavaScript, wird Folgendes importiert:

kotlin.js.*

Mit folgendem Code können Sie ein komplettes Package importieren:

```
import com.hfkotlin.mypackage.*    Der Asterisk (*) bedeutet: »Importiere alles aus diesem Package.«
```

Gibt es einen Namenskonflikt zwischen Klassen gleichen Namens, können Sie das Schlüsselwort **as** verwenden:

```
import com.hfkotlin.mypackage.Duck
import com.hfKotlin.mypackage2.Duck as Duck2    Jetzt können Sie die Duck-Klasse aus mypackage2
                                                in Ihrem Code als »Duck2« bezeichnen.
```

Sie sind hier ▸ **417**

2. Die Sichtbarkeit von Code steuern

Mit **Sichtbarkeits-Modifiern** (Visibility Modifiers) können Sie festlegen, welche Ihrer Codeteile (Klassen, Funktionen etc.) sichtbar sein sollen. Sie können beispielsweise festlegen, dass eine Klasse nur vom Code in ihrer eigenen Quelldatei verwendet werden kann oder das eine Funktion (Memberfunktion, Methode) nur innerhalb ihrer Klasse benutzt werden kann.

Kotlin besitzt vier Sichtbarkeits-Modifier: `public`, `private`, `protected` und `internal`. Wie sie funktionieren, sehen Sie unten:

Sichtbarkeits-Modifier und Top-Level-Code

Wie Sie bereits wissen, kann Code (wie Klassen, Variablen, Funktionen) direkt innerhalb einer Quelldatei oder einem Package deklariert werden. Standardmäßig ist dieser Code »öffentlich« sichtbar und kann in jedem Package verwendet werden, das Ihren Code importiert. Dieses Verhalten können Sie anpassen, indem Sie Ihrem Code einen der folgenden Sichtbarkeits-Modifier voranstellen:

Geben Sie kein Package an, wird der Code standardmäßig einem namenlosen Package hinzugefügt.

Modifier	Funktionsweise
public	Die Deklaration ist überall sichtbar. Dies ist der Standardwert und muss nicht zwingend angegeben werden.
private	Die Deklaration ist nur für Code innerhalb der Quelldatei sichtbar
internal	Die Deklaration ist innerhalb des gleichen Moduls sichtbar, überall sonst aber unsichtbar. Ein Modul ist ein Satz gemeinsam kompilierter Kotlin-Dateien, wie beispielsweise ein IntelliJ-IDEA-Modul.

Beachten Sie, dass protected nicht für die oberste Ebene einer Quelldatei oder eines Packages verwendet werden kann.

Folgender Code gibt beispielsweise an, dass die `Duck`-Klasse öffentlich (`public`) und damit überall sichtbar ist, während die Funktion `doStuff` privat (`private`) und damit nur innerhalb ihrer Quelldatei sichtbar ist.

```
package com.hfkotlin.mypackage

class Duck
```
← *Duck hat keinen Sichtbarkeits-Modifier, ist also öffentlich (public).*

```
private fun doStuff() {
    println("hello")
}
```
← *doStuff() ist als privat (private) markiert und kann nur innerhalb der Quelldatei benutzt werden, in der sie definiert wurde.*

Sichtbarkeits-Modifier können auch für die Member von Klassen und Interfaces angewandt werden. Das sehen wir uns als Nächstes an.

Sichtbarkeits-Modifier und Klassen/Interfaces

Folgende Sichtbarkeits-Modifier können auf die Eigenschaften, Funktionen und andere Member einer bestimmten Klasse oder eines Interface angewandt werden:

Modifier	Funktionsweise
public	Member sind überall sichtbar, wo auch die Klasse sichtbar ist. Dies ist der Standardwert und muss daher nicht zwingend angegeben werden.
private	Member sind ausschließlich innerhalb der Klasse/dem Interface sichtbar.
protected	Member sind ausschließlich innerhalb der Klasse/dem Interface und ihren Subklassen sichtbar.
internal	Member sind nur für Codeteile im Modul sichtbar, die auch die Klasse sehen können.

Hier ein Beispiel für eine Klasse, deren Eigenschaften mit Sichtbarkeits-Modifiern versehen wurden, sowie eine Subklasse, die sie überschreibt:

```
open class Parent {
    var a = 1
    private var b = 2
    protected open var c = 3
    internal var d = 4
}

class Child: Parent() {
    override var c = 6
}
```

b ist als private gekennzeichnet, kann also nur innerhalb dieser Klasse benutzt werden. b ist für Subklassen von Parent unsichtbar.

Die Klasse Child sieht nur die Eigenschaften a und c. Sie kann außerdem auf die Eigenschaft d zugreifen, wenn Parent und Child im gleichen Modul definiert wurden. Die Eigenschaft b ist für Child jedoch unsichtbar, weil sie mit dem Sichtbarkeits-Modifier private versehen wurde.

Wenn Sie ein als protected markiertes Member überschreiben, wie im obigen Beispiel, gilt die Subklassenversion dieses Members standardmäßig ebenfalls als protected. Allerdings können Sie die Sichtbarkeit ändern, wie hier gezeigt:

```
class Child: Parent() {
    public override var c = 6
}
```

Jetzt ist die Eigenschaft c überall sichtbar, wo auch die Child-Klasse sichtbar ist.

Standardmäßig sind Klassenkonstruktoren öffentlich (public), also überall dort sichtbar, wo auch die Klasse zu sehen ist. Die Sichtbarkeit des Konstruktors kann jedoch verändert werden. Hierfür muss ein Sichtbarkeits-Modifier angegeben und der Konstruktor mit dem Schlüsselwort constructor versehen werden. Angenommen, Sie hätten folgende Klasse:

```
class MyClass(x: Int)
```

Standardmäßig ist der Konstruktor von MyClass öffentlich (public).

Dann können Sie den Konstruktor mit folgendem Code als private kennzeichnen:

```
class MyClass private constructor(x: Int)
```

Dieser Code kennzeichnet den primären Konstruktor als privat.

3. enum-Klassen

Mit einer **enum**-Klasse können Sie festlegen, welche Werte *ausschließlich* für eine bestimmte Variable gültig sein dürfen.

Angenommen, Sie erstellten eine Applikation für eine Band und wollten sicherstellen, dass der Variablen selectedBandMember nur ein gültiges Bandmitglied zugewiesen werden kann. Um diese Aufgabe zu lösen, erstellen wir eine enum-Klasse namens BandMember, die die gültigen Werte enthält:

```
enum class BandMember { JERRY, BOBBY, PHIL }
```

← Die enum-Klasse enthält drei Werte: JERRY, BOBBY und PHIL.

Danach können wir die Variable selectedBandMember auf einen dieser Werte beschränken, indem wir ihren Typ als BandMember angeben, wie hier gezeigt:

```
fun main(args: Array<String>) {
    var selectedBandMember: BandMember
    selectedBandMember = BandMember.JERRY
}
```

Der Variablentyp ist BandMember ...

... wir können ihr also einen der BandMember-Werte zuweisen.

Jeder Wert einer enum-Klasse ist eine Konstante.

enum-Konstruktoren

enum-Klassen können Konstruktoren besitzen, die für die Initialisierung der einzelnen enum-Werte benutzt werden. Das funktioniert, weil **jeder von der enum-Klasse definierte Wert eine Instanz dieser Klasse ist**.

Angenommen, Sie wollten angeben, welche Instrumente die einzelnen Bandmitglieder spielen. Hierfür können wir dem BandMember-Konstruktor eine String-Variable namens instrument hinzufügen. Dadurch können wir die einzelnen Instanzen der Klasse mit dem passenden Wert initialisieren. Dies ist der nötige Code:

```
enum class BandMember(val instrument: String) {
    JERRY("lead guitar"),
    BOBBY("rhythm guitar"),
    PHIL("bass")
}
```

Hier wird im BandMember-Konstruktor die instrument-Eigenschaft definiert. Jeder Wert der enum-Klasse ist eine Instanz von BandMember, d. h., jeder Wert besitzt diese Eigenschaft.

Jede enum-Konstante existiert als einzelne Instanz dieser enum-Klasse.

Um herauszufinden, welches Instrument ein bestimmtes Bandmitglied spielt, können wir auf dessen instrument-Eigenschaft zugreifen, wie hier gezeigt:

```
fun main(args: Array<String>) {
    var selectedBandMember: BandMember
    selectedBandMember = BandMember.JERRY
    println(selectedBandMember.instrument)
}
```

← Dies erzeugt die Ausgabe »lead guitar«.

enum-Eigenschaften und -Funktionen

Im vorigen Beispiel haben wir der `BandMember`-Klasse eine Eigenschaft hinzugefügt, indem wir sie im Konstruktor angegeben haben. Sie können Eigenschaften und Funktionen aber auch im Körper der Klasse definieren. Folgender Code erweitert die enum-Klasse `BandMember` um eine `sings`-Funktion:

```
enum class BandMember(val instrument: String) {
    JERRY("lead guitar"),
    BOBBY("rhythm guitar"),
    PHIL("bass");

    fun sings() = "occasionally"
}
```

← Beachten Sie, dass wir die sings()-Funktion von den enum-Werten durch ein Semikolon (;) trennen müssen.

← Jeder enum-Wert besitzt eine sings()-Funktion, die den String »occasionally« (gelegentlich) zurückgibt.

Jeder in einer enum-Klasse definierte Wert überschreibt die von der Klassendefinition geerbten Eigenschaften und Werte. Im nächsten Beispiel überschreiben wir die `sings`-Funktion für JERRY und BOBBY:

```
enum class BandMember(val instrument: String) {
    JERRY("lead guitar") {
        override fun sings() = "plaintively"
    },
    BOBBY("rhythm guitar") {
        override fun sings() = "hoarsely"
    },
    PHIL("bass");

    open fun sings() = "occasionally"
}
```

→ JERRY und BOBBY haben ihre eigene Implementierung von sings().

← Da wir die sings()-Funktion für zwei Werte überschreiben, müssen wir sie als »open« kennzeichnen.

Um herauszufinden, wie die einzelnen Bandmitglieder singen, können wir ihre `sings`-Funktion wie hier aufrufen:

```
fun main(args: Array<String>) {
    var selectedBandMember: BandMember
    selectedBandMember = BandMember.JERRY
    println(selectedBandMember.instrument)
    println(selectedBandMember.sings())
}
```

← Diese Zeile ruft JERRYs sings()-Funktion auf und erzeugt die Ausgabe »plaintively« (traurig, klagend).

4. Versiegelte Klassen

Wie Sie gesehen haben, können Sie mit enum-Klassen die möglichen Werte einschränken. In manchen Situationen wird aber mehr Flexibilität gebraucht.

Vielleicht soll Ihre Applikation zwei Arten von Meldungen nutzen können: eine für »Erfolg« (Success) und eine für »Fehlschlag« (Failure). Die Meldungen sollen auf diese beiden Typen beschränkt werden.

Um das mit einer enum-Klasse umzusetzen, könnten Sie beispielsweise folgenden Code verwenden:

```
enum class MessageType(var msg: String) {
    SUCCESS("Yay!"),
    FAILURE("Boo!")
}
```

Die enum-Klasse MessageType hat zwei mögliche Werte: SUCCESS und FAILURE.

Bei diesem Ansatz gibt es jedoch einige Probleme:

- **Jeder Wert ist eine Konstante, die nur als einzelne Instanz existiert.**
  Die msg-Eigenschaft des SUCCESS-Werts kann beispielsweise nicht verändert und an anderer Stelle in der Applikation verwendet werden.

- **Jeder Wert muss die gleichen Eigenschaften und Funktionen besitzen.**
  Eventuell ist es sinnvoll, die Exception-Eigenschaft mit einem FAILURE-Wert zu versehen, damit Sie bei Bedarf die Ursache eines Fehlers besser untersuchen können. Mit einer enum-Klasse ist das jedoch nicht möglich.

Aber wie sieht die Lösung aus?

Hilfe naht: Versiegelte Klassen!

Dieses Problem lässt sich mit einer **versiegelten (»sealed«) Klasse** lösen. Versiegelte Klassen sind so etwas wie enum-Klassen, aber mit Superkräften. Mit versiegelten Klassen können Sie die Klassenhierarchie auf bestimmte Subtypen beschränken, die jeweils ihre eigenen Eigenschaften und Funktionen definieren können. Im Gegensatz zu enum-Klassen können Sie bei versiegelten Klassen mehrere Instanzen jedes Typs erzeugen.

Um eine versiegelte Klasse zu erzeugen, wird ihrer Definition das Schlüsselwort **sealed** vorangestellt. Folgender Code erzeugt eine versiegelte Klasse namens MessageType. Sie besitzt zwei Subtypen: MessageSuccess (ErfolgsMeldung) und MessageFailure (FehlerMeldung), die jeweils eine String-Eigenschaft mit dem Namen msg besitzen. Der Subtyp MessageFailure besitzt außerdem eine Exception-Eigenschaft namens e:

```
sealed class MessageType
class MessageSuccess(var msg: String) : MessageType()
class MessageFailure(var msg: String, var e: Exception) : MessageType()
```

MessageType ist versiegelt (sealed).

MessageSuccess und MessageFailure erben von MessageType und definieren in ihren Konstruktoren eigene Eigenschaften.

Versiegelte Klassen verwenden

Wie bereits gesagt, können bei der Verwendung versiegelter Klassen mehrere Instanzen eines Subtyps erzeugt werden. Folgender Code erzeugt beispielsweise zwei Instanzen von `MessageSuccess` und eine Instanz von `MessageFailure`:

```
fun main(args: Array<String>) {
    val messageSuccess = MessageSuccess("Yay!")
    val messageSuccess2 = MessageSuccess("It worked!")
    val messageFailure = MessageFailure("Boo!", Exception("Gone wrong."))
}
```

Danach können Sie eine `MessageType`-Variable anlegen und ihr eine der Meldungen zuweisen:

```
fun main(args: Array<String>) {
    val messageSuccess = MessageSuccess("Yay!")
    val messageSuccess2 = MessageSuccess("It worked!")
    val messageFailure = MessageFailure("Boo!", Exception("Gone wrong."))

    var myMessageType: MessageType = messageFailure
}
```

← *messageFailure ist ein Subtyp von MessageType, also können wir sie myMessageType zuweisen.*

Und da `MessageType` eine versiegelte Klasse mit einer beschränkten Menge an Subtypen ist, können wir `when` einsetzen, um die einzelnen Subtypen zu überprüfen, ohne dass hierfür eine zusätzliche `else`-Klausel gebraucht würde, wie hier:

```
fun main(args: Array<String>) {
    val messageSuccess = MessageSuccess("Yay!")
    val messageSuccess2 = MessageSuccess("It worked!")
    val messageFailure = MessageFailure("Boo!", Exception("Gone wrong."))

    var myMessageType: MessageType = messageFailure
    val myMessage = when (myMessageType) {
        is MessageSuccess -> myMessageType.msg
        is MessageFailure -> myMessageType.msg + " " + myMessageType.e.message
    }
    println(myMessage)
}
```

myMessageType kann nur den Typ MessageSuccess oder MessageFailure haben. Daher wird hier keine zusätzliche else-Klausel gebraucht.

Mehr über die Erstellung und Verwendung versiegelter Klassen finden Sie hier:

https://kotlinlang.org/docs/reference/sealed-classes.html

5. Verschachtelte und innere Klassen

Eine **verschachtelte** Klasse wird innerhalb einer anderen Klasse definiert. Das kann nützlich sein, wenn die äußere Klasse zusätzliche Funktionalität erhalten soll, die außerhalb ihres Hauptzwecks liegt, oder Code näher an seinen Verwendungsort gebracht werden soll.

Eine verschachtelte Klasse wird definiert, indem man sie innerhalb der geschweiften Klammern der äußeren Klasse platziert. Folgender Code definiert eine Klasse namens Outer. Darin verschachtelt ist die Klasse Nested.

> **Eine verschachtelte Klasse in Kotlin verhält sich wie eine statische verschachtelte (static nested) Klasse in Java.**

```
class Outer {
    val x = "This is in the Outer class"

    class Nested {
        val y = "This is in the Nested class"
        fun myFun() = "This is the Nested function"
    }
}
```

Dies ist die verschachtelte Klasse. Sie wird von der äußeren Klasse vollkommen umschlossen.

Jetzt können Sie mit folgendem Code auf die Eigenschaften und Funktionen der Nested-Klasse zugreifen:

```
fun main(args: Array<String>) {
    val nested = Outer.Nested()
    println(nested.y)
    println(nested.myFun())
}
```

Erzeugt eine Instanz von Nested und weist sie einer Variablen zu.

Um von einer Instanz der äußeren Klasse auf die verschachtelte Klasse zugreifen zu können, müssen Sie zuerst eine Eigenschaft dieses Typs in der äußeren Klasse anlegen. Folgender Code wird nicht kompiliert:

```
val nested = Outer().Nested()
```

Dies wird nicht kompiliert, weil wir hier Outer() anstelle von Outer verwenden.

Eine weitere Einschränkung verschachtelter Klassen ist, dass sie keinen Zugriff auf Instanzen der äußeren Klasse haben. Sie können von der Nested-Klasse also nicht auf die Eigenschaften und Funktionen (Member) von Outer zugreifen. Folgender Code wird nicht kompiliert:

```
class Outer {
    val x = "This is in the Outer class"

    class Nested {
        fun getX() = "Value of x is: $x"
    }
}
```

Nested hat keinen Zugriff auf das in der Outer-Klasse definierte x. Diese Zeile kann daher nicht kompiliert werden.

Eine innere Klasse kann auf die Member der äußeren Klasse zugreifen

Soll eine verschachtelte Klasse auf die Eigenschaften und Funktionen der äußeren Klasse zugreifen können, müssen Sie die verschachtelte Klasse als **inner**e Klasse markieren, indem Sie ihrer Definition das Schlüsselwort **inner** voranstellen. Hier ein Beispiel:

```
class Outer {
    val x = "This is in the Outer class"

    inner class Inner {
        val y = "This is in the Inner class"
        fun myFun() = "This is the Inner function"
        fun getX() = "The value of x is: $x"
    }
}
```

Eine inner-Klasse ist eine verschachtelte Klasse, die Zugriff auf die Eigenschaften und Funktionen der umgebenden Klasse hat. Hier kann Inner beispielsweise auf die Eigenschaft x von Outer zugreifen.

Um auf die innere Klasse zuzugreifen, können Sie eine Instanz der äußeren Klasse erstellen. Diese verwenden Sie dann, um eine Instanz der inneren Klasse zu erzeugen. Es folgt ein Beispiel mit den oben definierten Klassen Outer und Inner:

```
fun main(args: Array<String>) {
    val inner = Outer().Inner()
    println(inner.y)
    println(inner.myFun())
    println(inner.getX())
}
```

Da Inner eine mit inner markierte Klasse ist, müssen wir hier Outer() anstelle von Outer verwenden.

Alternativ dazu können Sie auf die innere Klasse zugreifen, indem Sie in der äußeren Klasse eine Eigenschaft des korrekten Typs instanziieren, wie hier:

```
class Outer {
    val myInner = Inner()
    inner class Inner {
        ...
    }
}

fun main(args: Array<String>) {
    val inner = Outer().myInner
}
```

Die myInner-Eigenschaft von Outer enthält eine Referenz auf eine Instanz ihrer Inner-Klasse.

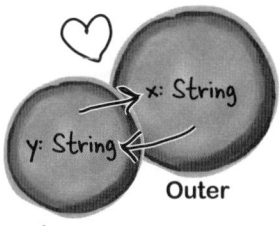

Die Inner- und Outer-Objekte haben eine besondere Beziehung zueinander. Inner kann auf die Variablen von Outer zugreifen und umgekehrt.

Das Wichtigste ist hierbei, dass die Instanz einer inneren Klasse *immer* mit einer bestimmten Instanz der äußeren Klasse verbunden ist. Um ein Inner-Objekt zu erzeugen, müssen Sie also grundsätzlich zuerst ein Outer-Objekt anlegen.

6. Objektdeklarationen und -ausdrücke

Manchmal müssen Sie sicherstellen, dass nur eine Instanz eines bestimmten Typs erzeugt werden kann. Das kann beispielsweise ein einzelnes Objekt sein, das die Aktionen einer ganzen Applikation koordiniert. In solchen Fällen können Sie das Schlüsselwort **object** verwenden, um eine **Objektdeklaration** vorzunehmen.

Eine Objektdeklaration ist die Kotlin-Entsprechung des Singleton-Entwurfsmusters (Design Pattern).

Eine Objektdeklaration definiert eine Klasse und erzeugt eine Instanz in einer einzigen Anweisung. Wenn Sie dies auf der obersten Ebene einer Quelldatei oder eines Packages verwenden, kann nur eine einzige Instanz dieses Typs erzeugt werden.

Hier ein Beispiel für eine solche Objektdeklaration:

```
package com.hfkotlin.mypackage
                          ← DuckManager ist ein Objekt.
object DuckManager {
    val allDucks = mutableListOf<Duck>()
                          ← Es besitzt eine Eigenschaft namens
                            allDucks (alleMeineEntchen) und eine
    fun herdDucks() {       Funktion namens herdDucks().
        // Code für das Zusammentreiben
        // der Enten (Ducks)
    }
}
```

> **Eine Objektdeklaration definiert in einer gemeinsamen Anweisung eine Klasse und erzeugt davon eine Instanz.**

Eine Objektdeklaration sieht aus wie eine Klassendefinition, nur dass ihr anstelle von `class` das Schlüsselwort `object` vorangestellt wird. Wie eine Klasse kann sie Eigenschaften, Funktionen und Initialisierungsblocks enthalten und von Klassen oder Interfaces erben. Allerdings können Sie einer Objektdeklaration keinen Konstruktor hinzufügen, weil das Objekt bei einem Zugriff darauf automatisch erzeugt wird. Ein Konstruktor wäre in diesem also redundant.

Der Zugriff auf ein per Objektdeklaration erzeugtes Objekt geschieht durch direkten Aufruf seines Namens. So können Sie auf dessen Member zugreifen. Um die `herdDucks`-Funktion von `DuckManager` aufzurufen, können Sie beispielsweise diesen Code verwenden:

```
DuckManager.herdDucks()
```

Objektdeklarationen können aber nicht nur am Anfang einer Quelldatei oder eines Packages vorgenommen werden, sondern auch in einer Klasse. Das sehen wir uns als Nächstes an.

Klassenobjekte ...

Folgender Code erweitert die Klasse Duck um eine Objektdeklaration namens DuckFactory:

```
class Duck {
    object DuckFactory {
        fun create(): Duck = Duck()
    }
}
```
← Die Objektdeklaration wird im Körper der Klasse vorgenommen.

Fügen Sie einer Klasse eine Objektdeklaration hinzu, um eine einzelne Instanz dieses Objekts zu erzeugen, das zu dieser Klasse gehört.

Wenn Sie eine Klasse um eine Objektdeklaration erweitern, wird ein Objekt erzeugt, das zu dieser Klasse gehört. Pro Klasse wird eine Instanz dieses Objekts erzeugt, das sich alle Instanzen dieser Klasse teilen.

Nach der Objektdeklaration können Sie anhand der Punktnotation aus der Klasse auf das Objekt zugreifen. Folgender Code ruft beispielsweise die create-Funktion der DuckFactory-Klasse auf und weist das Ergebnis einer neuen Variablen namens newDuck zu:

```
val newDuck = Duck.DuckFactory.create()
```
← Obacht: Um auf das Objekt zuzugreifen, verwenden Sie Duck anstelle von Duck().

... und Companion-Objekte

Pro Klasse kann ein Objekt mit dem Präfix **companion** als **Companion**-(»Begleiter«-)Objekt markiert werden. Ein Companion-Objekt funktioniert wie ein Klassenobjekt. Allerdings können Sie den Objektnamen weglassen. Folgender Code verwandelt ein DuckFactory-Objekt in ein unbenanntes Companion-Objekt:

```
class Duck {
    companion object DuckFactory {
        fun create(): Duck = Duck()
    }
}
```
← Wenn Sie eine Objektdeklaration als companion markieren, müssen Sie keinen Objektnamen mehr angeben. Bei Bedarf dürfen Sie das aber trotzdem.

Um auf ein Companion-Objekt zuzugreifen, verwenden Sie einfach den Klassennamen. Folgender Code ruft die create-Funktion auf, die vom Companion-Objekt von Duck definiert wurde:

```
val newDuck = Duck.create()
```

Über das Schlüsselwort Companion erhalten Sie eine Referenz auf das namenlose Companion-Objekt. Folgender Code erzeugt eine neue Variable namens x und weist ihr eine Referenz auf das Companion-Objekt von Duck zu:

```
val x = Duck.Companion
```

Ein Companion-Objekt kann als Kotlin-Äquivalent zu Javas statischen Methoden verwendet werden.

Die für ein Companion-Objekt definierten Funktionen stehen allen Klasseninstanzen zur Verfügung.

Nachdem Sie Objektdeklarationen und Companion-Objekte kennengelernt haben, wollen wir nun einen Blick auf Objektausdrücke werfen.

Objektausdrücke

Ein **Objektausdruck** erzeugt bei Bedarf (»on the fly«) ein anonymes Objekt ohne vordefinierten Typ.

Angenommen, Sie wollten ein Objekt erzeugen, das Startwerte für x- und y-Koordinaten enthält. Anstatt zuerst eine `Coordinate`-Klasse zu schreiben und diese zu instanziieren, können Sie ein Objekt erstellen, das die nötigen Eigenschaften besitzt, um die Werte der x- und y-Koordinaten zu speichern. Im folgenden Beispiel erzeugen wir eine Variable namens `startingPoint` und weisen ihr ein solches Objekt zu:

```
val startingPoint = object {
    val x = 0
    val y = 0
}
```

Dies erzeugt ein Objekt mit den Eigenschaften x und y.

Danach können Sie mit folgendem Code auf die Member des Objekts zugreifen:

```
println("starting point is ${startingPoint.x}, ${startingPoint.y}")
```

Objektausdrücke werden hauptsächlich als Äquivalent zu anonymen inneren Klassen (Anonymous Inner Classes) in Java verwendet. Stellen Sie sich vor, Sie schrieben Code für eine grafische Schnittstelle (GUI) und merkten plötzlich, dass eine Klasse eine abstrakte `MouseAdapter`-Klasse implementiert. In diesem Fall können Sie einen Objektausdruck verwenden, um ohne Umwege eine Instanz zu erzeugen. Im nächsten Beispiel wird ein Objekt an eine Funktion namens `addMouseListener` übergeben. Die Funktion implementiert `MouseAdapter` und überschreibt dessen `mouseClicked`- und `mouseReleased`-Funktionen:

Diese Anweisung ...

```
window.addMouseListener(object : MouseAdapter() {
    override fun mouseClicked(e: MouseEvent) {
        // Code für Mausklicks
    }

    override fun mouseReleased(e: MouseEvent) {
        // Code für das Loslassen einer Maustaste
    }
})
```

... ist hier unten zu Ende.

Die fett gedruckte Objektdeklaration könnte man auch formulieren als: »Erzeuge eine Instanz einer Klasse (ohne Namen), die MouseAdapter implementiert. Und hier sind übrigens auch gleich die Implementierungen für die Funktionen mouseClicked und mouseReleased.« Wir versorgen die addMouseListener-Funktion also mit einer Klassenimplementierung und einer Instanz dieser Klasse, und zwar genau dort, wo sie gebraucht wird.

Mehr zu Objektdeklarationen und -ausdrücken finden Sie hier:

https://kotlinlang.org/docs/reference/object-declarations.html

7. Erweiterungen (Extensions)

Mit Extensions (oder Erweiterungen) können Sie einen bereits vorhandenen Typ um neue Funktionen und Eigenschaften erweitern, ohne einen komplett neuen Subtyp erstellen zu müssen.

Es gibt Kotlin-Bibliotheken für Extensions, die Ihnen das Programmiererleben erleichtern können. Hierzu gehören beispielsweise Anko und Android KTX für die Android-Applikationsentwicklung.

Angenommen, Sie programmierten eine Applikation, in der einem `Double`-Wert ständig ein »$« vorangestellt werden muss, um ihn als Dollar zu kennzeichnen. Anstatt die gleiche Aktion immer wieder auszuführen, können Sie eine Extension-Funktion namens `toDollar` schreiben, die mit `Double`-Werten funktioniert. Hier der nötige Code:

```
fun Double.toDollar(): String {
    return "$$this"
}
```

Definiert eine toDollar()-Funktion, die Double erweitert.
Aktuellen Wert mit vorangestelltem $ zurückgeben.

Der obige Code definiert, dass die `toDollar`-Funktion, die einen `String` zurückgibt, mit `Double`-Werten benutzt werden kann. Sie übernimmt das aktuelle Objekt (`this`), stellt ihm ein Dollarzeichen ($) voran und gibt das Ergebnis zurück.

Nach der Erstellung der Extension-Funktion kann sie wie andere Funktionen benutzt werden. Im nächsten Beispiel wird die `toDollar`-Funktion an einer `Double`-Variablen mit dem Wert 45.25 aufgerufen:

```
var dbl = 45.25
println(dbl.toDollar())     // Gibt $45.25 aus
```

Extension-Eigenschaften werden auf ähnliche Weise angelegt wie Extension-Funktionen. Folgender Code erzeugt eine Extention-Eigenschaft für `Strings` namens `halfLength`. Sie gibt die Länge des aktuellen `Strings` dividiert durch 2.0 zurück:

```
val String.halfLength
    get() = length / 2.0
```

Definiert die Eigenschaft halfLength, die mit Strings verwendet werden kann.

Und hier etwas Beispielcode, der die neue Eigenschaft verwendet:

```
val test = "This is a test"
println(test.halfLength)     // Gibt 7.0 aus
```

Weitere Informationen über den Einsatz von Extensions und wie man sie Companion-Objekten hinzufügt, finden Sie hier:

https://kotlinlang.org/docs/reference/extensions.html

Mehr über die Verwendung von `this` finden Sie unter dieser Adresse:

https://kotlinlang.org/docs/reference/this-expressions.html

Design Patterns

Entwurfsmuster sind allgemeine Lösungen für häufig anzutreffende Probleme. Kotlin bietet Ihnen einfache Möglichkeiten, einige dieser Muster zu benutzen.

Objektdeklarationen sind eine Möglichkeit, das **Singleton**-Entwurfsmuster zu implementieren, weil jede Deklaration eine einzelne Instanz dieses Objekts erzeugt. **Extensions** können anstelle des **Decorator**-Musters verwendet werden, weil sie die Möglichkeit schaffen, das Verhalten von Klassen und Objekten zu erweitern. Wenn Sie Interesse an der Verwendung des **Delegation**-Musters haben, finden Sie unter dieser Adresse weitere Informationen:

https://kotlinlang.org/docs/reference/delegation.html

Sprunghaftes Verhalten

8. return, break und continue

Kotlin besitzt drei Möglichkeiten, aus einer Schleife herauszuspringen. Dies sind:

- **return**
  Wie Sie bereits wissen, kann hiermit aus der umgebenden Funktion zurückgekehrt werden.

- **break**
  Hiermit wird die umgebende Schleife beendet (oder es wird zu ihrem Ende gesprungen), zum Beispiel:

  ```
  var x = 0
  var y = 0
  while (x < 10) {
      x++
      break
      y++
  }
  ```
  Dieser Code inkrementiert x und beendet dann die Schleife, ohne die y++-Zeile auszuführen. x hat den Endwert 1, der Wert von y bleibt 0.

- **continue**
  Hiermit kann zur nächsten Iteration der umgebenden Schleife gesprungen werden, zum Beispiel:

  ```
  var x = 0
  var y = 0
  while (x < 10) {
      x++
      continue
      y++
  }
  ```
  Dieser Code inkrementiert x und geht dann zur Zeile while (x < 10), ohne die y++-Zeile auszuführen. x wird so lange inkrementiert, bis die while-Bedingung (x < 10) zu false evaluiert. Der Endwert von x ist 10. Der Wert von y bleibt bei 0.

Labels mit break und continue verwenden

Wenn Sie mit verschachtelten Schleifen arbeiten, können Sie explizit angeben, aus welcher Schleife Sie herausspringen wollen, indem Sie die Schleifen mit einem **Label** versehen. Ein Label besteht aus einem Namen und einem vorangestellten @-Zeichen. Im folgenden Beispiel sehen wir zwei verschachtelte Schleifen. Die äußere Schleife hat das Label myloop@, das wir in einem break-Ausdruck verwenden:

```
myloop@ while (x < 20) {
    while (y < 20) {
        x++
        break@myloop
    }
}
```
Man könnte sagen: »Springe aus der Schleife mit dem Label myloop@ (die äußere Schleife).«

Verwenden Sie break mit einem Label, springt der Code zur umgebenden Schleife mit diesem Label. Im obigen Beispiel würde dies die äußere Schleife beenden. Verwenden Sie continue mit einem Label, springt der Code zur nächsten Iteration der angegebenen Schleife.

Labels mit return-Anweisungen verwenden

Sie können Labels auch verwenden, um das Verhalten in verschachtelten Funktionen, auch Funktionen höherer Ordnung, zu steuern.

Im nächsten Beispiel haben wir eine Funktion, die einen Aufruf von `forEach` enthält, einer Funktion höherer Ordnung, die ein Lambda übernimmt:

```kotlin
fun myFun() {
    listOf("A", "B", "C", "D").forEach {
        if (it == "C") return
        println(it)
    }
    println("Finished myFun()")
}
```

← Hier verwenden wir return innerhalb eines Lambdas. Wenn wir auf die return-Anweisung treffen, wird aus der myFun()-Funktion herausgesprungen.

In diesem Beispiel springt der Code aus der `myFun`-Funktion heraus, wenn die `return`-Anweisung erreicht wird. Die folgende Zeile wird also nie ausgeführt:

```kotlin
println("Finished myFun()")
```

Soll aus dem Lambda herausgesprungen werden, ohne dass `myFun` beendet wird, können Sie das Lambda mit einem Label versehen, das in der `return`-Anweisung angegeben werden kann. Hier ein weiteres Beispiel:

```kotlin
fun myFun() {
    listOf("A", "B", "C", "D").forEach myloop@{
        if (it == "C") return@myloop
        println(it)
    }
    println("Finished myFun()")
}
```

← Das an forEach übergebene Lambda trägt das Label myloop@. Der return-Ausdruck des Lambdas verwendet dieses Label. Bei Erreichen wird aus dem Lambda herausgesprungen und zum Aufrufer (der forEach-Schleife) zurückgekehrt.

Dies kann durch ein implizites Label ersetzt werden, dessen Name der Funktion entspricht, an die das Lambda übergeben wurde:

```kotlin
fun myFun() {
    listOf("A", "B", "C", "D").forEach {
        if (it == "C") return@forEach
        println(it)
    }
    println("Finished myFun()")
}
```

← Hier nutzen wir ein implizites Label, um den Code anzuweisen, aus dem Lambda herauszuspringen und zum Aufrufer (der forEach-Schleife) zurückzukehren.

Mehr über die Verwendung von Labels, um das Sprungverhalten Ihres Codes zu steuern, finden Sie hier:

https://kotlinlang.org/docs/reference/returns.html

9. Mehr Spaß mit Funktionen

Im Laufe dieses Buchs haben Sie eine Menge über Funktionen gelernt. Trotzdem gibt es ein paar weitere Dinge, die Sie noch wissen sollten.

vararg

Soll eine Funktion mehrere Argumente des gleichen Typs akzeptieren, deren Zahl nicht bekannt ist, können Sie dem Parameter das Schlüsselwort **vararg** voranstellen. Hiermit teilen Sie dem Compiler mit, dass der Parameter eine variable Anzahl von Argumenten entgegennehmen kann. Hier ein Beispiel:

> Nur ein Parameter kann mit vararg gekennzeichnet werden. Dies ist üblicherweise der letzte.

Durch das varargs-Präfix können dem ints-Parameter mehrere Werte übergeben werden.

```
fun <T> valuesToList(vararg vals: T): MutableList<T> {
    val list: MutableList<T> = mutableListOf()
    for (i in vals) {
        list.add(i)
    }
    return list
}
```

vararg-Werte werden der Funktion als Array übergeben. Wir können also eine Schleife darüber ausführen. Hier fügen wir die Werte einer MutableList hinzu.

Eine Funktion mit einem `vararg`-Parameter wird durch die Übergabe von Werten aufgerufen, wie bei einer normalen Funktion auch. Im folgenden Code übergeben wir fünf `Int`-Werte an die `valuesToList`-Funktion:

```
val mList = valuesToList(1, 2, 3, 4, 5)
```

Gibt es bereits ein Array mit Werten, können Sie dieses direkt an die Funktion übergeben, indem Sie dem Arraynamen ein * voranstellen. Der Asterisk wird auch als **spread-Operator** bezeichnet. Hier ein paar Anwendungsbeispiele:

```
val myArray = arrayOf(1, 2, 3, 4, 5)
val mList = valuesToList(*myArray)
val mList2 = valuesToList(0, *myArray, 6, 7)
```

Hier werden die Werte aus myArray und die valuesToList-Funktion übergeben.

0 an die Funktion übergeben ...

... gefolgt vom Inhalt von myArray ...

... gefolgt von 6 und 7.

infix

Wenn Sie einer Funktion das Schlüsselwort **infix** voranstellen, können Sie sie ohne die Punktnotation aufrufen. Hier ein Beispiel einer **infix**-Funktion:

```
class Dog {
    infix fun bark(x: Int): String {
        // Code, um den Hund x Mal bellen zu lassen
    }
}
```

Die bark()-Funktion wurde mit infix markiert.

Da die Funktion mit `infix` gekennzeichnet wurde, können Sie sie folgendermaßen aufrufen:

```
Dog() bark 6
```

← *Dies erzeugt ein Dog-Objekt, ruft dessen bark()-Funktion auf und übergibt den Wert 6.*

Eine Funktion kann mit `infix` markiert werden, wenn sie eine Member- oder Extension-Funktion ist und nur einen einzelnen Parameter besitzt, der nicht mit `vararg` markiert wurde.

inline

Funktionen höherer Ordnung sind manchmal langsamer. Oft können Sie die Performance erhöhen, indem Sie die Funktion mit dem Präfix **inline** versehen, wie hier gezeigt:

```
inline fun convert(x: Double, converter: (Double) -> Double) : Double {
    val result = converter(x)
    println("$x is converted to $result")
    return result
}
```

Diese Funktion haben wir in Kapitel 11 erstellt. Hier haben wir sie mit dem inline-Präfix versehen.

Bei einer Inline-Funktion wird der Funktionsaufruf entfernt und durch den Inhalt der Funktion ersetzt. Dadurch wird der zusätzliche Aufwand des Funktionsaufrufs vermieden, wodurch der Code oft schneller läuft. Hinter den Kulissen wird jedoch mehr Code erzeugt.

Weitere Informationen zu diesen Techniken und mehr finden Sie unter:

https://kotlinlang.org/docs/reference/functions.html

10. Interoperabilität

Wie wir am Anfang dieses Buchs gesagt haben, ist Kotlin mit Java interoperabel. Außerdem kann Kotlin-Code nach JavaScript transkompiliert werden. Wenn Sie vorhaben, Ihren Kotlin-Code mit anderen Sprachen zu verwenden, empfehlen wir Ihnen, die Abschnitte der Kotlin-Dokumentation zum Thema Interoperabilität zu lesen.

Interoperabilität mit Java

Sie können fast allen Java-Code problemlos aus Kotlin heraus aufrufen. Importieren Sie einfach die Bibliotheken, die nicht automatisch geladen werden, und verwenden Sie sie. Weitere Details und zusätzliche Überlegungen, zum Beispiel zur Behandlung von Nullwerten, die aus Java stammen, finden Sie hier:

https://kotlinlang.org/docs/reference/java-interop.html

Umgekehrt finden Sie weitere Informationen zur Verwendung von Kotlin-Code innerhalb von Java unter dieser Adresse:

https://kotlinlang.org/docs/reference/java-to-kotlin-interop.html

Kotlin mit JavaScript verwenden

Die Onlinedokumentation enthält außerdem eine Menge Informationen über die Verwendung von Kotlin mit JavaScript. Soll Ihre Applikation unter JavaScript laufen, können Sie Kotlins dynamische Typisierung verwenden, die Kotlins Typüberprüfung quasi abschaltet:

```
val myDynamicVariable: dynamic = ...
```

Mehr zur dynamischen Typisierung finden Sie hier:

https://kotlinlang.org/docs/reference/dynamic-type.html

Weitere Informationen zur Verwendung von JavaScript aus Kotlin heraus gibt es unter dieser Adresse:

https://kotlinlang.org/docs/reference/js-interop.html

Diese Seite beschreibt, wie Sie aus JavaScript heraus auf Kotlin-Code zugreifen können:

https://kotlinlang.org/docs/reference/js-to-kotlin-interop.html

Nativen Code mit Kotlin schreiben

Sie können die Option Kotlin/Native verwenden, um Kotlin-Code in native Binaries zu kompilieren. Mehr dazu erfahren Sie unter dieser Adresse:

https://kotlinlang.org/docs/reference/native-overview.html

> Soll Ihr Code auf mehreren Zielplattformen laufen, sollten Sie einen Blick auf Kotlins Unterstützung für Multiplattformprojekte werfen. Die nötigen Informationen finden Sie hier:
>
> https://kotlinlang.org/docs/reference/multiplatform.html

Index

Symbole

&& (and-Operator) 81, 182, 224
@ (Annotation/Label) 411, 430–431
// (Kommentar) 13, 16
{} (geschweifte Klammern)
    Interfaces 171
    Klassenkörper 94
    Lambdas 327
    leerer Funktionskörper 160
    let-Körper 232
    main-Funktion 13
    String-Templates 48
    verschachtelte Klassen 424
-- (Dekrementoperator) 76
. (Punktoperator) 40, 96, 114, 144
?: (Elvis-Operator) 233
== (Gleichheitsoperator)
    über 17, 200, 267, 271
    equals()-Funktion 192, 194–196, 265–266
    erzeugte Funktionen 205
= (Gleichheitszeichen) 17
<> (Generics) 49, 290
> (Größer-als-Operator) 17
>= (Größer-oder-gleich-Operator) 17
++ (Inkrementoperator) 76, 430
< (Kleiner-als-Operator) 17
<= (Kleiner-oder-gleich-Operator) 17
: (Name/Typ-Trennzeichen) 37, 135, 162, 173
!= (Ungleich-Operator) 82, 224
!! (Nicht-Null-Annahme-Operator) 234
! (Nicht-Operator) 82, 182
? (nullwertfähiger Typ) 222–223
|| (Logisches-ODER-Operator) 81, 182
() (runde Klammern)
    Argumente 13
    boolesche Ausdrücke 82
    Lambda-Parameter 343
    Superklassenkonstruktoren 173
.. (Bereichsoperator) 76–77
=== (Operator für Objektgleichheit) 200, 265–267
?. (Operator für sichere Aufrufe) 225, 231–232
-> (Lambda, Trennzeichen) 327
, (Trennzeichen) 65
* (spread-Operator) 432
$ (String-Template) 48
@JvmOverloads, Annotation 214
@Test, Annotation 411

A

abgeleitete Klassen, *siehe* Subklassen
abstract, Schlüsselwort 157, 159, 171
abstrakte Eigenschaften
    über 159–160
    Implementierung 162–163
    Initialisierung 159, 162
    konkrete Klassen 173
    Polymorphismus 161
abstrakte Funktionen
    über 159–160, 175
    Implementierung 162–163
    Interfaces 171
    Polymorphismus 161
    und konkrete Klassen 173
abstrakte Klassen
    über 158–161
    deklarieren 157
    implementieren 162–163
    Instanziierung 157
    Tipps für Erstellung 175
    Vererbung 162
abstrakte Superklassen 157, 162–163

Der *Index*

add()-Funktion
  MutableList, Interface 257
  MutableSet, Interface 268
addAll()-Funktion
  MutableList, Interface 259
  MutableSet, Interface 268
Aktionen (Testing) 411
Akzessoren (Getter) 111–113, 137, 163, 172
and-Operator (&&) 81, 182, 224
Android-Geräte 3
Annahmen (Assertions) 411
Annahmeoperatoren 234
Annotationen/Labels (@) 411, 430–431
Anweisungen
  if 17–19, 182
  import 401, 417
  main-Funktion und 16
  when 182–183
Any, Superklasse 193–194, 196, 202, 223
Applikationen erstellen
  Dateien hinzufügen 11–12
  Funktionen aktualisieren 17–21
  Funktionen hinzufügen 13–16
  IDE installieren 7
  Projekte anlegen 8–12
  REPL, Code testen mit 4, 23–24
  Überblick 4
  Werkzeuge 7
Argumente
  über 13, 64
  benannt 208
  Funktionen überladen 211
  und Parameterreihenfolge 65
Arrayklasse 45, 77, 252–253, 271
Array<Typ>, Datentyp 49
arrayListOf()-Funktion 282
arrayOf()-Funktion 45, 63, 146, 252–253
arrayOfNulls()-Funktion 252
Arrays
  auswerten 48
  Beschränkungen 253
  deklarieren 50–51
  erstellen 45, 63

erster Indexwert 45
mit nullwertfähigen Typen 223, 253
Typ aus Werten ableiten 49
Typ explizit deklarieren 49
über Elemente iterieren 77
und Objektreferenzen 45, 49–51, 69–71
Verwendung für Applikationserstellung 46–47
Verwendungsmöglichkeiten 252
Werte speichern 45
Arraytyp, explizit deklarieren 49
as-Operator 185, 243, 417
assertEquals-Annahme 411
asynchrone Ausführung 402–404
Attribute (Objekte), *siehe* Eigenschaften
Ausdrücke
  boolesche 81–82
  if 20, 48, 67, 233
  Lambda, *siehe* Lambdas
  let, Ausdrücke vereinfachen mit 232
  Objekt 428
  Rückgabewerte und 245
  shouldBe 412
  sichere Aufrufe verketten 226–227
  String-Templates auswerten 48
Ausnahmen, explizit auslösen 244
Ausnahmen
  über 221, 239, 242, 245
  abfangen 239–240
  auslösen 234, 239, 244
  ClassCastException 242–243
  definieren 242
  erstellen 242
  finally-Block 240
  IllegalArgumentException 242, 244
  IllegalStateException 242
  NullPointerException 221, 234
  Regeln für 244
  try/catch-Block 240
äußere Klassen 424–425
average()-Funktion (Array) 252

B

Basisklassen, *siehe* Superklassen
Bedingungen, Tests 17–18

Bedingungsanweisungen
    if-Anweisung 17–19
    if-Ausdruck 20, 48, 67, 233
    in main-Funktion verwenden 16

benannte Argumente 208

Benutzereingabe einlesen 78

Benutzereingaben 78, 81

Bereichsoperator (..) 76–77

Binärzahlen 35

boolesche Ausdrücke 81–82
    Tests, einfach 17

boolescher Datentyp 36

break-Anweisung 430

Byte, Datentyp 35

C

capitalize()-Funktion 88

catch-Block (try/catch) 240–241, 244

Char, Datentyp 36

Charakteristika (Objekte), *siehe* Eigenschaften

class, Schlüsselwort 94

ClassCastException 242–243

clear()-Funktion
    MutableList, Interface 259
    MutableMap, Interface 279
    MutableSet, Interface 268

Closure (Lambdas) 376, 389

Codeeditoren 7, 14

Collection, Interface 389

Collections
    über 282
    Arrays 252–253
    Funktionen höherer Ordnung 364–367, 371–376, 381–386, 389
    Generics 290–293, 297–300
    Kotlin-Standardbibliothek 254
    List, Interface 255–256, 263, 271
    Map, Interface 255, 276–280
    MutableList, Interface 255, 257–259, 263, 291–293, 300
    MutableMap, Interface 255, 278–280, 297

    MutableSet, Interface 255, 264, 268–269, 298–299
    Set, Interface 255, 264–269, 271, 282

companion, Schlüsselwort 427

Comparable, Interface 366

componentN-Funktionen 199

constructor, Schlüsselwort 209

contains()-Funktion
    Arrayklasse 252
    List, Interface 256
    Set, Interface 264

containsKey()-Funktion (Map) 277

containsValue()-Funktion (Map) 277

continue-Anweisung 430

copy()-Funktion 198, 202

D

data, Schlüsselwort 196

Dateiverwaltung 11–12, 14–15

Datenklassen
    über 196, 200, 202
    componentN-Funktionen 199
    Datenobjekte 198
    definieren 196, 205
    erzeugte Funktionen 205
    Funktionen überladen 211
    geerbtes Verhalten überschreiben 197, 202
    Konstruktoren mit Standardwerten 207–208
    mehrere Eigenschaften initialisieren 206
    Objekte ableiten 196
    Parameter mit Standardwerten 210, 214
    primäre Konstruktoren 205–209
    Regeln 217
    sekundäre Konstruktoren 209

Datenobjekte
    destrukturieren 199
    Eigenschaften 197
    erstellen 196
    kopieren 198

Decorator, Entwurfsmuster 429

Deklarationen
    abstrakte Klassen 157
    Arrays 50–51
    Eigenschaften 112

Funktionen 66
Klassen 134
Objekt 98, 426–427, 429
Packages 416
Superklassen 134, 139
Variablen 32–37, 98, 331
Wertübergabe in Reihenfolge von 207

Dekrementoperator (--) 76

delay()-Funktion 406

Delegation, Entwurfsmuster 429

Destrukturierung, Datenobjekte 199

do-while-Schleifen 17

Dollarzeichen ($) 48

Doppelpunkt (:) 37, 135, 162, 173

doppelte Werte
List, Interface und 263
Map, Interface und 276, 280
Set, Interface und 255, 265, 269

doppelter Code, vermeiden 122, 125

Double, Datentyp 35

downTo()-Funktion 77

E

eckige Klammern <> 49, 290

Eigenschaften
über 40, 93, 102
abstrakt 159–163, 173
als Parameter 105
Datenobjekte und 197
Definition im Klassenkörper 106
Deklaration 112
enum-Klassen und 421
erzeugte Funktionen und 205
Extensions hinzufügen 429
flexible Initialisierung 106
Generics und 297
Initialisierung 99, 106, 108, 206
Interface 171–175
Konstruktoren, Definition 100, 102, 205
mit final-Präfix 139
mit open-Präfix 137
nullwertfähige Typen 222, 224–225
Standardwerte zuweisen 206

überschreiben, *siehe* überschriebene Eigenschaften
Vererbung und 122, 125–127, 145
Verkapselung von Werten 114
verweisende String-Templates 48
Werte überprüfen 111–113
Zugriff auf 96

Ein-Ausdruck-Funktionen 67

else-Klausel
if-Anweisung 19
if-Ausdruck 20
when-Anweisung 183

Elvis-Operator (?:) 233

entries-Eigenschaft
Map, Interface 280, 389
MutableMap, Interface 280

Entwurfsmuster 429

enum-Klassen 420–421

equals-Operator (=) 17

equals()-Funktion
über 192–194
Datenklassen und 205
Set, Interface und 265
überschreiben 196–197, 202, 267

Erstellung
abstrakte Klassen 175
Arrays 45, 63
Ausnahmen 242
Funktionen 64
Interfaces 175
Objekte 95, 98–100, 196
Projekte 4, 8–12, 62
Subklassen 175
Variablen 32

Erweiterungen (Extensions) 429

erzeugte Funktionen, Eigenschaften und 205

Exception (Ausnahme), Datentyp 242

explizite Typumwandlung 185, 243

F

Feld, Unterstützung 113, 172

filter()-Funktion 364, 371–374

filterIsInstance()-Funktion 371

filterNot()-Funktion 371, 374
filterTo()-Funktion 371, 374
final, Schlüsselwort 139
finally-Block 241, 244
Float, Datentyp 35
fold()-Funktion 383–386, 389
foldRight()-Funktion 389
for-Schleifen
    über 16–17, 76–77
    println-Befehl in 75
    until-Klausel 76–77
forall()-Funktion 413
forEach()-Funktion 375–376, 382, 389
Fragezeichen (?) 222–223
fun, Schlüsselwort 13
funktionale Programmierung 2, 355
Funktionen aktualisieren 4, 17–21
Funktionen höherer Ordnung, eingebaut
    über 363–364
    filter()-Funktion 364, 371–374
    filterIsInstance()-Funktion 371
    filterNot()-Funktion 371, 374
    filterTo()-Funktion 371, 374
    fold()-Funktion 383–386, 389
    foldRight()-Funktion 389
    forEach()-Funktion 375–376, 382, 389
    groupBy()-Funktion 381–382
    map()-Funktion 372–374
    max()-Funktion 365–366
    maxBy()-Funktion 365–366
    min()-Funktion 365–366
    minBy()-Funktion 365–366
    reduceRight()-Funktion 389
    sumBy()-Funktion 367
    sumByDouble()-Funktion 367
Funktionen höherer Ordnung
    über 339, 389
    Collections und 364
    eingebaut 363–394
    funktionale Programmierung und 355
    inline-Präfix 433
    Lambdas und 339–343
Funktionen überladen 150, 211
Funktionen überschreiben
    Datenklassen und 197
    Interfaces und 173
    oder überladene Funktionen 211
    open, Schlüsselwort und 134, 139
    Regeln 138, 267
    Subklassen und 122, 126, 150
    Verwendungsmöglichkeiten 138
Funktionen, *siehe auch* die spezifischen Funktionen
    über 60
    abstrakt 159–163, 171, 173, 175
    aktualisieren 4, 17–21
    Argumente übergeben und 64–65
    Argumente und 13, 64–65
    Aufruf an Objektreferenzen 144
    componentN-Funktionen 199
    deklarieren 66
    einzelner Ausdruck 66
    enum-Klassen und 421
    erstellen 64
    erzeugte 205
    Extensions hinzufügen 429
    Generics und 293, 297–298, 300
    höherer Ordnung 339–343, 355, 433
    infix 433
    Interface 171, 173, 175
    konkret 171
    Lambdas und 339–343, 345, 347–352
    main-Funktion 13–14, 16, 21
    Member 94, 96
    mit final-Präfix 139
    mit open-Präfix 137
    mit Rückgabewerten 66, 68
    mit Standardwerten 210
    Objektverhalten und 40
    ohne Rückgabewerte 66, 376
    Parameter und 64–65, 147, 150, 210, 214, 308
    Polymorphismus und 147
    Rückgabetypen und 66, 147, 211, 222
    String-Templates, Aufruf 48
    suspend, Schlüsselwort und 406
    überladen 150, 211
    überschreiben, *siehe* Funktionen überschreiben
    Umwandlung 40
    Vererbung und 122, 125–127, 144–145
    von Objekten 93
    Zugriff für nullwertfähige Typen 224–225
Funktionstypen 331, 352–354

G

Generics und generische Typen
- über 290–291, 306, 374
- Anwendungsbeispiele 293–294
- auf bestimmte Typen beschränken 296
- Collections und 290–293, 297–300
- Eigenschaften und 297
- Funktionen und 293, 297–298, 300
- Interfaces und 293, 305–308, 315
- invariant 316, 319
- Java oder Kotlin, Vergleich 319
- Klassen und 293–296, 302, 308, 313, 315
- Konstruktoren und 314
- kontravariant 315–316, 319
- kovariant 308, 319
- mit in-Präfix 290, 315–316
- mit out-Präfix 290, 308, 315
- nullwertfähig 302
- Objekte und 299, 307, 314
- Polymorphismus und 293, 307
- Subtypen und 308, 315
- Supertypen und 296, 308, 315
- Typparameter und 292
- Typableitung durch Compiler 299–300

geschweifte Klammern {}
- Interfaces 171
- Klassenkörper 94
- Lambdas 327
- leerer Funktionskörper 160
- let-Körper 232
- main-Funktion 13
- String-Templates 48
- verschachtelte Klasse 424

get()-Funktion
- List, Interface 256
- Map, Interface 277

Getter (Akzessoren) 111–113, 137, 163, 172

Getter/Setter, eigene schreiben 112

getValue()-Funktion (Map) 277

Gleichheitsoperator (==)
- über 17, 200, 267, 271
- Datenklassen und 205
- equals()-Funktion und 192, 194–196, 265–266

GlobalScope.launch 403–406

Gradle, Build-Werkzeug 398–400

Größer-als-Operator (>) 17

Größer-oder-gleich-Operator (>=) 17

groupBy()-Funktion 381–382

H

hashCode()-Funktion 194, 196–197, 202, 266–267

Hashcodes 265–267

hashMapOf()-Funktion 282

HAT EIN, Test 129

hexadezimale Zahlen 35

I

if-Anweisung
- über 19
- else-Klausel 19
- is-Operator und 182

if-Ausdruck
- über 20
- einzeln 67
- else-Klausel 20
- nullwertfähige Typen und 233
- String-Templates, Arrayauswertung 48

IllegalArgumentException 242, 244

IllegalStateException 242

Immutabilität
- von Collection-Typen 255–256, 263–264, 282
- von Klassen 202

implizite Labels 431

import-Anweisung 401, 417

in-Operator 81

in, Schlüsselwort 290, 315–316

Index (Indizes) 45, 58, 77, 255–258

indexOf()-Funktion (List) 256

infix, Schlüsselwort 433

init, Schlüsselwort 107

Initialisierungsblocks 107, 136

Initialisierung
- abstrakte Eigenschaften und 159, 162

Eigenschaft 206
    Eigenschaften und 99, 106, 108
    Interface-Eigenschaften und 172
    Objekte und 99, 107
    Superklassen und 136
    Variablen und 37
Inkrementoperator (++) 76, 430
inline, Schlüsselwort 433
innere (verschachtelte) Klassen 425
Instanzen, *siehe* Objekte
Instanziierung
    abstrakte Klassen und 157
    Interfaces und 170
Instanzvariablen, *siehe* Eigenschaften
Int, Datentyp 35
IntelliJ IDEA IDE
    Installation 4, 7
    Run-Befehl verarbeiten 15
    Tools-Menü 23
IntelliJ IDEA und Versionierung 7
interaktive Shell, *siehe* REPL
Interfaces
    über 170
    Definition 171
    Eigenschaften in 171–175
    Funktionen in 171, 173, 175
    Generics und 293, 305–308, 315
    Implementierung 174
    Instanziierung und 170
    Namenskonventionen 175
    Polymorphismus und 170, 181
    Sichtbarkeits-Modifier und 419
    Tipps für Erstellung 175
    Vererbung und 175
interne Modifier 418–419
Interoperabilität 434
invariante generische Typen 316, 319
invoke()-Funktion 328
is-Operator 181–184, 242
IST EIN, Test 129–130, 169, 193
it, Schlüsselwort 231–232, 332–333, 340, 376
Iterable, Interface 389

J

Java Virtual Machine (JVM) 3
Java-Bibliotheken 401
Java, Programmiersprache 319, 434
JavaScript 3, 434
JUnit-Bibliothek 410–412
JVM (Java Virtual Machine) 3

K

keys, Eigenschaft (Map) 280, 389
Klassen
    über 91–92
    abstrakt 157–163
    als Templates 91–92, 95, 175
    äußere 424–425
    Daten, *siehe* Datenklassen
    definieren 92–94
    Eigenschaften im Körper definieren 106
    entwickeln 93
    enum 420–421
    erstellen 133–140
    gängige Protokolle 145, 150, 156, 161, 171
    Generics und 293–296, 302, 308, 313, 315
    innere 425
    konkret 158, 163, 173, 300
    Memberfunktionen 94, 96
    mit open-Präfix 134, 137
    ohne Konstruktor definieren 109
    Sichtbarkeits-Modifier 419
    Subklassen, *siehe* Subklassen
    Superklassen, *siehe* Superklassen
    Tipps für Erstellung 175
    Vererbung, *siehe* Vererbung
    verschachtelt 424, 425
    versiegelt (sealed) 422–423
    zu Projekten hinzufügen 133, 143
Kleiner-als-Operator (<) 17
Kleiner-oder-gleich-Operator (<=) 17
Komma (,) 65
Kommentare, doppelter Schrägstrich 13, 16
konkrete Funktionen 171

konkrete Klassen 158, 163, 173, 305
Konstanten
    enum-Klasse 420–421
    versiegelte (sealed) Klassen 422–423
Konstruktoren
    über 99–102
    @JvmOverloads, Annotation 214
    Eigenschaften definieren 100, 102, 205
    enum-Klassen 420
    Generics 314
    Klassen definieren ohne 109
    leer 109
    mit Standardwerten 207–208
    primär, *siehe* primäre Konstruktoren
    sekundär 209, 214
    Sichtbarkeits-Modifier 419
kontravariante generische Typen 315–316, 319
Koroutinen
    Abhängigkeiten hinzufügen 402–403
    asynchrone Ausführung 402
    Drum-Machine-Applikation 398–408
    runBlocking()-Funktion 405
    starten 402–406
    Threads 404–406
Kotlin-Erweiterungsbibliotheken 429
kotlin-Package 254
Kotlin-Standardbibliothek 254
Kotlin, Programmiersprache 2–3
kotlin.collections-Package 254
KotlinTest, Bibliothek 412–413
kovariante generische Typen 308, 319
kt, Dateiendung 12

L

Labels/Annotationen (@) 411, 430–431
Lambdas
    über 325–327, 345
    aufrufen 328–330
    Closures und 376, 389
    funktionale Programmierung und 355
    Funktionen und 339–343, 345, 347–352
    Kurzschreibweise 328, 342, 345
    mit Label versehen 431

Parameter und 327, 331–332, 339–343
Variablen und 328, 331–333, 376
lateinit, Schlüsselwort 108
launch-Funktion 403–406
leere Konstruktoren 109
leerer Funktionskörper 160
Leerzeichen 16
let, Schlüsselwort 231–232, 333
List, Interface 255–256, 263, 271, 371–374, 386, 389
listOf()-Funktion (List) 256, 263
Logisches ODER, Operator (||) 81, 182
lokal kontravarianter generischer Typ 316
lokal kovarianter generischer Typ 319
lokale Variablen 64, 72
Long, Datentyp 35

M

main-Funktion
    über 13
    aktualisieren 21
    Anweisungen in 16
    bedingte Verzweigungen 16
    parameterlos 13
    Schleifen 16
    zu Applikation hinzufügen 14
Map, Interface 255, 276–280, 367, 371, 381, 389
map()-Funktion 372–374
mapOf()-Funktion (Map) 276
Math.random()-Funktion 47
max()-Funktion 252, 365–366
maxBy()-Funktion 365–366
Memberfunktionen (Methoden) 94, 96
min()-Funktion 252, 365–366
minBy()-Funktion 365–366
Modifier, Sichtbarkeit 418–419
Mutabilität
    von Arrays 253
    von Collection-Typen 255, 282
MutableList, Interface 255, 257–259, 263, 291–293, 300

mutableListOf()-Funktion (MutableList) 257, 291, 300
MutableMap, Interface 255, 278–280, 297
mutableMapOf()-Funktion (Map) 278
MutableSet, Interface 255, 264, 268–269, 298–299
mutableSetOf()-Funktion (MutableSet) 268
Mutatoren (Setter) 111–113, 137, 163, 172

N

Namenskonventionen, für Interfaces 175
Namenskonventionen, für Variablen 16, 32, 38
nativer Code 3, 434
nextInt()-Funktion (Random) 48
Nicht-gleich-Operator (!=) 82, 224
Nicht-Null-Annahme-Operator (!!) 234
Nicht-Operator (!) 82, 182
Nothing, Datentyp 245
NullPointerException 221, 234, 242
Nullwerte
 über 78
 nullwertfähige Typen und 221–224
 sichere Aufrufe und 225–228
 Überprüfung auf 81
nullwertfähige Typen
 Arrays mit 223, 253
 auf Eigenschaften zugreifen 224–225
 auf Funktionen zugreifen 224–225
 Code bedingungsabhängig ausführen 231
 Generics und 302
 sichere Aufrufe und 225–228
 Verwendungsbeispiele 222–223

O

object, Schlüsselwort 426
Objektausdrücke 428
Objektdeklarationen 98, 426–427, 429
Objekte
 abstrakte Klassen und 157
 aus Datenklassen erstellen 196
 Eigenschaften von, *siehe* Eigenschaften
 equals-Funktion und 192
 erstellen 95, 98–100
 Funktionen von 93
 Generics und 299, 307, 314
 Initialisierung 99, 107
 Konstruktoren und 99–102
 Typ definieren 92
Objektreferenzen
 Arrays und 45, 49–51, 69–71
 aus Variablen entfernen 220–221
 Funktionen aufrufen an 144
 per null entfernen 221
 zuweisen 33–34, 38, 98
open, Schlüsselwort 134, 137, 139, 159
Operator für Objektgleichheit (===) 200, 265–267
out, Schlüsselwort 290, 308, 315
override, Schlüsselwort 136–138

P

Packages 254, 259, 416–418
parallele Ausführung 402–404
Parameter
 über 64–65
 Eigenschaften als 105
 Funktionen und 64–65, 147, 150, 210, 214, 308
 Lambdas und 327, 331–332, 339–343
 leere Konstruktoren und 109
 lokale Variablen und 72
 mehrere voneinander trennen 65
 mit Standardwerten 210, 214
 mit val-/var-Präfix 105, 120, 206
 nullwertfähige Typen 222
 Reihenfolge der Argumente und 65
 Superklassenkonstruktoren und 135
 Typ 292
 und passende Variablentypen 65
Plattformen
 für Projekte angeben 9
 mit Kotlin-Unterstützung 3
plus()-Funktion (Array) 253
Polymorphismus
 über 147, 150, 161
 abstrakte Eigenschaften und 161
 abstrakte Funktionen und 161
 Any-Superklasse und 193

Generics und 293, 307
Interfaces und 170, 181
unabhängige Klassen und 169
primäre Konstruktoren
über 99, 214
Datenklassen und 205–209
private, Modifier 419
Superklassen und 135–136, 173
print, Befehl 18
println, Befehl
über 13
in for-Schleifen 75
print im Vergleich mit 18
printStackTrace()-Funktion 242
private, Modifier 418–419
Projekte
Dateien hinzufügen 11–12
erstellen 4, 8–12, 62
Klassen hinzufügen zu 133, 143
konfigurieren 10
src-Ordner 11–12
Typen angeben von 9
protected, Modifier 419
public, Modifier 418–419
Punktoperator (.) 40, 96, 114, 144
put()-Funktion (Map) 278
putAll()-Funktion (Map) 278

R

Random.nextInt()-Funktion 48
readLine()-Funktion 78, 81
reduce()-Funktion 389
reduceRight()-Funktion 389
Regeln
für Ausnahmen 244
für Datenklassen 217
für überschriebene Funktionen 138, 267
remove()-Funktion
MutableList, Interface 258
MutableMap, Interface 279
MutableSet, Interface 268

removeAll()-Funktion
MutableList, Interface 259
MutableSet, Interface 268
removeAt()-Funktion (MutableList) 258
REPL (interaktive Shell)
über 7
Code testen in 4, 23–24
öffnen 23
retainAll()-Funktion
MutableList, Interface 259
MutableSet, Interface 268
return-Anweisung 430–431
reverse()-Funktion
Arrayklasse 252
MutableList, Subtyp 259
reversed()-Funktion 259
row()-Funktion 413
Rückgabetyp
Funktionen höherer Ordnung und 366
Funktionen und 66, 147, 211
generische Typen und 315
Lambdas und 347–348
nullwertfähige Typen 222
Unit 66, 333
Rückgabewerte
Ausdrücke und 20, 183, 245
Funktionen mit 66, 68
Funktionen ohne 66, 376
Interface-Eigenschaften und 172
Lambdas und 331
Nullwerte 78, 81
Run-Befehl 15
runBlocking()-Funktion 405
runde Klammern ()
Argumente und 13
boolesche Ausdrücke und 82
Lambda-Parameter und 343
Superklassenkonstruktoren und 173

S

Schleifen
do-while 17
for 16–17, 75–77
Label für 430

main-Funktion, Verwendung 16
    while 17–18
Schlüssel/Wert-Paare 276–277, 280, 297
Schrägstrich, doppelt (//) 13, 16
sekundäre Konstruktoren 209, 214
Set, Interface 255, 264–269, 271, 282, 389
set()-Funktion (MutableList) 258
setOf()-Funktion (Set) 264
Setter (Mutatoren) 111–113, 137, 163, 172
Short Circuiting 81
Short, Datentyp 35
shouldBe-Ausdruck 412
shuffle()-Funktion (MutableList) 259
shuffled()-Funktion (MutableList) 259
sichere Aufrufe, Operator für (?.) 225, 231–232
sichere Aufrufe
    über 225
    verketten 226
    verkettete Aufrufe auswerten 226–227
    Werte zuweisen mit 228
sichere explizite Typumwandlung 243
Sichtbarkeits-Modifier 418–419
Singleton, Entwurfsmuster 429
size, Eigenschaft
    Arrayklasse 45, 252
    List, Interface 256, 263
    MutableSet, Interface 269
sleep()-Funktion 406
sort()-Funktion
    Arrayklasse 252
    MutableList, Subtyp 259
sortBy()-Funktion (MutableList) 326
sorted()-Funktion (MutableList) 259
spread-Operator (*) 432
src-Ordner
    Dateien zum Projekt hinzufügen 11–12
    Quellcodedateien in 11
Standardwerte
    Eigenschaften mit 206
    Konstruktoren mit 207–208
    Parameter mit 210, 214

Stein-Schere-Papier-Spiel
    Ergebnis 87–88
    High-Level-Design 61–62
    Regeln 60
    Wahl des Benutzers 75–78, 81–84
    Wahl des Computers 63–71
String-Templates 47–48
String, Datentyp 13, 36
Subklassen
    über 122
    definieren 135
    Eigenschaften und 122, 125–126, 137, 145
    Funktionen und 122, 125–126, 138–139, 144–147
    Initialisierungsblocks in 136
    Konstruktoren hinzufügen zu 135
    Polymorphismus und 147, 161
    Tipps für Erstellung 175
    Vererbung, *siehe* Vererbung
Subtypen
    über 137
    abstrakte Eigenschaften und 162
    generisch 308, 315
    hinzufügen 161
    Polymorphismus und 150, 161
    Vererbung und 145
    versiegelte Klassen und 422–423
sum()-Funktion (Array) 252
sumBy()-Funktion 367
sumByDouble()-Funktion 367
Superklassen
    über 122
    abstrakt 157, 162
    deklarieren 134, 139
    Eigenschaften und 122, 125–126, 136–137, 139, 145
    Funktionen und 122, 125–126, 138–139, 144–145
    Polymorphismus und 161
    primäre Konstruktoren 135–136, 173
    Vererbung, *siehe* Vererbung
Supertypen
    generisch 296, 308, 315
    Polymorphismus und 161
    Vererbung und 145–147
suspendable (aussetzbare) Funktionen 406

T

Templates
    Klassen als 91–92, 95, 175
    String 47–48
Testing
    HAT-EIN-Test 129
    IST-EIN-Test 129–130, 169, 193
    JUnit, Bibliothek 410–412
    KotlinTest, Bibliothek 412–413
    Run-Befehl und 15
Threads 404–406
throw, Schlüsselwort 244–245
toByte()-Funktion 40
toDouble()-Funktion 40
toFloat()-Funktion 40
toInt()-Funktion 40, 47
toList()-Funktion
    Arrayklasse 271
    Map, Interface 280
    MutableList, Interface 259
    MutableMap, Interface 280
    Set, Interface 269
toLong()-Funktion 40–41
toLowerCase()-Funktion 88
toMap()-Funktion (MutableMap) 280
toMutableList()-Funktion
    Arrayklasse 271
    MutableList, Interface 259, 271
    MutableMap, Interface 280
toMutableMap()-Funktion (MutableMap) 280
toMutableSet()-Funktion (Array) 271
Tools-Menü (IntelliJ IDEA) 23
toSet()-Funktion
    über 282
    Arrayklasse 271
    Map, Interface 280
    MutableSet, Interface 269
toShort()-Funktion 40
toString()-Funktion 194, 196–197, 202

toTypedArray()-Funktion
    List, Interface 271
    Set, Interface 271
toUpperCase()-Funktion 88, 106
try-Block (try/catch) 138, 240–241, 244–245
typealias, Schlüsselwort 353
Typen
    Funktion 331, 352–354
    für Arrays ableiten 49
    generisch, *siehe* Generics und generische Typen
    nullwertfähig 223–228, 231, 253, 302
    Rückgabe 66, 147, 211, 222, 315
    Subtypen, *siehe* Subtypen
    Supertypen, *siehe* Supertypen
    Variable 32–38
    von Collections 255–256, 263–264, 282
    Werte konvertieren 40–42
Typparameter 292
Typumwandlung 184–185, 242–243
    automatisch 184, 243

U

überschriebene Eigenschaften
    Interfaces und 173
    open, Schlüsselwort und 134, 139
    Subklassen und 122, 126
    val- und var-Schlüsselwörter 137, 150
    Verwendungsmöglichkeiten 136–137
Umwandlungsfunktionen 40
Unit-Testing 410–411
Unit, Rückgabetyp 66, 333
Unterstützungsfelder 113, 172
until-Klausel (for) 76–77

V

val, Schlüsselwort
    über 16, 282
    als Präfix für Parameter 105, 120, 206
    Arrays deklarieren mit 51
    Eigenschaften definieren und 102
    Eigenschaften überschreiben und 137, 150
    Getter und Setter 114

im Vergleich mit var 16, 34, 102
Lambdas, Variablen zuweisen 328
Parametervariablen und 72
Validierung
    Benutzereingaben 81
    Eigenschaftswerte 111–113
values-Eigenschaft (Map) 280, 389
var, Schlüsselwort
    über 16, 282
    als Präfix für Parameter 105, 120, 206
    Arrays deklarieren mit 50
    automatische Typumwandlung 184
    Eigenschaften aktualisieren und 96
    Eigenschaften definieren und 102
    Eigenschaften überschreiben und 137, 150
    Getter und Setter 114
    im Vergleich mit val 16, 34, 102
    Lambdas Variablen zuweisen und 328
    lateinit, Schlüsselwort und 108
vararg, Schlüsselwort 432
Variablen
    über 32, 34
    $ als Präfix für 48
    Benennung 16, 32, 38
    boolesche Tests für 17
    deklarieren 32–37, 98, 331
    erstellen 32
    explizit deklarieren 37
    initialisieren 37
    Instanz 102
    Lambdas und 328, 331–333, 376
    lokal 64, 72
    Objektreferenzen und, *siehe* Objektreferenzen
    Optionen vergleichen für 183
    passender Parametertyp 65
    Typen 32–38
    Werte konvertieren 40–41
    Werte zuweisen 32–34, 37–39
    Wiederverwendbarkeit von 16, 32, 34, 50–51
Variablen und Objekte verbinden, *siehe* Objektreferenzen
Vererbung
    über 122
    abstrakte Klassen und 162
    Any, Superklasse und 193–194, 196
    doppelten Code vermeiden durch 122, 125
    Eigenschaften und 122, 125–127, 145

Funktionen und 122, 125–127, 144–145
HAT EIN, Test 129
Interfaces und 175
IST EIN, Test 129–130, 169, 193
Klassenhierarchie, Erstellung 133–140
Klassenhierarchie, Verwendung 144–150
Klassenstruktur, Design 123–130
Polymorphismus und 147
Subtypen und 145
Vergleichsoperatoren 17, 192, 194–196, 200
Verhalten (Objekte) 40, 125, 127, *siehe auch* Funktionen
Verkapselung 114
verschachtelte Klassen 424–425
versiegelte Klassen 422–423
voll qualifizierter Name 417

W

Werte
    Arraytyp ermitteln aus 49
    doppelt 255, 263, 265, 269
    Eigenschaften überprüfen 111–113
    enum-Klassen 420
    in Arrays speichern 45
    Initialisierung für Variablen 37
    konvertieren 40–42
    Objektzustand und 95, 124
    Rückgabe 20, 66
    sicheren Aufrufen zuweisen 228
    speichern in Arrays 45
    und Verkapselung 114
    Wiederverwendbarkeit von 16, 32, 34, 50–51
    zuweisen 32–34, 37–39
Werte übergeben
    für Argumente ohne Standardwerte 208
    in Deklarationsreihenfolge 207
when-Anweisung 182–183
when-Ausdrücke 183
while-Schleifen
    über 16–17, 76, 81
    bedingungsgesteuert 17–18
    is-Operator und 182
withIndex()-Funktion (Array) 77

Z

Zahlenbereich
    Schleife 76
    Schleife, in umgekehrter Reihenfolge 77
    Zahlen überspringen 77
Zeichen, Datentyp 36
Zufallszahlen erzeugen 47–48
Zustand (Objekte) 40, 124, *siehe auch* Eigenschaften
Zuweisungsoperatoren 17
Zweierkomplement 42